U0851970

高等学校教材

# 土木工程经济与项目管理

## （第三版）

李远富　樊　敏◎编著
刘昌清◎主审

中国铁道出版社有限公司

2024年·北　京

## 内 容 简 介

本书共十二章，包括建设项目可行性研究基本知识、建筑企业管理基本知识、工程项目全过程管理与咨询、建筑企业经营预测和决策、建设产品价值管理、工程项目招标和投标、施工组织设计、网络计划技术、建设工程定额与概预算、计划管理与质量管理等内容。

本书可作为土木工程类专业本科、专科教材，也可供建筑与土木工程专业研究生和相关工程技术人员参考。

**图书在版编目(CIP)数据**

土木工程经济与项目管理 / 李远富，樊敏编著.
3版. -- 北京 ：中国铁道出版社有限公司，2024. 11.
(高等学校教材). -- ISBN 978-7-113-31565-8

Ⅰ. F407.9

中国国家版本馆CIP数据核字第2024K5J694号

**书　　名**：土木工程经济与项目管理
**作　　者**：李远富　樊　敏

**责任编辑**：李露露　　**编辑部电话**：(010)51873240　　**电子邮箱**：790970739@qq.com
**封面设计**：刘　莎
**责任校对**：安海燕
**责任印制**：高春晓

**出版发行**：中国铁道出版社有限公司(100054，北京市西城区右安门西街8号)
**网　　址**：https://www.tdpress.com
**印　　刷**：河北燕山印务有限公司
**版　　次**：2001年10月第1版　2024年11月第3版　2024年11月第1次印刷
**开　　本**：787 mm×1 092 mm　1/16　**印张**：33.25　**插页**：2　**字数**：840千
**书　　号**：ISBN 978-7-113-31565-8
**定　　价**：80.00元

# 第三版前言

本教材自2001年问世以来，深受广大读者的喜爱与好评。随着我国经济和科技的快速发展，建筑业发生了翻天覆地的变化，建筑市场呈现出巨大的发展空间。同时，国家和社会对建筑质量、节能环保的重视，建筑业逐步转型和升级，促进了装配式建筑、智能建造、BIM技术、绿色建筑、全寿命周期理论等建筑理念和技术的普及，工程总承包、全过程工程咨询等承发包模式和建设管理体制改革也正在大力推进。工程经济学和项目管理学理论方法也在不断充实完善。与此同时，建筑市场竞争日趋激烈，对土木建筑工程专业人才的需求在数量、知识结构、能力和综合素质方面均提出了更高要求，迫切需要更多懂技术、会经济、善管理的复合型创新型专业人才。这些都为本课程教学提出了新的更高要求和挑战。

本书仍保持原来的章节划分格局，按照“全过程工程项目管理、全过程工程咨询”等全生命周期管理理论的要求进行编排。首先介绍建筑企业管理基本知识工程项目全过程管理和咨询理论方法，再分别阐述其内涵全书共十二章，包括绪论、建设项目可行性研究、建筑企业管理总论、工程项目全过程管理与咨询、建筑企业经营预测、建筑企业经营决策、建筑产品价值管理、工程招标和投标、施工组织设计、网络计划技术、建设工程定额与概预算、计划管理与质量管理。

在修编内容上，仍从土木建筑工程理论和实践需求出发，阐述其工程技术与经济管理相关内容，充分吸收国内外前沿研究成果，采用最新的标准和定额，充实完善各个章节的相关内容。书中还特别增加了“全过程工程咨询”的内容。

本书由西南交通大学李远富、樊敏编著，西南交通大学刘昌清主审。具体编写分工为：第一章～第六章、第九章和第十章由李远富编写，第七章、第八章、第十一章和第十二章由樊敏编写。

在本书修编过程中，我们得到了许多专家和领导的鼎力支持与协助。西南交通大学土木工程经济与项目管理省级课程教学团队各位老师多年来对本课程建设付出了巨大努力，作出了突出贡献，他们有刘昌清、黄云德、黄喜兵、孟鹏辉、张家玲、尹紫红、王齐荣、齐颖、刘凯文、钟萍、陈德等老师。在本书编写过程中，我们查阅并参考了大量最新的相关研究成果和文献资料，在此，对相关人员一并致以诚挚的谢意。

书中不妥之处在所难免，恳请读者斧正。

编　者
2024年2月

# 第一版前言

经济与管理是土木工程师的必备知识,而且,随着我国市场经济的逐步完善,经济与管理知识在土木工程师的知识结构中所占位置越来越重要。高等学校土木工程专业大类培养计划中明确指出:大学生在本专业方面应具有一定的技术经济和工程项目管理知识,具有工程经济和项目管理的基本概念;受到从事本专业工程建设项目可行性研究、工程招标和投标、工程项目管理、施工组织设计和概预算等方面工作的基本训练。本教材正是为适应这一教学和生产实践的新需求而编写的。

本书是在十多年来我校开设的相关课程教学实践的基础上编写并经多次修改完成的。全书共计十二章,包括绪论、建筑企业管理总论、工程项目管理、建设项目可行性研究、建筑企业经营预测、建筑企业经营决策、建筑产品基价值管理、工程招标和投标、施工组织设计、网络计划技术、建设工程定额与概预算、计划管理与质量管理等内容。教材结合土木工程实践提出经济管理问题,分章展开论述,论述中充分吸收国内外最近的研究成果并尽可能引用最新颁布的标准和定额。本课程实践性很强,因此,教材未对经济与管理的一些基本理论作过多的论述,而是紧密结合土木工程实践,通过大量实例来阐述土木工程经济与项目管理的基本内容、观点和方法。因而,该书既可作为在校土木工程类专业本科生、专科生的教材,也可供建筑与土木工程硕士研究生和有关工程技术人员参考。

本书在编写过程中,得到了铁道部原线桥隧地测专业教学指导委员会和西南交通大学的专家和领导的鼎力支持与协助,并且查阅了大量国内外最新的相关研究成果和文献资料,在此,对有关专家和领导一并致以诚挚的谢意。

限于本人水平,有些章节内容还不够充实,有些问题的论述尚处于探讨之中,不妥之处在所难免,恳请读者斧正。

编　者

2001 年 5 月

# 目　　录

# 第一章　绪　　论

**本章提要**：本章主要介绍土木工程经济与项目管理课程的研究范畴与基本内容。

1. 土木工程经济与项目管理的研究范畴。包括技术、经济和管理的含义，本课程研究范畴等。

2. 土木工程经济与项目管理学科的基本内容。包括基本内容、现代管理技术等。

3. 土木工程经济与项目管理的特点及其相邻学科。

4. 本课程开设与学习目的和方法。

## 第一节　土木工程经济与项目管理的研究范畴

### 一、技术、经济和管理的含义

为了讨论土木工程经济与项目管理这门新学科的研究范畴，我们必须对什么是技术，什么是经济，什么是管理，有一个明确而一致的认知和理解。

“技术”(technic)一词通常被人们理解为是劳动者运用科学知识和劳动技能对自然进行控制、变革的方法和手段。工程技术则是人们运用专业知识和生产实践经验完成工程建设项目的一种生产力。“经济”(economy)一词有多种含义，在不同科学领域有不同的解释。在工程经济学科中，是指对资源的合理消耗、有效利用，节约、实惠，取得较高的经济效益等。“管理”(management)一词目前尚缺乏明确的定义，通常被理解为是在一定的社会制度和经济发展水平上，为了维护和发展与生产力相适应的生产关系所进行的计划、组织、指挥、控制、协调等活动。所谓管理，对一个具体的企业来说，就是通过计划、组织等行动，把这个企业拥有的人力、物力、财力充分地运用起来，使之发挥最大的效果，以达到企业的目标，完成企业的任务。企业的管理过程，如图 1-1 所示。

图 1-1　企业管理过程示意图

管理是从人们生产劳动出现分工和协作开始的。只要有多数人在一起共同劳动，有社会生产，就需要人来组织和指挥，也就是要有人管理。没有管理，就无法进行社会生产活动。

管理可分为管理体系和被管理体系。管理体系由一系列的管理机构组成，这些管理机构通常又被称为职能机构。在一个职能机构中又根据每个人的地位和权限分为领导者和被领导者。被管理体系通常是指那些被别人指挥从事具体生产劳动的人或物。被管理体系可更具体地划分为以下组成要素：

1. 人：这是第一重要的要素。人是社会生产和社会生活的主体，一切物质财富和精神财富都是人创造出来的，只有充分调动人的积极性，才能提高生产效率和工作效率。对人的管理要注意物质刺激和精神鼓励两个同等重要的方面，要注意培养和爱护人力资源，要注意智力开发，提高人们工作的有效性等。

2. 物质：包括原材料、能源、成品和半成品等，这是人们进行生产劳动的物质基础。对物质的管理要注意物质的节约和有效利用，注意材料供应的及时性和调运的合理性，注意材料性能的改善与提高等。

3. 设备：包括土木建筑物、机电设备、机械、机器、仪器、仪表、运输工具等。设备管理要注意在设备使用寿命期内的合理使用、维修和更新换代等。

4. 财力：包括建设资金和流动资金、工资等。控制投资的规模和效果，是资金管理的关键。

5. 任务：包括国家及上级机关下达的目标、指标和各种合同、协议等。任务管理亦称目标管理，旨在随时检查进度和各项任务指标等。

6. 信息：包括数据资料、情报、技术规范、图纸报表、规章制度、销售情况等。信息管理的目的是使信息及时畅通，使领导心中有数，便于做出正确决策。

7. 环境：环境管理的任务主要是防止社会生产对周围环境介质(空气、水和土地等)的污染，以及如何创造舒适、有利的环境，以便提高生产效率和改善工作条件等。

管理的过程是由确定目标开始，通过制订一系列的措施，运用各种资源，最后达到目标的一个循环过程。当对目标的预测和决策工作是建立在比较可靠的基础上时，达到的目标将会与预定的目标相一致。比如，完成或超额完成了某些生产任务。如果制订目标时没有科学的依据，而是主观臆断，往往不能达到预定目标，通常称之为“失误”。因此，管理一方面需要人们的实践经验，更需要有现代管理科学理论的指导。从这个意义上来说，管理是一门科学。

技术是手段，经济是目的，管理则是技术与经济相统一的纽带和桥梁(图 1-2)。没有经济这一目的，技术将无的放矢；反之，只提出经济目标，而没有技术保证，经济目标也无法达到。

因此，在某种意义上来说，管理是使技术这一手段达到经济这一目的的催化剂，三者缺一不可。

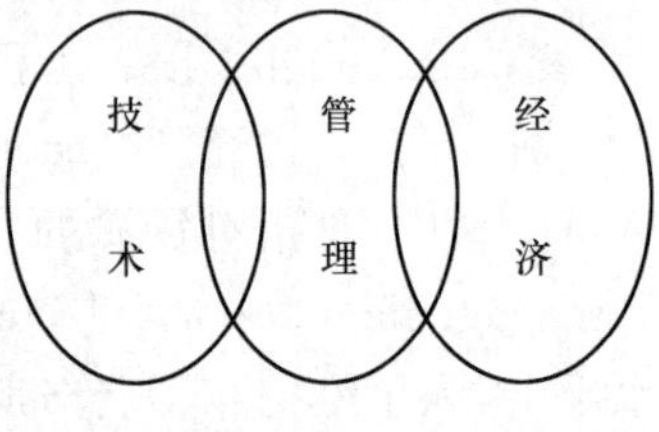

图 1-2　技术经济和管理关系图

## 二、土木工程经济与项目管理的研究范畴

土木工程是指以土木建筑物为对象而进行的规划、设计、施工、养护维修与管理工作的全过程及其所从事的工程实体。土木工程具有明显的工程技术、经济和管理三方面的特性(图 1-3)。

土木工程的技术特性，是指在其规划、设计、建造和使用的全过程中必须与自然科学规律相适应的一些特性。例如，铁路、公路与道路和地铁及其各组成要素主要是为行车服务的，这样就必须考虑在车辆荷载作用下的一系列力学要求，比如力学强度、刚度、稳定性、摩阻力等。另外，铁路、道路、房屋建筑物及其各组成要素是一种暴露于自然环境中的工程设施，要受到阳光、温度、水分等自然因素的作用和侵蚀，于是就要研究土木建筑材料的物理化学性能。换句话说，土木工程技术要以数学、力学、物理学、化学等自然科学学科为基础。

土木工程的经济特性，是指在其规划、设计、建造和使用的全过程中与资金、人力、物力以及其他资源消耗和节约相联系的特性。众所周知，不论是建造房屋、铁路、公路还是城市道路等，都需要占用大量土地，消耗大量资金，动用大量劳动力和机械设备，还要消耗建筑材料、能源等，因此，土木工程必须把各种资源的有效利用并达到最大节约放在首位。

土木工程的管理特性，是指在其规划、设计、建造和使用的全过程中，与技术政策和法规及与现代管理科学的理论和方法相联系的一些特性，例如在土木工程建设项目实施过程中，为了做到技术与经济的统一，建设主管部门制订了一系列的规章制度、程序、规范、法令。另外，为了将土木工程搞好可以采用很多现代管理技术，比如网络技术、全面质量管理技术等。作为示例，图 1-3 列举了土木工程技术、经济和管理三方面特性的主要表现。

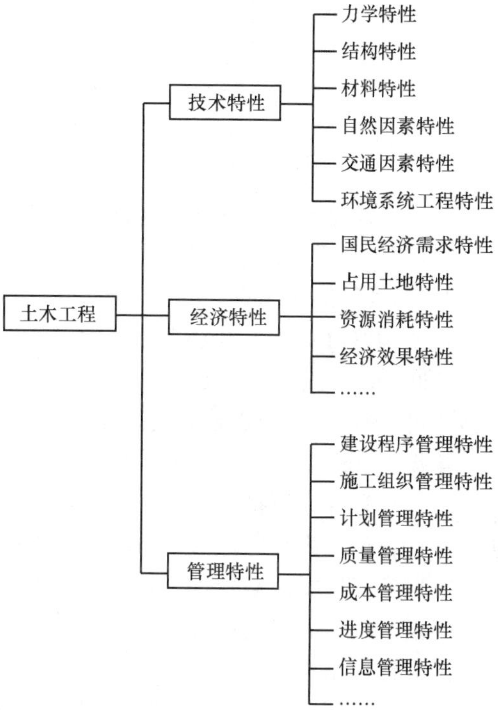

图 1-3　土木工程的技术、经济和管理特性

由于技术、经济和管理是三个同等重要的方面，那么对任何一种土木工程，我们就不仅要重视研究具体的工程技术问题，而且还要研究经济和管理方面的问题。属于土木工程的很多分科，诸如房屋建筑工程、铁路规划设计、公路勘测设计、城市道路设计、路基工程、路面工程、轨道工程、桥梁工程、地下结构工程、岩土工程等等，都是研究土木工程技术特性的学科。近年来，随着基础理论和土木工程实践的发展，上述学科日趋完善。土木工程经济与项目管理则是研究土木工程经济和项目管理特性的学科，它是用现代管理科学和项目管理科学的理论和方法，研究如何在土木工程实体形成的全过程中，有效地使用资金、人力、物力和其他资源，以取得最佳的经济效果的一门学科。

## 第二节　土木工程经济与项目管理的基本内容

对土木工程经济与项目管理这一新的学科，目前还没有一个统一的内容划分方法，一般我们可以按土木工程的投资阶段及其相应的建设阶段的不同分为：投资前期（计划与研究阶段）工作管理，投资时期（设计阶段和施工阶段）工作管理和发挥效益时期（使用阶段）工作管理。

### 一、工程经济与项目管理的基本内容

#### （一）工程可行性研究

所谓可行性研究，是对工程项目的技术先进性、经济合理性和建设可能性进行分析比较，以确定该项目是否值得投资，规模应有多大，建设时间和投资应如何安排，采用哪种技术方案最合理等，以便为决策提供可靠的依据。目前国外把工程建设进展周期分为三个阶段，即投资前期阶段、投资阶段和生产阶段。可行性研究就是投资前期阶段的主要内容。在可行性研究的基础上，对那些为完成同一目的的同类工程方案，进行选优。

### (二)工程勘察设计管理

工程勘察是运用多种科学技术方法,为查明工程项目建设地点的地形、地貌、土质、岩性、地质构造、水文地质等自然条件而进行的测量、测试、观察、勘探、试验、鉴定和综合评价等工作,其目的是为设计和施工提供可靠的依据。

工程设计是根据批准的设计任务书,按照国家的有关政策、法规、技术规范,在规定的场地范围内,对拟建工程进行详细规划、布局,把可行性研究中推荐的最佳方案具体化形成图纸、文字,为工程施工提供依据。

工程勘察设计管理就是指做好管理和配合工作,组织协调勘察设计单位之间以及与其他单位之间的工作配合,为设计单位创造必要的工作条件,以保证其及时提供设计文件,满足工程需要,使项目建设得以顺利进行。

建设工程勘察设计管理的流程包括:

1. 审批管理。审批管理是指对建设工程项目在起草、审核审批前的管理活动,其目的是确保建设工程项目满足国家法律、法规、标准的要求,使建设工程项目得以有效实施。

2. 勘察管理。勘察管理是指对建设工程项目的地质勘察、地形勘测、水文勘察、规划设计、社会经济、生态环境等方面的管理,其目的是收集、整理建设工程项目的相关资料,为建设工程项目的设计提供参考。

3. 设计管理。设计管理是指对建设工程项目的总体规划、设计图纸、结构设计、设备设计、环境设计、施工组织等方面的管理,其目的是根据建设工程项目的总体规划和勘察资料,确定建设工程项目的设计内容,为建设工程项目的施工提供参考。

### (三)工程的施工组织管理

施工组织管理是使工程项目付诸实现所不可缺少的工作。现代土木工程项目往往是一个复杂的综合体系,它由很多相互依存和相互制约的分体系组成,而这些分体系又受到其本身和外界因素的影响,因此要完成一项工程的施工,有大量的组织管理工作。其中主要有:

1. 选择施工方法,确定施工方案。

2. 对各道工序在空间和时间上进行布置和规划,并对所需的各种资源(如劳动力、设备、资金和技术条件等)进行分配。

3. 编制工程施工进度图、施工平面图、劳动力需求量图、资金消耗曲线图和大型机械运用图。

4. 检查和控制工程施工进度,随时分析各种外界条件(如材料供应、运输条件等)和自然环境(气温、雨、雪等)对施工进度的影响,并在不耽误总工期的前提下进行调整。在工程施工组织管理中,必须做到按期或提前完成工程施工进度计划。为此,各施工单位必须有完整的施工计划,并通过每月(旬)作业计划,保证各项工程有节奏地、均衡地进行施工,以缩短施工期限,提高工程投资效益。在执行计划时,施工单位必须做好施工前的准备工作,周密地制订施工组织设计;采用合理的、科学的生产组织和劳动组织,有计划、有步骤地推广先进施工技术;努力采用机械化和工业化的施工方法;做好一切物质资源的供应工作;加强施工统计报表工作,健全平衡调度管理制度等。

### (四)工程财务和物资管理

工程经济和项目管理的目的之一,是合理地使用和控制资金,做到以较少的投资获得较大的经济效益。为此，必须在工程建设中合理地运用和节约物质资源，掌握先进的材料消耗定额，合理使用各种原材料；综合利用工业废料和副产品，提高辅助材料（如模板）的周转次数；节约材料的运杂费，缩短运输距离，减少场内搬运次数；尽可能就地取材，采用当地廉价材料或代用品；改进仓库管理工作，降低材料损耗率；加强材料的采运工作，严格审核加工订货合同；加强工程预算的编制工作，力求最大可能降低工程造价；充分利用流动资金，加速资金周转等。此外，还应提高固定资产机具与设备的利用率，要加强机具设备的计划使用和调度工作，制订与贯彻操作技术规程；推行专人负责制；健全保养和检修制度，确定使用定额等。

（五）工程质量管理

工程质量管理的目的是用最低的成本、最快的速度建造出质量优良、用户满意的工程和合格的构件或制品。由于工程质量是在整个生产活动的所有环节上形成的，因而决定了工程质量本身的综合性，为提高工程质量，必须提高工程的设计质量、施工质量、检验质量和使用质量。在工程建设中，必须不断地改进施工技术，采取必要而可能的技术措施。一切施工操作，必须严格按设计图纸进行，并要严格遵守技术操作规程；施工过程要有技术指导和监督，并建立和执行严密的质量检查验收制度和上下工序的交接制度；加强材料和预制构件成品的质量检查和化验工作，健全材料与预制构件成品的运输和保管工作等。

（六）工程的劳动管理

劳动管理也是工程管理的重要内容。劳动管理的主要工作是加强对劳动力的技术培训，加强劳动纪律教育，使劳动者不仅熟练地掌握相关的生产技术操作要领，而且还要适应新形势的发展，尽快地掌握新工艺、新设备、新机具、新技术。同时，还要做好人的思想政治工作，调动生产积极性，如改进劳动组织、改善劳动环境、增加工资待遇、增加卫生保健与福利设施等。

（七）工程的安全管理

安全管理是为了减少工程事故，避免人身伤亡。安全生产是我国各项工程建设必须贯彻的基本原则之一。据国外调查，事故的发生往往与工作环境、设备上的缺陷和人员的不安全动作等因素有关。因此在工程建设中，要积极改善不利的工作条件，更换陈腐的设备，加强对人员的安全教育，制订和遵守合理的操作规程，这些都可减少事故的发生。

**二、现代管理技术**

在土木工程经济与项目管理这一新的学科中，需要用到许多现代管理理论方法与技术。主要有以下几个方面。

（一）线性规划

线性规划属运筹学的分支。在建立的数学模型中，目标函数（如利润、成本或物品数量）用线性函数表示，约束条件用一系列线性等式与不等式表示时，就属于线性规划问题。它在土木工程管理中，可用于工程规划、施工组织等活动。

（二）图 论

图论亦属运筹学的分支。它是将庞大复杂的工程系统和管理问题用“图”来描述，然后用数学方法求得最优化的结果。例如，完成工程任务的时间最少、距离最短、费用最省等。在土木工程管理中,可用于工程规划、施工组织等管理活动。

(三)网络技术

网络技术属图论的分支。这种方法首先是对要做的工作项目进行分析,然后绘制出网络图,并对网络图进行计算和优化,直到达到预期目标为止。在土木工程管理中,主要用于施工组织和施工计划管理。

(四)质量管理技术

质量管理技术亦称全面质理管理体系,是对建筑产品(或工程)的质量以及影响建筑产品质量的各项工作进行科学管理的总称。该体系的特点是动员建筑企业全体人员参加,以数理统计方法为基本手段,充分发挥组织管理和专业技术的作用,建立一整套完整严密的质量保证体系,预先把生产过程中影响产品质量的因素加以控制,使整个生产或作业过程处于稳定状态,以确保产品达到要求标准。

(五)预测技术

预测是根据事物以往的历史资料,通过一定的科学方法和逻辑推理,对事物未来发展的趋势做出预计和推测,定性或定量地估计事物发展的规律,并对这种估计加以评价,以指导和调节人们的行动。预测的过程就是在调查研究或科学试验的基础上的分析过程。预测分析所利用的手段和方法,统称为预测论。

(六)决 策 论

所谓决策是指对某一事物当前或未来可能发生的情况经过预测后,选择最佳方案的一种过程。决策论是对要决策的问题,用数学方法进行处理,使之得出较为可靠的结论的方法体系。

(七)技术经济评价

技术经济评价是项目可行性研究的核心,通过评价借以判断建设项目的经济效果,并确定该项目是否应该上马。现代的技术经济评价体系,采用工程经济学的理论和方法,通过对成本和效益的动态计算,最终得出定量的评价判据,以说明方案的优劣。这一体系主要用于预可行性研究和可行性研究阶段。

(八)价值工程

价值工程(value engineering,VE)是一种有组织、有步骤地分析研究某种产品(一个系统或一种劳务)如何以最少的耗费(即最低的成本)取得必要的、更加理想的功能,从而获得最优价值的一种先进的经营管理技术。在土木工程管理中,可用于研究设计方案的创新,提高土木工程结构物的功能,降低工程成本等活动。

(九)工作研究

工作研究包括动作研究和时间研究。动作研究的目的在于对工人和设备的动作进行细致的分析,纠正错误的动作,消除不必要的动作,制定标准的作业方法,以提高工作效率;时间研究的目的在于确定合理的作业时间，制定工时定额。

土木工程建设项目各管理阶段采用的现代管理技术见表1-1。

**表1-1　土木工程各管理阶段与现代管理技术的关系**

| 管理技术 | 管理阶段 | | | |
|---|---|---|---|---|
| | 投资前期 | 投资时期 | | 发挥效益时期 |
| | 计划与研究 | 设　计 | 施　工 | 使用、维修 |
| 经济评价 | √ | √ | | |
| 线性规划 | √ | | √ | √ |
| 图　论 | √ | | | |
| 网络技术 | | | √ | |
| 质量管理技术 | | | √ | √ |
| 预测技术 | √ | | | √ |
| 决策技术 | √ | √ | | |
| 价值工程 | | √ | | |
| 工作研究 | | | √ | |

## 第三节　土木工程经济与项目管理的特点及相邻学科

### 一、土木工程经济与项目管理学科的特点

土木工程经济与项目管理是一门将土木工程技术与经济规律相结合，将土木工程管理经验、技术政策与现代管理科学和项目管理的理论和方法相结合，将人的思想行为与土木工程建设项目的客观规律性相结合而发展起来的新学科，具体来讲有以下几方面管理学科所共有的特点。

#### （一）自然属性和社会属性

同其他任何领域的管理一样，土木工程经济与项目管理也具有自然属性和社会属性这双重属性。管理的自然属性是指受生产力、生产技术、社会化大生产所制约的特性，它表现为管理所具有的组织、指挥和协调生产的特性，它反映了现代社会化大生产过程中协作劳动本身的要求，是各种不同的社会生产方式都可以共有的一系列科学方法的总结。管理的社会属性，是指那些受生产关系、社会制度相制约的特性，它表现为管理所具有的监督职能，它反映了生产资料占有者或统治阶级的意志，受到一定生产关系的影响和制约，是为一定的经济基础服务的。由于管理本身具有双重属性，故反映在管理学科上也具有这双重属性。在土木工程经济与项目管理中，我们要研究讨论其自然属性方面，诸如土木工程建设项目的施工组织特性，各种具体的现代管理技术等。同时，也要研究讨论社会属性方面，诸如政府和主管部门对土木工程建设项目的有关政策、法规等。

#### （二）边缘性和渗透性

从学科领域来看，管理科学是自然科学、技术科学与经济学相互渗透并在它们的边缘上发展起来的新学科（图1-4），因此，它既有自然科学的属性，也有社会科学的属性。例如，在定量

分析时采用数学方法，但在定性分析时却采用逻辑推理和辩证分析的方法，有时是两者的结合。由于经济活动同人的行为有密切的关系，所以，管理学科的一些内容就难以全部用自然科学(比如数学)的规律来描述。

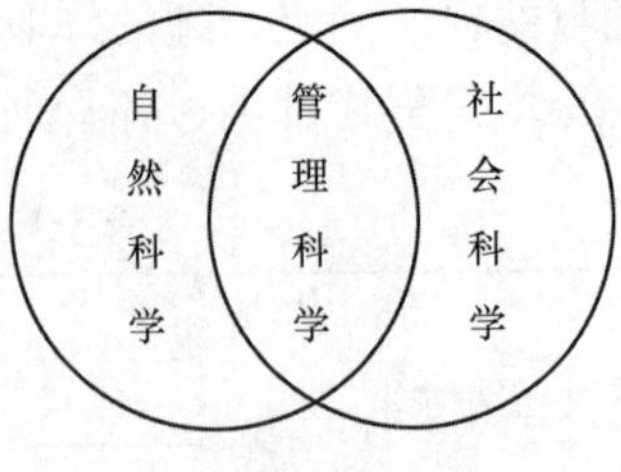

图 1-4　管理科学与自然科学和社会科学的关系

而需要借助于哲学和辩证法。在这个意义上，管理科学是比自然科学和技术科学更高层次的科学。有人称它为“工程哲学”和“工程辩证法”，是“工程的工程”。对土木工程经济与项目管理，我们不仅要考虑工程的技术特性，还要全面地、辩证地考虑经济因素和其他社会因素以及人的因素。

(三)大思路、大门类特性

所谓大思路，就是系统工程的思想，事物之间相互联系、相互制约、相互依存的思想。更通俗地讲，对任何管理问题，不能就事论事，而应该考虑其他事物对它的影响。要考虑它的过去、现在和将来，要有动态的观点。例如，我们在研究一项土木工程是否要修建时，要考虑人口、工农业的发展、土地、资金、建筑材料等诸多因素。

所谓大门类，是指研究问题时涉及的学科的多样性和适用范围的广阔性。还是拿要不要修一项土木工程建筑物这个看来是很简单的问题为例，要完美地回答这个问题，必须要有预测论的知识，以便预测该项土木工程的作用及能力；要有经济学的知识，以便分析建好后有多大的经济效益；要有土木工程学的知识，以便确定土木工程的规模、等级，估算工程量和造价等。管理科学的一些原理适用于各行各业。

(四)经验与理论相结合的特性

由于管理问题的复杂性和管理科学的不成熟性，使得目前还有很多管理问题难以完全用理论方法来解决。这一点，对土木工程经济与项目管理尤为明显。比如，我们在土木工程上，想预测某月份有多少天是雨天，以便安排施工进度。这个问题虽然可以用概率预测法得到解决，但是答案的准确程度也许会低于有经验者的判断。因此，在管理课中不仅要重视现代管理科学的理论，同时也应该重视成功的实践经验。

掌握上述特点，无疑会有助于我们学习和掌握本门课程的具体内容。

## 二、土木工程经济与项目管理的相邻学科

如前所述，作为一门学科来讲，土木工程经济与项目管理是一门新的学科，它是用工程经济学和现代管理科学和项目管理的理论和方法，结合在土木工程管理实践中所获得的成功经验和政策，对土木工程经济特性和管理特性深入研究后的成果。这一学科体系的形成如图1-5所示。由图 1-5 可以看出，土木工程经济与项目管理的主要相邻学科如下：

(一)土木工程学

这里所说的土木工程学是指诸土木工程专业学科的统称(本教材侧重于铁道工程、公路及道路工程、桥梁工程、隧道工程、建筑工程、岩土工程、市政工程等专业方向)。这些学科是研究土木工程技术特性的学科，可统称为土木工程方面的“硬科学”。这些硬科学，是形成土木工程经济与项目管理的基础。因为脱离土木工程学的理论和方法去研究土木工程经济与项目管

理，必然是无的放矢，很难想象，一个根本不懂铁路线路标准的人，能够提出一个经济上可行、线路走向最佳的线路设计方案。可见，我们在讨论工程经济与项目管理课题时，必须紧密地结合具体的工程技术问题，否则就无法深入。

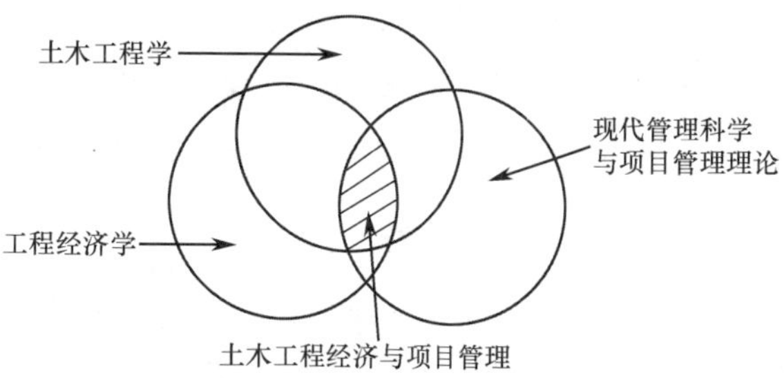


图 1-5 土木工程经济与项目管理的相邻学科

（二）工程经济学

工程经济学又称成本—效益分析，是近年来发展起来的一门新学科，是研究如何使工程技术方案（或投资项目）能取得最佳经济效果的一种科学的评价体系。它在讨论工程的经济特性时，首先是将工程技术方案转化为相应的投资方案，然后用动态的方法、全过程的观点和系统工程的观点，对每个投资方案做出评价，据此决定方案的优劣。

由此可见，工程经济学是一种科学方法论，它是土木工程经济与项目管理的一门软科学基础。

（三）现代管理科学

现代管理科学是 20 世纪初开始形成的一个庞大的学科体系，包括：行为科学、人体工程学、系统工程学、运筹学、预测学、质量控制技术、价值工程、工作研究等。其中行为科学和运筹学目前被认为是管理科学的主要分支。

行为科学是一门综合运用心理学、社会学、社会心理学和人类学的理论，研究人们行为产生的动机及其规律的学科，在管理工作中，用以妥善处理人际关系，减少人员之间的冲突，充分调动人员的积极性等。行为科学目前在发达国家已成为企业人员管理的一种理论基础。

人体工程学是从人的生理和心理的角度研究人与机械设备、人与环境之间的关系，以及研究生产美学的一门学科，例如，研究工作场所的温度、湿度、颜色、照明、声响对生产率、工作质量、疲劳有怎样的影响；仪表盘与水平视线的角度、绘图桌的倾斜度、座位的高低对工作质量的影响等。这种研究的最终目的在于改进仪器、设备的构造，改善劳动环境，以减少劳动者的疲劳，减少工作中的差错，防止事故，提高工作效益，改进工作质量。

系统工程学实际上是一种组织管理技术。所谓系统，首先是指把要研究的对象或工程管理问题看作是一个由很多相互联系、相互制约的组成部分构成的总体，然后运用运筹学的理论和方法以及电子计算机技术对构成系统的各组成部分进行分析、预测、评价，最后进行综合，从而使该系统达到最优。系统工程学的根本目的是保证用最少的人力、物力和财力在最短的时间内达到系统的目标，完成系统的任务。

运筹学实际上是属于数学的一个分支。它是将一些规划和管理问题归结为某种数学模型，然后对于人力、物力、空间和时间的安排运用，采用数学方法求得最优解答。运筹学目前已广泛地用于解决计划管理、运输管理、工程进度管理、库存管理等多方面实际问题，这类问题往往存在着数量庞大的可行方案，用运筹学方法可以迅速地求出最优方案，并因此成为管理科学的核心。管理工作定量化主要是依靠运筹学。运筹学目前包括线性规划、整数规划、动态规划、非线性规划、图论和网络技术、排队论、库存论、决策论等。

关于预测论、质量控制技术、价值工程、工作研究等，在前面章节中已做介绍。总之，现代管理科学的产生,不但推动了当时社会生产力的发展,而且标志着人类管理水平发展到了新阶段,那种落后的、传统式的经验管理,已逐步地被先进的、科学的管理所取代。我们研究土木工程经济与项目管理,必须具备现代管理科学的基础知识。

(四)工程项目管理理论

工程项目管理学的产生有两个必要的条件:一是社会化大生产实践需要的客观必要性。自 20 世纪 50 年代末、60 年代初以来,随着科学技术的发展,工业和国防建设以及人们生活水平不断提高的要求,需要建设很多大型、巨型工程,如航天工程、大型水利电力工程、核电站、大型钢铁企业、石油化工企业和新型城市开发、交通工程项目等。这些工程技术复杂、规模巨大,对项目建设的组织与管理提出了更高的要求;投资者和建设者都难以承担由于项目组织和管理的失误而造成的经济损失和负面政治影响。日趋激烈的社会竞争,迫使人们认识到,由于项目具有一次性和约束条件确定性的特点,要取得成功,必须加强管理,引进科学的管理方法,重视工程项目的管理。二是现代管理科学理论的不断发展和项目管理理论的研究和突破。如前所述,从第二次世界大战之后,现代管理科学方法大量出现,广泛应用于生产管理实践之中,产生了巨大效益。同时,由于项目管理实践的需要,人们把成功的管理理论和方法应用于项目管理之中,使项目管理越来越具有科学性,终于使项目管理学作为一门学科迅速地发展起来了。项目管理学科是一门综合性学科,应用性强,具有很大的发展潜力。现在它与计算机技术结合,更使这门年轻的学科出现了勃勃生机。

(五)计算机软件技术

管理中的很多课题需借助于电子计算机求解,比如线性规划、图论、网络技术、质量管理技术、预测技术、决策技术等,计算工作量一般都很大,计算过程也比较繁复,如果用手工计算不但费工费时,而且也难以取得正确结果。为此,需编制电算程序用电子计算机求解。目前管理科学中的很多课题已有成套的软件包,这些软件有些可直接用于土木工程经济与项目管理课题。事实上,管理科学的很多分支(特别是运筹学),是伴随着电子计算技术的发展而发展的。因此,在学习工程经济与项目管理科学时,也必须具备电子计算机方面的基础知识和功底。

## 第四节　本课程的学习目的和方法

### 一、本课程的学习目的

随着我国社会主义市场经济和土木工程建筑事业的迅速发展,需要有一大批既精通土木工程技术,又精通工程经济与项目管理的复合型人才。而目前广大的土木工作者比较熟悉土木工程技术,而对工程经济与项目管理(特别是管理科学)就不是那么熟悉。传统的土木工程专业课程,基本上是以硬科学为主,软科学方面的课程偏少,如果这种情况不加以改变,难以适应现代社会经济发展的需要。实践说明,随着科学技术的突飞猛进,管理也必须同步发展。我国的土木建筑事业虽与发达国家相比有一定差距,但近年来已有很大改观,不论是铁路、公路、城市道路还是城市地铁等轨道交通,线路里程在不断增加,线路等级、标准在逐步提高,重载铁路、客运专线、高速铁路、高速公路和摩天大楼等大型、特大型建筑工程已出现在祖国大地。由于土木工程(包括铁路、公路、城市道路、厂矿道路、房屋建筑、城市地铁轻轨、机场、码头等)具有投资大、占有资源数量多、建设期和投资回收期长、涉及面宽、影响巨大等特点,因此,加强对土木工程的科学管理就显得十分重要。对土木工程要进行科学管理，首先就要调整和充实广大土木工作者的知识结构，使他们在实际工作中不但能完善地解决各种技术问题，而且还能灵活运用一些软科学知识对工程进行综合评价、预测、建立模型、决策等活动，使土木工程在前期规划、设计、施工建造等阶段都做到技术与经济的统一，达到多快好省的目标。

## 二、本课程的主要学习方法

### (一)调查研究方法

调查研究是进行技术经济计算、分析、比较、评价的基础和前提。通过调查研究，收集各种有关的资料和数据，并通过分析和整理，弄清每个技术方案(或课题)的有关技术因素及各有关因素之间的关系。在调查研究的过程中应密切注意以下几点：

1. 坚持理论联系实际

实践是检验真理的唯一标准。本课程的产生和发展来自实践，是一门实践性很强的学科，要求做到课本理论知识与工程实际的紧密结合。既注意到理论应用于土木工程项目的共性，又注意到某个特定土木工程项目所具有的个性，灵活运用所学知识。

2. 坚持系统的观点

一个或几个土木工程项目往往不是孤立地存在的，而是有机联系的，它们都是某个部门或某个行业的组成部分。例如道路与交通工程项目是属于公路运输业的组成部分，公路运输业又是交通运输业的组成部分，交通运输与国民经济又是息息相关的。交通运输业就总体上说是一个包含铁路、公路、水运、航空、管道等5种运输方式的大系统，每一种运输方式是这个大系统中所属的一个子系统。由于社会物质生产和劳动分工不断发展，使生产在各级水平上的空间—时间联系复杂化，所以各种运输方式要密切配合，相互促进。则对于土木工程项目不能不从全局考虑，明确本项目在全局中所处的地位和作用。

3. 善于灵活应用

本课程的理论和方法带有普遍意义，但不可能完全反映各行各业，特别是铁路、公路、城市道路、城市轨道交通、房屋建筑工程等各种土木工程建筑物的特征，这就要求读者做到吃透理论，灵活应用。

4. 善于运用相邻学科知识，学习国外先进经验，结合国情，洋为中用

为了更好地学习本课程，应具有一定深度和广度的基础和专业知识，如数学、经济学、统计学、法学、预测学、决策学、运筹学、系统工程及电子计算技术等。

此外，应经常注意国内外的最新科技和经济信息，更要关心国家颁布实施的各项方针政策，特别是经济政策、建设法规等。

### (二)计算分析方法

计算分析方法是在调查研究的基础上，对调查研究阶段所获得的资料、数据进行计算分析，找出各相关因素之间的变量关系，并建立数学模型，做出定量计算和定性分析。在计算分析过程中，鉴别和揭示各种矛盾，使问题的研究进一步深化。

### (三)综合评价和系统选优方法

根据前阶段的计算和分析，将各种效果因素及决策评价综合起来进行权衡，再根据系统选

优的要求,组合、调整各因素与各局部的技术决定,并结合定性和定量分析,对各种方案做出综合评价,最后选择理想方案。

(四)结合有关专业课学习

由于工程经济与项目管理是与工程技术学紧密联系的学科,必须结合专业课程学习才能掌握本课程的理论方法和基础知识,如施工组织管理应结合土木工程的施工技术、施工方法、施工进度及施工条件等一起学习。

(五)结合案例学习

如建筑企业管理、建筑企业经营预测与经营决策、工程项目管理、工程招投标、工程施工组织设计、网络计划技术、工程定额及概预算、工程质量管理等应结合有关案例学习,以加深理解。

## 复习思考题

1-1 土木工程经济与项目管理的研究范畴是什么?

1-2 土木工程的技术、经济与管理特性有哪些?

1-3 土木工程经济与项目管理的基本内容有哪些?

1-4 现代管理技术包括哪些?

1-5 土木工程经济与项目管理的特点有哪些?

1-6 土木工程经济与项目管理的相邻学科有哪些?

1-7 为何要学习土木工程经济与项目管理?

1-8 如何学好土木工程经济与项目管理课程?

# 第二章　建设项目可行性研究

**本章提要**：本章主要介绍建设项目可行性研究的基本概念与基本内容。

1. 建设项目及其相关基本概念。包括建设工程及其分类、建设项目划分及分类等。

2. 基本建设与建设程序。包括基本建设、建设程序的概念(含项目建议书、可行性研究、设计工作、建设准备、建设施工、竣工验收、考核评价阶段)等。

3. 可行性研究的目的与作用。包括可行性研究的基本概念、发展概况与特点、可行性研究的目的、作用等。

4. 可行性研究的内容与步骤。包括国内建设项目可行性研究的阶段划分、主要内容、工作步骤等。

5. 建设项目可行性研究的基础数据。包括资金时间价值的概念、建设项目市场需求分析、建设项目投资与成本的概念、费用构成等。

6. 建设项目经济评价。包括建设项目财务评价、国民经济评价、综合评价和不确定性分析等。

## 第一节　建设项目及其相关基本概念

### 一、建设工程及其分类

根据国家标准《建设工程分类标准》(GB/T 50841—2013)中的划分规定，建设工程标准及其相关基本概念如下：

#### (一)建设工程

建设工程是指为人类生活、生产提供物质技术基础的各类建筑物和工程设施的统称。按照自然属性可分为建筑工程、土木工程和机电工程三类；按照使用功能可分为房屋建筑工程、铁路工程、公路工程、水利工程、市政工程、煤炭矿山工程、水运工程、海洋工程、民航工程、商业与物质工程、农业工程、林业工程、粮食工程、石油天然气工程、海洋石油工程、火电工程、水电工程、核工业工程、建材工程、冶金工程、有色金属工程、石化工程、化工工程、医药工程、机械工程、航天与航空工程、兵器与船舶工程、轻工工程、纺织工程、电子与通信工程和广播电影电视工程等31类。按每一大类工程依次可分为工程类别、单项工程、单位工程和分部工程等，基本单元为分部工程。单项工程是指具有独立设计文件，能够独立发挥生产能力、使用效益的工程，是建设项目的组成部分，由多个单位工程构成。单位工程是指具有独立施工条件并能形成独立使用功能的建筑物及构筑物，是单项工程的组成部分，可分为多个分部工程。分部工程是指按工程的部位、结构形式的不同等划分的工程，是单位工程的组成部分，可分为多个分项工程。分项工程是指根据工种、构件类别、设备类别、使用材料不同划分的工程项目,是分部工程的组成部分。

(二)建筑工程

建筑工程是指主要供人们进行生产、生活或其他活动的房屋或场所的建设工程项目。建筑工程有民用建筑工程和工业建筑工程之分,还包括构筑物工程及其他建筑工程等。民用建筑工程是供人们居住和进行公共活动的建筑的总称,包括住宅以及办公楼、旅店宾馆、医院、影剧院、博物馆、体育馆、商业、交通等各种公共建筑。工业建筑包括各种行业所需要的工业厂房、仓库、锅炉房、烟囱等。构筑物工程包括各类电视塔(信号发射塔)工程、纪念塔(碑)工程、广告牌(塔)工程、水工构筑物工程、热工构筑物工程、其他构筑物工程等。建筑工程包括装饰装修工程。

(三)土木工程

土木工程是指建造在地上或地下、陆上或水中,直接或间接为人类生活、生产、军事、科研等服务的各种工程设施,包括道路工程、轨道交通工程、桥涵工程、隧道工程、水工工程、矿山工程、架线与管道工程、其他土木工程等。广义的土木工程还包括建筑工程。

1. 道路工程

道路工程是指公路工程、城市道路工程、机场场道工程及厂矿、林区专用道路工程、其他道路工程。其中,公路工程按等级划分包括高速公路、一级公路、二级公路、三级公路、四级公路及其他公路。公路工程一般由路基工程、路面工程及其他工程组成。

2. 轨道交通工程

轨道交通工程可分为铁路工程、城市轨道交通工程和其他轨道工程。铁路按运营速度划分,可分为高速铁路和普速铁路。其中普速铁路又可分为Ⅰ级铁路、Ⅱ级铁路、Ⅲ级铁路和Ⅳ级铁路;按性质可分为客运专线铁路、货运专线铁路、客货共线铁路。

3. 桥涵工程

桥涵工程包括桥梁工程和涵洞工程两大类。桥梁是线路(公路、铁路、水渠或管线等)遇到障碍(如河流、道路、铁路或山谷等)中断时为使线路通畅而修筑的人工跨越构造物;涵洞是为横穿路基的小型过水构造物。

(1)桥梁工程

桥梁工程按跨越障碍不同,有跨河桥、跨谷桥、跨线桥(立交桥)、高架桥等;按采用材料不同,有钢桥、钢筋混凝土桥、预应力混凝土桥、圬工桥(包括砖桥、石桥、混凝土桥)等;按桥面在桥跨结构中的位置不同,有上承式桥、下承式桥和中承式桥;按受力特点不同,有梁式桥、拱式桥、悬索桥、斜拉桥、刚构桥和组合体系桥等;按长度不同,桥梁又可分为大桥、中桥和小桥三种;按功能不同,桥梁有公路桥、铁路桥、公路铁路两用桥、城市立交桥、城市轻轨高架桥、机场滑行道桥等。

桥梁工程主要包括:基础工程、墩台工程、梁部结构工程、桥面工程及其他相关工程。

(2)涵洞工程

涵洞工程是指主要为宣泄地面水流或偏于动物通过而设置的横穿路堤的小型构造物,主要包括:基础工程,洞身工程,端墙、翼墙工程等。按其断面形式不同,涵洞工程可分为圆形涵洞、拱形涵洞、盖板箱形涵洞、矩形涵洞、框架涵、渡槽和倒虹吸管等工程。按涵顶填土情况不同,可分为明涵(涵顶无填土)和暗涵(涵顶填土大于 50 cm);按水力性能不同,可分为无压涵、半压力涵和压力涵。

4. 隧道工程

按功能不同,隧道工程可分为交通隧道工程(公路隧道工程、铁路隧道工程、地铁区间隧道工程等)、水工隧道工程、给排水隧道工程、人防及管路隧道工程、矿山隧道工程及其他隧道工程(军工、核工、海底石油等隧道工程)。按穿越地层的不同,可分为土质隧道和岩石隧道两大类。按所处地理位置的不同,可分为山岭隧道、水下隧道和城市隧道三种。按其断面形状不同,可分为圆形隧道、拱形隧道、卵形隧道、矩形隧道等。

隧道工程包括洞身工程、洞门工程、辅助坑道工程、其他隧道工程。

5. 水工工程

水工工程是指水利工程、港口工程、航道工程、其他水工工程。其中的水利工程是指为消除水害和开发利用水资源而修建的工程。水利工程需要修建坝、堤、溢洪道、水闸、进水口、渠道、渡槽、筏道、鱼道等不同类型的水工建筑物,以实现其目标。水利工程包括拦河坝工程、泄洪工程、航运工程、过木工程、水闸工程、过鱼工程和其他水利工程。

6. 矿山工程

矿山工程可分为矿井工程、露天矿工程、矿山配套工程等 3 大类。其中的矿井工程包括井筒工程、井底车场巷道及峒室工程、主要运输道及回风道工程、采区工程、提升系统工程、排水系统工程、通风系统工程、压风系统工程、地面生产系统工程(主井、副井、风井)、充填灌浆及井下洒水工程、供电系统工程、地面运输工程(铁路、公路、索道)、室外给排水及供热工程。

7. 架线与管沟工程

架线与管沟工程包括:架线工程和管沟工程两大类。其中的架线工程包括:送变电、电信、城市及道路照明等土建工程及其他架线工程;管沟工程包括:油、气、水、浆等远程输送管道工程、城市管沟工程、城市(公共)管沟工程及其他管沟工程。

8. 其他土木工程

其他土木工程是指上述土木工程以外的土木工程。

### (四)机电工程

机电工程是指按照一定的工艺和方法,将不同规格、型号、性能、材质的设备、管路、线路等有机组合起来,满足使用功能要求的活动。它可分为机械设备工程、静设备与工艺金属结构工程、电气设备、自动化控制仪表、建筑智能化工程、管道工程、消防工程、净化工程、通风与空调工程、设备及管道防腐蚀与绝缘工程、工业炉工程、电子与通信及广电工程等。

机械设备工程可分为通用设备安装工程、起重设备安装工程、锅炉设备安装工程、专用设备安装工程。

静设备与工艺金属结构工程可分为静设备工程、气柜工程、氧舱工程、工艺金属结构工程、铝制、铸铁、非金属设备安装工程和其他设备安装工程。

电气工程可分为工业电气工程和建筑电气工程,工业电气工程可分为变压器安装工程、配电装置安装工程、母线安装工程、控制、保护设备及低压电器安装工程、蓄电池安装工程、电机安装工程、防雷及接地装置安装工程、电气装置调整试验工程、电气线缆安装工程、照明器具安装工程。

自动化控制仪表工程可分为过程检测仪表工程、过程控制仪表工程、集中检测装置仪表工程、集中监视与控制仪表工程、工业计算机安装与调试仪表工程、仪表管路敷设工程、工厂通信与供电工程、仪表盘箱柜及附件安装工程、仪表附件安装工程。

建筑智能化工程可分为智能化集成系统工程、信息设施系统工程、信息化应用系统工程、设备管理系统工程、公共安全系统工程、机房工程、环境工程。

管道工程可分为长输(油气)管道工程、公用管道工程、工业管道工程、动力管道工程。

消防工程可分为火灾自动报警系统工程、消防给水系统工程、消防栓系统工程、自动喷水灭火系统工程、水喷雾灭火系统工程、细水雾灭火系统工程、气体灭火系统工程、泡沫灭火系统工程、干粉灭火系统工程、防排烟系统工程、防火门窗和防火卷帘工程、钢结构防火保护工程、防火封堵工程、消防系统调试工程、其他建筑消防设施工程。

净化工程可分为净化工作台工程、风淋室工程、洁净室工程、内装工程、净化空调工程、净化设备安装工程、净化工艺管道工程。

通风与空调工程可分为通风与设备及部件制作安装工程、通风与空调风管系统工程、通风与空调水系统工程、通风与空调检测调试系统工程。

设备及管道防腐蚀与绝热工程可分为设备及管道防腐蚀工程、设备及管道绝热工程。

工业炉工程可分为冶金炉工程、有色金属炉工程、化工炉工程、有色金属建材工业炉工程、其他专业炉工程、一般工业炉工程。

电子与通信及广电工程可分为电子系统工程、电子设备工程、通信设备工程、计算机信息网络工程、通信机房与通信枢纽工程、通信线路工程、广播电影电视工程等。

## 二、建设项目的划分与分类

建设项目是固定资产再生产的基本单位，一般是指经批准包括在一个总体设计或初步设计范围内进行建设，经济上实行统一核算，行政上有独立组织形式，实行统一管理的建设单位。通常以一个企业、事业行政单位或独立的工程作为一个建设项目。属于一个总体设计中的主体工程及相应的附属、配套工程、综合利用工程、环境保护工程、供水、供电工程等，只作为一个建设项目。凡是不属于一个总体设计，经济上分别核算、工艺流程上没有直接关联的几个独立工程，应分别作为几个建设项目，不能捆在一起作为一个建设项目；现有企业、事业单位按照规定用固定资产投资单纯购置设备、工具、器具(包括车、船、飞机、勘探设备、施工机械等)，不作为建设项目。建设项目的名称一般是以这个建设单位的名称来命名的，一个建设单位就是一个建设项目。如××汽车修配厂、××水泥厂、××专科学校、××医院等均为建设项目。

### (一)建设项目的划分

根据工程设计要求以及编审建设预算、制订计划、统计、会计核算的需要，建设项目一般进一步划分为单项工程、单位工程、分部工程及分项工程。

1. 单项工程。一般是指有独立设计文件，建成后能独立发挥效益或生产设计规定产品的车间(联合企业的分厂)、生产线或独立工程等。一个项目在全部建成投产以前，往往陆续建成若干个单项工程，所以单项工程也是考核投产计划完成情况和计算新增生产能力的基础。

2. 单位工程。它是单项工程中具有独立施工条件的工程，是单项工程的组成部分。通常按照不同性质的工程内容，根据组织施工和编制工程预算的要求，将一个单项工程划分为若干个单位工程。如工业建设中一个车间是一个单项工程，车间的厂房建筑是一个单位工程，车间的设备安装又是一个单位工程。

3. 分部工程。它是单位工程的组成部分，是按建筑安装工程的结构、部位或工序划分的，如一般房屋建筑可分为土方工程、打桩工程、砖石工程、混凝土工程、装饰工程等。

4. 分项工程。它是对分部工程的再分解，指在分部工程中能用较简单的施工过程生产出来，并能适当计量和估价的基本构造。一般是按不同的施工方法、不同的材料、不同的规划划分的，如砖石工程就可以分解成砖基础、砖内墙、砖外墙等分项工程。分部、分项工程是编制施工预算，制定检查施工作业计划，核算工、料费的依据，也是计算施工产值和投资完成额的基础。

### (二)建设项目的分类

建设项目管理需要的不同，有不同的分类方法。

1. 建设项目按建设性质划分

(1)新建项目，是指从无到有，平地起家，新开始建设的项目。有的建设项目原有基础很小，经扩大建设规模后，其新增加的固定资产价值超过原有固定资产价值3倍以上的，也算新建项目。

(2)扩建项目，是指原有企业、事业单位，为扩大原有产品生产能力(或效益)或增加新的产品生产能力，而新建主要车间或工程的项目。

(3)改建项目，是指原有企业，为提高生产效率，改进产品质量，或改变产品方向，对原有设备或工程进行改造的项目。有的企业为了平衡生产能力，增建一些附属、辅助车间或非生产性工程，也算改建项目。

(4)迁建项目，是指原有企业、事业单位，由于各种原因经上级批准搬迁到别地建设的项目。迁建项目中符合新建、扩建、改建条件的，应分别作为新建、扩建或改建项目。迁建项目不包括留在原址的部分。

(5)恢复项目，是指企业、事业单位因自然灾害、战争等原因使原有固定资产全部或部分报废，以后又投资按原有规模重新恢复起来的项目。在恢复的同时进行扩建的，应作为扩建项目。

2. 建设项目按计划管理要求划分

(1)基本建设项目，是指利用国家财政预算内投资、地方财政预算内投资、银行贷款、外资、自筹资金和各种专项资金安排的新建、扩建、迁建、复建项目和扩大再生产性质的改建项目。

(2)更新改造项目，是指利用中央、地方政府补助的更新改造资金、企业的折旧基金和生产发展基金、银行贷款和外资安排的企业设备更新或技术改造项目。

(3)商品房屋建设项目，是指由房屋开发公司综合开发，建成后出售或出租的住宅、商业用房以及其他建筑物的建设项目，包括新区开发和危旧房改造项目。

(4)其他固定资产投资项目，是指国有单位纳入固定资产投资计划管理，但不属于基本建设、更新改造和商品房屋建设的项目。

3. 建设项目按施工情况划分

(1)筹建项目，是指尚未开工，正在进行选址、规划、设施等施工前各项准备工作的建设项目。

(2)施工项目，是指报告期内实际施工的建设项目，包括报告期内新开工的项目、上期跨入报告期续建的项目、以前停建而在本期复工的项目、报告期施工并在报告期建成投产或停建的项目。

(3)投产项目,是指报告期内建成设计规定的内容,形成设计规定的生产能力(或效益)并投入使用的建设项目,包括部分投产项目和全部投产项目。

(4)收尾项目,是指已经建成投产和已经组织验收,设计能力已全部建成,但还遗留少量尾工需继续进行扫尾的建设项目。

4. 建设项目按工作阶段划分

(1)前期工作项目,是指已批项目建议书,正在做可行性研究或者进行初步设计(或扩初设计的)项目。

(2)预备项目,是指已批准可行性研究报告和初步设计(或扩初设计)正在进行施工准备待转入正式计划的项目。

(3)新开工项目,是指施工准备已经就绪,报告期内计划新开工建设的项目。

(4)续建项目(包括报告期建成投产项目),是指在报告期之前已开始建设,跨入报告期继续施工的项目。按照现行固定资产投资管理办法,前期工作项目和预备项目总称为预备项目。

5. 建设项目按隶属关系划分

(1)中央项目,是指由中央及部队在京单位建设的项目。

(2)地方项目,是指由地方单位投资建设的项目。

(3)合建项目,是指中央及部队在京单位与地方单位或地方单位与外省、市、区单位共同投资建设的项目。外商投资项目一般按合营中方的隶属关系来划分。

6. 建设项目按在国民经济中的用途划分

(1)生产性项目,是指直接用于物质生产或直接为物质生产服务的项目,主要包括工业项目(含矿业)、建筑业和地区资源勘探事业项目、农林水利项目、运输邮电项目、商业和物资供应项目等。

(2)非生产性项目,是指直接用于满足人民物质和文化生活需要的项目,主要包括住宅、教育、文化、卫生、体育、社会福利、科学实验研究项目、金融保险项目、公用生活服务事业项目、行政机关和社会团体办公用房等项目。

7. 建设项目按建设规模大小划分

基本建设项目可分为大型项目、中型项目、小型项目;更新改造项目分为限额以上项目、限额以下项目。基本建设大中小型项目是按项目的建设总规模或总投资来确定的。习惯上将大型和中型项目合称为大中型项目。新建项目按项目的全部设计规模(能力)或所需投资(总概算)计算;扩建项目按扩建新增的设计能力或扩建所需投资(扩建总概算)计算,不包括扩建以前原有的生产能力。但是,新建项目的规模是指经批准的可行性研究报告中规定的近期建设的总规模,而不是指远景规划所设想的长远发展规模。明确分期设计、分期建设的,应按分期规模来计算。基本建设项目大中小型划分标准,是国家规定的。按总投资划分的项目,能源、交通、原材料工业项目 5 000 万元以上,其他项目 3 000 万元以上作为大中型,在此标准以下的为小型项目。

## 第二节 基本建设和建设程序

### 一、基本建设

所谓的基本建设是指建筑、购置和安装固定资产的活动以及与此相联系的其他工作。基本建设是存在于国民经济各部门以获得固定资产为目的的经济活动,简言之,是一种投资的经济活动。

而固定资产是指在社会再生产过程中，能够在较长时期内为生产和生活等方面服务的物质资料。根据我国财政部的规定，列为固定资产的，一般必须同时具备下列两个条件：一是使用年限在 1 年以上；二是单位价值在规定的限额以上。

固定资产按其经济用途，可分为生产性固定资产和非生产性固定资产两大类。生产性固定资产是在物质资料生产过程中，能在较长时期内发挥作用而不改变其物质形态的劳动资料，如厂房、机器设备、港口码头、铁路、公路、桥梁、隧道、车站等。非生产性固定资产，作为消耗资料的一部分，直接服务于人民的物质文化生活，在较长时期内不改变其物质形态，如职工住宅、医院、学校、剧院、办公楼和其他生活福利设施等。

## 二、工程项目建设程序及其发展和完善

把投资转化为固定资产的经济活动的横向联系和纵向联系、内部联系和外部联系比较复杂，涉及面广，环节多，是一种多行业、多部门密切配合的综合性比较强的经济活动。因此，在建设过程中，包含着紧密相连、环环相扣、有其前后顺序和阶段的过程，不同阶段有着不同的内容，既不容许混淆，又不允许颠倒与跳跃。所以，建设活动必须有组织有计划按顺序地进行，这个顺序就是建设程序。

具体地讲，工程项目建设程序是指工程项目从策划、评估、决策、设计、施工到竣工验收、投入生产或交付使用的整个建设过程中，各个阶段、各个步骤、各个环节、各项工作必须遵循的先后次序。它是人们进行建设活动中所必须遵循的工作制度，是工程建设过程客观规律的反映，是建设工程项目科学决策和顺利进行的重要保证。工程项目建设程序是人们长期在工程项目建设实践中得出来的经验总结，不能任意颠倒，但可以合理交叉。因为，它反映了社会经济规律的制约关系，在国民经济体系中，各部门之间比例要保持平衡，建设计划与国民经济计划要协调一致，成为国民经济计划的有机组成部分；它反映了技术经济规律的要求，比如，就生产性建设项目而言，由于它要消耗大量的人力、物力、财力，如果决策稍有失误，必定造成重大损失。因此，在提出项目建议书后，必须对建设项目首先要进行可行性研究。

我国的建设项目的建设程序，过去称作基本建设程序。建设项目按建设程序进行建设是社会经济规律的要求，是建设项目的技术经济规律要求的，也是建设项目的复杂性(环境复杂、涉及面广、相关环节多、多行业多部门配合)决定的。

我国的建设程序分为八个阶段，即项目建议书、可行性研究、设计工作、建设准备、建设实施、生产准备、竣工验收和交付使用，如图 2-1 所示。其中项目建议书阶段和可行性研究阶段称为“前期工作阶段”或决策阶段。

### (一)项目建议书阶段

项目建议书是业主单位向国家提出的要求建设某一项建设项目的建议文件，是对建设项目的轮廓设想，是从拟建项目的必要性及大方面的可能性加以考虑的。凡列入长期计划或建设前期工作计划的项目，都应该编制项目建议书。在客观上，建设项目要符合国民经济长远规划，符合部门、行业和地区规划的要求。对于政府投资工程项目，编报项目建议书是项目建设最初阶段的工作。

其主要作用是为了推荐建设项目，以便在一个确定的地区或部门内，以自然资源和市场预测为基础，选择建设项目。

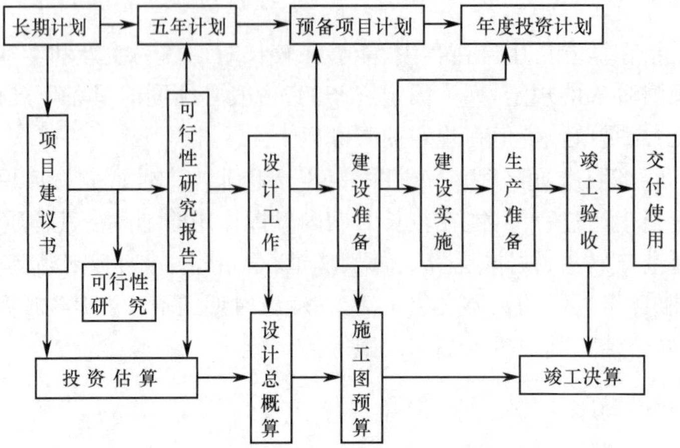


图 2-1　建设程序示意图

项目建设书一般由项目的主管单位根据国民经济发展长远规划、地区规划、行业规划，结合资源情况、建设布局，在调查研究、收集资源、勘探建设地点、初步分析投资效果的基础上提出。跨地区、跨行业的建设项目以及对国计民生有重大影响的重大项目，由有关部门和地区联合提出项目建议书。

大中型项目的项目建议书由国家发改委审批，投资在 2 亿元以上的要报国务院审批。小型项目按照隶属关系由主管部门、省(区、市)审批。项目建议书经批准后，可进行可行性研究工作，但并不表明项目非上不可，项目建议书不是项目的最终决策。

(二)可行性研究阶段

项目建议书经批准后，紧接着进行可行性研究。可行性研究是对建设项目在技术和经济上是否可行进行的科学分析和论证，是技术经济的深入论证阶段，为项目决策提供依据。可行性研究报告按照项目管理的隶属关系，由主管部门组织有关单位或委托设计单位、生产企业(指改、扩建项目)或工程咨询公司进行编制，经主管部门研究审议后上报。根据《国务院关于投资体制改革的决定》(国发〔2004〕20 号，简称《决定》)，对于政府投资项目须审批项目建议书和可行性研究报告。《决定》指出，对于企业不使用政府资金投资建设的项目，一律不再实行审批制，区别不同情况实行核准制和登记备案制。对于《政府核准的投资项目目录》以外的企业投资项目，实行备案制。

所有大中型项目的可行性研究报告，都应按隶属关系由国务院主管部门或省(自治区)、市提出审查意见，由国家发改委审批。投资在 2 亿元以上的项目，由国家发改委组织初审，提出审核意见，报国务院批准。

(三)设计工作阶段

一般项目进行两阶段设计，即初步设计和施工图设计。技术上比较复杂而又缺乏设计经验的项目，在初步设计阶段后加技术设计。

1. 初步设计。它是根据可行性研究报告的要求所做的具体实施方案，目的是阐明在指定的地点、时间和投资控制数额内，拟建项目在技术上的可能性和经济上的合理性，并通过对工程项目所做出的基本技术经济规定，编制项目总概算。

初步设计不得随意改变被批准的可行性研究报告所确定的建设规模、产品方案、工程标准、建设地址和总投资等控制指标。如果初步设计提出的总概算超过可行性研究报告总投资的5%以上或其他主要指标需要变更时，应说明原因和计算依据，并重新报可行性研究报告原审批单位同意。

2. 技术设计。它是根据初步设计和更详细的调查研究资料编制的，进一步解决初步设计中重大技术问题，如工艺流程、建筑结构、设备选型及数量确定等，使建设项目的设计更具体、更完善，技术经济指标更好。

3. 施工图设计。它完整地表现建筑物外形、内部空间分割、结构体系、构造状况以及建筑群的组成和周围环境的配合，具有详细的构造尺寸。它还包括各种运输、通信、管道系统、建筑设备的设计。在工艺方面，应具体确定各种设备的型号、规格及各种非标准设备的制造加工图。在施工图设计阶段(或施工准备阶段)应编制施工图预算。施工图一经审查批准，不得擅自进行修改，必须重新报请原审批部门，由原审批部门委托审查机构审查后再批准实施。

### (四)建设准备阶段

建设准备阶段主要内容包括：组建项目法人、征地、拆迁、"三通一平"乃至"七通一平"；组织材料、设备订货；办理建设工程质量监督手续；委托工程监理；准备必要的施工图纸；组织施工招投标，择优选定施工单位；办理施工许可证等。按规定做好施工准备，具备开工条件后，建设单位申请开工，进入施工安装阶段。主要包括：

1. 预备项目。初步设计已经批准的项目，可列为预备项目。国家的预备项目计划，是对列入部门、地方编报的年度建设预备项目计划中的大中型和限额以上项目，经过从建设总规模、生产力总布局、资源优化配置以及外部协作条件等方面进行综合平衡后安排和下达的。预备项目在进行建设准备过程中的投资活动，不计算建设工期，统计上单独反映。

2. 建设准备的内容。其主要工作内容包括：(1)征地、拆迁和场地平整；(2)完成施工用水、电、路等工程；(3)组织准备、材料订货；(4)准备必要的施工图纸；(5)组织施工招标，择优选定施工单位。

3. 报批开工报告。按规定进行了建设准备和具备了开工条件以后，建设单位要求批准新开工要经国家发改委统一审核后编制年度大中型和限额以上建设项目新开工计划报国务院批准。部门和地方政府无权自行审批大中型和限额以上建设项目的开工报告。年度大中型和限额以上新开工项目经国务院批准，国家发改委下达项目计划。

### (五)建设实施阶段

建设项目经批准新开工建设，项目便进入了建设实施阶段。建设工程具备了开工条件并取得施工许可证后方可开工。这是项目决策的实施、建成投产发挥投资效益的关键环节。新开工建设的时间，是指建设项目设计文件中规定的任何一项永久性工程第一次破土开槽开始施工的日期。不需要开槽的，正式开始打桩日期就是开工日期。铁路、公路、水库等需要进行大量土石方工程的，以开始进行土石方工程日期作为正式开工日期。分期建设项目，分别按各期工程开工的日期计算。施工活动应按设计要求、合同条款、预算投资、施工程序和顺序、施工组织设计，在保证质量、工期、成本计划等目标的前提下进行，达到竣工标准要求，经过验收后，移交给建设单位。

在实施阶段还要进行生产准备。生产准备是项目投产前由建设单位进行的一项重要工作。它是衔接建设和生产的桥梁，是建设阶段转入生产经营的必要条件。建设单位应适时组成专门班子或机构做好生产准备工作。

生产准备工作的内容根据企业的不同而异，总的来说，一般包括下列内容：

1. 组织管理机构，制定管理制度和有关规定。
2. 招收并培训生产人员，组织生产人员参加设备的安装、调试和工程验收。
3. 签订原料、材料、协作产品、燃料、水、电等供应及运输的协议。
4. 进行工具、器具、备品、备件等的制造或订货。
5. 其他必需的生产准备。

### (六)竣工验收阶段

当建设项目按设计文件的规定内容全部施工完成并满足质量要求后，便可组织验收。它是建设全过程的最后一道程序，是投资成果转入生产或使用的标志，是建设单位、设计单位和施工单位向国家汇报建设项目的生产能力或效益、质量、成本、收益等全面情况及交付新增资产的过程。工程竣工验收是全面考核建设成果、检验设计和施工质量的重要步骤，也是建设项目转入生产和使用的标志。验收合格后，建设单位编制竣工决算，项目正式投入使用。竣工验收对促进建设项目及时投产，发挥投资效益及总结建设经验，都有重要作用。通过竣工验收，可以检查建设项目实际形成的生产能力或效益，也可避免项目建成后继续消耗建设费用。

### (七)考核评价阶段

建设项目后评价是工程项目竣工投产、生产运营一段时间后，在对项目的立项决策、设计施工、竣工投产、生产运营等全过程进行系统评价的一种技术活动，是固定资产管理的一项重要内容，也是固定资产投资管理的最后一个环节。

### (八)工程建设程序的发展和完善

建设工程的一切活动虽然属于国民经济的特定领域(与生产领域和流通领域相对而言)，却与国民经济的各个部门息息相关，影响到社会生产和人民生活的水平。因此，一切建设项目的投资方向、工程规模、区域布置等重大问题上必须按照各个时期的经济建设方针，服从国家长远规划。国家和地区的各级主管部门对于建设项目的立项、决策、资金筹集、物资分配以及涉外事宜等重要方面要实行有效的宏观控制。根据权限划分为国家、部门和地区(即各省、区、市)三级管理。这些管理的内容构成了工程项目建设程序的一个组成部分。

1. 20 世纪 50 年代至 70 年代的建设程序

由国家统一对有关工程建设程序各个阶段的划分以及内容要点，制定颁发执行，是建设领域内的立法文件。

新中国成立后，1951 年政务院财经委员会颁发了《基本建设工作程序暂行办法》。其侧重点对基本建设计划的核准和先设计、后施工的步骤，作了具体规定，将基本建设的全部过程分为四个阶段，即

(1)计划之拟订及核准；

(2)设计工作；

(3)施工与拨款；

(4)工程决算与验收交接。

大致的顺序为：首先根据国家计划委员会在国家长期计划范围内规定的各项建设项目与

指标，确定建设对象，然后开始草拟设计任务书（或称设计计划任务书）；在编制设计任务书之前和进行设计过程中，做好调查勘察和建设地址的选定工作；在设计完成后，制定基本建设年度计划；在拨款施工过程中进行检查监督；竣工之后，进行验收交接，并办理工程决算。

2. 20 世纪 70 年代末至 80 年代的建设程序

1978 年由国家计委、国家建委、财政部联合颁发了《关于基本建设程序的若干规定》，规定中一个项目从计划建设到建成投产，一般要经过下述几个阶段：

根据发展国民经济长远规划和布局的要求，编制计划任务书，选定建设地点；经批准后，进行勘察设计；初步设计经过批准，列入国家年度计划后，组织施工；工程按照设计内容建成，进行验收、交付生产使用。全部过程包括以下阶段内容：

(1)计划任务书；

(2)建设地点的选择；

(3)设计文件；

(4)建设准备；

(5)计划安排；

(6)施工；

(7)生产准备；

(8)竣工验收、交付生产。

3. 20 世纪 90 年代以后的建设程序

1991 年 12 月国家计委下发文件明确规定，将现行国内投资项目的设计任务书和利用外资项目的可行性研究报告统一称为可行性研究报告，取消设计任务书的名称。文件还规定今后所有国内投资项目和利用外资的建设项目，在批准项目建议书以后，并在进行可行性研究的基础上，一律编报可行性研究报告，其内容及深度要求与以前的设计任务书相同，经批准的可行性研究报告是确定建设项目、编制设计文件的依据。

根据国民经济发展长远规划，经过初步调查研究，由项目的主办单位编制项目建议书，按照投资管理权限向所属的投资管理部门推荐拟建项目，经批准后列入建设前期工作计划。投资主管部门对所推荐的拟建项目进行综合平衡，在条件成熟时选择一批需要而又有前途的建设项目交予项目的主办单位委托设计或工程咨询单位进行可行性研究。对于可行的项目，在经过预审、修改、复审和评估后，提出可行性研究报告，上报投资主管部门批准后，此项目即算成立，可安排年度建设计划，进行工程设计和建设前期的准备工作。项目的主办单位，应组建或指定建设主管单位，对外进行各类协议和合同的谈判、预约或签订，进行勘察设计，厂址选择，土地征用，资金筹集等一系列准备。

根据批准的设计文件（初步设计、技术设计、施工详图设计），组织招标投标，签订工程承包合同，组织设备材料的订货、供应、运输、开展施工，同时进行生产准备工作，于工程结尾时，组织调整试车，办理交工和竣工验收，使建设项目按预定目标进入生产时期。

## 第三节　可行性研究的目的和作用

### 一、可行性研究的含义及发展

#### (一)可行性研究的含义

在日常生活中，买一件价值较高的物品（例如计算机），首先必须考虑的是：需不需要买？

市场有没有卖？有没有钱买？即对实现“目标”的可能性进行权衡。经过权衡，确定要买后，就要进一步考虑：买什么型号？到哪儿去买？买什么牌的？买了怎么运回来？即在实现“目标”的多种途径中，如何选取一个最佳方案。

工程建设是一项重大的投资活动，不像买洗衣机那么简单，如果决策稍有失误，不仅会造成社会劳动的极大浪费，还会影响项目建成之后的经济效益。为了排除风险，避免浪费，提高建设项目的投资经济效益，在项目投资决策之前，必须进行可行性研究。即对一个新的建设项目的技术先进性和经济合理性进行全面的综合分析和论证，以期达到最佳的经济效果。

可行性研究包括对项目的各种建设条件进行调查、预测、分析、研究、评价等一系列的过程，是一项十分细致而复杂的工作。研究结果包含可行和不可行两种可能。如果不可行，应撤销项目设想；如果可行，则必须推荐最佳建设方案，供决策者决策。

### (二)可行性研究的发展

可行性研究(feasibility study)起始于1902年，美国为了改善河道，根据河港法要求，对水域资源工程项目进行评价。20世纪30年代，美国在开发田纳西河流域工程中，应用可行性研究方法，效果显著。第二次世界大战后，随着生产技术的进步，市场竞争的加剧，经济和管理科学的发展，可行性研究得到了迅速发展。逐渐成为一门具有系统理论基础、保证实现最佳经济效益的综合性科学。应用范围也不断扩大，不仅用于建设项目的投资决策分析，还广泛应用于工农业生产经营管理、科学实验、新产品开发、环境保护、行业规划、区域规划，以及自然与社会改造等方面。为了在发展中国家开展和推广可行性研究，1978年联合国工业发展组织编写了《工业可行性研究手册》，并与阿拉伯国家联合编写了《工业项目评价手册》。世界银行也编写了《项目经济分析方法》，帮助受援助国家开展可行性研究。目前，建设项目的可行性研究已在世界各国广泛应用，其理论方法也在不断完善和发展。

我国多年来的基本建设实践也证明建设项目进行可行性研究的必要性。“一五”时期，我国曾对一些基本建设项目进行技术经济调查，搞方案技术经济比较，虽然没有可行性研究那么细，但都取得了较好的经济效果。后来由于种种原因，这项工作不做了，导致了许多工程盲目上马，后果十分严重。许多工程由于条件不具备，建建停停，长期建不成；有的建到中途下马停建；有的工程即使勉强建成，也长期不能投产，不仅未取得经济效果，还背上了沉重的包袱。总结正反两方面的经验教训，1981年国务院在国发30号文件中明确规定：所有新建、扩建大中型项目以及利用外资进行基本建设的项目都必须有可行性研究报告。这实际上是在我国基本建设程序中补充了可行性研究这个重要环节。1983年国家计委正式颁发了“可行性研究试行管理办法”。各个行业部门也根据自身的行业特点研究制定并颁布了相应的可行性研究报告编制办法。目前，建设项目可行性研究正向项目决策科学化、民主化的方向不断充实、完善。

### (三)可行性研究的特点

建设项目可行性研究，一般具有以下几个特点：

1. 前期性。它是项目投资决策前进行的一项工作，是建设项目前期工作的主要内容。

2. 预测性。它是对拟建项目的产品需求、投资、成本、盈利以及社会经济效益的预测，而不是对已建成项目的实际情况分析。

3. 不确定性。它所面对的是许多不确定的因素。预测的各种技术经济数据具有不确定性；在研究过程中，项目在技术上、经济上的可行性也具有不确定性。

以上特点，说明可行性研究要广泛、深入地进行调查研究，实事求是地采用科学方法进行预测、分析、计算，客观公正地做出正确结论，为项目决策提供科学依据。切不可先盲目、主观地定调子，然后为项目的可行找依据。

## 二、可行性研究的目的和作用

### （一）可行性研究的目的

可行性研究是基本建设前期阶段的一项重要工作，它的基本任务是对一个新的建设项目（或扩建项目）的一些主要问题，例如市场需求、原材料供应、厂址选择、外围条件、工艺流程、技术方案等，从技术和经济两个方面进行全面、系统的分析研究，并对这个项目建成后可能取得的经济效益进行预测，从而得出这个项目是否建设和如何建设的意见，供决策者决策时参考。

可行性研究从形式上分为工程技术和经济核算两部分，实际上前者是手段，后者才是目的，前者是为后者服务的。因此，可行性研究的目的实质上就是在项目决策之前，全面研究建设项目以投资盈利为核心的经济问题，趋利避害，研究投资于此项工程，如何才能获得最大的经济效益，使拟建项目在竞争中立于不败之地。

### （二）可行性研究的作用

可行性研究涉及工程建设各个方面，内容既广泛，且有一定深度，经过批准的可行性研究，在项目筹建和实施过程中，主要有以下几方面的作用：

1. 可作为建设项目投资决策的依据。可行性研究对拟建项目的产销情况、竞争能力和投资经济效果所做的科学预测，对于防止和减少决策失误所造成的浪费，提高项目决策的成功率具有重要意义，因此投资者决策主要是依据可行性研究报告。

2. 可作为编制和批准设计任务书的依据。设计任务书是项目投资的决策文件。设计任务书的编制，主要依据可行性研究推荐的最佳建设方案的有关内容和数据。同时可行性研究报告也是上级主管部门批准设计任务书的依据。

3. 可作为银行贷款的依据。建设单位要向银行申请建设项目贷款，必须同时报送可行性研究报告。银行主要关心的是贷款是否能按时偿还，因此银行审批贷款时要对所报的可行性研究进行评估，根据评估报告决定是否同意贷款。世界银行等国际金融组织都把项目的可行性研究报告作为贷款的先决条件，并制定了一套对项目可行性研究进行评估和审批的办法。我国投资银行和建设银行也规定了类似的评估和审批固定资产投资贷款的办法。

4. 可作为建设项目与各协作单位签订合同和有关协议的依据。建设项目在筹建阶段就要做好投资准备。根据可行性研究报告所提供的拟建项目的产品、原材料、燃料、动力、运输、通信等数量和要求，可分别和有关单位签订各种协议，如原材料和燃料供应协议；水、电供应协议；运输和通信协议；产品和销售协议等，也可作为安排科研试验及设备制造的依据。

5. 可作为基本建设前期中下一步开展工作的依据。如可作为进一步开展设计工作的依据。可行性研究中对建设地址、主要生产工艺流程及布置、主要设备选择等已进行了详细的技术经济方案比较论证，确定了原则，故经批准后，就成为进一步开展项目设计的依据；可作为安排项目计划和实施方案，进行设备、材料订货等工作的依据；可作为环保部门审查项目对环境影响的依据；可作为向当地政府和城市规划部门申请建设执照的依据。

6. 重大项目的可行性研究报告，可作为编制国民经济计划的依据。

## 第四节　可行性研究的内容和步骤

### 一、建设项目可行性研究的内容

建设项目可行性研究的内容，随项目类型和性质的不同而有所差异，例如矿山项目应侧重于研究资源和运输条件；加工工业项目一般应侧重于研究市场需求；交通建设项目侧重于研究项目的吸引范围、客货运量和线路技术方案、投资额度等。但各类建设项目要研究的基本内容大致相同。一般要求解决和回答以下几个方面的问题：一是为什么要建这个项目？二是资源及市场需求情况如何，需要建多大的规模比较合适？三是项目地点选在哪里最佳？四是该项目建设需要采用什么技术方案，有何特点？五是与项目建设配套的外部条件如何？六是项目总建设时间多长，需要多少投资资金？七是该项目所需的资金如何筹措，能否落实？八是项目建成后，其经济效益和社会效益如何？即要重点论证项目的必要性、技术可行性、经济合理性、条件可靠性和实施可能性等五个方面的问题。

#### (一)国外可行性研究的阶段和内容

国外的可行性研究一般分为机会研究、初步可行性研究、可行性研究、项目评估决策四个阶段：

1. 机会研究。国外的机会研究分为一般机会研究和项目机会研究。前者是以一个部门或一个地区，或以某项资源为对象，鉴别投资机会，选择投资方向；后者是在前者的基础上，初步确定上什么项目，即提出项目建议书的初步建议。

机会研究具有规划和设想性质，调查研究比较粗略，要求时间短，花钱少。一般其投资估算误差可达 30%，费用为项目总投资的 0.2%～1%，所需时间一般为 1～3 个月。

2. 初步可行性研究。当机会研究的结果认为该项目有进一步研究价值时，即可着手进行初步可行性研究。其目的是确定是否要进行全面的可行性研究，哪些问题需要进行辅助性的专题研究。初步可行性研究的研究深度比机会研究深，比可行性研究浅。如果机会研究做得较深，有足够的数据确定是否要进行全面的可行性研究，也可以不做初步可行性研究，直接进行最终可行性研究。

一般大型复杂的建设项目，初步可行性研究还需要辅助研究。研究的问题根据项目的具体需要而定，一般有：市场研究、原材料、燃料和其他投入研究；建设地点及厂址选择研究；主要设备选择研究；合理的经济规模研究等。

初步可行性研究投资估算精确度一般要求与实际投资误差不超过 20%，所需费用占项目投资的 0.25%～1.5%，时间一般需要 2～4 个月。

3. 可行性研究。也称为最终可行性研究。通过这一阶段的研究，应对有关拟建项目的建设地点，生产的产品构成及生产方法，合理的生产规模，原料的来源，投资额，还本付息年限，生产成本及收益等提出分析和建议，为项目兴建和投资决策提供技术上、经济上和财务上的依据，是关键性的一个阶段。

可行性研究投资估算精确度一般要求与实际投资误差不超过 10%，所需费用：中小型项目为投资的 1%～3%；大型项目为投资的 0.2%～1%。所需时间一般为 8～10 个月。

4. 项目评估决策。即对可行性研究做出评价，审核可行性研究报告中反映的情况是否属实，分析计算是否正确，从技术、组织、经济、财务和社会方面综合判断项目的可行性，最终做出投资决策。

(二)我国建设项目可行性研究的阶段和内容

我国建设项目可行性研究的阶段及内容是吸收国外的经验,结合我国计划编制和基建程序的规定,经过各行业部门的研究、实践逐渐形成的。随着我国计划和项目决策体制改革的深入,可行性研究的内容和阶段划分还可能在改革中进一步完善。我国可行性研究的阶段划分及各阶段的主要工作内容如下:

1. 项目建议书阶段。我国项目建议书主要是根据长期计划要求、资源条件和市场需求,鉴别项目的投资方向,初步确定上什么项目。着重分析项目建设的必要性,初步分析项目的可行性。因此大体上相当于国外的机会研究和初步可行性研究阶段。

我国类似于国外的机会研究是在国家、部门和地区的长期计划中进行的。重点项目在长期计划中初步提出项目设想,在项目建议书阶段再对项目进行初步技术经济分析,从而提出项目建议书;一般项目则在国家各级长期计划和行业、地区规划指导下进行项目机会研究,提出项目建议书。

我国可行性研究是根据批准的项目建议书进行的,除利用外资的重大项目和特殊项目需要增加初步可行性研究外,一般项目不需要进行初步可行性研究。因此,项目建议书的技术经济分析深度应大体相当于国外的初步可行性研究,否则将影响项目决策的正确性。

2. 可行性研究阶段。这一阶段要求对项目在技术上的可行性,经济上的合理性进行全面调查研究和技术经济分析论证,经过多方案比选,推荐编制设计任务书的最佳方案。

建设项目可行性研究的内容也是建设项目可行性研究报告的内容。就一个铁路建设项目而言,可行性研究一般要求具备以下主要内容:

(1)概况描述。①工作概括,包括任务依据(项目建议书或可行性研究计划要点)、研究范围(起讫点、基本走向、接轨条件)、工作过程等;②沿线自然概况(线路设计依据),包括铁路地理位置、沿线山脉、水系、地势与地形情况、区域地质构造与地震烈度、气象、气候和水文概貌等;③地区经济概况(运量调查与预测的依据);④地区铁路网情况(分析路网运力的依据)。

(2)建设项目必要性论证。①修建意义;②与其他部门的协调配合;③替代方案的比选(投资、运能、经济效益论证);④评价与结论。

(3)客货运量的调查与预测。①直通吸引范围,近远期直通客货运量;②地方吸引范围,近远期地方客货运量;③大型工矿企业近远期大宗货运量的分析与落实;④各设计年度、各区段上下行货运量的汇总;⑤各设计年度、各区段的客车对数。

(4)铁路能力规划与线路平纵断面设计。①确定铁路等级;②选定主要技术条件(铁路能力设计);③协调路网运输能力的论证;④线路设计与方案比选;⑤设计阶段与勘测设计计划。

(5)投资估算(经济评价的依据)。①工程数量与工程造价;②各设计年度机车、车辆需要量与购置费;③涨价预留金的估算;④各设计年度流动资金的估算。

(6)资金筹措。①资金来源,资金占用费或借贷利息;②还本付息办法;③建设和运营的管理体制。

(7)经济效益评价。①财务评价;②国民经济评价;③不确定性分析。

(8)综合评价与结论。①建设项目必要性的综合评价;②建设项目有待解决的重大问题;③省(区、市)、战区与中央部委的意见;④结论与建议。

此外,在可行性研究报告中,还应将有关调查研究资料及文件,以附件、附图、附表及协议条文等形式列附于后,以备查考。

其他行业的可行性研究内容,可参照有关规定由主管部门确定。对于小型项目和中型非生产性项目,在满足决策要求的前提下,可行性研究内容可以简化。

3. 项目评估决策阶段。我国规定大中型建设项目由国家发改委委托中国国际工程咨询公司评估。评估是在可行性研究报告的基础上,落实可行性研究的各项建设条件,进行再分析、评价。评估一经通过,即可作为批准设计任务书的依据,项目即可列入五年计划。

从上述可行性研究的内容和阶段划分可以看出,我国项目建议书阶段的分析研究,是对长期计划项目的进一步落实;可行性研究和评估决策两个阶段则是落实项目是否列入五年计划。整个可行性研究的三个阶段中,贯穿了上下结合,部门与地区结合,宏观经济计划与项目计划结合,体现了社会主义国家建设项目可行性研究的特点。

## 二、建设项目可行性研究的步骤

我国可行性研究是在项目建议书的基础上进行的。首先由建设单位或建设项目主管单位根据国家长期计划提出项目建议书,经批准后列入前期工作计划,这样就完成了可行性研究的第一步。接着由建设单位或项目主管单位根据批准的项目建议书,委托咨询设计单位进行可行性研究。接受委托的工程咨询公司或专业设计院,一般要组成一个工作小组,负责建设项目的可行性研究工作。可行性研究的具体步骤如下:

### (一)准备工作

要与委托单位和项目主管单位研究项目目标,了解他们对拟建项目的要求和意图。

### (二)调查研究

对拟建项目的产品需求、价格、工艺技术、原材料、能源、运输条件、配套工程、设备供应、环境保护、产品的竞争能力及可供选择的建设地点的自然、经济、社会条件等都要进行深入的调查研究,广泛收集所需资料,以便初步确定拟建项目的必要性和现实性。

### (三)优选方案

在研究不同的工艺技术、不同的设计方案、不同的设备选型、不同的投资、不同的建设地址比选的基础上,将各种方案的技术经济条件相互比较、评价,优选出最佳经济效益的方案。在优选方案中,对一些原则性问题和有争论的问题,要与项目主管单位讨论。

### (四)详细研究

对选出的最佳方案进行深入分析研究,详细进行财务评价和国民经济评价,并对各种不确定因素进行敏感性分析。在财务分析中,要详细估算总投资、落实资金来源,并签订资金供应协议。对各种外部协作条件,也要落实签订供应协议或意向性协议。

### (五)编写报告

将经过深入评价的推荐方案及方案比选的主要过程及主要有争议的问题,按国家规定,编写成可行性研究报告,上报审批。

可行性研究的一般工作步骤如图 2-2 所示。

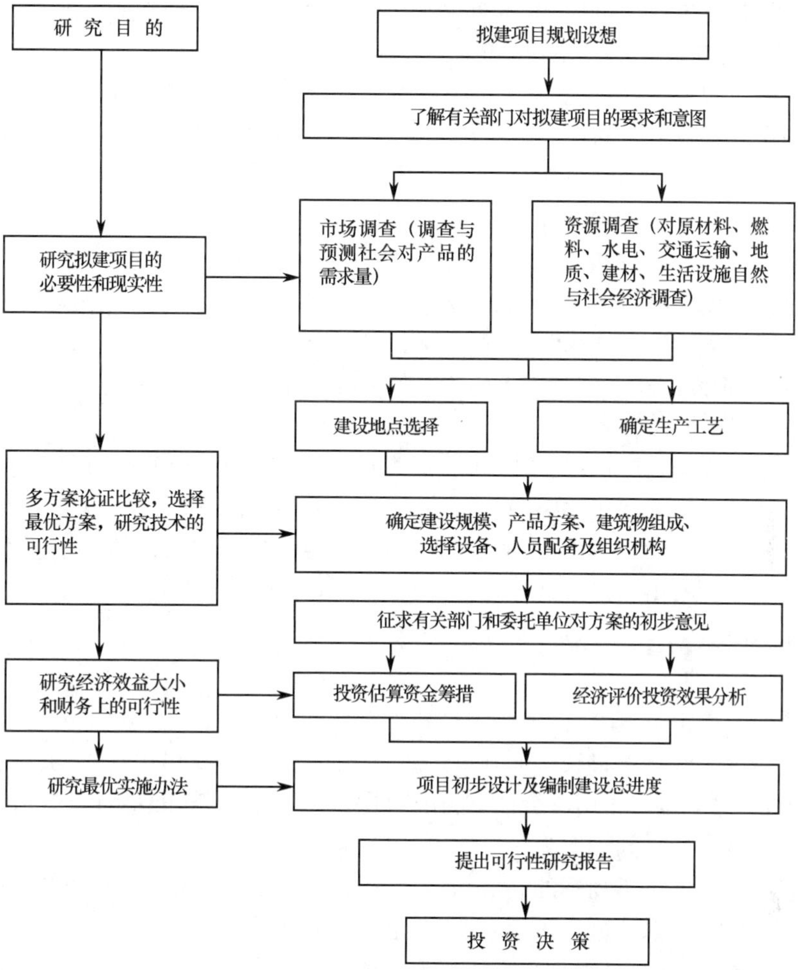


图 2-2　可行性研究的工作步骤

## 第五节　可行性研究的基础数据

### 一、资金的时间价值计算

#### (一)基本概念

在评价工程项目的投资效果时，要分析其技术和经济的发展过程，包括建设时期、使用时期直至经济寿命终止。

从资金的运动过程看，资金在建设和生产过程中，依次经过如下三个阶段：

一是流通阶段：用基本建设资金支付勘测费、设计费、土地征购费，购买建筑材料、订购生产设备和仪器仪表等。

二是建筑安装阶段：生产资料和劳动力结合，根据设计要求，建成符合社会需要的工程项目，如工厂、矿山、铁路、公路、港口等。这时，工程项目还没有发挥作用。

三是回到流通阶段：从建筑业的角度出发，工程竣工验收后投产，又回到货币形式，再进行一个新的工程项目。从国民经济角度来考虑，国家把新建成的项目交给企业经营，生产产品，通过产品销售获得货币收入,再回到流通领域。资金经过一个循环后实现一次增值。经过这三个阶段,资金所产生的增值就是资金的时间价值。

评价不同的投资方案,应考虑资金的时间价值问题,因为参与比较的各方案,往往与时间有着密切的联系。如投资时间不同的投资方案的可比性问题、投资时间不同的经济效果评价问题、不同方案的不同年度经营费的比较问题等。“效率就是生命,时间就是金钱”。正因为如此,对大规模的含有时间因素的经济活动,必须研究资金与时间的关系。

一项成功的投资,除了能够回收原来的资金外,必定能得到一些“报酬”。将资金投入一项工程或作为贷款是能够赚得一定报酬的,这项报酬可视为资金的利润,也就是资金的利息。由于利息的存在,资金经过一段时间可以产生增值,这就产生资金有“时间价值”的概念。资金时间价值计算,就是把发生在不同时点上的资金值换算成相同时点上的资金值,使得工程项目方案的收支在价值上具有可比性。

资金活动规模表明,其价值随着时间的推移而变化。引起变化的原因主要有:一是通货膨胀,货币贬值,现在的一元钱比将来的一元钱价值高;二是承担风险,将来可能获得一元钱没有现在拿到一元钱稳妥可靠;三是货币增值,人们通过一些经济活动,能使一笔钱在将来获得比现在还要多的金额。货币的增值形式有投资活动和银行储蓄两种。

1. 利息与利率

(1)利息与利率的含义

当个人或企业向银行贷款时,都要支付利息。即使用自有资金,不需向别人支付利息,但失去了将这笔钱存入银行而将获得的利息。所以,占用资金是要付出代价的。这代价就是利息。也就是说,利息就是因占用资金而支付的费用。而利率就是在规定的时间内支付的利息和本金之比。此规定的时间一般为一年或更短些。

资金利息的大小取决于利率的高低和资金占用的时间。在同等的利率情况下,占用的时间越长,则利息越大,所以从这个角度来说,资金具有时间价值。

资金有时间价值,主要是因为资金转变为生产资料后在劳动的作用下,会产生超过投入资金的收入,此超过部分就是利润。正因为如此,有时将利息的含义扩展为利润,而利率就相当于利润率。从广义上讲,把资金借给别人使用也是一种投资。

(2)单利和复利

①单利

当支付的利息和占用资金的时间、本金及利率成正比时,此利息就是单利。如果用 $I$ 表示利息,则单利可以表示为

$$I=P\times n\times i \tag{2-1}$$

如以 $F$ 代表本利和,则

$$F=P+I=P+P\times n\times i=P(1+n\times i) \tag{2-2}$$

式中　$P$——本金;

$n$——计息期数(如年数),即占用资金的时间;

$i$——单位计息期的利率(如年利率)。

**【例 2-1】** 某人以 6%的年利率借款 1 000 元,借期 5 年,以单利计算。问 5 年后此人应支付利息多少?

**【解】** $P=1\,000$ 元,$n=5$ 年,$i=6\%$

$$I=P\times n\times i=1\,000\times 5\times 0.06=300(\text{元})$$

单利计算的一个特点就是只有本金才计利息，计息期内的利息不再计算利息，即在贷款期末一次计算利息，而不管贷款期限多长。

②复利

计算单利时，利息是在计息期末一次计算的，而在复利计算中，是在计息期内每一计息期（一般为一年或更短些）计算一次利息，并把这期的本利和作为下一期计算利息的本金。复利也就是通常所说的“利滚利”。

**【例 2-2】** 已知条件同例 2-1，若以复利计算，问 5 年后此人应支付利息多少？

**【解】** 根据复利的定义，其计算过程见表 2-1。

**表 2-1 复利算例计算表**

| 年 | 年初所欠金额(元) | 年末利息额(元) | 年末欠本利和(元) |
|---|---|---|---|
| 1 | 1 000.00 | 1 000.00×0.06=60.00 | 1 000.00+60.00=1 060.00 |
| 2 | 1 060.00 | 1 060.00×0.06=63.60 | 1 060.00+63.60=1 123.60 |
| 3 | 1 123.60 | 1 123.60×0.06=67.42 | 1 123.60+67.42=1 191.02 |
| 4 | 1 191.02 | 1 191.02×0.06=71.46 | 1 191.02+71.46=1 262.48 |
| 5 | 1 262.48 | 1 262.48×0.06=75.75 | 1 262.48+75.75=1 338.23 |

故所求的利息为 1 338.23－1 000＝338.23(元)。

由例 2-1 和例 2-2 中可以看出，当单利计算和复利计算的利率相等时，资金的复利利息值大于单利利息值，且时间越长，差别越大。由于利息是资金的时间价值的体现，而时间是连续不断的，所以利息也可不断地发生。从这个意义上讲，复利计算方法比单利计算更能反映资金的时间价值，因此在工程技术经济分析时，绝大多数情况是采用复利计算。在本节中所讨论的利息问题都是采用复利计算方法，利息指的都是复利，利率指的都是复利率。

利息的多少由利率决定。利率就是在一定时间内，所获得的利息与所贷出的资金的比值，即利息等于本金与利率的乘积。在我国，利率是根据国民经济发展的需要，由国家统一制定的，国家可以通过调整利率有计划地控制资金的使用。

2. 符号规定及现金流量图

(1)符号规定

下面符号的意义规定为：

$i$——每一计息期的利率，无特别说明均指年利率；

$n$——计息期数，一般均以年为单位；

$P$——资金的现值，即本金，发生在计息期期初；

$F$——资金的未来值，即本利和，发生在计息期期末；

$A$——表示在一系列每一计息期期末等额支出或收入中的一期资金支出或收入额，由于一般一期的时间为一年，故通常称为年金；

$G$——等差额，有的称为梯度，其含义是，当各期的支出或收入是均匀递增或均匀递减时，相邻两期资金支出或收入的差额，另外规定，各项资金的支出或收入都发生在计息期初或期末。

(2)现金流量图

为了直观地表示现金的流入和流出情况，通常均采用“现金流量图”这一图式来描述现金支出或收入发生的时间和数值。

图 2-3 是一个简单的现金流量图。它反映的是例 2-2 中现金流动的情况,即在某一时间(零年末)借入 1 000 元,经过 5 年后,在第 5 年末偿还本利 1 338.23 元。

在画现金流量图时需要注意:

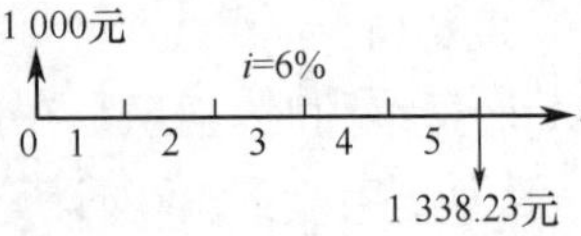

图 2-3 现金流量图

①水平线表示时间坐标,时间的推移从左到右。时间可以用计息期数标记,也可以用具体的日期标记。

②垂直箭线表示现金流量的大小,箭头向上表示现金增加(流入),箭头向下表示现金减少(流出)。

③由于借方的现金流入就是贷方的现金流出,所以借贷双方的现金流量图对于同一笔资金来说是相反的。图 2-3 是从借方的角度来画的。

(二)复利计算利息的公式

复利计算一般是间隔一段时间才计算一次利息。同样,资金的支付也是每隔一段时间才发生一次,这种称之为间断支付复利计算利息公式在实践中应用得最多,其他如连续支付利息公式也可以由它推导出来,因而本书只着重介绍这种计算方法。

常用的资金时间价值复利计算公式见表 2-2。

**表 2-2 资金时间价值的复利计算公式表**

| 类　型 | 名称 | 已知 | 待求 | 公　式 | 函数符号 |
|---|---|---|---|---|---|
| 一次支付 | 未来值(本利和) | $P$ | $F$ | $F=P(1+i)^n=P(F\|P,i,n)$ | $(F\|P,i,n)$ |
| | 现　值 | $F$ | $P$ | $P=F(1+i)^{-n}=F(P\|F,i,n)$ | $(P\|F,i,n)$ |
| 等额支付系列 | 未来值(本利和) | $A$ | $F$ | $F=A\left[\frac{(1+i)^n-1}{i}\right]=A(F\|A,i,n)$ | $(F\|A,i,n)$ |
| | 偿债基金 | $F$ | $A$ | $A=F\left[\frac{i}{(1+i)^n-1}\right]=F(A\|F,i,n)$ | $(A\|F,i,n)$ |
| 等额支付系列 | 资金回收 | $P$ | $A$ | $A=P\left[\frac{i(1+i)^n}{(1+i)^n-1}\right]=P(A\|P,i,n)$ | $(A\|P,i,n)$ |
| | 现　值 | $A$ | $P$ | $P=A\left[\frac{(1+i)^n-1}{i(1+i)^n}\right]=A(P\|A,i,n)$ | $(P\|A,i,n)$ |
| 等差系列(按等值 $G$ 增加或减少的) | 年　值 | $G$ | $A$ | $A=G\left[\frac{1}{i}-\frac{n}{(1+i)^{n-1}}\right]=G(A\|G,i,n)$ | $(A\|G,i,n)$ |
| | 现　值 | $G$ | $P$ | $P=G\left[\frac{(1+i)^n-1}{i^2(1+i)^n}-\frac{n}{i(1+i)^n}\right]$ $=G\|i[(P\|A,i,n)-n(P\|F,i,n)]$ $=G(P\|G,i,n)$ | $(P\|G,i,n)$ |

## 二、建设项目市场需求预测分析

建设项目的必要性是可行性研究必须涉及的重要问题。在市场经济条件下,分析项目的必要性主要是分析和考察项目的产品是否符合社会的需求,是否适销对路。市场分析是建设项目可行性研究的重要内容之一。通过对项目的市场分析,还要进一步测算产品在市场的销售、价格趋势,以及项目运行过程中的费用和收益等,这种测算主要是市场的需求预测,它是建设项目科学决策的重要基础,没有科学的预测就不可能做出科学的决策。

## (一)可行性研究中的市场分析

1. 市场的作用

市场分析与经济分析、技术分析一道构成了建设项目可行性研究的三大支柱。市场是商品经济的产物,在商品流通的过程中,供给与需求始终存在着矛盾,这种矛盾通过市场活动反映出来,并在市场的不断运动中寻求供给与需求平衡来解决。因此,随着市场经济的不断发育、市场的日益成熟,市场的作用越来越明显。

市场是实现社会再生产的桥梁与纽带,它是促进经济发展、社会进步的条件。市场经济的商品交换过程中,不可避免会出现产品(或服务)在技术、质量、成本与价格等方面的竞争。通过在市场中的比较,技术先进、质量好、成本低的产品才能够在竞争中获胜,否则就要被市场淘汰。这就迫使投资者与生产者都要面向市场、迎接挑战,从而促进社会经济的迅速发展和技术进步。

2. 进行建设项目市场分析的意义

“生产什么和生产多少? 如何生产? 为谁生产?”这是一切经济组织面临的三个基本问题,分析与解决这三个问题的出发点和归宿都是市场。因此,在建设项目决策前进行市场分析,确定建设项目的必要性与合理性将为项目决策提供依据。

(1)明确项目的必要性。通过市场分析,了解建设项目的建筑产品是否符合社会需求,生产哪些产品有利或无利,产品的目标市场在哪? 销路如何?

(2)明确项目的内容。社会需求什么就生产什么,这是建设项目考虑的首要问题,如何生产也由市场决定。市场不仅决定建设投资方向,同时也决定着建设投资的内容。通过市场调查分析有助于我们及时了解世界各国的经济动态和有关科技信息,为投资者提供最新的科技情报;有利于投资者采用先进的生产技术和科学的管理方法,提高产品的竞争力,这是建设项目生存和发展的重要条件。

(3)明确建设项目的生产规模。项目确定之后,还面临着生产多少的问题。某种产品生产的规模,也要通过市场分析预测,确定市场需求量、了解竞争对手情况,最终确定项目建成时的最佳生产规模,使企业在未来能够保持合理的盈利水平和持续发展的能力。

3. 市场分析的方法

建设项目可行性研究进行市场分析的目的在于揭示出市场结构及其需求状况。按市场的运动规律分析市场,是建设项目市场分析的基础前提。其方法主要是利用定量和定性的方法,进行系统的市场调查、需求预测、市场趋势综合分析。

(1)市场调查。在建设项目决策前,进行与项目相关的产品、价格、竞争对手、宏观环境因素等市场信息的收集、整理等工作,通过分析,掌握市场信息及市场结构的现状,为进一步的市场分析和投资决策打下基础。

(2)需求预测。由于市场总是处于不断变化和发展的运动状态,尤其是在当今世界,科学技术和经济发展迅速,往往使未来市场与今天的差别巨大。而一般较大的建设项目,建设期和投产期均需要几年,正常运行期则有十几年,甚至几十年。建设项目总的说是要服务于未来。因此,我们必须着眼于未来的市场,通过科学的预测,掌握未来市场的结构和状况,尤其是与建设项目相关的产品需求状况。

(3)市场趋势综合分析。从市场活动的规律看,市场活动的过去、现在和未来,主体与环境,都不是孤立的,而是一个纵横交织的运动整体。认识市场必须从系统的角度来认识,把市场放在一个时间上和空间上变化、发展的动态系统来研究，从而描述一个完整的项目市场概貌。

### (二)市场调查和趋势分析

1. 市场调查

在建设项目决策前，要弄清楚社会对产品的需求情况。市场调查就是要用科学的方法，有目的地去系统搜集市场活动的真实情况，获得市场分析的第一手资料，市场调查是市场分析的基础。

(1)市场调查的程序

一般分为调查准备、调查实施和调查结果处理三个阶段，如图 2-4 所示。

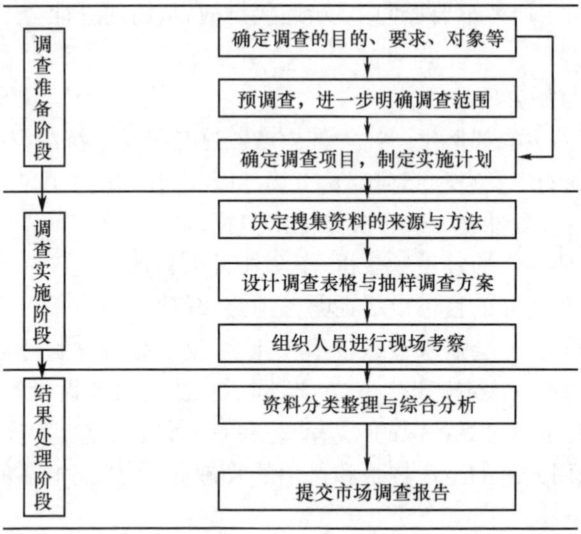


图 2-4　市场调查程序

(2)市场调查的内容

从建设项目评价的角度看，市场调查的内容主要是：需求调查、商品购买力和供给量调查、竞争调查。具体地讲，有市场环境调查、技术发展调查、产品需求量与供给量调查、消费调查、产品种类与质量调查、产品需求价格调查、竞争调查等。

(3)市场调查的方法

市场调查的基本方法有：访问法、观察法和实验法等。

2. 市场趋势分析

市场趋势是指市场运动、变化、发展的特点和规律。市场趋势分析就是在市场调查、市场预测基础上，把市场现状和未来有机结合起来，研究其发展的规律，对市场的整体结构进行系统地描述。市场趋势分析对把握建设项目投资的大方向，提高投资决策的正确性有重大意义。

市场需求预测的基本方法详见后续章节。

## 三、建设项目投资与成本估算

对于一般的建设项目而言，投资、成本、销售收入、税金和利润等经济量是构成建设项目分析的基本要素，也是进行建设项目技术经济分析的最重要的基础数据。

### (一)建设项目投资的概念

1. 投资的一般概念

广义投资是指经济主体为获得预期效益,投入一定量的资金(资本)而不断转化为资产的经济活动。

投资的这一含义,表明了投资主体、投资目的、投资方式和投资行为过程的内容及其内在联系。投资主体有多层次和多种类型,一般为直接从事投资的各级政府、企业、事业单位、金融机构、其他经济实体和社会团体、个人以及外国投资者;投资目的是获得预期收益,包括经济效益和社会效益等;投资方式可以是直接投资——直接投于固定资产和流动资产,形成实物,也可以是间接投资——用于购买股票和债券等,另外还有其他方式的投资,如风险投资等;投资行为过程即投资的实施、使用、回收等经济行为。

2. 项目投资资金来源

具体的项目投资资金来源有:

(1)外商直接投资(包括中外合资、中外合作经营、外商独资等)。

(2)借贷资金(包括国外政府贷款、国际金融组织贷款、出口信贷、外国商业银行贷款等国外贷款,以及基本建设投资贷款("拨改贷")、更新改造贷款、技术改造贷款、技术开发贷款、科研开发和新产品试制开发贷款等中国投资银行贷款、中国银行贷款等国内贷款)。

(3)租赁贸易(是承租人向出租人租用自己所需的物件,并在租赁合同期向出租人交付一定租金的一种贸易方式。它是利用外资解决资金不足的一种方便灵活的较好形式)。

(4)补偿贸易(是技术引进和资金借贷相结合的一种国际经济合作方式。凡是由国外厂商提供,或利用国外出口信贷进口生产技术或设备,由我方企业进行生产,以返销其产品方式分期偿还对方技术、设备价款或贷款本息的交易形式,都属于补偿贸易。这也是解决资金不足的一种极好的形式)。

(5)自筹资金(包括企业生产发展基金、利润留成结余及收自下属单位的业务收入等)。除这些之外,建设项目单位还可以通过发行股票和建设债券的方式向国内以及海外吸纳建设资金。我国一般规定,自有资金为 1/3 时,才能由银行贷出 2/3 的贷款,中国银行向中外合资项目的贷款,也要求至少拥有 1/3 的股本,最高贷款额不得超过股本的 2 倍。

本节所讲的投资是狭义的,是指人们在社会生活活动中为实现某种预定的生产、经营目标而预先垫支的资金。

### (二)建设项目投资的构成

建设项目投入运营后,总投资各构成部分分别形成固定资产、无形资产以及流动资产,其中建设期借款利息形成递延资产。

1. 总投资构成

(1)国外可行性研究中项目建设总投资构成如图 2-5 所示。

(2)国内概算编制办法中的工程项目建设总投资构成如图 2-6 所示。

从对建设项目评价需要的角度出发,下面主要介绍建设项目经济评价中常用的几个投资概念。

2. 固定资产投资

固定资产投资由以下几部分构成:

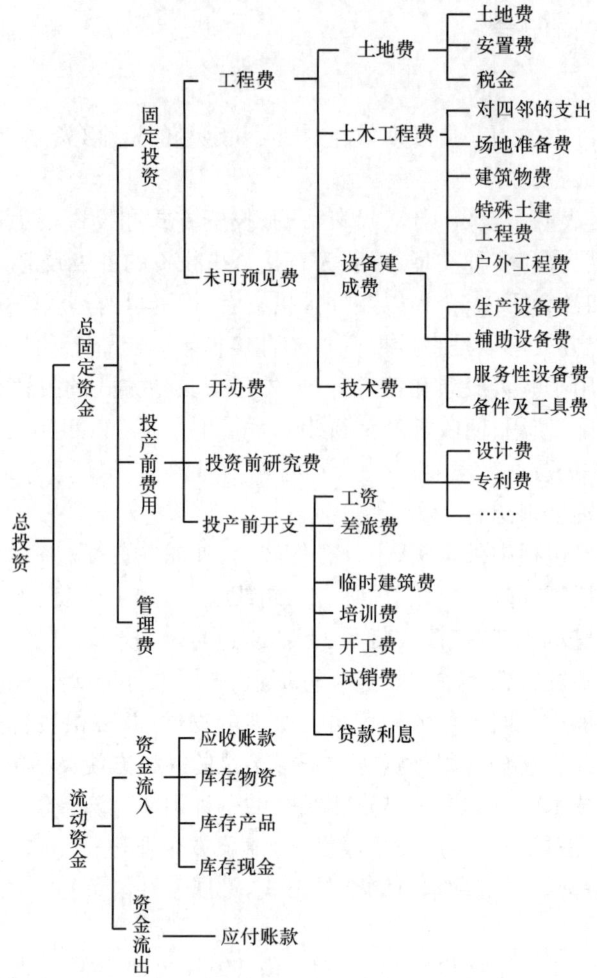


图 2-5　国外可行性研究中项目建设总投资构成

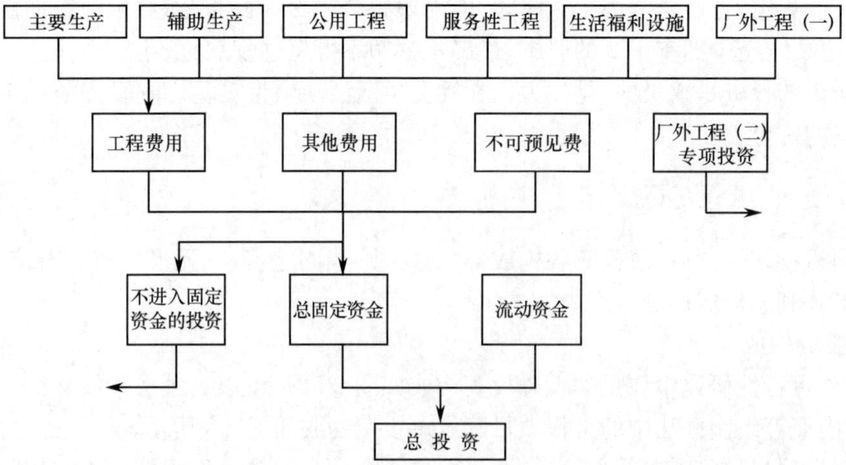


图 2-6　国内概算编制办法中的工程项目建设总投资构成

(1)建筑安装工程投资。是指用于项目建筑工程与安装工程的费用,如直接发生在各种房屋、设施基础、工程地质勘探等工程上的人工费、材料费和施工机械使用费以及施工管理费等费用。

(2)设备、工器具和生产家具购置投资。是指用于购买设备、工器具和仪器部分的费用。主要包括生产工艺设备、辅助设备、科学研究设备、管理办公设备、公用设备等。

(3)其他投资。是指与项目立项、场地准备、勘察设计、监督与管理、生产准备等有关的费用。

(4)预备费,即不可预见费。是指在投资估算时用以处理实际与计划不相符合而追加的费用,包括基本预备费和涨价预备费两部分。

基本预备费主要用于初步设计、施工图设计和施工过程中,在批准的投资范围内所增加的建设费用;由于一般自然灾害所造成的损失和预防自然灾害而采取的必要措施所支付的费用;在上级部门组织验收时,验收委员会(或小组)为鉴定工程质量而必须开挖和修复隐蔽工程而支付的费用等。

涨价预留费主要用于因项目投入物价格上涨而需要增加的费用。对建设项目进行评估时,一般根据当时、当地的材料、设备、工资等价格和标准作为估算的依据,在项目的实施过程中,这些费用也可能会发生变化,即投入物的价格有可能上涨,为此设置该项费用。

3. 流动资金投资

流动资金是指项目正常生产所必须投入的资金。它是用于购买生产产品的原材料、辅助材料、支付工资、存产品以及其他生产周转所需要的资金。

4. 无形资产投资

无形资产是指可供企业生产经营中长期使用,但没有具体实物形态的特殊性资产。可根据其有效期限划分为有期限无形资产(即其有效期限为法律所规定,如专利权、商标权等)和无期限无形资产(即其有效期在法律上无规定,如商誉等)。无形资产是一种特殊的资产,与其他资产相比,具有如下特点:一是不存在实物形态,可以在较长时期内为其拥有者提供经济效益;二是与特定企业或企业的有形资产具有不可分离性;三是有偿取得;四是所提供的未来经济效益具有不确定性。

5. 建设投资

建设投资是指建设单位在项目建设期与筹备期间所花费的全部费用,具体包括固定资产投资、无形资产投资和开办费。

开办费是指企业在筹建期间所发生的各种费用,主要包括筹建期间人员工资、办公费、培训费、差旅费、印刷费、律师费、注册登记费以及不计入固定资产和无形资产购建成本的汇总损益和利息等项支出。开办费形成项目投产后的递延资产,并在项目投产后的前几年内逐年摊销。

6. 总投资

建设项目总投资是指项目建设投资、流动资金投资和建设期利息之和,也称投资总额。

7. 评价投资

在投资决策中,为了使比较的方案具备可比条件和客观评价项目的经济效益,除计算项目实际需要的投资外,有时还要计算相关投资,这就是评价投资。

### (三)建设项目成本的一般概念

建设项目投产后,便开始了产品的生产经营活动,产品的生产与销售伴随着活劳动与物化劳动的消耗,产品成本就是这种劳动消耗的货币表现。影响产品成本高低的因素有很多。对于同一种产品来说,不同的生产技术方案、不同的生产规模、不同的生产组织形式、不同的技术水平与管理水平、不同的物资供应与产品销售条件、不同的自然环境等都可能导致产品成本的不同。

可行性研究的技术经济分析中使用的成本概念与企业财务会计中使用的成本概念有所不同,主要表现在三个方面:

1. 两者内涵不同。财务会计中的产品成本是企业为生产一定种类、一定数量的产品所发生的直接材料费用、直接人工费用和间接制造费用的总和,也称为生产成本或产品制造成本;技术经济分析中的产品成本是企业在一定时期内为生产和销售一定数量的产品所支出的全部费用,这一成本内涵不仅包括了生产成本,而且还包括了销售费用、管理费用和财务费用,称为总成本费用。

2. 财务会计中的成本是对生产经营活动中实际发生费用的记录,各种影响因素的作用是确定的,所得到的成本数据是唯一的;而技术经济分析使用的成本一般是对拟实施项目未来将要发生的费用预测和估算,各种影响因素的作用是不确定的,不同的实施方案会有不同的成本数据。

3. 在技术经济分析中,根据需要,还要引入一些财务会计中所没有的成本概念,如经营成本、机会成本等。

### (四)建设项目总成本费用的构成

根据技术经济分析的需要,可以从不同角度考察总成本费用的构成。

1. 产品成本项目

按总成本费用所包括的各种费用的经济用途,总成本费用可划分为以下成本项目:

(1)直接材料,是指企业生产经营过程中直接消耗的原材料、辅助材料、备品备件、外购半成品、燃料、动力、包装物、低值易耗品及其他直接材料。

(2)直接工资,是指企业直接从事产品生产人员的工资及按生产人员工资总额和规定的比例计算提取的职工福利基金。

(3)制造费用,指企业各个生产单位为组织和管理生产所发生的各项间接费用。包括生产单位管理人员工资和福利费,生产单位房屋建筑费,机器设备等折旧费、修理费、租赁费、机物料消耗、劳动保护费、水电费、办公费以及其他制造费用。

(4)销售费用,指企业为销售产品而发生的、应当由企业负担的费用。包括企业在产品销售过程中发生的运输费、装卸费、包装费、保险费、展览费、广告费以及为销售本企业产品而专设的销售机构的职工工资、福利费、业务费等。

(5)管理费用,指企业行政管理部门为组织和管理生产经营活动而发生的各种费用。包括企业行政管理部门人员的工资和福利费、设备折旧费、工会经费、职工教育费、税金和董事会会费等。

(6)财务费用,指企业为筹建生产经营所需资金而发生的费用。包括利息净支出、汇兑净损失、银行及其他金融机构手续费等。

2. 总成本费用要素

按照生产过程中各种费用的经济性质和表现形态,可将总成本费用分解为以下要素:(1)外购原材料;(2)外购燃料及动力;(3)工资及福利费;(4)修理费;(5)折旧费;(6)维简费;(7)摊销费;(8)利息支出;(9)其他费用。其中,其他费用是指在制造费用、管理费用、销售费用和财务费用中扣除工资及福利费、折旧费、修理费、摊销费、维简费、利息支出后的费用。

总成本费用按经济性质和表现形态分类，反映了企业在一定时期内消耗了哪些资源、耗用量各是多少，便于企业分析各个时期各种成本费用的支出水平；而按成本项目计算、考核成本，便于分析各生产经营环节的运行状态。

3. 固定成本与变动成本

按成本、费用与产量的依存性，即总成本费用中各项费用与产量的关系，可将总成本费用划分为固定成本与变动成本两部分。

(1)固定成本，是指其发生额不直接受产量变动的影响，产量在一定范围内变动，其总额仍能保持不变的成本。从单位产品的固定成本看，则恰恰相反，随着产量的增加，每单位产品分摊的份额相应地减少。

(2)变动成本，指其总额会随着产量的变动而变动的成本，如直接材料、直接工资都是和单位产品的生产直接相联系的，其总额会随着产量的增减呈正比例增减；但从单位产品的变动成本看，则恰恰相反，产品单位成本中的直接材料、直接工资将保持不变，不受产量变动的影响。

研究总成本费用与产量的依存性，从数量上具体掌握总成本费用与产量之间的规律性联系，可以为企业正确地进行最优管理决策和改善经营管理提供许多有价值的资料，它是进行项目盈亏平衡分析的重要内容。

4. 可行性研究中引入的几个成本概念

(1)经营成本，是指从项目总成本费用中扣除固定资产折旧费、维简费、无形资产及递延资产摊销费和利息支出以后的成本费用，即

经营成本＝总成本费用－折旧费－维简费－摊销费－利息支出

经营成本是技术经济分析中特有的概念，在建设项目的经济评价中，被应用于现金流量的分析中。

(2)机会成本，是指将一种具有多种用途的资源置于特定用途时所放弃的收益。一种资源往往有多种用途，即有多种使用“机会”，但用在某一方面，就不能用在另一方面，同时也放弃了相应的收益，在所放弃的机会中最佳的机会可能带来的收益，就是将这种资源置于特定用途的机会成本。

## 第六节　建设项目经济评价

### 一、项目可行性研究与经济评价

经济评价(估)是项目可行性研究和评估的核心，是项目决策的重要依据。其目的在于最大限度地避免风险，提高经济效益。

建设项目的经济评价就是预先估算拟建项目的经济效益，包括财务评价和国民经济评价两个层次。建设项目经济评价既有利于引导投资方向，控制投资规模，提高计划质量，又能使项目和方案经过需要—可能—可行—最佳的步骤得到深入的分析、比选。这样可以避免由于依据不足、方案不当、盲目决策所导致的失误，把有限的资源用于经济效益和社会效益真正最优的建设项目，实现项目和方案决策的优化或最佳化。

#### (一)建设项目经济评价发展的历史

1. 国外发展概况

项目经济评价源于西方。根据评价内容的差异，可将其发展历史分为三个阶段：财务分析

(financial analysis,FA)阶段、经济分析(economic analysis,EA)和社会分析(social analysis,SA)阶段。

20 世纪 50 年代以前,项目评价主要是从企业的立场出发,用工程经济学的方法,比较项目收入和支出,判断项目的优劣,称作财务分析。经济分析又称费用效益分析,是从宏观角度来评价项目的经济效益。经济分析的先驱者为诺贝尔经济学获得者简·丁伯根教授,他于 1958 年提出在经济分析中使用影子价格。此后世界银行和联合国工业发展组织都在其贷款项目评价中同时使用财务分析和经济分析这两种方法。经济分析中的突破性进展是下述三项工作:

(1)1972 年联合国工业发展组织(UNIDO)出版了一本重要著作《项目评价准则》,提出所谓的 UNIDO 法。

(2)1974 年牛津大学福利经济学家 L. 李特尔,经济数学教授 J. 米尔利斯在其 1969 年为经济合作和发展组织(OECD)编著的《工业项目分析手册》的基础上,又发表了《发展中国家项目评价准则》,其中的方法被称为 L—M 法。

(3)1975 年世界银行工作人员林恩·斯奈尔和赫尔爱·G. 范德塔克出版了《项目经济分析》一书,该书的方法被称为 S—V—T 法或 S/V 法。

UNIDO 法、L—M 法和 S/V 法对影子价格的计算采用了各自的方法,对经济分析方法的应用起了重要的推动作用。

在上述著作中还提出了社会分析的概念,社会分析被认为是最理想的项目评价方法。因社会分析把经济增长目标和公平目标结合在一起作为选择项目的标准,即以国民福利最大为目标。社会分析以经济分析为基础但又不同于经济分析,两者的主要区别见表 2-3。

**表 2-3　社会分析与经济分析的区别表**

| 方　法 | 目　　的 | 社会目标 | 影子价格 | 价格计算方法 |
|---|---|---|---|---|
| 经济分析 | 最有效地配置有限的资源 | 增长 | 效率价格 | 机会费用法 |
| 社会分析 | 改进收入分配;消费与积累之间、贫富阶层之间、不同地区之间的关系 | 增长与公平 | 社会价格 | 机会费用法;分配权重法 |

社会分析法的提出引起政治家和许多国家开发机构的兴趣和重视,并在有些国家进行试验。但是由于所需数据极多,使试验和推广受阻,故目前仍以财务分析和经济分析并用这一典型方式作为项目经济评价的基本模式。

2. 我国项目评估(价)的发展历程

我国的项目评估(价)从 20 世纪 50 年代末开始,大致也经历了三个阶段。

(1)引进消化阶段(20 世纪 50 年代末～70 年代)

这一阶段主要是学习苏联计划经济体制下的项目论证方法。到了 20 世纪 60 年代初,我国将项目评估工作的发展正式列入全国科学发展规划。

(2)再次引进和推广阶段(20 世纪 70 年代末～80 年代)

随着我国改革开放政策的实施,建设项目评估工作又重新受到国家和企业的极大重视,我国先是全面介绍和引进西方国家和世界银行等国际金融组织以及联合国工业发展组织的建设项目评估原理和方法。其后随着我国经济体制改革的深入和对外开放的扩大,外商投资建设项目的日益增多,特别是 1980 年恢复我国在世界银行的地位以后,我国政府安排大批专业人员在世界银行的经济发展学院接受了相关的培训,这为我国与国际投资项目评估的做法和惯例的全面接轨提供了很好的机会。在这一时期中，很多高等院校和科研单位建立了相应的专业和研究机构，有关的译著、论著大量出现，这些不但为我国的项目评估奠定了理论基础，同时也推动了我国项目评估的广泛应用与发展。我国对建设项目经济评价技术的研究起步较晚，1981 年才组织力量对建设项目经济评价的基本理论和方法进行研究，但进展迅速。

(3)改进和提高阶段(20 世纪 80 年代末～90 年代)

这一阶段国家管理部门对投资建设项目评估的研究和推广给予了高度重视。其中，1982 年国家计委和建设部在北京组织召开了“建设和改造项目经济评估讨论会”，有关项目设计、规划、咨询和研究的部门以及金融和政府管理机构、高等院校理论研究和教学等各方面专业人员参加了这次会议。这次会议以我国项目的国民经济评估原理与方法为中心，全面探讨了国内外项目评估的理论和方法，从而大大推进了我国项目经济评估的研究和实践的发展。随后于 1986 年国务院发展研究中心和中国人民建设银行在昆明联合召开了“可行性研究与经济评估讨论会”，在这次会议上国务院有关部委、全国一些省市的科研部门、高等院校和项目设计咨询机构、银行和国家管理部门等方面的专家和学者，针对我国当时在项目可行性研究和项目评估中存在的问题，展开了深入的讨论并提出关于项目决策科学化的政策与方法建议，这次会议同样大大推动了有中国特色的项目可行性研究与项目评估工作在我国的发展。另外，1986 年国家计委和建设部专门成立建设项目经济评估方法编制组，该编制组在当年底提交了《建设项目经济评价方法》讨论稿，随后由国家计委和建设部组织在 1987 年中国计划出版社出版发行了《建设项目经济评价方法与参数》一书，这为国内的建设项目评估与论证工作提供了必要的方法和依据。

(4)自主研究与开发阶段(20 世纪 90 年代至今)

随着改革开放的深入进行，我国吸引外资及对外投资的增多，在项目评估的实践中涌现出一系列新的问题。我国原有的相关理论和方法中的不足之处越来越明显，由此促进了我国项目评估进入自主研究与开发阶段。其中，在《建设项目经济评价方法与参数》(简称《方法与参数》)1987 年第 1 版的基础上，于 1993 年进行了若干次修订后，由中国计划出版社出版了第 2 版；2005 年 5 月《建设项目经济评价方法与参数》(第三版)又通过了国家发展改革委投资司和建设部标准定额司共同组织的审查，进一步修订和明确了我国投资项目评估的理论依据、方式、方法、程序、主要的内容等。该书的研究成果填补了我国建设项目经济评价的空白。就是在理论研究的基础上，借鉴吸收国外的有益经验结合我国的实际，制定出的一套科学的项目经济评价方法的集中体现，尤其是大量参数的测定走在了世界的前列。

各行业部门又根据自身的行业特点研究编制了相应的经济评价办法，例如铁道部计划司、中国国际工程咨询公司交通项目部和国家开发银行交通环保评审局三家联合于 1997 年 1 月发布了《铁路建设项目经济评价办法》(第二版)(简称《办法》)。《办法》规定，大中型建设项目和超限额技术改造项目均需进行项目的财务评价和国民经济评价。它是各工程咨询公司、规划设计单位进行建设项目经济评价、评估的指导性文件，是各级计划部门审批设计任务书(可行性研究报告)和金融机构审查投资贷款的重要依据。2012 年又颁布实施了《铁路建设项目经济评价方法与参数》(第三版)(中国计划出版社出版)，分别对财务分析、经济费用效益分析、费用效果分析、区域经济与宏观经济影响分析、不确定性与风险分析、方案经济比选等做出了具体规定，并以附件的形式给出了我国不同地区各类铁路运营成本的测算值以及我国铁路现行客货运价。

同时，国家计委委托中国国际投资咨询总公司于 2001 年推出了他们对项目评估原理和方法的研究成果,并出版了《投资项目可行性研究指南》。此外,近些年高校和科研机构也出版了许多相应的研究专著和教材,这些都为投资项目评估在中国的实际操作和应用提供了理论和方法。

(二)建设项目经济评价的基本要求

为了提高经济评价的准确性和可靠性,真实地反映项目建成后的实际效果,经济评价应做到以下几点:

1. 以经济效益为中心,把提高国民经济效益作为项目投资决策的主要目标;

2. 必须考虑资金的时间价值;

3. 不同项目或方案必须具有可比性,项目及其方案评价的指标、计算指标的口径与尺度以及计算经济效果(直接与间接的效果、正效果与负效果)的深度与广度都应当一致;

4. 价格与经济参数在时间可比性上应当一致;

5. 在财务评价与国民经济评价的基础上,做好不确定性因素的分析,以保证建设项目能适应企业生产经营和国内外市场的变化。

(三)建设项目经济评价的步骤

1. 建设项目经济评价的步骤(图 2-7)

可见,国民经济评价是在财务评价之后进行的,这时项目的多方案比较和优选是在财务评价这一层次上进行的。由于财务上最优的方案不一定在国民经济上也是最优的,故国民经济的评价才是决定性的。因此对一些重要的大型建设项目,应当先做国民经济评价,从中选出最好的方案后再进行财务评价。

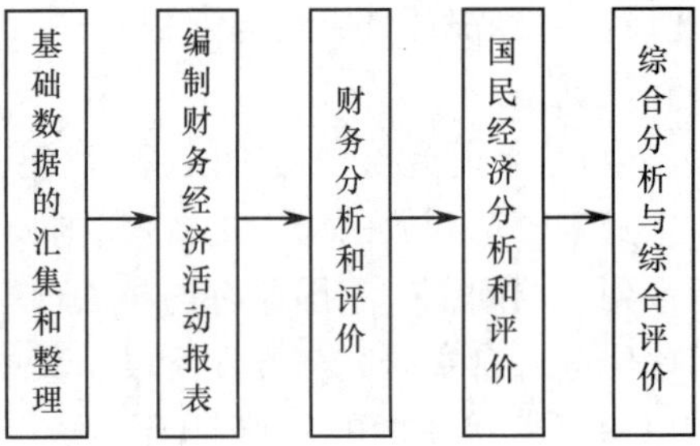


图 2-7　建设项目经济评价步骤图

2. 建设项目评估(价)的工作程序

建设项目评估工作通常由各级建设项目审批单位委托有资格的工程咨询机构或项目贷款机构进行,建设项目评估工作的内容与程序,如图 2-8 所示。

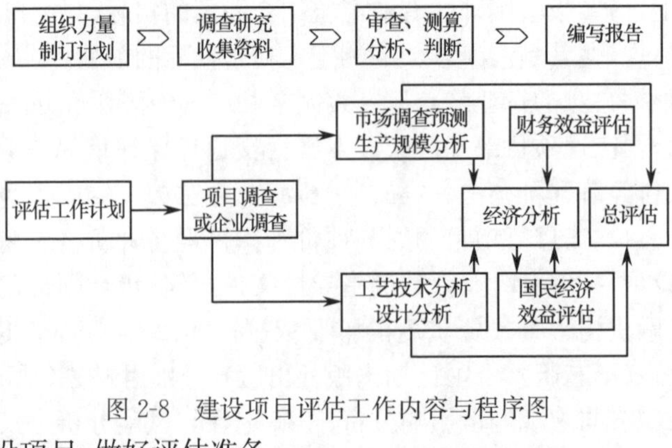


图 2-8　建设项目评估工作内容与程序图

(1)了解评估建设项目,做好评估准备

工程咨询公司或项目贷款机构在确定项目评估任务后,应及时组织力量参与待评项目的有关调查、考察、文件编制和预审等工作,为开展评估工作做好准备;及时了解和分析建设单位

(项目业主)或项目主管部门对项目产品方案、拟建规模、建设地点及资金来源等方面的初步设想,以及对项目投资和效益等方面的希望和要求,确定在评估中需要着重解决的问题,明确评估目标,以利于有针对性地开展评估工作和提高评估的效率和质量。

(2)成立评估小组,制订评估计划

工程咨询公司或银行贷款机构,根据国家发改委和有关部门下达的委托评估项目特点及其复杂程度,采取不同的评估方式,成立建设项目评估小组(或专家组),确定项目负责人。评估小组应包括经济、技术与市场分析等专业人员,并明确分工。评估小组应制订评估工作计划,安排评估工作,提出具体实施意见,以保证评估质量。

(3)调查研究,收集并核查资料

事前调查收集评估资料是建设项目评估的一项基础工作。首先,评估单位应认真审阅委托单位提供的待评建设项目可行性研究报告和主管部门审查意见等文件资料。检查文件资料是否齐全,文件手续是否完备合法,内容是否有效;核查资金、资源、原材料的供应是否落实可靠。其次,根据具体评估内容和分析要求进行企业调查和项目调查,进一步收集必要的数据和资料,核实和补充评估工作中所需情况、数据和资料。

(4)审查分析,综合判断

按照建设项目评估的内容对建设项目可行性研究报告进行审查分析,通过对企业和项目概况审查(包括对借款人资信评估)、市场和规模分析、工艺技术和设计分析、项目财务数据测算、企业财务效益和国民经济效益的分析评估等各方面的方案比选、分析论证、归纳分析结果,说明评估项目建设的必要性,技术的可行性和经济上的合理性,提出项目投资建设的总结性意见与建议。

(5)编写评估报告

评估单位应根据调查和审查分析结果,编写拟建项目评估报告。评估报告中对可行性研究报告中提出的多种方案加以比较论证和评估,推荐一个最优(或次优)的投资建设方案,按国家政策对拟建项目的投资结构及技术、经济等因素进行综合分析,作出综合评估结论,并针对相关政策制度和其他有关问题提出合理建议。

银行对贷款项目评估报告内容的要求,应在全面评估的基础上,侧重评估贷款项目的投资估算与资金来源、财务经济效益和偿还能力、银行效益与风险防范能力,并对拟建项目的借款人进行资信评估。

## 二、项目评估在投资决策中的作用

### (一)建设投资项目决策程序

建设投资项目的决策程序,是指建设投资项目在决策过程中各工作环节应遵循的符合其自身客观规律的先后顺序。决策程序不是随意确定的,它是人们在项目决策实践中经过不断总结经验、对客观事物规律认识深化的基础上制订出来的。科学地决策,才能避免出现决策的主观性和盲目性,从而获得理想的决策效果。

在我国以往多年的投资项目建设中,存在着建设投资项目决策体制不健全,决策程序和评价方法不完善,造成建设投资项目决策存在主观性、盲目性和不够慎重等问题。具体表现在投资项目事后论证的多、事前论证的少;从企业角度评价的多、从国民经济全局论证的少;可行性研究和项目评估出自本单位和本系统主管部门的多,委托专职的咨询单位、邀请技术经济专家公正评议的少;项目决策权在计划部门,可行性研究由设计部门负责,且各不承担责任和风险,建设投资项目决策的权、责、利未能统一;再者,建设项目可行性研究和项目评估工作未能做到程序化,没有能够很好地集中各方面的人才和专门的学科进行研究,加之信息、资料搜集不全,一般论证多,权威论证少,可行性研究和项目评估工作质量不高。

改革开放以来,借鉴西方经济发达国家的决策经验和科学的评价方法,结合我国的实际情况,有关部门已制订了一套比较适合我国建设投资项目决策的科学程序。按照国家规定,大中型建设投资项目决策程序主要按以下步骤进行:

1. 提出项目建议书。由建设项目主管部门或建设单位依据国民经济和社会发展长远规划,结合行业和地区规划要求,资源条件与生产力布局状况,经过对项目建设必要性和建设可行性的初步分析,选择推荐一些能够满足国家和地区社会经济发展需要的,或者是企业经营发展需求的投资建设项目,提出项目建设书,上报有关部门对项目进行审核,并初步论证决策。

项目建议书即是投资前对建设项目的轮廓设想,主要从投资建设的必要性方面来衡量,同时初步分析投资建设的可行性,主要内容是:投资建设项目提出的必要性;产品方案、拟建规模和建设地点的初步设想;资源情况、建设条件、协作关系的初步分析;投资估算和资金筹措设想、偿还贷款能力测算;项目的大体进度安排;经济效益和社会效益的初步估计等。

2. 进行可行性研究。项目建议书经过批准,即为项目立项,纳入投资前期工作计划和贷款计划。由项目建设单位(或项目业主)委托工程咨询公司或设计单位对项目进行可行性研究,进行全面分析、论证和方案比选,并编写可行性研究报告,上报有关部门进行最终决策。

3. 编制计划任务书。计划任务书又称设计任务书,是确定投资项目及建设方案的重要文件,也是进行建设投资项目工程设计的重要依据。可行性研究报告中所提供的项目投资若干方案,包括其中的最佳方案,经再调查、研究、补充、修正、挑选确定,即可作为编制计划任务书的可靠依据。

4. 建设项目评估。由投资决策部门和贷款机构委托咨询机构或组织专家小组,对建设项目的可行性研究报告进行审查与评估,验证可行性研究数据、结论的真实有效性,以及方案的合理性。

评估专家通过调查测算与分析衡量拟建项目建设和投产全过程的利弊得失,论证和估算项目的社会经济效益,提出项目评估报告。

5. 建设项目审批立项。由投资决策机关根据建设项目评估报告和审批项目可行性研究报告,对建设项目投资作出最终立项决策。

由此可见,可行性研究和项目评估是投资建设项目决策程序中的重要技术步骤。

### (二)建设项目评估与决策

#### 1. 建设项目决策的重要性

在投资建设项目实施以前,进行项目决策是由投资项目建设的客观规律决定的。其重要性主要包括以下 4 个方面:

(1)它是由投资建设项目本身的技术经济特点决定的

一方面,投资建设项目最终所形成的实物往往构造复杂、形体庞大,而且具有整体性和固定性。只有整个项目全部完成,才能形成综合生产能力,发挥投资经济效益;而项目一旦建成,就与土地连在一起,不能随意移动和变更。另一方面,投资项目建设周期长,占用和消耗的人力、物力、财力多,一旦开工,就不能中断,否则就会造成已投入的人力、物力、财力的积压和浪费，延误工期，这不仅会使投资项目本身错过最佳投产时间，影响投资经济效益的正常发挥，而且会浪费有限的资金和资源，增加投资的机会成本。投资项目建设的这些性质和特点，要求在项目建设之前必须慎重决策，必须对项目建设的必要性和可行性进行认真研究和论证，切实掌握和弄清项目建设的条件以及相关的各方面影响因素。如果稍有考虑不周，或是决策不当，就会对整个项目建设的直接效益以及项目投产后的最终效益产生重大影响，一旦决策失误，给国民经济带来的损失和危害是无法挽回和弥补的。

(2)它是实现社会扩大再生产的基本手段

物质资料的生产是人类社会生存和发展的基础，任何一个社会都不能停止消费，因而也不能停止生产。生产是一个周而复始、连续不断的过程，在社会主义条件下，这种连续不断地生产通常表现为扩大再生产。而扩大再生产是通过基本建设和技术改造的手段实现的，即通过投资活动实现的。这就要求我们在进行项目投资时，必须进行科学的决策，从多方案中优选出最佳的投资实施方案，以保证社会扩大再生产的项目实现。

(3)它是实现社会生产结构合理化的手段

固定资产投资活动，不仅扩大了社会再生产的规模，而且改变了社会再生产的生产结构。在进行新的投资项目建设时，必须首先弄清原有的生产结构，然后有针对性地确定该上哪些项目，不该上哪些项目，即对某些部门的生产进行加强和扶持，对另一些部门的生产进行削弱和限制，以形成较合理的社会生产结构，提高整个社会的投资经济效益。投资方向主要是由宏观决策确定的，但它的具体执行却是通过投资项目来进行的，只有投资项目决策是正确的，才能保证宏观决策对于生产结构合理化安排的实现。

(4)它是合理控制投资规模的重要手段

一定时期的投资规模，必须与社会所拥有的人力、物力、财力相适应。合理控制投资规模是发展社会生产力和保持国民经济持续、稳定、健康发展的要求，因此，投资项目建设应符合宏观社会经济目标。通过科学的投资决策，对项目进行全面分析和论证，可以避免“大而全、小而全”、重复建设、盲目建设，使投资规模得到合理的控制。

2. 建设项目评估与项目决策的关系

建设项目评估与项目决策是紧密相关的，二者是一种互为前提和结果的关系。因为人们要做项目决策首先要对项目备选方案进行评估，因此项目评估是项目决策的前提，而项目决策是在项目评估的基础上所得到的结果。反过来，不断深入的项目评估都是以项目的前期决策为前提条件的。例如，在项目立项以后开展的项目详细可行性研究都必须以项目立项这一前期的项目决策结果为前提，未做出项目立项决策的项目是不能进行项目详细可行性研究的，也更无项目评估工作的需要。项目评估和项目决策之间的关系如图 2-9 所示。

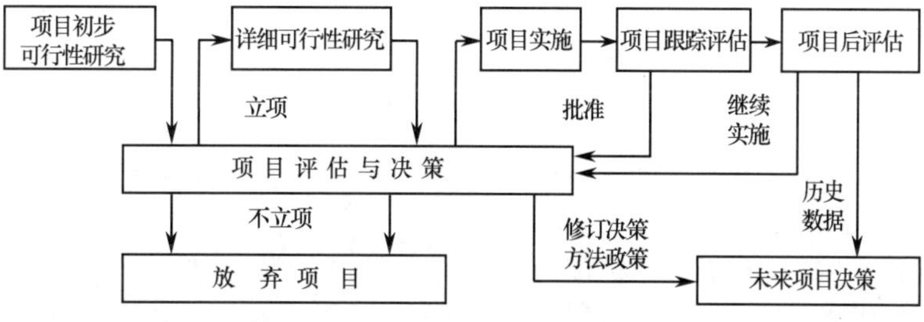


图 2-9　建设项目评估和项目决策关系图

据此分析可见，建设项目决策与建设项目评估有着非常密切的关系。其中，建设项目前评估是建设项目初始决策的前提和基础,建设项目跟踪评估是对建设项目实施中各种决策的前提和保障,建设项目后评估(价)是对于建设项目前评估和建设项目决策的检验与评估,同时建设项目后评估还具有总结经验和修订未来项目决策准则和政策,为提高建设项目评估、决策及管理水平提供经验和教训的作用。建设项目评估与建设项目决策的关系具体表现在:

(1)建设项目评估就是为决策工作服务的,为科学决策提供依据。反之,为减少和避免盲目性,尽可能做到正确决策,也必须以科学的建设项目评估报告为基本依据。

(2)建设项目评估是决策的基础,建设项目决策是建设项目评估的目的。

(3)建设项目评估的深度、质量和科学水平越高,越有利于项目决策的成功。建设项目决策的成功率是检验建设项目评估工作优劣的标准。建设项目评估的主持与参与者实际上起到了为建设项目决策人作总参谋、总顾问的作用。

### (三)建设项目评估在投资决策中的作用

建设项目评估在项目投资决策中作用主要表现在以下几个方面:

1. 建设项目评估是投资决策的关键环节

投资决策虽然是产生于做出决定的那一瞬间,但是,这一瞬间的正确决定来源于长时间的调查研究。通过深入调查使建设项目投资决策建立在经过调查研究的基础上,提高决策的科学性,避免决策的盲目性。由于建设项目评估的结论是建设项目投资最终审批决策的主要依据,因此,建设投资项目决策的正确与否,主要取决于项目评估环节。

2. 建设项目评估是向银行取得贷款的依据

我国银行规定,未经评估的建设项目不得贷款。凡是申请贷款的建设项目,银行都要进行详细评估。通过评估,不但可以取得决策的发言权,确定资金的正确投向,而且可以取得建设项目管理的主动权,促使投资发挥应有的社会经济效益,从而保证银行自身获得较好的资金经营效益。

3. 建设项目评估是实施建设项目管理的基础

在建设项目实施过程中,管理人员可以把实际发生的情况和数据与评估时所掌握的资料,进行对比分析,及时发现设计施工、项目进展、资金使用、物资供应等方面的问题以便采取措施,纠正偏向,促进项目顺利完成。在项目建成投产以后,管理人员还可将评估时预测情况与实际发生情况进行对比分析,找出生产方面或评估方面存在的问题和差距,以总结经验,提高管理水平。

4. 建设项目评估可以使项目微观效益与宏观效益得到统一

投资结构不合理是当前投资领域中最突出的问题,已成为微观效益同宏观效益产生矛盾的根源。而建设项目评估工作,既要评估企业效益,更要重视评估国民经济效益,由此可使两者得到统一。

## 三、建设项目的财务评价

财务评价是在国家现行财税制度和价格体系的条件下,分析项目的盈利能力、清偿能力,以考察项目在财务上的可行性。

财务评价指标包括盈利能力指标和清偿能力指标。

财务盈利能力指标可用来考察投资的盈利水平,应计算财务内部收益率(FIRR)、投资回收期等主要评价指标,根据项目特点及实际需要,也可计算财务净现值(FNPV)、投资利润率、投资利税率、资本金利润率等指标以及其他辅助性指标。

1. 财务内部收益率(FIRR)

财务内部收益率是指建设项目在整个计算期内,各年度净现金流量现值(FNPV)累加和等于零时的折现率,它表示项目占用资金的盈利率,是考察项目盈利能力的主要动态评价指标。求出的全部投资或自有资金的财务内部收益率(FIRR)与行业基准收益率或设定的折现率($i_c$)(如铁路行业基准收益率现定为6%)比较,当FIRR$\geqslant i_c$时,即认为其盈利能力已能满足最低要求,在财务上可以接受。财务内部收益率的表达式为

$$\sum_{t=1}^{n}(CI-CO)_t(1+FIRR)^{-t}=0 \tag{2-3}$$

式中　CI——现金流入量;

CO——现金流出量;

$(CI-CO)_t$——第 $t$ 年的净现金流量;

$n$——计算期。

各年度的净现金流量(CI－CO)可在财务现金流量表中查得,财务内部收益率(FIRR)可用试算法求得。推求FIRR时,可以先算出两个使FNPV各为正负值的折现率 $i_1$ 、$i_2$ ,如折现率为 $i_1$ 时 $FNPV_1$ 为正值;折现率为 $i_2$ 时 $FNPV_2$ 为负值,$i_1$ 与 $i_2$ 的差不应大于1%～2%,以保证计算精度。如图2-10所示,使FNPV＝0的财务收益率FIRR为

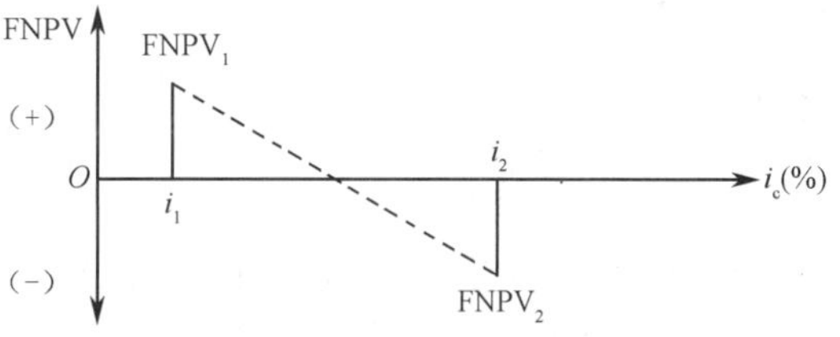

图2-10　FIRR计算示意图

$$FIRR=i_1+(i_2-i_1)\times\frac{|FNPV_1|}{|FNPV_1|+|FNPV_2|} \tag{2-4}$$

2. 投资回收期($P_t$)

投资回收期是指以项目的净收益抵偿全部投资所需要的年限,它是考察项目在财务上投资回收能力的主要静态指标。投资回收期从建设开始年起算,并注明由运营开始年起算的年数。求出的投资回收期($P_t$)与行业的基准投资回收期($P_c$)比较,当 $P_t\leqslant P_c$ 时,表明项目可以接受。其表达式为

$$\sum_{t=1}^{P_t}(CI-CO)_t=0 \tag{2-5}$$

投资回收期可据“全部投资现金流量表”中的“累计净现金流量”值,按式(2-6)计算。

$$P_t=\text{累计净现金流量开始出现正值年度数}-1+\frac{\text{上年累计净现金流量绝对值}}{\text{当年净现金流量}} \tag{2-6}$$

3. 财务净现值(FNPV)

财务净现值是反映项目在计算期内获利能力的动态指标,可按全部投资与自有资金两种情况分别计算。它是按行业基准收益率或设定的折现率($i_c$),将计算期内“财务现金流量表”中各年度净现金流量(CI－CO)折算到建设开始年度年初的现值,并累加得出。当财务净现值FNPV$\geqslant$0时,项目可以接受,其表达式为

$$FNPV=\sum_{t=1}^{n}(CI-CO)_t(1+i_c)^{-t} \tag{2-7}$$

4. 投资利润率、投资利税率与资本金利润率

这些表征项目获利能力的指标,可利用基本报表——“损益表”中有关数据计算。

(1)投资利润率

投资利润率是反映建设项目投资获利能力的静态评价指标,可按产量(或交通运量等)达到设计能力年度时的年利润总额或计算期内平均年利润总额与总投资的比值求得。将投资利润率与企业的平均投资利润率对比,可判断本项目的投资盈利能力是否达到行业的平均水平。投资利润率可根据损益表中的年利润总额,用式(2-8)计算。

$$投资利润率=\frac{年利润总额或年平均利润总额}{项目总投资}\times 100\% \tag{2-8}$$

项目总投资=土建工程投资+设备购置费+投资方向调节税+建设期利息+流动资金

(2)投资利税率

投资利税率是反映项目投资获取利税能力的静态评价指标,可按产量(或交通运量等)达到设计能力年度时的年利税总额或计算期内年平均利税总额与总投资的比值求得。将投资利税率与企业的平均投资利税率相比,可判断本项目的投资利税率是否达到行业的平均水平。投资利税率可根据损益表中的年利税总额,用式(2-9)计算。

$$投资利税率=\frac{年利税总额或年平均利税总额}{项目总投资}\times 100\% \tag{2-9}$$

(3)资本金利润率

资本金利润率是反映建设项目自有资金获利能力的静态评价指标,可按产量(或交通运量等)达到设计能力年度时的年利润总额或计算期内平均年利润总额与资本金(自有资金)的比率求得,计算公式为

$$资本金利润率=\frac{年利润总额或年平均利润}{资本金}\times 100\% \tag{2-10}$$

财务清偿能力指标,主要是借款偿还期,其他还有资产负债率、流动比率、速动比率等指标。财务评价以市场价格为依据计算建设项目给企业带来的经济效益,计算时用行业(或部门)的基准收益率为贴现率。当贴现后项目各年的收益与费用之差,即财务净现值(记作FNPV)大于零时,表示项目在财务上可以接受。

5. 资产负债率、流动比率与速动比率

这些表征项目清偿能力的指标,可用基本报表——“资产负债表”中有关数据计算。

(1)资产负债率

资产负债率是负债总额与资产合计的比值,是反映项目计算期各年度所面临的财务风险程度及偿债能力的指标,当计算期内大部分年度的资产负债率在50%以下时,则表明项目面临的风险较小,偿债能力较强。计算式为

$$资产负债率=\frac{负债总额}{资产合计}\times 100\% \tag{2-11}$$

式中,资产合计见“资产负债表”、负债总额见表中相应栏目。

(2)流动比率

流动比率是流动资产总额与流动负债总额的比值,是反映项目计算期各年度偿还流动负债能力的指标;流动比率大于100%时,表明项目偿还流动负债的能力较强。计算式为

$$流动比率=\frac{流动资产总额}{流动负债总额}\times 100\% \tag{2-12}$$

式中,流动资产总额见“资产负债表”中相应栏目;流动负债总额见表中“流动负债总额”部分。

(3)速动比率

速动比率是反映项目快速偿付流动负债的指标,工业项目的计算式为

$$速动比率=\frac{流动资产总额-存货}{流动负债总额}\times 100\% \tag{2-13}$$

速动比率大于100%时,表明项目快速偿付流动负债能力较强。

铁路建设项目的流动资产总额包括流动资金与累计盈余资金,无存货可言。若概略用存货价值为0来估算速动比率,则计算值与流动比率相同,故铁路建设项目不需计算此项指标。

6. 借款偿还期

借款偿还期是指以项目运营后可用于还款的资金($R_t$)偿还投资借款本金和建设期利息(不包括用自有资金支付的建设期利息)所需要的年限。当计算的借款偿还期能满足贷款机构的要求还款期限时,可认为项目具有清偿能力。可根据报表"借款还本付息计算表"中数据,用式(2-14)计算。

$$I_{\mathrm{d}} = \sum_{t=1}^{P_{\mathrm{d}}} R_t \tag{2-14}$$

式中　$I_{\mathrm{d}}$——借款本金和建设期利息;

$P_{\mathrm{d}}$——借款偿还期,可从借款开始年计算,如从运营年起算时,应予注明;

$R_t$——第 $t$ 年可用于还款的资金,可在"借款还本付息计算表"中查得。

借款偿还可由"资金来源与运用表"直接推算,计算式为

$$P_{\mathrm{d}} = 借款偿还后开始出现盈余的年份数 - 开始借款年份 + \frac{当年偿还借款额}{当年可用于还款的资金额} \tag{2-15}$$

## 四、建设项目的国民经济评价

### (一)建设项目的国民经济评价

国民经济评价是从国家整体角度考察项目的效益和费用,分析计算项目对国民经济的净贡献,评价项目的经济合理性。因为,在存在价格扭曲的条件下,用市场价格计算得出企业财务评价的结果,不一定与从国民经济角度出发做出的评价结果相一致。因此需要单独做出建设项目的国民经济评价。

国民经济评价包括国民经济盈利分析和外部效果分析,以经济内部收益率(记作EIRR)为主要评价指标。根据项目特点和实际需要,也可计算经济净现值(记作ENPV)等指标。这时要用影子价格(一种接近资源优化配置的价格)代替市场价格,用统一的社会贴现率(我国现取为12%)为贴现率,来计算项目的经济净现值,同样只有ENPV大于零时,项目在国民经济上才是可以接受的。

国民经济的费用和效益分为直接与间接两类。直接的费用和效益是指建设项目本身需要国家的投入和对国家的贡献;间接的费用和效益是项目本身未能反映的社会对项目付出的代价和社会取得的效益。这类间接的外部效果,有的不能量化,以进行费用和效益计算,故需进行定性分析。

国民经济评价中的费用和效益,要从国家的投入、产出角度计量,原则上要用影子价格、影子工资、影子汇率进行计算,折现则采用社会折现率。国家对项目的补贴,项目向国家交纳的税金以及国内借款利息等并不产生实际资源的增加和消费,而是国民经济内部的"转移支付",

因此不计入项目的费用和效益,国外借款利息则应计入费用之中。

国民经济评价应按经济参数计算效益和费用,然后列出国民经济效益费用流量表。仅有国内资金的项目,编制全部投资的效益费用流量表;引用外资的项目还要编制国内投资的效益费用流量表。最后计算经济评价指标。

国民经济评价要用经济内部收益率和经济净现值等指标来分析国民经济盈利能力。

1. 经济内部收益率(EIRR)

经济内部收益率是反映项目对国民经济净贡献的相对指标,它是项目在计算期内各年度经济净效益流量($B-C$)的现值累计等于零时的折现率。经济内部收益率 EIRR 等于或大于社会折现率 $i_s$ 时,表明项目对国民经济的净贡献达到或超过了要求水平,项目可以接受。其表达式为式(2-16),用内插法推求,可参阅前述的财务内部收益率有关部分。

$$\sum_{t=1}^{n}(B-C)_t(1+\mathrm{EIRR})^{-t}=0 \tag{2-16}$$

式中　$B$——效益流入量;

$C$——效益流出量;

$(B-C)_t$——第 $t$ 年的净效益流量;

$n$——计算期。

2. 经济净现值(ENPV)

经济净现值是反映项目对国民经济净贡献的绝对指标,它是指用社会折现率 $i_s$ 将项目计算期内各年度的净效益流量($B-C$)折算到建设期起始年度年初的现值之和。当经济净现值(ENPV)等于或大于零时,表示国家对项目付出的代价,可以得到符合社会折现率的社会盈余,项目可以接受。其表达方式为

$$\mathrm{ENPV}=\sum_{t=1}^{n}(B-C)_t(1+i_s)^{-t} \tag{2-17}$$

### (二)建设项目的国民经济评价与财务评价的主要区别

财务评价和国民经济评价是微观效益和宏观效益两个层次的评价,各有其任务和作用,其主要区别是:

1. 评价角度不同。财务评价是从项目本身的财务角度,考察项目的收支、盈利情况和借款偿还能力,以确定投资行为的财务可行性。国民经济评价是从国家整体角度考察项目对国民经济的贡献和需要社会付出的代价,以确定建设项目投资行为的经济合理性。

2. 涉及范围不同。财务评价是根据项目本身的实际收支情况,确定项目的直接费用和效益。税金、建设基金和贷款利息均计为费用,补贴则计为效益。国民经济评价是根据全社会对项目的投入和产出情况,考察项目直接的和间接的费用和效益。税金、建设基金、国内贷款利息以及国家补贴均属于国民经济内部的转移支付,不计入费用和效益。国外贷款利息则计入项目费用。国民经济评价中,有一些间接的费用和效益不能量化,不能用货币数量估算,对此则应进行实事求是的、准确的定性描述,并应与定量计算指标综合在一起进行评价。

3. 价格体系不同。经济评价中的投入和产出。财务评价采用财务价格,即以现行价格体系为基础的预测价格。国民经济评价采用影子价格,即反映真实价值与市场供求情况的价格,一般可参照国际市场价格拟定,在计算期内不考虑物价水平上涨因素。

4. 主要参数不同。财务评价中，外币用官方汇率折算，折现率采用行业基准收益率（如国家发改委、建设部 2006 年发布：铁路网既有线改造采用 $i_c=6\%$，铁路网新线建设采用 $i_c=3\%$；国民经济评价中，外汇用影子汇率折算，折现率采用社会折现率 $i_s=8\%$）。

## 五、建设项目的不确定性分析

在可行性研究或项目评估的经济分析中，都是以确定的数据为计算前提。事实上项目建设过程中存在着许多随时间、地点、条件改变而变化的不确定因素（如物价变动、投资变化、工艺技术变化、生产能力变化、新产品和新材料的应用、政策变化等，如交通建设项目论证中采用的客货运量、固定资产投资、运输成本、运价率等均系预测值、估算值或统计分析值，具有一定程度的不确定性）。这些不确定因素构成经济分析中的不确定性。为此，还必须研究分析各种具体不确定因素对建设项目经济效益的影响。计算出产品价格、生产规模、成本、贴现率、投资、投产期等因素变化时项目盈利的变化，估算出对经济考核指标有重大影响的敏感因素及其变化范围、在此范围内的概率，从而为项目的决策提供更为可靠的依据。这种以不确定因素对建设项目经济效益影响为内容的计算和分析称为建设项目不确定性分析。

不同类型的建设项目，产生不确定性的原因不尽相同，作用和影响大小也不一样，分析时必须抓住关键，正确判断，不断提高分析水平。

不确定性分析的方法很多，用得较为普遍的有盈亏平衡分析、敏感性分析和风险分析（亦称为概率分析）三种。

### （一）盈亏平衡分析

它是分析某一建设项目达到一定生产水平时其收益和支出平衡关系的一种方法。按成本、收入与产量之间是否成正比关系，可分为线性盈亏平衡分析和非线性盈亏平衡分析。该方法的基础条件是生产量等于销售量，即产品能全部销售完而无积压。因为建设项目是一个长期的过程，所以用该方法很难得到一个全面的结论。但由于它计算简单，可直接对关键因素进行分析，故仍被广泛运用。该方法可用于财务评价。

盈亏平衡点（BEP）通常根据正常生产年份的产品产量和销售量、变动成本、固定成本、产品价格或销售税金等数据的计算，用生产能力利用率或产量表示。其计算公式分别为

$$\text{BEP(生产能力利用率)}=\frac{\text{年固定成本}}{\text{年产品销售收入}-\text{年变动总成本}-\text{年销售税金}}\times 100\% \quad (2\text{-}18)$$

$$\text{BEP(产量)}=\frac{\text{年固定成本}}{\text{单位产品价格}-\text{单位产品变动成本}-\text{单位产品销售税金}}\times 100\% \quad (2\text{-}19)$$

BEP 值越小，表明项目适应市场变化的能力越大，抗风险能力越强。如果项目有技术转让费、营业外净支出及资源税等，均应从分母中扣除。

对于交通建设项目而言，一般包括盈亏平衡运量（保本运量）、盈亏平衡收入率（保本运价）和累计净现值盈亏平衡年度三个指标，可根据项目具体情况，选取必要指标进行分析。盈亏平衡指标值越低，表明项目适应市场变化的能力越大，抗风险能力越强。无借贷资金的项目，保本运量更可判断各设计年度的盈亏；各设计年度的保本运价也可判断该年度的盈亏。

1. 盈亏平衡运量（保本运量）

盈亏平衡运量是在运价一定的前提下盈亏平衡的运量临界点，即运输收入等于运营支出

时的运量 $Q_0$,可用式(2-20)计算。

$$Q_0 = \frac{F}{P(1+r)(1-b) - C_{可}} \tag{2-20}$$

式中 $P$——以旅客、货物周转量占换算周转量的比重为权重计算的客货运综合运价率;

$r$——其他收入占客货运输收入的比值;

$b$——营业税率及附加;

$F$——平均每千米的固定成本,包括线路的固定设施维修费与年折旧费;

$C_{可}$——平均每换算吨千米的可变成本,包括有关成本与机车车辆折旧费,系以旅客、货物周转量占换算周转量的比重为权重计算的客货综合可变成本。

盈亏平衡运量图(图 2-11)更能直观地判断运量与财务盈亏的关系。图中横轴为运量密度,纵轴为运输收入与运输总支出。运输净收入与运输总支出的交点即盈亏平衡运量 $Q_0$。实际运量小于 $Q_0$ 时,财务亏损;实际运量大于 $Q_0$ 时,财务盈利。

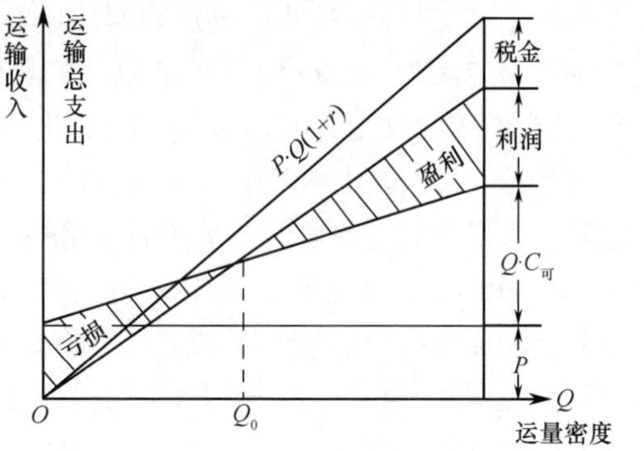


图 2-11 盈亏平衡运量图

2. 盈亏平衡收入率(保本运价)

盈亏平衡收入率是在运量一定的前提下盈亏平衡运价的临界点,即运输收入等于运营支出时的运价。客运与货运的保本运价可分别用式(2-21)和式(2-22)计算:

客运
$$P_0 = \frac{F_K + Q_K \times C_{可客}}{(1+r)(1-b)Q_K} \tag{2-21}$$

货运
$$P_0 = \frac{F_H + Q_H \times C_{可货}}{(1+r)(1-b)Q_H} \tag{2-22}$$

式中 $F_K, F_H$——客运、货运按周转量比重分摊的固定成本;

$Q_K, Q_H$——客运、货运周转量;

$C_{可客}$, $C_{可货}$——客运、货运的可变成本。

3. 累计净现值盈亏平衡年度

累计净现值盈亏平衡年度是用动态方法计算的净现值累计和为零的年度,达到该年度时,项目的收支可以达到平衡。

根据财务现金流量表中的数据,可以用式(2-23)算出各年度的净现金累计值。

$$\text{FNPV} = \sum_{t=1}^{n} (\text{CI} - \text{CO})_t (1 + i_c)^{-t} \tag{2-23}$$

据此可绘出净现值累计曲线图,如图 2-12 所示。

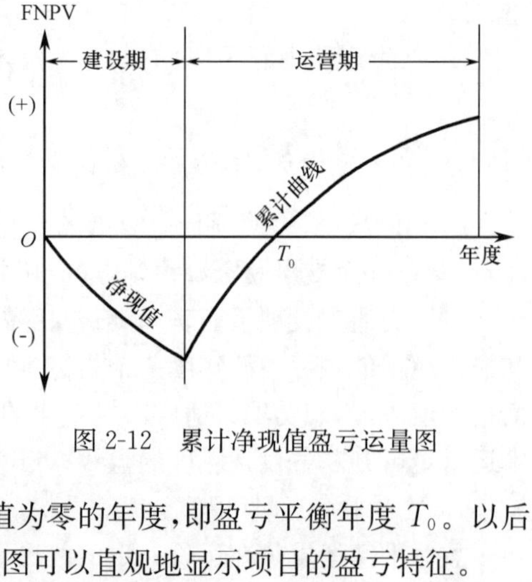


图 2-12 累计净现值盈亏运量图

图中横轴为年度,纵轴为累计净现值(FNPV)。横轴上方为正值,下方为负值。累计净现值在建设期为负值,逐年加大。运营后负值逐年减小,到累计净现值为零的年度,即盈亏平衡年度 $T_0$。以后正值逐年增大,表示盈利逐年增多。累计净现值盈亏图可以直观地显示项目的盈亏特征。

（二）敏感性分析

它是在诸多的不确定因素中，找出对经济效益指标反映敏感的因素，并计算这些因素在某一确定范围内变化时，有关经济效益指标变动数值的一种方法。通过敏感性分析，可以找出影响项目经济效益的关键因素，使项目评价人员将注意力集中于这些关键因素，必要时可对某些最敏感的关键因素重新预测和估算，并在基础上重新进行经济评价，以减少投资风险。该方法可用于财务评价和国民经济评价。

如交通建设项目的不确定因素的变化一般可为单项，如运量、投资、成本或运价中的某一项发生变化；也可为两项以上同时发生变化，如运量减小且投资增大的最不利情况，应根据项目的具体情况，选定要进行分析的变量。所测算的经济评价指标，一般为财务内部收益率FIRR（财务评价）或经济内部收益率 EIRR（国民经济评价）；必要时也可测算静态投资回收期与借款偿还期。

敏感性分析的工作步骤是先分析基础数据可能增加与减少的范围（%）；再根据增减的百分数计算相应的经济评价指标，列出敏感性计算表（表 2-4）；最后绘出敏感性分析示意图。图 2-13为全部投资的财务内部收益率敏感性分析示意图，图中纵坐标为财务内部收益率，横坐标为不确定因素的变化率（%），图中水平实线为基础数据不发生变化（即基本方案）的财务内部收益率，水平虚线表示财务基准收益率（如为 6%）；斜线分别表示运价率、运量、运营成本和土建工程投资的敏感性曲线，系根据上表敏感性计算的数据绘出。

**表 2-4　财务内部收益率（FIRR）敏感性计算表**

| 变动因素 | 增减（%） | | | | |
|---|---|---|---|---|---|
| | －20 | －10 | 0 | ＋10 | ＋20 |
| 运 价 率 | 4.3 | 6.1 | 7.9 | 9.7 | 11.5 |
| 运　　量 | 5.3 | 6.6 | 7.9 | 9.2 | 10.5 |
| 运营成本 | 9.2 | 8.6 | 7.9 | 7.3 | 6.6 |
| 土建工程投资 | 9.9 | 8.9 | 7.9 | 6.9 | 5.9 |

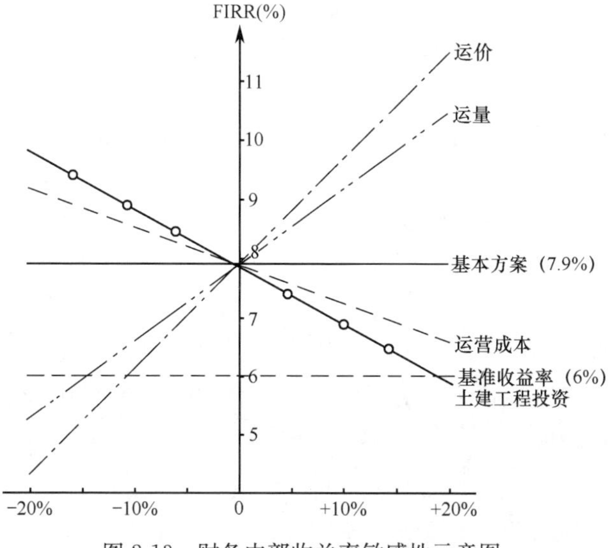


图 2-13　财务内部收益率敏感性示意图

借助敏感性分析图可以判断：

1. 某项不确定因素增加或减少某个百分数时，经济评价指标的相应值。

2. 敏感性曲线的斜率大，表示此不确定因素的敏感性强，其变化对经济评价指标的影响显著，应对它进行更详细的分析核算，以期得到较确切的经济评价指标。

3. 基准收益率(财务评价)或社会折现率(国民经济评价)的水平虚线与敏感性曲线交点相应的增减百分数即为该不确定因素允许的最大变化幅度，超出这一变化幅度，就不能满足基准收益率或社会折现率的要求。

### (三)风险分析

风险分析又称为概率分析，它是在项目不确定性因素变化可能性(出现概率)调查估算基础上，研究不确定性因素发生变化时对项目评价指标的影响的一种方法。该方法的关键是要能根据大量统计资料求出不确定性因素发生变化的概率。实际工作中，应根据项目的实际需要，有条件时才可进行风险分析，一般项目条件不具备时，则不需要进行风险分析。该方法可用于财务评价和国民经济评价。

一般是计算出项目净现值的期望值，并计算净现值大于或等于零时的累计概率。净现值的期望值越大，表示项目经济上越优。净现值大于或等于零的累计概率值越大，表示项目承担的风险越小。一般以净现值大于或等于零的累计概率大于0.5时，认为项目可以接受。

风险分析的关键是要能根据大量统计资料求出不确定因素发生变化的概率，称为客观概率；若以专家的经验判断为基础，估计不确定因素发生变化的概率，则称为主观概率。目前铁路建设项目不确定因素发生变化的客观概率不易求得，仅凭主观概率，计算结果的准确性难以保证。实际工作中，应根据项目的实际需要，有条件时才可进行风险分析，一般项目条件不具备，则不需要进行风险分析。

风险分析的步骤和方法可用以下铁路建设项目实例说明。

第一步：确定各种不确定因素(投资、运量、运价)发生变化的概率，见表2-5。不确定因素各种状况的概率之和应等于1。

第二步：根据经济评价的基础资料，计算各种可能发生情况的净现值，见表2-5。

第三步：计算各种可能发生情况的总概率，即该情况各种概率的连乘积，所有情况的总概率之和应等于1。

第四步：计算各种可能发生情况的期望值，期望值等于总概率乘以净现值，各期望值之和即项目可能达到的净现值，本例为11 806万元。

第五步：列出由小到大的净现值及其相应的总概率，逐个求出其累计概率，见表2-6。

第六步：根据净现值及其相应的累计概率可绘出净现值累计概率图，如图2-14所示。因为净现值大于或等于零的项目可以接受，从图上可以找到净现值为零的累计概率，本例为0.28，即净现值 $FNPV<0$ 的累计概率为0.28，$FNPV>0$ 的累计概率为 $1-0.28=0.72$。一般按净现值大于零的累计概率>0.5时，认为项目可以接受，本例0.72远大于0.5，项目可以接受，且有一定的抗风险能力。

**表 2-5　累计概率与期望值计算表**

| 投资 |  | 运量 |  | 运价 |  | 净现值（亿元） | 总概率 | 期望值（万元） |
|---|---|---|---|---|---|---|---|---|
| 状况 | 概率 | 状况 | 概率 | 状况 | 概率 |  |  |  |
| 增大 | 0.3 | 低 | 0.3 | 增大 | 0.6 | −1.8 | 0.054 | −972 |
|  |  |  |  | 不变 | 0.4 | −3.0 | 0.036 | −1 080 |
|  |  | 中 | 0.5 | 增大 | 0.6 | +0.4 | 0.090 | +360 |
|  |  |  |  | 不变 | 0.4 | −1.1 | 0.060 | −660 |
|  |  | 高 | 0.2 | 增大 | 0.6 | +0.6 | 0.036 | +2 160 |
|  |  |  |  | 不变 | 0.4 | −0.7 | 0.024 | −168 |
| 不变 | 0.7 | 低 | 0.3 | 增大 | 0.6 | +1.4 | 0.126 | +1 764 |
|  |  |  |  | 不变 | 0.4 | −0.1 | 0.084 | −84 |
|  |  | 中 | 0.5 | 增大 | 0.6 | +2.5 | 0.210 | +5 250 |
|  |  |  |  | 不变 | 0.4 | +1.0 | 0.140 | +1 400 |
|  |  | 高 | 0.2 | 增大 | 0.6 | +3.5 | 0.084 | +2 940 |
|  |  |  |  | 不变 | 0.4 | +1.6 | 0.058 | +896 |
| $\sum$ 概率 =1.0 |  |  |  |  |  |  | $\sum$ =1.0 | $\sum$ =11 806 |

**表 2-6　累计概率计算表**

| 净现值（亿元） | −3.0 | −1.8 | −1.1 | −0.7 | −0.1 | +0.4 | +0.6 | +1.0 | +1.4 | +1.6 | +2.5 | +3.5 |
|---|---|---|---|---|---|---|---|---|---|---|---|---|
| 总概率 | 0.036 | 0.054 | 0.060 | 0.024 | 0.084 | 0.090 | 0.036 | 0.140 | 0.126 | 0.056 | 0.210 | 0.084 |
| 累计概率 | 0.036 | 0.090 | 0.150 | 0.174 | 0.258 | 0.348 | 0.384 | 0.524 | 0.650 | 0.706 | 0.916 | 1.000 |

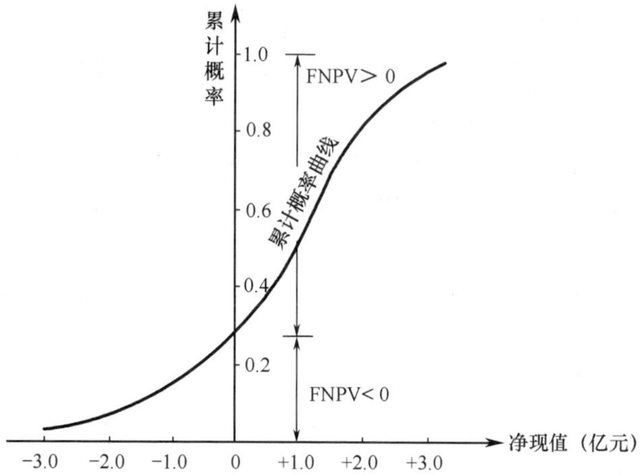


图 2-14　净现值累计概率图

## 六、建设项目的综合评价

综合评价的目的，是对建设方案进行全面审查，判别其综合效果好坏，并在多方案中选择综合效果最佳的方案，供有关部门作为决策的依据。综合评价一般包括七个方面的内容，即政治评价、国防评价、社会评价、技术评价、经济评价、环境评价以及自然资源评价。经济评价是综合评价的重要组成部分,具有举足轻重的作用,但不是唯一的评价标准,最后决策还必须依靠综合评价。

如铁路建设项目的综合评价是根据项目的技术论证和经济评价结论以及修建的必要性和可能性,对项目的可行性作出评价,并对项目实施提出政策性的建议。

综合评价一般应包括以下内容(以铁路建设项目为例说明):

1. 铁路的意义、作用与必要性

(1)替代方案比选的结论。

(2)项目对国家经济、政治、国防和外贸的意义;项目在交通运输体系和铁路网中的地位和作用。

(3)项目对地区国民经济发展的作用,对环境保护、生态平衡、文化古迹、旅游景观的影响。

2. 铁路技术方案的推荐意见

(1)对客货运量的评价与结论。

(2)对接轨方案、线路走向、主要技术标准、分期加强等重大技术问题的推荐方案与优缺点分析,作出评价与结论。

(3)对修建期限与项目投资的评价与结论。

3. 经济评价的结论

(1)对财务评价、国民经济评价、项目承担风险能力的分析与结论。

(2)对项目的资金渠道、筹措办法、还本付息能力等提出结论与建议。

(3)当项目的国民经济评价可行而财务评价不可行时,应提出国家对项目在财政、税收、运价等方面的政策建议。

4. 外部条件的论证

(1)铁路建设项目与沿线水库建设、水利工程、公路、军事设施、城市规划等相互协调配合的论证与建议。

(2)沿线大型厂矿同步建设与厂址选择的建议。

(3)对铁路路网能力协调配套的相关工程,如接轨站的改扩建和联络线的修建、相邻铁路的加强、有关编组站改扩建等提出建议。

(4)对项目分期投资的后期投资金额与投资年限要重点说明,使之列入计划以保证届时拨付。对建设期中三材及重要器材、运营中的燃料、电力、机车车辆需要量等,应提请有关部门列入计划,保证届时供应。

(5)中央有关部委及省(区、市)、战区对建设项目的意见,应分析论证后提出初步解决方案,供上级部门决策参考。

5. 综合评价结论

提出项目是否可行以及建设期限、通车年限与分段施工、分段运营的建议。

## 复习思考题

2-1　什么是基本建设?什么是固定资产?基本建设如何分类?

2-2　何谓建设程序?它包括哪几个阶段?其步骤和工作内容有哪些?

2-3　何谓可行性研究?它有哪些特点?可行性研究的目的和作用有哪些?

2-4　建设项目可行性研究要求解决和回答的问题有哪些?其步骤有哪些?

2-5　已知某人以5%的年利率借款10 000元,借期6年。试分别按单利和复利计算该人6年后应支付的利息为多少?

2-6　建设项目市场需求预测分析的目的是什么?市场分析的方法有哪些?市场调查的程序分为几个阶段?

2-7　建设项目固定资产投资由哪几部分构成?

2-8　建设项目按总成本费用所包括的各种费用的经济用途划分为哪几种?

2-9　何谓建设项目经济评价?财务评价?国民经济评价?不确定性分析?

# 第三章　建筑企业管理总论

**本章提要：**本章主要介绍建筑企业管理的基本概念与基本内容。

1. 建筑企业管理的相关知识。包括现代企业相关知识，如企业的概念及其基本性质、企业制度的基本概念和主要内容、现代企业制度的概念及其基本特征、公司制企业的法律形式、无限责任公司的概念和基本特征及其优缺点、有限责任公司的概念和基本特征及其优缺点、股份责任公司的概念和基本特征及其优缺点。

2. 建筑业的定义、国内外建筑企业内部划分、建筑企业类型、建筑企业资质等级标准等。

3. 建筑企业产品和建筑企业生产及建筑市场的特点等。包括建筑企业产品的特点、建筑企业生产的特点等、建筑企业在国民经济中的地位与作用。

4. 建筑企业管理的内容与任务。包括建筑企业管理的概念、建筑企业管理的二重性及其职能、企业管理内容与任务等。

5. 建筑企业管理组织结构。包括建筑企业组织的概念、建筑企业组织职能与管理跨度、建筑企业组织结构形式及其特点等。

## 第一节　建筑企业管理的相关知识

### 一、现代企业

#### （一）企业的概念及其基本性质

企业一般是指在社会化大生产条件下，从事生产、流通与服务等经济活动的营利性组织。

1. 企业概念的基本理解

（1）企业是在社会化大生产条件下存在的，是商品生产与商品交换的产物。

（2）企业是从事生产、流通与服务等基本经济活动的经济组织。

（3）就企业的本质而言，它属于追求盈利的营利性组织。

2. 企业具有的基本性质

（1）企业不仅仅是组织生产的基本单位，而且同市场一样，也是一种资源配置的机制，具备资源配置的功能。

（2）企业成为一种资源配置机制的原因在于它可以以低于市场的交易费用完成同样的交易活动。交易费用的比较决定了企业与市场的替代关系。

（3）企业规模的扩大与缩小会引起交易费用的变动，反过来讲，交易费用的变动又会引起企业与市场间替代关系的变动。

(4)企业家的经营与管理是实现资源优化配置的重要活动。经营是通过价格机制进行的资源配置活动，管理则是对价格变化做出反应，并在其约束下配置企业内部的生产要素。

### (二)企业制度的基本概念和主要内容

企业制度是指以企业产权制度为核心，是企业经营制度和管理制度的总称。它是在一定历史条件下形成的一种企业经济关系，也是经济制度的重要体现，并受到一定经济管理体制的制约。

企业制度的主要内容包括：

(1)企业的经济形态即通常所说的所有制形态，它是以出资的主体来划分产权问题的。企业的经济形态是企业制度最基本的内容，它对企业制度的其他方面具有决定作用。

(2)企业的经营形态，即通常所说的企业经营方式，它包括企业由谁经营，即所有者与经营者之间的责、权、利关系问题。

(3)企业的法律形态是指在一定经济形态的企业通过立法，依法确立企业形态，以便使企业具有法律的保护和约束。

(4)企业的管理制度主要是指企业内部的治理组织结构、领导与管理体制，以及各种基本经营管理制度，如劳动人事制度、分配制度、财务会计制度等。

### (三)现代企业制度的概念、含义及基本特征

现代企业制度是以企业法人制度为基础，以企业产权制度为核心，以产权清晰、权责明确、政企分开、管理科学为条件而展开的，由各项具体制度所组成的用来处理企业基本经济关系的企业软件系统。它是为适应我国国有企业制度创新的需要而提出来的特定概念，是企业制度的现代形式。公司制是现代企业制度的典型形式。

1. 现代企业制度的几层含义

(1)现代企业制度是企业制度的现代形态。它是商品经济或市场经济及社会化大生产发展一定阶段的产物。它具有动态性和可变性，而不是一种固定、僵化的模式。

(2)现代企业制度由若干具体制度相互联系而构成的系统。它不是一个孤立的制度，而是现代企业法人制度、现代企业产权制度、现代企业组织领导制度、管理制度有机结合的统一体。

(3)产权制度是现代企业制度的核心。构成产权的要素有所有权、占有权、处置权和收益权等。它是以终极所有权与法人财产的分离为前提的。它就是企业法人产权制度。在此制度下，终极所有权的实现形式主要是参与企业重大决策，获得收益；法人企业则享有其财产的占有权、处置权等。这是用建立现代企业制度去改造我国国有企业的核心所在。

(4)企业法人制度是现代企业制度的基础。现代企业法人制度是企业产权的人格化。企业作为法人、有其独立的民事权利能力和民事行为能力，是独立享受民事权利和承担民事义务的主体。规范和完善的法人企业享有充分的经营自主权，并以其全部财产对其债务承担责任，而终极所有者对企业债务责任的承担仅以其出资额为限。

(5)现代企业制度以公司制为典型形式。现代公司制主要是指股份有限公司和有限责任公司。建现代企业制度主要是公司化，公司制只是现代企业制度的典型形式，其中包含两层意思：

①不能认为建立了公司制就建成了现代企业制度，因它还有其丰富的内容。

②股份有限公司和有限责任公司只是现代企业制度的典型形式，即并非其他符合现代企

业制度内容的形式不算现代企业制度。

2. 现代企业制度的基本特征

(1)产权明晰。企业的设立必须有明确的出资者,必须有法定的资本金。企业中的国有资产权属于国家,企业拥有包括国家在内的一切出资者投资形成的全部法人财产权。企业的法人财产是其进行生产的保障,企业只能在一定权限内占有和使用,财产的所有及其增值部分都属于出资者,企业破产清算时,其剩余财产也属于出资者所有。产权关系明晰化、所有权和法人财产权的界定,既有利于保证出资者资产的保值增值,又赋予企业独立的法人地位,使其成为享有民事权利、承担民事责任的法人实体。

(2)权责明确。出资者一旦投资于企业,其投资额就成为企业法人财产,企业法人财产权也随之确定。企业以其全部法人财产依法自主经营,自负盈亏,照章纳税,同时对出资者承担资产保值增值的责任。这就解决了传统的企业制度下,企业权小责大、主管部门权大责小、权责脱节的问题,从而形成了法人权责的统一。

(3)政企分开。有以下两层含义:①政资职能分开,即政府的行政管理职能与资产管理职能分开。②政企职责分开,政府不直接干预企业的生产经营活动,而是通过宏观调控来影响和引导企业的生产经营活动,企业摆脱政府行政机构附属物的地位,不再依赖政府,而是根据市场需求组织生产经营,以提高劳动生产率和经济效益为目的。首先是通过规范的组织制度,使企业的权力机构、监督机构、决策机构和执行机构之间职责分明,相互制约。其次是建立科学的企业管理制度,包括企业机构的设置、用工制度、工资制度和财务会计制度等,各部门之间相互协作,为完成企业的目标服务。

### (四)公司制企业的法律形式

现代市场经济国家中,公司制企业虽然在数量上不是最多的,但它们却占据着主导地位。在组织构造上,公司制企业比其他企业要复杂得多。现代市场经济中企业制度的演变,主要表现在公司制度的逐步完善和成熟方面。

公司按其存在方式的不同可分为许多种类。如果按债务责任和是否分为等额股份划分,公司可分为无限责任公司、有限责任公司、股份有限公司、两合公司、股份两合公司和独资公司。这是公司分类中最主要的一种分类方法,公司的这种债务清偿责任形式,是公司的法律形式,也是公司的基本形式。它既反映了公司内部的经济关系和法律关系,也反映了公司与外部的经济关系与法律关系。

### (五)无限责任公司的概念、基本特征及其优缺点

无限责任公司又称无限公司,是由两人以上的股东组成的全体股东是对公司的债务负有连带无限清偿责任的企业法人。

1. 基本特征

(1)必须由两人以上的股东组成。即至少必须由两个股东组成一个法人团体,多则不限。同时,无限责任公司的股东必须是自然人,任何组织不能充当公司的股东。

(2)股东必须对公司债务负连带无限清偿责任。这一点是无限责任公司区别于其他公司法律形式的最突出特征。所谓连带无限清偿责任,实际上包括连带责任和有限责任。

①连带责任是指公司每个股东对公司的债务都负有全部清偿的责任,当公司的资产不够偿还其债务时,债权人可以直接要求公司的全体股东或其中的任何一个股东清偿其债务,而股

东不能以出资比例的大小来推卸债务。这里所说的连带，是指股东之间的连带关系，并非公司与股东的连带。这种连带关系的产生，从根本上讲，是由于债权人可以直接向股东行使债权。

②无限责任是指股东必须将公司债务全部如数清偿为止，方可解除债务责任，而不能仅以出资额为限，也不能以个人的财产额为限，只要有债务，就必须负责清偿。

2. 无限责任公司的优点

(1)组建简便

由于不对外发行股票，公司外部关系简单，股东之间关系密切，相互信任程度高，加之法定人数少，故公司的组建非常容易。

(2)财智合作

由于无限责任公司可以用信誉和劳务作为股东的出资内容，这样有利于财少智多的人与财多智少的人共同结合创建公司。

(3)经营努力

出于组成无限责任公司的股东大多都是个人关系密切的亲朋好友，有的就是家族公司，加之公司所有权与经营权结合在一起，股东个人往往亲自参加公司的经营管理活动，而公司经营管理的好坏对股东个人利益影响极大。因此，股东经营的积极性极高，责任感也很强。

(4)信用度高

由于公司对外债务负无限清偿责任，有利于对外经营活动的开展。

3. 无限责任公司的主要缺点

(1)股东责任太重

由于股东对公司债务负连带无限清偿责任，公司全部风险都要由股东承担，甚至要由某一股东承担。因此，公司一旦破产，有些股东就难以承担。

(2)资本筹集较难

无限责任公司属于人合公司，公司的建立主要是靠公司股东良好的信誉。它要求公司的股东不但要有财力，而且还要有社会声望，这就带来了筹集资金的困难。

(3)股本难以转让

因为公司的股东之间有连带关系并且出于相互信任，相信公司的所有股东都能承担无限责任。因而公司的股东不能任意将自己的股本转让给他人，如果要转让，必须经过全体股东的同意。

### (六)有限责任公司的概念、基本特征和主要优缺点

有限责任公司又称有限公司，是指由法定数量的股东共同出资，股东以其所认缴的出资额对公司承担有限责任，公司以全部资产对其债务承担责任的法人企业。

1. 基本特征

(1)公司的股东人数不仅有法定的最低人数下限，而且有法定的最高人数上限(我国的公司法规定为 2 人以上 50 人以下)。

(2)公司股东向公司的出资额由股东协商确定，公司的资本由若干份额所组成，但不分为等额股份，公司向股东签发出资证明书，不发行股票。股东的出资份额可以转让，但必须按一定规则进行。

(3)股东以其出资额为限，对公司债务负有限清偿责任，并以其出资份额享受不同的权利和义务。公司以其全部资产对公司债务承担责任。

2. 有限责任公司的优缺点

(1)主要优点

①公司不发行股票,股东人数有限,公司内外部关系较简单,公司比较容易组建。

②公司股东人数较少和规模较小的,可以不设董事会,而只设一名执行董事并可以兼任公司经理,其管理机构简单,更适于中小规模企业的需要。

③公司股东人数较少而且固定,他们更加关心公司经营,同时也有利于彼此之间沟通情况,协调意见。

(2)主要缺点

①公司由于只负有限责任,其信用程度不如无限公司高。

②有限责任公司兼有资合公司和人合公司的双重特点,股东转让股本必须征得其他股东的同意。因此,公司股东转让股本比较困难。

### (七)股份有限公司的概念、基本特征和主要优缺点

股份有限公司是由若干人以上的股东所组成,注册资本由等额股份构成,并通过发行股票(或股权证)筹集资本,股东以其所认购股份对公司承担有限责任,公司以其全部资产对公司债务承担责任的企业法人。

1. 基本特征

(1)公司的资本(股本)总额包括等额股份,股份是股份有限公司最重要的条件之一,是股份有限公司区别于其他公司法律形式的一个基本标志。这里所说的资本是指由股东出资购买股票所构成的资本金数额,它不同于公司的资产。

(2)股东以其所认购的股份对公司承担有限责任,公司则以其全部资产对公司债务承担责任。公司债权人只能向股份有限公司行使债权,而不能直接对它的股东行使债权。

(3)股东人数不得少于规定的数目(我国公司法规定,一般应有 5 人以上的发起人),但没有最高的上限,股东以其持有的股份享受公司的权利和承担义务。

2. 股份有限公司的划分方法

按照股份的募集方式可分为定向募集公司和社会募集公司两种。定向募集公司发行的股份除由发起人认购外,其余股份不向社会公众公开发行,但可以向其他法人和本公司内部职工发行部分股份。社会签集公司发行的股份除由发起人认购外,其余股份应向社会公众公开发行。股份有限公司还可以按照公开程度分为非上市的股份公司和上市的股份公司。

3. 股份有限公司的优缺点

(1)主要优点

①有利于吸收资金。它可以采取各种形式的股票和小面额股票的办法来吸引投资者,从而使股份有限公司资本来源广泛,可以很快地集中起巨额资本,便于从事巨大事业的经营。

②有利于保护股东利益。由于公司采取有限责任制,当公司破产时,股东除了其认购股份外,不会受其他牵连。

③股份有限公司实行资本证券化,股票可以自由交易和转让。

④股份有限公司是典型的合资公司,公司的所有权与经营权分离,可以由受过专门训练、经验丰富的专业人员来经营管理,有利于提高管理水平和效率。

⑤公司职工可以买股票入股,可使公司成效与职工的切身利益紧密结合起来,有利于调动公司职工搞好生产经营和参与管理的积极性。

(2)主要缺点

①公司设立程序复杂,不易组建,且要定期向社会公布财务状况、保密性差。

②由于股票可以自由买卖,股东流动性,公司难以控制。同时,股东买卖股票多数是为了股利,对公司往往缺乏责任感。

## 二、建筑业的定义及其内容划分

自人类诞生以来,就有建造活动。人类之所以进行建造活动,进而形成了一个单独的产业部门,就是人不但需要遮风避雨之场所,而且还需要进行生产、交换、消费和其他活动的空间。人类社会发展到今天,建造活动已经成为国民经济中一个重要部门。

建筑业是专门从事土木工程、房屋建设和设备安装以及工程勘察设计工作的生产部门。其产品是各种工厂、矿井、铁路、桥梁、港口、道路、管线、住宅以及公共设施的建筑物、构筑物和设施。

《中华人民共和国建筑法》(1998 年 3 月 1 日起施行,2023 年 4 月 23 日全国人大修正,2023 年 8 月 1 日实施)所称建筑活动,是指各类房屋建筑及其附属设施的建造和与其配套的线路、管道、设备的安装活动。

建筑业则是国民经济中将各种不同类型资源转换成经济与社会基础设施和其他设施的一个重要部门,包括了该转换过程中的所有阶段,即规划、设计、筹资、采购、施工、维护和运行。它生产和维护的是由基础设施、工商业建筑物和住房等组成的建成环境(即人类生活、生产和其他活动必不可少的环境)。建造的设施种类繁多,从居住和非居住的房屋建筑到诸如坝体、桥梁、铁路、道路、灌溉工程等土木工程以及像发电厂、飞机场、码头等其他基础设施。以上转换过程中各种服务和建造的设施就是建筑业的产品和服务,我们称其为建筑产品或服务。

建筑行业的参与人员和单位多种多样,有规划和设计人员,有工程施工、设备采购与安装、组织管理人员,有工程施工公司、专业工程分包公司、劳务分包公司、材料设备供应公司,有业主、投资者、建筑工人、会计师、律师、保险公司和建成设施的使用者等。政府也是建筑业中的重要角色,它有多种身份,有时是建筑产品或服务的买主,有时又是资金的提供者,但更多的时候是上述转换过程和参与者行为的管理者和裁判者。

综上所述,建筑业是指国民经济中从事建筑工程的勘察、设计、施工安装和维修更新等生产活动的行业。它是国民经济中从事固定资产生产和再生产的一个独立的重要的物质生产部门。

按照国际上一般行业划分的标准,建筑企业的工作范围包括以下四个部分:

(1)各种生产和非生产房屋及构筑物的营造;

(2)新建或改建企业的设备安装工程;

(3)房屋维护与修理作业;

(4)与建设工程对象有关的工程地质勘察与设计。

有的国家把房地产经营也包括在建筑业之内,也有将它列入独立行业。

### (一)英国的建筑业划分

按照英国 1992 年的标准行业分类(Standard Industrial Classification),建筑业分为五大组:

45.1　场地整备(site preparation)

45.2　完整或部分建筑物和土木工程施工(construction of complete building or parts thereof and civil engineering)

45.3　建筑设备安装(building installation)

45.4　建筑装修工程(building completion)

45.5　施工和拆除机具以及操作人员租赁(renting of construction or demolition equipment with operator)

每大组又继续分成小组,例如 45.2 完整或部分建筑物和土木工程施工细分如下:

45.21　一般房屋和土木工程施工(general construction of building and civil engineering works)

45.22　屋架屋面工程(erection of roof covering and frames)

45.23　公路、道路、机场和体育设施施工(construction of highways, roads, airfields and sport facilities)

45.24　给水工程施工(construction of water projects)

45.25　需要特殊工种的其他工程施工(other construction work involving special trades)

(二)美国的建筑业划分

美国一般将建筑业划分为住宅建筑(residential construction)、非住宅建筑(construction of nonresidential buildings)、重型工程建筑(heavy engineering construction)、民用建筑(civil or building works)和基础设施(infrastructure)。

住宅建筑包括家庭房屋、多单元市镇居住房屋、花园公寓、高层公寓和合作公寓。

民用建筑包括面很广,包括小型零售商店、大型城市综合改造项目、学校建筑、医院、教堂、出租办公楼、剧院、政府办公建筑、娱乐场所、轻工业厂房和货栈等。

重型工程建筑包括大坝、隧道、桥梁、公路、铁路、机场、港口、码头、城市轨道交通设施、管线、污水处理厂、垃圾处置设施、输配电和通信系统等。

非住宅建筑,主要指工业建筑(industrial construction),包括提炼厂、石油化工厂、合成燃料厂、火电站、核电站、冶炼厂、轧钢厂、炼铝厂、大型机械制造厂以及其他许多非民用建筑。

(三)日本的建筑业划分

日本一般将建筑业划分为如下三类:

(1)房屋建筑、土木工程与其他长期和土地结合的工程及其附属设备的新建、改建、修缮、拆除或迁移等工程。

(2)土地、航道、水路的改造或修建。

(3)机械设备的安装、拆卸或迁移。

(四)WTO 的建筑业划分

根据 WTO 的分类标准,建筑施工、工程设计、城市规划、房地产和城市建设都属于服务贸易的范畴。根据 WTO《服务贸易总协定》规定,服务贸易的提供方式定义为以下四种:

(1)跨境交付,即一国的服务提供者在本国完成服务内容后,通过传递方式将服务内容提供给另一国被服务者,例如工程设计。

(2)境外消费,即一国的服务提供者在本国境内为另一国消费者提供服务,例如旅游。

(3)商业实体,即一国的服务提供者在他国以办企业或其他经济实体的方式进行服务活动,如设立合资合作建筑企业或独资建筑企业。

(4)人员流动,即一国的服务提供者在他国以个人身份从事服务活动。

对建筑业的四种服务方式,我国做出的承诺和限制是:

(1)对跨境交付不作承诺,因为跨境交付方式的建筑施工在技术上没有可行性。

(2)对境外消费不设限制。

(3)对自然人流动的市场准入和国民待遇方面,原外经贸部根据外交部和劳动部的有关规定,制定了统一的外国劳务人员管理规定,适用所有服务行业。

建筑市场开放的关键条件主要集中在对第三种服务贸易的提供方式即商业实体所作出的市场准入和国民待遇的承诺和限制。

### (五)中国的建筑业划分

我国的建筑企业原来在其横向范围,包括规划、勘察、设计和施工等活动;其纵向包括上至中央各部委,下至地方直至乡镇的建筑企业及其管理部门。根据中华人民共和国国家质量监督检验检疫总局发布实施的国家标准《国民经济行业分类(Industrial classification for national economic activities)》GB/T 4754—2017,建筑业[E,47-50 大类,本类不包括建筑工程的筹建机构,该活动列入 7671 项(工程管理服务)]进一步划分成房屋建筑业(47)、土木工程建筑业(48)、建筑安装业(49)、建筑装饰、装修和其他建筑业(50)。

1. 房屋建筑业(47 大类,471、472、479 中类):指房屋主体工程的施工活动,不包括主体工程施工前的准备活动。

包括:

①住宅房屋建筑(4710 小类)。

②体育场馆建筑(4720 小类):指体育馆工程服务、体育及休闲健身用房屋建设活动。

③其他房屋建筑业(4790 小类)。

2. 土木工程建筑业(48 大类):指土木工程主体的施工活动,不包括施工前的工程准备活动。

(1)铁路、道路、隧道和桥梁工程建筑(481 中类)

包括:

①铁路工程建筑(4811 小类)。

②公路工程建筑(4812 小类)。

③市政道路工程建筑(4813 小类)。

④城市轨道交通工程建筑(4814 小类)。

⑤其他道路、隧道和桥梁工程建筑(4819 小类)。

(2)水利和水运工程建筑(482 中类)

包括:

①水源及供水设施工程建筑(4821 小类)。

②河湖治理及防洪设施工程建筑(4822 小类)。

③港口及航运设施工程建筑(4823 小类)。

(3)海洋工程建筑(483 中类):指海上工程、海底工程、近海工程建筑活动,不含港口工程建筑活动。

包括:

①海洋油气资源开发利用工程建筑(4831 小类)。

②海洋能源开发利用工程建筑(4832 小类)。

③海底隧道工程建筑(4833 小类)。

④海底设施铺设工程建筑(4834 小类)。

⑤其他海洋工程建筑(4839 小类)。

(4)工矿工程建筑(484 中类):指除厂房、电力工程外的非节能环保型矿山和工厂生产设施、设备的施工和安装。

(5)架线和管道工程建筑(485 中类):指建筑物外的架线、管道和设备的施工活动。

包括:

①架线及设备工程建筑(4851 小类):指敷设于地面以上的电力、通信、广播电视等线缆、杆塔等工程建筑。

②管道工程建筑(4852 小类):指供水、排水、燃气、集中供热、线缆排管、工业和长输等管道工程建筑。

③地下综合管廊工程建筑(4853 小类):指建于城市地下用于容纳两类及以上城市工程管线的构筑物及其附属设施,如水管网、燃 气网、电信网等。

(6)节能环保工程施工(486 中类):

包括:

①节能工程施工(4861 小类)。

②环保工程施工(4862 小类)。

③生态保护工程施工(4863 小类)。

(7)电力工程施工(487 中类):

包括:

①火力发电工程施工(4871 小类)。

②水力发电工程施工(4872 小类)。

③核电工程施工(4873 小类)。

④风能发电工程施工(4874 小类)。

⑤太阳能发电工程施工(4875 小类)。

⑥其他电力工程施工(4879 小类)。

(8)其他土木工程建筑(489 中类):

包括:

①园林绿化工程施工(4891 小类)。

②体育场地设施工程施工(4892 小类):指田径场、篮球场、足球场、网球场、高尔夫球场、跑马场、赛车场、卡丁车赛场、全民体育健身工程设施等室内外场地设施的工程施工。

③游乐设施工程施工(4893 小类)。

④其他土木工程建筑施工(4899 小类)。

3.建筑安装业(49 大类):指建筑物主体工程竣工后,建筑物内各种设备的安装活动,以及施工中的线路敷设和管道安装活动;不包括工程收尾的装饰,如对墙面、地板、天花板、门窗等处理活动。包括:

(1)电气安装(491 中类、4910 小类):指建筑物及土木工程构筑物内电气系统(含电力线路)的安装活动。

(2)管道和设备安装(492 中类、4920 小类):指管道、取暖及空调系统等安装活动。

(3)其他建筑安装业(499 中类)。

4. 建筑装饰、装修和其他建筑业(50 大类):

(1)建筑装饰和装修业(501 中类):指对建筑工程后期的装饰、装修、维护和清理活动,以及对居室的装修活动。包括:

①公共建筑装饰和装修(5011 小类)。

②住宅装饰和装修(5012 小类)。

③建筑幕墙装饰和装修(5013 小类)。

(2)建筑物拆除和场地准备活动(502 中类):指房屋、土木工程建筑施工前的准备活动。包括:

①建筑物拆除活动(5021 小类)。

②场地准备活动(5022 小类)。

(3)提供施工设备服务(503 中类、5030 小类):指为建筑工程提供配有操作人员的施工设备的服务。

(4)其他未列明建筑业(509 中类、5090 小类):指上述未列明的其他工程建筑活动。

5. 建筑业的相关产业之一——房地产业(K、70 大类),包括:

(1)房地产开发经营(701 中类、7010 小类):指房地产开发企业进行的房屋、基础设施建设等开发,以及转让房地产开发项目或者销售房屋等活动。

(2)物业管理(702 中类、7020 小类):指物业服务企业按照合同约定,对房屋及配套的设施设备和相关场地进行维修、养护、管理,维护环境卫生和相关秩序的活动。

(3)房地产中介服务(703 中类、7030 小类):指房地产咨询、房地产价格评估、房地产经纪等活动。

(4)房地产租赁经营(704 中类、7040 小类):指各类单位和居民住户的营利性房地产租赁活动,以及房地产管理部门和企事业单位、机关提供的非营利性租赁服务,包括体育场地租赁服务。

(5)其他房地产业(709 中类、7090 小类)。

6. 建筑业的相关产业之二——科学研究和技术服务业(M,包括 73、74、75 大类)。即研究与试验开展(73 大类)、专业技术服务业(74 大类)、科技推广和应用服务业(75 大类)。

(1)研究与试验开展(73 大类):指为了增加知识(包括有关自然、工程、人类、文化和社会的知识),以及运用这些知识创造新的应用,所进行的系统的、创造性的活动;该活动仅限于对新发现、新理论的研究,新技术、新产品、新工艺的研制研究与试验发展,包括基础研究、应用研究和试验发展。

①自然科学研究和试验发展(731 中类、7310 小类)。

②工程和技术研究和试验发展(732 中类、7320 小类)。

③农业科学研究和试验发展(733 中类、7330 小类)。

④医学研究和试验发展(734 中类、7340 小类)。

⑤社会人文科学研究(735 中类、7350 小类)。

(2)专业技术效劳业(74 大类):

①气象服务(741 中类、7410 小类):指从事气象探测、预报、服务和气象灾害防御、气候资源利用等活动。

②地震服务(742 中类、7420 小类):指地震监测预报、震灾预防和紧急救援等防震减灾活动。

③海洋服务(743 中类)。

④测绘地理信息服务(744 中类)。

⑤质检技术服务(745 中类):指通过专业技术手段对动植物、工业产品、商品、专项技术、成果及其他需要鉴定的物品、服务、管理体系、人员能力等所进行的检测、检验、检疫、测试、鉴定等活动,还包括产品质量、标准、计量、认证认可等活动。包括:

a. 检验检疫服务(7451 小类):指审查产品设计、产品、过程或安装并确定其与特定要求的符合性,或根据专业判断确定其与通用要求的符合性的活动;对出入境的货物、人员、交通工具、集装箱、行李邮包携带物等进行检验检疫,以保障人员、动植物安全卫生和商品质量的活动。

b. 检测服务(7452 小类):指依据相关标准或者技术规范,利用仪器设备、环境设施等技术条件,对产品或者特定对象进行的技术判断。

c. 计量服务(7453 小类):指为了保障国家计量单位的统一和量值的准确可靠,维护国家、公民,法人和其他社会组织的利益,计量技术机构或相关单位开展的检定、校准、检验、检测、测试、鉴定、仲裁、技术咨询和技术培训等计量活动。

d. 标准化服务(7454 小类):指利用标准化的理念、原理和方法,为各类主体提供标准化解决方案的产业,包括标准技术指标实验验证、标准信息服务、标准研制过程指导、标准实施宣贯等服务,基于标准化的组织战略咨询、管理流程再造、科技成果转移转化等服务,标准与相关产业融合发展而衍生的各类“标准化+”服务。

e. 认证认可服务(7455 小类):指由认证机构证明产品、服务、管理体系符合相关技术规范、相关技术规范的强制性要求或者标准的合格评定活动;由认可机构对认证机构、检查机构、实验室以及从事评审、审核等认证活动人员的能力和执业资格,予以承认的合格评定活动。

f. 其他质检技术服务(7459 小类):指质量相关的代理、咨询、评价、保险等活动,还包括质量品牌保护等活动。

⑥环境与生态监测检测(746 中类):

a. 环境保护监测(7461 小类),指对环境各要素,对生产与生活等各类污染源排放的液体、气体、固体、辐射等污染物或污染因子指标进行的测试、监测和评估活动;

b. 生态资源监测(7462 小类),指对海洋资源、森林资源、湿地资源、荒漠化、珍稀濒危野生动植物资源及外来物种的调查与监测活动,以及对生态工程的监测活动;

c. 野生动物疫源疫病防控监测(7463 小类)。

⑦地质勘查(747 中类):指对矿产资源、工程地质、科学研究进行的地质勘查、测试、监测、评估等活动,包括:能源矿产地质勘查(7471 小类);固体矿产地质勘查(7472 小类);水、二氧化碳等矿产地质勘查(7473 小类);基础地质勘查(7474 小类)(指区域、海洋、环境和水文地质勘查活动);地质勘查技术服务(7475 小类)(指除矿产地质勘查、基础地质勘查以外的其他勘查和相关的技术服务)。

⑧工程技术与设计服务(748 中类)。包括:

a. 工程管理服务(7481 小类):指工程项目建设中的项目策划、投资与造价咨询、招标代理、项目管理等服务。

b. 工程监理服务(7482 小类)。

c. 工程勘察活动(7483 小类):指建筑工程施工前的工程测量、工程地质勘察和咨询等活动。

d. 工程设计活动(7484 小类)。

e. 规划设计管理(7485 小类):指对区域和城镇、乡村的规划,以及其他规划。

f. 土地规划服务(7486 小类):指开展土地利用总体规划、专项规划、详细规划的调查评价、编制设计、论证评估、修改、咨询活动。

⑨工业与专业设计及其他专业技术服务(749 中类)。包括:

a. 工业设计服务(7491 小类)。

b. 专业设计服务(7492 小类):指除工程设计、软件设计、集成电路设计、工业设计以外的各种专业设计服务。

c. 兽医服务(7493 小类):指除宠物医院以外的各类兽医服务。

d. 其他未列明专业技术服务业。

7. 科技推广和应用服务业(75 大类):

(1)技术推广服务(751 中类):指将新技术、新产品、新工艺直接推向市场而进行的相关技术活动,以及技术推广和转让活动。包括:

① 农林牧渔技术推广服务(7511 小类);

②生物技术推广服务(7512 小类);

③新材料技术推广服务(7513 小类);

④节能技术推广服务(7514 小类):指仅包括节能技术和产品的开发、交流、转让、推广服务,以及一站式合同能源管理综合服务;节能技术咨询、节能评估、能源审计、节能量审核服务。

⑤新能源技术推广服务(7515 小类);

⑥环保技术推广服务(7516 小类);

⑦三维(3D)打印技术推广服务(7517 小类);

⑧其他技术推广服务(7519 小类)。

(2)知识产权服务(752 中类、7520 小类):指专利、商标、版权、软件、集成电路布图设计、技术秘密、地理标志等各类知识产权的代理、转让、登记、鉴定、检索、分析、咨询、评估、运营、认证等服务。

(3)科技中介服务(753 中类、7530 小类):指为科技活动提供社会化服务与管理,在政府、各类科技活动主体与市场之间提供居间服务的组织,主要开展信息交流、技术咨询、科技评估和科技鉴证等活动。

(4)创业空间服务(754 中类、7540 小类):指顺应新科技革命和产业变革新趋势、有效满足网络时代大众创业创新需求的新型创业服务平台,它是针对早期创业的重要服务载体,主要为创业者提供低成本的工作空间、网络空间、社交空间和资源共享空间,包括众创空间、孵化器、创业基地等。

(5)其他科技推广服务业(759 中类,7590 小类):指除技术推广、科技中介以外的其他科技服务,但不包括短期的日常业务活动。

## 三、建筑企业类型

建筑业除了划分为土木工程建筑业、线路、管道与设备安装以及装饰装修业之外,还可以从建筑企业的所有制、建筑企业的专业、建筑企业在建设项目实施中扮演的角色、建筑产品等多种角度对建筑业生产单位进行划分,认识建筑业的各方面组成。建筑企业类型划分如图3-1所示。

- 按企业所有制不同划分
  - 国有制建筑企业
  - 私有制建筑企业
  - 股份制建筑企业
  - 其他的建筑企业
- 按隶属关系不同划分
  - 中央建筑企业
    - 建工系统总公司及其直属公司
    - 非建工系统总公司及其直属公司(含铁道、交通、冶金、石油、化工等部属建筑企业)
  - 地方建筑企业——省、地区(市)、县及其以下的建筑企业
- 按建筑企业规模大小划分*
  - 一级建筑企业——固定职工总人数在4 000人以上者
  - 二级建筑企业——固定职工总人数在2 000～4 000人者
  - 三级建筑企业——固定职工总人数在2 000人以下者
  - 四级建筑企业——固定职工总人数在 200～500 人者
- 按企业是否现场作业划分
  - 现场作业的建筑安装企业
  - 建筑加工、构件生产、机修、运输和物质供应等辅助和服务性企业
- 按企业专业化方向不同划分
  - 不同建筑对象专业化的企业
    - 不同部门建筑对象专门化的企业——铁道、冶金、矿山、电力等建筑工程公司(局)
    - 不同建筑对象(不与特定部门对口的)专业化的企业——住宅、市政等建筑公司
  - 不同建筑产品专业化的企业
    - 建筑加工企业——木材加工、商品混凝土构配件厂等
    - 建筑构配件生产企业——各种钢、钢筋混凝土构配件厂等
    - 不同施工阶段专业化的企业——基础、土石方、给排水等工程公司
  - 不同施工服务专业化企业——机修、运输、物资供应等企业
- 按企业联合方向不同划分
  - 工程承包企业和城市建设综合开发联合企业
  - 建筑科研、设计与施工一体化联合企业
  - 建筑产品配套生产联合企业
  - 建筑制品联合企业
  - 建材供应联合企业
  - 区域性建筑联合企业等

图 3-1　建筑企业类型划分图

*系从事建筑安装的企业。若从事设备安装、机械化施工的企业的划分标准是:一级企业,固定职工总人数在2 000人以上者;二级企业,固定职工总人数在1 000人以上者;三级企业,固定职工总人数在 300 人以上。尚有其他划分条件详见《建筑企业营业管理条例》。

## 四、建筑企业资质等级划分标准及其应具有的基本条件

建筑业企业资质标准是指建筑企业在参与建筑工程时需要具备的一系列条件和要求。这些标准旨在保障建筑工程的质量和安全,同时也是对建筑企业经营管理能力和信誉度的一种考核。随着社会经济的发展和建筑业的不断壮大,建筑业企业资质标准也在不断更新和完善。建筑业企业资质标准的更新主要体现在对企业资质等级、管理体系和质量控制、信用和社会责任等方面的要求上。

中华人民共和国住房和城乡建设部于2014年11月6日颁布《建筑业企业资质等级标准》(建市〔2014〕159号，自2015年1月1日起施行，2018年12月22日住建部发布《关于修改〈建筑业企业资质管理规定〉等的决定》第二次修正，第45号令)。《建筑业企业资质等级标准》分三个序列：施工总承包企业资质等级标准包括12个类别，一般分4个等级(特级、一级、二级、三级)；专业承包企业资质等级标准包括36类别，一般分3个等级(一级、二级、三级)；劳务分包企业资质不分类别与等级。主要内容如下：

(一)施工总承包企业资质

施工总承包企业资质主要包括以下12个类别：

建筑工程施工总承包、公路工程施工总承包、铁路工程施工总承包、港口与航道工程施工总承包、水利水电工程施工总承包、电力工程施工总承包、矿山工程施工总承包、冶金工程施工总承包、石油化工工程施工总承包、市政公用工程施工总承包、通信工程施工总承包、机电工程施工总承包。

(二)专业承包企业资质

专业承包企业资质主要包括以下36个类别：

地基基础工程专业承包、起重设备安装工程专业承包、预拌混凝土专业承包、电子与智能化工程专业承包、消防设施工程专业承包、防水防腐保温工程专业承包、桥梁工程专业承包资质、隧道工程专业承包、钢结构工程专业承包、模板脚手架专业承包、建筑装修装饰工程专业承包、建筑机电安装工程专业承包、建筑幕墙工程专业承包、古建筑工程专业承包、城市及道路照明工程专业承包、公路路面工程专业承包、公路路基工程专业承包、公路交通工程专业承包、铁路电务工程专业承包、铁路铺轨架梁工程专业承包、铁路电气化工程专业承包、机场场道工程专业承包、民航空管工程及机场弱电系统工程专业承包、机场目视助航工程专业承包、港口与海岸工程专业承包、航道工程专业承包、通航建筑物工程专业承包、港航设备安装及水上交管工程专业承包、水工金属结构制作与安装工程专业承包、水利水电机电安装工程专业承包、河湖整治工程专业承包、输变电工程专业承包、核工程专业承包、海洋石油工程专业承包、环保工程专业承包、特种工程专业承包。

2022年2月，为落实建设工程企业资质管理制度改革要求，住房和城乡建设部会同国务院有关部门起草了《建筑业企业资质标准(征求意见稿)》、《工程勘察资质标准(征求意见稿)》、《工程设计资质标准(征求意见稿)》和《工程监理企业资质标准(征求意见稿)》，向社会公开征求意见，意见反馈截止时间为2022年3月10日。上述四项资质标准明确对建设工程企业资质进行了分类。《建筑业企业资质标准(征求意见稿)》将建筑业企业资质分为施工综合资质、施工总承包资质、专业承包资质和专业作业资质4个序列。其中施工综合资质不分类别和等级；施工总承包资质设有13个类别，分为2个等级(甲级、乙级)；专业承包资质设有18个类别，一般分为2个等级(甲级、乙级，部分专业不分等级)；专业作业资质不分类别和等级。《建筑业企业资质标准(征求意见稿)》包括建筑业企业资质各个序列、类别和等级的资质标准。

(三)建筑施工企业应具备的基本条件和基本素质

为了维护国家、社会、使用者、生产者和企业的权益免遭损失，建筑施工企业必须具备一定的条件，主要包括以下几个方面：

(1)要有独立组织生产的能力。具备生产力的三要素,即劳动力、施工机械和各种建筑材料,其中劳动力应具有一定的技术知识和业务技能。

(2)要成为经济实体。在行政上和经济上具有一定的独立性,能独立经营。对外具有法人资格,在国家计划和管理下能独立地进行经营决策;对内能自主地支配人、财、物,安排产、供、销活动。

(3)要有进行独立核算的条件。在财务上具有自主经营的资金,核算工程成本,以自己的销售收入抵偿生产支出,并取得盈利。

(4)要有保证工程质量和施工工期的手段和措施。

建筑施工企业素质是企业的领导力、组织力、管理力、技术力和人力、物力、财力等组成的内在因素的集合力和外在的表现能力,是企业生存和发展的能力。它随时间而变化,是个动态的概念。建筑企业应具备的基本素质主要包括以下两个方面:

1. 内在因素的集合力

(1)各级领导班子素质。是指主要领导成员应具有开拓能力、洞察能力、决策能力、组织能力;领导班子要结构合理,才能、专业、知识和年龄应适当搭配;具有集结的支持力,能团结合作。

(2)职工队伍素质。是指工人、技术人员和管理人员的素质,职工的政治、文化、技术和业务水平,以及解决技术和管理问题的能力、对效率和效益有直接影响力。

(3)技术素质。即技术骨干人员的素质、施工工艺水平,是推动技术进步的动力。也是构成企业的生产力和产品优势的直接因素。

(4)管理素质包括管理思想、理论、组织、方法和手段的水平,信息、预测、标准、定额、计量和检测等基础工作的质量、计划、经营、市场运作和理财能力。

2. 外在表现的能力

(1)生存能力,包括:竞争能力、企业信誉、市场占有力,应变能力、当施工条件和环境发生变化时的适应能力,盈利及降低造价和消耗的能力。

(2)发展能力,包括:技术开发能力,即对产品、技术、机具、工艺、材料的创新能力;扩大再生产能力,即获得投资积累、扩大生产承包规模的能力。

### 五、建筑产品、企业生产和市场的特点

建筑企业生产与国民经济中其他行业生产相比较,有许多共同点,如都需要将资源投入到生产产品的生产过程之中;生产上都有均衡性、节奏性、阶段性和连续性;组织上都需要专业化、协作化等。在商品经济条件下,建筑企业生产的产品大多是为了交换而生产的,建筑产品是商品。

#### (一)建筑产品的特点

建筑产品与工业和其他行业的产品比较,也具有许多不同的技术经济特点。

1. 建筑产品的固定性。建筑企业生产的产品是建筑物及构筑物,如房屋、桥梁等,它们是固定在一定空间地点的,并直接与大地联结成一体,一旦建成就不能任意移动,只能在建造地点发挥作用。在生产过程中劳动者及劳动工具必须移动,尤其是铁路、公路及管道等建筑工程,它们是分布在一条线上的带状建筑物,短则几千米,长至上百甚至达上千千米以上,而工业物资生产部门则恰恰相反,它们所生产的产品是移动的,而劳动者与劳动工具是相对固定的。

2. 建筑产品的多样性。建筑企业的产品是按照建设单位和用户(业主)对建筑物或构筑物及其工艺流程的特定要求来兴建的。严格地说,我们找不到两个完全相同的建筑物,即使采

用同一份设计图纸，由于建筑物所处固定地点的地形、地质、水文、气候等自然条件的千差万别，交通、资源等社会条件的变化，施工方法和施工组织也不可能完全相同，因而建筑产品具有个体性。而在一般工业企业，产品大多是标准的，规格相同、加工制造的过程也基本相同，因而可能成批生产。

3. 建筑产品的庞大性和整体性。建筑产品体积庞大，占用的空间大，工程数量巨大，消耗的人力物力等社会劳动量多，这是一般工业产品所无法比拟的。此外，建筑产品技术含量越来越高，需要由土建、安装、装饰等专业化施工企业分工合作来完成整个工程，具有明显的整体性。

4. 建筑产品质量不合格，不能退货。建筑产品质量若有问题会对业主和施工单位等造成巨大损失乃至人身伤亡，只能对不合格建筑产品进行修理或推倒重来，不能退货调换。

### (二)建筑企业生产的特点

由于建筑产品具有上述特点，使建筑企业生产也具有以下技术经济特点：

1. 生产的流动性。建筑产品的固定性，就决定了建筑企业生产要随着施工现场的不同而转移，施工人员和机具设备必须从一个工地转到另一个工地。同时由于建筑产品体积庞大，就是在一个建筑产品中生产也是流动的，生产者和生产设备也必须从一个施工段转到另一施工段，带来施工管理的多变性和复杂性。

2. 生产的单件性。由于建筑产品的多样性，几乎每一个建筑产品都有其独特的形式和独特的结构，需要有一套单独设计的图纸，生产时需要采用不同的施工方法和施工组织，因此建筑产品在施工前都要单独地编制施工组织设计，单独地组织施工，没有统一的模式可套。不可能像工业产品那样统一标准，成批生产。这会带来建筑产品设计、施工和管理的多变性和复杂性。

3. 生产受气候条件影响很大。由于建筑产品的体积庞大，就决定了建筑产品露天生产的性质，生产易受雨、雪、风、霜、温度等环境因素的严重影响，使得气候条件成为制约生产的重要因素。从而导致施工组织和管理困难，生产难以均衡进行。而工业企业生产活动大多在厂房内进行，基本上不受外界气候条件的影响，生产可以全年连续均衡地进行。

4. 生产周期长，资源消耗量大。建筑产品的特点决定了其生产需要较长的周期。一般简单的项目要 1～2 年，规模大、技术复杂的项目需 5～10 年。在建筑产品的形成过程中，需要消耗大量的人力、物力及财力，所需的流动资金数额较大。建筑材料消耗量占社会总消耗量的百分率大致为：钢材 30%、水泥 70%、玻璃 60%、塑料制品 25%、运输 8%等。人力大致为每平方米房屋建筑面积约需 4 个工日。可见，基本建设规模不能过大，战线不能太长，应抓好国家重点工程建设，注意不断缩短生产周期，降低生产成本，提高投资效益。

5. 生产具有不可中断性。建筑生产过程要持续一个相当长的阶段，每一个工作日的生产成果只能是产品的一个局部，而不可能是完整的产品，只有当这种过程持续相当长的时期后，才能生产出具有完整使用价值的建筑产品，即投入的资源只有在工程竣工交验完毕后，才能投产使用，发挥效益。这个生产过程一旦中断，就会使已经消耗的大量劳动白白浪费掉。因此，建筑企业必须周密计划，严格程序，精心地、科学地加以组织，以保证不间断地进行生产。

6. 生产具有广泛的社会综合性。建筑企业生产涉及面广、社会协作关系复杂就建筑企业内部而言，它是多工种综合作用；从建筑企业的外部关系看，需要同当地政府、公众、公用事业、材料供应、环保、劳动与银行等部门和单位联系，密切配合，因此，建筑企业生产具有广泛的社会综合性。

(三)建筑市场的特点

建筑市场是以工程建设承发包交易活动为核心的市场,是建筑产品、建筑生产活动及与建筑生产活动有关的机构三方面之间相互作用、相互联系的纽带。它包括由不同形态建筑产品组成的市场客体;由发包方、承包方以及为工程建设服务的中介机构组成的市场主体;在价值规律的作用下,由以招标投标为主要竞争方式来调节市场供求的市场机制;与工程建设有关的,保证建筑市场正常运转的要素市场体系;为工程建设提供专业服务的市场中介组织体系和以行业管理为主的社会保障体系;保证市场秩序、保护主体合法权益的法律法规和监督管理体系等。

建筑市场是工程建设生产和交易关系的总和,是整个市场体系的重要组成部分。它既是生产要素市场的一部分,也是消费品市场的一部分,它与房地产市场一起构成了建筑产品生产和流通的市场体系。建筑市场又以建筑产品的生产过程为对象、形成具有特殊交易方式、相对独立的市场体系。

建筑产品和建筑生产的上述特点决定了建筑业和建筑市场具有许多方面不同于其他产品市场的特点。

1. 建筑市场没有商业中介人,由业主和承包商直接进行交易活动。

2. 在建筑市场中,交换关系的确立是在产品生产之前。

3. 建筑产品的交换过程较一般产品长,即经历一个建设过程。

4. 由于产品的固定性,建筑市场具有显著的区域性特点。

5. 建筑市场采用招标投标方式,竞争激烈。

6. 因生产周期长,不确定因素多,所以风险大。

7. 建筑施工企业的组织规模大,机构层次多,员工人数多。生产涉及的专业面广,例如土木建筑、金属结构加工、预制构件、机械化施工、市政工程建设和室内外装饰工程等。

8. 涉及的专业领域多,例如冶金、水利、煤矿、电力、铁道、石化、轻工、交通、石油和航天航空等领域的建设施工。

9. 同期施工项目多,场地分散,可变因素多,施工周期长,各工种交叉作业,工程进度不同,协调和管理难度大。

10. 施工项目具有单项性,项目的设计、施工及其生产环境或地域等都有很强的单项性。项目部是工程质量的关键环节,实行“项目法人责任制”。有的项目部是临时组建的,项目工程交付后即解散,有项目工程时再组建,人员变化大,影响工程质量及安全的因素较多,安全风险大,如果发生质量事故,对社会的影响大。

11. 隐蔽工程多,工程(产品)质量问题往往在工程(产品)交付使用后的一段时间才能暴露出来。

12. 法律法规性强,国家及地方政府所规定的工程建设的法令、法规较多,项目的承包和施工管理的合法性很重要。

## 六、建筑企业在国民经济中的地位与作用

计划经济时期,从理论上混淆了基本建设和建筑业的区别,没有把建筑业当作一个独立的物质生产部门对待,而把基本建设过程当作物质生产活动,把建筑企业看作是基本建设的组成

部分和附属部分，是消费部门和赔钱的行业。因而，在管理体制和经济政策上采取了许多消极的限制措施，如不承认建筑产品是商品，将价格和价值人为地严重背离等。致使建筑企业长期处于不利地位。

实际上，建筑企业与其他工业生产一样，有一个完整的生产过程，它包括：从现场用地勘测起，经过设计、施工到竣工验收的一系列过程。建筑企业的产品是建筑物或构筑物，产品价格以货币作为流通手段。因此，建筑产品也是商品，社会要扩大再生产和改善人民的物质与文化生活条件，建筑业为其提供了巨大的物质基础。它为国民经济的发展起到了十分重大的作用。

改革开放以来，国家把建筑业和工业、农业、交通运输业与商业一起，并列为我国五大产业部门，并开始把建筑业的生产计划纳入到国民经济计划体系之中。建筑业已经成为国民经济的支柱产业。

建筑企业的性质、任务及其生产的技术经济特点，决定了其在国民经济中具有的特殊地位和作用。建筑企业在国民经济中的地位和作用，主要表现在以下几个方面：

### （一）为国民经济各部门的发展和提高人民物质福利水平提供物质技术基础

建筑企业为国民经济中其他产业部门提供生产设施，为它们进行简单再生产和扩大再生产提供生产资料。同时，建筑业又为城乡建设和人民生活服务，为人民提供住宅和其他物质、文化设施。所以建筑企业在整个国民经济中，既担负第一类的职能（生产资料），也担负第二类的职能（生产消费资料）。

建筑业涵盖与建筑生产相关的所有服务内容，包括规划、勘察、设计、建筑物（包括建筑材料与成品及半成品）的生产、施工、安装、建成环境运营、维护管理，以及相关的咨询和中介服务等，是国民经济的重要物质生产部门。

考察一个国家的综合国力和经济发展情况，只要看它的建筑业发展水平，凡是经济发达国家，一般建筑业都比较发达。建筑企业在国民经济构成中的地位相当重要（表 3-1～表 3-3）。根据最新的建筑市场数据，全球 2022 年建筑行业规模达到 8.2 万亿美元，预计到 2029 年将达到 17 万亿美元，复合年增长率（CAGR）为 7.3%。

**表 3-1　2011—2020 年部分国家建筑业增加值**　（单位：10 亿美元）

| 排名 | 国别 | 2011 | 2012 | 2013 | 2014 | 2015 | 2016 | 2017 | 2018 | 2019 | 2020 |
|---|---|---|---|---|---|---|---|---|---|---|---|
| 1 | 中国 | 509.58 | 584.51 | 660.08 | 739.03 | 766.94 | 775.06 | 856.75 | 989.92 | 1 022.64 | 1 057.79 |
| 2 | 美国 | 525.60 | 554.90 | 588.70 | 637.70 | 695.30 | 747.70 | 800.60 | 847.10 | 903.60 | 895.90 |
| 3 | 日本 | 295.86 | 293.86 | 259.75 | 249.35 | 230.45 | 269.15 | 268.56 | 270.80 | 275.40 | 270.44 |
| 4 | 德国 | 147.32 | 141.84 | 149.01 | 158.65 | 138.53 | 146.62 | 156.03 | 175.18 | 186.73 | 203.08 |
| 5 | 印度 | 166.56 | 158.95 | 157.25 | 160.43 | 154.49 | 160.86 | 184.33 | 197.34 | 194.35 | 185.61 |
| 6 | 英国 | 136.46 | 138.84 | 148.12 | 167.01 | 167.47 | 152.36 | 153.60 | 165.82 | 164.83 | 144.39 |
| 7 | 法国 | 155.19 | 140.85 | 148.61 | 146.09 | 119.65 | 119.86 | 127.81 | 138.63 | 138.94 | 121.86 |
| 8 | 加拿大 | 122.98 | 135.07 | 138.19 | 135.22 | 116.73 | 108.66 | 116.56 | 121.49 | 123.25 | 116.18 |
| 9 | 印尼 | 81.20 | 85.78 | 86.60 | 87.82 | 87.91 | 96.75 | 105.41 | 109.74 | 120.28 | 113.33 |
| 10 | 俄罗斯 | 134.68 | 146.50 | 140.41 | 127.08 | 88.24 | 81.88 | 107.00 | 120.89 | 120.04 | 91.73 |

（数据来源：英国国家统计局）

表 3-2 2011—2020 年部分国家建筑业增加值占 GDP 比重(%)

| 排名 | 国别 | 2011 | 2012 | 2013 | 2014 | 2015 | 2016 | 2017 | 2018 | 2019 | 2020 |
|---|---|---|---|---|---|---|---|---|---|---|---|
| 1 | 印尼 | 9.09 | 9.35 | 9.49 | 9.86 | 10.21 | 10.38 | 10.38 | 10.53 | 10.75 | 10.71 |
| 2 | 中国 | 6.75 | 6.85 | 6.90 | 7.05 | 6.93 | 6.90 | 6.96 | 7.12 | 7.16 | 7.18 |
| 3 | 加拿大 | 6.86 | 7.39 | 7.48 | 7.50 | 7.50 | 7.11 | 7.37 | 7.33 | 7.27 | 7.07 |
| 4 | 印度 | 8.90 | 8.54 | 8.20 | 7.85 | 7.20 | 7.02 | 7.01 | 7.09 | 7.04 | 6.97 |
| 5 | 俄罗斯 | 6.57 | 6.64 | 6.12 | 6.15 | 6.45 | 6.45 | 6.77 | 7.26 | 6.83 | 6.18 |
| 6 | 日本 | 4.90 | 4.95 | 5.32 | 5.54 | 5.53 | 5.59 | 5.70 | 5.68 | 5.61 | 5.35 |
| 7 | 德国 | 3.93 | 4.02 | 3.99 | 4.08 | 4.13 | 4.23 | 4.24 | 4.42 | 4.48 | 5.28 |
| 8 | 英国 | 5.18 | 5.17 | 5.35 | 5.47 | 5.72 | 5.67 | 5.78 | 5.75 | 5.86 | 5.22 |
| 9 | 法国 | 5.42 | 5.25 | 5.29 | 5.12 | 4.91 | 4.85 | 4.92 | 4.98 | 5.13 | 4.63 |
| 10 | 美国 | 3.37 | 3.42 | 3.50 | 3.63 | 3.81 | 3.98 | 4.08 | 4.12 | 4.17 | 4.29 |

表 3-3 2011—2021 年我国城镇化率(%)、建筑业总产值增速及增加值增速(%)

| | 2011 | 2012 | 2013 | 2014 | 2015 | 2016 | 2017 | 2018 | 2019 | 2020 | 2021 |
|---|---|---|---|---|---|---|---|---|---|---|---|
| 城镇化率 | 50.6 | 51.8 | 53.0 | 54.2 | 55.5 | 56.7 | 58.0 | 59.2 | 60.6 | 63.9 | 64.7 |
| 建筑业总产值增速 | 21.3 | 17.8 | 16.1 | 10.2 | 2.3 | 7.1 | 10.5 | 9.9 | 5.7 | 6.2 | 11.0 |
| 建筑业增加值增速 | 10.0 | 9.3 | 9.5 | 8.9 | 7.3 | 7.7 | 3.9 | 4.8 | 5.6 | 3.5 | 2.1 |

(数据来源:Wind 数据库,英国国家统计局)

美国是世界上头号经济大国,它的建筑业仍然是国民经济的支柱产业,据 2021 年统计资料,整个美国 GDP 的 4.3%来自建筑业,2020 年,建筑行业的市场规模约为 1.36 万亿美元,2021 年在美国开展的建筑项目价值约为 1.6 万亿美元,2022 年 1 月,大约 4.8%的美国劳动力受雇于建筑行业,相当于 750 万建筑工人,2009 年,美国全国 1.43 亿个工作岗位,其中 600 万个(占 4.2%)在建筑行业。经济上后起之秀的日本,也把建筑企业视为骨干产业,其产值约占国民生产总值的 7.8%。俄罗斯及欧洲等国建筑企业的产值亦都占国民生产总值的相当大的比例。我国建筑业总产值约占社会总产值的 10%,据 2019 年统计资料,中国建筑市场企业数量为 10.4 万家,行业总产值为 36 058 亿美元(按 2019 年汇率计算)。

我国建筑业总产值及增加值始终保持增长态势,产业规模不断扩大。据国家统计局数据,2011 年,我国建筑业完成总产值 11.6 万亿元,突破 10 万亿元大关;2017 年完成总产值 21.4 万亿元,突破 20 万亿元大关;2021 年完成总产值已达 29.3 万亿元,是 2000 年的 23 倍,是新中国成立初期 1952 年的 5 000 余倍。2022 年中国建筑业实现增加值 10.7 万亿元,占 GDP 的比重为 7.8%;实现营业收入 26.4 万亿元,实现利润总额 1.8 万亿元,完成固定资产投资 13.3 万亿元。

### (二)建筑企业是重工业及其他行业的重要市场

建筑企业在为社会和国民经济各部门提供物质技术基础的同时,也要大量消耗国民经济其他部门的产品。建筑业的发展带动了建筑材料、建筑设备、家具家居等相关产业的发展,形成了庞大的产业链。建筑业的生产带动相关产业的影响较大,促进了建材、冶金、有色、化工、轻工、电子、森工、运输等 50 多个相关产业的发展。据统计,建筑业上下游产业总产值与建筑业本身的产值之比超过 1∶10。例如,建筑产品需要消耗大量的钢材、木材、水泥、玻璃、油漆、沥青等材料;建筑施工则还需要不断地更新设备。

建筑业物资消耗占全国总消耗量的比例分别占钢材的 25%、木材的 40%、水泥的 70%、玻璃的 76%、塑料的 25%,运输量的 28%,其容纳的就业人数占全社会劳动者人数的 5%左右。

建筑业能够吸收国民经济各部门大量的物质产品,建筑生产可以带动许多相关部门的生产建筑产品的生产过程,也是物质资料的消费过程。据统计,仅房屋工程所需要的建筑材料就有 76 大类、2 500 多个规格、1 800 多个品种,包括建筑材料、冶金。化工、森工、机械、仪表、纺织、轻工、粮等几十个物质生产部门。

(三)建筑企业是劳动就业的重要部门

建筑企业是劳动密集型的产业,它在国民经济中占有相当多的劳动力,西方国家在建筑企业就业的人员占全部就业人员的比例一般为 6%~8%;2022 年底,中国共有建筑业企业14.36 万个,从业人数 5 184.02 万人,其比例约为全社会从业人员的 7%。

(四)参加国际建筑市场竞争,进行综合输出

国际建筑市场是世界上的重要市场之一,每年都有巨额投资。世界上国际承包市场已有近百年的历史,许多国家都非常重视国际承包工程的市场竞争。因为这种承包活动,不但可以推动建筑企业的发展;而且亦带动资本、技术、劳务、设备及商品的输出,为国家赚取外汇。同时,亦可扩大政治经济影响。

美国《工程新闻纪录》(*Engineering News-Record*,ENR)是全球工程建设领域的权威学术杂志,其创办的 ENR 榜单排名是国际承包工程业公认的、较为全面反映年度国际工程市场发展状况的权威排名。其中,ENR"全球承包商 250 强"的排名是以企业的全球营业总收入为排名依据,重在体现企业的综合实力;ENR"国际承包商 250 强"的排名则是依据该企业在本土以外的海外工程业务总收入,重在体现企业的国际业务拓展实力。而不是用所有的国际工程公司在国外的合同额。这种统计方法从客观上反映了国际工程市场的规律和分布,从中可以看出发展的趋势和存在问题。

从历史统计资料可看出,在国际工程承包市场占主要地位的均是一些发达国家。他们资金充裕、实力雄厚、信息灵通,进入国际工程承包市场早,因而经验也很丰富,所以在这个市场中占有很大的优势。据统计,20 世纪末期,美国国际承包市场占有率达 36%,西欧(法、英、意、德、荷)占 40%,日本占 14%,韩国占 6.8%。

我国自 1979 年以后不断开拓国际建筑市场,经过 40 多年的经营发展,领域不断扩大,已经从事的有建筑、园林、冶金、港口、铁路、公路、电力、通信、机械、石油、化工、水利、煤炭等行业。

根据榜单显示,2022 年国际基建行业整体呈复苏态势,250 家上榜企业 2022 年的国际新签合同总额为 5 872 亿美元,较 2021 年增长 7.3 %;国际营业总额为 4 285 亿美元,较 2021 年增长 7.7%。

2023 年 8 月 23 日,2023 年度美国《工程新闻纪录(ENR)》"全球最大 250 家国际承包商"榜单发布。

以下为《GA 环球建筑》摘录部分榜单数据。

1. 各国上榜企业数量排名

(1)中国(81 家)

(2)土耳其(40 家)

(3)美国(39 家)

(4)意大利(12 家)

(5)韩国(12 家)

2. 各国上榜企业国际营业总额

(1)中国(1 179.3 亿美元)

(2)法国(628 亿美元)

(3)西班牙(594.4 亿美元)

(4)美国(266.5 亿美元)

(5)韩国(263.3 亿美元)

3. 榜单前 10 强(国际营业额)

(1)法国 VINCI(356.6 亿美元)

(2)西班牙 ACS(341.4 亿美元)

(3)中国交通建设集团有限公司(235.3 亿美元)

(4)法国 BOUYGUES(208.1 亿美元)

(5)奥地利 STRABAG SE(157.9 亿美元)

(6)中国建筑股份有限公司(143 亿美元)

(7)瑞典 SKANSKA AB(117.7 亿美元)

(8)中国电力建设集团有限公司(113.5 亿美元)

(9)中国铁建股份有限公司(97.6 亿美元)

(10)西班牙 FERROVIAL(92.9 亿美元)

4. 地区市场业务规模

(1)欧洲市场(250 家上榜企业在欧洲的营业额合计 1 127.6 亿美元,占营业总额 26.3%)

(2)亚洲市场(250 家上榜企业在亚洲的营业额合计 838.8 亿美元,占营业总额 19.6%)

(3)美国市场(250 家上榜企业在美国的营业额合计 559.1 亿美元,占营业总额 13%)

(4)中东市场(占营业总额 11.6%)

(5)非洲市场(占营业总额 11.2%)

(6)拉丁美洲和加勒比市场(占营业总额 6.4%)

在地区市场业务前 10 强榜单中,中国企业除未能进入美国、加拿大市场外,其他市场均占有席位。各国承包商在各区域市场各有所长,在亚洲、非洲和中东市场,中国企业业务继续保持领先地位,欧洲企业在欧洲、美国、澳大利亚、拉丁美洲和加勒比市场优势依旧明显,美国企业业务主要集中在加拿大、拉丁美洲和加勒比市场,日韩企业在亚洲市场、中东市场具备一定竞争力。

5. 专业业务领域规模

(1)交通运输(上榜企业在该领域营业额合计 1 425.8 亿美元,占营业总额 33.3%)

(2)房屋建筑(上榜企业的营业额合计 918.3 亿美元,占营业总额 21.4%)

(3)石油化工(上榜企业的营业额合计 569.4 亿美元,占营业总额 13.3%)

(4)电力工程(上榜企业的营业额合计 450.7 亿美元,占营业总额 10.5%)

在各专业业务领域排名前10强榜单中，除通信工程领域外，均有中国企业入围前十，如水利工程、制造加工、工业建设、供排水与污水处理。

中国企业共有81家企业上榜，完成营业额1 179.3亿美元(2022年营业额)，同比增加4.4%(低于全球7.7%的增长，略显疲软)，在全球市场占据27.5%份额(2021年28.4%)，其中在非洲市场份额63.0%，在亚洲市场份额54.3%，在中东市场份额35.6%，在拉美/加勒比市场份额24.8%，在澳洲市场份额19.9%，在欧洲市场份额9.5%，在北美市场份额1.7%，可见中国企业在全球市场发展不平衡。中国企业的主要市场在亚洲、中东和非洲，占据中国企业全部营业额的79.3%。在该榜单中(以国内与国际营业额合计排序)，共9家中国企业进入前10强，其中中国建筑、中国中铁、中国铁建、中国交建、中冶科工、中国电建包揽前6位，上海建工排名第8位、绿地大基建集团排名第9位，中国能建排名第10位。

当前国际工程市场呈现出五个明显发展趋势及相关对策为：

第一个发展趋势：亚洲(不含中东)市场已取代非洲成为中国企业主要市场。

2016年起，亚洲(不含中东)开始取代非洲成为主要市场。以2020—2022年中国企业在亚洲、非洲完成的营业额来看，在亚洲完成的营业额基本上是在非洲完成营业额的1.5倍。中国企业在亚洲市场的腾飞得益于"一带一路"倡议，以及亚洲地区政治稳定、经济持续发展、城市化对基础设施的需求。根据中国对外承包商会2017—2021年会员企业完成营业额统计，亚洲地区主要市场是：巴基斯坦、马来西亚、印尼、老挝、越南、新加坡、泰国、柬埔寨、菲律宾、印度、哈萨克斯坦等。根据全球最大250家国际承包商数据，2022年亚洲地区10大国际承包商中有7家中国公司，分别是中建、中交、电建、铁工、铁建、能建、中冶。2022年1月1日生效的区域全面经济伙伴关系协定RCEP，将为东南亚乃至整个亚洲的发展注入强大动力。因此，经营重点将向亚洲市场转移，尤其是印尼和东南亚市场。

第二个发展趋势：境外投建营一体化成为新的发展方向。

2019年，中国企业开始在境外投建营一体化项目上全面发力，中标的10大PPP项目分布在非洲、亚洲和南美洲，合同额合计约289亿美元，占当年全部新签合同额2 602.5亿美元的11.1%。尽管中国企业从2001年就开始介入境外投建营一体化项目，但大规模介入境外投建营一体化项目是2019年，所以把2019年定为中国企业开展境外投建营一体化元年。在最近3年完成的境外投建营一体化项目中，水电站、火电站和新能源项目居多，也有铁路、高速公路、港口和机场等交通基础设施项目。依据收入来源的确定性，投建营一体化项目选择的次序如下。一是黄金项目：港口和机场；二是民生项目：电站和水；三是需要评估的项目：公路、桥梁和隧道；四是依赖政府补贴的项目：轨道交通(国铁、轻轨、地铁)；五是依赖低价升值的项目：园区(自贸区、工业园)。另外，投建营一体化项目所在市场也十分重要，不同市场的投建营一体化项目的含金量和风险是不一样的。投建营一体化项目最佳市场：政局稳定，政策轻易不会随政府换届而变动；法律健全，有法可依；支付及时到位，用户愿意付费购买服务；货币是硬通货，美元或欧元计价、支付，或者美元或欧元计价、当地币支付。

第三个发展趋势：境外矿业开发带来工程项目商机。

以非洲矿业开发为例。非洲矿业开发由于需要配套大量基础设施投入，迟迟未能完全开采，给中国公司留下了机遇。一旦这些矿业进入开发阶段带来巨大工程、物流、贸易商机。如几内亚西芒杜铁矿、刚果(金)卢本巴希和科卢维奇铜钴矿、喀麦隆与刚果(布)边境的姆巴拉姆—纳贝巴铁矿、阿尔及利亚南部撒哈拉沙漠廷杜夫高磷铁矿等，这些矿业开发和未来开发都有中国企业积极参与和推动的身影。

第四个发展趋势:工业项目机会跃然眼前。

国内制造业企业纷纷到海外设厂,将带来工程项目的机会。

第五个发展趋势:运营维护项目成为新的商机。

中国企业参与运营维护分为主动参与运营维护和自然参与运营维护两种情况。主动参与运营维护主要是考虑到项目建成后东道国缺少运营维护人员、历史上有不少项目因维护不当陷入困境,中国企业出于建设者责任及把握商机的需要,积极介入运维业务;自然参与运营维护主要是近年中国企业主导的投建营一体化项目陆续建成进入运营维护阶段。为了更好地参与运营维护,中国企业都在积极培育运维能力,有的成立自己的运维公司;有的和有能力的中外企业组建项目公司/联合体。

## 第二节 建筑企业管理的内容与任务

### 一、建筑企业管理的概念

#### (一)管理的必要性

自有人类共居生活以来,就有管理。不管社会形态如何,凡有多数人共同劳动、工作的场所,就需要有管理者进行组织和指挥,以协调人们的活动以达成预期的目标。纵观人类社会发展之历史,管理无时不在、无处不有、无所不包;无一组织不需要管理,它们能不能圆满地达成其目的,往往取决于管理。

随着社会生产和分工的发展,管理也经历了一个由简单到复杂、由低级到高级的发展过程。生产社会化的程度越高,共同劳动的规模越大,劳动的分工和协作越精细、越复杂,管理就越加重要。

为阐明管理的重要性和必要性,无论是古代和现代,都可找到许多生动的例证。埃及的金字塔,中国的万里长城和秦俑,作为世界八大奇迹的典型代表,它们不仅是生产技术和协作劳动高度发展的标志,也是卓有成效的劳动管理的历史见证。以近代而论,发达国家的生产力高度发展,除借助于日新月异、突飞猛进的现代科学技术之外、亦有赖于企业管理的日益加强和现代化。以先进的科学技术与现代化管理作为推动国民经济发展的两个车轮的比喻,已为世人所公认。日本更有“三分技术、七分管理”之说。20 世纪末期,据美国管理学家估计,美国每年所创造的财富,至少有十分之一得益于先进的管理。

从我国经济建设的实践来看,落后的管理成了经济发展的一大障碍。拉美国家有一个十分深刻的概括:“发展中国家并非发展不足,而是管理不足”。它从另一个侧面阐明了管理的重要性和必要性。

#### (二)管理的含义

什么是管理?其说不一。管理定义难下,是举世公认的一大难题。不同的管理学家,往往从自己研究的某一侧面突出管理的重要性,因而形成管理定义各说,比如:管理就是指挥别人去做你想做的事;管理就是经由他人去完成任务;管理就是领导;管理就是决策;管理是一种经营艺术;管理是一种实践;管理就是协调、指挥、组织、计划,等等。众说纷纭,举不胜举,但可以从中领略管理的多面含义。要全面、确切地理解管理的概念,则必须全面考察组织(企业)目标、劳动者、劳动工具、劳动对象及环境。因此,我们把管理表述为:管理就是在某种环境中动员各种资源去达到某一目标的职能活动,管理的实质是追求效率。一个组织(企业),如果管理不善,就会失去效率优势。

### (三)建筑企业管理的含义

建筑企业管理是建筑企业生产经营活动中各项管理工作的总称。建筑企业的生产经营活动,归纳起来不外乎两大部分:一部分是指建筑企业内部的活动,它以生产为中心,包括建筑基本生产过程、辅助生产过程、生产技术准备过程以及生产服务工作等。对于这些活动的管理,称为广义的生产管理。狭义的生产管理,指的仅是对建筑基本生产过程和辅助生产过程的管理。建筑企业的另一部分活动涉及建筑企业外部,联系到社会经济的流通、分配、消费过程,它包括了生产的经营方式、材料设备的供应、劳动力的补充与调整、产品的销售与售后服务、与其他企业的协作等,对于这些活动的管理,一般属于经营管理。广义的经营管理,则是指以提高企业经济效益为目标的全部筹划决策和组织措施。建筑企业管理是生产管理和经营管理的总称。

建筑企业管理的对象是建筑企业的人力、物力、财力、信息诸要素及其运动过程。建筑企业管理就是要对上述对象进行计划、组织、指挥、控制和激励等活动。这些活动组成建筑企业管理的具体职能。

建筑企业管理,既要有理论指导,又要处理具体的管理业务。这些管理业务,内容广泛,主要包括经营决策、计划管理、劳动管理、质量管理、机械设备管理、材料管理、财务管理及思想政治工作等。建筑企业管理是管理理论与管理业务的统一。

建筑企业管理是一门科学,它是建立在技术科学、经济科学以及人文科学基础上的一门新兴学科,也是一门实用性很强的应用科学。

## 二、建筑企业管理的二重性及其职能

研究和实施建筑企业管理,要洞悉和掌握建筑企业管理的性质。建筑企业管理具有两重性质:一方面具有同生产力、社会化大生产相联系的自然属性;另一方面又具有与生产关系、社会制度相联系的社会属性。

正确认识建筑企业管理的两重性,对于正确认识资本主义建筑企业管理有十分重要的意义。资本主义建筑企业的生产是建立在社会化大生产的基础上的,有一套组织管理社会化大生产的经验,具有进步性的一面;同时资本主义建筑企业又是建立在生产资料私有制的基础上的,生产目的是利润,具有剥削性的一面,资本主义建筑企业管理的进步性和剥削性,决定了我们对待资本主义企业管理的态度;既不能一概否定,也不能全盘照搬,要择其精华为我所用。

在社会主义制度下,建筑企业管理仍具两重性。这是因为,社会主义建筑企业的生产也是社会化大生产,是成千上万的劳动者利用劳动手段对劳动对象进行加工的社会化大生产,存在着复杂的劳动分工和广泛的生产协作关系,客观上也需要有指挥管理,以保证社会化大生产顺利进行,这就需要解决合理地组织生产力问题,在这一点上与资本主义建筑企业管理没有根本区别,具有共性。

社会主义建筑企业管理除了要合理组织生产力外,还必须维护和完善社会主义生产关系,社会主义生产关系基本适应生产力的发展,但其中某些方面或某些环节还存在着与生产力发展不相适应的情况,这就需要在管理上使其完善,正确处理好国家、企业和职工三者之间的关系,正确处理好人们在生产过程中的相互关系,促进生产力发展,完善生产关系,是建筑企业管理的重要任务。

应该指出,管理二重性在理论抽象上,把合理组织生产力和维护生产关系两种基本职能加以区别,是完全必要的。但在企业管理实践中,这两种职能总是结合在一起发生作用的,因为生产过程本来是生产力和生产关系的统一体,人与物的关系同人与人的关系密切不可分割。

当它们结合作用于生产过程时,又要表现为计划、组织、指挥、监督和调节等具体的管理职能。这就说明,建筑企业管理的性质、基本职能和具体职能是相互联系的有机整体,不能孤立地、片面地去理解。

建筑企业管理的性质和职能之间的相互关系如图 3-2 所示。

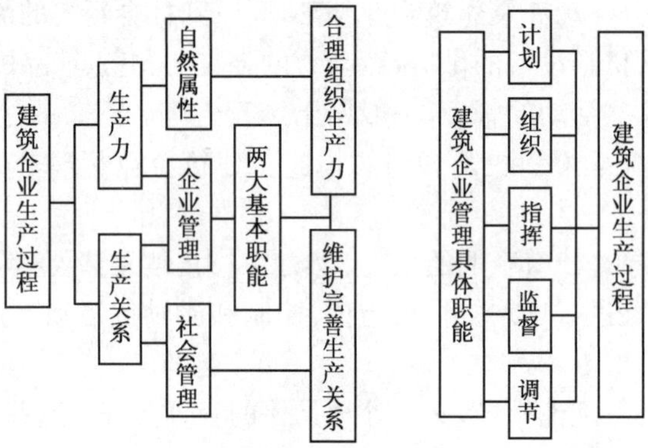


图 3-2　建筑企业管理的性质与职能之间的关系

## 三、建筑企业管理的内容与任务

### (一)建筑企业管理的基本内容

建筑企业管理,从业务范围来看,其内容大致可以归纳如下:

1. 计划管理。主要包括长期、中期计划的确定,年季度计划的编制、执行和检查分析,定额管理工作的原始记录和建立等。

2. 生产管理。主要包括生产过程的组织工作,生产能力的核算,生产计划和生产作业计划的编制、执行和检查分析,生产调度以及其他日常生产管理等。

3. 技术管理。主要包括技术情报工作,科学研究试验,标准化工作、日常工艺和技术档案工作,技术革新,技术组织工作和规章制度的制订、管理等。

4. 质量管理。主要包括建筑产品质量的全面管理、产品质量计划和质量分析、产品质量检验和质量控制等。

5. 设备管理。主要包括设备的日常管理、维修保养,设备的利用、改造和更新,设备修理计划的制定和贯彻执行,以及工具的管理等。

6. 劳动工资管理。劳动管理主要包括劳动定额和编制定员,劳动组织,职工招收、调配和培训,劳动保护,劳动竞赛,劳动计划的编制、执行和检查分析等。工资管理,主要包括工资制度和工资形式,工资计划,奖金和津贴工作,职工生活福利工作等。

7. 物资管理。主要包括原材料、燃料、动力等消耗定额和储备定额的制定,物资供应计划的编制、执行和检查分析,物资采购、运输、保管和发放,物资的合理使用、节约代用、回收和综合利用,产品的销售工作等。

8. 财务管理。主要包括固定资金和流动资金的管理,财务计划的编制、执行和检查分析,成本核算、控制和分析，各种专用基金的确定和管理，利润的确定。

上述各项管理，以计划管理为主导环节。这是社会主义经济制度所决定的，也是现代化大生产的客观需要。生产管理是建筑企业管理的重要组成部分。

### （二）建筑企业生产管理的内容

建筑企业生产管理是指对建筑企业生产活动进行计划、组织、协调与控制，是与产品生产密切相关的各项管理工作的总称，其具体内容包括：生产（施工）计划管理、技术管理、劳动管理、定额管理、安全生产管理、设备管理、材料管理及质量管理等。

建筑企业生产管理是建筑企业管理的重要组成部分，它有本身的运动规律（图 3-3）。

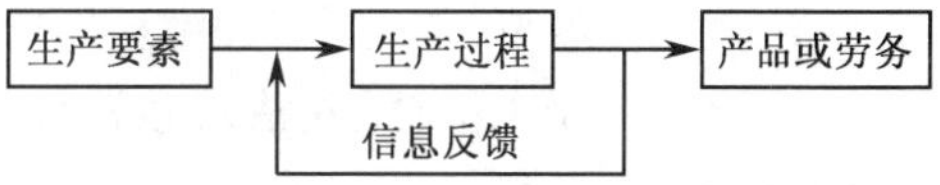

图 3-3　建筑企业生产管理活动的运动规律

生产要素系指劳动者、劳动手段、劳动对象、资金和信息，对生产要素的要求是：

1. 生产要素在质量、数量、时间等方面，必须符合生产过程的需要。

2. 生产要素在生产过程中必须有效地结合，形成一个有机的体系。

因为现代化生产是由许多劳动者集中在一起，使用着劳动工具（机械、工具），作用于劳动对象的一种分工协作的劳动，这就要求劳动者、劳动工具、劳动对象之间按照产品生产工艺要求组成一个彼此联系的、密切协作的、有顺序的、高效率的完整体系。

生产过程是物质的运动过程，它既是产品形成过程，也是人力、物力、财力的消耗过程，为了保证实现生产管理的目标，就需要在产品的生产过程中采用经济的生产方式，在生产同样数量产品的情况下，所花的资源较少，加快资金流动。

信息反馈是指生产过程输出信息返回至输入的一端，目的是使生产管理人员掌握生产过程的运行情况，使出现的问题能够及时地得到解决，以保证生产过程的正常进行和生产计划任务的完成，反馈在生产管理系统中起着对生产过程的控制和及时提供信息的作用。

综合上述，可知建筑企业生产管理所研究的对象是生产力的合理组织，其任务就是把生产力的各种要素有效地组合起来，形成有机体系，在一定的生产条件下，取得最好的经济效益。所以，也把生产管理称为生产组织学。

在研究生产力合理组织的同时，也必然会涉及生产关系，因为生产力组织总受到一定生产关系的制约，它必须符合在一定社会制度下生产关系的性质和要求。在社会主义社会的建筑企业中，生产资料是公有的，所以，组织生产必须要遵循国家的方针、政策，贯彻民主管理及按劳分配等原则。

### （三）建筑企业生产过程组织

建筑企业的生产过程，是指材料投入生产（施工）开始，直至变成产品（建筑物或构筑物）为止的全过程。生产过程中，主要内容是劳动者使用劳动手段，直接或间接地作用于劳动对象，使之生产出产品的过程。但还有一些产品，在其生产的过程中，需要借助于自然力的作用，如混凝土及钢筋混凝土构筑物灌注后的养护等。在这种情况下，产品的生产过程，就不仅仅是劳动过程，同时还包括自然过程。

建筑企业的生产过程，从时间上来考察，它包括从签订工程合同之后开始，一直到交工验收，完成合同义务的全部过程，按照生产活动的作用的不同，它分为施工准备过程、施工生产过程和交工验收过程三个过程。

施工准备过程,它是指建筑工程在正式开工以前所要进行的全部施工和技术准备工作,其中包括施工调查、编制施工组织设计、进行全场性的施工准备(含材料试验、施工界内准备、运输便道、临时通信和临时房屋、材料供应、附属企业设置等)。

施工生产过程又可以划分为:

(1)基本生产过程

它是指在施工现场通过建筑安装活动,把劳动对象变成为工程实体或最终建筑产品的施工过程。建筑企业的基本生产过程,既有属于装配性质的作业,也有属于在现场制作的作业。

(2)附属、辅助生产过程

建筑企业的附属、辅助生产过程,是指为建筑安装工程生产半成品、成品、预制构件和直接为生产而设置混凝土搅拌厂(站)、砂石采集场等的生产过程。

(3)生产服务过程

它是指为基本生产过程和附属、辅助生产过程服务的各种生产服务活动,如原料、材料、半成品和机具的供应和运输工作等。

生产过程的三个组成部分之间是紧密相关的,其中基本生产过程占主导地位,附属辅助生产过程和生产服务过程,都是围绕基本生产过程来进行,是为了更好地实现基本生产过程创造条件。

合理的生产过程,不但保证建筑企业完成生产任务,而且应取得良好的经济效果,即必须做到在时间及材料消耗上得到最大的节约,在人力和设备上得到充分合理的利用,因此,建筑企业在具体组织生产时要达到如下要求:

(1)生产进度要合理

工程进度快慢,不但影响工期也会直接影响经济效益。因为,任何工程的施工,都会发生直接费用和间接费用,它们与工期的关系如图 3-4 所示。在一般情况下,压缩工期必然要增加直接费的开支,如增加人力、机械,采取技术组织措施,调整施工组织等,都不可避免会使成本提高;但间接费随施工工期缩短有所降低。最低成本点所对应的工期即为最佳工期。安排工程进度时,应使其工期接近最佳工期。

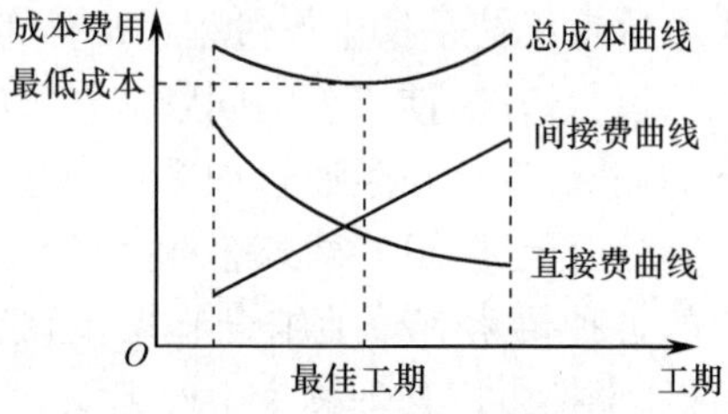


图 3-4　工程成本与工期的关系

(2)生产过程要协调

要求各个生产环节之间的生产能力保持合理的比例关系,以保证生产过程协调进行。如施工机械的主机与配套机械的生产能力要相适应,否则会造成大马拉小车的浪费现象。施工机械的合理配备问题,可由规划论及排队论来求解,对于建筑企业,基本生产过程与生产服务过程的协调显得十分重要,生产服务过程应按时、保质保量地保证材料和设备的供应。

(3)生产过程要有节奏性

节奏性反映在建筑企业中,即要求全年实现不间断施工。我国地域广阔、北方冬季严寒,南方春季多雨,如何根据气候条件,合理按季节安排工程项目及其生产进度,关系到充分利用设备,加速资金周转等一系列经济效益问题,因此,应采取适当的组织技术措施,保证生产过程的节奏性。

在组织生产过程中,要特别注意生产过程的空间组织和生产过程的时间组织。生产过程的空间组织是研究企业内部应设置哪些生产单位，按什么原则来组织这些生产单位、生产单位在空间如何布局，以便在空间形成一个有机的既相互分工又密切协作的整体。

生产过程时间组织的目标，就是要节约时间，缩短产品的生产周期（从投入到产出所需要的全部时间）。为此，在建筑企业中，必须做好生产施工计划，加强计划管理。

#### （四）建筑企业管理的任务

建筑企业的管理的任务，是根据客观规律（包括经济与技术活动规律）的要求不断调整和完善生产关系；合理利用人力、物力和财力，科学地组织生产力，高效率地组织建筑企业的生产经营活动，通过管理，正确处理建筑企业生产经营活动过程的各种矛盾，把影响生产、技术、经济发展的因素揭露出来，加以解决，促使建筑企业在不断实现技术进步和提高经济效益的基础上，全面完成国家计划，为社会建造固定资产，为国家积累资金，为满足人民日益增长的物质和文化生活需要作出贡献，把建筑企业建设成为具有高度物质文明和高度社会主义精神文明的现代化企业。

具体地说，建筑企业管理的任务如下：

1. 根据客观规律的要求和社会主义建设实际，确定建筑企业的发展方向和战略目标。

2. 根据建筑企业管理的性质和社会生产力发展水平的要求，改革和完善建筑企业的管理体制。

3. 在国家方针政策的指导下，正确处理企业和国家、企业与企业、企业与职工之间的关系。

4. 运用管理科学的理论、方法和手段，加强计划、招投标、生产、技术、物资、劳动、财务等业务管理，并结合经济工作做好思想政治工作，提高管理的科学水平。

5. 分析研究建筑企业生产经营活动的诸因素，协调它们之间的关系，创造条件，全面完成国家计划，努力提高建筑企业的经济效益。

6. 在提高经济效益的基础上，使企业拥有自我改造、自我发展的能力。

## 第三节　建筑企业管理组织机构

### 一、建筑企业组织

建筑企业组织是企业为了达到其生产经营目标，由分工与合作及不同层次的权力和责任制度而构成的人的集合。具有三层含义：

1. 组织必须具有目标。任何组织都是为一定的目标而存在的，企业组织的目标就是获得利润。

2. 没有分工协作也不能称其为组织。分工与合作关系是由组织的目标限定的。企业为了达到经营目标，既要有采购、生产、销售、财务及人事等许多部门，每个部门都专门从事一种特定的工作，这是一种分工，各个部门又要相互配合，采购要根据生产的需要进行，生产要根据销售部门的市场的预测进行，这是一种合作。只有把分工与合作结合起来才能产生集团效率。

3. 组织要有不同层次的权力与责任制度。这是由于分工之后，就要赋予每个部门乃至每个人相应的权力和责任，以便组织的有序运行，从而实现组织的目标。

### 二、建筑企业组织职能和管理跨度

组织是建筑企业管理的一项基本职能。建筑企业组织职能是实现其他管理职能（如计划、指挥、协调、控制等)的前提。组织存在的基础是人们活动的社会性。社会的需求日趋复杂化和多样化,要不断满足这种需求单靠个人的努力是无法实现的。因此不得不依靠众多人的共同努力。为此人们形成了组织,在组织中统筹安排人力、物力和财力,力求以尽可能小的消耗取得尽可能大的成果。这种统筹安排并不是人力、物力和财力的简单叠加,它可能产生的组织效用将成倍增加。

总之,建筑企业组织职能就是围绕建筑企业的目标,对组织机构中的每一个人明确目标和工作内容,确定职位和责权利,并达到平衡,使人、财、物、产、供、销各环节协调合作,提高工作效率。从而设计出结构合理、联系方便、运行畅通、行为协调的组织机构。

建筑企业管理跨度系指人员编组的数量原则,即各个领导者他所领导的人要有一个数量的限度。如一位经理领导一名总工程师、一名总经济师、一名总会计师,还有一名副经理,管理跨度是 4。如再增加一名,左右上下的接触关系就增加几倍。因此管理跨度应有个限度。否则,超过这个限度,就会顾此失彼;小于这个限度,下边的积极性就不好发挥。管理跨度究竟以多大为宜呢? 一般认为对上层领导而言,为 3～4 人到 8～9 人,并以 6～7 人为宜;对基层而言为 10～20 人,并以 12 人左右为宜,中层领导以其中间数为宜。

## 三、建筑企业组织机构形式

它是指建筑企业具体采用的组织机构所形成的管理组织体系。各种大小不同、职责各异的组织单元,依其相互关系、相互制约的关系组成企业的组织形式。

一般来说,企业的组织机构形式是由生产力发展水平和生产关系的要求共同决定的,它还具体地取决于企业的生产技术水平和管理水平。企业采用什么样的组织机构形式要受到行业特点、企业规模、生产技术复杂程度、环境变化、地理分布等因素的影响。

建筑企业组织机构形式可分为传统的组织形式和现代的组织形式。传统的组织形式包括直线制、职能制等。现代的组织形式包括事业部制、矩阵制等。

### (一)直线制组织机构形式的概念及特点

直线制亦称“直线管理制”或“军队式组织”,是上下级呈直线形责权关系的一种组织形式。各级管理均设有主管,上级主管对其下级主管具有直接指挥权,下级部属必须绝对服从上级主管。直线制组织形式如图 3-5 所示。

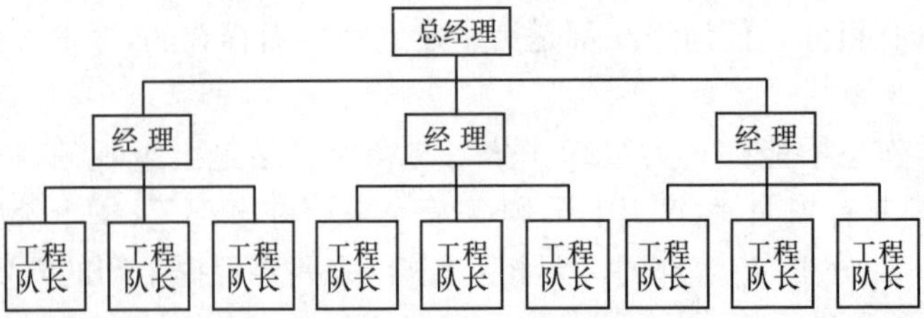


图 3-5　直线制组织结构

直线制组织形式的特点是:组织中各种职务按垂直系统直线排列,各级主管人员对所属下级拥有直接指挥权,组织中每一个人只能向一个直接上级报告。其优点是结构比较简单,权力集中,责任明确,命令统一,联系简捷。其缺点是在组织规模较大的情况下,所有的管理职能都集中由一人承担,往往由于个人的知识及能力有限而感到难以应对,顾此失彼,可能会发生较多失误。此外，每个部门基本关心的是本部门的工作，因而部门间的协调比较差。一般来说，这种组织结构形式只适用于那些没有必要按职能实行专业化管理的小型组织，或者是现场的作业管理。

（二）直线职能制组织结构及其特点

该组织结构结合了直线制和职能制两种组织结构的优点，并克服了其缺点。直线职能制组织结构如图3-6所示。其特点是设置了内容系统：一套是按命令统一原则设置的指挥系统，另一套是按专业化原则设置的管理职能系统。直线部门和人员在自己的职责范围内有决定权，对其所属下级的工作实行指挥和命令，并负全部责任；而职能部门和人员仅是直线主管的参谋，只能对下级机构提供建议和业务指导，没有指挥和命令的权力。

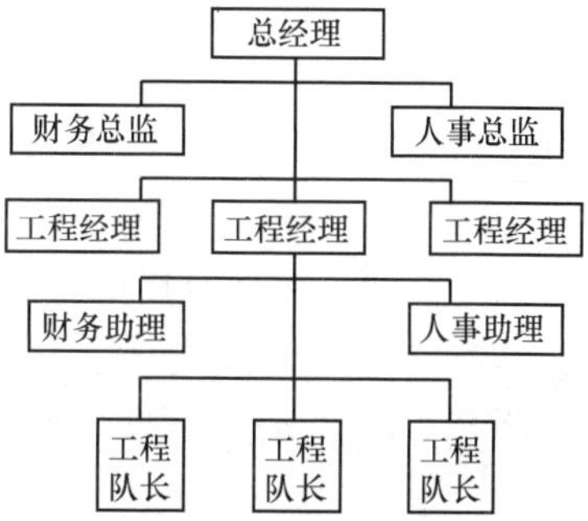


图3-6　直线职能制组织结构

由此可见，直线职能制组织结构实行的是职能的高度集中化。其优点是领导集中、职责清楚、秩序井然、工作效率较高，整个组织有较高的稳定性。而缺点则是下级部门的主动性和积极性的发挥受到限制，部门间互通情报少，不能集思广益地做出决策，当职能参谋部门与直线部门之间的目标不一致时，容易产生矛盾，致使上层主管的协调工作量增大；难以从组织内部培养熟悉全面工作的管理人才；整个组织系统的适应性较差，因循守旧对新情况不能及时做出反应。这种组织结构形式对中、小型组织比较适用。但对于规模较大、决策时需要考虑较多因素的组织，则不太适用。

（三）职能制组织结构及其特点

职能制组织结构如图3-7所示，其特点是：组织内除直线主管外还相应设立一些组织机构，分担某些职能管理的业务。这些职能机构有权在自己的业务范围内，向下级单位下达命令和指示。因此，下级直线主管除了接受上级主管的领导外，还必须接受上级各职能机构的领导和指示。

职能制组织结构的优点是能够适应组织技术比较复杂和管理分工较细的情况，能够发挥职能机构专业管理作用，减轻上层主管人员的负担。但其缺点也比较明显。即这种结构形式妨碍组织必要的集中领导和统一指挥，形成多头领导，对基层而言是“上边千条线，下面一根线”，无所适从。因此，不利于明确划分直线人员和职能科室的职责权限，造成管理的混乱。

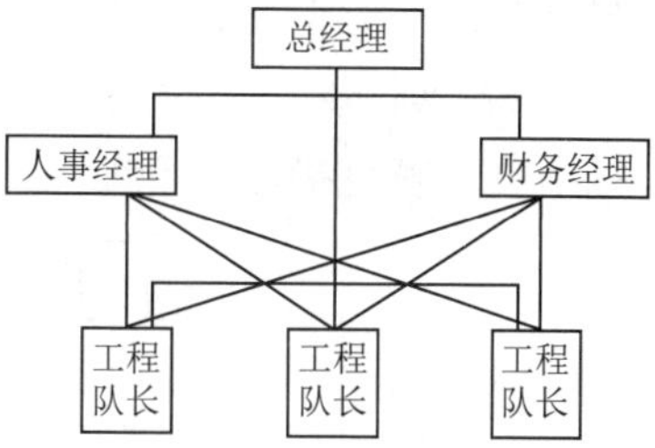


图3-7　职能制组织结构

（四）直线职能参谋制组织结构的概念及其特点

它综合了直线参谋制组织结构和职能制组织结构的优点，在坚持直线指挥的前提下，为了充分发挥职能部门的作用，直线主管在某些特殊的任务上授予某些职能部门一定的权力，例如决策权、协调权、控制权等。这些职能部门可以在权限范围内直接指挥下属直线部门。这种类型的组织结构在生产企业中用得比较多，例如协调性的生产调度部门、控制性的经营销售部门以及技术检验部门等，上层直线主管授予他们相应的权力，可以大大提高管理的有效性。

直线职能参谋制组织结构形式如图 3-8 所示。其中直线表示直线指挥权,箭线表示业务指导及部分直线指挥权。

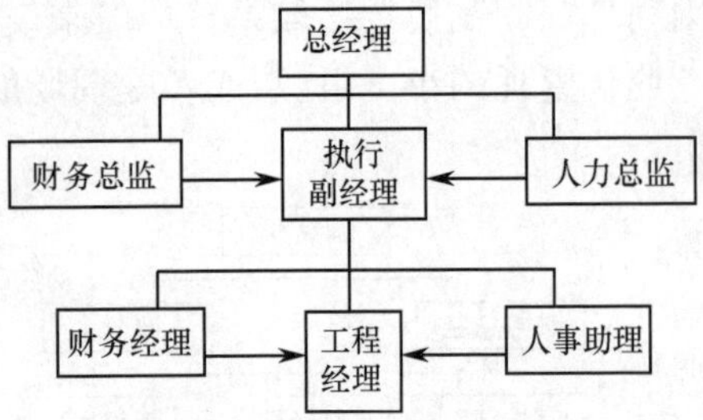


图 3-8　直线职能参谋制组织结构

## (五)事业部制组织结构的概念及其特点

事业部制首创于 20 世纪 20 年代的英国通用汽车公司,它是在总公司领导下,设立多个事业部。各事业部有各自独立的产品和市场,实行独立核算。各事业部在经营管理上,拥有自主权。这种组织结构形式最突出的特点是"集中决策,分散经营",即总公司集中决策,事业部独立经营,这是在组织领导方式上由集权制向分权制转化的一种改革。事业部制组织结构形式如图 3-9 所示。

该组织结构的主要优点是组织的最高层管理者摆脱了具体的日常管理事务,有利于集中精力做好战略决策和长远规划,提高了管理的灵活性和适应性。有利于培养和训练管理人才。其缺点是,由于机构重复,造成管理人员的浪费;由于各个事业部独立经营,各事业部之间要进行人员交换时就比较困难,相互支援较差;各事业部主管人员考虑问题往往从本部门出发,而忽视整个组织的利益。

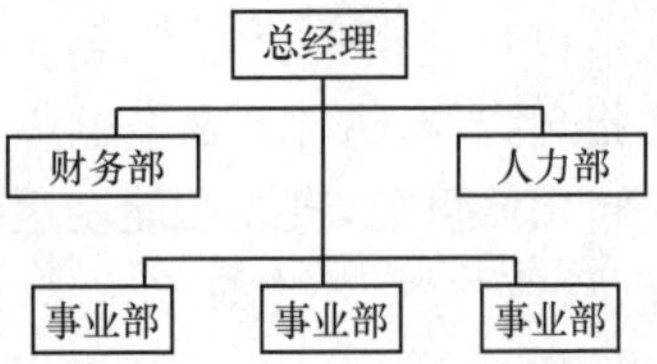


图 3-9　事业部制组织结构

该组织结构多适用于一些规模较大的公司,在国外已相当普及,在我国的一些联合公司、大企业中也已开始采用。

## (六)矩阵制组织结构的概念及其特点

矩阵制又称规划—目标结构。它是将按职能划分的部门和按产品(或项目,或服务等)划分的部门综合起来组成一个矩阵,使同一名员工既同原职能部门保持组织与业务上的联系,又参加产品或项目小组的工作。为了保证完成一定的管理目标,每个项目小组都设负责人,在组织的最高主管直接领导下进行工作,如图 3-10 所示。

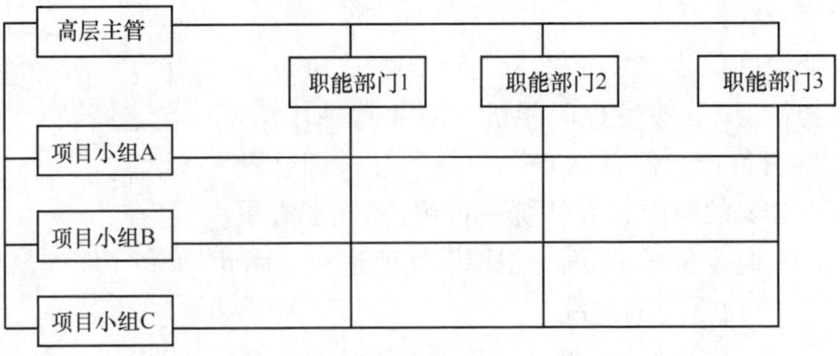


图 3-10　矩阵制组织结构

这种组织结构形式的特点打破了传统的"一个员工只有一位领导"的命令统一原则,使一个员工属于两个甚至两个以上的部门。其优点是加强了公司职能部门的横向联系,具有较大的能动性和适应性;实行了集权与分权较优的结合;有利于发挥专业人员的潜力;有利于各种人才的培养。其缺点是,由于这种组织形式是实行纵向、横向的双重领导,处理不当,会由于意见分歧而造成工作中的扯皮现象和矛盾;组织关系较复杂,对项目负责人的要求较高;由于这种形式一般还具有临时性的特点，因而也容易导致人心不稳定。

### （七）多维立体制组织结构的概念及其特点

它是矩阵制组织结构形式和事业部制组织结构形式的综合发展，这种结构形式由三方面的管理系统组成。

1. 按产品（项目或服务）划分的部门（事业部），是产品利润中心。

2. 按职能，如市场研究、生产、技术、质量管理等划分的专业参谋机构，是职能利润中心。

3. 按地区划分的管理机构，是地区利润中心。

在这种组织结构形式下，每一种系统都不能单独做出决定，而必须由三方代表，通过共同协调才能采取行动。因此，该组织结构能够促使每个部门都能从整个组织的全局来考虑问题，从而减少了产品、职能、地区各部门之间的矛盾。三者之间一旦有摩擦，也比较容易统一和协调。这种组织结构形式最适用于跨国公司或规模巨大的跨地区公司。

## 复习思考题

3-1　什么是建筑企业？建筑产品和建筑企业生产分别有哪些特点？建筑企业在国民经济中的地位与作用表现在哪些方面？

3-2　什么是管理的含义？什么是建筑企业管理？何谓建筑企业管理的二重性？建筑企业管理的基本职能和具体职能有哪些？

3-3　建筑企业管理的内容包括哪些？

3-4　什么是建筑企业生产管理？其具体内容包括哪些？

3-5　建筑企业在具体组织生产时要达到的要求是什么？

3-6　建筑企业管理的任务具体有哪些？

# 第四章　工程项目全过程管理与咨询

**本章提要**：本章主要介绍工程项目管理与全过程工程咨询的基本概念、基本方法与内容。

1. 工程项目管理的基本概念。包括项目、工程项目、建设项目、施工项目、项目生命期、工程项目管理、工程项目的相关者、工程项目系统、工程项目管理理论产生和发展历程等。

2. 工程项目管理的内容与任务。包括工程项目管理的类型、基本内容、基本任务、工程项目管理与建筑企业管理的异同点等。

3. 建设项目风险管理的基本概念。包括项目风险的概念、特点、项目风险管理的内容等。

4. 工程项目管理的组织类型及其特点、适用范围等。包括业主方的项目管理类型和承包方的项目管理类型等。

5. 建设项目全过程管理与全过程工程咨询的内涵、运作模式、服务范围与组织方式。

## 第一节　工程项目管理概述

### 一、项目与工程项目管理的基本概念

#### (一)项目与工程项目

1. 项目及其基本特征

项目是指按限定时间、限定费用和限定质量标准完成的一次性任务和管理对象。

(1)传统的项目定义是:“项目为一个具有规定开始和结束时间的任务,它需要使用一种或多种资源,具有许多个为完成该任务(或者项目)所必须完成的互相独立、互相联系、互相依赖的活动。”这个定义不能将项目与人们常见的一些生产过程相区别。

(2)国际标准《质量管理——项目管理质量指南》(ISO 10006)定义项目为“由一组有起止时间的、相互协调的受控活动所组成的特定过程,该过程要达到符合规定要求的目标,包括时间、成本和资源的约束条件”。

(3)德国国家标准 DIN 69901 将项目定义为“项目是指在总体上符合如下条件的具有唯一性的任务(计划):具有预定的目标;具有时间、财务、人力和其他限制条件;具有专门的组织。”

根据这一定义,可以归纳出项目所具有的主要基本特征:

(1)项目是一项唯一性的任务。这个唯一性的任务通常是完成一项可交付的成果,这个可

交付的成果是项目的对象。项目的对象决定了项目的最基本特性，是项目分类的依据，同时它又确定了项目的工作范围、规模及界限。

在“项目”一词前常常有一个限定词，人们用这些词对具体的项目进行专门的定义。例如，“某铁路建设项目”、“某公路工程承包项目”、“某房屋建筑工程项目”、“2008 年北京奥运会项目”和“2010 年上海世界博览会项目”等。它通常描述的是项目对象的名称、特性、范围。整个项目的实施和管理都是围绕这个对象进行的。

而项目的对象与项目本身并不是一回事，项目的对象是一项可交付的成果，它可能是实体的，也可能是抽象的，有一定的范围，可以用功能、范围、技术指标等描述；而项目是指完成这个对象的任务和工作的总和，是行为系统。

由于项目的范围极其广泛，项目的种类繁多，所以项目的对象也是丰富多彩的。常见的项目对象，即可交付的成果可以分为以下 7 个方面。

①工程技术系统。工程项目的对象就是一个明确范围和功能的工程技术系统，例如，一定长度和等级的铁路或公路、一定生产能力（产量）的流水线、生产车间或工厂等。

②新产品。对新产品开发或研制项目，成果是一个新的产品。

③有些项目的对象是软件、运行程序、操作规程等。如 IT 项目、管理系统开发项目等。

④活动。如举办一个运动会和举行一场舞会等，这类项目的成果就是这些活动。

⑤状态的改进。如企业革新项目、企业的业务流程再造项目等，结果是企业经营或管理状态的改进。

⑥文字型成果、图纸、研究报告或状态报告等。如社会调查、市场调查、各种类型的科学研究项目、工程设计、咨询项目等。

⑦其他。如资本运作项目的成果是资本的增值量等。

在现代社会，许多项目通常是上述的综合体。例如，举办 2008 年北京奥运会是一个项目，该项目的成果是上述各种类型成果的综合体。从总体上，它是体育活动，包括开幕式、闭幕式、各种体育项目的比赛；同时它需要建设体育场馆、奥运村，以及许多相关联的工程，所以又包括大量的工程建设项目，需要有许多复杂的系统工程和软件项目；有许多图形的、文字型的成果：包括许多科研和社会调查项目等。所以，北京奥运会是一个大型的群体项目。

（2）目标的明确性。任何项目都有预定的目标。项目的目标有成果性目标和约束性目标。成果性目标是指项目的功能性要求，如修建一条铁路或公路的运输能力及其技术经济指标。约束性目标是指限制条件，期限、费用、质量等都是限制条件。只有项目的目标明确了，才称得上是项目。ISO 10006（国际项目管理标准）规定，项目目标应描述要达到的要求，能够用时间、成本、产品特性来表示，且尽可能定量描述。项目实施是为了达到规定的目标，包括满足时间、费用和资源约束条件。所以，项目目标通常有：

①所要完成的项目对象的要求。包括满足预定的产品的性能、使用功能、范围、质量、数量、技术指标等，这是对预定的可交付成果的质和量的规定性。

②完成项目任务的时间要求。如开始时间、持续时间等。

③完成这个任务所要求的预定的费用等。

（3）项目的一次性。这是项目的最主要特征，也可称为单件性等。一次性是指没有与此完全相同的另一项任务，其不同点表现在任务本身与最终成果上。因此，也只能对它进行单件处置（或生产），不可能成批进行。只有认识项目的一次性，才能有针对性地根据项目的特殊情况和要求进行管理。任何项目从总体上来说都是一次性的、不重复的。它经历前期策划（概念）、设计和计划、施工(生产、制造)、结束阶段。即使在形式上极为相似的项目,例如两个相同的产品、相同产量、相同工艺的生产流水线的建设,也必然存在着区别;它们的建设时间、地点、环境、项目组织、风险等都不同。所以,项目与项目之间无法等同,无法替代。项目的一次性是项目管理区别于企业管理最显著的标志之一,它对项目的组织和组织行为的影响尤为显著。通常的企业管理工作,特别是企业职能管理工作,虽然有阶段性,但却是循环的,无终了的,具有继承性。而项目是一次性的、独特的,项目管理也是一次性的,即对任何项目都有一个独立的管理过程,它的计划、控制、组织都是一次性的。

(4)项目由活动构成、具有整体性和特定的约束条件。项目是由完成一定任务所必需的活动构成的,由活动形成过程,所以项目管理又是过程管理。对项目所作的计划、控制、协调、合同管理等通常都是针对项目的活动进行的。一个项目是一个整体的管理对象,在按其需要配置生产要素时,必须以总体效益的提高为标准,做到数量、质量、结构的总体优化。由于内外环境是变化的,所以管理和生产要素的配置是动态的。项目具有特定的制约条件。包括时间(如开始和结束,以及持续时间)的限制,资源(如人力、资金、设备等)的限制,环境的约束条件等。

每个项目都是必须具备上述基本特征,缺一不可。重复的、大批量的生产活动及其成果不能称作"项目"。项目的种类按其最终成果划分,有建设项目、科研开发项目、航天项目、维修项目等。

在现代社会,项目的应用得到了进一步的拓展,项目组织已作为人们最常用的一种组织方式,项目管理已成为当今社会人们管理事务的一种十分普遍的方法。人们不仅对符合传统定义的"项目"采用项目管理方法,而且采用项目管理方法管理一些过去不作为"项目"的事务。这不仅大大地拓展了项目管理的应用范围,而且也引起了企业管理的变革。具体体现在以下几个方面:

①现代市场需求日益呈现多样化,科学技术在飞速发展,新科学、新工艺、新产品不断涌现,使产品生命周期不断缩短,产品更新换代加快。大量的企业业务对象是一次性的,一个独立的过程,需要综合性的全过程持续的服务。所以,在一些传统的生产型或服务型的企业中,人们通过业务流程再造,针对最终成果划定责任单位,引进项目管理方法进行生产和经营业务的管理。有些企业为了适应市场发展,将企业划分成分部,以项目部形式各自去适应市场,这样经营更为灵活,能更好地满足用户的需求,竞争能力大大提高。

②项目作为上层战略的支撑,企业改革、创新和发展都是依靠项目实现的,或者是通过项目运作的。如企业重组、企业改制都是一个项目过程,都可以采用项目管理的方法进行管理和控制;企业搞多种经营、灵活经营、更新改造,它们的运作过程都可以作为项目;企业的资本运作,企业间的合资、合作,都是通过一个个项目完成的;现代企业的发展战略研究、规划和实施本身就是项目过程。

③现代管理领域许多新的管理理念和方法,都必须用项目管理方法实现或者体现,如创新管理、以人为本、物流管理、学习型组织、知识管理、变革管理、危机管理、集成化管理、虚拟组织等。例如:项目管理思想处处渗透出创新的要求,同时一个具体的创新过程本身就是一个项目。项目管理体现以人为本的管理思维,人们必须通过沟通、信任和理解来实现其目标。在项目组织中,下层人员有更多的权力,更大的责任,更能够激发他们的积极性、创造性和创新精神,员工在项目中能直接与高层管理部门、与顾客进行面对面的交流;一个一定范围的物流策划和组织过程就是一个项目,按照虚拟组织的定义,它就是一种特殊的项目组织形式。

项目组织已成为当今社会最常见的组织形式,项目管理已成为现代管理领域中最为活跃的部分。

由此可见，项目已渗入社会的政治、经济、文化、外交、军事的各个领域，社会的每一层次和每一角落，可以说国际组织、政府和企业的各部门、各层次的管理人员和工程技术人员都会以某种形式参与项目和项目管理工作。

2. 工程项目的概念及其特点

凡是最终成果为“工程”的项目，均可称为工程项目。工程项目是最为常见的，也是最重要的项目类型，它具有如下特点：

(1)工程项目的对象是有着预定要求的工程技术系统。而预定要求通常可以用一定的功能(如产品的产量或服务能力)要求、实物工程量、质量、技术标准等指标表达。这个工程技术系统决定了工程项目的范围，它在项目的生命期中经历了构思到实施、由总体到具体的过程。通常，它在项目前期策划和决策阶段从概念上被确定；在项目的设计和计划阶段被逐渐分解、细化和具体化，通过项目任务书、设计图纸、规范、实物模型等定义和描述，通过工程的施工过程逐渐形成工程实体，形成一个具有完备的使用功能的工程技术系统。在运行(使用)过程中实现其价值。

(2)工程项目有特定的目标。从总体上说，工程项目的存在价值通常是为了解决上层系统的问题，实现上层系统的战略。所以，对上层系统问题的解决程度，或项目任务的完成对上层系统战略的贡献是项目的总体目标。但对项目组织本身，具体地说有如下特定的目标。

①达到预定的工程项目对象系统的要求，包括满足预定的产品特性、使用功能、质量、技术标准等方面的要求。项目的总目标是通过提供符合预定质量和使用功能要求的产品或服务实现的。

②时间目标。人们对工程项目的需求有一定的时间限制，希望尽快地实现工程项目的目标，发挥工程的效用，没有时间限制的工程项目是不存在的。时间目标有两层意义：

一是一个工程项目的持续时间是一定的，即任何工程项目不可能无限期延长。工程项目的时间限制不仅确定了项目的生命期限，而且构成了项目管理的一个重要目标。

二是市场经济条件下工程项目的作用、功能、价值只能在一定历史阶段中体现出来，则工程项目的实施必须在一定的时间范围内进行。例如，企业投资开发一个新产品，只有尽快地将该工程建成投产，产品及时占领市场，该项目才有价值。所以工程项目的时间限制通常由项目开始时间、持续时间、结束时间等构成。

③成本目标。即以尽可能少的费用消耗(投资、成本)完成预定的项目任务，达到预定的功能要求，提高项目的整体经济效益。任何工程项目必然存在着与任务(目标、工程项目范围和质量标准)相关的(或者说相匹配的)投资、费用或成本预算。

(3)有约束条件。工程项目的实施有一定的限制条件。广义上讲，上述项目的目标实质上也属于项目的约束条件。包括以下三个方面：

①资金限制。任何工程项目都不可能没有财力上的限制。

一是必须按投资者(企业、国家、地方等)所具有的或能够提供的资金策划对应范围和规模的工程项目，安排工程项目的实施计划。

二是必须按项目实施计划安排资金计划，并保障资金供应。现代工程项目资金来源渠道较多，投资呈多元化，人们对项目的资金限制越来越严格，经济性要求也会越来越高。资金和经济性问题已成为现代工程项目能否立项，能否取得成功的关键。这就要求人们对工程项目尽可能做到全面的经济分析，精确的预算，严格的投资控制。

②人力资源和其他资源的限制,如对劳动力、材料和设备的供应条件和供应能力的限制,技术条件的限制和信息资源的限制等。

③环境条件的限制,如自然条件的限制,包括气候、水文和地质条件,地理位置、地形和现场空间的制约;社会条件的限制和法律的制约,如环境保护法对工程施工和运行过程中废弃物排放标准的规定、招标投标法的规定、劳动保护法的规定等。

④特殊的组织和法律条件。与企业组织相比,项目组织有它的特殊性。

a. 由于社会化大生产和专业化分工,现代工程项目常常会有几十个、几百个,甚至几千个企业和部门参加,需要严密的特殊的组织形式。

b. 企业组织按企业法和企业章程建立,企业的组织单元之间主要为行政隶属关系,它们之间的协调和行为规范按企业规章制度执行。

工程项目参加单位之间主要靠合同作为纽带,建立起项目组织,以合同作为分配工作及划分责、权、利关系的依据,作为最重要的组织运作规则。工程项目适用与其建设和运行相关的法律条件,如:合同法、环境保护法、税法、招标投标法、城市规划法等。

c. 企业组织结构是相对稳定的,而工程项目组织是不稳定的。由于工程项目组织和法律条件的特殊性,合同对项目的管理模式、项目运作、组织行为、组织沟通有很大的影响。合同管理在工程项目管理中有特殊的地位和作用。

⑤复杂性。现代工程项目的复杂性体现在:投资大、规模大、高科技含量大、多专业综合、参加单位多,是复杂的系统工程。现代工程项目的对象不仅包括传统意义上的建筑工程,而且可能还包括软件系统、运行程序、操作规程和活动等;常常是研究过程、开发过程、工程施工过程和运行过程的统一体,而不是传统意义上的仅按照设计任务书或图纸进行工程施工的过程;现代工程项目的资本组成方式(资本结构)、管理模式、组织形式、承包方式、合同形式是丰富多彩的。

如建成的许多工程项目,如三峡水利工程、青藏铁路、南水北调工程、京津城际铁路、京沪高速铁路等,它们都是特大型的、复杂的、综合性的工程项目。

3. 建设项目及其基本特征

建设项目是项目中最重要的一类。一个建设项目就是一项固定资产投资项目,既有基本建设项目(新建、扩建等扩大生产能力的项目),又有技术改造项目(以节约资源、增加产品品种、提高质量、治理"三废"、劳动安全为主要目的的项目)。建设项目是指需要一定量的投资,经过决策和实施(设计、施工等)的一系列程序,在一定的约束条件下以形成固定资产为明确目标的一次性活动。建设项目有以下基本特征:

(1)在一个总体设计或初步设计范围内,由一个或若干个互相有内在联系的单项工程(或单位工程)所组成,建设中实行统一核算、统一管理。

(2)在一定的约束条件下,以形成固定资产为特定目标。约束条件主要有三项:一是时间约束,即一个建设项目有合理的建设工期目标;二是资源的约束,即一个建设项目有一定的投资总量目标;三是质量约束,即一个建设项目都有预期的使用功能、生产能力、技术水平以及效益目标。

(3)需要遵循必要的建设程序和经过特定的建设过程。即一个建设项目从提出建设设想、建议、方案、评估、决策、勘测设计、施工一直到竣工、投产或投入使用,有一个严密有序的过程。

(4)按照特定的任务,具有一次性特点的组织方式。表现为投资的一次性,建设地点的固定性,设计、施工的单件性。

(5)具有投资限额标准。只有达到一定限额投资的才作为建设项目,不满限额标准的称为零星固定资产购置。随着改革开放,这一限额将逐步提高,如投资 50 万元以上称为建设项目。

4. 施工项目及其基本特征

施工项目是建筑施工承包企业对一项或一群建筑产品的施工过程及最终成果。也就是建筑施工企业的生产对象。它是一个建设项目的施工,也可能是其中的一个单项工程或单位工程的施工。因此,施工项目具有三个特征:

(1)它是建设项目或其中的单项工程或单位工程的施工任务。

(2)它作为一个管理整体,是以建筑施工企业为管理主体的。

(3)该任务的范围是由工程承包合同界定的。但从项目的特征来看,只有单位工程、单项工程和建设项目整体的施工任务,才称得上施工项目。因为单位工程是建筑施工企业的最小单位的最终产品。分部、分项工程只是施工项目的组成部分,不是完整的产品,因此不能称作"施工项目"。

### (二)工程项目的生命期

工程项目的时间限制决定了项目的生命期是一定的,在这个期限中项目经历由产生到消亡全过程。这有两方面含义:一方面,一个工程项目的持续时间是一定的,即任何项目不可能无限期延长,否则这个项目无意义。这个持续时间又构成项目的目标之一,例如一条公路建设项目必须在 2 年之内完成。另一方面,任何项目都是在一定的历史阶段中存在的并体现出它的价值,发挥它的效用。超过了这个时间区间,例如提前或滞后,这个项目可能变得毫无意义,或成为另一个项目,例如,新产品只有及时地生产出,占领市场,该新产品开发的项目才有价值。

不同类型和规模的项目生命期是不一样的,但它们都可以分为如下四个阶段,即:

(1)项目的前期策划和决策(确立)阶段(又被称为概念阶段)。这个阶段从项目构思到批准立项为止。

(2)项目的设计与计划阶段,即开发阶段。这个阶段从批准立项到现场开工为止。

(3)项目的实施阶段,即施工建造阶段。这个阶段从现场开工直到项目的交付成果完成,工程竣工并通过验收为止。

(4)项目的使用阶段。

例如一个工程建设项目的阶段划分如图 4-1 所示。

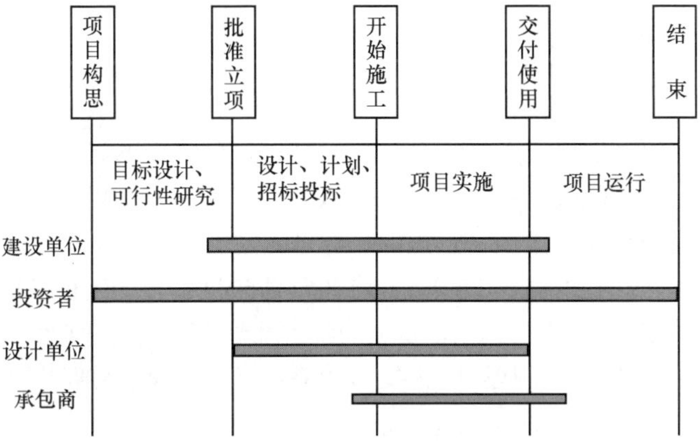


图 4-1　工程建设项目阶段划分

在项目生命期内上述阶段可能会出现交叉和重叠。例如,设计和计划工作,招标投标工作有时会延伸到实施阶段中,实施阶段的有些工作会延伸到使用阶段。

项目阶段的划分和界定是项目管理的一项重要工作,它对项目目标的分解、项目结构分解、责任体系的建立、进度、成本和质量的监控、风险分析等有重要作用。

在此,要分清项目生命期与项目对象(即工程)的生命期的界限区别。通常,工程项目一般是指工程的建设过程,而项目对象(即工程)的生命期一直要到工程拆除才算结束。不过现在项目生命期有外延的趋势,特别是对投资者来说更是如此。同一个项目,对于不同的参加者,由于承担的工作任务不同,且这些工作任务属于项目的不同阶段,则对他们来说项目生命期各不相同。

1. 项目投资者(如项目融资单位、BOT 项目的投资者)

他们须参与项目的全过程管理,从前期策划直到工程报废,或合资合同结束,或 BOT 合同规定的转让期限结束。他们的目的不仅是工程建设,更重要的是收回投资和获得预期的投资效益。国外大企业或项目型公司确定的投资责任中心及我国实行的项目投资业主责任制中的业主就是要进行全过程的项目管理。

2. 工程项目建设负责人

进行工程项目的建设必须委派专门的负责人,有专门的组织来负责工程项目建设期的管理,如我国的基建部门、建设单位和通常所说的业主。对于他们,工程项目的生命期是从项目的策划,或可行性研究,或者从最广泛意义上讲,从接受项目任务委托到项目建成、试运行后交付使用为止。

3. 工程承包公司

一般在项目设计完成后,它通过投标取得工程承包资格开始,一直到按合同完成工程施工任务并通过保修期,它的项目工作范围和时间由承包合同确定。

4. 咨询或监理公司

咨询和监理公司在不同的项目生命期承担着不同的任务,按咨询或监理合同的规定,一般在可行性研究前,或设计开始前,或工程招标开始前承担项目管理任务,直到工程交付使用,咨询或监理合同结束为止。

尽管对上述参加者而言,他们的工作任务都是项目,但在本书中论及的工程项目主要是指该工程的建设过程,即从项目构思产生到项目交付使用为止的全过程。

### (三)工程项目管理

1. 项目管理

项目管理是为使项目取得成功(实现所要求的质量、所规定的时限、所批准的费用预算)所进行的全过程、全方位的规划、组织、控制与协调。项目管理的对象是项目。项目管理的职能同所有管理的职能均是相同的。项目管理的目标就是项目的目标,该目标界定了项目管理的主要内容,那就是所谓的“三控制、二管理、一协调”,即进度控制、质量控制、费用控制、合同管理、信息管理和组织协调。需要特别指出的是,项目管理的特点是:项目的一次性要求项目管理的程序性和全面性,也需要有科学性,主要是用系统工程的观念、理论和方法进行管理。项目管理是知识、智力、技术密集型的管理。

2. 工程项目管理

工程项目管理是项目管理的一大类,其管理对象是工程项目。它可以定义为:在工程项目的生命周期内，用系统工程理论、观点和方法，进行有效的规划、决策、组织、协调、控制等系统性、科学的管理活动，从而按工程项目既定的质量、工期、投资额、限定的资源和环境条件圆满地实现工程项目建设目标。工程项目管理可以分为：建设项目管理、设计项目管理、施工项目管理、工程咨询项目管理，它们的管理者分别是业主单位、设计单位、施工单位和咨询（监理）单位。工程项目管理的特点有：

(1)具有特定的对象。任何项目都应有具体的对象，工程项目的对象通常是有着预定要求的工程技术系统。而"预定要求"通常可以用一定的功能要求、实物工程量、质量等指标表达。如工程项目的对象可能是一定生产能力的车间或工厂、一定长度和等级的铁路或公路、一定规模的医院或住宅小区等。项目对象确定了项目的最基本特性，并把自己与其他项目区别开来；同时它又确定了项目的工作范围、规模及界限。整个项目的实施和管理都是围绕着这个对象进行的。

(2)具有时间限制。人们对工程项目的需求有一定的时间限制，希望尽快地实现项目的目标，发挥项目的效用。市场经济条件下工程项目的作用、功能、价值只能在一定时间范围内体现出来。项目的时间限制通常由项目开始期、持续期、结束期构成。它不仅确定了项目的生命期限，而且构成了工程项目管理的一个重要目标。

(3)具有资金限制和经济性要求。任何项目都不可能没有财力上的限制，必然存在着与任务（目标）相关的预算（投资、费用或成本）。这一特点常常表现在：一是必须按投资者所具有的并能够提供的财力筹划相应的项目；二是必须按项目实施要求保障资金供应；三是以尽可能少的资金（投资、成本）消耗完成尽可能多的符合要求的工程，提高工程项目的整体经济效益。现代工程项目资金来源渠道较多，投资呈多元化，这对项目的资金限制就会越来越严格，经济要求也会越来越高。这就要求尽可能做到全面的经济分析，精确的预算，严格的投资控制。

(4)具有一次性的特点。因为任何工程项目都具有一次性的特点，因此对任何项目都有一个独立的管理过程，项目的计划、控制、组织都是一次性的。工程项目的这个特点对项目的组织行为的影响尤为显著。

(5)特殊的组织和法律条件。由于社会化大生产和专业化分工，现代工程项目都有几十个，甚至几千、几万个单位和部门参加。要保证项目有秩序、按计划实施，必须建立严密的项目组织。而该项目组织是一次性的，随项目的确立而产生，随项目结束而消亡；项目参加单位之间主要靠经济合同作为纽带，建立起组织，同时以经济合同作为分配工作、分配经济责权利的依据；而项目参加单位之间在项目过程中的协调就通过合同和项目的业务工作条例实现。适用于工程项目建设和运行相关的法律条件有经济合同法、环境保护法、税法等。

(6)有复杂性和系统性的特点。现代工程项目具有如下特征：工程项目规模大、范围广、投资大；新颖性，有新知识新工艺的要求，技术复杂；由许多专业组成，有几十个，甚至几千个单位共同协作，有成千上万个在时间和空间上相互影响、制约的活动构成；实施时间上经历由构思、决策、设计、计划、采购供应、施工、验收到运行全过程，项目使用期长，对全局影响大；受多目标限制、条件越来越苛刻。这些都决定了工程项目管理的复杂性和系统性。

3. 工程项目全生命期管理的理念

人们对工程项目生命期的认识经历了一个过程。早期，人们定义工程项目的生命期是从批准立项到工程竣工和交付为止。它符合传统意义上的项目的定义。

(1)工程项目生命期的延伸和拓展。近年来，由于如下原因使得工程项目的生命期向前延伸和向后拓展。

①现代工程项目高科技含量大,是研究、开发、建设、运营的结合,而不仅仅是传统意义上的建筑工程。建设过程,特别是施工过程的重要性、难度相对降低,而项目投资管理、经营管理、资产管理的任务和风险加重,难度加大,项目从构思、目标设计、可行性研究、设计、建造,直到运营管理全过程的一体性要求增加。人们越来越要求对项目进行全过程(包括运营)的评价、计划和控制。

②在工程项目中业主全过程投资责任制的实行。作为投资主体的业主,负责工程项目的前期策划、设计、计划、融资、建设管理、运营管理、归还贷款。因此,业主的管理对象就是一个从构思开始直到工程运营结束的全生命期的工程项目。

由于市场竞争激烈和技术更新速度加快,企业不仅必须在短期内完成新产品开发和投产,而且更需要在工程项目的建设和运营中持续运用和改进新技术、不断更新产品类型。工程项目全生命期管理能够满足这种需要。

③在现代工程中,业主要求建筑业能像其他工业部门一样提供以最终使用功能为主体的服务,要求一个或较少的承包商承担从项目构思到运营管理的全过程责任,要求承包商承担项目的运行管理(物业管理)和维护服务,要求承包商参与项目融资(如 BOT 项目),与项目的最终效益挂钩,以保持项目责任的一致性和完备性,以降低成本,缩短工期,减少投资风险。国外许多工程实践证明,作为工程的建设者,由承包商承担工程的运营管理(或物业管理)任务是最经济和最合理的。

这导致工程承包和经营方式的变化。近 30 年来,国内外工程项目中流行一些新的融资方式、项目管理模式和承包模式,例如,承包商参加 BOT(建设—运营—移交)项目、EPC(设计—采购—施工)总承包方式和项目管理总承包等。这些工程项目取得了很大的成功,最终给承包商和业主都带来很大的利益。

所以无论是业主、承包商或项目管理公司常常都要参与从项目构思直到项目运行管理的全过程。

④工程项目的价值是通过建成后的运营实现的。工程项目通过它在运营中提供的产品和服务满足社会需要,促进社会发展。现代社会对工程项目与环境的协调和可持续发展的要求越来越高,要求工程项目在建设和运营全过程中都要经得起社会和历史的检验。

这样人们就必须从更高层次上认识和要求工程项目管理。如果不将运营纳入工程项目的生命期,则会不重视工程项目的运营问题,忽视工程项目对环境、社会和历史的影响,不关注工程的可维护性和可持续发展能力。

⑤过去的工程项目以建设过程为管理对象,以质量、工期、成本(投资)为三大目标,由此产生了项目管理的三大控制。这种以工程建设过程为对象的管理目标是近视的、有局限性的,造成项目管理者的思维过于现实和视角太低,同时造成项目管理过于技术化。这种状况损害项目管理理论的发展和学科体系的建立。

由于上述种种原因,并随着工程项目管理研究和实践的深入,工程项目的生命期不断地向前延伸和向后拓展。首先,向前延伸到可行性研究阶段,然后又延伸到项目的构思;向后拓展到运行管理(例如物业管理、资产管理、运行维护)阶段。这样,便形成了工程项目全生命期管理的理念,这首先在软件项目、建设项目、投资项目中得到应用。

(2)工程项目全生命期管理的作用。工程项目全生命期管理不仅扩大了项目管理的时间跨度和内涵,而且带来如下好处:

①从工程项目的整体出发,反映项目全生命期的要求,更加保证了项目目标的完备性和一

致性。

②在工程项目全生命期中能够形成具有连续性和系统性的管理组织责任体系，更加保证了项目管理的连续性和系统性，能够极大地提高项目管理的效率，改善项目的运行状况。

③形成新的工程项目全生命期管理的理念，这能够提升项目管理的目标体系、项目管理者的伦理道德、项目管理者对历史和对社会的使命感。

与企业管理的理念一样，工程项目全生命期的管理理念更能反映出项目的组织文化和品位，反映项目管理者良好的管理理念、思维方式、价值观、伦理道德和管理哲学。

④促进项目管理的理论和方法改进，如项目的全生命期评价理论和方法、项目的可持续发展理论和方法、项目集成化管理方法等。

⑤能够改进项目的组织文化，促进项目组织沟通。工程项目的所有参加者应就项目全生命期的目标达成共识。虽然，他们在不同的阶段承担项目任务，有各自的目标，但他们都应有工程项目全生命期的理念，有为工程项目全生命期负责的精神。

### (四)工程项目的相关者

1. 项目相关者的概念

项目相关者，又称项目的干系人，或项目的利益相关者，或项目的受益者。他们是在项目的整个生命期中与项目有某种利害关系的人或组织。ISO 10006 定义项目受益者可能包括："顾客，项目产品的接受者；消费者，如项目产品的使用者；所有者，如启动项目的组织；合作伙伴，如在合资项目中双方；资金提供者，如金融机构；分承包方，为项目组织提供产品的组织；社会，如司法机构或法定机构和广大公众；内部人员，如项目组织的成员"。

2. 工程项目相关者对项目的影响

ISO 9000:2000 族的基本宗旨是通过建立企业内的质量管理体系以确保"用户满意"。但与企业内的生产过程以及企业的业务不同，工程项目常常是由许多企业"合作"或"合资"的，项目的成功必须经过所有项目相关者各方面协调一致和共同努力。项目相关者参与项目，为项目承包工程，或提供资金、材料和设备、劳务和服务，或使用项目的产品或服务。他们对项目的产生、实施和运行都有相应的作用，作出应有的贡献，项目是他们合作的结果。

工程项目相关者参与项目都有着自己的目标和期望。他们对项目的支持程度、认可程度和他们在项目中的组织行为，是由他们对项目的满意程度、他们的目标和期望的实现程度决定的。所以，项目的总目标应该包容项目相关者各方面的目标和利益，体现各方面利益的平衡，使各相关者满意。这样有助于确保项目的整体利益，有利于团结协作，能够营造平等、信任、合作的气氛，就容易取得项目的成功。

在国际上人们曾研究过许多工程项目的案例，将项目成功的因素分为 4 个方面，67 个相关因素。其中参与者各方的努力程度、积极性、组织行为、对项目支持等是一个主要方面。而这一切是由他们对项目的满意程度决定的。

过去人们过于强调工程项目的投资者或业主的利益，而忽视项目其他相关者的利益。实践证明，在这种情况下，没有各方面的满意，会出现对抗情绪和行为，不可能有成功的项目。近 30 年来，现代国际工程项目发展趋势如下：

(1)人们强调项目相关者之间的合作，讲究诚实信用，强调利益的一致性，而不是强调利益的冲突、斗争、利己。业主与承包商，与供应商应是伙伴关系，必须强调和实现"多赢"。

(2)更理性地认识到项目相关者各方面的权利和责任的平衡，公平地对待各方，公平合理地分配风险和解决项目中的冲突。

(3)在项目中人们加强组织协调，重视合同管理和项目的组织行为的研究，强调项目的组织文化和团队精神。在相关者之间形成共有的价值观念、行为准则、优良习惯、项目精神和道德，以增强项目相关者各方的合作，减少矛盾和冲突。

在项目管理中对项目相关者的界定，对他们的目标、期望、任务、组织行为的研究是十分重要的。项目管理者在整个项目的过程中应当解决项目相关者目标和需求间的矛盾，并一直关注项目相关者需求的变化。

3. 工程项目的相关者各方

由于工程项目的特殊性，工程项目相关者的范围非常广泛，超出了传统的工程项目组织的范围。从总体上，主要包括以下几个方面(图 4-2)。

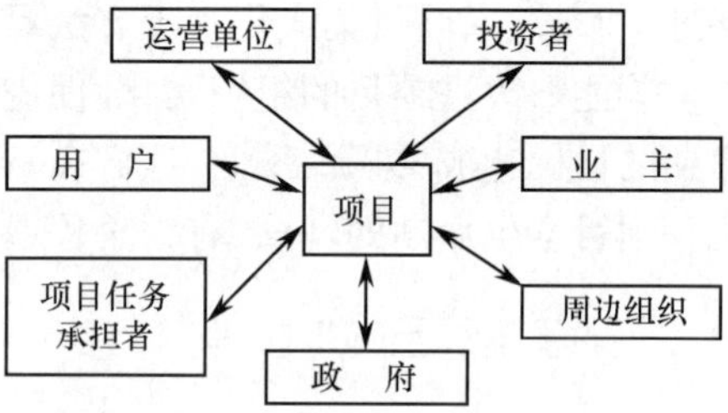


图 4-2　工程项目主要相关者

(1)工程项目产品的用户，即直接购买或使用项目的最终产品的人或单位。项目最终产品通常是指在投入运营后所提供的产品或服务。例如，房地产开发项目产品的使用者是房屋的购买者或用户；高速铁路建设项目最终产品的使用者是高铁的乘客。

用户购买项目的产品或服务，决定项目的市场需求和存在价值。项目的产品和服务要有市场，就必须使“用户满意”。通常用户对工程项目的要求有：

①产品或服务的价格合理。在功能上符合要求，同时讲究舒适、安全、健康、适用。

②有周到、完备的服务。产品或服务的人性化，体现“以人为本”，符合人们的文化、价值观、审美要求等。

在工程项目的目标设计、可行性研究和技术设计中必须从产品使用者的角度出发，进行产品的市场定位、功能设计，确定产品销售量和价格。在所有项目相关者中，项目产品的用户是最重要的，因为他们是所有项目参加者中的最终“用户”。对整个工程项目来说，只有他们的“满意”才是真正的“用户满意”。当用户和其他相关者的需求发生矛盾时，应首先考虑用户的需求。

有时工程项目产品的用户就是项目的投资者，例如某企业投资新建一栋办公大楼，则该企业是投资者，该企业使用该办公大楼的各科室是用户。

(2)项目的所有者。其中可能包括两个层次：项目的投资者和业主(或以业主身份进行项目决策和控制的单位)。他们的身份在有些项目中是一致的，但有时又可能不一致。

一般在小型工程项目中，业主和项目的投资者(或项目所属企业)的身份是一致的；但在大型工程项目中他们的身份常常是不一致的，工程项目所有者和建设管理者是相互分离的。这更有利于工程项目的成功。

①项目投资者，如项目的直接投资单位、参与项目融资的金融单位，或项目所属的企业。在现代社会，工程项目的资本结构是多元化的，融资渠道和方式很多，如政府独资、企业独资、中外合资、BOT(建造－运营－转让)方式等，则项目投资者也是多元化的，可能有政府、企业、金融机构、私人以及本国资本或外国资本等。例如：某市地铁工程建设项目的投资者为该市政府；某企业独立投资新建一条生产流水线，则该工程项目的投资者是该企业；某企业与一外商合资建一个新的工厂，则该企业和外商都是该建设项目的投资者；某发电厂工程是通过 BOT 融资的，参与 BOT 融资的有一个外资银行、一个国有企业和一个国外的设备供应商，则他们

都是该项目的投资者。投资者为项目提供资金，承担投资风险，行使与风险相对应的管理权利，如参与项目重大问题的决策，在项目的建设和运营过程中的宏观管理，对项目收益的分配权利等。投资者的总体要求是实现投资目的，其目标和期望有：

a. 以一定量的投资完成工程项目；

b. 通过工程项目的运营取得预定的投资回报，达到预定的投资回报率；

c. 较低的投资风险等。

工程项目的资本结构、融资方式决定了工程项目的性质、管理模式、建成后的收益分配方式、投资者对项目的建设和运营的管理权利。

②业主。"业主"一词主要体现在工程项目的建设过程中。实施一个工程项目，投资者或项目所属的企业、政府必须成立专门的组织，委派专门人员以业主的身份负责项目的管理和控制。如我国的基建部门、建设单位等。相对于工程项目的设计单位、承包商、供应商、项目管理单位（咨询、监理）而言，业主以工程项目的所有者的身份出现。

业主的目标是实现项目全生命期整体的综合效益，他不仅代表和反映投资者的利益和期望，而且要反映项目任务承担者的利益，更应注重项目相关者各方面利益的平衡。

（3）项目任务的承担者，如承包商、供应商、勘察和设计单位、咨询单位（包括项目管理公司、监理单位）、技术服务单位等。他们通常接受业主的委托完成项目或项目管理任务。他们又可以分为两种角色：

①项目管理（咨询或监理）公司。在现代工程项目中，业主通常将具体的项目管理工作委托给项目管理（咨询或监理）公司承担。他在项目的实施过程中以业主的身份管理项目，协调承包商、设计单位和供应单位。所以，他主要代表和反映业主的利益和期望，追求项目全生命期整体的综合效益。

②承包商、供应商、勘察和设计单位、技术服务单位等。他们通常接受业主的委托在合同工期内完成合同规定的专业性工作任务，包括为项目提供设计、承担工程施工和技术服务、提供材料和设备。他们希望通过工程项目的实施取得合理的价款和利润、赢得信誉和良好的企业形象。在现代工程中，业主越来越倾向于将工程项目的全部任务交给一个承包商完成，即采用"设计—采购—施工"总承包方式。这样的承包商在项目批准立项后，甚至在可行性研究阶段，或项目构思阶段就介入项目，为业主提供全过程、全方位的服务，包括设计、施工、供应、项目管理、运行管理，甚至参与项目融资。这样的承包商在工程项目中的持续时间很长，责任范围很大。

（4）工程项目运营单位。例如铁路建设项目，工程项目运营单位是铁路局集团有限公司（包括铁路客专运营公司）和相关生产者（包括运营操作人员和管理人员）。运营单位在工程项目建成后接受工程的运营任务，它直接使用工程生产产品，或提供服务。它要求工程项目达到预定的功能，如预定的生产能力、预定的质量要求、符合规定的技术规范要求，生产能力和质量是稳定的，工程运行维护方便，低成本。生产者（或员工）希望有安全、舒适、人性化的工作环境。

（5）工程所在地的政府，以及为项目提供服务的政府部门、基础设施的供应和服务单位。它们为项目做出各种审批（如立项审批及城市规划审批）、提供服务（如发放项目需要的各种许可证）、实施监督和管理（如对招标投标过程监督和对工程的质量监督）。政府注重工程项目的社会效益、环境效益，希望通过工程项目促进地区经济的繁荣和社会的可持续发展，解决当地的就业和其他社会问题，增加地方财力，改善地方形象等。

(6)项目所在地的周边组织。如项目所需场地上的原居民、项目所在地周边的社区组织、居民等。项目周边组织要求保护环境,保护景观和文物,要求就业、拆迁安置或赔偿,有时还包括对项目的特殊的使用要求。

(五)工程项目系统

"系统"一词的定义很多。人们通常引用的是:"系统是由若干个相互作用和相互依赖的要素组合而成,且有特定功能的整体。"与前面的项目定义相比较,它们是非常相近的,任何项目都是一个系统,具有鲜明的系统特征。

在项目管理中,系统方法是最重要,也是最基本的思想方法和工作方法,这在项目和项目管理的各个方面都体现出来。在相关联的各个学科中,项目管理与系统工程有最大的交集。任何项目管理者、项目的参加者和工程技术人员首先必须确立基本的系统观念。主要体现在以下几个方面:

(1)全局的观念,系统地观察问题,解决问题,作全面整体的计划和安排,减少系统失误。在采取措施、做出决策和计划并付诸实施时都要考虑各方面的联系和影响。例如,考虑项目结构各单元之间的联系,各个实施阶段的联系,各个管理职能的联系,各组织成员的联系,而且还要考虑到项目与上层系统的联系,使它们之间互相协调。所以,项目管理强调综合管理、综合运用知识和措施,协调各方面矛盾和冲突,使各子系统正常运行。

(2)追求项目整体的最优化,强调系统目标的一致性,强调项目的总目标和总效果,而不是局部优化。这个整体常常不仅指整个建设过程,而且指整个工程项目的生命期,甚至还包括对项目的整个上层系统的影响。

(3)在现代工程项目管理中,人们越来越强调集成化管理,项目管理集成化要求项目管理有更高层次的系统性,它包括许多方面的含义。例如:

①将项目的目标系统设计、可行性研究、决策、设计和计划、供应、实施控制、运行管理等综合起来,形成一体化的管理过程。

②把项目的目标、子系统、资源、信息、活动及组织结合起来,按照计划使之形成一个协调运行的综合体。

③将项目管理的各个职能,如成本管理、进度管理、质量管理、合同管理、信息管理等综合起来,形成一个有机的整体。

④业主、承包商、设计单位、项目管理公司各方面管理的集成化和一体化。

项目管理的集成化是目前项目管理研究的热点之一。工程项目的集成化管理要求项目管理者必须进行项目全生命期的目标管理,综合的计划和控制,良好的界面管理,良好的组织协调和信息沟通。

(4)工程项目作为一个复杂的系统,是技术、物质、组织、行为、管理系统的综合体。它可以从各个角度、各个方面进行描述(图 4-3),从各个方面决定了项目的形象。工程项目的几个系统之间又存在着错综复杂的内在联系,它们构成了一个完整的项目系统。

1. 工程项目的环境系统

它是指对工程项目有影响的所有外部因素的总和,它们构成了项目的边界条件。环境对工程项目有重大影响,主要体现在以下几个方面:

(1)工程项目产生于上层系统和环境的需求,它们决定着项目的存在价值。通常环境系统出现问题,或上层组织有新的战略,或环境的制约因素产生项目的目标。工程项目必须从上层系统和环境的角度来分析和解决问题。

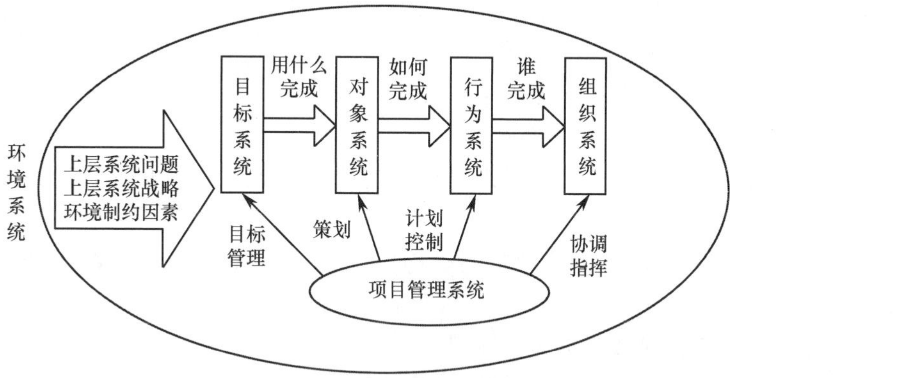


图 4-3　工程项目总的系统模型图

(2)环境决定着项目的技术方案和实施方案以及它们的优化，决定了工期和成本。项目的实施过程又是项目与环境之间互相作用的过程。项目的实施需要外部环境提供各种资源和条件，受外部环境条件的制约。如果项目没有充分地利用环境条件，或忽视环境的影响，必然会造成实施中的障碍和困难，增加实施费用，导致不经济的项目。

(3)环境是产生风险的根源。现代工程项目都处在一个迅速变化的环境中。由于环境的不断变化，形成对项目的外部干扰，这些干扰会造成项目不能按计划实施，偏离目标，造成项目目标的修改，甚至造成整个项目的失败。风险管理的重点之一就是环境的不确定性和环境变化对项目的影响。

所以环境对于项目及项目管理具有决定性的影响。为了充分地利用环境条件，降低环境风险对项目的干扰，项目管理者必须进行全面的环境调查，必须大量地掌握环境资料，在项目全过程中注意研究和把握环境与项目的交互作用。

工程项目环境系统主要包括如下 7 个方面内容：

(1)项目相关者的组织状况

①项目所属企业的组织体系、组织文化、结构、能力、企业的战略、对项目的要求、基本方针和政策。

②合资者的能力、基本状况、战略、对项目的要求、政策等。

③工程承包商、设计单位、供应商的基本情况，技术能力、组织能力。

④项目产品的主要竞争对手的基本情况。

⑤周边组织(如居民、社团)对项目的需求、态度，对项目的支持或可能的障碍。

(2)社会的政治环境

①政治局势的稳定性，有无社会动乱、政权变更、种族矛盾和冲突，宗教、文化、社会集团利益的冲突。

②政府对本项目提供的服务，办事效率，政府官员的廉洁程度。

③与项目有关的政策，特别对项目有制约的政策，或向项目倾斜的政策。

一个国家政治稳定程度对工程项目的各方面都会造成影响，而这个风险常常是难以估计、难以控制的，直接关系到工程的成败。

(3)社会的经济环境

①社会的发展状况。国家、地区或城市处于一个什么样的发展阶段和发展水平。

②国民经济计划的安排,国家的工业布局及经济结构,国家重点投资发展的项目、领域、地区等。

③国家的财政状况,赤字和通货膨胀情况。

④国家及社会建设的资金来源,银行的货币供应能力和政策。

⑤市场情况,包括以下几个方面:

a. 市场对项目或项目产品的需求,市场容量、购买力、人们的市场行为,现有的和潜在的市场、市场的开发状况等。

b. 当地建筑市场情况,如竞争的激烈程度,当地建筑企业的专业配套情况、建材、构件和设备生产、供应及价格等。

c. 劳动力供应状况以及价格。

d. 能源、交通、通信、生活设施的状况及价格。

e. 城市建设水平。

f. 物价指数,包括全社会的物价指数,部门产品和专门产品的物价指数。

(4)社会的法律环境

工程项目在一定的法律环境中实施和运行,适用项目所在地的法律,并受其制约和保护。

①法律的完备性,执法的严肃性。

②与项目有关的各项法律和法规,如合同法、建筑法、劳动保护法、税法、环境保护法、外汇管制法等。

③国家的土地政策。

④对与本项目有关的税收、土地政策、货币政策等方面的优惠条件。

(5)自然条件

①可以供项目使用的各种自然资源的蕴藏情况。

②自然地理状况,包括以下几个方面:

a. 地震设防烈度及项目建设和运营期发生地震的可能性。

b. 地形地貌状况。

c. 地下水位及地下水流速。

d. 地质情况,如土类、土层、流沙、暗塘、古河道、溶洞、滑坡、泥石流等。

③气候情况包括:

a. 年平均气温、最高气温、最低气温。

b. 主导风向及风力,风荷载。

c. 雨雪量及持续时间,主要分布季节等。

(6)项目周围基础设施、场地交通运输、通信状况

①场地用围的生活及配套设施,如粮油、副食品供应、文化娱乐,医疗卫生条件。

②现场及周围可供使用的临时设施。

③现场周围公用事业状况,如水和电的供应能力、条件以及排水条件。

④现场以及通往现场的运输状况,如公路、铁路、水路、航空的承运能力和价格。

⑤各种通信条件、能力及价格。

⑥项目所需要的各种资源的可获得条件和限制。

(7)其他方面

①社会人文方面。

a. 项目所在地的文化素质。

b. 当地的风俗和禁忌。

②项目所需的劳动力和管理人员状况。

a. 劳动力熟练程度、技术水平、工作效率、吃苦精神。

b. 劳动力的可培养、训练情况。

c. 当地教育,特别是相关的工程技术教育和职业教育情况。

③技术环境,即与项目相关的技术标准、规范、技术发展水平、技术能力,解决项目运行和建造技术问题的可能性。

2. 工程项目目标系统

它是项目所要达到的最终状态的描述系统。由于项目管理采用目标管理方法,所以工程项目具有明确的目标系统,它是项目过程中的一条主线。项目目标系统是在项目的前期策划过程中建立的。它具有如下特点:

(1)项目目标系统有自身的结构。项目总目标可以分解为系统目标,任何系统目标都可以分解为若干个子目标,子目标又可分解为可执行目标。

(2)完整性。项目目标因素之和应完整地反映上层系统对项目的要求,所以项目是由多目标构成一个完整的系统。目标系统的缺陷会导致工程技术系统的缺陷、项目计划的失误和实施控制的困难。

(3)目标的均衡性。目标系统应是一个稳定均衡的体系。片面、过分地强调某一个目标(子目标),常常是以牺牲或损害另一些目标为代价的,会造成项目的缺陷。特别要注意工期、成本(费用、投资)、质量(功能)之间的平衡。

(4)动态性。目标系统有一个动态的发展过程。它是在项目目标设计、可行性研究、技术设计和计划中逐渐建立起来的,并形成一个完整的目标保证体系。由于环境不断变化,上层组织对项目的要求也会变化,目标系统在实施中也会产生变更。例如,目标因素的增加、减少,指标水平的调整,这会导致设计方案的变化、合同的变更、实施方案的调整。

项目的目标与项目管理目标有联系又有区别,项目目标是针对整个工程生命期的,是上层组织对项目的要求,它主要解决上层系统的问题,所以它常常体现在工程项目的运营阶段上。项目管理的目标是保证项目总体目标的实现,它与具体的项目实施和管理任务相联系,所以项目管理的目标是项目目标的部分,并为它服务。

目标系统是抽象系统,它由项目任务书、技术规范、合同文件等说明(定义)。

3. 工程项目对象系统

工程项目的目标最终是通过一个已建成的工程项目的运行实现的。这个工程是项目的可交付成果,是项目的对象。工程项目是要完成一定功能、规模和质量要求的工程,它是由许多分部、许多功能面组合起来的综合体,有自身的系统结构形式。例如一个工厂由各个车间、办公楼、仓库、生活区等构成,每个车间在总系统中提供一定的使用(生产)功能,每一个车间功能区又可分解为建筑、结构、水电、机械、技术、通信等专业要素。它们之间互相联系、互相影响、互相依赖,共同构成项目的工程系统。它通常是实体系统形式,可以进行实体的分解,得到工程结构。

工程项目的对象系统决定着项目的类型和性质,决定着项目的基本形象和本质特征,决定项目实施和项目管理的各个方面。

工程项目的对象系统是由项目的设计任务书、技术设计文件(如实物模型、图纸、规范、工

程量表)等定义的,并通过项目实施完成。项目对象系统的要求有:

(1)空间布置合理,各分部和专业工程协调一致(包括功能协调、生产能力协调等)。

(2)能够安全、稳定高效率地运营,达到预期的设计效果(运行功能),运营费用(如生产成本)低,能源、人力消耗省。

(3)结构合理,没有冗余,各部分、各专业工程投资比例合理,质量和生命期设计均衡。

(4)它必须是一个均衡、简约的高效率运行的整体。具有使工程正常、安全、经济、高效率运行所必需的各个部分和条件。

(5)与环境的协调。工程不仅能符合上层系统的要求,达到预定的目标,而且还必须与自然环境协调,即与当地的交通、能源、水电供应、通信等各方面协调,能和谐地融合于环境大系统中。

4. 工程项目行为系统

它是工程项目的行为系统的研究。实现项目目标,完成工程建设任务所有必需的工程活动构成的,例如各种设计、施工、供应、管理等工作。这些活动之间存在各种各样的逻辑关系,构成一个有序的动态的工作过程。人们通常说的项目就是指项目的行为系统。工程项目行为系统的基本要求有:

(1)它应包括实现项目目标系统必需的所有工作,并将它们纳入计划和控制过程。

(2)保证项目实施过程程序化、合理化,均衡地利用资源(如劳动力、材料、设备),保持现场秩序。

(3)保证各分部实施和各专业之间有利、合理地协调。通过项目管理,将成千上万个工程活动导演成为一个有序、高效、经济的实施过程。

项目的行为系统也是抽象系统,由项目的范围描述文件、工作活动表、项目结构图、网络计划、实施计划、资源计划等表示。

5. 工程项目组织系统

项目组织是由项目的行为主体构成的系统。由于社会化大生产和专业化分工,一个项目的参加单位(或部门)可能有几个,几十个,甚至成百上千个,常见的有业主、承包商、设计单位、监理单位、分包商、供应商等。它们之间通过行政的或合同的关系连接而形成一个庞大的组织体系,为了实现共同的项目目标承担着各自的项目任务。项目组织是一个目标明确、开放的、动态的、自我形成的组织系统。

6. 工程项目管理系统

它是由项目管理的组织、方法、措施、信息和工作过程形成的系统。项目管理系统从总体上完成如下工作:

(1)对项目的目标系统进行策划、论证、目标管理,通过项目过程和项目管理过程保证项目目标的实现。

(2)对项目的对象系统(工程系统)进行策划。

(3)对项目的行为系统进行计划和控制。

(4)对项目组织系统进行沟通、协调、指挥。

7. 工程项目系统的特点

从前面的分析可见,项目是一个复杂的社会技术系统。工程项目具有如下系统特点:

(1)结合性。任何工程项目系统都是由许多要素组合起来的。不管哪个角度分析项目系统,如组织系统、行为系统、对象系统、目标系统等,都可以按结构分析方法进行多级、多层次分解,得到系统单元(或元素),并可以对各单元进行描述和定义。这是项目管理方法使用的前提。

(2)相关性。即项目系统的各个单元之间互相联系、互相影响,共同作用,构成一个严密有机的整体。项目的各个系统单元之间、项目各个系统之间,以及它们与环境大系统之间都存在着复杂的联系与界面。

(3)目的性。工程项目有明确的目标,这个目标贯穿于项目的整个过程和项目实施的各个方面。由于项目目标因素的多样性,它属于多目标系统。

(4)开放性。任何工程项目都是在一定的社会历史阶段,一定的时间和空间中存在的。在它的发展和实施过程中一直是作为环境大系统的一个子系统,与环境大系统有着各种联系,有直接的信息、材料、能源、资金的交换。

①工程项目的输出可能有:工程设施、产品、服务、利润、信息、满意度等。

②工程项目的输入可能有:原材料、设备、资金、信息、能源、上层系统的要求、指令。

项目受到环境系统的制约,必须利用环境系统提供的条件,与环境系统协调并共同作用。

(5)动态性。项目的各个系统在项目过程中都显示出动态特性,例如:整个项目是一个动态渐进的过程;在项目实施的过程中,由于业主要求和环境的变化,必须相应地修改目标,修改技术设计,调整实施过程,修改项目结构;项目组织成员随相关项目任务的开始和结束,进入和退出项目。

(6)其他特点如下:

①新颖性。现代工程项目的技术含量越来越高,包括大量的高科技、开发型、研究型的工作任务。在项目设计和实施及运行过程中,需要新的知识、新的工艺。

②复杂性。这表现在现代工程项目的规模大、投资大、持续时间长、参加单位多,有的还需要国际合作,合同条件越来越复杂,环境和其他各方面对项目的要求越来越高。

③不确定性。现代工程项目都包含着许多风险,由于外界经济、政治、法律及自然等因素的变化造成对项目的外部干扰,使项目的目标、成果及其实施过程有很大的不确定性。

## 二、工程项目管理理论的产生与发展

### (一)工程项目管理学的产生原因与发展历程

有建设就有项目,有项目就有项目管理。因此,项目管理可以说是古老的人类生产实践活动,人类历史上留下很多著名建设项目,如古埃及的金字塔,古罗马的尼姆水道,中国的万里长城。然而这些项目没有科学管理手段,只是凭借经验和直觉进行管理,项目管理真正成为一门科学是 20 世纪 60 年代的事,它是伴随着社会生产的发展,科学技术的不断进步而形成的。

1. 项目管理理论的产生原因

(1)现代工程项目建设的规模巨大、技术复杂

自第二次世界大战以来,随着科学技术的迅速发展,工业和国防建设以及人们生活水平不断提高的要求,需要建设很多大型、巨型工程,例如航空航天工程(如美国的阿波罗登月火箭计划等)、军事工程、大型水利工程、核电站工程、大型钢铁企业、石油化工企业和新型城市开发项目以及铁路、公路、机场等交通工程项目。这些项目从开发到建造运用了大量的尖端技术和新的科研成果,工程技术复杂、规模大,对项目建设的组织与管理提出了更高的要求,对传统管理方法提出严重的挑战,不论一个人的才能有多大,不借助于现代管理技术和方法,仅凭经验根

本无法实行有效的管理,不能完成这些复杂的任务。

对于这些大型工程,投资者和建设者都难以承担由于项目组织和管理的失误而造成的损失。国际承包事业的大发展,日趋激烈的社会竞争,使人们认识到,由于项目的一次性和约束条件的确定性,要取得成功,必须引进科学的管理方法,以加强对项目的管理,迫使人们重视工程项目管理。

现代项目管理要求保持一个有创造力专家组成的强有力工作实体。以保证开发复杂系统获得成功。传统的组织形式已难以适应,它要求以一种新的项目组织形式代替。

(2)工程项目总目标控制的重要性

投资者对一个工程项目的建设,往往有许多目标要求,如建设地点、建设方案、结构形式、功能、使用满意程度、经济性、工期、质量等。这些多目标形成一个目标体系,其中有的目标可做定量分析,而有一些目标却难以用数值表示。建设实践经验表明,人们往往注意了某些目标而使另一些目标无法实现。这就提出了一个问题,工程项目的目标系统应该如何控制。对投资者而言,一个工程项目的建设,最重要的是实际建设投资应不超过计划投资、实际建设工期应超过计划工期、工程质量应符合建设要求。对承建者而言,一个工程项目的兴建,最重要的是施工成本应不超过合同额、施工工期应不超过合同工期、施工质量应符合合同要求,并尽可能争取较大的盈利、缩短工期和提高质量。因此,一个工程项目的总目标可以归纳为:投资/成本、工期和质量管理。一个工程项目的目标系统如何控制,其核心的问题是如何确保其总目标。

(3)工程项目协调的重要性

一个大中型工程项目往往涉及很多单位、很多部门,例如:建设单位,建设单位的主管部门,多个设计单位,众多的建筑施工企业,建设银行,材料、构配件和设备供应单位,运输单位,城市建设和环境保护主管部门,邮电、交通、市政工程主管部门和科研单位等。

所谓建筑工程项目的协调,是指以上这些单位之间的协调以及各有关单位内部的协调。加工工艺设计与土建工程设计的协调、设计单位与施工单位的协调、土建施工的与设备安装单位的协调、施工单位与供应单位的协调、各政府有关主管部门与设计单位和施工单位的协调以及设计单位和施工单位其内部的协调等。协调的内容包括:技术、经济、组织、质量和进度等方面。

大量工程实践表明,以上各种关系、各个方面的协调直接影响着建筑工程项目总目标的实现。人们逐渐认识到协调也是一种专门的技术,它被称为协调技术。

(4)工程项目信息管理的重要性

一个建筑工程项目从投资决策到项目建成、交付使用,有多方面和多种形式的信息,例如:预可行性研究和项目建议书、可行性研究资料、设计任务书、设计文件、委托设计和施工合同、概预算文件、项目建设规划文件、施工文件、来往信函、各种批件、会议记录、谈话记录、情况记录和各种统计表格等。

所谓建筑工程项目的信息管理,主要是指以上这些有关信息的收集、存储、加工和整理。信息管理的要求是:及时、准确地向项目管理的各级领导、各参加单位以及各类人员提供他们所需要的综合程度不同的信息,以便在项目进展的全过程中,动态地进行项目的规划,迅速正确地进行各种决策,并及时地检查决策执行的结果以及暴露项目进行过程中的矛盾,为项目总目标的控制服务。

长期建设的实践使项目决策者、参加者认识到,在项目进展过程中由于缺乏信息、难以及时获取信息、所得到的信息不准确或信息的综合程度不满足项目管理的要求、信息存储分散以及信息检索困难等，造成项目控制、决策、执行和检查的困难，以致影响项目总目标的实现。电子计算机是高效信息处理的工具，要满足项目管理的要求，应使用计算机辅助项目管理。

现代项目在开发和生产过程中，充满了不确定性，而且国际政治的变化和科学技术的飞速发展，使项目外部环境处于快速变化的状态，因此，要求管理人员能迅速做出反应。这就要求建立新的能适应快速决策的运行机制，而项目管理的领导机制就可以解决这类问题。

(5)现代科学技术与管理科学的发展促进了工具项目管理科学的形成

在这种情况下，人们迫切需要一种新的管理方法，需要相应的管理技术，于是项目管理应运而生了，并很快应用到了实践之中。

2. 项目管理学科的发展历程

(1)初始阶段

20 世纪 30 年代人们就对如何管理项目进行了研究和实践，但项目管理概念并没有明确提出，比如应用甘特图进行项目的规划和控制，后来又研制了协调图，这些系统的应用虽未从根本上解决复杂项目的计划和控制问题，却为网络图的产生充当了重要媒介。

(2)发展阶段

进入 20 世纪 50 年代，美国军界和各大企业的管理人员纷纷为管理各类项目寻找更好的计划和控制技术，这段时间美国先后创造出关键路线法 CPM(critical path method)和计划评审技术 PERT(program evaluation and review technique)，这些网络技术的出现，为有效的管理项目提供了坚实的科学手段，为实现项目的科学管理创造了条件。20 世纪 60 年代美国阿波罗登月计划项目耗资 300 亿美元、涉及 2 万个企业，参加人员逾 40 万人，研制零件达 700 万个，就是采用网络计划技术进行计划和管理的，使得整个项目的运筹和组织工作进行得有章有序。网络计划技术的出现和应用使项目管理成为一门新的学科出现在人们面前。

(3)成熟阶段

20 世纪 60 年代项目管理作为一门新兴的管理科学，尚未被人们认识和接受。进入 20 世纪 70 年代，各类项目建设规模日趋扩大，复杂程度不断增加，这时项目管理才真正被大企业所接受，堂而皇之进入大企业，这标志着项目管理的发展进入新阶段。一些工业发达国家开始重视工程项目管理和控制的研究，相继成立了许多工程项目管理研究的学会、协会和进行工程项目管理的咨询机构，在高等学校里也开设了工程项目管理的课程。与此同时，许多科学家和企业的管理人员陆续展开了对项目管理的研究与探索，如 20 世纪 70 年代美国建筑项目管理的 CM 管理方式，它是由业主、设计者和建设经理组成小组来完成建设项目的管理方式，获得国际社会广泛承认和应用。这个时期项目管理进入了一个形成完整理论和方法体系的成熟阶段，并逐步地把现代科学技术管理方法，如系统论、组织理论、经济学、管理学、行为科学、心理学、价值工程、计算机技术与项目建设实践结合起来，同时吸收了控制论、信息论及其他科学研究成果，发展成为一门比较完整的独立学科。

从世界范围来看，项目管理的研究和应用主要集中在西方发达国家，苏联和东欧国家项目管理的某些方法亦引起了高度重视，尤其网络技术应用取得了显著成绩。进入 20 世纪末期，项目管理得到第三世界国家的重视和推行，如印度 1987 年出版了印度学者专著《项目管理》，对从印度政府的投资政策到各种项目管理方法都有论述，还附有许多案例，说明印度项目管理应用与研究也达到了相当高度。

多年来有关理论研究和实践应用的结果，使工程项目管理学成为管理科学的一门分支学科。

(二)工程项目管理模式

第二次世界大战以后,科学管理方法大量出现,如系统论、控制论、信息论、组织论、行为科学、运筹学、价值工程、预测技术、决策技术、网络计划技术、数理统计等均已发展成熟,并被成功地广泛应用于生产和管理实践当中,产生了巨大效益。这就促进了工程项目管理学的发展。网络计划技术在 20 世纪 50 年代末的产生、应用和迅速推广,在管理理论和方法上是一个突破,它特别适用于项目管理,并已有极为成功地应用的范例,引起了世界性的轰动。于是,由于项目管理实践的需要,人们便把成功的管理理论和方法引进到了项目管理之中,作为动力,使项目管理越来越具有科学性,终于使项目管理作为一门学科迅速发展起来了,跻身于管理学科的殿堂。

工程项目管理学科是一门综合学科,应用性强,很有发展潜力。现在它与计算机结合,更使这门年轻学科出现了勃勃生机。工程项目管理模式由工程项目的特点、业主(项目法人)的管理能力和工程建设的条件所决定。目前,国内外在多年的工程项目管理实践中已形成了多种管理模式,并且这些模式已不同程度地得到创新和完善。下面介绍几种国内外常用的工程项目管理模式。

工程项目管理从不同的角度看,有如下模式:

1. 传统的建筑师/工程项目管理模式(project management,PM)

该模式是 20 世纪 50 年代末、60 年代初起逐步在美国、德国和法国等国兴起并很快得到广泛应用。它包括业主、设计、施工单位的项目组织协调、费用控制、进度控制、质量控制、合同管理、信息管理等。

该模式在国际上很通用,这种方式又称为“设计—招标—建造方式”(Design—Bid—Build,DBB)。在这种模式中,业主委托建筑师、监理工程师进行项目前期的各项工作,如投资机会研究、可行性研究等,对项目进行论证、评估,项目立项后再进行设计;之后通过招标选择承包商,承包商可以经业主同意,把一部分专业工程或子项工程分包给分包商,如图 4-4 所示。这种模式的优点是管理方法上较为成熟,咨询、设计、监理、施工相分离,但前期费用较高,项目周期较长。

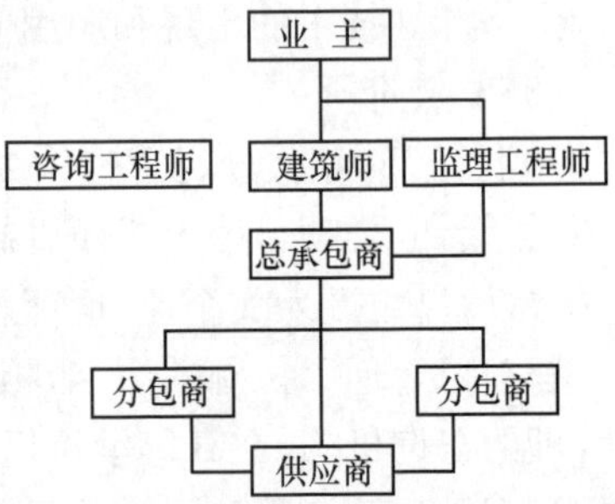


图 4-4 工程项目传统管理方式示意图

2. 工程项目总承包管理模式

该模式也称一揽子承包或“交钥匙”(Turn-Key)承包。在这种管理模式中,业主确定项目目标,即对拟建项目的要求和条件提出一个意向,通过招标选择一家公司,由其进行工程项目的可行性研究、项目融资、规划与计划、设计、土地购置、采购、施工、设备安装调试、试车生产、交付使用等全部建设活动,如图 4-5 所示。

该管理模式的优点:对业主而言,管理简单,只签订一份项目总承包合同,相应的协调组织工作量较小,总承包合同一经签订,项目总造价也就确定,有利于控制项目总投资,能做到项目各阶段的合理搭接,项目周期较短。但是对总承包单位而言,由于承担了项目总体的协调工作,加之总承包合同的签订在设计之前,之后的招标发包工作及合同谈判、合同管理的难度较大等,总承包商承担了较大的风险,所以签订的合同总价会因总承包单位的管理费及项目承包的风险费多而较高。在项目总承包管理模式中，质量控制的关键是做好设计准备阶段的项目管理工作，因为对工程实体质量的控制由项目总承包单位实施，而在招标时项目的质量要求难以全面、明确、具体地描述，使得业主对项目的质量标准、功能和使用要求的控制较为困难，质量控制的难度大。

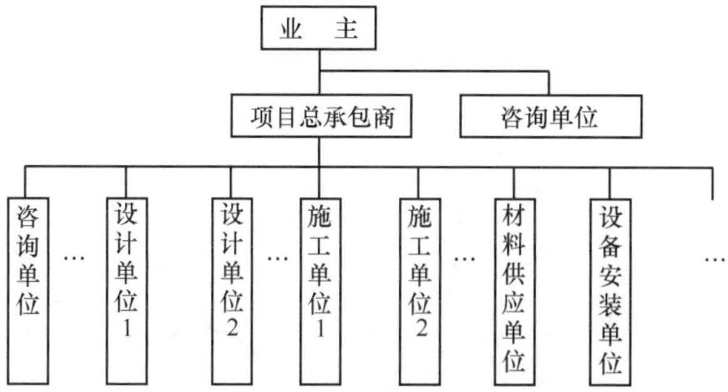


图 4-5　工程项目总承包管理模式

3. 建筑工程管理(construction management，CM)

美国汤姆逊(Thomsen)等人在 1970 年提出了建筑工程管理(CM)的概念。这是近年来在国外推行的一种系统工程管理方法，其特点是将工程设计分阶段进行，每阶段设计好之后就进行招标施工，并在全部工程竣工前，可将已完部分工程交付使用。CM 模式与传统的项目管理模式比较如图 4-6 所示。

CM 模式的优点是引入并行工程，使设计与施工充分搭接，有利于提高效率，缩短建设工期，但是管理过程中协调工作量较大。其特点是：业主委派项目经理并授予其领导权；项目经理有丰富的管理经验并能熟练地掌握和运用各种管理技术；承包商早期进入项目的准备工作，在设计阶段承包商就介入；业主、设计单位、承包商有能力共同改善设计和施工，以降低成本；进行快速施工以缩短工期。CM 服务公司可以提供进度控制、预算、价值分析、质量和投资优化估价，材料和劳动力估价，项目财务服务，决算跟踪等系统服务。但就本质而言，CM 是一种工程承发包方式。

4. 工程监理(quantity surveying，QS)

它是英联邦国家从事为业主提供工程项目管理的一种方式——工程监理，直译为数量估计。从事 QS 工作人员称为估计员。QS 人员在 QS 咨询事务所、政府部门、建设单位、建筑公司等处就职。QS 为业主提供的服务主要有以下几项：投资匡算的咨询；投资规划和价值分析；合同管理咨询、索赔处理；编制招标文件；评标咨询；竣工决算审核；付款审核等。

5. BOT(build—operate—transfer，BOT)

它是 20 世纪 80 年代中期首先在土耳其产生的一种投资方式，是一种基础设施建设管理的方式。有的学者把它称为一种新的项目管理方式。BOT 是“建设－经营－转让”的意思。在这种模式下，东道国政府开放本国基础设施建设和运营市场，吸收国外资金，经政府特许，将某些基础设施项目转让给项目公司(如国外公司)，由项目公司负责融资、建造、运营，通过向用户收取费用，回收投资、还贷并获得盈利。而不需要政府负责项目资金的计划和准备。项目公司在运营期间拥有对所建造项目的所有权和管理权，在运营的约定期限(也称为特许权期限)内应能保证公司偿清项目筹资本息并获得合理的收益。约定期满后，项目的所有权与管理权就由特许公司无偿转交给当地政府(如东道国政府)经营管理。

这种方式的实质是将国家的基础设施建设和经营私有化，BOT 模式实质上也是一种投

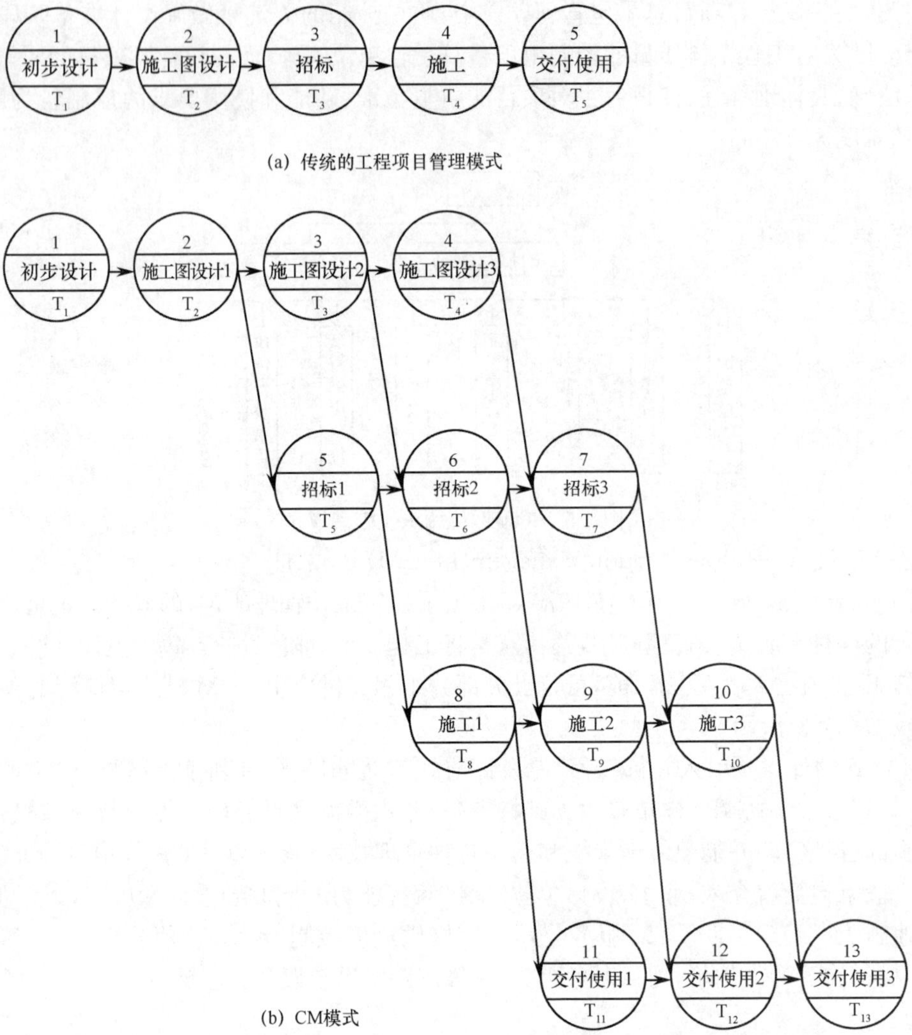


图 4-6　CM 项目模式与传统项目管理模式的比较

资、融资方式,项目建设过程中的工程管理与其他项目相比,没有实质上的不同。

BOT 模式的项目一般都是大型项目,如交通、水电站、港口、电信、供水等基础设施建设项目。

6. 设计/施工总承包模式

设计/施工总承包模式是业主将工程设计任务委托一家设计总承包单位,将工程的施工任务委托另一家施工总承包单位进行承建的方式。在这种模式中,业主直接面对两个承建单位,设计总承包单位与施工总承包单位之间的关系是平行的,各自对业主负责。总承包单位可以将其总承包任务的一部分再分包给其他承包单位,形成工程总承包与分包的关系,分包单位对总承包单位负责,与业主无直接的承发包关系,如图 4-7 所示。

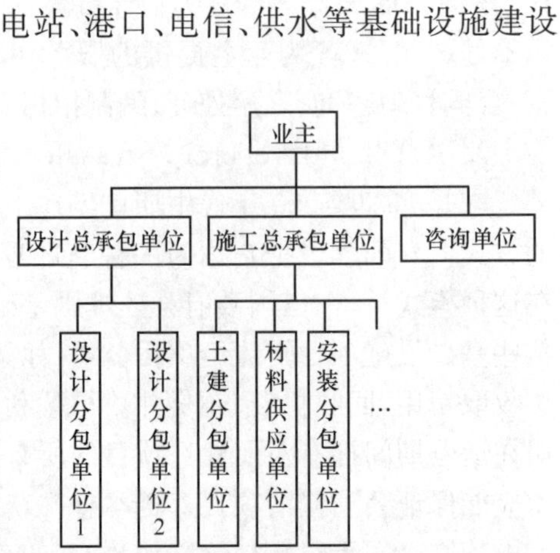


图 4-7　设计/施工总承包模式

设计/施工总承包模式可以减少业主的协调工作量，使其专注于项目的总体控制与管理，也可以充分发挥总承包单位的专业协调能力；总承包合同价格较早确定，宜于对项目在投资上进行控制，但因总承包单位承担了较大风险，总承包合同价款相对要高些，业主支付的工程款会相对增多。同时业主方对项目质量的控制受限于总承包单位，当总承包单位对质量问题进行隐瞒时，可能会对业主的质量控制不利。

7. 设计/采购/施工总承包模式(EPC)

EPC(engineering procurement construction)，是依据合同约定对建设项目的设计、采购、施工和试运行实行全过程或若干阶段的承包模式。其全称是建设工程项目管理总承包，亦可简称为项目总承包。EPC 项目一般具有投资额高、专业技术复杂、管理难度大的特点，同时，业主要求合同总价和建设工期固定。根据定义，工程总承包企业在工程建设中负责设计、采购、施工和试运行中的 2～4 项工作，因此设计(Engineering)、采购(Procurement)、施工(Construction)以及具体的设计(Design)、施工(Build)环节，交叉组合成工程总承包的不同模式。具体包括设计采购施工总承包(EPC)、设计建造工程总承包(DB)、设计采购总承包(EP)以及采购施工总承包(PC)，此外还有额外提供建设项目前期工作和运营准备工作的交钥匙工程总承包(LSTK)，如图 4-8 所示。

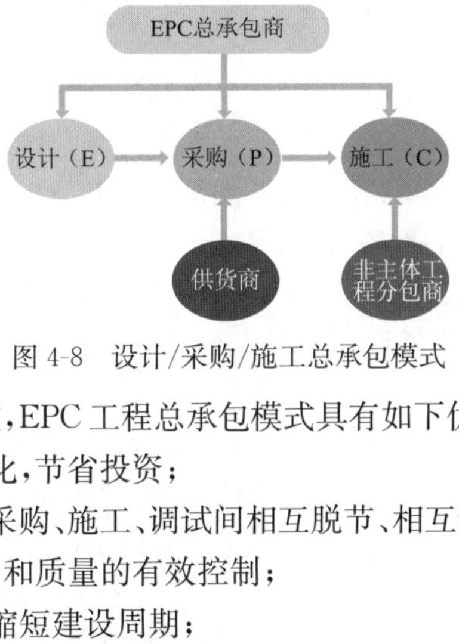


图 4-8　设计/采购/施工总承包模式

与传统的建设模式相比较，EPC 工程总承包模式具有如下优点：

(1)有利于整体方案的优化，节省投资；

(2)优化管理，避免设计、采购、施工、调试间相互脱节、相互制约的现象；

(3)项目全过程进度、费用和质量的有效控制；

(4)合理交叉、动态连续、缩短建设周期；

(5)减少业主的接口和协调工作，降低项目的建设风险；

(6)有利于国产化工作，以及相关的备品备件、售后服务等工作；

(7)业主方始终面对总承包商，使商务模式变得简单；

(8)有利于让业主将主要精力投入到资金措施及安排、市场网络规划、运营和准备上来。

EPC 工程总承包模式，对承包商的综合能力有对方要求，主要体现在以下四个方面：

(1)技术整合能力；

(2)市场资源整合；

(3)管理整合能力；

(4)风险承受能力。

可见，该模式对总承包商而言，意味着繁杂的工作和巨大的责任，对上要接受业主、监理的监督管理，对下要为众多分包商创造良好的施工作业环境，试想从工程开始到最后运行，期间该有多少意外和难题出现。

该项目管理方式正以其无法比拟的优越性已经成为国际上广为流行的工程项目管理模式。此外,还发展出了 EPC+F、F+EPC 建设模式等,“F”为融资的意思。

EPC 承包模式建设流程图如图 4-9 所示。

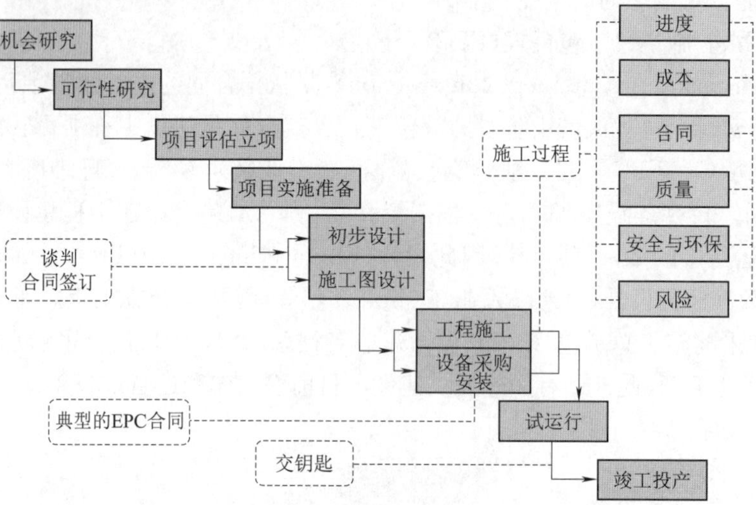


图 4-9　EPC 承包模式建设流程图

8. PPP(public-private-partnership)模式,也称为公私合作模式

它是政府和社会资本,在基础设施及公共服务领域建立的一种长期合作关系。PPP 模式起源于英国的“公共私营合作”的融资机制,是指政府和私人组织共同合作建设城市基础设施项目,或提供某种公共物品和服务,以特许权协议为基础,双方通过签署合同来使得权利和义务明确,从而形成一种合作伙伴关系,彼此能起到监督,最终达到互利共赢的效果。PPP 模式有如下一些优势。

(1)避免费用超支。私人组织参与到政府基础设施中来,意味着两者共同参与项目的建设,能彼此起到监督作用。并且 PPP 模式要当此项目完成并获得政府批准使用了,私人组织才能获得收益。PPP 模式有利于帮助提高工程建设效率和降低工程造价费,还能避免项目资金风险。

(2)减轻财政负担。PPP 模式能使得政府避免了繁重的事务,有更多的时间对基础项目的实施进行监管,不仅保障了项目的质量,还能减轻政府财政预算。

(3)互利共赢。PPP 模式能使得政府与私人组织彼此取长补短,发挥各自优势,互相弥补不足。双方能形成一个互利共赢的局面。

(4)风险分配合理。PPP 在项目初期实现风险合理分配,政府分担一部分风险。从而减少了承建商与投资商的风险,也降低了项目的融资难度。意味着 PPP 项目投资风险有政府帮助分担一点。

PPP 模式还存在着一些不足之处,尤其是对 PPP 项目风险的研究还不够。

9. 平行承发包模式

该模式是业主将工程项目分解成若干个可独立发包的子项目,分别进行招标承包,由多个承建单位分别进行建造的方式。各施工单位分别与发包方签订承包合同,独立组织施工,相互之间为平行关系。工程项目的设计也可分别签订几个设计合同,各个设计单位各自对业主负责,如图4-10所示。

采用平行承发包模式，合同乙方的数量较多，业主对合同各方的协调与组织工作量大，管理上有一定的困难，业主还必须协调好设计单位之间、施工单位之间、设计与施工单位之间以及其他各方之间出现的问题与矛盾。在这种模式中，层层分包的情况少，合同价相对较低，但项目的总合同价款要在所有合同都签订以后才能确定下来；平行承包的各单位之间可以互相监督，特别是前后搭接的施工单位之间有很好的质量监控作用，因为后一子项目的承建单位不会同意在有质量缺陷的工程上继续施工；由于工程项目合理切块分解后，设计与施工可以搭接进行，从而可以缩短整个项目的建设周期。

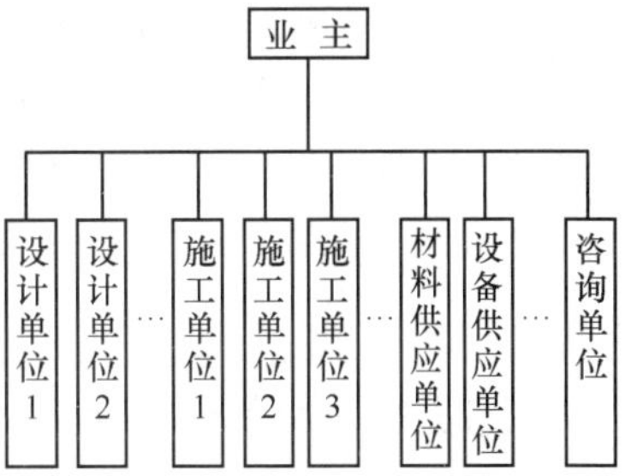

图 4-10　平行承发包模式

10. 施工联合体与施工合作体模式

(1)施工联合体

施工联合体是由多个承建单位为承包某项工程而成立的一种联合机构，通常由一家或多家施工单位发起，经过协商后确定各自投入联合体的资金份额、机械设备等固定资产数量及人员等，签署联合体章程，建立联合体组织机构，产生联合体代表，以联合体的名义与发包方签订承包合同，共同承建一个工程项目，如图 4-11 所示。这样的多个承建单位只是针对一个工程项目而联合，各单位仍是各自独立的企业，项目任务完成后即进行内部清算而解体，联合体不复存在。

在施工联合体中，各成员单位以投入的比例分享收益及承担风险，由于在资金、技术、管理等方面可以集中各自的优势，实力较强，能克服单一企业难以克服的困难，使联合体有能力承包大型工程项目，同时也可以增强抗风险的能力；在项目施工过程中，若联合体中某一成员单位破产，其他成员单位仍需负责工程的实施，业主不会因此而造成损失。

(2)施工合作体

施工合作体是由多个承建单位为承建某个工程项目而采取的合作施工的模式。当项目中所含工程类型多、数量大、有专业配套方面的需要，单一施工单位没有足够的力量、不具备承包整个工程项目的能力时，若干个施工单位希望通过组成合作伙伴，增强总体实力。但出于各自的目的和要求，或成员之间缺乏信任，不愿采用施工联合体的模式，就可能成立一个施工合作体，产生合作体的组织机构及其代表，以合作体的名义与发包方签订施工承包基本合同：主要是对施工发包方式、发包合同基本条件、施工的总体部署、协调的原则和方式等双方做出承诺。达成协议后，各承包单位则分别与发包方签订施工承包合同。在合作体的统一计划、指挥、协调下展开施工，如图 4-12 所示。

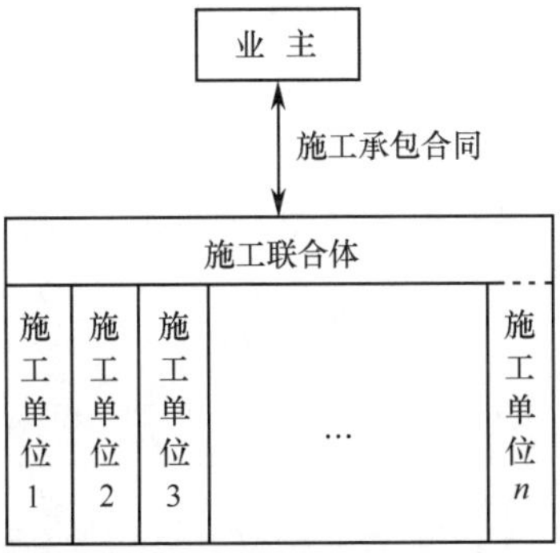

图 4-11　施工联合体模式

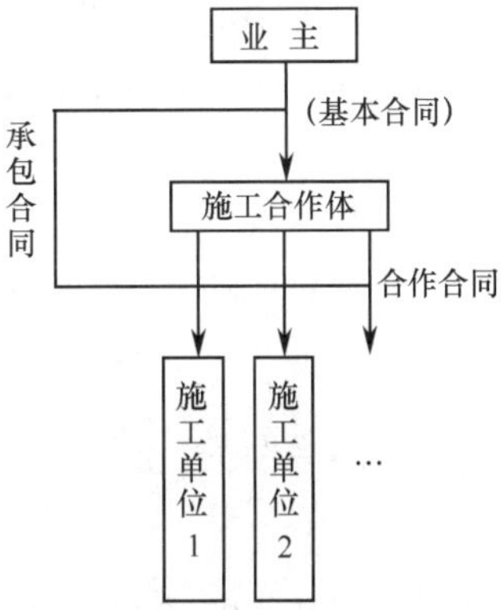

图 4-12　施工合作体模式

施工合作体模式不同于联合体的捆绑式经营方式,各个成员单位均投入与所承包施工任务相适应的包括人员、施工、机械、资金、技术等在内的完整的施工力量,各自独立完成整个工程项目中的某一部分工程任务,自主管理,独立核算,自负盈亏,自担风险。由于各成员单位是各自与发包方直接签订施工承包合同,一旦某个成员单位倒闭破产,其他成员及合作体机构不会承担相应的经济责任,这一风险由业主承担。

### (三)工程项目管理趋势

在20世纪60年代末期和70年代初期,工业发达国家开始将项目管理的理论和方法应用于建设工程领域,并于20世纪70年代中期前后在大学开设了与工程管理相关的专业。项目管理的应用首先在业主方的工程管理中,而后逐步在承包商、设计方和供货方中得到推广。在20世纪70年代中期前后兴起了项目管理咨询服务,项目管理咨询公司的主要服务对象是业主,但它也服务于承包商、设计方和供货方。国际咨询工程师协会(FIDIC)于1980年颁布了业主方与项目管理公司的项目管理合同条件(FIDIC IGRA 80 PM)。该文本明确了代表业主利益的项目管理方的地位、作用、任务和责任,在许多国家工程项目管理由专业人士——建造师担任。建造师可以在业主方、承包商、设计方和供货方从事工程项目管理工作,也可以在教育、科研和政府等部门从事与项目管理有关的工作。建造师的业务范围并不限于在项目实施阶段的工程项目管理工作,还包括项目决策的管理和项目使用阶段的设施管理工作。

项目管理作为一门学科历经50多年来的不断发展,传统的项目管理(Project Management)是该学科的第一代,其第二代是 Program Management (称为项目群管理,它由多个相互关联的项目组成的,不仅限于项目实施阶段),第三代是 Portfolio Management(尚无统一的中文术语,指的是多个项目组成的项目群的管理,这多个项目不一定有内在联系,可称为组合管理),第四代是 Change Management(指的是变更管理);这些管理技术和方法都已在工程项目管理中得到了应用。

按传统的观念,工程项目决策阶段的开发管理DM、实施阶段的项目管理PM和使用阶段的设施管理FM各自是独立的管理系统,但是,事实上它们之间存在着十分紧密的联系。如在DM中所确定的项目目标是不合理的,就会使PM难以控制其项目的实现;如在PM中没有把握好工程的质量,就会造成FM的困难。如把DM、PM和FM集成为一个管理系统,这就形成工程项目全寿命管理(lifecycle management)系统,其含义如图4-13所示。工程项目全寿命管理可避免上述DM、PM和FM相互独立的弊病,有利于工程项目的保值和增值。

在工程项目管理发展中的一个非常重要的方向是应用信息技术,它包括项目管理信息系统(PMIS——Project Management Information System)的应用和在互联网平台上进行工程管理等。

由于建设项目具有建设周期长、影响因素众多等特点,在项目实施过程中将会遇到许多风险因素,因此,为保证项目成功实施,项目相关者各方均越来越重视项目实施过程中的风险管理问题。

### (四)我国工程项目管理的发展

1. 背景

我国进行项目管理的实践活动源远流长,至今已有两千多年的历史。我国许多伟大的工程,如四川成都的都江堰水利工程、北京故宫博物院工程、万里长城工程等都是名垂史册的工

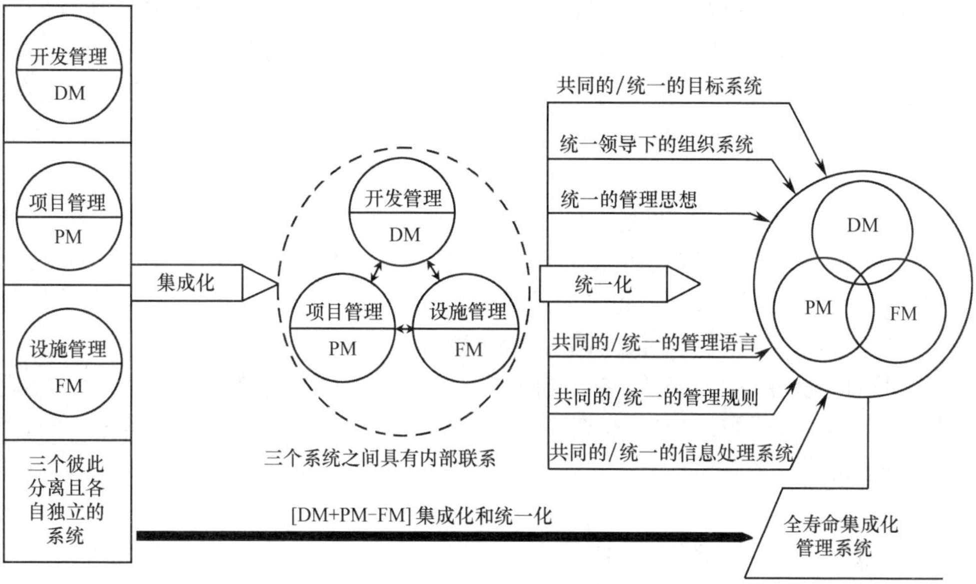


图 4-13　工程项目全寿命管理

程项目管理实践活动，其中运用了许多科学思想和组织方法。反映了我国古代工程项目管理的水平和成就。新中国成立以来，我国的建设事业得到了迅猛发展，工程项目管理实践活动数量更多、规模更大、成就更辉煌，如“一五”期间的 156 项重点工程、“二五”期间的十大国庆工程、大庆石油工程、南京长江大桥工程、长江葛洲坝水电工程、宝钢工程、三峡水利工程、溪洛渡水电站、白鹤滩水电站、港珠澳大桥、京沪高速铁路、青藏铁路等建设项目的成功实践活动，都达到了很高的项目管理水平。

然而，由于种种原因，我国长期以来大规模的工程项目管理实践活动并没有系统地上升为工程项目管理理论和科学。相反，在计划经济管理体制影响下，许多做法违背了经济规律和科学道理，如违背项目建设程序、盲目抢工而忽视了质量和节约、不按合同进行管理、施工协调的主观随意性等。所以，长时间以来，我国在工程项目管理科学理论上是一片盲区，更谈不上按工程项目管理模式组织建设了。我国传统的建筑管理体制有三大特征：

一是在产品经济的思想和建筑业没有独立产品的思想指导下，否认建筑产品是商品，把建筑业看作基本建设的附属消费部门，因而建筑产品不是独立的产品而是“基本建设产品”的构成部分。

二是建筑业的建筑施工企业缺乏独立的主体地位。建筑施工企业具有双重依附性：一方面依附于行政管理部门；另一方面又依附于基本建设部门，而基建部门并不是企业法人。

三是建筑施工企业缺乏自主活动的客观环境。由于建筑施工企业的双重依附性，无法形成建筑市场，建筑施工企业的工程任务和生产要素都要由行政管理部门和基建部门分派，不按商业原则进行交易活动，故建筑施工企业的效益不取决于自身努力，而更多地取决于环境条件，企业既无自主经营的动力，也无自负盈亏的压力。

以上三个特征派生出传统建筑管理体制的下列问题：

一是建筑施工企业无法根据施工项目的需要配置生产要素，因为施工所需的资金、物资是随工程项目投资分配给建设单位的。

二是建筑施工企业不能根据自身的经营需要选择施工项目，也不能根据施工项目的需要在部门、地区、企业间合理地调配生产要素,而是靠指令性计划。建筑施工企业所处的环境是非竞争性的、封闭性的,因此必然造成资源配置的盲目性和巨大浪费。

三是建筑施工企业既没有独立的经济主体地位,当然不会有独立的利润和经济效益指标。国家只偏重于考核建筑施工企业完成的产值,使建筑施工企业只能盲目地追求产值,而无能力按项目组织施工。

四是以固定的建制完成变化的施工任务,无法根据施工项目对不同数量、质量、品种的资源需要进行配置,造成了生产要素的浪费或短缺,造成人事上矛盾重重,工作效率低下。

五是由于没有形成建筑市场,建筑产品的价格与价值背离,造成核算不实,考核评价无据可依,平均主义分配,致使企业吃国家的大锅饭、工人吃企业的大锅饭。

六是管理体制无法、也不能适应项目建设自身的经济规律。它割裂了项目自身的规律性和系统性。因为项目的设计、施工、物资供应,分别受控于归属、立场、目标等各不相同,甚至相互矛盾的不同部门,而缺乏对项目全过程、全系统和全部目标进行高效管理、组织、协调和控制的管理保证体系。

七是项目前期决策活动存在着主观盲目的倾向,盲目投资、乱上项目、决策失控。在实施过程中忽视经济效益,设计与施工脱节,行政命令代替科学管理,致使项目拖期、质量低劣、造价超支等。

所以必须进行建设管理体制改革,按科学的理论组织项目建设。

2. 发展历程及其特点

直到20世纪70年代末、80年代初,工程项目管理理论首先从德国和日本分别引进到我国,之后其他发达国家特别是美国和世界银行的工程项目管理理论和实践经验随着文化交流和项目建设陆续传入我国,结合建筑施工企业管理体制改革和招标投标制的推行,在全国许多建筑施工企业和建设单位开展工程项目管理的试验。有关高等建筑院校也陆续开设了工程项目管理研究和教学活动。特别是1984年以工程项目为对象的招标承包制的推广和普及,使建筑业管理体制产生了以下几方面的明显变化:

第一方面是建筑施工企业的任务揽取方式发生了变化,由过去按企业固有规模、专业类别和企业组织结构状况分配任务,转变为企业通过市场竞争揽取任务,并按工程项目的状况调整组织结构和管理方式,以适应工程项目管理的需要。

第二方面是建筑施工企业的责任关系发生了明显变化,过去企业注重与上级行政主管部门的竖向关系,现在转变为更加注重对建设单位(用户)的责任关系。

第三方面是建筑施工企业的经营环境发生了明显的变化,由过去封闭于本地区、本企业的闭塞环境,转变为跨地区、跨部门、远离基地和公司本部去揽取并完成施工任务。

建筑业管理体制以上这几方面的变化表示,建筑市场已经开始形成,这为工程项目管理模式的推广提供了基础。我国工程项目管理的发展具有以下三个阶段的特点:

(1)国外工程项目管理理论和经验的引进和试验

例如,我国第一个利用世界银行贷款,并按其规定进行国际竞争性招标和项目管理的工程是鲁布格水电站引水系统工程。1982年进行国际工程招标,1984年11月正式开工,1988年7月竣工。在4年多的时间里,创造了著名的"鲁布格工程项目管理经验",它极大地促进了我国工程项目管理从理论到实践的发展。鲁布格工程项目管理的成功经验主要有以下几点:

①其核心是把竞争机制引入工程建设领域,实行铁面无私的招标投标。

②工程建设实行全过程总承包方式和项目管理。

③施工现场的管理机构和作业队伍精干灵活，真正能战斗。

④科学组织施工，讲求综合经济效益。

(2)法治化管理促进了工程项目管理的科学化

改革开放以来，我国政府在加大力度培育资金内市场、建筑市场的同时，在工程建设领域、建筑行业先后颁布实施了一系列法律、法规、管理条例，例如《招投标法》《建筑法》《建设工程质量管理条例》等，对从事工程项目管理人员实行了资质认证制、市场准入注册制等。

我国已全面推行建设项目管理的新型体制(即4个基本制度)：一是工程项目法人责任制，这是改革的龙头和核心；二是招标承包制(招标投标制)；三是项目合同管理制，第二项、第三项是实施项目建设的措施和管理手段；四是工程建设监理制，它为工程项目建设达到预期投资目的提供保证。这些都从法律的规范化角度保障了工程项目管理的科学方法、科学程序在工程建设中的运用和实施，有力地推动了我国的工程项目管理发展。

(3)不断总结经验，以典型经验推动全面发展

我国对国外工程项目管理理论从引进、吸收、试验、实践到现在，已有40多年时间，从理论应用到工程项目管理实践、理论研究和探索，都取得了很大成绩。这对于加快我国社会经济发展、不断完善和充实工程项目管理理论有重大意义。

1987年在推广鲁布格工程经验的活动中，已开始探索和研究适合于我国国情的工程项目管理理论，建设部提出了在全国推行项目法施工的理论，并开展了广泛的实践活动。项目法施工的内涵包括两个方面的含义：一是转换建筑施工企业的经营机制，二是加强工程项目管理，这也是企业经营管理方式和生产管理方式的变革，目的是建立以工程项目管理为核心的企业经营管理体制。1994年建设部建筑业司在九江召开“工程项目管理工作会议”，明确提出，要强化工程项目管理，继续推行并不断扩大工程项目管理体制改革。1997年西安项目管理工作会议推出学习优秀项目经理范玉恕先进事迹，这标志着工程项目管理在我国已进入全面推广和深化完善项目管理阶段。

2002年1月，建设部《建设工程项目管理规范》(简称《规范》)以(建标〔2002〕12号文件)颁布执行。《规范》对促进施工项目管理科学化、规范化、法治化，适应市场运行机制的需要，加快与国际惯例接轨具有重要的作用。《规范》的出台，标志着我国工程项目管理已进入一个新水平。

目前，工程项目管理已经进入历史发展新时期，面对全球经济一体化浪潮，我国建筑企业作为工程项目管理运行主体，着眼于长远发展，坚持以创新为主线，认真研讨新时期工程项目管理的发展方向、发展态势和发展措施，抢占市场竞争的制高点，迎接新的挑战。

## 第二节　工程项目管理的内容与任务

### 一、工程项目管理的类型

参加工程项目建设的各方在工程项目建设中均存在项目管理问题。设计和施工单位受业主委托承担项目设计及施工，它们有义务对工程项目进行管理。一些大中型工程项目，业主、设计单位和施工单位因缺乏项目管理的经验，也可委托项目管理咨询公司代为进行项目管理。在项目建设中，业主、设计单位和施工单位各处于不同的地位，对同一项目各自承担的任务也不同，其项目管理的任务也不相同。如在费用控制方面，业主要控制整个项目建设的投资总额，而施工单位考虑的是控制该项目的施工成本。又如在进度控制方面，业主应控制整个项目

的建设进度,而设计单位主要控制设计进度,施工单位控制所承包部分的工程施工进度。工程项目管理可分为建设项目管理、设计项目管理、工程咨询项目管理和施工项目管理,它们的管理者分别是业主单位、设计单位、咨询(监理)单位和施工单位。

### (一)建设项目管理

建设项目管理是指站在投资主体的立场对建设项目进行的综合性管理工作。它是通过一定的组织形式,采取各种措施、方法,对投资建设的一个工程项目的所有工作的系统运动过程进行计划、协调、监督、控制和总结评价,以达到保证建设项目质量、缩短工期、提高投资效益的目的。广义的建设项目管理包括投资决策的有关管理工作,狭义的建设项目管理只包括项目立项以后,对项目建设实施全过程的管理。业主也可委托咨询公司代为进行建设项目管理。

### (二)设计项目管理

设计项目管理是指由设计单位自身对参与的建设项目设计阶段的工作进行自我管理。设计单位通过设计项目管理,同样进行质量控制、进度控制、投资控制,对拟建工程的实施在技术上和经济上进行全面而详尽的安排,引进先进技术和科研成果,形成设计图纸和说明书提供实施,并在实施的过程中进行监督和验收。所以设计项目管理包括以下阶段:设计投标(或方案竞赛)、签订设计合同、设计条件准备、设计计划、设计实施阶段的目标控制、设计文件验收与归档、设计工作总结、建设实施中的设计控制与监督、竣工验收。可见,设计项目管理不仅仅局限于设计阶段,而是延伸到了施工阶段和竣工验收阶段。设计单位也可委托咨询公司代为进行部分设计项目管理。

### (三)施工项目管理

施工项目管理有以下特征:

1. 施工项目管理主体是施工企业。建设单位和设计单位都不进行施工项目管理。一般,施工企业也不委托咨询公司进行项目管理。由业主单位或监理单位进行的工程项目管理中涉及的施工阶段管理仍属建设项目管理,不能算作施工项目管理。

2. 施工项目管理的对象是施工项目。管理的周期也就是施工项目的生命期限,包括工程投标、签订工程项目承包合同、施工准备、施工、交工验收及用后服务等。施工项目管理的特殊性是生产活动与市场交易活动同时进行;先有交易活动,后有“产成品”(竣工项目);买卖双方都投入生产管理,生产活动和交易活动很难分开。所以施工项目管理是对特殊的商品、特殊的生产活动、在特殊的市场上,进行的特殊的交易活动的管理,其复杂性和艰难性都是其他生产管理不能比拟的。

3. 施工项目管理要求强化组织协调工作。由于施工项目的生产活动的单件性,对产生的问题难以补救或虽可补救但后果严重;参与项目施工人员不断在流动,需要采取特殊的流水方式,组织工作量很大;施工在露天进行,工期长,需要的资金多;施工活动涉及复杂的经济关系、技术关系、法律关系、行政关系和人际关系等,故施工项目管理中的组织协调工作最为艰难、复杂、多变,必须通过强化组织协调的办法才能保证施工顺利进行。主要强化方法是优选项目经理,建立调度机构,配备称职的调度人员,努力使调度工作科学化、信息化,建立起动态的控制体系。

可见,施工项目管理与建设项目管理在管理主体、管理任务、管理内容和管理范围方面都是不同的。

(四)咨询(监理)项目及其管理

咨询项目是由咨询单位进行中介服务的工程项目。咨询单位是中介组织，它具有相应的专业服务知识与能力，可以受业主或承包方的委托进行工程项目管理，也就是进行智力服务。通过咨询单位的智力服务，提高工程项目管理水平，并作为政府、市场和企业之间的连接纽带。在市场经济体制中，由咨询单位进行工程项目管理已经形成了一种国际惯例。

## 二、工程项目管理的基本内容

广义的工程项目管理的内容是指工程项目生命期内的所有活动的管理问题。工程项目建设的前期决策阶段的管理主要有：投资意向的确定、项目立项、预可行性研究及决策、可行性研究及决策。实施阶段的管理主要包括：设计管理、工程招投标管理、施工控制及管理、工程交竣工管理、缺陷责任期的管理。使用期的管理有：营运中的维护管理、项目后评估等。对于铁路建设项目，按照项目实施过程划分，其项目管理主要包括如下内容：

1. 项目决策管理

包括项目、预可行性研究、可行性研究(论证、评估)、方案等前期管理。

2. 项目计划管理

主要是实施过程中的计划管理。

3. 项目招标和合同管理

包括国际招标及 FIDIC 合同条款。

4. 资金、物资、财务管理

包括利用外资、合资项目。

5. 工程质量管理

包括质量评优活动及质量事故调查。

6. 工期管理

包括施工组织、开竣工及初验工作。

7. 造价管理

包括采用定额、取费、概预算、索赔。

8. 征地、拆迁及协作配套管理

9. 工程档案及项目建设安全管理

10. 工程验交、转为固定资产及保修管理

狭义工程项目管理的内容指工程项目实施阶段的管理，主要包括设计管理、施工管理。参与以上过程管理的有业主、施工企业、工程咨询单位、原材料及设备供应商等各个方面。本书考虑到工程项目管理理论教学需要，在尽量保持工程项目管理学科内容完整性的基础上，着重结合建筑工程项目施工阶段管理的内容，从业主、监理工程师、承包商等参与工程建设各方的角度介绍工程项目管理的内容。

## 三、工程项目管理的任务

工程项目管理的任务可以概括为最优地实现项目的质量、投资/成本、工期三大目标。也就是有效地利用有限的资源，用尽可能少的费用、尽可能快的速度和优良的工程质量建成工程

项目,使其实现预定的功能。工程项目建设不同阶段具有不同的阶段目标。阶段性目标服从和受控于项目总目标,并影响总目标的实现。工程项目管理者的任务就是在一定的约束条件下,有效地组织人力、物力、财力去实现阶段目标,进而保证总目标的实现。工程项目管理的任务,主要有以下 6 个方面:

1. 组织工作

包括建立工程项目管理组织机构,制定工作制度,明确各方面的关系,选择设计施工单位,组织图纸、材料和劳务供应等。

2. 合同工作

包括签订工程项目总承包合同、委托设计合同、施工总承包合同与专业分包合同,以及合同文件的准备、合同谈判、修改、签订和合同执行过程中的管理等工作。

3. 进度控制

包括设计、施工进度、材料设备供应以及满足各种需要的进度计划的编制和检查,施工方案的制定与实施,以及设计、施工、总分包各方面计划的协调,经常性地对计划进度与实际进度进行比较,并及时地调整计划等。

4. 质量控制

包括提出各项工作质量要求,对设计质量、施工质量、材料和设备的质量监督、验收工作,以及处理质量问题等。

5. 费用控制及财务管理

包括编制概预算、费用计划,确定设计费用和工程价款,对成本进行预测预控,进行成本核算,处理索赔事项和做出工程决算等。

6. 信息管理

明确参与项目的各单位以及本单位内部的信息流,互相间信息传递的形式、时间和内容;确定信息收集和处理的方法、手段。

工程项目管理的核心是控制、工程项目管理组织的建立、合同管理和信息管理的实施,都是为了进行有效的控制,确保工程项目目标的实现,即质量好、工期短、投资少。

以上 6 个方面的工作任务,其管理过程由四个基本环节组成。这四个环节就是管理职能的具体化,即:(1)确定目标。管理者首先要在规定的总目标下,确定某一方面的目标和这方面工作的各个阶段的目标。如质量目标,要先确定工程质量的总目标,然后确定不同阶段的质量目标,如投资决策阶段、设计阶段、施工阶段、竣工验收阶段等目标。(2)制定方案和措施。明确目标之后,就要提出达到目标的多种方案,并对各种方案进行评审,分析其长处和短处,然后确定实现目标的最佳方案,在此基础上提出具体措施。(3)实施方案。将选定的方案付诸实施。(4)跟踪检查。就是检查决策方案的执行情况。如果未被执行或执行的效果不理想,则应查明干扰因素来自何处,如果问题明确,则又回到确定目标上去,开始新的一轮循环。

### 四、工程项目管理与建筑企业管理

工程项目管理与建筑企业管理同属于管理活动的范畴,但两者有着明显的区别。

1. 管理对象不同

工程项目管理的对象是一个具体的工程项目——一次性活动;而建筑企业管理活动的对象是建筑企业,即一个持续稳定的经济实体。工程项目管理的对象是工程项目发展周期的全过程,需要按项目管理的科学方法进行组织管理;建筑企业管理对象是建筑企业综合的生产经营业务，需要按建筑企业的特点及其经济活动的规律进行管理。

2. 管理目标不同

工程项目管理是以具体项目的目标为管理目标，一般是一种以效益为中心，以项目成果和项目约束实现为基础的目标体系，项目的目标是临时的、短期的；而建筑企业的目标是以持续稳定的利润为目标，建筑企业的目标是长远的、稳定的。

3. 运行规律不同

工程项目管理是一项一次性多变的活动，其管理的规律性是以工程项目发展周期和项目内在规律为基础的；而建筑企业管理是一种稳定持续活动，其管理的规律性是以现代企业制度和建筑企业经济活动内在规律为基础的。

4. 管理内容不同

工程项目管理活动局限于一个具体项目从设想、决策、实施、总结后评价的全过程，主要包括工程项目立项、论证决策、规划设计、采购施工、总结评价等活动，这是一种任务型的管理；建筑企业管理则是一种职能管理和作用管理的综合，本质上是一种实体型管理，主要包括：建筑企业综合性管理、专业性管理和作业性管理。

5. 实施主体不同

工程项目管理实施的主体是多方面的，包括业主、业主委托的咨询公司、承包商等；而建筑企业管理实施的主体仅是建筑企业自身。

## 第三节 工程项目风险管理

风险管理作为一门独立的学科，产生于20世纪50年代，其在建设项目管理中的应用则开始于20世纪80年代。美国项目管理协会(Project Management Institute，PMI)编写的项目常理知识体系指南(A Guide to the Project Management Body of Knowledge，简称为PMBOK)中指出，风险管理是项目管理九大知识体系之一。

### 一、风险与风险管理基本理论

#### (一)风险(risk)的含义与特性

风险指的是损失的不确定性，建设项目的风险是指可能出现的影响项目目标实现的不确定因素。

1. 风险的内涵

对风险内涵的理解主要包括以下三个方面。

(1)风险与不确定性。不确定性是某一事件的预期结果与实际结果间的变动，由于不确定因素的影响，对于一个特定的事件或活动，人们不能确知最终会产生什么样的结果或者能够事先辨识各种可能结果，并且难以确定或估计它们发生的概率，这就是不确定性。风险是有条件的不确定性，只是不确定未来是何种状态，而对每种状态发生的概率以及每种状态的后果是知道的，或者是可以估计的。

(2)风险与损失。不确定性的结果是多样的。风险是一种必然会导致不良后果的不确定性，即损失的不确定性；不会产生不良后果的不确定性一般不称为风险。

(3)风险的可度量性。不确定性的可能结果是多样的，难以度量，而风险是可以度量的。

个别的风险事件是很难预测的,但可以对其发生的概率进行分析,并可以评价其发生的影响,同时利用分析预测的结果为人们的决策服务,预防风险事件的发生,减少风险发生造成的损失。风险的预测性是风险管理学科建立和发展的基础。

2. 风险的特性

风险具有以下特性:

(1)客观性。风险的存在是不以人的意志为转移的,无论人们是否认识到风险的存在,决定风险的因素是客观存在的,一旦条件成熟,风险事件就会发生。

(2)随机性。风险是客观存在的,但风险事件的发生是随机的、偶然的。从总体上说,风险事件的发生是必然的,带有普遍性,但具体风险事件的发生带有偶然性。

(3)相对性。不同主体对风险的承受能力是不一样的,风险承受能力受主体的地位和所拥有的资源等因素的影响。如业主方和保险公司对工程风险的承受能力是不一样的,保险公司甚至可以从风险管理中获利。

(4)可变性。风险的性质和后果随着活动或事件的发展而变化,一是风险性质的变化,随着时间的进程,某些风险事件或因素可能不再成为风险;二是随着人们对风险的认识、预测和防范水平的提高,风险量会降低;三是随着管理水平的提高、技术的进步以及采取风险管理措施,原有的风险因素将会发生变化,某些风险因素可能会消除,也可能会导致新的风险因素产生。

### (二)风险管理(risk management)的概念

风险管理是为了达到一个组织的既定目标,而对组织所承担的各种风险进行管理的系统过程,即一个组织通过风险识别、风险分析和风险评估去认识风险,并在此基础上合理地使用回避、抑制、自留或转移等方法和技术对活动或事件所涉及的风险实行有效的控制,妥善地处理风险事件造成的后果,以合理的成本保证实现预定的目标。

### (三)风险管理的程序(risk management process)

风险管理是一个连续不断的过程。建设项目风险管理可以面向建设全过程,也可以面向某个阶段或某项任务,如施工阶段的投资机制。风险管理一般包括以下几个步骤:

1. 风险识别(risk identification)。对影响建设项目的各种因素进行分析,确定项目存在的风险。

2. 风险分析与评估(risk analysis and assessment)。对存在的单个风险进行量化分析,估算风险事件的损失程度和发生的概率,确认风险出现的时间和影响范围,衡量其风险量,在此基础上形成风险清单;结合考虑各种风险对项目目标的影响,确定不同风险的严重程度顺序,确定风险应对措施及各种措施的成本,论证风险成本效益。

3. 风险应对策略开发(risk response and development)。制定风险管理方案,采取措施避免风险的发生或减少风险造成的损失,即降低风险量。

4. 风险应对的控制(risk response control)。在项目实施过程中,评估风险应对工作的效果,及时发现和评估新的风险,监视残留风险的变化情况,在此基础上对风险管理方案进行调整。

## 二、建设项目的风险与风险管理

### （一）建设项目的风险因素

建设项目由于具有建设周期较长这一客观特性，将遇到较多的风险因素，加上自身及所处环境的复杂性，使人们很难全面、系统地识别其风险因素。因此，要从以系统全面地完成建设项目的角度，对可能影响项目的风险因素进行识别。

1. 政治风险

政治风险是指由于国家政局和政策变化、罢工、国际局势变化、战争、动乱等因素引起社会动荡而造成财产损失以及人员伤亡的风险。政治因素是一种非常重要的风险源，在国际领域中，政治环境就更加复杂。可以说无论建设项目的建设地点在什么地方，无论是项目参与各方的哪一方，都需要承担政治风险。政治风险包括宏观和微观方面，宏观政治风险是指在一个国家内对所有经营者都存在的风险。一旦发生这类风险，大家都可能受到影响，如全局性的政治事件。出现这类风险，该国的所有企业均受影响，无一例外。而微观政治风险则仅是局部受影响，一部分人受益而另一部分人受害，或仅有一部分行业受害而其他行业不受影响的风险。

2. 经济风险

经济风险是指人们在从事经济活动中，由于经营管理不善、市场预测失误、贸易条件变化、价格波动、供求关系转变、通货膨胀、汇率或利率变动等原因所导致的经济损失的风险，是一个国家在经济实力、经济形势及解决经济问题的能力等方向潜在的不确定因素构成的经济领域的可能后果。

3. 工程风险

这是指工程在设计、施工及移交运营的各个阶段可能遭受的、影响项目系统目标实现的风险。工程项目实施涉及业主、设计单位、施工单位、咨询单位等，工程风险中的这些风险对所有参与各方来说是共有的。而有些风险对某一方是风险，而对另一方可能就不是风险。

值得指出的是，前面所述的政治风险、经济风险以及社会风险均带有普遍性，在任何一个国家，只要发生这类风险，各行各业都会受到影响。而工程风险则不然，它仅涉及工程项目，其风险的主体只限于项目参与各方，其他行业并不受其影响。

造成工程风险的主要原因有：

(1)自然风险。它是指由于自然的影响而造成的风险。一般包括三个方面的风险：

①恶劣的天气情况，如严寒、台风、暴雨等会对工程建设产生影响；

②未曾预料到的工程水文地质条件，如洪水、地震、泥石流等；

③未曾预料到的一些不利地理条件等。

(2)决策风险。这主要是指在投资决策、总体方案确定、设计或施工单位的选择等方面，若决策出现偏差，将会对工程产生决定性的影响。

(3)组织与管理风险。这是由于项目相关各方关系不协调以及其他不确定性而引起的风险。由于项目相关各方参与项目的动机目标不一致将会影响合作者之间的关系，影响项目进展和项目目标的实现。组织风险还包括项目内部不同部门对项目的理解、态度和行动不一致而产生的风险，以及项目内部对不同工程目标的组织安排欠妥、缺乏对项目优先排序、不同项目目标之间发生冲突而造成工程损失的风险。

管理风险是指由于项目管理人员管理能力不强、经验不足、合同条款不清楚、不按照合同履约、工人素质低下、劳动积极性低、管理机构不能充分发挥作用等造成的影响。

(4)技术风险。这是指在项目实施过程中遇到各种技术问题(如地基条件复杂,资源供应条件关系发生变化,项目施工技术专业化程度高、难度高等)所要承担的风险。

一般表现在方案选择、工程设计及施工过程中由于技术标准的选样、计算模型的选择、安全系数的确定等方面出现偏差而形成的风险。

(5)责任风险。在建设项目的整个开发过程中,所有项目参与主体的行为是基于合同当事人的责任、权利和义务的法律行为,任何一方都需要向合同对方承担相应的责任;同时,建设项目涉及社会大众的利益,项目各参与方还对社会负有义务。行为责任风险是指由于项目管理人员的过失、疏忽、侥幸、恶意等不当行为造成财产损失人员伤亡的风险。

## (二)建设项目风险管理的目标

风险管理是一项目的性很强的工作,没有目标,风险管理就无从开展,只有确定目标,才能确定风险管理的方向,并对风险管理的效果做出评价。

风险管理的目标和企业目标一样,具有多样性,总的来说,风险管理的两个主要目标是减缓风险和使风险管理的成本最小化。

对于建设项目来说,参与项目实施活动的不同主体均存在不同程度的风险,均需要进行风险管理,图 4-14 和表 4-1 为建设项目的风险因素和风险承担主体。毫无疑问,项目风险对项目的实施是一个威胁,风险管理是工程项目管理的重要内容。

要真正做好项目的风险管理,必须确定具体的目标,制订具体的指导原则、规定风险管理的责任范围。

建设项目决策、实施和运营的不同阶段,项目风险管理的处境及所追求的目标不一样,面临风险因素不同,风险管理的重点和方法也会有所不同。由于不同阶段风险管理的目标不一致,因此,对于建设项目来说,风险管理的目标并不是单一不变的,而应该是一个有机的目标系统。在总的风险控制的目标,不同阶段需要有不同阶段的风险管理目标。当然,风险管理目标必须与项目管理的总目标一致,包括项目的盈利、形象、信誉及影响等;同时,风险管理的目标必须与项目的环境因素和项目的特有属性相一致,包括最终用户、项目投资决策人的需要和期望等。

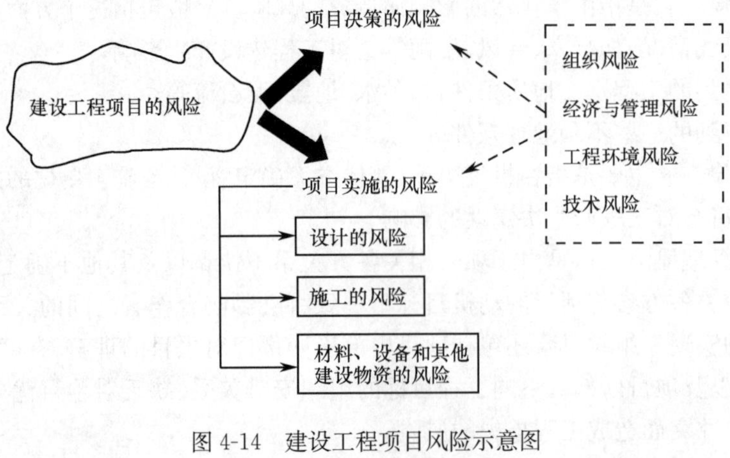


图 4-14　建设工程项目风险示意图

表 4-1　建设项目的风险因素和风险承担主体

| 风险类别 | 风险因素 | 风险承担主体 |
| --- | --- | --- |
| 政治风险 | 政府政策、民众意见和意识形态的变化、宗教、法律、战争、恐怖活动、暴乱 | 开发商、承包商、供货商、设计单位、监理单位 |
| 环境风险 | 环境污染、许可权、民众意见、国内/社团政策、环境法规或社会习惯 | 开发商、承包商、监理单位 |
| 计划风险 | 许可要求、政策和惯例、土地使用、社会经济影响、民众意见 | 开发商 |
| 市场风险 | 需求、竞争、经营观念落后、顾客满意程度 | 开发商、承包商、设计单位、监理单位 |
| 经济风险 | 财政政策、税制、物价上涨、利率、汇率 | 开发商、承包商 |
| 融资风险 | 破产、利润、保险、风险分担 | 开发商、承包商、供货商 |
| 自然风险 | 不可预见的地质条件、气候、地震、火灾或爆炸、考古发现 | 开发商、承包商 |
| 项目风险 | 采购策略、规范标准、组织能力、施工经验、计划和质量控制、施工程序、劳力和资源、交流和文化 | 开发商、承包商 |
| 技术风险 | 设计充分、操作效率、安全性 | 开发商、承包商 |
| 人为风险 | 错误、无能力、疏忽、交流能力、文化、缺乏安全、故意破坏、盗窃、欺骗、腐败 | 开发商、承包商、设计单位、监理单位 |
| 安全风险 | 规章、危险物质、冲突、倒塌、洪水、火灾或爆炸 | 开发商、承包商 |

### （三）建设项目风险管理的组织

这主要指为实现风险管理目标而建立的组织结构，没有一个健全、合理和稳定的组织结构，项目风险管理活动就不能有效地进行。

风险管理要求团队的智慧以及建设与运营专家的经验，并且不能由一个人来独立决策。要整合一个合适的团队来管理风险，需要在经过充分思考的基础上进行慎重的行动。项目风险的管理组织具体如何设立、采取何种方式、需要多大规模，取决于多种因素，其中决定性因素是项目风险的特点。

项目风险存在于项目所有阶段和方面，因此项目风险管理职能必然分散于项目管理的所有方面，管理团队的所有成员都负有一定的风险管理责任。但是，如果因此而无专人专职对项目风险管理负起责任，项目风险管理就要落空。

### （四）建设项目风险控制的方法

通常情况下，对风险的应对，一是采取措施防患于未然，尽可能地消除或减轻风险，将风险的发生控制在一定的程度下；二是通过适当的风险转移安排，减轻风险事件发生后对项目目标的影响。建设项目风险控制的方法主要包括以下四种。

1. 风险回避

通过风险分析与评估，取消风险量很大并且没有有效措施降低风险量的事件，以避免风险的出现。如放弃一些先进但不成熟的、技术难度大、风险高的工艺。风险回避是一种有效的、普遍采用的方法,但是当回避一项风险时,也失去了潜在的获得效益的机会,还会在很多时候阻碍技术的创新和发展。风险管理者必须综合考虑风险成本和效益。

2. 风险抑制

通过采取措施,降低风险事件发生的概率,减少风险事件造成的损失。风险减轻的方法不能完全消除风险,会存在残余的风险,对风险量大、风险无法回避和转移的事件,通常采用风险抑制。风险管理者要考虑所采取措施的成本。

3. 风险自留

自己承担风险造成的全部损失或部分损失。对风险量小且不便于采取其他控制方式的风险,或者自己不得不承担的风险(如残余风险等),采取风险自留。但必须对风险做出比较准确的评估,使自身具有相应的承担能力;同时应制定风险应急计划,包括应对费用和应急措施等。

4. 风险转移

通过某种方式,将某些风险的后果连同应对风险的权力和责任转移给他人。自己不再直接面对风险;风险量大的事件,自己又不具备承担能力,通常采用这种方式。建设项目风险转移的方式包括工程保险、担保和合同条件约定等。

通过工程保险,将建设项目可能会遇到的某些类型的风险转移,由保险公司承担。并不是建设项目的任何风险都可以通过保险来转移。能够保险的风险,通常称为可保风险。可保风险一般说来具备以下特点:风险是偶然的、意外的,往往损失巨大而且损失是可以较准确地计量的。

通过担保,将建设项目风险转移给担保公司或银行,在建设项目招投标和合同管理中经常应用担保,如业主方对工程或材料设备招标过程中,要求投标人提供投标担保或投标保证金;投标人中标后,在签订合同时要求投标人提供履约保函件;在签订合同时,要求招标人提供付款担保等。

合理地制定合同条件,可以达到风险转移的目的。如针对不同工程项目,采取不同的合同计价方式,包括固定总价合同、单价合同或成本加酬金合同等;在合同中约定业主方指定分包的工程,约定对施工单位自行分包的限制与审查等。

## 第四节　工程项目管理的组织

### 一、建设项目的项目结构分解

项目结构图(即 project diagram,或称 WBS——work breakdown structure)是一个重要的组织工具,它通过树状图的方式对一个项目的结构进行逐层分解,如图 4-15 所示,用以反映组成该项目的所有工作任务(该项目的组成部分)。

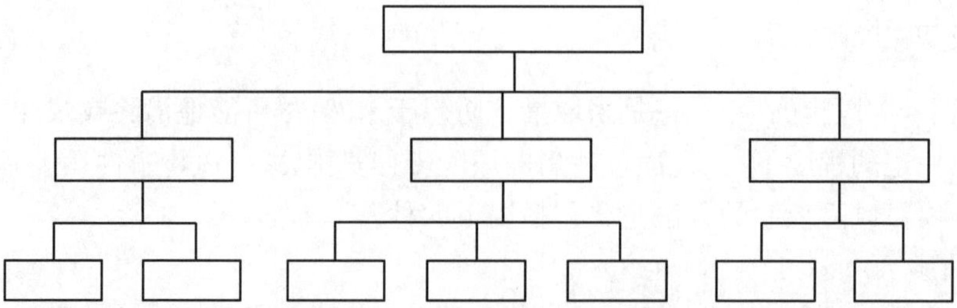

图 4-15　项目结构框架示意图

一些居住建筑开发项目，可根据建设的时间对项目的结构进行逐层分解，如第一期工程、第二期工程和第三期工程等。而一些工业建设项目往往按其子系统的构成对项目的结构进行逐层分解。

同一个建设项目可有不同的项目结构的分解方法，项目结构的分解应和整个工程实施的部署相结合，并和将采用的合同结构相结合。如地铁工程主要有两种不同的合同分解方式，其对应的项目结构也不同。

1. 地铁车站（一个或多个）和区间隧道（一段或多段）分别发包（图 4-16 和图 4-17）。

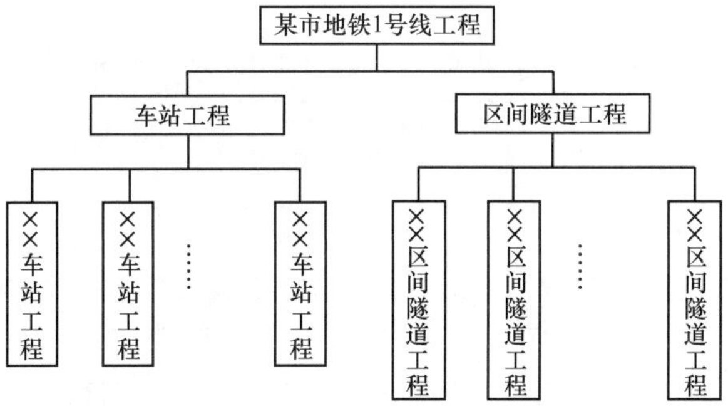


图 4-16　某地铁车站和区间分别发包相应的项目结构分解图

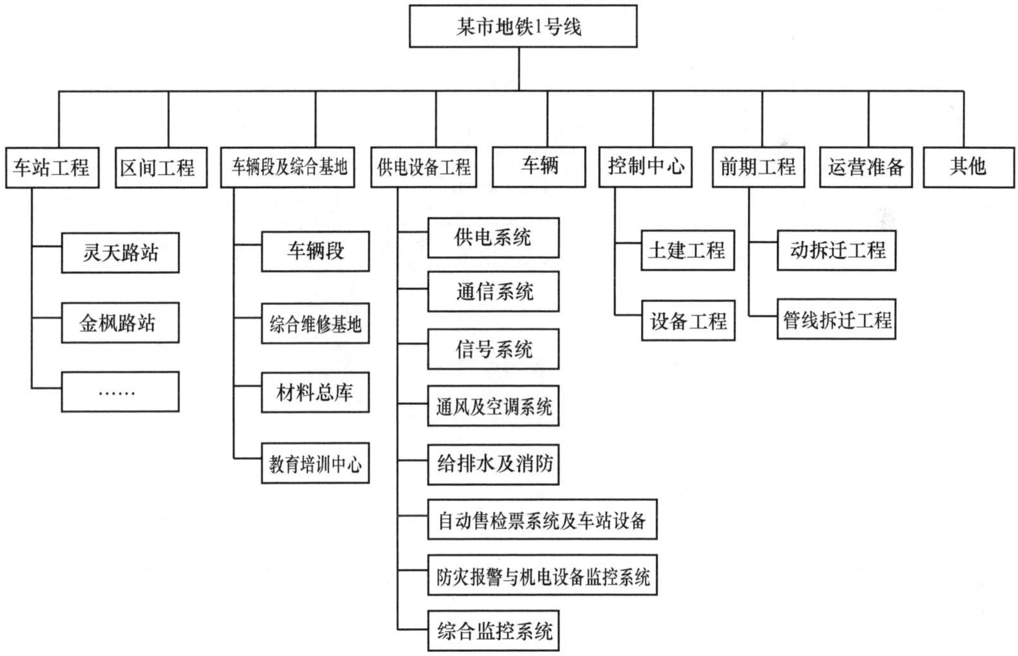


图 4-17　某地铁工程的项目结构分解方案一

2. 一个地铁车站和一段区间隧道，或几个地铁车站和几段区间隧道作为一个标段发包（图 4-18 和图 4-19）。

由于图 4-15 和图 4-16 所示的项目结构在施工时交界面较多，不便组织与管理，因此国际上较多的地铁工程则采用图 4-18 和图 4-19 的方式进行项目结构分解。

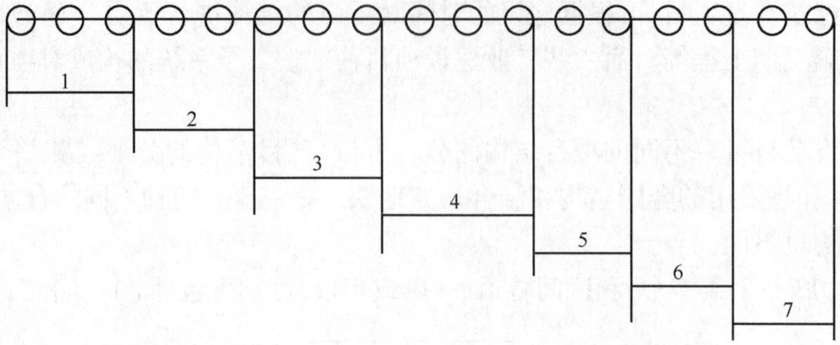


图 4-18　某地铁一个车站和一段区间隧道或几个车站和几段区间隧道作为一个标段发包图

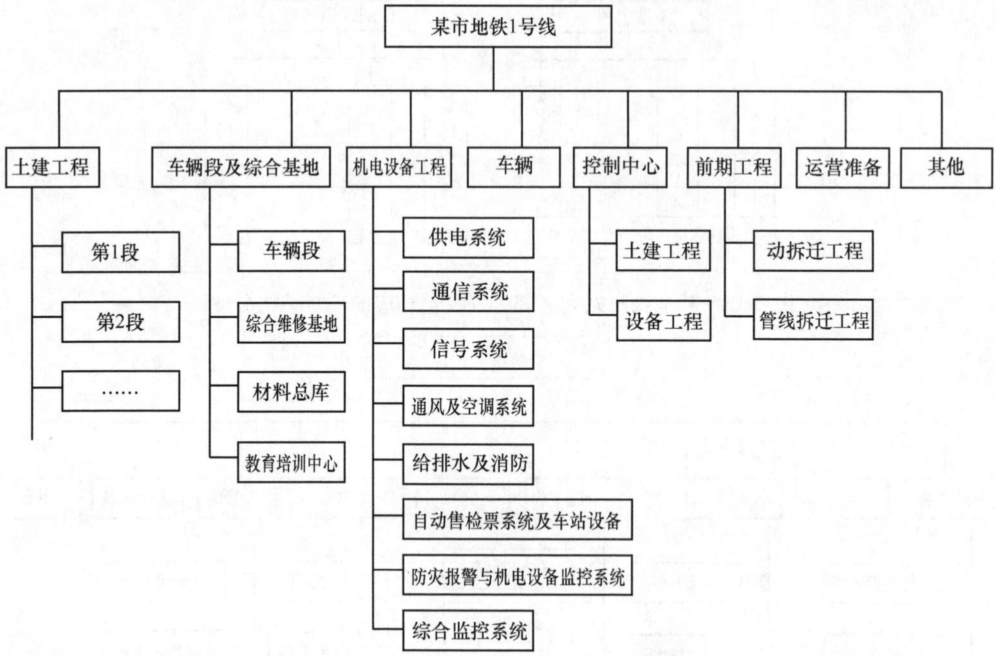


图 4-19　某地铁工程的项目结构分解方案二

综上所述,项目结构分解并没有统一的规范和模式,但应结合项目特点并参考以下原则进行:

(1)考虑项目进展的总体部署;

(2)考虑项目的组成;

(3)有利于项目实施任务(设计、施工和物资采购)的发包和有利于项目实施任务,并结合合同结构;

(4)有利于项目目标控制;

(5)结合项目管理的组织结构等。

以上所列举的都是群体工程的项目结构分解,单体工程如有必要(如投资、进度和质量控制的需要)也应进行项目结构分解,如一栋高层办公大楼可以分解为:

(1)地下工程;

(2)裙房结构工程;

(3)高层主体结构工程;

(4)建筑装饰工程；

(5)幕墙工程；

(6)建筑设备工程(不包括弱电工程)；

(7)弱电工程；

(8)室外总体工程等。

某市大型国际机场工程项目，需要结合所选定的方案进行总进度目标论证。为进行总进度目标论证，首先进行项目结构分解(图 4-20)。然后根据项目结构分解的结果，编制总进度纲要。该机场总投资约 200 亿元，是一个超大型的公共建筑，总进度纲要不可能用一个进度计划表示，而它是一个进度计划系统，它由若干个相互有关联的进度计划组成，如图 4-21 所示。

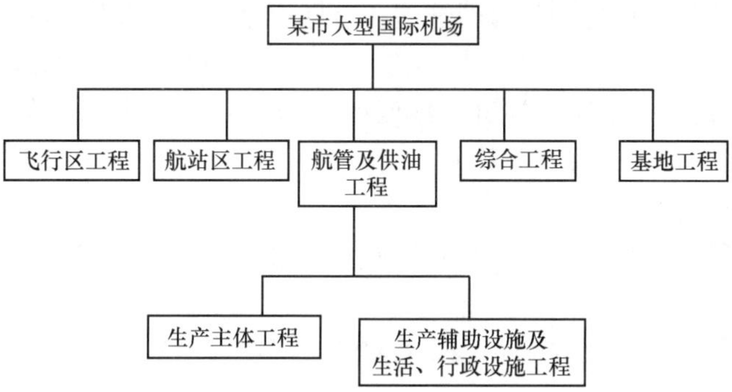


图 4-20　某大型国际机场工程的项目结构示意图

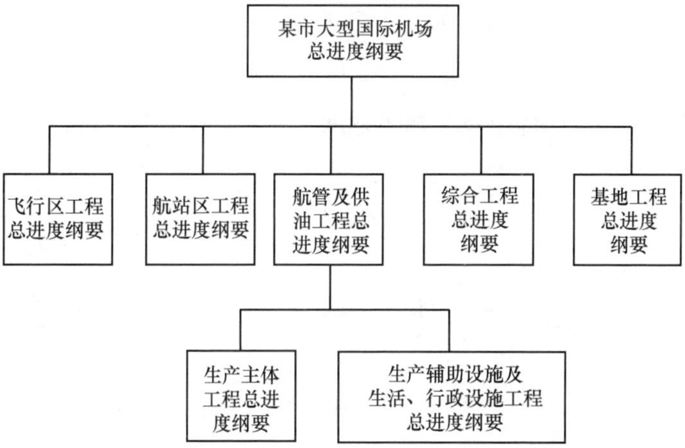


图 4-21　某大型国际机场工程总进度纲要示意图

## 二、建设项目项目结构的编码

编码由一系列符号(如文字)和数字组成，编码工作是信息处理的一项基础工作，一个建设工程项目有不同类型和不同用途的信息，为了有组织地存储信息、方便信息的检索和信息的加工整理。必须对项目的信息进行编码，如：

1. 项目的结构编码；
2. 项目管理组织结构编码；
3. 项目的政府主管部门和各参与单位编码(组织编码)；
4. 项目实施的工作项编码(项目实施的工作过程的编码)；

5. 项目的投资项编码(业主方)/成本项编码(施工方);

6. 项目的进度项(进度计划的工作项)编码;

7. 项目进展报告和各类报表编码;

8. 合同编码;

9. 函件编码;

10. 工程档案编码等。

以上这些编码是因不同的用途而编制的,如:投资项编码(业主方)/成本项编码(施工方)服务于投资控制工作/成本控制工作;进度项编码服务于进度控制工作等。

项目的结构编码依据项目结构图,对项目结构的每一层的每一个组成部分进行编码,它和用于投资控制、进度控制、质量控制、合同管理和信息管理的编码有紧密的有机联系,但它们之间又有区别。

项目结构图及其编码是编制上述其他编码的基础。图 4-22 所示的某国际会展中心进度计划的一个工作项的综合编码有 5 个部分。其中有 4 个字符是项目结构编码。一个工作项的综合编码由 13 个字符构成:

(1)计划平面编码 1 个字符,如 A 表示总进度计划平面的工作,A2 表示第 2 进度计划平面的工作等;

(2)工作类别编码 1 个字符,如 B1 表示设计工作、B2 表示施工工作等;

(3)项目结构编码 4 个字符;

(4)工作项编码(Activity)4 个字符;

(5)项目参与单位编码 3 个字符,如 001 表示甲设计单位,002 表示乙设计单位,009 表示丁施工单位等。

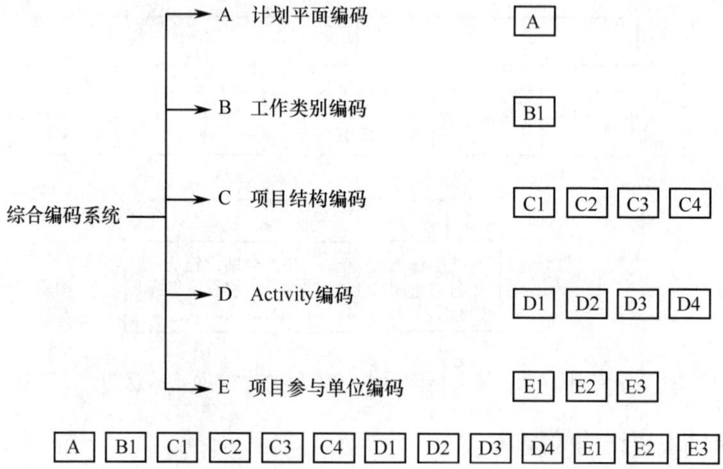


图 4-22 某国际会展中心进度计划的工作项编码示意图
(图中 Activity 编码即工作项编码)

## 三、工程项目管理的组织机构

### (一)工程项目管理的组织形式

建设项目管理组织是指业主(或项目管理单位)及其相应的管理组织体系。建设项目立项后，应根据项目的性质、投资来源、建设规模大小、工程复杂程度等条件，建立相应的项目管理组织，其作用是对项目的建设进度、质量、资金使用等实施控制与管理。

建设工程项目的组织形式，即为管理工程项目的组织建制。国内外常见的工程项目管理的组织形式有以下几种：

1. 业主自管方式

即业主自己设置基建机构（筹建处）负责支配建设资金、办理一切前期手续、委托设计、监理、采购设备、招标施工、验收工程等全部工作；有的还自行组织设计、施工队伍，直接进行设计和施工（自营方式）。

这是我国计划经济中多年惯用的方式，在计划经济体制下，基本建设任务由国家统一安排、资金统一下拨、物资统一分配。业主与设计、施工单位及物资设备供应单位关系如图 4-23 所示。

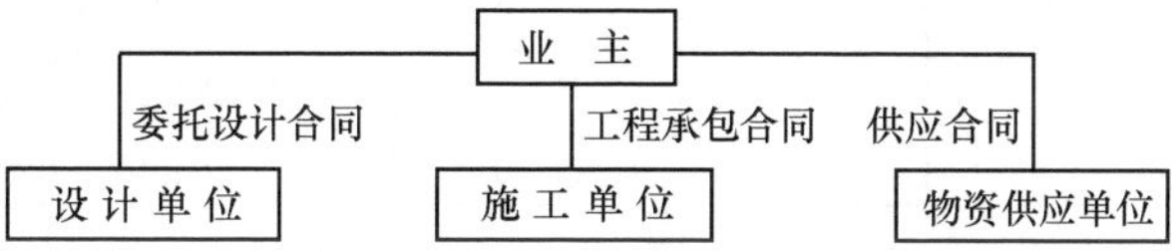


图 4-23　建设各方关系示意

这种管理体制是业主和承包商的管理体制。这种业主的筹建机构并非专业化、社会化的管理机构，其人员都是临时从四面八方调集来的，多数没有管理工程建设的经验，而当他们有了一些管理经验之后，又随着工程的竣工而停止工程管理工作，改为从事其他工作。如此，其后的其他工程项目建设又在很低的管理水平上重复，使得我国建设水平和投资效益永远难以提高。

2. 工程指挥部形式

我国新中国成立后的几十年里，一些大型工程项目和重点工程项目的管理多采用这种方式。这种建设指挥部是由专业部门和地方高级行政领导人兼任正副指挥长，用行政手段组织指挥工程建设，由所属的设计和施工队伍承担工程项目的设计与施工。指挥部的组成如图 4-24 所示。

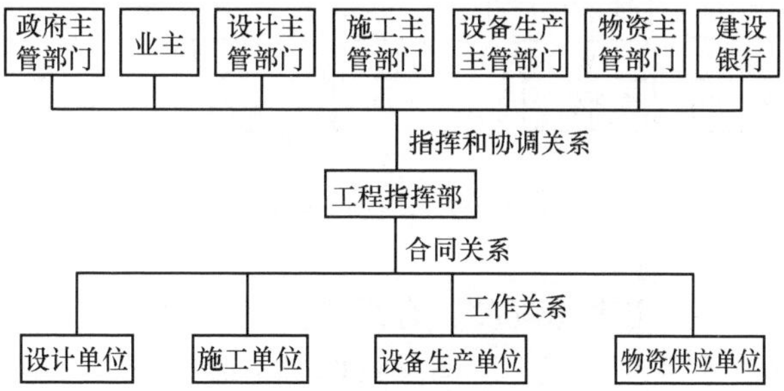


图 4-24　工程指挥部管理方式

这种工程指挥部对工程项目建设不承担经济责任，业主在指挥部中处于次要地位，也无明确的经济责任。设计和施工单位与建设指挥部的关系多是属于行政隶属关系，无严格的承包合同，不承担履行合同的责任。这是当时历史条件下的产物。

3. 项目建设总承包责任制

项目建设总承包责任制也称一揽子承包方式，即业主仅提出工程项目的使用要求，而将勘察设计、设备选购、工程施工、材料供应、试车验收等工作委托一家承包公司去做,竣工后接过钥匙即可启用。承担这种任务的承包企业有的是科研—设计—施工一体化公司,有的是设计、施工、物资供应和设备制造厂家以及咨询公司等组成的联合集团。我国把这种管理形式称为“全过程承包”或工程项目总承包。这种总承包责任制的管理组织形式如图 4-25 所示。

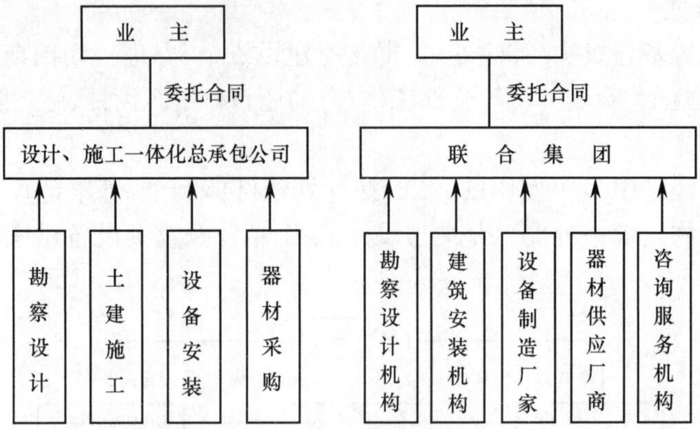


图 4-25　总承包责任制方式

4. 工程托管(代建方式)

业主将整个工程项目的全部工作,包括预可行性研究、可行性研究、场地准备、规划、勘察设计、材料供应、设备采购、施工监理及工程验收等全部任务,都委托给工程项目管理专业公司(工程承发包公司或项目管理咨询公司)去做,工程承发包公司或咨询公司派出项目经理,再进行招标或组织有关专业公司共同完成整个建设项目。这种管理方式如图 4-26 所示。

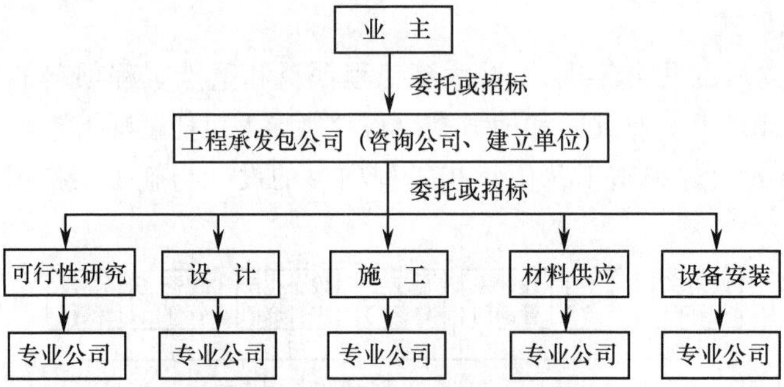


图 4-26　工程托管方式

5. 三角管理方式

由业主分别与承包单位和咨询公司签订合同,由咨询公司代表业主对承包单位进行管理。这是国际上通行的传统工程管理方式。三角关系如图 4-27 所示。

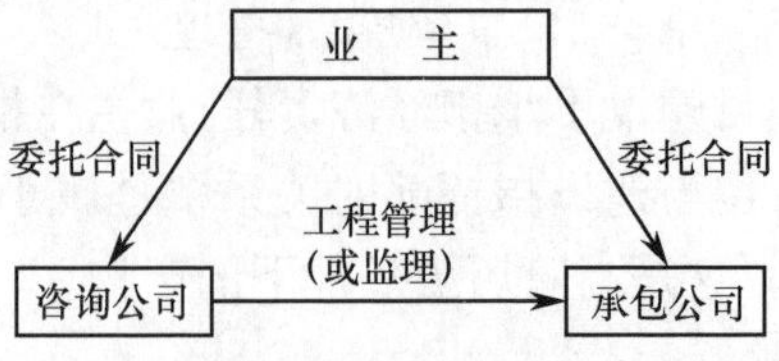


图 4-27　三角关系方式

## (二)施工企业项目管理组织类型

一个优秀的施工企业,要在市场竞争激烈的环境下立于不败之地,必须要有一个适应市场竞争的组织模式,要积聚人才、严格制度。组织模式不是固定不变的,它是随着市场的变化而变化的,即顺其变而变,在市场变化中求生存,组成不同形式的项目管理组织。

1. 组织机构设置的目的和要求

一个施工企业承接项目之前就应考虑,对该项目管理设一个什么组织机构,才能充分发挥其管理效用。应考虑以下几点:

(1)组织机构设置的目的

组织机构设置的目的是进一步充分发挥项目管理功能,为项目管理服务,提高项目管理整体效率,以达到项目管理的最终目标。因此,施工企业在项目施工中合理设置项目管理组织机构是一个至关重要的问题。高效率项目管理体系和组织机构的建立是施工项目管理成功的组织保证。

(2)项目管理组织机构的设置原则

①高效精干的原则

项目管理组织机构在保证履行必要职能的前提下,要尽量简化机构,减少层次,从严控制二、三线人员,做到人员精干、一专多能、一人多职。

②管理跨度与管理分层统一的原则

项目管理组织机构设置、人员编制是否得当合理,关键是根据项目大小确定管理跨度的科学性。同时大型项目经理部的设置,要注意适当划分层次,使每一个层次都能保持适当的工作跨度,以便各级领导集中力量在职责范围内实施有效的管理。

③业务系统化管理和协作一致的原则

项目管理组织的系统化原则是由其自身的系统性所决定的。项目管理作为一个整体,是众多小系统组成的;各子系统之间,在系统内部各单位之间,不同栋号、工种、工序之间存在着大量的"结合部",这就要求项目组织又必须是个完整的组织结构系统,也就是说各业务科室的职能之间要形成一个封闭性的相互制约、相互联系的有机整体。协作就是指在专业分工和业务系统管理的基础上,将各部门的分目标与企业的总目标协调起来,使各级和各个机构在职责和行动上相互配合。

④因事设岗、按岗定人、以责授权的原则

项目管理组织机构设置和定员编制的根本目的在于保证项目管理目标的实现。所以,因目标需要设置办事机构、按办事职责范围而确定人员编制多少。坚持这一原则是施工企业推行项目管理进行体制改革中必须解决的重点问题。

⑤项目组织弹性、流动的原则

组织机构的弹性和管理人员的流动,是由工程项目单件性所决定的。因为项目对管理人员的需求具有质和量的双重因素,所以管理人员的数量和管理的专业要随工程任务的变化而相应变化,要始终保持管理人员与管理工作相匹配。

2. 施工企业项目管理组织类型

小型施工企业在承接工程项目时也要根据自己的企业类型、性质进行投标争取。大型施工企业在中标承接工程项目后,要根据项目的大小、重要程度安排组织行之有效的项目管理组织机构。项目管理机构建立的步骤如图 4-28 所示。

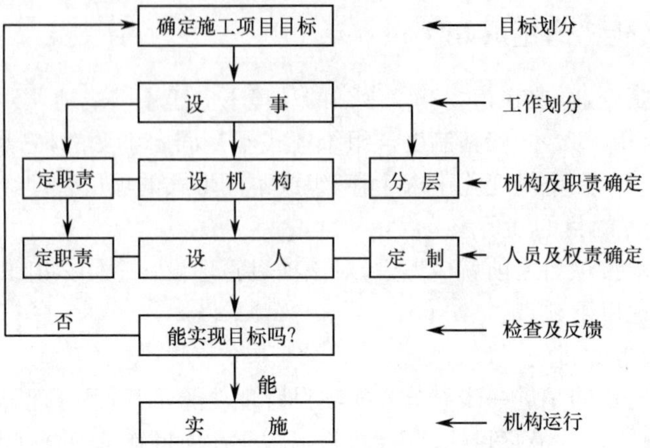


图 4-28　项目管理机构建立步骤

管理机构的主要模式有：

(1)直线模式(也称为线性模式,见图 4-29)

①特征:机构中各职位都按直线排列,项目经理直接进行单线垂直领导。

②适用范围:适用于中小型项目。

③优点:人员相对稳定,接受任务快,信息传递快捷,人事关系容易协调。

④缺点:专业分工差,横向联系困难。

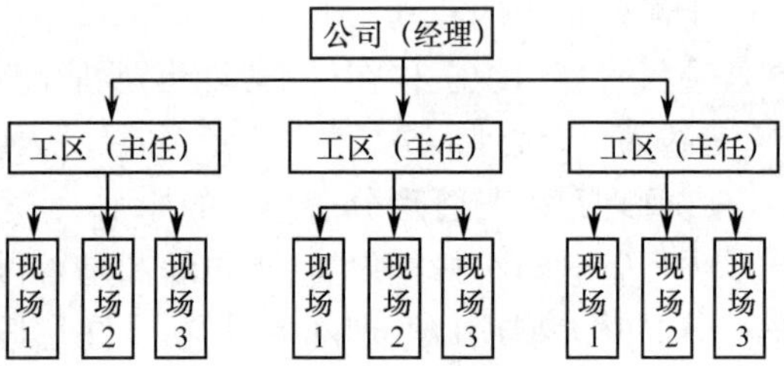


图 4-29　直线模式

(2)混合工程队模式(图 4-30)

混合工程队模式是完全按照对象原则的项目管理机构,企业职能部门处于服务地位。

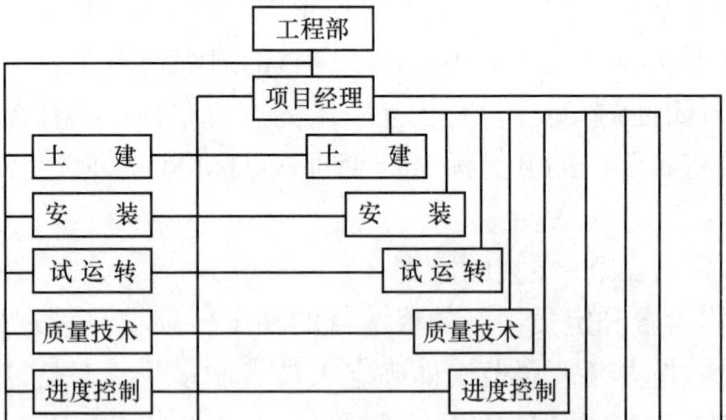


图 4-30　混合工程队模式

①特征:一是由公司任命项目经理,由项目经理在企业内招聘或抽调职能人员组成,由项目经理部指挥,独立性强;二是管理班子成员与原部门脱离领导与被领导关系,原单位只负责业务指导和考察;三是管理机构与项目施工期同寿命,项目结束后,机构撤销,人员回到原部门岗位。

②适用范围：适用于大型项目、工期紧迫的项目以及要求多部门密切配合的项目。

③优点：一是人员均为各职能专家，可充分发挥专家作用，各种人才都在现场，解决问题迅速，减少了扯皮和时间浪费；二是项目经理权力集中，横向干涉少，决策及时，有利于提高工作效率；三是减少了结合部，不打乱企业原建制、易于协调关系、避免行政干预，项目经理易于开展工作。

④缺点：由于临时结合，人员配合工作需要一段磨合期，而且各类人员集中在一起，同一时期工作量可能差别很大，很容易造成忙闲不均、此窝彼缺，导致人工浪费。由于同一专业人员分配在不同项目上，相互交流困难，专业职能部门的优势无法发挥作用，致使在一个项目上早已解决的问题，在另一个项目上重复探索、研究。基于上述原因，当人才紧缺而同时有多个项目需要完成时，此项目组织类型不宜采用。

(3)部门控制模式(图 4-31)

它是按职能原则建立的项目组织形式，是在不打乱企业现行建制的条件下，把项目委托给企业内某一专业部门或施工队，由单一部门的领导负责组织项目实施的项目组织形式。

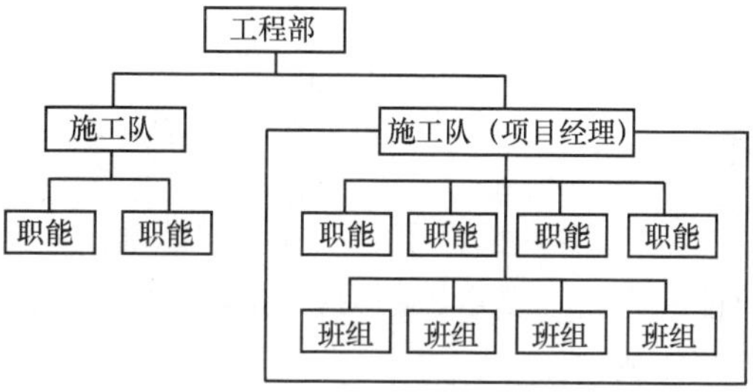

图 4-31　部门控制模式

①特征：是按职能原则建立的项目机构，不打乱企业现行建制。

②适用范围：适用于小型的、专业性强的、不需涉及众多部门的施工项目。例如：煤气管道施工项目、电信电缆铺设项目等，只涉及少量技术工种，只交给某地专业施工队即可，如需要专业工程师，可以从技术部门临时借调，该项目可以从这个施工队指定项目经理全权负责。

③优点：一是机构启动快；二是职能明确，职能专一，关系简单，便于协调；三是项目经理无须专门训练便能进入状态。

④缺点：人员固定，不利于精简机构，不能适应大型复杂项目或者涉及各个部门的项目，因而局限性较大。

(4)矩阵模式(图 4-32)

矩阵组织模式是现代大型项目管理中应用最广泛的新型组织形式，是推行项目法施工的一种较好的组织形式。它吸收了部门控制模式和混合工程队模式的优点，发挥职能部门的纵向优势和项目组织的横向优势，把职能原则和对象原则结合起来。从组织职能上看，矩阵模式组织将企业职能和项目职能有机地结合在一起，形成了一种纵向职能机构和横向项目机构相交叉的“矩阵”型组织形式。

在矩阵组织模式中，企业的专业职能部门和临时性项目组织同时交互作用。在纵向，职能部门负责人对所有项目中的本专业人员负有组织调配、业务指导和管理的责任；在横向，项目经理对参加本项目的各种专业人才均负有领导责任，并按项目实施的要求把他们有效地组织协调到一起，为实现项目目标共同配合工作。矩阵中每一个成员，都需要接受来自所在部门负责人和所在项目的项目经理的双重领导。与混合工程队形式不同，矩阵组织中的专业人员参加项目，其行动不完全受控于项目经理，还要接受本部门的领导。部门负责人有权根据不同项目的需要和忙闲程度，将本部门专业人员在项目之间进行适当调配。因为不可能所有的项目都在同一时间需要同一种专业人才，专业人才可能同时为几个项目服务。这就充分发挥了特殊专业人才的作用，特别是某种人才稀缺时，可以避免在一个项目上闲置，而在另一个项目上又奇缺的此窝彼缺现象,从而大大提高人才的利用率。对于项目经理来说,他的主要职责是高效率地完成项目。凡到本项目来的成员他都有权调动和使用,当感到人力不足或某些成员不得力时,他可以向职能部门请求支援或要求调换。这也使项目实施有了多个职能部门做后盾。矩阵组织形式需要在水平和垂直方向上有良好的沟通与协调配合,因而对整个企业组织和项目组织的管理水平、工作效率和组织渠道的畅通都提出了较高的要求。

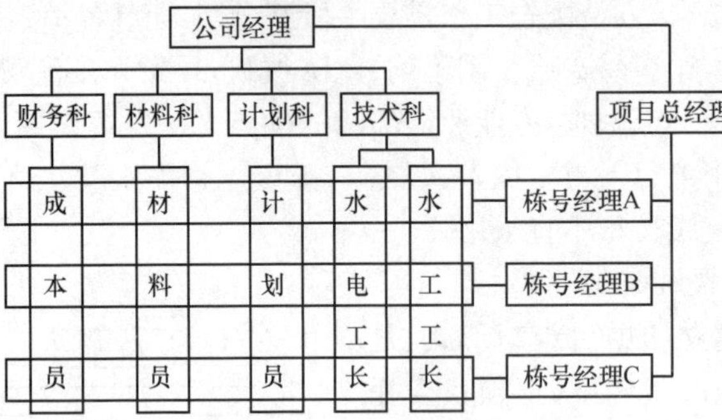


图 4-32　矩阵模式

①特征:一是将项目机构与职能部门按矩阵式组成,矩阵模式每个结合部受双重领导,部门控制力大于项目控制力;二是项目经理工作有各职能部门支持,有利于信息沟通、人事调配、协调作战。

②适用范围:本模式适用于同时承担多个项目管理的企业以及大型、复杂的施工项目。

③优点:一是兼有部门控制模式和混合工程队模式两者的优点,解决了企业组织和项目组织的矛盾;二是能以尽可能少的人力实现多个项目管理的高效率。

④缺点:一是双重领导易造成矛盾;二是身兼多职易造成管理上顾此失彼。

(5)事业部模式(图 4-33)

①特征:一是事业部对企业而言是职能部门,对企业外而言亦有相对独立的经营权;二是事业部可按地区设置,也可按工程类型和经营内容设置。

②适用范围:这种模式适用于大型经营性企业的工程承包;适用于在一个地区有较长期市场时采用。

③优点:一是有利于延伸企业和项目的经营职能,扩大业务范围和开拓业务领域;二是有利于迅速适应环境变化以加强项目管理。

④缺点:事业部模式引起企业对项目经理的约束力减弱,造成企业结构松散。

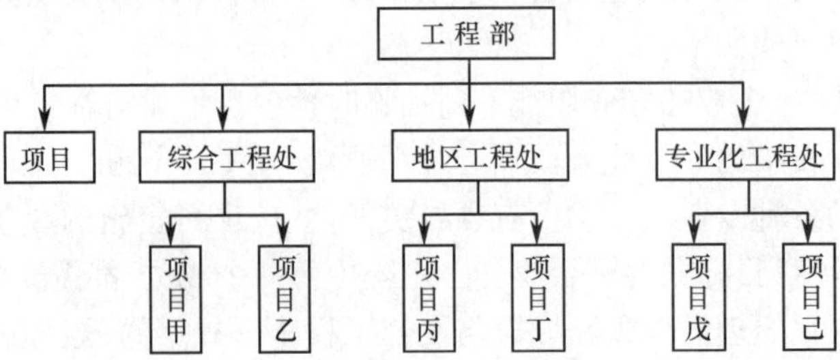


图 4-33　事业部模式

3. 项目管理机构模式的选择

选择怎样的项目管理机构模式,应根据企业的素质、任务、条件基础,并结合施工项目的规模、性质、内容、要求的管理方式进行分析后，做出正确的选择。有关选择的参考因素见表 4-2。

**表 4-2 施工项目管理机构模式比较**

| 项目机构模式 | 项目性质 | 施工企业类型 | 企业人员素质 | 企业管理水平 |
|---|---|---|---|---|
| 直线模式 | 中、小型项目，简单项目 | 小建筑企业、任务单一的企业 | 素质一般、专业分工差 | 管理水平尚可，管理人员稳定 |
| 混合工程队模式 | 大型项目、复杂项目、工期较紧的项目 | 大型综合建筑企业，有得力项目经理的企业 | 人员素质较强，专业人才多，职工的技术素质较高 | 管理水平较高，基础工作较强，管理经验丰富 |
| 部门控制模式 | 小型项目、简单项目、只涉及个别少数部门的项目 | 小建筑企业，任务单一的企业，大中型基本保持直线职能的企业 | 素质一般，人员构成单一，专业技术力量较弱 | 管理水平一般，基础工作较差 |
| 矩阵模式 | 多工种、多部门、多技术配合的项目，管理效率要求很高的项目 | 大型综合建筑企业，经营范围广、实力强的建筑企业 | 管理和专业技术等素质高，但人才较紧缺，管理人才多，人员一专多能 | 管理水平高，管理渠道畅通，信息沟通灵敏，管理经验丰富 |
| 事业部模式 | 大型项目、远离企业基地项目，事业部制企业承担的项目 | 海外承包企业、跨地区承包企业 | 人员素质高，项目经理能力强，专业人才多 | 经营能力强，信息手段强，管理经验丰富，资金实力强 |

### (三)工程项目管理的组织结构示例

人们对某个项目的组织结构进行分解，并用图的方式表示，就形成项目组织结构图 DOBS(Diagram of Organizational Breakdown Structure)，或称为项目管理组织结构图。项目组织结构图反映一个组织系统(如项目管理班子)中各子系统之间和各元素(如工作部门)之间的组织关系，反映的是各工作单位、各工作部门和各工作人员之间的组织关系；而项目结构图描述的是工作对象之间的关系。对一个稍大一些的项目的组织结构应该进行编码，它不同于项目结构编码，但两者之间也会有一定的联系。

一个建设项目的实施除了业主以外，还有许多单位参加，如设计单位、施工单位、供货单位和工程管理咨询单位以及有关的政府行政管理部门等。项目组织结构图应注意表达业主方以及项目各参与单位有关的各工作部门之间的组织关系(图 4-34)。

业主方、设计方、施工方、供货方和工程管理咨询方的项目管理的组织结构都可用各自的项目组织结构图予以描述。

图 4-34 是项目组织结构图的一个示例，业主方内部是线性组织结构，而对于项目实施方而言，则是职能组织结构，该组织结构的运行规则如下：

1. 在业主代表和业主副代表下设 3 个直接下属管理部门，即土建和建筑设备工程管理(C)、工艺设备工程管理部(D)和综合管理部门(E)。这 3 个管理部门只接受业主代表和业主副代表下达的指令。

2. 在 C 下设 C1、C2、C3 和 C4 以下设 4 个工作部门，C1、C2、C3 和 C4 只接受 C 的指令。在 D 下设 D1 和 D2 两个工作部门，D1 和 D2 只接受 D 的指令。E 下的情况与 C 和 D 相同。

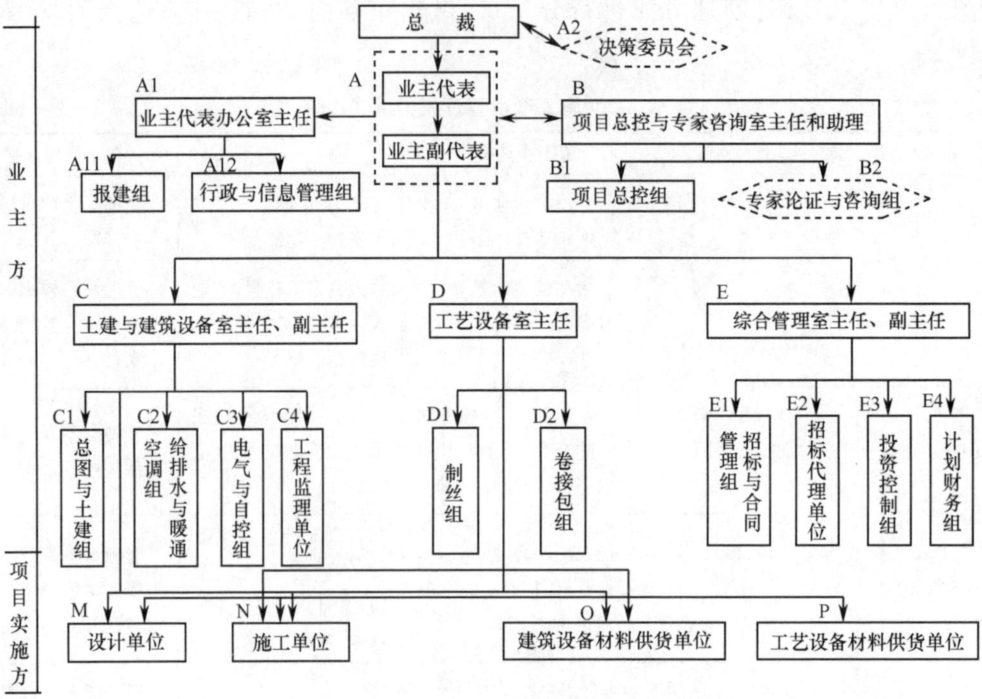


图 4-34　某项目组织结构图示例

3. 施工单位将接受土建和建筑设备工程管理部门、工艺设备工程管理部门和工程监理单位的工作指令,设计单位将接受土建和建筑设备工程管理部门和工艺设备工程管理部门的指令。

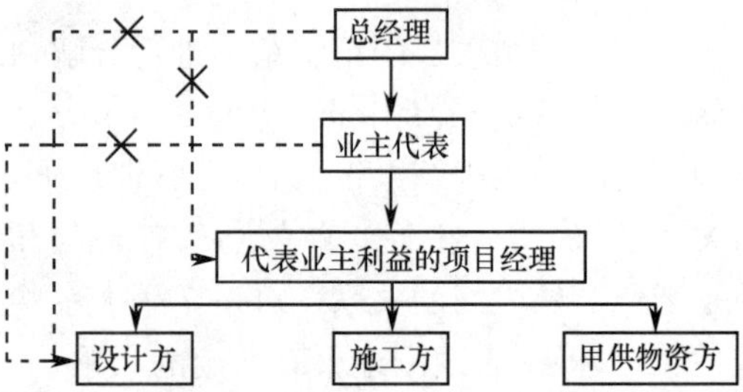


图 4-35　在线性组织结构中不允许出现多个指令

如图 4-35 所示,某项目管理组织结构,在业主方内部和对于实施方都是线性组织结构。在线性组织结构中每一个工作部门只有唯一的上级工作部门,其指令来源是唯一的。在图 4-35 中表示了总经理不允许对项目经理和设计方直接下达指令。总经理必须通过业主代表转达指令;而业主代表也不允许对设计方等直接下达指令,他必须通过项目经理转达指令,否则就会出现矛盾的指令。项目的实施方(图 4-35 中的设计方、施工方和甲供物资方)的唯一指令来源是业主方的项目,这有利于项目的顺利进行。

图 4-36 所示的项目管理组织结构由于几个副总经理和总工程师都允许对计划财务部和综合管理部等下指令,因此有可能出现矛盾的指令。而在图 4-37 所示项目管理组织结构中,两位副总经理有明确的直接下属工作部门,可避免出现矛盾的指令。

另在图 4-36 所示的项目管理组织结构的计划财务部、综合管理部、工程管理部、物资管理部和施工管理部下还设有许多管理工作部门,很明显它属于职能组织结构。如前所述,职能组织结构中会有许多矛盾的指令。图 4-37 的有些部分属矩阵组织结构,其指令源只有两个,即纵向指令或横向指令。

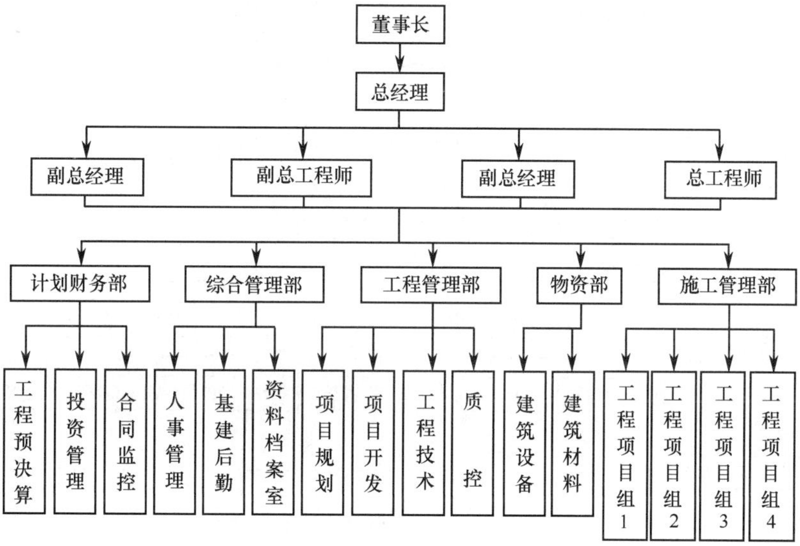


图 4-36　某项目组织结构图示例

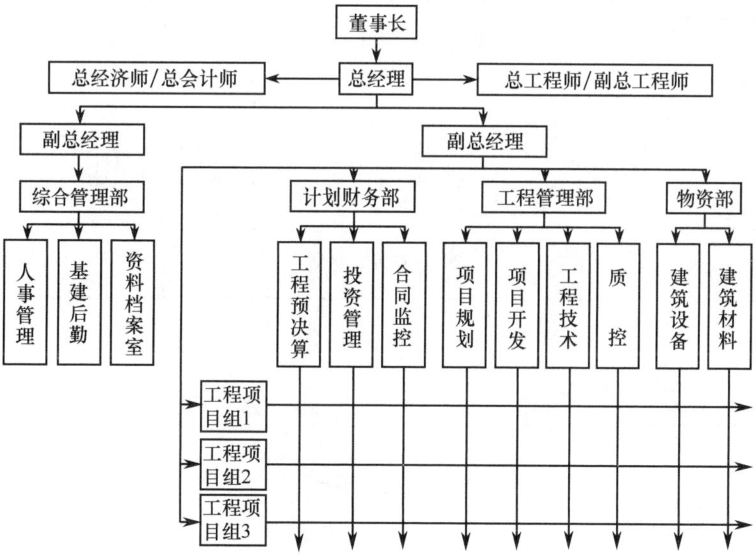


图 4-37　某项目组织结构图示例

某大型地块土地外发项目在一个大城市的市中心，总的土地开发面积约为 50 万 $m^2$。该项目的项目管理组织结构图(图 4-38)有如下特点：

(1)它是以纵向为主的矩阵组织结构，即当纵向工作部门的指令和横向工作部门的指令发生矛盾时，以纵向工作部门的指令为主指令。如横向工作部门不同意纵向工作部门的指令，则应由横向工作部门提出，由项目主任负责协调。

(2)由于该项目规模较大，设一个项目主任和分管技术和协调的副主任，以及分管财务和法律的副主任。

(3)该地块开发项目委员会代表政府进行管理，而该市第二城市建设综合开发公司董事会代表企业负责开发管理。

业主方项目管理最为核心的问题是其组织结构，在进行项目管理组织结构图设计时，需要考虑多方面的因素,如图 4-39 所示。

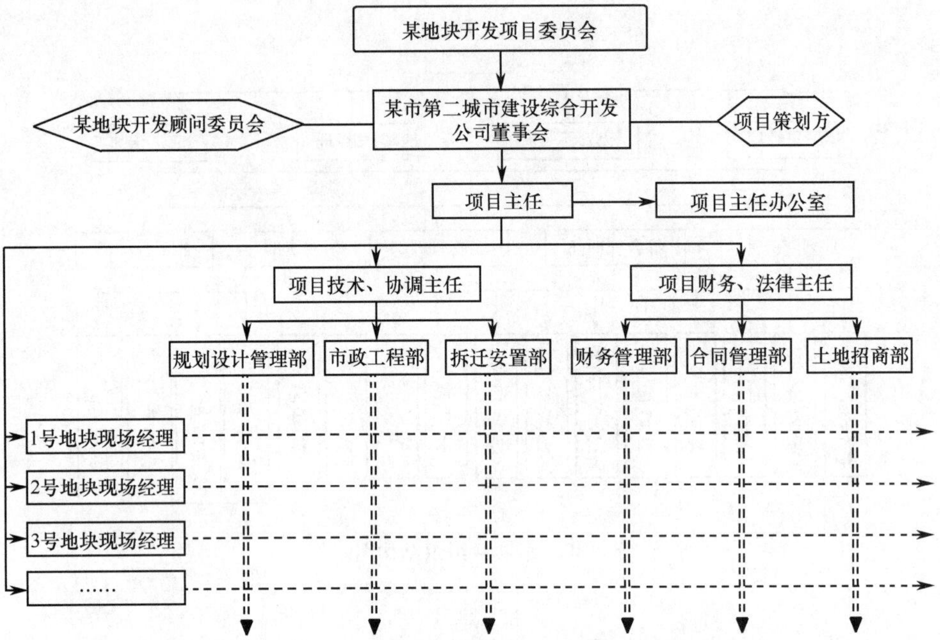


图 4-38 某地块土地开发项目组织结构图示例

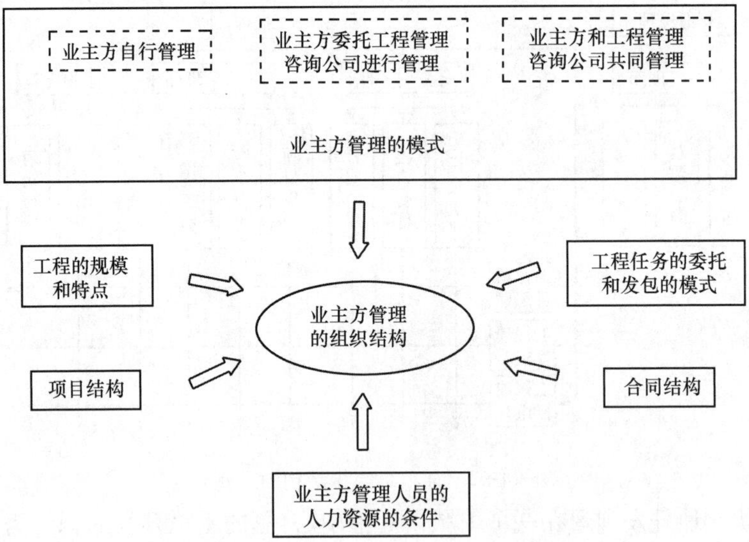


图 4-39 影响业主方项目管理组织结构图设计的因素

在国际上业主方项目管理的模式主要有三种:

(1)业主方依靠自己的人力资源自行管理(以下简称 A 模式)。

(2)业主方委托一个或多个工程管理咨询(顾问)公司进行管理(以下简称 B 模式)。

(3)业主方委托一个或多个工程管理咨询(顾问)公司进行管理,但业主方的人员也参与管理(以下简称 C 模式)。

FIDIC 的有关合同文本(FIDIC IGRA 80PM)规定,如采用上述模式,则业主方的管理人员将在业主方委托的工程管理咨询公司的项目经理领导下工作。

在多数工业发达国家中，凡公款投资的项目（或有公款投资成分的项目）都由政府主管部门直接进行工程管理，其目的是保护纳税人的利益。政府主管部门管理工程项目的能力非常强，采用的基本上是A模式。有些工业发达国家，由于公款投资的项目的数量太大，政府也委托半官方的事业单位（如日本的高速公路公团）或非营利性的组织进行公款投资项目的管理。非公款投资的项目则较多采用B模式或C模式。

我国多数大、中型公款投资项目还是采用传统的工程指挥部的模式进行工程管理。工程指挥部往往是临时性组织，待工程建设结束后，指挥部的历史使命也就完成，因此，不少工程指挥部只有一次性的工程管理失误的教训，而难以积累工程管理的经验。

正如前述，项目结构的分解与业主方项目管理的组织结构也密切相关。对于地铁工程，如采用图4-16的方式进行项目结构的分解，则业主方要设置车站工程管理部门和隧道工程的管理部门；而如采用图4-18的方式进行项目结构的分解，则应设置车站工程和隧道工程的综合管理部门。

可见，业主方项目管理的组织结构与工程任务的委托方式、发包模式和合同结构紧密相关：对于同一个项目，若采用建设项目总承包或采用施工总承包，或采用施工任务的平行发包，其相应的业主方项目管理的组织结构必然是不同的。

当仔细分析了图4-39中的各种因素后，应综合优选决策采用哪一种组织结构模式。

出于线性组织结构的指令源是唯一的，有利于工程的协调、组织和指挥，有利于项目目标的控制，因此线性组织结构模式在国际上得到广泛的应用。工程规模较大，且包含多个子项目的建设项目，为避免工作指令路径过长，较多采用矩阵组织结构模式。一般的建设项目不宜采用职能组织结构，因为矛盾的指令源对工程的进展，对项目目标的控制都不利。但是，我国多数建设项目采用的还是传统的职能组织结构模式，多重和矛盾的指令源的问题始终没有得到解决。

## 四、工程项目经理与项目经理部

### （一）项目经理的概念

项目经理制自1941年在美国产生以来，在国外工业发达国家得到普遍推广。我国在1983年3月由国家计委颁发的《关于建立健全前期工程项目经理的规定（草案）》中提出建立项目经理负责制，这是加强我国项目管理的一项有力的组织措施。项目经理在项目管理系统中的作用日益受到重视。

项目经理是以工程项目总负责人为首的一个完备的项目管理工作班子，项目管理包括业主的项目经理、受业主委托代表业主进行项目管理的咨询机构的项目经理、设计单位的项目经理和施工单位即承包商的项目经理四种类型。

1. 业主的项目经理

业主的项目经理是建设单位领导和组织一个完整工程项目建设的总负责人。一些小型项目的项目经理可由一个人担任，但对一些规模大、工期长且技术复杂的工程项目，则由工程总负责人、工程投资控制者、进度控制者、质量控制者及合同管理者等人组成，项目经理部对项目建设全过程进行管理。业主也可以配备分阶段项目经理，如准备阶段项目经理、设计阶段项目经理和施工阶段项目经理等。

2. 咨询机构的项目经理

当项目比较复杂而业主又没有足够的人员组建一个能胜任工程项目管理任务的项目管理

班子时,就要委托一个咨询机构来组建一个代表自己进行项目管理的咨询班子,咨询公司所派出的项目管理总负责人(项目总监理工程师)即为项目经理。咨询机构可以代理业主进行项目建设全过程或其中某一阶段的管理。此时,业主一般来说仍要有一个以自己的项目经理为首的项目管理班子,因为有许多重大问题的决策仍需由业主自己作出决定,有许多工作是咨询机构代替不了的。不过,由于委托了咨询机构,业主的项目管理班子可以小一些、精干一些。

3. 设计单位项目经理

设计单位项目经理即设计单位领导组织一个工程项目设计的总负责人。设计单位的项目经理对投资单位项目经理负责,从设计角度控制工程项目的总目标。

4. 施工单位项目经理

施工单位项目经理即施工单位对一个工程项目施工的总负责人、全面负责的管理者,是项目经理部的最高负责者和组织者。项目经理部由工程项目施工负责人、施工现场负责人、施工成本负责人、施工进度控制者、施工技术与质量控制人、合同管理者等人员组成。

### (二)项目经理的责权和地位

建筑工程项目是一种特殊而复杂的一次性活动,其管理涉及人力、技术、设备、资金、设计、施工、生产准备、竣工验收等多方面因素和多元化关系。为了更好地进行决策、规划、组织、指挥和协调,保证项目建设按照客观规律和科学程序进行,为了统一意志、提高效率、取得管理的成功,就必须设置项目经理,使之在管理体系中处于最高管理者的地位。

一个施工项目是一项一次性的整体任务,在完成这个任务过程中必须有一个最高的责任者和组织者。施工项目经理是对施工项目管理全面负责的管理者,是施工项目的管理中心,在整个施工活动中占有举足轻重的地位。确立施工项目经理的地位是搞好施工项目管理的关键。施工承包单位项目经理的责权和地位主要有:

1. 施工项目经理是建筑企业法人代表在项目上的全权委托代理人

从企业内部看,施工项目经理是施工项目全过程所有工作的总负责人,是项目承包责任者,是项目动态管理的体现者,是项目生产要素合理投入和优化组合的组织者。此外,作为企业法人代表的企业经理,不直接对每个建设单位负责,而是由施工项目经理在授权范围内,对建设单位直接负责。由此可见,施工项目经理是项目目标的全面实现者,既要对建设单位的成果目标负责,又要对企业效率性目标负责。

2. 施工项目经理是协调各方面关系,使之互相紧密协作、配合的桥梁和纽带

对施工项目管理目标的实现承担着全部责任,即承担合同责任、履行合同义务、执行合同条款、处理合同纠纷、受法律的约束和保护。

3. 施工项目经理对项目实施进行控制,项目经理部是各种信息的集散中心

自下、自外而来的信息,通过各种渠道汇集到项目经理的手中;项目经理又通过指令、计划和"办法",对下、对外发布信息,通过信息的集散达到控制的目的,使项目管理取得成功。

4. 施工项目经理是施工项目责、权、利的主体

这是因为施工项目经理是项目总体的组织管理者,即他是项目中人、财、物、技术、信息和管理等所有生产要素的组织管理人。他不同于技术、财务等专业的总负责人。项目经理必须把组织管理职责放在首位。项目经理首先必须是项目的责任主体,是实现目标的最高责任者,而且目标的实现还不超出限定的资源条件。责任是实现项目经理负责制的核心,它构成了项目经理工作的压力,是确定项目经理权力和利益的依据。对项目经理的上级管理部门而言,最

重要的工作之一就是把项目经理的这种压力转化为动力。其次项目经理必须是项目的权力主体。权力是确保项目经理能够承担起责任的条件与手段，所以权力的范围必须视项目经理责任的要求而定。如果没有必要的权力，项目经理就无法对工作负责。项目经理还必须是项目的利益主体。利益是项目经理工作的动力，是由于项目经理负有相应的责任而得到的报酬，所以利益的形式及利益的多少也应该视项目经理的责任而定。如果没有一定的利益，项目经理就不愿负有相应的责任，也不会认真行使相应的权力，项目经理也难以处理好国家、企业和职工的利益关系。

### (三)项目经理的任务

工程项目建设的各单位项目经理的共同的任务是：

1. 确定项目管理组织机构的构成并配备人员，制定规章制度，明确有关人员的职责，组织项目经理班子开展工作。

2. 确定管理总目标和阶段目标，进行目标分解，制定总体控制计划，并实施控制，确保项目建设成功。

3. 及时、适当地做出项目管理决策，包括前期工作决策、招标决策(或投标报价决策)、人事任免决策、重大技术措施决策、财务工作决策、资源调配决策、进度决策、合同签订及变更决策，严格管理合同执行。

4. 协调本组织机构与各协调单位之间的协作配合及经济、技术关系，代表企业法人进行有关签证，并进行互相监督、检查、确保质量、工期及投资的控制和实施。

5. 建立完善的内部和外部信息管理系统。项目经理既作为指令信息的发布者、又作为外部信息及基层信息的集中点，同时要确保组织内部横向和纵向信息联系、纵向信息联系、本单位与外部信息联系畅通无阻，从而保证工作高效率地展开。

建设项目实行成功管理的关键在于业主单位和施工承包单位的项目管理。

业主单位项目经理的主要任务是：做好建设前期的工作，包括组织预可行性研究、可行性研究、编写设计任务书、做好建设选址决策、设计的组织与决策工作；编制项目建设总进度计划和年度计划，为项目开工创造条件；实施招标工作；在项目建设实施阶段按合同规定组织配合施工，监督施工活动，组织工程预验收及正式验收鉴定，为项目投入使用做好准备；组织固定资产移交和投资决策；在全过程中组织协调项目建设各方实现项目总目标，节约投资、保证质量和工期。

施工单位项目经理的主要任务是：组织项目投标；做签订合同的决策，实施合同；处理好合同变更、洽商、纠纷和索赔；处理好总分包关系，搞好与有关单位的协作配合；与业主相互监督；实施进度、质量和成本控制；组织工程交工和结算等。

建设全过程项目经理应当是项目建设全过程的全权代表，决策、组织、指挥、控制项目建设的全过程，参与全部与项目有关的重大和关键事务。无论是建设前期工作、施工期工作，还是交工验收期工作，均要在他的管辖之下，从而保证建设工作的高度连续性和统一性。所以在项目建设中应大力推广和提倡总承包制并设置总承包项目经理。

### (四)项目经理应具备的基本素质

不同工程的项目经理和不同身份的项目经理，应当具备的条件各不相同。以下只能说明建筑工程项目经理应具备的一般条件。

1. 政治素质——项目经理应是复合型管理人才

他首先必须是一个社会主义的建设者,在项目管理中能自觉地坚持社会主义经营方向,认真执行党和国家的方针、政策,遵守国家法律和地方法规,执行上级主管部门的有关决定,自觉维护国家的利益,保护国家财产,正确处理国家、企业和职工三者的利益关系。

2. 领导素质——项目经理作为一名领导者,应具备现代领导者的素养

对于现代领导者的素养要求是:

(1)博学多识,通情达理

即具有马列主义、现代管理、科学技术、心理学等基础知识,见多识广,眼光开阔;按照社会主义的思想、品质、道德的要求去处理人与人之间的关系。

(2)多谋善断,灵活机动

即解决问题办法多,善于选择最佳办法,能当机立断,当情况发生变化时,能够随机应变地追踪决策,见机处理。

(3)知人善任,善与人同

即要知人所长,知人所短;用人所长,避其所短;尊贤爱才,大公无私;不任人唯亲,不任人唯贤,不任人为顺,不任人唯全;宽容大度,有容人之量;善于与人求同存异,与大家同心同德;与下属共享荣誉与利益,劳苦在先,享受在后,关心别人胜于关心自己。

(4)公道正直,以身作则

即要求下属做到的,自己首先做到;定下的制度、纪律,自己首先遵守。

(5)铁面无私,赏罚严明

即对被领导者赏功罚过,不讲情面,以此建立管理权威,提高管理效率;赏要从严,罚要谨慎。

(6)具有一定的哲学素养

在哲学素养方面,项目经理必须有讲求效率的“时间观”;能取得人际关系主动权的“思维观”;有处理问题注意目标和方向、构成因素、相互关系的“系统观”;有根据客观环境和主观可能、适时选择最恰当的管理方法的“权变观”。

3. 专业素质——项目经理必须是一个专家

他要懂得建筑专业的技术知识,是建筑业的内行,真正的行中人;他应该具有建筑工程专业的管理知识、经营知识、法律知识及相关经济知识,了解建筑市场的运行规律,懂得建筑行业的管理规律。项目经理应当受过项目管理的专门训练,参加过项目管理,具有项目管理的实际经验,对具体的项目管理问题具有处理能力;项目经理应当是具有较强的决策能力、组织能力、指挥能力、应变能力,能够带领经理班子成员、团结广大群众一道工作的内行、专家,而不能是一名一般性的行政领导人员,也不能是一名只知个人苦干,成天忙忙碌碌的具体办事人员,而应是会“点将”、善“运筹”的“帅才”。

4. 身体素质——项目经理必须有健康的体魄

项目经理不但要承担繁重的工作,而且生活条件和工作条件都因现场性强而相当艰苦。因此,必须年富力强,具有健康的身体,以便保持充沛的精力和必需的体力。

美国项目管理专家约翰·宾认为,项目经理应具有六个方面的素质:一是具有专业技术知识;二是具有工作干劲;三是具有成熟而客观的判断能力(成熟是指有经验,能够看出问题来;客观是指能实事求是处理一切问题);四是具有管理能力;五是诚实可靠、言行一致,答应的事就一定做到;六是机警、精力充沛、能够吃苦耐劳,随时都准备着处理可能发生的事情。

## (五)施工企业项目经理部的构建

项目经理部是施工项目管理的工作班子,置于项目经理的领导之下。

1. 项目经理部的作用与特点

(1)项目经理部在项目经理的领导下,作为项目管理的组织机构(或称之为领导机构),负责施工项目从开工到竣工的全过程施工生产的管理,是企业在某一工程项目上的管理层,同时对作用层负有管理与服务的双重职能。

(2)项目经理部是项目经理的办事机构,为项目经理决策提供信息依据,当好参谋,同时又要执行项目经理的决策意图,向项目经理全面负责。

(3)项目经理部是一个组织体,其作用包括:完成企业所赋予的基本任务——项目管理和专业管理任务等。要具有凝聚管理人员的力量并调动其积极性,促进管理人员的合作;协调部门之间、管理人员之间的关系,发挥每个人的岗位作用;贯彻承包或目标责任制,搞好管理;沟通项目经理部与企业部门之间,项目经理部与作业队之间,项目经理部与建设单位、分包单位、生产要素市场等之间的关系。

(4)项目经理部是代表企业履行工程承包合同的主体,对最终建筑产品的业主全面负责。此外,由于工程项目具有一次性特点,因而项目经理部是一次性组织。

2. 项目经理部建立应考虑的因素

(1)项目经理部要根据工程项目的规模、复杂程度和专业特点等设置。大中型项目经理部可以设置职能部、室;小型项目经理部一般只需设职能人员即可。如果项目专业性强,可设置针对此种专业的职能部门,如房屋建筑中水、电、设备安装等,可视需要设专门的职能部门。

(2)项目经理部是为特定工程项目组建的,必须是一个具有弹性的一次性全过程的施工管理组织,在其存在期内还应按工程管理需要的变化而调整,开工之前建立,竣工之后解体。项目经理部不应有固定的作业队伍。

(3)项目经理部的人员配置应面向施工项目现场,满足现场的计划与调度、技术与质量、成本与核算、劳务与物资、安全与文明施工的需要;不应设置那些应在企业中设立的部门(如负责经营与咨询、研究与开发等部门)。

3. 项目经理部的部门设置和人员配置

(1)部门设置

①工程技术部门:负责生产调度、技术管理、施工组织设计、计划、统计、文明施工等工作。

②监督管理部门:负责质量管理、安全管理、消防保卫、环境保护、计量、测量、试验等工作。

③经营核算部门:负责预算、合同、索赔、成本、资金、劳动及分配等工作。

④物资设备部门:负责材料价、采购、运输、计划、管理、工具、机械租赁、配套使用等工作。

(2)人员配置(表 4-3)

**表 4-3　项目经理部人员配置表**

| 项目经理部级别 | 管理人员名额 | 其中 | | | |
|---|---|---|---|---|---|
| | | 高级职称(%) | 中级职称(%) | 初级职称(%) | 其他(%) |
| 一级 | 30～45 | 8 | 40 | 42 | 10 |
| 二级 | 20～30 | 5 | 35 | 50 | 10 |
| 三级 | 15～20 | 3 | 30 | 57 | 10 |

## 第五节 建设项目全过程工程咨询

### 一、建设项目全过程管理与动态控制理论

所谓全过程管理需要考虑到整个建设项目的周期,从工程建设的策划、设计、施工、运营以及最后的报废回收等全阶段的管理。全过程管理的理念是在工程建设中要做好统筹兼顾,从工程策划阶段开始就要考虑好后期的施工运营,以最优的运营效果作为工程建设实施的整体目标,进行初期的策划决策,并通过施工阶段的严格管理将设计目标转化为现实成果。

所谓动态控制原则是利用计划(Plan)—实施(Do)—检查(Check)—处理(Action)(PDCA循环)指导建设全过程的管理与控制,具体从设计、实施、检查与纠偏等全方位的动态化管理,在全过程中通过实施的监控与检查,合理应对建设过程中出现的一些问题,保证项目目标的顺利实现。

### 二、工程项目全过程管理

工程项目全过程管理是指项目管理企业按照合同约定,在项目决策阶段,为业主编制可行性研究报告,进行项目可行性分析和项目策划;在项目设计阶段,负责完成合同约定的工程初步设计(基础设计)等工作;在项目实施阶段,为业主提供招标代理、设计代理、采购管理、施工管理和竣工验收、试运行等服务,代表业主对项目进行质量、安全、进度、费用、合同、信息等管理和控制。应该根据项目建设各阶段不同特点加强项目全过程管理。

#### (一)项目前期管理

工程决策阶段和计划阶段的项目管理工作都属于前期管理,主要的工作内容有前期考察、编制可行性研究报告、立项、设计等多方面的工作。可行性研究、项目建议书和商业计划书的编制都是前期考察阶段需要完成的工作,它与决策的制定密切相关。可行性研究报告是对项目规模、选址、技术工艺、产品规划、环境影响和投资估算等内容的说明和阐述。当立项手续办理好后,企业就可以委托专业的设计单位来完成项目各方面的具体设计,如土建设计、电气设计、工艺设计等与项目相关的各方面内容。与主体工程配套的安全设施、污染治理设施、安全防护设施和卫生设施都要与工程的主体建设同时进行,严格落实三同步原则,即主体和配套设施的设计、施工和使用要同步进行。在工程完工后,还需要由环保评测机构来进行环境保护验收工作。

#### (二)施工过程管理

1.项目进度管理。为了使项目可以在规定时间内高效高质量地完成建设,必须明确责任制度,将管理任务进行仔细地划分,并以项目的实际情况和相关的要求标准为基础建立专门的项目实施团队,使项目施工更加的系统规范,促进项目施工效率的提高。项目团队中要各司其职,由项目经理完成整体的调控,并为团队选择专业的管理人员来进行工作的开展,确保工程的进度和质量。工程整体的统筹控制计划和施工设计大纲是由施工单位和承包单位一起编制的,在施工中需要严格按照计划进行,使项目的重要节点都可以按照计划顺利完成,以免影响工程的进度。根据管理模式的区别,制定合理的招投标计划、施工计划,以促进工程施工效率和质量的提高。

2.项目成本管理。在整个项目的招投标工作中，必须完全按照相关的规定和流程来进行，仔细签订招投标合同，实施精细化管理，进一步促进管理效率和质量的提高，有效节约项目成本。通过先进的计算机技术来实现对成本的高效管控，使成本计划和核算更加精细和完善。同时还需要尽可能不要出现工程变更、返工或者赶工期情况，以免提高工程的施工风险，导致工程成本提高、质量不达标等问题的出现。

3.项目质量管控。项目质量管控工作由建设单位、监理单位和承包商共同负责。做好招标采购管理工作，对竞标方的资质进行严格的审查，确保相关技术协议、采购合同和施工合同的合理全面，优先选择资质高、实力强的设备供应商，提高招标的门槛，为工程配置高质量的施工设备，确保工程的进度和质量，同时还需要把原材料及构件出厂证明、质量鉴定报告、复验单都进行整理和存储。在施工中需要落实好工程监管制度和计划，由施工和监理单位共同完成项目的管理和监督，使项目可以在规定的时间内顺利完成。构建一套合理完善的质量监督体系，项目的各参与方需要做好自身的质量管理和检验工作，确保项目各个环节的施工质量，尤其是需要做好关键部分和环节的施工控制工作。按照既定的验收流程完成地质勘探、桩基施工、隐蔽施工、焊接施工等方面工作的质量检验工作。

4.项目安全管理与施工机械设备管理。在工程建设之中会使用到各种各样的机械设备，很多设备都是大型机械设备，这也给建筑施工带来了一定的安全隐患。因为设备的使用和操作都具有一定的难度和技术要求，如果操作不当，很容易造成安全事故。机械安全管理工作通常都是从机械设备使用和维护这两个方面进行开展：第一，对施工人员进行相关设备机械使用技术的培训，以促进施工人员机械操作能力和专业素质的提高，这是一种最有效的机械设备管理方法；第二，为了确保机械设备维护保养管理工作的有效开展，必须将维护保养制度落实到实际工作之中，相关的工作人员严格遵守相关的制度，落实好轮班保养制度并将其记录在案，当出现问题时，要及时上报并处理。

5.注重危险源的识别和控制工作。对实际的施工情况进行全面细致的分析和研究，将其中存在的问题和潜在的危险都找出并做出相应的处理措施，以完成对安全事故的有效控制，比如临时用电、高空作业以及特殊设备的使用都可能造成安全事故。在整个施工过程中，需要完全遵循相关的标准和要求来实现对危险源的有效识别和管控。当工程的安全管理人员发现施工中的危险源时，必须迅速对其进行有效的处理，避免这些危险源对工程的建设产生不良的影响，特别是在那些危险程度升级的时候必须确保安全防护措施的到位，避免任何安全事故的发生。

### （三）竣工验收工作

工程决算审计、环保验收、消防验收、档案管理等都属于竣工验收的范畴。在这个阶段中，必须把所有与工程项目管理相关的所有文件和资料都交于相关的档案管理部门，由其进行整理和存储。项目后评价指的是由相关人员分析和回顾整个施工过程中与决策、运行、施工等相关的管理过程，对这些过程的合理性、规范性和有效性进行科学合理的评价。

建设项目的工作性质、主要任务、相关利益及组织框架各不相同，所以在管理工程项目时，必须全方面地展开科学化、合理化、经济化的联合、组织、交流和协调，让项目的最终目标可以被完全控制住，并合理实现、完成，在一定程度上有助于整个工程项目的建设与后期运作。

## 三、建设项目全过程工程咨询

### (一)全过程工程咨询的基础知识

1. 全过程咨询的含义

咨询是通过专业人士所储备的知识、经验及各种信息资料的综合分析,为决策者、委托人提供建议、参谋和顾问的智力劳动过程。

工程咨询是通过工程技术与经济管理等专业人士所储备的知识、经验及各种信息资料的综合分析,为决策者、委托人提供建议、参谋和顾问的智力劳动过程。

建设项目全过程工程咨询是对建设项目投资决策、工程建设和项目运营的全生命周期提供包含涉及组织、管理、经济和技术等各有关方面的局部或整体解决方案的智力服务活动的总称。

建设项目全过程工程咨询包括项目的全过程管理以及投资咨询、勘察设计、造价咨询、招标代理、施工监理、竣工验收、运行维护咨询等工程建设项目各阶段专业咨询服务。

建设项目全过程工程咨询服务包含以下具体内容:

(1)项目决策阶段的咨询。包括但不限于:机会研究、策划咨询、规划咨询、项目建议书、可行性研究、技术方案比选、投资估算、项目风险分析等。

(2)勘察设计阶段的咨询。包括但不限于:初步勘察、方案设计、初步设计、设计概算、详细勘察、设计方案经济比选与优化、施工图设计、施工图设计优化、施工图预算、专项设计等。

(3)招标采购阶段的咨询。包括但不限于:招标采购筹划、招标文件(含工程量清单、投标阶段)咨询、合同条款策划、招标投标过程管理等。

(4)工程施工阶段的咨询。包括但不限于:工程质量、造价、进度控制、勘察及设计现场配合管理,安全生产管理,工程变更、索赔及合同争议处理,担任技术咨询,工程文件资料管理,安全文明施工与环境保护管理等。

(5)竣工阶段的咨询。包括但不限于:竣工策划、竣工验收、竣工资料管理、竣工结算、竣工移交、竣工决算、质量缺陷期管理等。

(6)运营维护阶段的咨询。包括但不限于:项目后评价、运营管理、项目绩效评价、设施管理、资产管理等。

2. 建设项目全过程工程咨询的特点

(1)全生命周期。围绕项目全生命周期持续提供工程咨询服务。它涵盖了项目投资前期的咨询(可行性研究、投资决策)、项目实施期的咨询(项目合同策划与招标投标、项目勘察设计、投资与造价、工程监理、施工管理、竣工验收)和运营期的咨询(设施管理、资产管理、项目后评价)。

(2)系统性。全过程工程咨询整合了建设项目的工艺与设备方案的技术与经济比较、投资咨询、招标代理、工程勘察、工程设计、施工监理、造价控制、合同管理和项目管理等专项咨询业务,实现了对建设项目技术与经济、组织与管理、法律事务等集成化的咨询管理。

(3)多样化。全过程工程咨询不是分段式、单项工程咨询,而是多项工程咨询。通常采用多种服务相结合方式,根据项目建设单位的需求,为其提供多项工程咨询或全部工程咨询服务,即提供工程咨询中的局部解决方案或整体解决方案。它是一个多样化的智力服务过程。

(4)多种组织方式。全过程工程咨询可采用由项目建设单位(投资人)委托一家咨询单位负责提供服务,也可以委托由一家咨询单位牵头组织多家咨询单位组成全过程工程咨询服务联合体(团队)提供服务,并由全过程工程咨询总咨询师作为全过程工程咨询服务联合体(团队)总负责人,为建设项目从决策至运营持续提供建设单位所需的解决方案,以及项目各阶段咨询建议或全过程项目管理服务。

(5)需要复合型咨询人才。全过程工程咨询的核心人物——总咨询师负责主持整个建设工程项目的咨询服务工作,他是一个全过程咨询项目的领导者、组织者、管理者和责任人。总咨询师需要具备多项甚至全部的咨询服务专业知识,对工程技术、经济学、管理学、法学四方面的知识要有较深的了解,具备专业咨询的能力,才能够胜任这项职责。专业工程咨询师也需要培养多种业务的咨询技能,丰富自己的咨询阅历与经验。简言之,全过程工程咨询的系统性决定了对咨询人才的复合型要求。

3.全过程工程咨询与传统咨询的区别

两者存在一些相同之处,如两者都是由专业人士来组织实施的;两者都存在资源的约束;两者都是一种智力劳动过程等。但是,两者也存在诸多的不同,具体区别见表 4-4。

**表 4-4　全过程工程咨询与传统工程咨询的区别**

| 比较 | 全过程工程咨询 | 传统工程咨询 |
|---|---|---|
| 咨询方案 | 整体的 | 局部的 |
| 责任人 | 总咨询师 | 项目经理 |
| 组织机构 | 全过程工程咨询单位或联合体 | 专业咨询单位 |
| 服务范围 | 全生命周期 | 分阶段 |
| 咨询特点 | 系统性 | 碎片化 |
| 参与人 | 较多,无法确定的 | 有限,确定的 |
| 资源需求 | 所有专业或较多专业 | 较少专业 |
| 人才需求 | 复合型 | 专业型 |
| 时间期限 | 从项目前期策划决策到后期运维 | 专业咨询期 |
| 思维方式 | 系统性、一体化 | 分专业、少整合 |

4.全过程工程咨询与工程总承包的异同点

全过程工程咨询与工程总承包都是完善工程建设组织模式的新服务方式,既是住房和城乡建设部大力提倡的方式,也是项目建设单位(项目业主)愿意选择的工程建设活动组织方式。这两者相互联系相互影响,存在一些相同点:如两者都是由专业人士来组织实施的;两者都存在资源的约束;两者都有智力劳动过程等。但是,全过程工程咨询与工程总承包存在诸多的不同,具有区别见表 4-5。

**表 4-5　全过程工程咨询与工程总承包的异同点**

| 比较 | 全过程工程咨询 | 工程总承包模式 |
|---|---|---|
| 服务类型 | 工程管理智力服务 | 建设生产过程 |
| 最终成果 | 咨询方案、咨询报告、管理方案 | 建筑物、构筑物等实体 |
| 组织机构 | 咨询单位或咨询联合体 | 总承包企业、联合体 |
| 服务范围 | 全生命周期 | 阶段性(设计采购施工) |

续上表

| 比较 | 全过程工程咨询 | 工程总承包模式 |
|---|---|---|
| 收费方式 | 专项服务费＋统筹费 | 总价合同 |
| 参与方 | 一家或多家,无法确定的 | 有限、确定的 |
| 资源需求 | 智力资源、专业咨询师 | “智力＋物质”资源 |
| 承担风险 | 相对较小 | 风险大 |
| 时间期限 | 从项目前期策划决策到后期运维 | 设计、采购、建设 |
| 相互关系 | 授权对总承包进行监督和管理 | 被管理 |

## (二)建设项目工程咨询的发展

### 1. 国际建设领域工程咨询沿革

工程咨询可以追溯到18世纪90年代,英国建筑专家约翰·斯梅顿组织了一个“土木工程师协会”,独立承担从土木工程中分离出来的技术咨询服务。

1818年,英国土木工程师学会(The Institution of Civil Engineers,ICE)创立,这是建筑业出现的第一个专业人士组织,但当时工程咨询还没有完全从建筑工程领域分离出来,建筑师受业主雇用负责设计和组织施工。

19世纪40年代,工业革命的结果使建筑技术复杂化,导致设计与施工分离,工程承包市场形成,建筑师的作用开始转变,由为业主设计并组织施工转变为业主的工程顾问。

1852年,美国土木工程师学会成立,标志着独立执业的工程咨询机构开始问世。美国土木工程师协会成立至今已有170多年的历史,是历史最悠久的国家专业工程师协会。

1904年,丹麦国家咨询工程师协会的成立标志着工程咨询业的名称正式产生。

1913年,国际咨询工程师联合会(英文名称是 International Federation of Consulting Engineers,法文缩写为FIDIC,中文音译为“菲迪克”)的成立标志着工程师咨询业步入成熟和规范发展时期。

FIDIC是国际上最有权威的咨询工程师组织,由欧洲三国(比利时、法国和瑞士)组成的独立咨询工程师协会在比利时根特成立,下设欧共体分会、北欧成员分会、亚太地区分会、非洲成员分会,总部设在瑞士的洛桑。FIDIC下设“业主咨询工程师关系”、“合同”、“质量”、“风险”和“环境”五个常设专业委员会。FIDIC成员来自全球60多个国家,FIDIC举办各类研讨会、会议及其他活动,目的是共同促进成员协会的职业利益,向其他成员协会传播有益信息。1996年,中国工程咨询协会正式加入菲迪克(FIDIC)组织。

FIDIC的出版物包括各类会议论文集,为咨询工程师、项目业主和国际发展机构提供信息,资格预审标准格式,合同文件,以及客户与咨询单位协议书。其中,FIDIC合同具有脉络清晰、逻辑性强,业主、承包人和工程师的职责权限清楚,合同双方权利义务界限分明,便于合同管理等特点,被世界各国工程界认可,世界银行和其他国家金融机构推荐,在国际工程招标、承包中被广泛采用。

FIDIC秉承“公平、公正、公开”的精神,各专业委员会制订了许多建设项目管理规范与合同文本,对国际工程咨询师的专业化、规范化贡献极大,已经成为国际工程招标、承包的标准文本。这些文本极大促进了全球工程咨询业的100多年健康发展。

20世纪70年代以来,国际建筑市场竞争加剧,国际工程项目管理热潮兴起,使国际工程咨询业跨越到新的台阶，工程咨询理念日益更新，工程咨询的外延不断扩大，国际工程咨询业出现一些新的动向。主要呈现出以下几大特征：

(1)工程项目战略咨询。这是将企业战略管理的理论应用于工程项目咨询服务。项目战略是谋求项目的可持续发展做出的长远性、全局性的谋划或方案。

工程项目战略咨询是指咨询工程师应用战略管理的思想为项目投资方(项目业主)所做的项目发展目标、方针、策略的咨询建议或方案，其目的是谋求项目的可持续发展。该方案既包括项目的中长期发展计划和投资计划，也包括从市场竞争的角度，为保持和创造项目的竞争优势，在项目的生产规模、技术的先进性、供应链的合理性、生产与服务的一体化等方面的策略方案，还包括从投资收益角度，提出项目拓展、技术改造、产品升级的时机和项目关闭与退出的决策方案。

战略咨询曾经是管理咨询公司的主要业务，随着管理咨询业向工程咨询业的扩张，特别是工业、服务业建设项目的项目投资方(项目业主)对项目本身可持续发展有强烈的愿望，希望在投资建设前也对拟建项目有中长期发展的考虑，而不仅仅局限于项目建设顺利投产成功的传统工程咨询需求。近年来，战略咨询也逐渐被应用于工程项目咨询活动中。

(2)重视全生命周期咨询。它是指工程咨询服务贯穿于项目的全生命周期。它包括项目战略规划、项目准备、规划设计、工程建设、竣工投产、运营维护等全生命周期的各个阶段，包括投资机会研究、项目建议书、可行性研究报告编制或评估、工程勘察、设计、造价、招标、采购、合同管理咨询和施工监理、生产准备、人员培训、竣工验收咨询及项目建成投产后评估、运营期维护与资产管理咨询等项目生命周期的所有咨询。

全生命周期咨询的核心就是将规划设计阶段、施工建设阶段、竣工验收阶段和运行维护阶段结合起来，提供系统性、完整性的工程项目管理各方面的咨询方案，为项目建设单位(项目业主)一体化服务。近年来，全生命周期咨询已成为世界各国工程咨询界专家、学者和咨询工程师的普遍共识。

(3)工程咨询服务链向管理延伸。实践中，一些建设项目面临资金不足的困难，建设单位(项目业主)希望工程咨询公司提供融资建议；另一些建设项目投资人对建成投产项目的未来经营管理经验不足，也寄希望于工程咨询公司提供合理的经营方案，工程咨询公司面临新的挑战。市场要求工程咨询业扩展服务范围。在国外，工程咨询公司与建筑公司、项目开发商、融资商(金融机构)等伙伴式开发经营模式，即"融资—咨询—采购—建造—经营"一体化的集成开发模式应运而生。在这种模式中，工程咨询机构扮演重要角色，承担了主要的组织职责。事实上，咨询服务在项目建设前期决策之前增加了融资咨询；又在项目建成交付使用后，除项目运维服务之外还有经营管理咨询，这确实是向两端延长了工程咨询服务链。

(4)工程咨询与其他行业的联合。由于国际建设工程市场的激烈竞争和当代科技的迅速发展，行业之间、学科之间交叉和渗透也是国际工程咨询业呈现的又一特点。工业技术、工程建设、金融投资、信息化、智能化等专业交叉融合的项目已经屡见不鲜，这也给工程咨询行业提出了更高要求。咨询工程师除熟悉自身的全过程咨询业务外，还要善于学习，掌握整合外部资源的能力，与其他行业(如工业技术、信息化、智能化等)的工程师或专业咨询人员合作，才能为项目投资人(项目业主)或委托人提供所需要的全生命周期的工程咨询服务。

(5)咨询企业大型化与小型专业化共存。过去的50年，大型国际工程咨询公司，即以设计为主导、工程咨询功能齐全、有较强融资保障、实行科学的项目管理、有丰富竣工验收试车经验的国际型工程公司不断壮大，越来越强，已经成为国际工程市场的主力，虽然数量有限，但承揽了大部分工程总承包项目。而小型专业工程咨询公司资本少、规模小,但在数量上仍占大多数,小型咨询公司的服务以规划公司(为委托人做建设项目前期论证、可行性研究)、设计事务所(为委托人做建筑及结构设计)、测量师事务所(主要在英联邦国家,为业主做造价咨询)及综合性工程咨询公司为主,针对不实行工程总承包的项目提供全过程的或阶段性的专业咨询服务。

因为能够满足市场上不同种类的投资项目工程咨询要求,所以国际化大型咨询企业与专业化小型咨询企业会长期存在。

2.国内建设领域工程咨询业的产生与发展

国内建设领域工程咨询业的产生与发展,经历了一个较为漫长而曲折的过程。按照对工程咨询业的认识理解、政府政策、管理体制和咨询市场化等几个方面,可以将此划分为四个阶段。

(1)工程咨询业的萌芽期(1949—1979 年)

这是自新中国成立以后至实行改革开放前的 30 年。当时处于计划经济时期,国内照搬苏联的投资决策管理制度,建设项目由基本建设投资计划决定立项和启动建设,国内没有工程咨询业,也不存在工程咨询市场。所有工程建设项目的前期准备工作都是由建设单位筹建机构并自行承担,各省市政府计划委员会指派设计单位和施工公司承担勘察设计和工程施工任务,建设单位自行组织一个基本建设工作组负责接洽与协调勘察设计、工程施工、设备订货与安装等参与单位,施工管理主要由建设单位(甲方)代表、设计单位代表和施工单位项目负责人共同实施,出现问题多方协商解决。

学习苏联的管理经验,少数工业项目(大型工程)和其他特殊工程的前期工作主要是工艺技术方案编制、项目建议书和经济技术分析,则由建设单位委托勘察设计单位来完成,并供建设单位批准。实际上这是简单的工程咨询工作,体现了工程咨询的理念。

(2)工程咨询业的起步期(1980—1989 年)

这是改革开放开始的 20 世纪 80 年代的 10 年。这一时期工程咨询逐步为社会各界人士理解和重视。促使人们转变观念有两大因素:国际工程咨询机构的进入和可行性研究方法的推广。

随着改革开放的发展,引进外资已经成为发展国内经济的重要途径。特别是争取获得世界银行、亚洲开发银行和国际金融组织贷款的项目,与此同时世界银行等对申请的项目有管理要求,如必须经过提供贷款方指定的工程咨询机构评审认可,项目才能获得批准并签订贷款协议。这项规定促使中国政府放宽限制,允许国际工程咨询机构进入中国承担项目评估服务。

这段时间,随着我国经济建设的全面推进,以提供投资效益为目标的项目决策科学化已成为政府管理部门的共识。1978 年,联合国工业发展组织发布了《工业可行性研究编制手册》,该手册对可行性研究的主要内容、计算方法都做了明确规定,使投资项目可行性研究工作规范化。20 世纪 80 年代开始,世界银行在我国对投资项目可行性研究进行了大力推广。1982 年,国家计委明确规定把项目可行性研究纳入基本建设程序,并在当年报经国务院批准,成立了中国国际工程咨询公司,它隶属于国家计委,主要承担政府投资重大工程项目可行性研究的审查评估工作。

1984 年,国务院提出:改革建筑业和基本建设的管理体制,大力提高投资效益。提出推行投资包干制和招标承包制(择优选择设计、施工单位)。

1985 年,国家又决定对建设项目实行“先评估、后决策”制度,特别是大中型建设项目和限额以上技术改造项目，必须经过有资格的咨询公司评估后才能提请审批。

随后，各省市政府的计委便陆续组建了下属的工程咨询机构，承担政府固定资产投资项目的前期审查评估工作。这些工程咨询机构受政府部门委托，前期评估各地上报的投资项目，机构具有半官方性质，当时国内还没有形成工程咨询的市场。

1988 年 7 月，建设部发布《关于开展建设监理工作的通知》，代表着工程监理制度在国内开始实施。当时推行的建设监理，虽然不完全由独立的工程咨询机构来承担，但客观上拓宽了工程咨询的工作范围，建设项目的前期评估扩展到实施过程的监理，对于提高项目管理水平与投资效益，发挥了积极作用。

20 世纪 80 年代中后期，国内工程咨询业的市场化兴起，从中央到各省市，依托各级政府计委（经委）等职能部门或金融机构，先后成立了各种专业性和综合性的独立工程咨询公司，它们成为刚刚起步且处于探索阶段的中国工程咨询服务业的主体，事实上，那时国内民间工程咨询机构很少，中外合作（合资）的工程咨询公司也不多。

（3）工程咨询业的成长期（1990—1999 年）

这是 20 世纪 90 年代的 10 年。进入 20 世纪 90 年代以后，国家投资体制实行改革，中国工程咨询业的发展进入快速成长期，该时期的显著特征不仅表现为工程咨询市场逐步发育，市场主体呈现多元化，而且行业管理渐趋规范，产业化进程明显加快。

1990 年 7 月，成立了中国建设工程造价管理协会；1992 年底，成立了中国工程咨询协会；1994 年，国家计划委员会颁布了《工程咨询业管理暂行办法》《工程咨询单位资格认定暂行办法》。

我国开始运用行政规章规范管理工程咨询业务范围、工程咨询单位和工程咨询行业以及涉外工程咨询等，并将勘察设计、建设监理纳入工程咨询。此外，还明确了工程咨询单位应加入工程咨询协会，并委托中国工程咨询协会负责承办工程咨询单位资质认定工作。

这 10 年期间，我国工程咨询的产业化进程不断加快，工程咨询市场逐步发育，行业的业务范围也渐渐多样化。建设工程咨询市场上，除做建设项目前期决策咨询之外，出现了以工程造价咨询为主的咨询公司、工程监理公司。20 世纪 90 年代后期在一些沿海城市还出现了一些为建设项目进行全过程造价咨询的工程咨询公司。

在国际化方面，国外工程咨询机构开始大力开拓中国市场，在中国设立办事处或合资合作公司，全球 200 家国际知名的工程咨询公司中有 140 多家已经进入中国市场。国内工程咨询企业也开始尝试进入国际市场，先后在世界上 50 多个国家承担项目。为了适应这一发展需要，1992 年成立了中国国际工程咨询协会，担负起研究国际工程咨询市场，以帮助中国工程咨询企业“走出去”，参加国际竞争的任务。

1999 年初，建设部召开的“全国勘察设计咨询管理工作会议”指出，工程咨询在工程建设中起主导作用，是实施工程质量监督和保证的重要环节。会议还提出建立为工程建设全过程提供技术性、管理性服务的设计咨询体系：要求在经营方式和组织形式上与市场接轨、与国际接轨，逐步改造成国际型工程公司、工程设计咨询公司、专业事务所、岩土工程咨询公司等，鼓励大型勘察设计咨询单位实行多元化经营，以形成国际通行的工程咨询设计服务体系。这次会议提出的改革思路和工作目标，对现在的全过程工程咨询都有指导意义。

（4）工程咨询业的成熟期（2000—至今）

这是进入 21 世纪的 20 多年。我国加入 WTO 后，随着政府机构与事业单位改革，科研设计单位的全面转制及各类工程咨询单位脱钩改制，市场咨询主体增多，国有的、民营的、混合所有制的咨询企业和国外咨询公司、中外合资咨询公司等都进入了国内工程咨询市场，工程咨询市场快速发展。另外,2000 年《中华人民共和国招标投标法》施行和 2004 年国务院正式颁发了《关于投资体制改革的决定》(〔2004〕20 号),要求对政府投资项目加快推行“代建制”,通过专业化的项目管理单位组织建设实施,严格控制项目的投资、质量和工期,竣工验收后移交给使用单位,2006 年前后各省市施行“政府投资非经营性项目实行代建制”的管理措施,促进了招标投标代理企业、工程项目管理公司的产生与发展,给国内工程咨询市场增添了新服务主体,也丰富了咨询服务的内容。

2003 年,建设部发布《关于培育发展工程总承包和工程项目管理企业的指导意见》(建市〔2003〕30 号),提出了工程总承包的主要方式:设计—采购—施工总承包(EPC)、设计—施工总承包(DB)、设计—采购总承包(EP)、采购—施工总承包(PC);还有工程项目管理方式:项目管理服务(PM)和项目管理承包(PMC),强调了推行工程总承包和工程项目管理的措施。由于工程总承包和项目管理总承包已成为当前国际上大型工程咨询公司开展业务的一个趋势,并逐渐成为这些公司的主营业务,此文件的发布也是顺应国际工程建设发展的大趋势,加快国内建筑产业与国际接轨的举措。

2016 年,住房和城乡建设部发布《关于进一步推进工程总承包发展的若干意见》(建市〔2016〕93 号),指出工程总承包是国际通行的建设项目组织实施方式,有利于提升建设项目各阶段工作的深度融合,提高工程建设水平,充分发挥工程总承包企业的技术与管理优势,促进企业做优做强,推动产业转型升级,并从完善工程总承包管理制度、提升企业工程总承包能力与水平、加强推进工程总承包发展的组织和措施三方面提出了指导意见。

上述两个文件的出台,给国内建设领域工程咨询业的发展提供了新契机,给各类工程咨询企业增添了新的发展动力。国内工程咨询市场逐渐壮大,咨询主体既有独立的工程顾问公司、工程咨询公司、工程设计咨询公司、建筑设计咨询公司或事务所、专门的项目管理公司,又有专业咨询公司(勘察设计、招标投标代理、工程监理、工程造价等),还有国际工程咨询公司,国内工程咨询市场的规模也不断扩大。伴随我国对外开放的逐步扩大,国内工程咨询业的发展进入一个国际竞争的新时代,工程咨询单位的生存与发展问题就愈显突出,工程建设组织方式的改革呼之欲出。

2010 年 2 月,国家发展和改革委员会发布《关于印发工程咨询业 2010—2015 年发展规划纲要的通知》(发改投资〔2010〕264 号),作为五年发展的指导性文件,明确了工程咨询业发展的指导思想、原则、目标和任务,建立并落实保障措施。该文件对国内工程咨询业的发展促进较大。

随着国内经济体制改革的深入推进,城市化步伐的加快,建筑业的可持续发展议题显现。2017 年 2 月,国务院办公厅印发了《关于促进建筑业持续健康发展的意见》(国办发〔2017〕19 号),在完善工程建设组织模式下第四条“培育全过程咨询”中提出:鼓励从事投资咨询、勘察、设计、监理、招标代理、造价等企业采取并购重组、联合经营等方式发展全过程工程咨询,培育一批具有国际水平的全过程咨询企业。……政府投资工程应带头推行全过程工程咨询,鼓励非政府投资工程委托全过程工程咨询服务。

2019 年 3 月,国家发改委、住房城乡建设部发布了《关于推进全过程咨询服务发展的指导意见》(发改投资规〔2019〕515 号)。

这两个文件的发布,为国内建设领域工程咨询业的发展再次指明了方向,提出了顺应市场需求和工程咨询业发展规律的新要求——发展全过程工程咨询服务。自此以后,创新咨询服务组织实施方式,培养全过程工程咨询企业成为工程咨询业的首要任务。可以预见,不久的将来在工程咨询市场上,全过程工程咨询企业将成为工程咨询的主力军。

全过程工程咨询服务的推行，标志着国内工程咨询业进入成熟期，且加快了与国际工程咨询业的接轨的步伐。

(三)推行建设项目全过程工程咨询的重要意义

1.国内工程咨询市场的新挑战

改革开放以来，我国建筑产业有了较快的发展，各地城市化进程加快，给建筑产业的发展提供了良好的机会。与此同时，建筑领域工程咨询服务市场化、专业化也得到快速发展，逐渐形成了投资咨询、招标代理、勘察、设计、监理、造价、项目管理等专业咨询的服务业态。这在一定程度上满足了工程项目建设单位(项目业主)希望获得专业咨询服务的部分需求。

但随着我国固定资产投资项目建设水平逐步提高，为更好地实现投资建设的目的，投资者或建设单位(项目业主)在固定资产投资项目决策、工程建设、项目运营过程中，对现有的分段式、专项咨询服务反映出的弊端有了更多的认识，对综合性、跨阶段、一体化的工程咨询服务需求日益强烈。

实践中，传统的分段式、专业化的咨询服务暴露出诸多弊端：缺乏系统性，建设项目有关信息不能够共享，参与方各自为政，各项咨询方案实施中存在不少的工作界面衔接矛盾，只要出现责任不明，各方就相互推诿，协调工作量较大，项目后期的运行维护咨询服务空缺，特殊的专项咨询缺乏，全生命周期工程咨询不完整等。

国内建筑市场上，投资者或建设单位(项目业主)普遍存在工程项目管理水平有限的情况，而现代工程项目所涉及的工程技术、经济与管理、法律事务等越来越复杂，虽然可以通过多次采购工程咨询服务大部分涵盖工程实施范围，但对建设单位(项目业主)的统筹协调水平也提出了更高的要求。这是大多数委托方——建设单位(项目业主)在短时期内无法达到的。因此，对于可以贯穿建设项目全生命周期、涵盖各专业的一体化咨询服务形式，建设市场上的呼声越来越高，这也是工程咨询市场发展的自然选择。

因此，要化解这种新需求与现行制度造成的碎片化服务供给模式之间日益突出的矛盾，只有创新咨询服务组织实施方式，大力发展以市场需求为导向、满足委托方多样化需求的全过程工程咨询服务模式。

2.建设项目全过程工程咨询制度推行的重要意义

重要性主要体现在以下几个方面：

(1)打破国内工程咨询业的条块分割，提升工程咨询业的服务水平

我国工程咨询服务主要包括勘察、设计、监理、造价、招标代理等，由于国家体制问题，政府部门条块分割管理，长期以来形成了勘察设计、工程监理、工程造价、招标代理等专项咨询服务，管理部门为此设置了单独准入的门槛，工程咨询服务呈现碎片化或分段化服务业态，工程咨询市场无法提供建设项目全生命周期的一体化服务。这种碎片化的智力服务给建设单位(项目业主)的全过程项目管理造成不便，同时增加了各阶段咨询服务之间的协调工作量，更没有体现出建设项目全生命周期的整体工程咨询服务，已经无法满足建设单位(项目业主)对建设项目综合性、跨阶段工程咨询的新要求。

全过程工程咨询的应用彻底打破了国内工程咨询业的条块分割管理体制，打破了传统的分段式、碎片化的咨询方式，逐渐建立起建设项目全生命周期的整体的工程咨询新方式。新方式即可满足建设单位(项目业主)对工程咨询的一体化新需求，又能迫使各类专业咨询企业扩大自己的咨询服务范围，提高市场竞争力，还能够提升国内工程咨询业的整体服务水平，使其

尽快地赶上国际工程咨询业的发展步伐。

(2)系统完整的咨询服务有效地保障建设项目实现既定目标

全过程工程咨询是以建设项目全生命周期为时段的一体化咨询服务,系统性强,服务类型完整,服务方式灵活,适应性强,不但以建设项目全过程项目管理为核心,而且提供各种专业咨询(勘察设计、工程监理、工程造价、招标代理、合同管理等)和特殊专项咨询(根据建设单位的要求)。如此完整的工程咨询服务体系确实能帮助建设单位(项目业主)强化全过程项目管理,增强建设工程各环节的内在联系,强化项目咨询服务链整体组织,让建设单位(项目业主)得到完整的建筑工程咨询服务。

咨询单位提交的合理咨询方案付诸实施以后,能够有效地保障建设项目既定目标的实现,比如建设项目的进度、质量、总投资目标按期实现,项目建成后按计划投入使用,正常运营获取收益,达成建设项目的净现值、内部收益率和投资回收期等经济效益目标,最终提高项目的投资收益水平,促进建设项目的可持续发展。

(3)协助建设单位(项目业主)顺利实施项目建设全过程管理

全过程工程咨询是受建设单位(项目业主)的委托,咨询单位对项目前期策划、投资决策、勘察设计、工程造价、招标投标、施工监理、竣工验收、运行维护咨询等做出的各阶段咨询服务的总称。整个咨询工作涵盖了建设项目的全生命周期,实际上项目实施的各阶段咨询和各项专业咨询存在着相互联系,有的咨询工作之间存在先后顺序的逻辑关系。此外,各项咨询活动又与建设项目的实施过程紧密相关,如前期策划与项目立项、勘察设计与项目报建、设计方案与招标采购、中标及合同签订与施工许可证、施工图会审与施工准备、材料和设备采购与施工过程、竣工验收与项目投产等。由此可见,上述各环节之间的相互衔接直接影响到整个建设项目的实施进程。建设项目实施过程确实需要一个全过程项目管理组织代替建设单位(项目业主)进行组织与协调,或者聘请一家全过程工程咨询单位协助整个建设项目的实施。由于建设项目参与方较多,有材料与设备供应商、施工承包商、专业施工承包商、监理单位等,还有政府管理部门,各方都有自己的利益和工作习惯,难免会出现意见分歧,甚至引发冲突。全过程工程咨询单位可以从项目实施全流程方面综合考虑,提出咨询建议,加强协调与沟通,如工程咨询单位和工程承包单位的及时沟通,以解决工程实施中出现的问题,最大限度处理工程施工中的各项难题,减少工程施工中各参与单位责任推诿,甚至出现实施界面工作脱节,避免矛盾与冲突,缩短工作项目建设周期,确保建设项目顺利实施,按期达成投资建设总目标。

(4)最大限度地节约建设项目总投资

全过程工程咨询服务整合各阶段咨询和专业咨询的工作内容,更有利于实现建设项目全过程投资控制。咨询单位通过限额设计、施工图设计、精细化设计、全过程造价咨询、变更与合同咨询等,帮助建设单位(项目业主)防止建设工程项目的“三超”现象出现。如专业咨询人员凭借自身专业知识和管理经验,加大对工程中材料设备的管控,监理工程师做好对工程中隐蔽工程的工程量计算与确认,强化对施工现场的管理,有效保证工程的结算价格在预算范围之内。

全过程工程咨询能够高效统筹项目的概算预算、设计管理、材料设备采购与管理、合同管理、信息管理等,实时监控每一环节的成本,保证前期咨询与后期执行数据基本一致、账实相符,提高投资收益,确保项目的投资目标实现,并且还能够最大限度地节约建设项目总投资。

(5)提高建设项目的整体质量

全过程工程咨询以建设项目全生命周期的视角,提供全方位的咨询方案。全过程工程咨询应用系统思维，首先，设立建设项目全过程管理的质量目标；其次，制订各阶段质量保证方案，从规划设计、材料与设备的采购、建筑施工与设备安装过程到竣工验收的质量保证方案，对建设项目全流程质量保障提供咨询服务；再次，全过程工程咨询活动克服了传统单一咨询服务易出现的管理疏漏和界面脱节问题，促进工程项目决策、设计、招标采购、施工、监理等不同环节、不同专业的质量管理工作无缝衔接；最后，从施工过程的工程监理服务将质量目标和质量保证方案贯彻落实到具体的子项目、分项目、分部分项工程中，有助于提高工程建设的过程质量，从而提升建设项目的整体品质。

(6)降低建设项目的综合风险

建设项目的风险是指项目建设活动中消极的、人们不希望的后果发生的潜在可能性。风险是期望与现实的背离，风险是财产的损失和生命的伤害，风险是项目的失败。由于工程项目实施需要持续一段时间，任何建设项目都存在一定风险。

建设项目的综合风险是指项目面临的技术风险、经济风险、社会风险、自然风险的总和。长期以来我国工程咨询行业只能提供专业咨询、碎片化的服务，既影响项目建设的效率和质量，又增加了项目实施中的各种风险。针对项目综合风险，全过程工程咨询服务可以发挥对建设项目全过程咨询与协助管控的优势，将项目风险管理的理论与方法应用到各项咨询活动中，降低决策失误、投资失败的概率，避免安全事故，减少工程变更与索赔，杜绝延期交付等，尽可能规避自然风险和社会风险，或者将项目风险的损失降到最低。

此外，因为聘请了全过程工程咨询单位提供工程咨询服务，建设单位(项目业主)的管理责任有了分担，所以，建设单位工作失职风险有所降低。

(7)促进国内建设领域咨询方式的转变与咨询企业的转型升级

2017 年 2 月，国务院办公厅印发了《关于促进建筑业持续健康发展的意见》(国办发〔2017〕19 号)，在完善工程建设组织模式下第四条“培育全过程咨询”中提出：鼓励从事投资咨询、勘察、设计、监理、招标代理、造价等企业采取并购重组、联合经营等方式法全过程工程咨询，培育一批具有国际水平的全过程工程咨询企业……政府投资工程应带头推行全过程工程咨询，鼓励非政府投资工程委托全过程工程咨询服务。

2019 年 3 月，国家发改委、住房城乡建设部发布了《关于推进全过程咨询服务发展的指导意见》(发改投资规〔2019〕515 号)。该文件明确指出：改革开放以来，我国工程咨询服务市场化、专业化快速发展，形成了投资咨询、招标代理、勘察、设计、监理、造价、项目管理等咨询服务业态……随着我国固定资产投资项目建设水平逐步提高，为更好地实现投资建设意图，投资者或建设单位在固定资产投资项目决策、工程建设、项目运营过程中，对综合性、跨阶段、一体化的咨询服务需求日益增强。这种需求与现行制度造成的单项服务供给模式之间的矛盾日益突出。因此，有必要创新咨询服务组织实施方式，大力发展市场需求为导向，满足委托方多样化需求的全过程工程咨询服务模式。

(8)培养复合型咨询人才，提高工程咨询业的国际竞争力

全过程工程咨询需要复合型咨询人才，其负责人——总咨询师就是复合型人才的典型代表。

全过程工程咨询服务的推广会倒逼复合型咨询人才的造就与培养。目前，国内各省市在建设领域推广全过程工程咨询活动中，懂得工程技术、经济、管理和法学的复合型人才极度短缺，已经成为推广全过程工程咨询服务的痛点。比如，一些专业咨询公司想承揽一项建设项目全过程工程咨询的服务，要选派一名合格的总咨询师都难以实现。由此可见，培养复合型咨询

人才成为当务之急。全过程工程咨询服务单位为了开展全过程工程咨询业务,适应建设领域咨询服务组织方式的转变,提高工程咨询企业的市场竞争力,在配备具有相应执业能力的专业技术人员和管理人员的同时,重视复合型咨询人才的培养和复合型咨询人才队伍的建设,这也是咨询企业生存与发展的需要。

(四)建设项目全过程工程咨询的服务模式与范围

1. 建设项目全过程工程咨询的服务模式

服务模式是:$1+N+X$。

在这个模式中,“1”指全过程工程项目管理,由一家企业或两家以上企业组成的联合体承担全过程工程咨询项目管理,服务范围包括投资决策、工程建设、运营维护三阶段中一个或多个阶段的咨询服务。

“$N$”指一项或多项的专业咨询。由全过程工程咨询的组织承担或具有勘察设计、工程监理、工程造价等至少一项资格的咨询单位承担。

“$X$”指建设单位(项目业主)要求的专项咨询服务,不是由全过程工程咨询的组织承担,需要整合外部资源来实施的专项服务,如工程保险、法律咨询等。

“$1+N+X$”模式覆盖了建设项目全过程工程咨询的服务形式,为所有类型的工程咨询单位开展建设项目全过程工程咨询提供指导。工程咨询单位可以根据自身的资源能力、优势特点等,选择合适的服务方式,为建设单位(项目业主)提供满意的工程咨询服务。

2. 全过程工程咨询的服务范围

全过程工程咨询的服务范围包括投资决策综合性咨询、工程建设过程咨询和项目竣工交付后运营维护咨询。

1)投资决策综合性咨询

投资决策综合性咨询包括的服务内容有:机会研究、策划咨询、规划咨询、项目建议书、资源与环境评价、初步可行性研究、技术方案比选、投资估算、融资策划、项目风险分析、项目竞争性分析、详细可行性研究、项目可持续发展研究等。全过程工程咨询单位要负责编写上述咨询文件,个别专业性强的咨询报告由咨询单位组织相关专家共同完成。

此外,根据项目的具体情况,咨询单位还要进行项目节能评价、安全评价、社会稳定风险评价、地质灾害风险评估、绿色建造咨询和交通影响评价等咨询工作,咨询成果应该符合国家的法律法规、技术标准和地方技术标准,且满足建设项目实施进度的要求。

2)工程建设过程咨询

工程建设过程咨询可分为招标采购、勘察设计、工程施工和竣工验收四个阶段。其咨询服务内容如下所述。

(1)招标采购阶段。全过程工程咨询单位开展以下工作:①根据建设项目的具体情况选择确定合适的工程发包方式;②对承包人或供应商进行调研,了解他们的资信能力、服务质量和财务状况等;③编制采购策划文件(含采购项目、标段、预算、采购条件、实施计划、合同条款策划等);④负责采购过程的具体实施工作,并满足工程施工进度要求;⑤组织招标采购的全过程,包括招标文件编制(含招标公告、工程量清单、投标限价等)、招标投标过程管理(含投标人资格审查、现场踏勘与澄清会议、投标文件和保证金审核、开标、组建评标小组与评标、评标报告与推荐中标候选人),协助建设单位(项目业主)与中标人合同谈判并最终签约;⑥对采购的材料、设备检查验收,包括对甲方供应材料、设备进场检查验收。

(2)勘察设计阶段。项目地质勘察方面,勘察单位负责完成项目地质勘察工作,提交地质勘察报告。全过程工程咨询单位要审核勘察任务书和勘察实施技术方案;监督见证勘察作业过程;审查勘察成果的完整性、真实性与符合性。要根据项目总进度计划,确定设计周期,并跟进设计进度,确保满足报建、招采、施工的时间要求。咨询单位还可以依据建设单位(项目业主)的想法,对项目建筑功能、节能环保、平面布置、空间利用、造价优化、文化塑造等提出设计建议,以提升建设项目的整体品质。咨询单位也要负责编制设计任务书,审查设计成果文件的深度与质量,并在项目施工前咨询单位负责组织相关各方进行施工图会审,确保设计文件对施工的正确指导,避免后期变更。咨询单位还应该预先审阅设计施工图资料,必要时组织调整和优化设计工作。此外,咨询单位还需对设计变更进行审核和控制,保证项目实施的进度、质量、投资目标实现。最后,咨询单位要协助建设单位(项目业主)收集、归档、保存相关文件,并组织审核竣工验收图。

(3)工程施工阶段。全过程工程咨询单位要承担施工项目监督管理的责任、负责做好施工单位与勘察设计单位的协助配合和做好工程施工监理工作。

首先,咨询单位协助或代表建设单位(项目业主)对项目施工的进度、质量、造价、安全、文明施工与绿色施工进行监督管理,制定相应的管理目标、实施计划与行动方案,确保这些目标的实现。

其次,咨询单位做好工程施工单位与勘察设计单位之间的协调与配合工作,具体工作包括组织勘察设计的现场自行服务;必要时组织对原设计图的专项设计或深化设计;组织设计交底与施工图会审和设计文件的管理等。

最后,应按照合同约定,自行承担工程监理职责或委托工程监理单位履行工程监理职责。如自行承担工程监理职责,咨询单位要组织驻场监理团队,制订和实施相应监理措施,采用旁站、巡视和平行检验等方式对项目实施监理,并及时、准确地做好监理工作记录。工程监理的核心内容是:工程总进度目标的总体控制与阶段性控制;履行建设工程质量管理的监理职责;进行工程量计量并签认应支付的工程款,实施工程造价控制;根据相关法律法规和强制性标准,履行建设工程安全生产的监理职责;施工合同管理,参与处理工程变更、工程延期、索赔及施工合同争议等事宜。

施工阶段的工程监理要做好全过程文件、资料、信息的收集、整理、归档与保存工作,确保施工资料、竣工文件的完整性和准确性。工程监理是全过程工程咨询的组成部分,要服从全过程工程咨询服务的总体安排。

(4)竣工验收阶段。首先,对建设单位从项目投资决策到实施阶段形成的过程文件、图纸、资料等进行全面的收集、分类、整理,协助建设单位完成竣工验收、竣工结算、工程移交、竣工决算等工作。其次,组织所有施工单位将验收合格的建设项目(子项目)及完整资料文件移交建设单位(项目业主)。

此阶段的工程咨询,除了制订验收项目交接的工作方案和做好方案实施工作,并编制竣工验收、竣工结算、项目移交、竣工决算报告外,还需要协助项目建设单位(项目业主)做好项目保修的组织与管理工作,如协助签订保修合同、质量缺陷修复费审核等。

3)竣工交付后运营维护咨询

运营维护阶段的咨询内容:全过程工程咨询单位为建设单位提供项目后评价、项目绩效评价、运营维护策划、设施管理、资产管理等方面的咨询服务。

运营维护阶段咨询单位除了对已经竣工验收和投入使用的项目提供设施的运营与维护方

案，确保项目资产的增值保值之外，还需要对建设项目全过程的经验教训进行系统、全面的总结，为项目的可持续性发展提出建议，也为后续的建设项目投资决策和项目实施提供参考。

(五)建设项目全过程工程咨询的运作模式与组织方式

全过程工程咨询服务是建设咨询市场的一种新型智力服务形式，既符合国际建设市场发展规律，也适应了国内建设行业发展的新需求。要能够满足建设单位(项目业主)和委托方多样化的工程咨询需求，只有坚持以咨询市场需求为导向，创新全过程工程咨询的运作模式和咨询活动的组织方式。

1. 建设项目全过程工程咨询的运作模式

运作模式是指各类工程咨询单位采用组织变革方式，实现在建设市场上承揽全过程工程咨询服务的基本模式。

国内建设领域全过程工程咨询有以下三种运作模式，如图 4-40 所示。

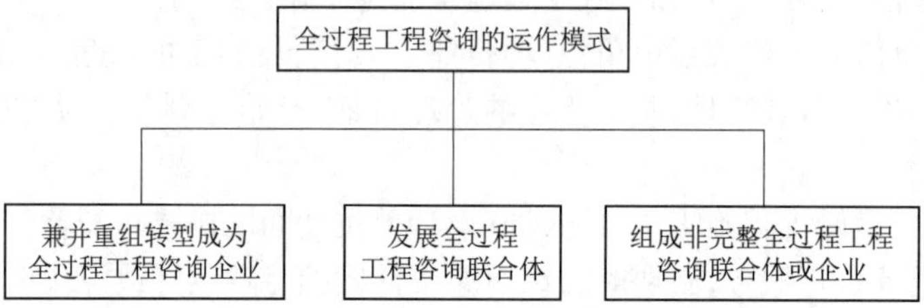


图 4-40　全过程工程咨询的运作模式

(1)兼并重组转型成为全过程工程咨询企业

投资咨询、勘察设计、工程监理、工程造价、项目运维等咨询企业采取并购重组等方式发展成为全过程工程咨询企业，提供全过程工程咨询服务。

目前国内以大型城市建筑设计院(公司)与大型工业设计院(公司)为龙头，通过自我发展或收购兼并其他企业逐步发展成为全过程工程咨询企业，向市场提供建设项目全过程工程咨询服务。这是一种典型的完整型全过程工程咨询企业。

还有一些具备多种专业咨询资质与能力(如建设监理、工程造价、招标投标代理等)的企业，也采取收购兼并方式整合其他投资咨询、勘察设计等企业，逐步补齐自身的咨询服务链，形成全过程工程咨询的能力，主动转型成为全过程工程咨询服务企业。

(2)发展全过程工程咨询联合体

工程咨询联合体是指两个或两个以上法人或者其他咨询单位组成一个联合组织，其目的是以一个投标人的身份参与工程咨询投标，承揽全过程工程咨询服务。

工程咨询联合体是由投资咨询、勘察设计、工程监理、工程造价、项目管理等企业采取联合经营、项目合作等方式发展成为全过程工程咨询联合经营组织，提供完整的全过程工程咨询服务。联合体没有股权参与，只是一种短期的项目合作。

目前，国内以勘察设计公司、项目管理公司为主联合其他企业(建设监理、工程造价等)咨询公司牵头组成全过程工程咨询联合体，参与建设咨询市场竞争，也是一种全过程咨询服务的常见运作模式。

因为任何企业之间的兼并、合并都涉及相关方的利益平衡，谈判过程会持续一段时间，有时还会出现反复。对于一些暂时无法组建建设项目全生命周期工程咨询企业的咨询单位，联合体也是培养全过程工程咨询能力的选择之一。

(3)组成非完整全过程工程咨询联合体或企业

这是由具有各种专业咨询的企业与其他专业咨询企业整合组成不完整的全过程工程咨询联合体或企业，提供建设项目全过程工程咨询服务链中的部分工程咨询服务。

鉴于目前国内各省市还存在大量的中小型专业咨询公司，如工程监理、工程造价、工程前期咨询、招标采购咨询等公司，这些公司人数不多、资本少、规模不大、服务范围小，只能够提供单项或少数几项专业咨询服务。这些企业无足够资产与能力去兼并其他咨询企业，他们整合其他相关咨询企业的能力较弱，即便是组成小型工程咨询联合体，也只可能提供部分工程咨询服务。

事实上，这类小型咨询联合体就是非完整的全过程工程咨询联合体，在一段时期内他们还将会在国内长期存在，其中有的联合体可能具备某些专业咨询的优势。作为一种补充，这类非完整的全过程咨询联合体同样能够给建设咨询市场提供部分高质量的咨询服务，因此，他们仍然有一定的生存空间。

2.建设项目全过程工程咨询的组织方式

该组织方式是指全过程工程咨询活动的组织方式，即工程项目建设单位(项目业主)与各种全过程工程咨询组织签约、委托咨询服务的工作方式。

建设项目全过程工程咨询的活动组织要根据具体建设项目的技术与经济特点(如项目的规模、复杂程度、所涉及的技术领域、投资总额、生态环境、资源条件等)、所在地区社会人文环境、建设咨询市场发展水平等因素，选取针对性好、操作性强的组织方式。

目前，至少有以下三种类型组织方式可供工程项目建设单位(项目业主)选择，如图 4-41 所示。

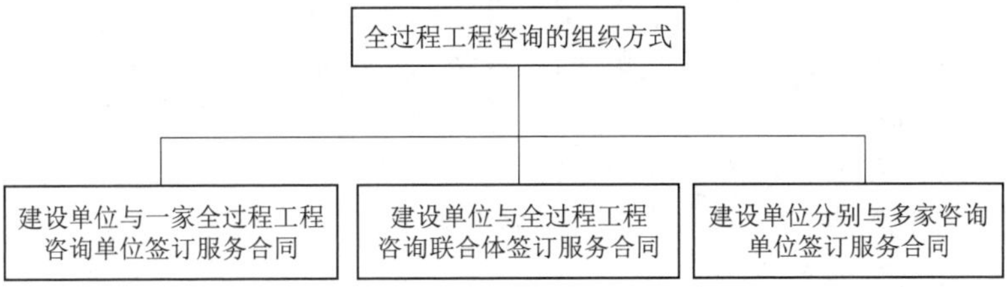


图 4-41　全过程工程咨询的组织方式

(1)建设单位与一家全过程工程咨询单位签订服务合同

建设单位只与一家全过程工程咨询单位签订服务合同。建设单位将整个建设项目的所有工程咨询服务全部发包委托给这家公司。这种方式类似于工程总承包方式。

这种做法的优点在于建设单位对项目的管理更加简化，充分利用外部的智力资源，减少了内部配备各类专业人员的麻烦，也不需要对全过程中各阶段的咨询服务进行协调。这种做法的缺点是与分阶段委托服务相比，建设单位可能会支付更多的全过程工程咨询费用，包括统筹协调费用；另外，能否找到一家适合具体建设项目的全过程工程咨询公司，也是一个不确定的因素。

(2)建设单位与全过程工程咨询联合体签订服务合同

这是指建设单位将整个建设项目的所有工程咨询服务全部发包委托给这个联合体。这种方式类似于联合体工程总承包方式。

联合体是一个临时性组织，不具有法人资格。组成联合体的目的是增强投标竞争能力，减少联合体各方因支付巨额履约保证金而产生的资金负担，分散联合体各方的投标风险，弥补有关各方技术与智力资源的相对不足，提高各方共同承担咨询项目履约的可靠性。

联合体虽然不是一个法人组织，但是对外投标应以所有组成联合体的各方主体共同的名义进行，不能以其中一个或几个主体的名义进行全过程工程咨询的承揽工作。因此，建设单位要与联合体各方共同签订全过程工程咨询服务合同。而联合体内部之间的权利、义务、责任承担等问题，则需要依据联合体各方订立的联合体协议来解决。

联合体各方均应具备承担招标项目的工程咨询的相应能力，国家有关文件或者工程咨询招标文件对投标人资格条件有规定的，联合体各方均应当达到相应的资格条件。

(3)建设单位分别与多家工程咨询单位签订服务合同

由于建设项目的特殊性或建设咨询市场不够发达等，建设单位(项目业主)只能分别与多家工程咨询单位签订服务合同，最终形成全过程咨询服务。这实际上是分段式的工程咨询服务的叠加。因为有的咨询单位能提供几项专业咨询，而有的咨询单位则只能提供一项专业咨询服务。

这种方式的优点是比较于一家全过程工程咨询单位签约，建设单位可节省部分工程咨询费用并获得全过程工程咨询服务；但缺点是建设单位增加了工程咨询服务发包的工作量，还需要对各阶段咨询服务和各专项咨询服务进行协调；此外，建设单位需要更多的项目管理人才(如果没有委托项目管理服务)自行实施项目全生命周期管理。

在国内部分中小城市，全过程工程咨询服务未发展壮大之前，建设单位分别与多家工程咨询单位签约的做法可能还会持续一段时间。

## 复习思考题

4-1 什么是项目？其主要特征有哪些？

4-2 什么是工程项目？

4-3 什么是施工项目？其特征有哪些？

4-4 什么是建设项目？其基本特征有哪些？

4-5 什么是工程项目的生命期？

4-6 什么是项目管理？什么是工程项目管理？

4-7 工程项目管理主要有哪些形式？各有何特点？

4-8 我国传统的建筑管理体制有哪些特征？它所派生出的问题有哪些？

4-9 简述我国工程项目管理发展历程及其特点。

4-10 我国建设管理(4个)基本制度有哪些？

4-11 工程项目管理的类型包括哪些？工程项目管理的基本内容有哪些？

4-12 工程项目管理的任务有哪些？

4-13 工程项目管理与建筑企业管理的区别有哪些？

4-14 建设项目风险有哪些？项目风险管理措施有哪些？

4-15 常见的建设项目管理(业主)的组织形式有哪几种？各有何特点？

4-16 常见的施工企业(承包商)项目管理的组织模式有哪几种？各有什么特点？

4-17 项目经理有哪几种类型？施工承包单位项目经理的责权和地位有哪些？项目经理的任务有哪些？

4-18　什么是工程项目全过程管理?
4-19　建设项目全过程工程咨询的基本内容是什么?
4-20　建设项目全过程工程咨询的显著特点有哪些?
4-21　建设项目全过程工程咨询的服务模式的内涵是什么?
4-22　全过程工程咨询的运作模式有哪些?
4-23　全过程工程咨询的组织方式有哪些?

# 第五章　建筑企业经营预测

**本章提要**：本章主要介绍建筑企业经营管理中的经营预测的基本概念、基本方法与主要内容。

1. 预测的基本概念。包括预测科学的产生和发展、预测的意义及主要特点、预测的基本要求、预测的价值、预测的分类、建筑市场预测的主要内容及一般步骤等。

2. 抽样调查法。包括调查问卷设计、抽样调查与统计分析、推理预测等。

3. 直观预测法。包括专家个人判断法、专家会议法、德尔菲法、主观概率预测法等，重点介绍德尔菲预测法的特点、预测步骤和预测案例等。

4. 回归预测技术。包括一元线性回归预测技术、多元线性回归预测技术、非线性回归预测技术等。

5. 时间序列预测技术。包括其基本概念与特点、简易平均法、移动平均法、指数平滑法、季节指数法等。

## 第一节　概　　述

### 一、预测的意义、特点与基本要求

#### (一)预测科学的产生和发展

人们通常所说的预测是指对未来的预计和推测。朴素的预测思想人人皆有，自古就有。人们在每个有目的的行动之前总是要想一想，这个“想”就包含着预测。历史上的占卜术、星象学家、预言家们也都力图以各种方式对未来做出预测，虽然他们的工作常常被蒙上迷信和神秘的色彩，但他们某些成功的预言，例如诸葛亮著名的“隆中对” 就是古代预测的实例，他尚未出茅庐就预言天下将出现三足鼎立的形势，至今仍被人们所称颂。

但是预测成为一门实用科学，而且广泛应用于经济、技术领域还是 20 世纪 30 年代才开始的。1937 年美国自然资源委员会第一次做了技术预测，预测技术发明对美国生活和工作条件的影响。一个著名的预测例子是美国 1945 年用投入产出法对美国战后钢铁需求量所做的预测。当时由于第二次世界大战刚结束，军火需求量大量减少，许多人认为钢铁的需求量也会随之减少。但美国劳动统计局的一些人根据战后的经济发展规划，利用投入产出法进行计算后，认为美国战后对钢铁的需求量不但不会减少，反而会超出战时的高峰。后来事实的发展证明了他们的预测是对的。这次预测为美国钢铁业的发展提供了依据。20 世纪 50 年代以来，由于生产的发展和市场竞争的加剧，许多企业为了在竞争中求生存求发展，纷纷设立专门的预测机构，或委托有关咨询单位开展技术经济预测，使预测得到了广泛应用和迅速发展。20 世纪

60年代后，由于现代数学和电子计算机的发展和运用，预测技术日趋完善，应用走向普及。根据报道，20世纪70年代初，世界各国就已有2 500多家专业预测机构。1969年美国已有90%的公司开展预测活动，取得了很大的经济效益。

目前预测技术盛行于世界各国，预测活动已深入到经济、技术、政治、军事等社会活动的各个领域。据不完全统计，20世纪末期全世界出版的预测方面的书籍达1 500多种，提出了100多种预测方法，每年都举行预测技术国际会议。我国在预测技术的研究和应用方面进展迅速。在地震灾害预报预测、人口预测、气象预报、水情预测、航空航天技术预测等领域取得了很大成功，有的居于世界先进行列。技术经济方面的预测也正在逐步深入。

我们现在所要研究的预测是在对历史资料和现实情况进行调查研究的基础上，借助科学的方法和手段，探求事物变化发展的规律性，并以此来估计客观事物未来的发展，即由已知求未知，由过去推测未来。为未来的不确定因素提供信息和数据。为制定政策，拟定规划，确立经营目标的重大决策服务。

### （二）预测的意义

预测的重要意义表现在以下几方面：

1. 预测的目的在于为正确决策提供依据

技术经济预测在建筑企业中有着广泛的应用前景。例如，在商品经济条件下，企业的生存和发展与市场信息有关，而市场又是瞬息万变的。如果不了解建筑市场的动态和发展趋势，建筑企业经营缺乏根据，盲目经营，势必给企业带来很大损失。因此，建筑企业通过建筑产品需求量预测，可以为确定产品成本、制订投标报价提供依据；通过市场竞争预测，可以为企业决定投标策略、提高竞争能力提供依据；通过企业生产能力和施工工艺发展预测，可以为企业确定技术改造方向和改进企业管理提供依据等。只有掌握了大量的市场动态和发展的数据资料，才能情况明、方向准，做出正确的经营决策，不断改善经营管理，取得最佳经济效益。

我国建筑企业的经营预测，虽然有赖于国民经济有计划、按比例地发展，国家、行业都可为建筑企业提供预测资料，但是，在社会主义市场经济的环境中，建筑企业的预测工作也是进行合理决策的前提条件，通过预测，掌握建筑产品的投资方向、类型及构成比例，了解建筑企业的资源需求情况与供应条件，对建筑企业未来的生产能力和技术发展有所估计，便可以确定正确的经营目标，制定出切实可行的经营计划。

2. 预测能增加建筑企业的管理储备，增加企业的工作弹性

所谓管理储备，就是建筑企业的积极弹性，它是指通过预测能使领导及有关人员看得透一些、看得深一些、看得实一些，从而能根据不同情况多准备几套应变的方案。此外，预测有助于提高建筑企业的竞争能力。在实行招标承包制的情况下，建筑企业的竞争能力，主要表现为得标率的高低。建筑企业依靠科学预测，充分了解竞争的形势和竞争对手的情况，就有可能采取合理的投标策略，在竞争中争取主动。

### （三）预测的主要特点

1. 预测是从已知推求未知。预测是把过去、现在和未来视为不可截然分开的整体，根据现在和过去预计未来。人们的实践、实验及统计数据等都是过去和现在的“已知”，预测就是通过对“已知”的研究来科学推测“未知”的。

2. 预测只是一种手段，而不是目的。它的功能在于提供关于未来的信息，在于提高人们

的决策水平,以便人们去追求和努力争取实现有利的未来,尽力减少或避免不利的未来所带来的损失。探索关于未来的永恒真理,不是也绝不可能是预测工作的目的。

3. 预测具有随机性和近似性的特点。由于预测的对象是现实事件的未来状态和未来发生的事件,显然这些事件与状态具有不确定性,因此预测的结果往往带有随机性,预测结果往往会与实际发生的结果有偏差,所以人们不能奢求预测结果百分之百准确。虽然随着人们对客观世界的认识能力不断提高,随着数学方法与计算工具的完善,预测结果的准确度会不断提高,但不可能完全避免预测结果的近似性和随机性。

4. 预测工作具有科学性和艺术性。预测的科学性表现在预测工作要基于能指导实践的理论,基于详尽的调查研究,基于系统而可靠的资料,基于科学的方法和计算工具等。预测的艺术性则表现在预测工作的质量很大程度上取决于预测工作者进行调查研究、搜集资料、分析数据、提出假设、选择方法、建立模型、推理判断的技巧以及预测工作者自身的素质、经验及能力。任何预测方法都不是灵丹妙药,成功的预测绝不是仅仅靠数学模型所能办到的。

### (四)预测的基本要求

预测是对许多不确定因素作出分析和判断,所以必须用系统的、发展的、联系的、变化的辩证历史唯物主义的哲学观去分析这些不确定因素,才能做出科学的预测。

1. 系统的观点

预测的事件和自然界的其他事件一样,都有自己的过去、现在和将来,就是存在着一种纵向的发展关系、因果关系。而这种因果关系是受一定的规律支配着的。预测者必须全面分析预测事件本身及与其有关联的所有因素的发展规律。将事物作为一个互相作用和反作用的动态整体来研究,它不单是研究事物的本身,而且要将事物本身与周围的环境组合成一个综合体来研究。系统的观点要求预测者只能客观地如实地反映预测对象及其相关因素的发展规律与组合方式,不能随意增减某些因素或改变它们的组合方式。

例如,预测在某条大河上筑坝建水电站的前景时,我们应将该河上筑坝这一事物与周围的环境组合成一个综合体来研究。既要预测筑坝后能发多少电、灌溉多少良田和防洪的效用,又要预估由于筑坝,每年泥沙沉积数量,影响航运和渔业生产的程度。

联系的观点是系统观点的核心。预测对象的相关因素之间及预测对象与相关因素之间存在某种依存关系。某种相互依赖相互制约的关系的揭示,就可以揭示事物的本质联系,这就有一定的规律性,而预测的实质就是利用这种规律性去推测未来。预测者应全力剖析这种联系的本质,突出哪些重要的主要因素,忽略哪些不重要的因素。

2. 变化的观点

预测对象的相关因素不是一成不变的,它同样有自己的发展历史。这些因素的各个发展阶段对预测对象都有影响,有时甚至会改变预测对象的发展方向或性质。相关因素是预测对象内部矛盾性的外因(或外界条件)。根据矛盾论的观点,外因是变化的条件,内因是变化的根据。

如果外因(或外部条件或相关因素)变化很平稳,或处于相对稳定状态,则预测者可以利用历史数据进行外推,推测事件的发展,但是情况往往不是这样理想。自然灾害、资源灾害、资源枯竭、意外变故(如条约双方有一方毁约),甚至战争等都可能发生,预测时就必须考虑各自变化所带来的影响,这样做之后,所做的预测才有决策的参考价值。

发展的观点是变化观点的重要思想。预测的重心是探索事物某种规律性,去估计发展的前景，并提出解决的方法。这在本质上说，就是人对外界条件变化或预感条件变化时，所做的自然的正常的反映。

## 二、预测的价值与误差

### （一）预测的价值问题

关于预测的价值，即如何评判一种预测的价值，是否只有未来得以实现的预测对象有价值呢？应当说，一个预测的效用和它最后的正确性之间的关系，取决于决策者对预测对象的可控程度。有一类事物（比如天气）是人类所不能控制的。因此，人们只有使自己的行为，适应客观事物的结局，趋利而避害。在这种情况下，是否成为事实就是评判预测的价值的唯一标准。另一类事物（比如人类社会），它的发展是有它的客观规律性，然而这种规律的实现又是靠人的能动性来实现的。这类事物有些是部分可以控制的，在这种情况下，预测的价值不能按照它是否成为事实衡量，而是依据它在帮助决策者做出正确而及时的决策过程中的效用来衡量。

客观上存在一种被称为"自力实现预测"，它是一种只是由于做出了这种预测，才促成它成为事实的预测。比如，一位著名经济学家做出一个关于某国将出现经济萧条的预测，如果这一预测被广泛流传和接受，萧条将不可避免地加速到来。

客观上还存在另一种被称为"非自力实现预测"，在这种情况下，预测的价值不能按它是否成为事实来衡量，而是应该依据它在帮助决策者做出正确而及时的决策过程中的效用来衡量。如客观上存在一种被称为"自拆台脚预测"，它是一种只是由于做出了预测才使预测不能实现的预测，这时预测虽然没有实现，但是对做出正确决策来说却有着重要的价值。例如，某国一预测学家在 20 世纪 70 年代初，提出应该稳定国内政局，制定优惠政策，对外开放建筑市场。否则，到 20 世纪 80 年代，将出现建筑市场不景气的预言。这一预言即被当时决策者接受，采取了强有力的措施稳定了政局，制定了一系列的优惠政策吸引外国承包商，结果与预言相反，该国的建筑市场在 20 世纪 80 年代出现了一片欣欣向荣的景象。显然，所做预测是没有实现的，但它对领导作出正确而及时的决策的效用来讲是有很高价值的。

### （二）预测的误差

预测误差是预测值跟同期实际值之间的差异。如需求预测是对未来要求的一种估计，而影响建筑市场需求的因素中有许多是非肯定的。因此，预测不可能百分之百准确，预测值同以后实际达到的实际值之间总会存在一定误差。但这个误差应该越少越好。

衡量预测误差的标志有平均误差、平均绝对误差、均方误差、标准误差等。其中标准误差的计算公式如下：

$$\text{标准误差} = \frac{\sum_{i=1}^{n}(i\text{ 期实际值} - i\text{ 期预测值})^2}{n} \tag{5-1}$$

式中　$n$——总期数。

预测误差如果过大，可从下列四方面寻找原因：第一，预测方法是否选择得当，建立的预测数学模型的特性与产品的需求规律是否一致；第二，历史资料是否完整，有无虚假因素；第三，市场需求是否已发生了新的显著变化；第四，计算有无问题。要避免预测误差过大，除了根据上述原因外，可以用不同的数学模型进行预测，从中选择标准误差最小的一个作为正式的预测结果。此外，也可根据定性分析加以适当修正来减少错误。

## 三、预测的分类、内容及一般步骤

### (一)经营预测的分类

经营预测是预测的重要组成部分,它是建筑企业经营活动密切相关的经济现象或经济变量未来发展的预先估计。

1. 按范围划分为宏观预测和微观预测

前者通常是对涉及整个宇宙、人类社会或整个国家的有关问题的预测,如对世界范围内的新技术革命到来时机的预测。对我国整个国民经济或部门经济趋势的推断,如固定资产投资方向,建筑产品的构成比例预测等。后者则是指相对于宏观预测而言涉及范围较小的有关问题的预测,如对企业经济活动状态的估计(承包能力、资源需求预测等)。

2. 按方法划分为定性预测和定量预测

有的也分为判断预测和统计预测。定性预测是利用直观材料、依靠人们主观判断分析的能力,对未来状况的总体趋势、事物发生和发展的各种可能性及其后果所做的定性分析与判断,这类预测主要凭借预测者的主观经验和逻辑推理能力。定量预测是根据历史数据,应用数理统计方法对预测对象未来的发展状况所做出的定量描述,或者是利用事物内部因果联系来推想未来。如对某商品需求数量的预测,对国家人口增长率的预测,对某项新技术应用于生产上的时间的预测等。这类预测往往要借助于数学模型和现代计算工具。

3. 按时间划分为长期预测、中期预测和短期预测

长期预测的期限一般在5年以上,它是有关生产能力、产品系列、服务构成变化等远景规划的基础;中期预测的期限为3年左右,其目的在于制定较为切实的企业发展计划;短期预测的期限在1年或1年以内,它为当前生产经营计划或实施计划提供依据。

4. 按预测对象应用领域划分为社会发展预测、政治军事预测、科学预测、技术预测、经济预测、市场预测等。

### (二)建筑企业经营预测的内容

建筑企业经营预测要为企业制定发展规划和经营决策提供依据,根据这一要求,它的内容包括以下几方面:

1. 建筑市场预测

随着经济体制的改革和招标承包制的推行,建筑市场的开放、建筑企业和市场的联系将更加密切,建筑市场预测的问题也就愈来愈显得突出。建筑市场预测一般有:

(1)工程任务来源预测

建筑产品的生产是通过企业完成工程任务来实现的。根据投资渠道不同,工程任务主要来源于:中央财政预算内固定资产投资安排的影响全局的国民经济骨干项目;地方预算内投资和地方自筹建设投资安排的农业、轻纺工业、建材工业、城市公用设施、环境保护、商业粮食、贸易、文教卫生等方面的建设项目;企业自筹资金所安排的建设项目;利用建设银行、地方银行财政贷款、其他银行贷款进行的建设工程;利用外资进行的建设工程以及私人投资进行的工程。

(2)建筑物构成要素的预测

从建筑的发展历史中,我们了解到不同时代、不同地区、不同民族创造了各式各样不同风格的建筑。然而,不管是最原始、最简单的建筑,还是最现代化、最复杂的建筑,从根本上来看,都是

由三个基本要素构成的,即功能要求、物质技术条件和建筑形象。进行建筑物构成要素的预测,首先是建筑的功能预测,即预测随社会生产力的不断发展和人类物质文化生活水平的不断提高而对建筑功能提出更高要求的变化趋势;其次是建筑物的物质技术和建筑机械设备发展趋势的推测;再次是建筑形象的展望,建筑是物质和艺术相结合的产品,以其内部和外部空间组合、建筑体型、立面式样、细部装饰处理、色彩等,构成一定的建筑形象,表现出某个时代的生产水平和文化生活以及社会的精神面貌,建筑空间形象的民族特点、地方特征,建筑形象预测,就是要预估未来建筑的内部和外部空间组合、建筑体型、立面式样、细部装饰处理、色彩等的变化和发展趋势。

(3)建筑物的需求预测

建筑物分民用建筑和工业建筑。

①民用建筑

按使用功能可分为居住建筑和公共建筑。公共建筑包括托幼建筑、文教建筑、科研建筑、医院建筑、行政办公建筑、交通建筑、体育建筑、文艺观演建筑、展览建筑、旅馆建筑、园林建筑、纪念建筑等。

按建筑物楼层数可分为低层建筑(1～3 层),多层建筑(4～6 层,我国个别地区按4～7层),中高层建筑(7～9 层),高层建筑(10 层以上)。

按规模和数量可分为:大量性建筑,如住宅、中小学校、食堂、中小型医院、中小影剧院等,大型性建筑,如大型体育馆(场)、影剧院、航空站、海港、车站等。

按等级可分为五个等级:一级的耐久年限为 100 年以上,为具有历史性、纪念性、代表性的重要建筑,如国家会堂、博物馆、纪念馆等;二级的耐久年限 50 年以上,为重要公共建筑,如一级行政机关办公楼、大城市火车站、大剧院、大型体育馆等;三级耐久年限为 40～50 年,为比较重要的公共建筑和民用建筑,如医院、高等院校、工业厂房等;四级耐久年限为 15～40 年,为普通的建筑物,如文教、交通、居住建筑及一般性厂房;五级耐久年限 15 年以下,为简易建筑和使用年限在五年以下的临时建筑。

②工业建筑

工业建筑按用途可分为主要生产厂房、辅助生产厂房、动力用厂房、仓储、运输用建筑和其他如泵房、污水处理等。

按建筑物楼层数可分为单层厂房和多层厂房以及混合层次的厂房。

按生产状况可分为冷加工车间、热加工车间、洁净车间和其他状况的车间。其他还包括:水利、桥梁、铁路、港口建筑等。

建筑产品需求预测就是要估算各类产品需要量和各类产品占建筑总产品中的比例。

(4)建设单位的各种要求预测

建设单位对建筑产品的质量要求和配套性要求的预测。

(5)竞争形势推测

建筑企业要经常了解同类企业的各种动向,摸准同行业中有哪些潜在的竞争对手、市场竞争态势的变化趋势、竞争对手的经济技术动向和经营策略等。

2. 资源预测

资源预测是指对企业所需的材料、人力、设备、资金等的需求数量、供应来源、配套情况、满足程度和供应条件等的预估,同时还包括对未来采用的新材料和能源的推测。

3. 生产能力预测

企业生产能力,通常以劳动生产率来衡量。但是在承揽工程任务时,主要应考虑各工种生产能力和机械设备生产能力限制。因此,企业生产能力预测就是对构成生产能力各要素有机组合的变化发展情况的估计。

4. 利润、成本预测

利润、成本预测包含两方面含义:一是对整个行业的利润及建筑产品成本的变化范围和趋势的推测;二是对企业的利润和建筑产品成本的变化范围和趋势的预计。

此外,还有建筑企业各种经营方向的预测等内容。

### (三)建筑企业经营预测的一般步骤

建筑企业经营预测一般分为以下7个步骤:

1. 确定预测的目标和要求

预测是为决策服务的,所以要根据决策所提出的要求来确定预测目标。因经营预测的内容很多,涉及的面也很广,不同的预测目的有不同的要求,采用的方法也不一定相同。因此,建筑企业进行预测时,首先要确定好预测的目标和要求,做到有的放矢,预测目标和要求一定要明确,应尽可能用计量单位来描述,具体包括:预测的项目、内容、性质、数量、精确度要求和预测期限等。

2. 调查搜集和整理资料

数据资料是进行预测的依据,应根据预测目标的要求搜集有关各种资料。其中应该包括:预测对象本身发展的历史资料,对预测对象发展变化有影响的各种因素的历史和现状的资料,有关历史背景资料等。要尽量使搜集的资料系统而全面。

资料的主要来源有:社会经济统计资料;国家、地区或行业的技术经济公报;有关公司的报告、产品目录和广告;展览会、订货会和学术会议资料;通过销售网和技术服务网了解的情况;咨询公司提供的情报以及通过抽样调查或向有关专家进行调查获取的资料。建筑企业应通过各种可能的渠道,利用各种方式进行资料收集,并根据预测需要进行必要的整理。

对搜集到的各种资料要进行分析,判断资料的真实性、可靠性、完整性和时效性,剔除不可靠的对预测没有用的资料。在搜集、分析资料过程中,确定预测对象发展变化的主要决定因素或相关因素是至关重要的,这些决定因素或相关因素因预测对象而异,需要根据具体情况做出具体分析。例如市场需求预测,消费品需求的变化一般取决于人口数量及其结构的变化、居民收入水平的增长和收入分布等。产品的市场前景还会受到各种相关因素的影响,如相关技术发展,代用品的出现,主要竞争者的情况,关税、汇率的变化,政策法规的变化,用户观念的变化等。充分占有这些决定因素和相关因素变化趋势的资料是做出正确预测的前提。

3. 选择预测方法

预测方法有许多种,对于所面临的预测问题,往往可以用多种方法得到预测结果。由于预测方法各有特点,有的适用于短期预测,有的适用于长期预测;有的预测精度高,有的预测精度低。所以在实际工作中,需要根据预测目标的要求和具体的工作条件本着效果好、经济、实用的原则选择合适的预测方法。选择预测方法时,一般应考虑以下因素:

(1)时间。不同的预测方法适用于不同的预测期限。定性预测一般多用于长期预测,而定量预测则较适宜中期预测和短期预测。

(2)数据。不同的预测方法有不同的数据要求,应根据数据的特点,选择相应的预测模型。中、长期预测一般要有3年以上的统计资料,如果历史统计资料比较丰富和完整,可以运用各种定量方法进行预测,如果历史资料不完整,一般只宜采用定性分析法。

(3)精度。选择的预测方法应获得足够精确的预测结果。一般要先用历史资料检验模型的有效性,只有当证明模型有效时才可用于实际的预测。

(4)费用。在保证预测精度的前提下,优先采用支付费用较少的方案。

(5)实用性。选用的预测方法应易于理解和接受,使用方便。

4. 建立预测模型,进行科学预测

根据搜集的资料,建立预测模型进行预测,得出预测结果。

5. 预测结果分析

对预测结果进行分析,检查是否达到预期的预测目标,预测误差是否在允许的范围之内,预测结果是否合理等。如果得出否定结论,则需重复前面的步骤,重新确定预测目标或选择其他预测方法,再次进行预测。

6. 提出预测报告

预测结果经过分析,确认无误后,便可提出预测报告,供有关经营管理人员参阅,预测报告中至少应包括预测结论及建议两项内容。

7. 追踪与反馈

提出预测报告后,并不意味着预测工作的最后完成。还要追踪预测报告的结论和建议是否被采用,采用的程度如何和实际效果如何,预测结论与实际情况是否一致等。随时对追踪的结果进行反馈,以便在今后预测时,改进预测方法,纠正偏差。

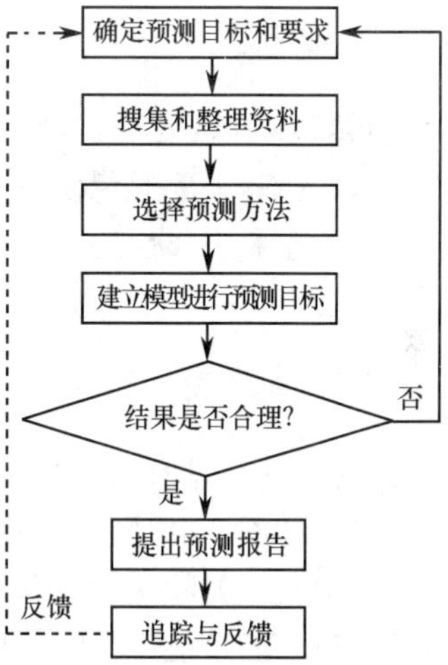


图 5-1　预测步骤示意图

具体预测步骤如图 5-1 所示。

## 第二节　抽样调查法

抽样调查是在所研究的总体中抽取一个有代表性的样本进行分析,并通过统计推理对总体量值及其误差作出估计和判断的一种方法。它是获取预测数据的一个重要途径,建筑在市场需求预测中被广泛运用。抽样调查用于预测的基本步骤是:第一步,问卷设计;第二步,抽样调查;第三步,统计分析;第四步,推理预测。

### 一、问卷设计

问卷也称调查表,是抽样调查重要环节。问卷设计要注意以下几个方面。

#### (一)问题类型

问卷中问题的提问形式可分为开放式提问和封闭式提问两类。开放式提问在问卷上没有拟好的答案,应答者可自由地按自己喜欢的方式发表意见。开放式提问的好处是对应答者没有束缚,便于应答者准确表达自己的看法,缺点是资料整理与分析比较困难。封闭式提问是指在问卷上已有调查者事先拟好的若干种答案由应答者选择。可以是单项选择,也可以是多项选择,还可以要求应答者对备选项目进行排序或打分。封闭式提问节省应答者的时间,调查所获资料的整理与分析比较容易,但问卷设计比较困难,若问题或备择答案的设计不合理,便会影响应答者回答的真实性。所以，封闭式提问的备选答案应能覆盖全部的可能选择，备选项目应避免模棱两可。问卷设计者应根据问题的性质与特点选择合适的提问形式。

问卷中的问题按其内容可分为针对事实的问题、针对人们态度或意愿的问题和针对人们行为的问题三种。对于针对事实的问题，设计问题时要注意帮助应答者回忆有关事实，打消可能导致不据实回答的应答者的种种顾虑。对于针对人们态度或意愿的问题，设计问题时要注意态度或意愿的条件和强度差异。对于针对人们行为的问题，设计问题时要注意尽量使行为具体化。问卷设计者应根据调查的目的合理搭配不同类型的问题。

(二)问题措辞

问卷调查中应尽量避免因问题措辞不当影响调查效果。问题的表述要简明清晰具体，易于回答，在措辞上要避免使用多义词，避免使用含糊不清易引起误解的句子。为了保证调查的客观性，要避免引导性的提问，避免使用带感情色彩的语句，避免在问题中隐含某些不可靠的断定或假设。

(三)问题次序

应答者的意见有时会受问题次序的影响。在问卷设计中对问题次序的安排要注意逻辑顺序。可按照"漏斗"原则决定问题次序，即首先提涉及范围广泛的一般性问题，然后逐步缩小范围，最后提具体的特殊性问题。问题次序的安排还要注意先易后难，提高应答者回答问题的兴趣，减少应答者可能产生的偏见。

总之，问卷设计要"设身处地"，从应答者的角度考虑问题类型、问题措辞和问题次序是否适当。

## 二、抽样调查与统计分析

常用的抽样方法分为随机抽样与非随机抽样两类。随机抽样时研究对象总体(或次总体)中每个个体被抽取的机会相等，所得的样本统计量为随机变量，可以通过概率统计分析方法估计研究对象总体的均值、误差以及估计值的置信区间，但操作比较复杂，所需费用较高。非随机抽样比较方便，所需费用较少，但研究对象总体中每个个体被抽取的概率不可知，无法进行误差分析。

(一)随机抽样

随机抽样方法有单纯随机抽样、分层随机抽样和分群随机抽样。

1. 单纯随机抽样

它是从研究对象全部个体中随机抽取样本。具体做法是将全部个体从 1 到 $m$(个体总数)编号，利用随机数抽取或利用计算机发生随机数，按随机数对应的编号选取所要调查的样本。根据单纯随机抽样调查所获数据可计算样本平均值(如平均收入、平均消费等)及其标准差。

2. 分层抽样

分层抽样的目的在于增加样本的代表性。具体做法是先将研究对象总体按照某种特性差异划分为若干个次总体，这些次总体就是层，再由各层中分别随机抽取若干样本个体。在进行层的划分时，要尽量使各层之间有显著的差异，而使各层之内的个体保持某种同一性。分层抽样法又分为比例抽样法、最佳抽样法和最低费用抽样法。

3. 分群抽样法

它是将研究对象总体分为若干个特性尽量相近的群，先从中随机选取若干样本群，再从各个样本群中随机抽取样本个体进行调查。分层抽样法与分群抽样法的区别有：

(1)分层抽样法要求各层之间有显著特性差异，而各层之内个体特性尽量相近；分群抽样法则要求各群之间特性尽量相近，而各群之内的个体间具有差异性。

(2)分层抽样法必须从所有的层中抽取样本个体；而分群抽样法则先从全部群中抽取样本群，再从样本群中抽取样本个体。

例如，若要对某城市居民家庭的某项消费支出做抽样调查，采用分层抽样法可将全部居民家庭按收入高低分成若干层，分别从不同的收入层中抽取样本进行调查。采用分群抽样法则可按地域(如街道)将全部居民家庭分成若干群，先抽取样本群，再在样本群中进行随机抽样调查。

### (二)非随机抽样

常用的非随机抽样方法有配额抽样法、判断抽样法、滚动抽样法和偶然抽样法。

1. 配额抽样法

与分层抽样法类似，需要将研究对象总体中的个体按某些社会经济特性分类，并按各类个体占总体的比例分配抽样调查的样本数。与分层抽样法不同的是，配额抽样法假定每一类研究对象个体具有某些相同的特征，其行为、态度及意愿相近，不需要在同一类研究对象中再做随机抽样，任一个体只要具有某些控制特性，即可作为调查的样本。

2. 判断抽样法

它也称为有目的抽样，是研究者根据自己的研究目的和主观判断选择特定的样本进行调查。这种抽样方法适用于研究对象总体不容易被界定情况下的典型研究和具有明显特性差异的个体群做比较研究。

3. 滚动抽样法

它是在研究对象不易被发现或辨认的情况下，通过对一个样本的调查发现更多的样本，像滚雪球那样逐步增加样本数量。

4. 偶然抽样

它是指完全以偶然方式取得调查样本，如在商店或街头向行人做调查。这种抽样方法可用于检验问卷设计的好坏，所获数据不具代表性。

以上后面三种方法均可用来发现某些问题，但都不能作为对总体状况进行估计的有效依据。

## 三、推理预测

抽样调查作为获取基础资料的有效方法具有广泛的应用领域。根据抽样调查的资料，结合其他有关知识和信息进行必要的分析与推理，可以进行社会、技术、市场等方面的预测。下面介绍根据抽样调查资料对市场潜量进行估计的方法。

市场潜量是指在一定的环境条件和营销努力条件下，在一定时间内一个行业或一个公司在特定地域内所能达到的对某种产品的最大销售量(销售数量或销售金额)。

市场整体往往可根据某些特性(如收入水平、年龄、职业等)划分为若干个目标市场。总市场潜量是各个目标市场潜量的总和。

企业为了制定有效的市场营销策略,往往需要了解各个不同地区的市场潜量。地区市场潜量可以通过对各个地区的购买者人数及平均购买量进行调查来估算。消费品的地区市场潜量也可以根据总市场潜量和不同地区的相对购买力指数来判断。购买力指数反映不同地区消费者的相对购买力,由影响市场需求的一些主要因素共同决定。例如,假定通过调查研究了解到影响某种商品在一个地区销售量高低的主要因素有三个:该地区可支配个人收入占全国可支配个人收入的百分比,该地区商品零售总额占全国商品零售总额的百分比以及该地区人口占全国人口的百分比。这三个因素的相对重要程度(权重)可以估计出,则可估算出该地区相对购买力指数,进而估算出该地区市场潜量的大小。

所有的预测都是建立在过去的事实、现在的事实、人们过去的行为、现在的行为、对未来事实的预期和对未来行为的意向这六种信息的基础上的。这些信息中的相当大一部分都可以通过抽样调查来获取。因此,抽样调查是技术经济预测的一个重要工具。本章后续各节将要介绍的预测方法在很大程度上依赖于抽样调查得到的基础数据。

## 第三节　直观预测法

### 一、直观预测法概述

直观预测法,也称判断预测法。它是由预测者根据已有历史资料和现实资料,依靠人们的经验和综合分析能力,对事物未来变化趋势做出判断,以判断为依据做出推测。直观预测法简单易行,是应用历史比较久的一种方法,至今在各类预测方法中仍占重要地位,此法最大的优点是,在缺乏足够统计数据和原始资料的情况下,可以做出定量估计。

直观预测法主要包括征求专家个人意见的个人判断法,组织专家会议的德尔菲法等。

#### (一)专家个人判断法

早期的专家调查主要是请专家个人判断和召开专家会议。个别专家分析判断的主要优点是,可以最大限度地发挥专家个人的创造能力。但该方法是仅仅依靠个人的判断,容易受到专家的知识面、知识深度、占有信息的多少,专家的经验以及对预测问题是否感兴趣等因素的影响,易带片面性。

#### (二)专家会议法

专家会议法同个人判断法相比较,有如下三个优点:首先,专家会议的信息占有量更大;其次,专家会议考虑的因素更多;再次,专家会议提供的方案更加具体,通过讨论或辩论,有助于交换意见,相互启发,互相取长补短,求同存异,有利于得出较为正确的结论。但是,专家会议代表不够充分,在面对面讨论时,容易受到一些心理因素的影响,如屈服于权威和大多数人的意见,易受劝说性意见的影响,以及不愿意公开修正自己已发表的意见等。

#### (三)德尔菲法

德尔菲法是在专家个人判断法和专家会议法基础上发展起来的一种专家调查法。它最早出现于 20 世纪 50 年代末期。美国兰德公司首次将德尔菲法应用于预测中。此后这一方法便被各国预测人员所广泛采用。德尔菲是古希腊传说中的神谕之地,城中有座阿波罗神殿可以预卜未来,因而借用其名。据报道,到 20 世纪 70 年代中期,专家会议法和德尔菲法的使用在各类预测方法中所占比重约为25%。我国建材设计院从1980年10月到1981年8月，利用德尔菲法对我国墙体建筑材料的发展作了一次预测。这次预测经过4轮作业，历时10个月，调查了全国103个单位，137位专家。调查的结果，对8类建筑墙体材料的近期、中期和远期的应用、发展前景作了评价和预测，为我国墙体建筑材料的发展提供了依据。

## 二、德尔菲预测法(Delphi)

德尔菲法是采用匿名函询的方式，通过一系列简明的调查征询表向专家们进行调查，并通过有控制的反馈，取得尽可能一致的意见，对事物的未来作出预测。

德尔菲法可以用于技术预测、经营预测、短期预测，可预测量变过程、预测质变过程，德尔菲法已成为国内外广为采用的预测方法。下面介绍德尔菲法的特点，预测的过程和应注意的几个问题。

### (一)德尔菲法的特点

德尔菲法预测过程实际上是一个由被调查的专家们集体交流信息的过程。德尔菲法预测的主要特点是匿名性、反馈性和收敛性。

1. 匿名性

匿名性是指专家们以“背靠背”的方式接受调查，提供预测信息。被调查的专家们互不见面，不直接交流信息；在由调查工作者组织的书面讨论中，是通过匿名的方式向各位专家传递信息的，应邀参加预测的专家互不了解，完全消除了心理因素的影响。这样做有利于使意见趋于统一，因专家可以参考前一轮的预测结果，专家们可在不必顾忌面子的情况下改变自己的观点，修改自己的意见，服从言之有理的意见，而无需做出公开说明，无损自己的威望。从而克服专家会议易受心理因素影响的缺点。

2. 反馈性

为了使专家们能进行书面讨论，德尔菲法采用多轮调查的方式(后一轮调查表附有前一轮调查结果)。即在每一轮调查表返回后，由预测调查工作组将各位专家提供的信息和资料进行综合、整理、归纳与分类，再随同下一轮调查表一起反馈函送给各位专家，供进行下一轮预测时参考，以便达到相互启发的目的，使专家们了解预测调查的全部情况。这样可促使专家进行再思考，完善或改变自己的观点，或者做出新的判断。调查信息的这种不断反馈有力地促进了专家之间的信息交流和书面讨论。德尔菲法一般要经过三轮至四轮专家意见征询。

3. 收敛性

多轮调查与反馈的过程，也是专家们在匿名状况下互相启迪和讨论的过程。通过书面讨论，言之有理的见解会逐渐为大多数专家所接受，分散的意见会向其集中，呈现出收敛的趋势。

### (二)德尔菲法的预测步骤

一般情况下，德尔菲法的实施有以下几个步骤：

1. 组成调查工作组

德尔菲法的实施需要一定的组织工作，首先应建立一调查小组，一般为10～20人，应视预测工作量大小而定。调查小组成员应对德尔菲法的实质和方法有正确的理解，具备必要的专业知识，有统计和数据处理等方面的工作基础。调查工作组的任务是组织整个调查预测工作，主要工作内容是：对预测过程做计划，选择专家，设计调查表，组织调查，对调查结果进行汇总处理,做出预测。

2. 选择预测专家

德尔菲法是根据专家们对事物未来的主观判断做出预测的,选择理想的专家是德尔菲法进行预测的一项重要工作。选择什么样的专家,主要是由所要预测问题的性质决定的。在选择专家过程中,既要选择那些精通本学科领域,在本学科有代表性的专家;也要注意选择边缘学科、社会学等方面的专家,还要考虑到专家们所属部门和单位的广泛性。既要选择高层的有名望的学术权威,也要注意选择专门从事某项具体工作的一般专家。

预测专家人数的多少,要视预测问题的规模而定,一般以 10～50 人为宜。对于一些重大问题的预测,专家人数可以扩大到 100 名以上。按照统计学对样本的要求,一般不少于 20 人。

3. 以函询方式向专家们索取预测信息

所谓函询方式是指调查工作组向专家们索取预测信息是采取向专家们函寄调查表的方式进行的。由此可见,调查表是进行德尔菲法预测的主要手段,调查表设计的质量直接影响到调查和预测的效果。德尔菲法预测的调查表并没有统一格式,应根据所要调查和预测的内容和预测目标的要求,因事制宜地设计。总的原则是所提问题要明确,回答方式应简练,便于对调查结果进行汇总处理。调查表中应有供专家阐明有关意见的栏目。函寄调查表时应对预测的目的,填表要求做充分的说明,还应向专家提供有关资料和背景材料。

4. 调查结果的汇总处理

调查结果汇总后,需要进行统计处理,国外预测学者的研究结果表明,专家意见的概率分布一般符合或接近正态分布,这是对专家意见进行统计处理的重要理论依据。对调查结果进行处理和表达的方式取决于预测问题的类型和对预测的要求。

(1)对定量调查结果的处理

当预测结果需要用数量(含时间)表示时,一般用“中位数法”进行数据处理,即分别求出预测结果的中位数、下四分位点和上四分位点。

设参加预测专家数为 $n$,对某一问题各专家回答的定量值为 $x_i(i=1,2,\cdots,n)$,该定量值是由小到大或由前至后顺序排列的,即 $x_1 \leqslant x_2 \leqslant \cdots \leqslant x_n$,则调查结果的中位数为

$$\bar{x}=\begin{cases} x_{\frac{n+1}{2}} & (n\text{ 为奇数}) \\ \dfrac{1}{2}\left(x_{\frac{n}{2}}+x_{\frac{n+2}{2}}\right) & (n\text{ 为偶数}) \end{cases} \tag{5-2}$$

中位数可看作是调查结果的期望值。在小于或等于中位数的答数($x_1 \leqslant x_2 \leqslant \cdots \leqslant \bar{x}$)中再取中位数,即为调查结果的下四分位点;在大于或等于中位数的答数($\bar{x} \leqslant x_1 \leqslant \cdots \leqslant x_n$)中再取中位数,即为调查结果的上四分位点。上、下四分位点之间的区域为四分位区间。四分位区间的大小反映专家意见的离散程度,四分位区间越小,说明专家意见的集中程度越高,预测结果的可信程度也就越大。调查过程中,可以根据四分位区间的大小确定是否需要进行下一轮意见征询。

(2)对评分、排序调查结果的处理

在征询专家意见时,常常有请专家们对某些事项的重要性进行评分或排序的内容,对于这类问题的答案,可用总分比重法进行处理,即用各事项的得分在总得分中所占比重衡量其相对重要程度。

对于以评分方式回答的问题,各事项的总分比重可直接由式(5-3)求出。

$$B_j = \frac{\sum_{i=1}^{n} b_{ij}}{\sum_{j=1}^{m}\sum_{i=1}^{n} b_{ij}} \tag{5-3}$$

式中　$B_j$——第 $j$ 个事项的总分比重；

$b_{ij}$——第 $i$ 个专家对第 $j$ 个事项的评分；

$n$——给出答案的专家人数；

$m$——参加比较的事项个数。

对于以排序方式回答的问题，需要事先给定各排序位置的得分，然后再用式(5-3)求出各事项的总分比重。

(3)对主观概率的统计处理

用德尔菲法进行预测，有时需要专家对某个未来事件发生的概率作出主观判断，当各位专家的主观概率估计不一致时，通常用平均主观概率作为专家集体的预测结果。平均主观概率的计算公式为

$$\overline{P} = \frac{1}{n}\sum_{i=1}^{n} P_i \tag{5-4}$$

式中　$\overline{P}$——专家集体的平均主观概率；

$P_i$——第 $i$ 个专家估计的主观概率；

$n$——参加预测的专家人数。

除了上面介绍的专家意见统计处理方法之外，还可用直方图表示专家预测值的分布，用方差或标准差表示专家预测值的离散程度。

### (三)对德尔菲法的评价

德尔菲法简单易行，用途广泛，费用较低，在大多数情况下可以得到比较准确的预测结果。在缺乏足够资料的领域中，例如对某些长期的复杂的社会、经济、技术问题的预测，对某些无先例事件和突发事件的预测等，数学模型往往无能为力，只能使用德尔菲法这一类专家预测方法。

德尔菲法是建立在专家主观判断的基础之上的，因此专家的学识、兴趣和心理状态对预测结果影响较大，从而使预测结论不够稳定。采用函询方式调查，客观上使调查组与专家之间的信息交流受到一定限制，可能影响预测进度与预测结论的准确性。采用匿名方式调查，有不利于激励创新的一面。专家评价是以传统观点进行的，对发展的趋势是直观外推的，因而对于大大超前于现实的问题是难以估计的。

了解德尔菲法的优点，同时也认识到它的缺点，有助于预测人员更恰当地使用它。

### (四)德尔菲法预测示例

下面以建筑企业发展趋势预测准备阶段中的确定预测主题之工作为例加以说明。

1. 确定预测主题，首先要制订目标——手段调查表(表 5-1)

预测领导小组或专家一起，对已掌握的数据进行分析，确定预测对象的总目标和子目标，以及达到目标的手段，编制总目标——手段调查表。手段是指达到目标的各种科研和开发方案，方案可能很多，应从中选择主要的，并不应互相干扰。

例如，当要预测计算技术在建筑业中的发展趋势时，其总目标是："当人类在建筑业所有活

动领域内都采用计算机有效地解决问题时,计算机技术在建筑业中的发展趋向是什么?”其子目标可以划分为:A. 解决人—机联系问题;B. 提高计算机智能;C. 提高单台计算机效率;D. 提高全国建筑业总装机效率等。达到目标的手段为:a. 改善单元技术;b. 改善外围设备和通信技术;c. 发展信息处理方法(数学模型);d. 改善编程手段;e. 改善计算机结构;f. 改善使用计算机的组织工作;g. 改善计算机的设计方法等。

**表 5-1 总目标——手段调查表**

| 手 段 | | 总 目 标 | | | |
|---|---|---|---|---|---|
| | | 子目标 A | 子目标 B | 子目标 C | 子目标 D |
| 达到总目标的手段 | 手段 a | | | | |
| | 手段 b | | | | |
| | 手段 c | | | | |
| | 手段 d | | | | |
| | 手段 e | | | | |
| | 手段 f | | | | |
| | 手段 g | | | | |

2. 制定专家应答问题调查表

完成目标——手段调查表后,便可以制订专家应答问题调查表。应答问题调查表是德尔菲法预测的重要工具,是信息的主要来源。表的质量对预测结果的准确程度影响很大,制表时要对问题进行分类,就施工技术预测而言,问题可分如下三类:

(1)要求作定量估价的调查表

如事件完成的时间、技术参数值、事件的概率、各因素的互相影响(用比分表示)等。事件完成时间调查表见表 5-2。

**表 5-2 事件完成时间调查表**

| 项 目 | 事件完成时间 | | |
|---|---|---|---|
| | 10% 概 率 | 50% 概 率 | 90% 概 率 |
| 解决某一施工技术问题 | $a_{1i}$ | $b_{1i}$ | $c_{1i}$ |
| 设计一种新机器 | $a_{2i}$ | $b_{2i}$ | $c_{2i}$ |
| 开发一种具有一定技术功能的装置 | $a_{3i}$ | $b_{3i}$ | $c_{3i}$ |

注:$i$——表示第 $i$ 个专家。

(2)要求做出一定说明的调查表(表 5-3 和表 5-4)

表 5-3 是没有附带条件的肯定式回答调查表。

**表 5-3 肯定式回答调查表**

| 项 目 | 为改善建筑产品质量增加产品类型,你认为下述措施哪种肯定最有效 | |
|---|---|---|
| | 预测小组意见 | 你的意见 |
| 改进建筑产品结构 | | |
| 改进新的生产能力 | | |
| 改进施工工艺 | | |

表 5-4 是推断式回答调查表。

**表 5-4　推断式回答调查表**

| 项　　目 | 为加速固产周转和提高建筑业盈利，你认为下述措施哪种可能最有效 | |
|---|---|---|
| | 预测小组意见 | 你的意见 |
| 缩短施工准备期 | | |
| 购买国外先进施工设备 | | |
| 增加国产施工设备比重 | | |
| 加快固定资产折旧 | | |

(3)要求做出充分说明的调查表

一种是要对预测对象作出说明一览表，如“2025 年建筑产品具有哪些特点?”另一种是要对预测对象作出论证一览表，如“就建立全国建筑业计算机网络应该如何发展计算技术提出你的论证”。

以上仅是建筑企业发展趋势预测准备阶段中的确定预测主题之工作的示例。德尔菲法的实际应用应结合具体条件进行。

## 三、主观概率预测法

当对专家以函询方式征集意见进行预测时，可用主观概率法来综合专家意见。主观概率与客观概率不同，客观概率是根据事物发生的实际次数(或数值)统计出来的一种概率。而主观概率则是指人们根据过去的经验，对某个事件实现的可能性做出主观判断的量度。但主观概率也必须符合概率的基本定义

$$0 \leqslant P(E_i) \leqslant 1, \sum_{i=1}^{n} P(E_i) = 1 \tag{5-5}$$

式中，$E_i(i=1,2,\cdots,n)$是第 $i$ 个事件，$P(E_i)$是第 $i$ 个事件的概率。

利用主观概率法，可以预测未来事件成功的可能性，也可以预测未来事件发生的各种可能结果及结果的期望值。

### (一)未来事件成功的可能性预测

根据参加预测的专家水平是否均衡，主观概率法又可分为如下两种方法：

1. 算术平均法

若专家的水平较均衡，则他们预测的结果同等重要，故用算术平均法评定。

$$\overline{P} = \frac{1}{n}\sum_{i=1}^{n} P_i \tag{5-6}$$

式中　$\overline{P}$——预测未来事件成功可能性的平均主观概率；

$P_i$——第 $i$ 位专家认定的主观概率；

$n$——参加预测的专家人数。

2. 加权平均法

由于各位专家所具有的经验、对问题的了解程度和判断能力等方面有所差别，将他们的预测结果同等对待往往会造成偏差。因此，应对水平不同的专家给以不同的权数，用以对他们的回答进行处理，从而可使预测结果更准确些，其计算公式如下：

$$\overline{P} = \frac{\sum_{i=1}^{n} P_i W_i}{\sum_{i=1}^{n} W_i} \tag{5-7}$$

式中　$\overline{P}$——预测未来事件成功可能性的加权平均主观概率；

$P_i$——第 $i$ 位专家认定的主观概率；

$W_i$——给第 $i$ 位专家的权数；

$n$——参加预测的专家人数。

对专家的权数评定一般可采取两种方法：一种是由预测组织者根据对专家的了解，分别给以不同的权数。另一种方法是在调查表中列出专家自我评定栏，然后给各种评定加以适当的权数。表 5-5 所示为一种格式。

**表 5-5　对专家的自我评定加权表**

| 专家自我评定 | 很有研究 | 有研究 | 较熟悉 | 基本了解 | 初步了解 | 未做评定 |
|---|---|---|---|---|---|---|
| 权　数 | 1.00 | 0.95 | 0.90 | 0.85 | 0.80 | 0.70 |

**【例 5-1】**　假定有 10 位专家，对开发某种新墙体材料的成功概率的估计，以及对该墙体材料的熟悉程度的自我评定(转化为权数)，见表 5-6。要求用主观概率法预测开发该种新墙体材料成功的可能性。

**表 5-6　对专家的自我评定加权表**

| 专家编号 | 1 | 2 | 3 | 4 | 5 | 6 | 7 | 8 | 9 | 10 |
|---|---|---|---|---|---|---|---|---|---|---|
| 回答概率 | 0.8 | 0.7 | 0.4 | 0.6 | 0.8 | 0.9 | 0.6 | 0.8 | 0.7 | 0.9 |
| 自我评定(权数) | 1.00 | 0.80 | 0.95 | 0.85 | 0.80 | 0.70 | 0.85 | 0.95 | 0.90 | 1.00 |

**【解】**　(1)用算术平均法预测

用式(5-6)得开发该种新墙体材料的成功可能性的概率为

$$\overline{P} = \frac{1}{n}\sum_{i=1}^{n} P_i = 0.72$$

即成功的可能性为 72%。

(2)用加权平均法预测

用式(5-7)得开发该种新墙体材料的成功可能性的概率为

$$\overline{P} = \frac{\sum_{i=1}^{n} P_i W_i}{\sum_{i=1}^{n} W_i} = 0.718$$

即成功的可能性为 71.8%。

(二)未来事件发生的可能结果及其期望值预测

在用主观概率预测未来事件发生的各种可能结果时常借助于概率密度函数和累积分布函数来描述。累积分布函数公式如下：

$$F(E_i) = \sum_{j=1}^{i} P(E_j), \qquad i = 1,2,\cdots,n \tag{5-8}$$

式中　$F(E_i)$——累积分布函数；

$E_i$——预测目标第 $i$ 种可能出现的结果；

$P(E_j)$——第 $j$ 种可能结果出现的概率，并称这一组 $P(E_j)$，$j=1,2,\cdots,n$ 为概率密度函数。

**【例 5-2】** 某建筑工程公司经理为了制定下一年度的生产计划，需要预测下年度能完成多少建安工作量。该经理采用德尔菲法，征询了 10 位专家的意见，并用主观概率法进行综合整理。其中在所设计的调查表里要求专家预测下一年度建安工程量增长率的各种可能值（不可能出现时填零，肯定出现时填 1，且填入各数的总和应为 1）。各位专家的回答结果见表 5-7。

**【解】** 首先，可以用算术平均法（也可用加权平均法）综合各位专家的意见，得出一组描述专家集体看法的主观概率，即平均概率密度函数 $\overline{P}(E_i)$ 以及累积分布函数 $\overline{F}(E_i)$（如表 5-7 中最后两行数值）。可以看出，概率密度函数描述了各结果出现的可能性，如建安工程量增长 7% 的可能性为 0.17，即 17%；而累积分布函数则反映在某一范围内事件发生可能性的大小，如增长 1%～7% 的可能性为 0.965，即 96.5%。若用图形来表示 $\overline{P}(E_i)$ 及 $\overline{F}(E_i)$ 将会更直观。

其次，计算结果的期望值，第 $i$ 位专家预测结果的期望值为该专家各结果的主观概率估计值与对应结果的乘积之和。各位专家的预测结果期望值如表 5-7 中最后一列所示。

最后，用算术平均法（也可用加权平均法）综合各位专家的预测结果期望值，得到下一年度建安工程量增长率的期望值为 4.24%（表 5-7 中最后一列之平均值）。

**表 5-7　下一年度建安工程量增长率的主观概率预测表**

| 编号 | 增长量 | | | | | | $\Sigma P(E_i)$ | 期望值（%） |
|---|---|---|---|---|---|---|---|---|
| | $E_1$（1%） | $E_2$（3%） | $E_3$（5%） | $E_4$（7%） | $E_5$（9%） | $E_6$（11%） | | |
| 专家 1 | 0.15 | 0.55 | 0.25 | 0.05 | 0 | 0 | 1 | 3.4 |
| 专家 2 | 0.25 | 0.50 | 0.25 | 0 | 0 | 0 | 1 | 3 |
| 专家 3 | 0.05 | 0.60 | 0.30 | 0.05 | 0 | 0 | 1 | 3.7 |
| 专家 4 | 0.10 | 0.20 | 0.50 | 0.15 | 0.05 | 0 | 1 | 4.7 |
| 专家 5 | 0.30 | 0.50 | 0.15 | 0.05 | 0 | 0 | 1 | 2.9 |
| 专家 6 | 0 | 0.10 | 0.20 | 0.50 | 0.15 | 0.05 | 1 | 6.7 |
| 专家 7 | 0 | 0.10 | 0.40 | 0.40 | 0.10 | 0 | 1 | 6 |
| 专家 8 | 0.10 | 0.40 | 0.40 | 0.10 | 0 | 0 | 1 | 4 |
| 专家 9 | 0.10 | 0.30 | 0.30 | 0.30 | 0 | 0 | 1 | 4.6 |
| 专家 10 | 0.15 | 0.60 | 0.15 | 0.10 | 0 | 0 | 1 | 3.4 |
| 平均 $\overline{P}(E_i)$ | 0.12 | 0.385 | 0.29 | 0.17 | 0.03 | 0.005 | 1 | 平均期望值为 4.24% |
| 平均 | 0.12 | 0.505 | 0.795 | 0.965 | 0.995 | 1 | — | |

由上述可知，主观概率法可单独用来征询人们对某一事件的看法，也可和德尔菲法结合起来应用。需要说明的是，虽然主观概率法也用到一些定量分析技术，但由于作为其基础的主观概率不是根据实际统计资料计算出来的，而是根据人们的经验主观判断得到的，所以主观概率法仍属于定性预测范畴。

## 第四节　回归预测技术

因果分析法是研究变量和变量之间的依赖关系的一类数学方法，在自然界和人类社会中，往往可以看到很多变量之间存在着一定的关系。例如,人的身高与体重,气温与降雨量,基本建设的投资与新建项目的数量,建筑材料的数量与房屋竣工面积等,这种例子很多,大体可分为两类:

第一类是各种变量之间的关系是确定性关系,可以用理论分析的方法严格地推导出一定函数关系来。例如圆的周长 $S=2\pi R$,混凝土与水泥强度等级及用量的关系等。

第二类是变量之间的数量关系是非确定性关系,不能从理论上严格地推导出一定的规律来。例如基本建设的投资与新建项目的数量等。这时,我们只能通过对大量统计资料的分析,才能找到它们之间的是否存在相关关系、相关的密切程度以及近似地确定它们之间的数量关系。因果分析法就是研究这类相关关系的方法。

因果分析法的基本思想是:事物发展变化存在着因果关系,要准确地预测事物未来发展和演变趋势,必须研究引起未来状态变化的各种客观环境因素的作用,从中找出这些客观因素与未来状态之间的统计关系。因果分析法的数学模型为

$$y=f(x_1,x_2,\cdots,x_n) \tag{5-9}$$

式中,$y$ 为因变量,即预测目标;$x_1,x_2,\cdots,x_n$ 是自变量,即影响因素。

回归分析法是因果分析法中常用的处理变量之间关系的一种数学方法。如果我们研究两个变量之间的相关关系,即一个因变量的值是如何随着一个自变量的值的变化而变化,我们称之为一元回归分析法。如果我们研究三个或三个以上变量之间的相关关系(通常是一个因变量,二个或二个以上自变量)就称之为多元回归分析法。回归分析法的可靠程度取决于数据点的多少,一般来说,历史数据观察点至少要在 20 个以上为好。

## 一、一元线性回归预测技术

### (一)一元线性回归预测基本原理

一元线性回归法是判别变量之间是否具有线性相关关系,研究其线性相关的密切程度以及如何确定变量之间的线性表达式的一种分析方法。如果只有一个变量影响预测对象,且该变量与预测对象呈线性关系,那么就可用该方法进行预测。

1. 回归直线的求法

一元线性回归的基本公式为

$$\hat{y}=a+bx \tag{5-10}$$

式中,$\hat{y}$ 为预测值,$a$ 与 $b$ 是回归系数,$x$ 是自变量。

设有一组观测数据$(x_i,y_i)(i=1,2,\cdots,n)$,现仍用式(5-10)来表示 $x$ 与 $y$ 之间的关系,则有

$$y_i=a+bx_i+\delta_i \tag{5-11}$$

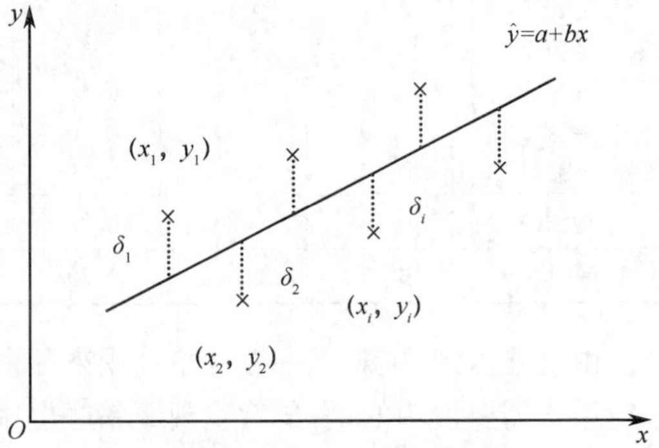

图 5-2 一元线性回归分析

式中,$y_i$ 为实际值,$\delta_i$ 为预测误差。求一元线性回归方程的思路是:根据已有的一组观测数据$(x_i,y_i)(i=1,2,\cdots,n)$,找出一条最能反映这些点变化规律的一条直线,这条直线如图 5-2 所示。也即要确定回归系数 $a$ 和 $b$,使得用式(5-10)来进行预测时所产生的总误差为最小,为防止正负抵消,根据最小二乘法原理,必须使误差的平方和为最小,从而使回归方程与实测数据的线性拟合为最佳,即

$$\min Q = \sum_{i=1}^{n} \delta_i^2 = \sum_{i=1}^{n} (y_i - \hat{y}_i)^2 = \sum_{i=1}^{n} (y_i - a - bx_i)^2 \tag{5-12}$$

式中 $a$ 和 $b$ 是待求的回归系数。为了求得 $Q$ 最小时的 $a$、$b$，根据多元函数求极值的原理，只需将式(5-12)对 $a$、$b$ 求偏导数，并令它们为零，即

$$\begin{cases} \dfrac{\partial Q}{\partial a} = -2\sum_{i=1}^{n} (y_i - a - bx_i) = 0 \\ \dfrac{\partial Q}{\partial b} = -2\sum_{i=1}^{n} (y_i - a - bx_i) x_i = 0 \end{cases} \tag{5-13}$$

整理得

$$\begin{cases} na + b\sum_{i=1}^{n} x_i = \sum_{i=1}^{n} y_i \\ a\sum_{i=1}^{n} x_i + b\sum_{i=1}^{n} x_i^2 = \sum_{i=1}^{n} x_i y_i \end{cases} \tag{5-14}$$

解上述联立方程组，可得

$$\begin{cases} b = \dfrac{\sum_{i=1}^{n} x_i y_i - n\bar{x}\bar{y}}{\sum_{i=1}^{n} x_i^2 - n\bar{x}^2} \\ a = \bar{y} - b\bar{x} \end{cases} \tag{5-15}$$

式中，$\bar{y}$、$\bar{x}$ 分别是 $y_i$，$x_i$($i=1,2,\cdots,n$)的平均值，即

$$\bar{x} = \frac{1}{n}\sum_{i=1}^{n} x_i, \bar{y} = \frac{1}{n}\sum_{i=1}^{n} y_i \tag{5-16}$$

由于式(5-15)中所有量都可以从观测数据中得出，从而可求得 $a$、$b$，将 $a$、$b$ 代入式(5-10)，可得出一元线性回归方程。

为方便计算，可列表计算有关参数(表 5-8)。

**表 5-8　最小二乘法参数计算表**

| 样本序号 | $x_i$ | $x_i^2$ | $y_i$ | $y_i^2$ | $x_i y_i$ |
|---|---|---|---|---|---|
| 1 | $x_1$ | $x_1^2$ | $y_1$ | $y_1^2$ | $x_1 y_1$ |
| 2 | $x_2$ | $x_2^2$ | $y_2$ | $y_2^2$ | $x_2 y_2$ |
| ⋮ | ⋮ | ⋮ | ⋮ | ⋮ | ⋮ |
| $n$ | $x_n$ | $x_n^2$ | $y_n$ | $y_n^2$ | $x_n y_n$ |
| $\sum$ | $\sum_{i=1}^{n} x_i$ | $\sum_{i=1}^{n} x_i^2$ | $\sum_{i=1}^{n} y_i$ | $\sum_{i=1}^{n} y_i^2$ | $\sum_{i=1}^{n} x_i y_i$ |

2. 相关性检验

对于任意一组观测数据点($x_i$，$y_i$)($i=1,2,\cdots,n$)，不管它们是否具有线性关系，我们总可以按照上述方法求出一条直线来。因此，$x$ 与 $y$ 是否确实有这种线性关系以及这种关系的强弱程度如何，还要通过相关性检验加以判别。在数理统计上常用相关系数 $r$ 来检验。$r$ 的计算公式如下：

$$r=\frac{\sum_{i=1}^{n}(x_i-\bar{x})(y_i-\bar{y})}{\sqrt{\sum_{i=1}^{n}(x_i-\bar{x})^2\sum_{i=1}^{n}(y_i-\bar{y})^2}}=\frac{n\sum_{i=1}^{n}x_iy_i-\sum_{i=1}^{n}x_i\sum_{i=1}^{n}y_i}{\sqrt{\left[n\sum_{i=1}^{n}x_i^2-\left(\sum_{i=1}^{n}x_i\right)^2\right]\left[n\sum_{i=1}^{n}y_i^2-\left(\sum_{i=1}^{n}y_i\right)^2\right]}}=\frac{\sum_{i=1}^{n}x_iy_i-n\bar{x}\bar{y}}{\sqrt{\sum_{i=1}^{n}x_i^2-n\bar{x}^2}\sqrt{\sum_{i=1}^{n}y_i^2-n\bar{y}^2}} \tag{5-17}$$

显然，$0\leqslant|r|\leqslant1$。

当$|r|$越接近1时，说明$x$与$y$之间的线性相关程度越高；相反，$|r|$越接近0时，$x$与$y$之间的线性相关程度越小。需要指出的是，相关系数只是表示$x$与$y$之间的线性相关的密切程度。当$|r|$很小，甚至等于0时，并不一定表示$x$与$y$之间不存在其他关系，而是表示$x$与$y$之间的线性关系很弱。反之，只有当$r$的绝对值大到一定程度时，才认为$x$与$y$之间的相关关系是显著的。这时，回归预测模型才有意义。变量之间的关系是否显著，可以通过相关性检验加以判别。

相关性检验的步骤是：第一步，按式(5-17)计算$r$；第二步，给定显著水平$\alpha$($\alpha$也称为信度，即表示用线性方程在一定区间描述$x$与$y$的相关关系不可靠的概率，$\alpha$越小显著水平越高。$1-\alpha$称为置信度，表示用线性方程在一定区间描述$x$与$y$的相关关系令人置信的程度(或称可靠的概率))；根据$\alpha$、样本数$n$查相关系数检验表(表5-9)得相关系数临界值$r_\alpha$；第三步，最后判断，若$|r|\geqslant r_\alpha$，则表明$x$与$y$之间的线性关系显著，检验通过，反之则不通过。在实际经济分析中，当$r^2>0.49$时，则认为$x$对$y$影响很大，称为强相关；当$r^2<0.49$时，则认为$x$对$y$影响不大，称为弱相关；并且当$|r|=1$时，称为完全线性相关；当$|r|=0$时，称为无线性相关。

**表5-9　相关系数检验表 $r_\alpha$**

| $n-2$ | $\alpha=0.05$ | $\alpha=0.01$ | $n-2$ | $\alpha=0.05$ | $\alpha=0.01$ | $n-2$ | $\alpha=0.05$ | $\alpha=0.01$ |
|---|---|---|---|---|---|---|---|---|
| 1 | 0.997 | 1.000 | 16 | 0.468 | 0.590 | 35 | 0.325 | 0.418 |
| 2 | 0.950 | 0.990 | 17 | 0.456 | 0.575 | 40 | 0.304 | 0.393 |
| 3 | 0.878 | 0.959 | 18 | 0.444 | 0.561 | 45 | 0.288 | 0.372 |
| 4 | 0.811 | 0.917 | 19 | 0.433 | 0.549 | 50 | 0.273 | 0.354 |
| 5 | 0.754 | 0.874 | 20 | 0.423 | 0.537 | 60 | 0.250 | 0.325 |
| 6 | 0.707 | 0.834 | 21 | 0.413 | 0.526 | 70 | 0.232 | 0.302 |
| 7 | 0.666 | 0.798 | 22 | 0.404 | 0.515 | 80 | 0.217 | 0.283 |
| 8 | 0.632 | 0.765 | 23 | 0.396 | 0.505 | 90 | 0.205 | 0.267 |
| 9 | 0.602 | 0.735 | 24 | 0.388 | 0.496 | 100 | 0.195 | 0.254 |
| 10 | 0.576 | 0.708 | 25 | 0.381 | 0.487 | 125 | 0.174 | 0.228 |
| 11 | 0.553 | 0.684 | 26 | 0.374 | 0.478 | 150 | 0.159 | 0.208 |
| 12 | 0.532 | 0.661 | 27 | 0.367 | 0.470 | 200 | 0.133 | 0.181 |
| 13 | 0.514 | 0.641 | 28 | 0.361 | 0.463 | 300 | 0.113 | 0.148 |
| 14 | 0.497 | 0.623 | 29 | 0.355 | 0.456 | 400 | 0.098 | 0.128 |
| 15 | 0.482 | 0.606 | 30 | 0.349 | 0.449 | 1 000 | 0.062 | 0.081 |

注：表中$n$为观测点数；$n-2$为自由度；$\alpha$为显著水平，或称危险率，或称信度；$\alpha=0.01$表示在100次判断中有一次判错的危险。

3. 置信区间估计

由一组观测数据求得的回归方程式(5-10),一般只是近似地反映实际值,预测值与实际值之间还存在着一定的误差。因此,通过式(5-10)计算出预测值 $\hat{y}$ 后,还应知道实际 $y$ 值与预测值 $\hat{y}$ 的差别有多大,也即应知道实际值的波动范围有多大。这就是置信区间的估计问题。

对于 $x$ 的某一特定值 $x_0$,实际的 $y$ 值不可能只取得 $\hat{y}=a+bx_0$,$y$ 的取值是按一定的分布波动的。其波动规律在一般情况下都近似为正态分布,也即对于 $x$ 的某一特定值 $x$,实际的 $y$ 的取值是以 $\hat{y}_0=a+bx_0$ 为中心而对称分布的,$\hat{y}_0$ 是实际 $y$ 所取值的均值。如果能算出波动的剩余标准差,则回归方程的精度即可给出,剩余标准差为

$$S=\sqrt{\frac{1}{n-2}\sum_{i=1}^{n}(y_i-\hat{y}_i)^2} \tag{5-18}$$

在工程上常以 $\hat{y}=a+bx\pm 2S$ 来预测 $y$ 的值,因这时由正态分布的性质可知,实际值落在置信度区间$[\hat{y}-2S,\ \hat{y}+2S]$内的概率为 95.4%。

由上述可知,$S$ 越小,则用回归预测方程来预报 $y$ 的值就越精确。因此,可以把剩余标准差 $S$ 作为预测精度的标志。

## (二)一元线性回归预测实例

**【例 5-3】** 某开放地区 2018~2022 年某种钢材的销售价格见表 5-10,试预测 2025 年该种钢材的销售价格水平。

**表 5-10 某种钢材历年销售价格情况**

| 年 度 | 年序号 $x_i$ | 价格 $y_i$ (元/t) | $x_iy_i$ | $x_i^2$ | $\hat{y}_i$ | $y_i-\hat{y}_i$ | $(y_i-\hat{y}_i)^2$ |
|---|---|---|---|---|---|---|---|
| 2018 | 1 | 580 | 580 | 1 | 564 | 16 | 256 |
| 2019 | 2 | 620 | 1 240 | 4 | 630 | −10 | 100 |
| 2020 | 3 | 690 | 2 070 | 9 | 696 | −6 | 36 |
| 2021 | 4 | 740 | 2 960 | 16 | 762 | −22 | 484 |
| 2022 | 5 | 850 | 4 250 | 25 | 828 | 22 | 484 |
| Σ | 15 | 3 480 | 11 100 | 55 | — | — | 1 360 |

**【解】** (1)设所求预测方程为

$$\hat{y}=a+bx \qquad (元/t)$$

式中,$\hat{y}$ 为预测的钢材销售价格;$x$ 为年序号;$a$、$b$ 为待求回归系数。

(2)计算平均值

根据已知数据计算得

$$\bar{x}=\frac{1}{5}\sum_{i=1}^{5}x_i=\frac{15}{5}=3, \qquad \bar{y}=\frac{1}{5}\sum_{i=1}^{5}y_i=\frac{3\ 480}{5}=696$$

(3)计算 $a$、$b$ 回归系数

由式(5-15)可得

$$\begin{cases} b=\dfrac{\sum\limits_{i=1}^{5}x_iy_i-5\,\overline{xy}}{\sum\limits_{i=1}^{5}x_i^2-5\bar{x}^2}=\dfrac{11\ 100-5\times3\times696}{55-5\times3^2}=66 \\ a=\bar{y}-b\bar{x}=696-66\times3=498 \end{cases}$$

(4)求得预测方程为

$$\hat{y}=a+bx=498+66x$$

(5)求相关系数

$$r=\frac{\sum_{i=1}^{n}(x_i-\overline{x})(y_i-\overline{y})}{\sqrt{\sum_{i=1}^{n}(x_i-\overline{x})^2\cdot\sum_{i=1}^{n}(y_i-\overline{y})^2}}=\frac{\sum_{i=1}^{5}(x_i-3)(y_i-696)}{\sqrt{\sum_{i=1}^{5}(x_i-3)^2\cdot\sum_{i=1}^{5}(y_i-696)^2}}=0.98$$

取$\alpha=0.01$,根据表5-9,查得当$n=5$,$\alpha=0.01$时,$r_\alpha=r_{0.01}=0.959$。由于$r=0.98>r_{0.01}=0.959$,故相关系数$r$在$\alpha=0.01$水平上是显著的。这说明用该回归方程$\hat{y}=498+66x$能够近似表达该时间序列的变化趋势。同时由于$r^2=0.960\ 4>0.49$,故$x$与$y$之间的线性关系是强相关。所以能用该方程进行预测。

(6)求预测值

根据回归方程预测2025年该种钢材的销售价格为

因2025年的年序号为$x=8$,则$\hat{y}_8=498+66x=498+66\times8=1\ 026$(元/t)

(7)求剩余标准差

$$S=\sqrt{\frac{1}{n-2}\sum_{i=1}^{n}(y_i-\hat{y}_i)^2}=\sqrt{\frac{1}{5-2}\sum_{i=1}^{5}(y_i-\hat{y}_i)^2}=21.29$$

(8)求置信度区间

$$[\hat{y}-2S,\hat{y}+2S]=[1\ 026-2\times21.29,1\ 026+2\times21.29]=[983.42,1\ 068.58]$$

即可预测2025年该种钢材的销售价格在[983.42,1 068.58]范围内有95%的置信度,也即有95%的把握。

## 二、多元线性回归预测技术

在许多实际问题中,影响变量$x$的因素经常不止一个。例如建筑企业的木材加工厂的木制品成本,不仅同直接的劳动量有关,而且同耗用木材量也有关。这就促使我们要考虑多元回归问题。由于多元线性回归的原理与一元回归基本相同,故不作理论上的较多推导,但需要指出的是,多元回归的计算比一元回归要复杂得多。

### (一)多元线性回归方程的一般模型

多元线性回归的一般模型为

$$y=b_0+b_1x_1+b_2x_2+\cdots+b_mx_m \tag{5-19}$$

式中　$x_1,x_2,\cdots,x_m$——互不相关的各个自变量;

$b_0,b_1,b_2,\cdots,b_m$——回归系数,可由已知数据求出。

### (二)二元线性回归方程的求法

像一元线性回归方程一样,设自变量为$x_1,x_2$,因变量为$\hat{y}$,则二元线性回归方程为

$$\hat{y}=b_0+b_1x_1+b_2x_2 \tag{5-20}$$

此方程在几何上表示一个平面,因此,称它为$\hat{y}$对$x_1$、$x_2$的回归平面,$b_0$为常数项,$b_1$、$b_2$

分别称为 $\hat{y}$ 对 $x_1$、$x_2$ 的回归系数。

回归系数的估计仍用最小二乘法，即选取这样的 $b_0$、$b_1$、$b_2$，使残差平方和

$$\sum_{t=1}^{n}(\hat{y}_t - b_0 - b_1 x_{1t} - b_2 x_{2t})^2 = Q \tag{5-21}$$

达到极小，由多元微分学可知，$b_0$、$b_1$、$b_2$ 满足下列方程：

$$\begin{cases} \dfrac{\partial Q}{\partial b_0} = -2\sum_{t=1}^{n}(\hat{y}_t - b_0 - b_1 x_{1t} - b_2 x_{2t}) = 0 \\ \dfrac{\partial Q}{\partial b_1} = -2\sum_{t=1}^{n}(\hat{y}_t - b_0 - b_1 x_{1t} - b_2 x_{2t})x_{1t} = 0 \\ \dfrac{\partial Q}{\partial b_2} = -2\sum_{t=1}^{n}(\hat{y}_t - b_0 - b_1 x_{1t} - b_2 x_{2t})x_{2t} = 0 \end{cases} \tag{5-22}$$

化简式(5-22)得到 $b_0$、$b_1$、$b_2$ 满足下述线性方程组

$$\begin{cases} nb_0 + \sum_{t=1}^{n} x_{1t}b_1 + \sum_{t=1}^{n} x_{2t}b_2 = \sum_{t=1}^{n}\hat{y}_t \\ \sum_{t=1}^{n} x_{1t}b_0 + \sum_{t=1}^{n} x_{1t}^2 b_1 + \sum_{t=1}^{n} x_{1t}x_{2t}b_2 = \sum_{t=1}^{n} x_{1t}\hat{y}_t \\ \sum_{t=1}^{n} x_{2t}b_0 + \sum_{t=1}^{n} x_{1t}x_{2t}b_1 + \sum_{t=1}^{n} x_{2t}^2 b_2 = \sum_{t=1}^{n} x_{2t}\hat{y}_t \end{cases} \tag{5-23}$$

方程组称为正规方程组，从式(5-23)的每个方程解出

$$b_0 = \bar{y} - b_1\bar{x}_1 - b_2\bar{x}_2$$

式中，$\bar{y} = \dfrac{1}{n}\sum_{t=1}^{n} y_t$，$\bar{x}_1 = \dfrac{1}{n}\sum_{t=1}^{n} x_{1t}$，$\bar{x}_2 = \dfrac{1}{n}\sum_{t=1}^{n} x_{2t}$

将 $b_0$ 值代入式(5-23)的其他方程，经整理后得到下述方程组：

$$\begin{cases} L_{11}b_1 + L_{12}b_2 = L_{10} \\ L_{21}b_1 + L_{22}b_2 = L_{20} \end{cases} \tag{5-24}$$

其中

$$L_{i0} = \sum_{t=1}^{n}(x_{it} - \bar{x}_i)(y_t - \bar{y}) \qquad (i = 1,2)$$

$$L_{ij} = \sum_{t=1}^{n}(x_{it} - \bar{x}_i)(x_{jt} - \bar{x}_j) \qquad (i = 1,2; j = 1,2)$$

解出方程式(5-24)即得 $b_1$、$b_2$。代入式(5-20)即得二元线性回归方程。

### (三)二元线性回归方程预测实例

**【例 5-4】** 某建筑企业拟对木材加工厂木制品总成本进行预测，$y$ 代表总成本，$x_1$ 代表直接劳动量，$x_2$ 代表耗用的木材量。有关记录资料列于表 5-11 中。要求建立二元线性回归方程。

**表 5-11 木制品总成本及劳材消耗表**

| 月 | 总成本 $y$(千元) | 劳动量 $x_1$(千小时) | 木材耗用量 $x_2$($m^3\times 1\ 000$) |
|---|---|---|---|
| 1 | 3.1 | 3.9 | 2.4 |
| 2 | 2.6 | 3.6 | 2.1 |
| 3 | 2.9 | 3.8 | 2.3 |
| 4 | 2.7 | 3.9 | 1.9 |
| 5 | 2.8 | 3.7 | 1.9 |
| 6 | 3.0 | 3.9 | 2.1 |
| 7 | 3.2 | 3.8 | 2.4 |
| $\sum$ | 20.3 | 26.6 | 15.1 |

**【解】** (1)设所求的二元线性方程为

$$y=b_0+b_1x_1+b_2x_2$$

式中,$y$ 为因变量总成本(千元);$x_1$ 为自变量劳动量(千小时),$x_2$ 为自变量木材耗用量($m^3\times$ 1 000)。$b_0$ 为常数项,$b_1$、$b_2$ 分别称为 $y$ 对 $x_1$,$x_2$ 的回归系数。

(2)计算有关参数

$$\overline{y}=\frac{1}{n}\sum_{t=1}^{n}y_t=20.3\div 7=2.9$$

$$\overline{x_1}=\frac{1}{n}\sum_{t=1}^{n}x_{1t}=26.6\div 7=3.8$$

$$\overline{x_2}=\frac{1}{n}\sum_{t=1}^{n}x_{2t}=15.1\div 7\approx 2.16$$

$$b_0=\overline{y}-b_1\overline{x_1}-b_2\overline{x_2}=2.9-3.8b_1-2.16b_2$$

(3)计算回归系数 $b_0$、$b_1$、$b_2$

将已知数据代入式(5-23)得到下列方程组:

$$\begin{cases}7b_0+26.6b_1+15.1b_2=20.3\\26.6b_0+101.16b_1+57.41b_2=77.22\\15.1b_0+57.4b_1+32.85b_2=44\end{cases}$$

求解得

$$b_0=-1.395\ 6,b_1=0.736\ 1,b_2=0.676\ 9$$

(4)求二元回归方程

$$y=-1.395\ 6+0.736\ 1x_1+0.676\ 9x_2$$

(四)多元线性回归模型的 $R$ 检验

$R$ 检验即是通过偏差分析检验多元线性回归的预测模型及其区间。关键是求出复可决系数 $R^2$ 以及复相关系数 $R$。一般计算公式为

$$R^2=1-\frac{\sum_{i=1}^{n}(y_i-\hat{y}_i)^2}{\sum_{i=1}^{n}(y_i-\overline{y})^2}\tag{5-25}$$

其中,$R^2$ 说明一组自变量 $x_1,x_2,\cdots,x_m$ 对因变量 $y$ 的解释程度;$R$ 则描述自变量 $x_1,x_2,\cdots,x_m$ 对

因变量 $y$ 的相关程度。

需要注意的问题是，$R^2$ 是自变量个数的不减函数，也就是说，随着自变量个数的增加，$R^2$ 将不断增大，至少也保持不变。因此，当对两个具有不同个数自变量的类似预测模型进行检验时，就不能单纯根据 $R^2$ 作为评价模型优劣的标准，还必须考虑模型所包括自变量的个数影响。为了解决上述问题，实际中需要对 $R^2$ 进行修正，这样 $R^2$ 就等于式(5-26)，即

$$R^2 = 1 - \frac{\sum_{i=1}^{n}(y_i - \hat{y}_i)^2/(n-m)}{\sum_{i=1}^{n}(y_i - \bar{y})^2/(n-1)} \tag{5-26}$$

其中，$n-m$ 是偏差平方和 $\sum_{i=1}^{n}(y_i-\hat{y}_i)^2$ 的自由度，$n-1$ 是偏差平方和 $\sum_{i=1}^{n}(y_i-\bar{y})^2$ 的自由度，因此，$R^2$ 中体现了自变量个数 $m$ 的影响。

复相关系数不同于单相关系数，它的值在 0 和 1 之间，且只取正值，判别依据以靠近 1 的程度来衡量。通常 $R>0.7$ 称为高度相关，$0.7\geqslant R>0.3$ 称为中度相关，$R\leqslant 0.3$ 称为低度相关。

### 三、非线性回归预测技术

在自变量与因变量不呈线性关系时，就需要运用非线性回归预测方法。

非线性回归预测模型的一般式为

$$y=f_1(x_1)+f_2(x_2)+\cdots+f_m(x_m) \tag{5-27}$$

其中，$f_j(x_j)$，$j=1,2,\cdots,m$ 可以是多项式、指数、三角函数或其他函数形式，实际应用中主要有以下 4 种：

1. 二次曲线

$$y=b_1+b_2x+b_3x^2+\varepsilon \tag{5-28}$$

2. 指数曲线

$$y=a\mathrm{e}^{\beta x}\mathrm{e}^{\varepsilon} \tag{5-29}$$

3. 幂函数曲线

$$y=ax^{\beta}\mathrm{e}^{\varepsilon} \tag{5-30}$$

4. 修正指数曲线

$$y=K+a\mathrm{e}^{\beta x}\mathrm{e}^{\varepsilon} \tag{5-31}$$

式中，$\alpha$、$\beta$ 为模型参数，$K$ 为常数，$\varepsilon$ 为随机项，$\varepsilon\sim N(0,\delta^2)$。

对于非线性预测模型，计算的基本思路是：首先用变量代换将非线性模型转化为线性模型；再运用前述线性回归方法求得参数。

## 第五节　时间序列预测技术

### 一、时间序列预测技术的基本概念

#### (一)时间序列的概念与特点

所谓时间序列，就是依时间顺序排列的统计数据，用以表示某种经济现象(如建筑商品需求量)依时间变化的统计数据。在实际生产经营管理活动中，时间序列的组成十分复杂。但通

过对大量时间序列数据的变化趋势做深入分析,可以认为一般经济变量时间序列数据的变动特点有以下几点:一是其短期的偶然性或随机性波动;二是其季节性和周期性变动;三是体现长期发展趋势的线性或非线性变动。其中随机性变动是不规则的,周期性或季节性变动和长期趋势变动是有规律的,如图 5-3 所示。

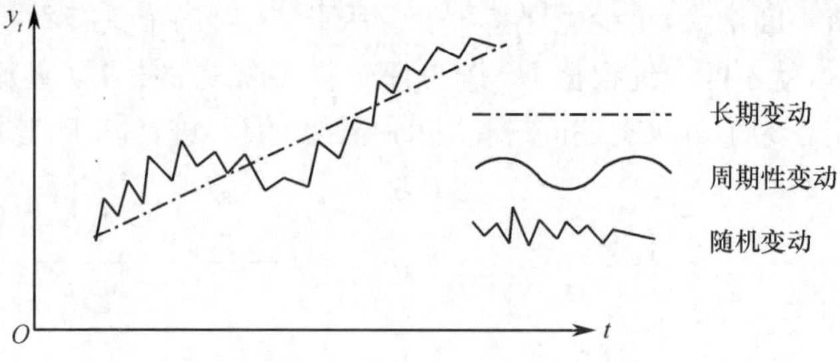


图 5-3 时间序列的各种变动

用时间序列预测技术进行预测,首先需要进行数据处理,设法消除随机变动,找出预测对象的长期发展趋势和周期变动的规律,并建立相应的预测模型。

(二)时间序列分析方法及其特点

时间序列预测技术是根据预测对象的时间序列数据,找出预测对象随时间推移的变化规律,通过趋势外推预测未来的一种方法。该方法早已在国外得到广泛应用,国内也早在 20 世纪 60 年代初就应用于水文预测。到了 20 世纪 70 年代,随着电子计算技术的发展,水文、气象、地震等方面已广泛采用时间序列的预测方法。

时间序列分析在经济上的应用,最早使用在美国麻省坎布里奇哈佛大学,该校经济研究委员会主席珀森斯教授将它应用于一般商情研究和预测,目前已成为世界各国经济预测的基本方法。

时间序列分析有三个基本特点:其一,它是根据市场过去的变化趋势预测未来发展的,它的前提是假定事物的过去会同样延续到未来;其二,它承认事物发展的规律性中含有不规则的因素,并着眼于如何消除那些不规律因素(偶然性因素)的干扰和影响;其三,它是撇开了市场发展的因果关系去分析市场的过去和未来的联系。在一般情况下,它求得的预测值只是过去历史发展结果的反映。

在实际生产经营管理活动中,寻找时间序列数据长期变动趋势的方法常用的有两类:一是回归分析预测法,如上节所述;另一类是平滑预测技术。具体的预测方法有许多,现简要介绍几种常用的方法。

## 二、简易平均法

在运用时间序列分析进行市场预测时,最简单的方式是采用求一定观察期的数据平均数,以平均数为基础确定预测值的方法,即简易平均法。简易平均法是市场预测的最简单的数学方法,它不需要复杂的运算过程,简便易行,因而是短期预测中经常采用的方法。

简易平均法有很多种,最常用的有算术平均法、加权平均法等。

(一)算术平均法

算术平均法,就是以观察期数据之和除以求和时使用的数据个数(或资料期数),求得平均数。设 $x_1,x_2,\cdots,x_n$ 为 $n$ 个拟求算术平均数之资料,则算术平均数可依式(5-32)求得。

$$\overline{X}=\frac{1}{n}\sum_{i=1}^{n}x_i \tag{5-32}$$

式中　$\overline{X}$——平均数；

$x_i$——观察期的资料，$i$ 为资料编号（顺序号）；

$n$——资料数，或期限。

（二）加权平均法

加权平均法，就是在求平均数时，根据观察期各资料重要性的不同，分别给以不同权数后加以平均的方法。其特点是，所求得的平均数，已包含了长期趋势变动。

加权平均法，通常采用加权算术平均法。设 $x_1, x_2, \cdots, x_n$ 为资料数，$w_1, w_2, \cdots, w_n$ 为已知的对应权数，则加权平均值 $\overline{X}$ 为

$$\overline{X}=\frac{\sum_{i=1}^{n} x_i w_i}{\sum_{i=1}^{n} w_i} \tag{5-33}$$

加权平均法的关键是确定适当的权数。一般的做法是，由于距离预测期愈近的数据对预测值影响愈大，因而给予近期数据以较大的权数，距离预测期远者则权数递减。但是，当历史数变动幅度较大时，权数之间由近而远的级差需大一些，并可以采用等比级数；如果历史数据变化平稳时，权数之间的级差则可以小一些，并可以采用等差级数。另外，如果历史数据起伏波动较大，也可以根据数据波动情况确定不同的权数，即波动幅度大者给予较大的权数，波动幅度小者给予较小权数，并可以将各权数之和设为 1，这样既可以根据历史数据给予的不同权数，又可以使各历史数据的加权之和便是加权平均数，以简化运算程序，实践中最好设几种权数，通过分析比较，选择较能反映实际的方案。

**【例 5-5】** 已知资料见表 5-12，要求预测 2025 年的商品住宅销售值。为便于对观察期的数据分析对比，则设三种权数，即采用三个预测方案：A 方案权数之和设为 1；B 方案采用等差级数，公差为 1；C 方案采用等比级数，公比为 2；其计算结果见表 5-12。

**表 5-12　某市商品住宅销售值与加权平均值**

| 观察期 | 实际销售值 $x_i$ | A 方案 | | B 方案 | | C 方案 | |
|---|---|---|---|---|---|---|---|
| | | $w_i$ | $w_i x_i$ | $w_i$ | $w_i x_i$ | $w_i$ | $w_i x_i$ |
| 2018 年 | 9 100 | 0.02 | 132 | 1 | 9 100 | 1 | 9 100 |
| 2019 年 | 9 300 | 0.04 | 372 | 2 | 18 600 | 2 | 18 600 |
| 2020 年 | 9 400 | 0.08 | 752 | 3 | 28 200 | 4 | 37 600 |
| 2021 年 | 9 700 | 0.16 | 1 552 | 4 | 38 800 | 8 | 77 600 |
| 2022 年 | 9 900 | 0.70 | 6 930 | 5 | 49 500 | 16 | 158 400 |
| $\Sigma$ | 47 400 | 1.00 | 9 788 | 15 | 144 200 | 31 | 301 300 |

**【解】** 将表中数字代入公式，则权数(A)方案的加权平均数为

$$\overline{X}=\frac{\sum_{i=1}^{n} x_i w_i}{\sum_{i=1}^{n} w_i}=\frac{9\ 788}{1}=9\ 788 \quad (\text{万元})$$

权数(B)方案和权数(C)方案的加权平均数 $\overline{X}$ 分别为

$$\overline{X}=\frac{144\ 200}{15}=9\ 613.3(\text{万元})\text{和}\ \overline{X}=\frac{301\ 300}{31}=9\ 719.4 \quad (\text{万元})$$

即按加权平均法,某市商品住宅 2025 年三个方案的预测值分别为9 788(万元)、9 613.3(万元)、9 719.4(万元),而用算术平均法求得的平均值(预测值)仅为47 400/5=9 480(万元),由于加权平均法包含了长期趋势变动,所以三个方案的预测值均高于算术平均法的预测值。

### 三、移动平均法

移动平均法是用分段逐点推移的平均方法对时间序列数据进行处理,找出预测对象的历史变动规律,并据此建立预测模型的一种时间序列预测方法。它是假定预测值同预测期相邻的若干观察期数据有密切关系为基础的。所以,用移动平均法平滑处理的具体做法是:将观察期相应的数据,每次按一定跨越期进行平均,按照时间序列由前向后递推,每推进一个跨越期,就舍去对应于最前面一个跨越期的数据,再进行平均,直至全部数据处理完毕,最后得到一个由移动平均值组成的新的时间序列,并将接近预测期的最后一个移动平均值,作为确定预测值的依据。

移动平均法的特点是:对于具有长期趋势变动和季节性变动的观察期资料,特别是对于数值异常小的观察值,经过移动平均的调整后,可以消除不规律的变动。因此,移动平均法常用于长期趋势变动和季节性变动的预测。但其反映现实的准确程度,则取决于移动跨越期的长短;而跨越期的长短又取决于观察期数据的多少以及预测的目的和要求。在实际应用中,如果在具有一定量的观察期数据的条件下(如共有 20～30 个数据),为取得长期变动趋势值,移动平均跨越期可以长些;为灵敏反映历史数据的变动趋势,跨越期可以短一些。

#### (一)一次移动平均法

一次移动平均法与算术平均法类似,所不同的是,它不是计算固定观察期的平均数,而是计算移动观察的平均数。假设实际的预测对象时间序列数据为 $X_t(t=1,2,\cdots,m)$,$M_t^{(1)}$ 为时间序列中时间为 $t$ 的一次移动平均数,$n$ 为每一移动平均数的跨越期,则求时间为 $t$ 的一次移动平均数 $M_t^{(1)}$ 的公式为

$$M_t^{(1)}=\frac{1}{n}(X_t+X_{t-1}+\cdots+X_{t-n+1}) \tag{5-34}$$

$$M_{t-1}^{(1)}=\frac{1}{n}(X_{t-1}+X_{t-2}+\cdots+X_{t-n}) \tag{5-35}$$

则有

$$M_t^{(1)}=M_{t-1}^{(1)}+\frac{1}{n}(X_t-X_{t-n}) \tag{5-36}$$

根据上述公式可知:

当 $n=1$ 时,则 $M_t^{(1)}=X_t$,即移动平均值序列就是原时间数据的实际序列;

当 $n=m$ 时,则 $M_t^{(1)}=\overline{X}=\frac{1}{n}\sum_{t=1}^{m}X_t$,即等于所有观察值的平均数。

$n$ 的大小对平滑效果影响很大,若 $n$ 取得小,则平滑曲线灵敏度高,但抗随机干扰的性能差;若 $n$ 取得大,抗随机干扰的性能好,但平滑曲线灵敏度低,对新的变化趋势不敏感。所以 $n$ 的选择是用好移动平均法的关键,针对具体的预测问题,选取 $n$ 时,应考虑预测对象时间数据点的多少及预测期限的长短。通常 $n$ 的取值范围可在 3～20 之间。

例如,$n=5$,即以 5 个月为移动平均期,则

当 $t=5$ 时,$M_5^{(1)}=\frac{1}{5}(X_5+X_{5-1}+X_{5-2}+X_{5-3}+X_{5-5+1})=\frac{1}{5}(X_5+X_4+X_3+X_2+X_1)$

当 $t=6$ 时，$M_6^{(1)}=\frac{1}{5}(X_6+X_{6-1}+X_{6-2}+X_{6-3}+X_{6-5+1})=\frac{1}{5}(X_6+X_5+X_4+X_3+X_2)$

所以
$$M_6^{(1)}=M_5^{(1)}+\frac{1}{5}(X_6-X_1)$$

可以发现，$M_6^{(1)}$ 比 $M_5^{(1)}$ 只增加 $(X_6-X_1)/5$，即仅仅首尾两个数据有变动，中间部分随着移动。

**【例 5-6】** 假设给予某建筑企业预制构件 2011—2022 年的销售资料，见表 5-13，以一次移动平均法预测 2024 年和 2025 年的销售值。

**表 5-13　2011—2022 年的一次移动平均值**

| 观察期（年） | 销售值 | 三年跨越期的移动平均值 | | | 五年跨越期的移动平均值 | | |
|---|---|---|---|---|---|---|---|
| | | $M_t^{(1)}$ | 变动趋势值 | 平均趋势值 | $M_t^{(1)}$ | 变动趋势值 | 平均趋势值 |
| 2011 | 100 | | | | | | |
| 2012 | 120 | 133.3 | | | | | |
| 2013 | 180 | 163.3 | +30.0 | | 160 | | |
| 2014 | 190 | 193.3 | +30.0 | +22.3 | 180 | +20 | |
| 2015 | 210 | 200.0 | +6.7 | +10.0 | 190 | +10 | |
| 2016 | 200 | 193.3 | −6.7 | −3.3 | 190 | 0 | +7.6 |
| 2017 | 170 | 183.3 | −10.0 | −4.4 | 194 | +4 | +4.0 |
| 2018 | 180 | 186.7 | +3.4 | +4.5 | 198 | +4 | +4.4 |
| 2019 | 210 | 206.7 | +20.0 | +11.1 | 200 | +2 | |
| 2020 | 230 | 216.7 | +10.0 | +12.2 | 212 | +12 | |
| 2021 | 210 | 223.3 | +6.6 | | | | |
| 2022 | 230 | | | | | | |
| 2024 年预测值 | | 259.9 | | | 229.6 | | |

**【解】** (1)首先，计算观察期的移动平均值

$n$ 取三年和五年，据表 5-13 观察资料，以三年的移动平均期为例，其移动平均值为

$M_3^{(1)}=\frac{1}{3}(X_t+X_{t-1}+\cdots+X_{t-n+1})$，2013、2012、2011 三年观察值的平均值为

$M_3^{(1)}=\frac{1}{3}(180+120+100)=133.3$，因 $(n+1)/2=(3+1)/2=2$，其位置应摆在 2012 年处。

$M_4^{(1)}=\frac{1}{3}(190+180+120)=163.3$，$M_{12}^{(1)}=\frac{1}{3}(230+210+230)=223.3$，余者类推。

(2)以上年的移动平均值为基准，计算各年移动平均值的变动趋势值

2013 年的趋势值以 2012 年的移动平均值为基准，则为 $163.3-133.3=+30$，即增加值为 30(万元)；2021 年以 2020 年的移动平均值为基准，则为 $223.3-216.7=+6.6$，即增加值为 6.6(万元)。

(3)将最后一年的移动平均值加上趋势增长值，得出预测期的预测值

根据表 5-13 的计算结果，进一步就可以确定出预测值。在确定预测值之前，必须先确定每年趋势变动的平均值。其中有两种情况：

①一种情况是每年的变动趋势值比较平稳，即各年之间差别不大，可以采用最后一年的变动趋势值作为每年趋势变动平均值。

②另一种情况是各年之间变动趋势值差别较大,则可以将变动趋势值再进行一次移动平均,并以最后的一个趋势值作为趋势变动平均值,或采用算术平均法求平均值,本算例采用后一种情况,所以再采用移动平均法求其趋势变动平均值,并以最后一个变动趋势值作为每年趋势变动平均值。

另外,由于(a)方案最后一年(2020 年)的移动平均值同预测期 2024 年之间的间隔为 3 年,而(b)方案的间隔为 4 年,因而在确定预测值时,应将最后一年的移动平均值再加上趋势变动平均值乘以间隔期之积。于是 2024 年的预测值为

(a)方案:223.3+12.2×3=259.9(万元)

(b)方案:212+4.4×4=229.6(万元)

由于(a)、(b)两方案最后一年的移动平均值距离预测期 2025 年的间隔期分别为 4 年和 5 年,因而 2025 年的预测值分别为

(a)方案:223.3+12.2×4=272.1(万元)

(b)方案:212+4.4×5=234.0(万元)

上述预测结果表明,观察值经过移动平均的调整,消除了季节性变动和偶然性变动的影响,其平均值的变动趋势渐趋平稳,尤其是(b)方案,由于增加了两年的观察期资料,其趋势之平稳就更为明显。然而,也正是由于(b)方案增加了两年的观察期资料,所以其预测结果反映现实的准确程度比较差,而(a)方案则反映准确一些。同时,由于观察期资料有明显的趋势变动,而且各年变动速率不同,但(b)方案的平均数不仅采用了相同的权数,而且延长了跨越平均期,因而从发展趋势来看,(b)方案可能落后于实际发展速度,(a)方案则可能比较接近实际。因此,两个方案比较,应选择(a)方案。

### (二)二次移动平均法

二次移动平均法,就是对一次移动平均值再进行二次移动平均,并在最后两个移动平均值(即最后的一次移动平均值和二次移动平均值)的基础上求得预测值。

1. 二次移动平均值的计算公式

$$M_t^{(2)}=\frac{1}{n}(M_t^{(1)}+M_{t-1}^{(1)}+\cdots+M_{t-n+1}^{(1)})=M_{t-1}^{(2)}+\frac{1}{n}(M_t^{(1)}-M_{t-n}^{(1)}) \tag{5-37}$$

式中　$M_t^{(1)}$——一次移动平均数;

$M_t^{(2)}$——二次移动平均数;

$n$——移动平均数的跨越期;

$t$——$t=1,2,\cdots,m$。

从实际数据计算可以看出,二次移动平均值序列的线形比一次移动平均值序列的线形更加平滑;同时,二次移动平均值序列对一次移动平均值序列也有一个滞后偏差。

2. 利用移动平均值序列做预测

如果实际的时间序列数据没有明显的周期变动,近期的移动平均值序列没有明显的增长或下降趋势,可以直接用最近一个周期的一次移动平均值,作为下一周期的预测值。也就是说,当最近一个周期为 $t$ 时,可以认为 $\hat{X}_{t+1}=M_t^{(1)}$。

如果实际的时间序列数据有明显的周期变动,近期的移动平均值序列有明显的增长或下降趋势,就不能直接用一次移动平均值做预测。这是因为,移动平均值的变化总是滞后于实际数据的变化,当预测对象有明显的增长趋势时,直接用一次移动平均值做预测会使预测值偏

低;而当预测对象有明显的下降趋势时,直接用一次移动平均值做预测会使预测值偏高。

在此情况下,如果预测对象的变化趋势呈线性,可以通过建立线性预测模型做预测。二次移动平均法一般不能独立地进行预测,只能与一次移动平均法配合,求得移动系数,建立预测模型。

线性预测模型的一般形式为

$$\hat{X}_{t+T}=a_t+b_tT \tag{5-38}$$

式中 $t$——预测模型所处的目前时间周期序号;

$T$——由预测模型所处的目前时间周期至需要预测的时间周期间隔数;

$\hat{X}_{t+T}$——第 $t+T$ 个时间周期的预测值;

$a_t$——线性预测模型的截距;

$b_t$——线性预测模型的斜率,即单位时间周期预测值的变化量。

求解移动系数 $a_t$、$b_t$ 的公式为

$$a_t=2M_t^{(1)}-M_t^{(2)} \tag{5-39}$$

$$b_t=\frac{2}{n-1}(M_t^{(1)}-M_t^{(2)}) \tag{5-40}$$

$a_t$、$b_t$ 的计算利用了移动平均处理过程中存在滞后偏差这种现象。

由于二次移动平均法主要利用一次移动平均数滞后偏差的演变规律,求得移动系数,建立预测模型,所以要进一步解决滞后偏差的问题。

在处理线性时间关系的数据时,每一时间周期的增量(即斜率)总是相同的。这个增量在坐标图上就表现为 $Y$ 与 $X$ 之比,即斜率 $b_t$,也就是说,每增加一个时间周期 $X$,$Y$ 就要增加一个 $b_t$ 值,这个 $b_t$ 值,用公式表示,在一次移动平均法中为

$$b_t=X_t-X_{t-1},\text{即 } X_{t-1}+b_t=X_t$$

同理,在二次移动平均法中为

$$b_t=M_t^{(1)}-M_{t-1}^{(1)},\text{即 } M_{t-1}^{(1)}+b_t=M_t^{(1)}$$

$b_t$ 就是滞后偏差。

要求出滞后偏差值 $b_t$,即要解决移动平均数落后于历史数据多少个 $b_t$ 的问题。如前所述,在运用移动平均法求平均值,并且跨越期取奇数时,每一个移动平均值实际上等于所用数据之间的中值,即平均值比历史数据滞后$\frac{n-1}{2}b_t$。

如 $n=3$ 时,则$\frac{3-1}{2}b_t=1b_t$;$n=5$ 时,则$\frac{7-1}{2}b_t=2b_t$;$n=7$ 时,则$\frac{7-1}{2}b_t=3b_t$。

正由于移动平均值比原数据滞后$\frac{n-1}{2}b_t$,因此用公式表示为

$$X_t-M_t^{(1)}=\frac{n-1}{2}b_t,M_t^{(1)}-M_t^{(2)}=\frac{n-1}{2}b_t$$

故有 $b_t=\frac{2}{n-1}(M_t^{(1)}-M_t^{(2)})=\frac{2}{n-1}(X_t-M_t^{(1)})$,式中的 $b_t$ 就是滞后偏差的值。

$a_t$ 为线性预测模型的截距,也就是预测趋势线的起始点。若用实际观察值 $X_t$ 作 $a_t$,则受偶然性因素的影响较大;若用一次移动平均值 $M_t^{(1)}$ 作 $a_t$,又存在滞后偏差。故设想:由于 $M_t^{(1)}$ 近期也有线性变动趋势。$M_t^{(1)}$ 滞后于 $\hat{X}_t$,滞后时间为$\frac{n-1}{2}$个周期,滞后值为

$$\hat{X}_t - M_t^{(1)} = \frac{n-1}{2} b_t = M_t^{(1)} - M_t^{(2)}$$

故有

$$\hat{X}_t = 2M_t^{(1)} - M_t^{(2)}$$

如果把第 $t$ 周期作为预测方程的起始周期,$X_t$ 也就是方程的截距 $a_t$,即

$$a_t = 2M_t^{(1)} - M_t^{(2)}$$

**【例 5-7】** 假如仍运用表 5-13 的历史资料,要求预测 2025 年和 2026 年的销售值。

**【解】** 由于历史数据波动幅度较大,为灵敏反映变动趋势,移动跨越期宜取短一些,如设 $n=3$(两次移动的 $n$ 应取值一致),其计算结果见表 5-14。

**表 5-14 2011—2022 年的一次移动平均值**

| 观察期(年份) | 销售值 | 三年的移动平均值 | |
|---|---|---|---|
| | | $M_t^{(1)}$ | $M_t^{(2)}$ |
| 2011 | 100 | | |
| 2012 | 120 | | |
| 2013 | 180 | 133.3 | |
| 2014 | 190 | 163.3 | |
| 2015 | 210 | 193.3 | 163.3 |
| 2016 | 200 | 200.0 | 185.5 |
| 2017 | 170 | 193.3 | 195.5 |
| 2018 | 180 | 183.3 | 192.2 |
| 2019 | 210 | 186.7 | 187.8 |
| 2020 | 230 | 206.7 | 192.2 |
| 2021 | 210 | 216.7 | 203.4 |
| 2022 | 230 | 223.3 | 215.6 |

将 2022 年的 $M_t^{(1)}$、$M_t^{(2)}$ 代入式(5-39)、式(5-40)求移动系数 $a_t$、$b_t$ 的值为

$$a_t = 2\times 223.3 - 215.6 = 231$$

$$b_t = \frac{2}{3-1}(223.3 - 215.6) = 7.7$$

建立的预测模型为

$$\hat{X}_{2022+T} = 231 + 7.7T$$

由于目前的时间周期 $t$ 为 2022 年,所以求得的数学模型为 2022 年的预测模型。预测 2025 年的销售值,是预测时间周期推进一年,因而 2025 年的预测值为

$$\hat{X}_{2022+3} = 231 + 7.7\times 3 = 254.1 \quad (万元)$$

同理,2026 年的预测周期为推进 4 年,所以其预测值为

$$\hat{X}_{2022+4} = 231 + 7.7\times 4 = 261.8 \quad (万元)$$

即 2025 年和 2026 年的预测值分别为 254.1 万元和 261.8 万元,与一次移动平均法比较,从历史资料来看,二次移动平均法可能比较接近历史实际,因此尽管它的运算程序复杂一些,实践中也应当力求运用二次移动平均法;但是,从市场未来发展的趋势看,这一预测值可能仍偏低,所以还需要结合对市场未来发展趋势的分析判断,对这一预测方案作适当调整。

### 四、指数平滑法

指数平滑法,实际是一种改进后的特殊的加权移动平均法。其基本思路是:在预测研究中越近期的数据越应受到重视,时间序列数据中各数据的重要程度由近及远呈指数规律递减,故对时间序列数据的平滑处理应采用加权平均的方法。其主要特点是:第一,进一步加强了观察期的近期观察值对预测值的作用,对不同时间的观察值所给予的权数不等,从而加大了近期观察值的权数,使预测值能够迅速反映市场实际的变化。权数之间按等比级数减少,此级数之首项为平滑常数 $\alpha$,公比为 $1-\alpha$。第二,对于观察值所给予的权数有伸缩值,可以取不同的 $\alpha$ 值以改变权数的变化速率。如 $\alpha$ 取较小值,则权数变化较迟缓,所求得的指数移动平均值接近算术平均值;如 $\alpha$ 取较大值,则权数变化比较迅速,观察值的新近变化趋势较能迅速反映于指数

移动平均值中。因此，运用指数平滑法，可以选择不同的 $\alpha$ 值来调节时间序列观察值的均匀程度（即趋势变动的平稳程度）。

指数平滑法一般用于观察值具有长期趋势变动和季节性变动的预测。下面着重介绍一次指数平滑法和二次指数平滑法。

### （一）一次指数平滑法

一次指数平滑法，就是以最后一个第一次指数平滑值为基础，确定预测值。

设 $X_0, X_1, \cdots, X_n$ 为时间序列观察值，观察值的时间 $t=1,2,\cdots,n$；$S_1^{(1)}, S_2^{(1)}, \cdots, S_n^{(1)}$ 为时间 $t$ 的观察值的指数平滑值；$\alpha$ 为平滑系数，其值为 $0<\alpha<1$，则指数平滑值为

$$S_t^{(1)}=\alpha X_t+(1-\alpha)S_{t-1}^{(1)} \tag{5-41}$$

**【例 5-8】** 某城市住宅开发公司 2023 年各月的商品住宅销售额见表 5-15，要求 2024 年 1 月的预测值。

**【解】** 取平滑常数 $\alpha=0.1, 0.5, 0.9$，并设一月份的实际销售值即为一月份的指数平滑值。式中 $X_1, X_2, \cdots, X_{12}$ 分别代表 1,2,3,…,12 月份的商品住宅实际销售值，令 $S_0^{(1)}=X_0=958$；当 $\alpha=0.1$ 时，则 1,2,3,…,12 月份的指数平滑值为

$$S_1^{(1)}=\alpha X_1+(1-\alpha)S_0^{(1)}=0.1\times 958+(1-0.1)\times 958=958.0$$

$$S_2^{(1)}=\alpha X_2+(1-\alpha)S_1^{(1)}=0.1\times 938+(1-0.1)\times 958=956.0$$

…

$$S_{12}^{(1)}=\alpha X_{12}+(1-\alpha)S_{11}^{(1)}=0.1\times 942+(1-0.1)\times 849.8=859.0$$

$S_{12}^{(1)}=859$（万元），即可作为 2024 年 1 月商品住宅销售量的预测值。

当 $\alpha=0.5$ 和 $0.9$ 时，可用上述同样方法计算指数平滑值。三种 $\alpha$ 值的指数平滑值，计算结果见表 5-15。

**表 5-15　某公司商品住宅销售额表**

| 观察期（月份） | 实际销售值 $X_t$（万元） | $S_t^{(1)}$ | | |
|---|---|---|---|---|
| | | $\alpha=0.1$ | $\alpha=0.5$ | $\alpha=0.9$ |
| 1 | 958 | 958.0 | 958.0 | 958.0 |
| 2 | 938 | 956.0 | 948.0 | 940.0 |
| 3 | 861 | 946.5 | 904.5 | 868.9 |
| 4 | 797 | 931.6 | 850.8 | 804.2 |
| 5 | 731 | 911.5 | 790.9 | 738.3 |
| 6 | 712 | 891.6 | 751.6 | 714.6 |
| 7 | 770 | 879.4 | 760.8 | 764.5 |
| 8 | 799 | 871.4 | 779.9 | 795.6 |
| 9 | 789 | 863.2 | 784.5 | 789.7 |
| 10 | 749 | 851.8 | 766.8 | 753.1 |
| 11 | 832 | 849.8 | 799.4 | 824.1 |
| 12 | 942 | 859.0 | 870.7 | 930.2 |

为了将上列三种 $\alpha$ 值的计算结果加以比较，现将表 5-15 的数字绘成曲线如图 5-4 所示。

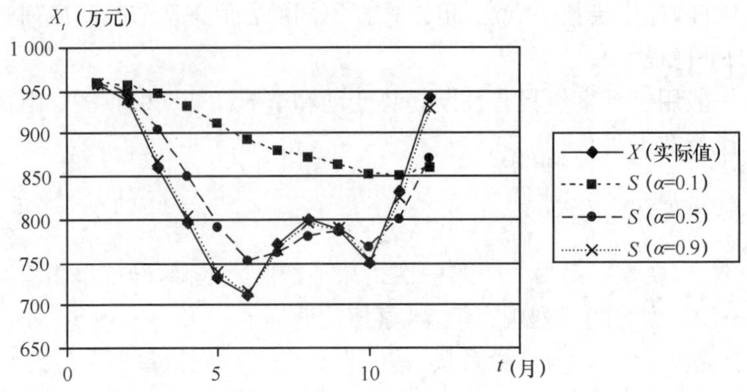


图 5-4　某商品住宅销售示意图

由曲线图 5-4 可见,平滑常数 α 取不同的值,可获得不同的变化速率,α 值大时反映敏感,α 值小时则反映平滑。因此,实践中可根据所求指数平滑值的不同要求,取不同的 α 值,对于建筑市场预测来说,还应根据长期趋势变动和季节性变动情况的不同而取不同的 α 值。一般说来,应按以下情况处理:

1. 如果观察值的长期变动趋势为接近稳定的常数,应取居中的 α 值(一般取 0.6～0.4),使观察值在指数平滑值中具有大小接近的权数。

2. 如果观察值呈现明显的季节性变动时,则宜取较大的 α 值(一般取 0.6～0.9),使近期观察值在指数平滑中具有较大作用,从而使近期观察值能迅速反映在未来的预测值中。

3. 如果观察值的长期变动趋势较缓慢,则宜取较小的 α 值(一般取 0.1～0.4),使远期观察值的特征也能反映在指数平滑值中。

(二)二次指数平滑法

二次指数平滑法,与二次算术移动平均法一样,是对一次指数平滑值再做一次指数平滑的方法。正因为如此,它也与二次移动平均法一样,不能独立地进行预测,而必须与一次指数平滑法配合,建立预测的数学模型,然后运用数学模型确定预测值。

二次指数平滑公式,与一次指数平滑公式基本相同,只是把 $X_t$ 换成 $S_t^{(1)}$,经过变换,二次指数平滑公式为

$$S_t^{(2)}=\alpha S_t^{(1)}+(1-\alpha)S_{t-1}^{(2)} \tag{5-42}$$

其预测的数学模型为

$$\hat{X}_{t+T}=a_t+b_tT \tag{5-43}$$

$$a_t=2S_t^{(1)}-S_t^{(2)} \tag{5-44}$$

$$b_t=\frac{\alpha}{1-\alpha}(S_t^{(1)}-S_t^{(2)}) \tag{5-45}$$

**【例 5-9】** 某预制厂 2011—2022 年的农村小预制构件的实际销售量见表 5-16,要求预测 2023 年和 2024 年的销售值。

**【解】** 由于历史数据变动趋势较稳定,所以取居中 α 值,即可设 α=0.6,另外,指数平滑法的终点,总是以前一个指数平滑值为起点。这样就出现了一个问题,怎样确定第一个数据,即初始值。在一次指数平滑法中,为了简便起见,是将观察期的第一个数据作为初始值。一般来说,对于变动趋势较稳定的观察值,可以直接取第一个数作为初始值;如果观察值的变动趋

势有起伏波动时，则应以 $n$ 个数据的平均值作为初始值，以减少初始值对平滑值的影响，本例设初始值

$S_0^{(1)}=S_0^{(2)}=(X_1+X_2+X_3)\div 3$，其预测计算过程如下：

首先，运用一次和二次指数平滑公式，分别计算指数平滑值，由于初始值为 33.7，所以 $S_1^{(1)}=0.6\times 33+0.4\times 33.7=33.3$，$S_1^{(2)}=0.6\times 33.3+0.4\times 33.7=33.5$，余者依此类推，计算结果见表 5-16。

**表 5-16　2011—2022 年的观察值和指数平均值**

| 观察期(月份) | 实际销售值 $X$(万元) | $S_t^{(1)}(\alpha=0.6)$ | $S_t^{(2)}(\alpha=0.6)$ |
|---|---|---|---|
| 0 | — | 33.7 | 33.7 |
| 1 | 33 | 33.3 | 33.5 |
| 2 | 36 | 34.9 | 34.3 |
| 3 | 32 | 33.2 | 33.6 |
| 4 | 34 | 33.7 | 33.7 |
| 5 | 42 | 38.7 | 36.7 |
| 6 | 40 | 39.5 | 38.4 |
| 7 | 44 | 42.2 | 40.7 |
| 8 | 48 | 45.7 | 43.7 |
| 9 | 46 | 45.9 | 45.0 |
| 10 | 50 | 48.4 | 47.0 |
| 11 | 54 | 51.8 | 49.9 |
| 12 | 58 | 55.5 | 53.3 |

其次，将表 5-16 的数据代入式(5-44)、式(5-45)，求解平滑系数 $a_t$、$b_t$ 值，并建立预测模型。

$$a_t=2S_t^{(1)}-S_t^{(2)}=2\times 55.5-53.3=57.7$$

$$b_t=\frac{\alpha}{1-\alpha}(S_t^{(1)}-S_t^{(2)})=\frac{0.6}{1-0.6}(55.5-53.3)=3.3$$

预测模型为

$$\hat{X}_{2022+T}=57.7+3.3T$$

最后，运用预测模型，确定预测值。

由于 2023 年是以 2022 年为基准，时间周期推进一年，即 $T=1$，所以 2023 年的预测值为

$$\hat{X}_{2022+1}=57.7+3.3\times 1=61\quad(万元)$$

2024 年的时间周期又推进一年，即 $T=2$，所以预测值为

$$\hat{X}_{2022+2}=57.7+3.3\times 2=64.3\quad(万元)$$

即 2023 年和 2024 年的农村小预制构件的预测值分别为 61 万元和 64.3 万元。这一预测值基本上反映了实际。但是，同样还应当和定性的分析结合起来，根据建筑市场未来需求的发展变化趋势，进行必要的调整。

### (三)三次指数平滑法

如果实际数据序列有非线性增长倾向，则一次、二次指数平滑法都不能适用了。此时应采用三次指数平滑法建立非线性预测模型，再用模型进行预测。

三次指数平滑法的计算公式为

$$S_t^{(3)}=\alpha S_t^{(2)}+(1-\alpha)S_{t-1}^{(3)}\tag{5-46}$$

式中　$S_t^{(3)}$——第 $t$ 周期的三次指数平滑值；

　　　$S_t^{(2)}$——第 $t$ 周期的二次指数平滑值；

$S_{t-1}^{(3)}$ ——第 $t-1$ 周期的三次指数平滑值;

$\alpha$ ——平滑系数($0<\alpha<1$)。

三次指数平滑建立的非线性预测模型为

$$\hat{X}_{t+T}=a_t+b_tT+c_tT^2 \tag{5-47}$$

式中,$a_t$、$b_t$、$c_t$ 的计算公式为

$$a_t=2S_t^{(1)}-3S_t^{(2)}+S_t^3 \tag{5-48}$$

$$b_t=\frac{\alpha}{2(1-\alpha)^2}[(6-5\alpha)S_t^{(1)}-2(5-4\alpha)S_t^{(2)}+(4-3\alpha)S_t^{(3)}] \tag{5-49}$$

$$c_t=\frac{\alpha^2}{2(1-\alpha)^2}(S_t^{(1)}-2S_t^{(2)}+S_t^{(3)}) \tag{5-50}$$

各系数计算公式中的符号意义同前,但应注意到系数 $a_t$、$b_t$、$c_t$ 均是指对应于目前周期 $t$ 的系数。

**【例 5-10】** 以某省公路旅客周转量(万人·km)为预测对象,应用三次指数平滑法进行预测。历史数据见表 5-17。

**表 5-17 某省公路旅客周转量三次指数平滑计算表**

| 年 份 | 原值 $X(T)$ | 一次指数平滑值 | 二次指数平滑值 | 三次指数平滑值 | 三次指数平滑预测值 | 误差(%) |
|---|---|---|---|---|---|---|
| 1994 | 34 102 | 34 102 | 34 102 | 34 102 | | |
| 1995 | 36 911 | 34 944 | 34 354 | 34 178 | 34 102 | 7.6 |
| 1996 | 43 207 | 37 423 | 35 275 | 34 507 | 36 630 | 15.2 |
| 1997 | 62 492 | 44 944 | 38 176 | 35 608 | 43 308 | 30.7 |
| 1999 | 65 502 | 51 111 | 42 057 | 37 542 | 63 184 | 3.5 |
| 2000 | 47 574 | 50 050 | 44 455 | 39 616 | 73 313 | −54.1 |
| 2001 | 69 327 | 55 833 | 47 868 | 42 092 | 59 589 | 14.1 |
| 2002 | 76 115 | 61 917 | 52 083 | 45 089 | 71 678 | 5.8 |
| 2003 | 84 228 | 68 610 | 57 041 | 48 675 | 81 765 | 2.9 |
| 2004 | 89 329 | 74 826 | 62 377 | 52 785 | 91 675 | −2.6 |
| 2005 | 88 310 | 78 871 | 67 325 | 57 147 | 95 444 | −11.5 |
| 2006 | 98 214 | 84 674 | 72 530 | 61 762 | 98 158 | 0.1 |
| 2007 | 99 652 | 89 167 | 77 521 | 66 490 | 104 821 | −5.2 |
| 2008 | 110 303 | 95 508 | 82 947 | 71 418 | 107 060 | 2.9 |
| 2009 | 118 195 | 102 314 | 88 736 | 76 614 | 115 723 | 2.1 |
| 2011 | 129 505 | 110 471 | 95 257 | 82 207 | 124 681 | 3.7 |
| 2012 | 141 734 | 119 850 | 102 645 | 88 335 | 136 623 | 3.6 |
| 2013 | 162 348 | 132 600 | 116 243 | 95 322 | 150 394 | 7.4 |
| 2014 | 176 308 | 145 712 | 121 851 | 103 280 | 172 101 | 2.4 |
| 2015 | 211 218 | 165 364 | 134 905 | 112 768 | 190 598 | 9.8 |
| 2016 | 248 841 | 190 407 | 151 555 | 124 404 | 225 862 | 9.2 |
| 2017 | 302 623 | 224 072 | 173 310 | 139 076 | 269 788 | 10.9 |
| 2018 | 447 522 | 291 107 | 208 649 | 159 948 | 330 317 | 26.2 |
| 2019 | 496 603 | 352 756 | 251 881 | 487 530 | 477 794 | 3.8 |
| 2020 | 586 175 | 422 782 | 303 152 | 222 215 | 571 395 | 2.5 |
| 2021 | 687 186 | 520 103 | 362 837 | 264 402 | 672 649 | 2.1 |

应用预测模型式(5-47)可得该省公路旅客周转量三次指数平滑模型为($\alpha$=0.3)

$$\hat{X}_{t+T}=a_t+b_tT+c_tT^2=682\ 200.2+98\ 433.1T+3\ 749.8\ T^2 \tag{5-51}$$

据此可得2023年至2028年该省公路旅客周转量预测值见表5-18。

**表5-18　某省公路旅客周转量预测值**(三次指数平滑,单位:万人·km)

| 年　份 | 2023 | 2024 | 2025 | 2026 | 2027 | 2028 |
|---|---|---|---|---|---|---|
| 旅客周转量 | 894 056 | 1 011 250 | 1 135 930 | 1 268 110 | 1 407 790 | 1 554 970 |

## (四)生长曲线法

一般而言,我们所预测的对象都有一个发生、发展到成熟,又随之逐渐衰退的过程,其每个阶段的延续时间和发展速度是不同的。在发生阶段速度较慢,发展阶段速度骤然加快,成熟阶段速度又趋减慢和稳定,衰退阶段速度加速下降。这一发展特点是一条近乎S形的曲线,用生长曲线法预测,要求把一组历史数据拟合成生长曲线的数学公式,这种拟合通常用最小二乘法来完成。对拟合得到的生长曲线进行外推,就可预计预测对象的发展。根据预测中生长曲线的特点和规律,得出一些曲线模型,从而简化了预测工作。生长曲线法一般可采用下面的模型进行预测。

1. 岗帕茨(COMPERTZ)曲线模型

岗帕茨是英国统计学家和数学家,他提出的生长曲线模型为

$$y=L\mathrm{e}^{-b^{at}} \tag{5-52}$$

式中　$L$——常数,生长曲线性能参数上限;

$t$——时间(自变量);

e——自然对数的底;

$a,b$——常数。

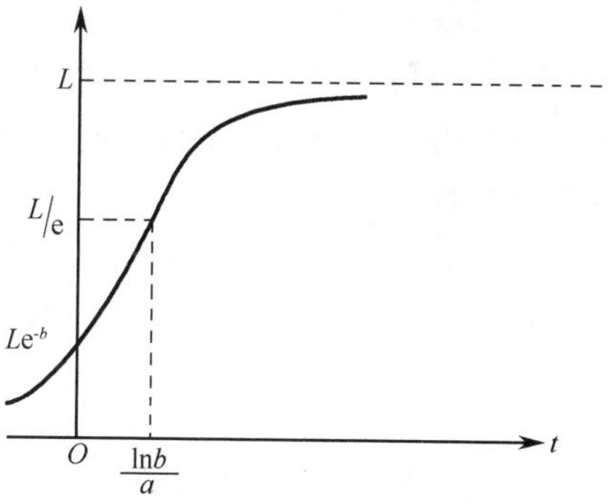

图5-5　岗帕茨曲线图

岗帕茨曲线(图5-5)在用线性回归求得系数$a$和$b$之前,需要对岗帕茨曲线"直线化"。这是通过两次取对数来达到的,经变换后的方程如下:

$$Y=\ln[\ln(L/y)]=\ln b-at \tag{5-53}$$

岗帕茨曲线的变换式(5-53)中,在时间$t$上回归的直线斜率——小截距为$-a$,截距为$\ln b$。$a$值必定为正值。这种转换的直线向右下方倾斜。

通过一元线性回归取得$b$和$a$的值后,代入式(5-52)后,再代入未来的$t$值,就得到$y$的预测值。

2. 皮尔(Pearl)曲线模型

皮尔曲线模型是美国著名生物学家和人口统计学家皮尔从大量统计数据的整理和归纳得出的模型

$$y=\frac{L}{1+a\mathrm{e}^{-bt}} \tag{5-54}$$

式中　$L$——常数,生长曲线性能参数上限;

$t$——时间(自变量);

e——自然对数的底;

$a$、$b$——常数,通过一组历史数据拟合成曲线得到的系数;

$y$——性能参数,自变量 $t$ 的函数值。

该曲线如图 5-6 所示。

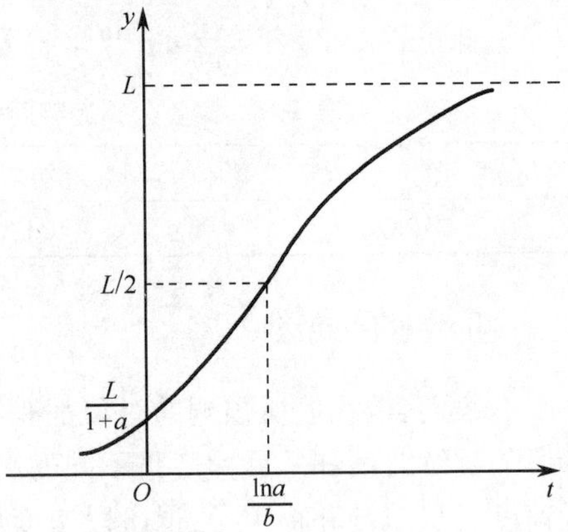

图 5-6　皮尔曲线图

将一组历史数据拟合成一条皮尔曲线的过程,就是要求出式(5-54)中的 $a$ 和 $b$ 值,称这个过程为参数识别。为了使用线性回归方法进行参数识别,首先要对式(5-54)变换,把直线"取直"。根据上述要求,将式(5-54)进行代数变换成

$$Y=\ln[(L-y)/y]=\ln a-bt \qquad (5\text{-}55)$$

经过变换,式(5-55)具有了直线形式。$-b$ 为其斜率,$\ln a$ 为其截距。转换变量 $y$ 的含义为某项新技术未代换部分和已经代换部分之比,$Y$ 值随 $y$ 的增长而减小,因此 $b$ 值一定是正的,这样才能使 $y$ 值随 $t$ 的增加而减小。

式(5-54)的参数 $\ln a$ 和 $b$ 可以用一元线性回归方法拟合历史数据得到。一旦 $\ln a$ 和 $b$ 通过回归得到之后,代入式(5-54)就得到了皮尔曲线的方程;根据已经取得的生长曲线模型,用对数曲线外推的方法,可求得某个 $t$ 时新技术性能参数的预测值。

对生长曲线的上限 $L$ 的估算和使用,是一项非常重要而难度较大的工作。它必须建立在该项技术方法自然限度基础上,预测者应会同该项技术方面的专家,通过收集资料与调查研究认真准确地予以确定。

**【例 5-11】** 以某航空器为例,说明生长曲线模型的应用。

当使用皮尔曲线模型时,拟定该航空器速度的上限值 $L$:3 380 km/h,并通过一元回归取得特定系数值:$a=107$,$b=0.125\ 5$。

设 1920 年 $t=0$,则 1970 年、1980 年、2005 年时 $t$ 的值分别为 $t=50$、60、85。

将 $L$、$a$、$b$ 值分别代入式(5-54),得

$$y=\frac{L}{1+a\mathrm{e}^{-bt}}=\frac{3\ 380}{1+107\mathrm{e}^{-0.125\ 5t}}$$

故预测得 1970 年该航空器的速度为

$$y=\frac{3\ 380}{1+107\mathrm{e}^{-0.125\ 5\times 50}}=1\ 120\ (\mathrm{km/h})$$

故预测得 1980 年该航空器的速度为

$$y=\frac{3\ 380}{1+107\mathrm{e}^{-0.125\ 5\times 60}}=2\ 145\ (\mathrm{km/h})$$

故预测得 2005 年该航空器的速度为

$$y=\frac{3\ 380}{1+107\mathrm{e}^{-0.125\ 5\times 85}}=3\ 298\ (\mathrm{km/h})$$

(五)包络曲线法

前面所述的生长曲线法,是描述某种特定技术的增长趋势,这种曲线模型可以完整地表示某种技术从初创到被广泛应用的全过程。随着科学技术的进步,任何一种技术都有可能被更先进、效益更高的技术所代替。这是因为任何一种技术的发展都是有极限的。某一种旧的技

术趋向极限，即曲线接近平坦时，另一种新技术随之而出现；这就是说，对某种特定技术来说其发展是有极限的，但是对实用技术的某一特性来讲，常常在一个较长的历史时期内没有极限，因为其技术参数可通过不同领域的各种技术的零星替换而维持不断发展、不断提高。例如，运载工具的发展就经历了从“小型机车→火车→汽车→螺旋桨飞机→喷气式飞→化学燃料火箭以及核燃料火箭”的过程。在这个过程中，经过这一系列技术的零星替换，其最大速度变得越来越快，从初始的 100 km/h 以内发展到(10 万～100 万)km/h。但对其中的每一种具体技术(如火车、汽车、螺旋桨飞机等)来说，都有一个呈 S 形曲线成长的发展过程。并且后一种技术的生长曲线高峰总要高于被它替代的前者技术的生长曲线高峰。它们的更新与替代是使运载工具的速度不断得以提高的保证。

像这样的例子还有很多，如电子计算机技术的发展经历了“真空管→晶体管→集成电路→大规模集成电路”的过程，粒子加速器加速能量的演变过程也经历，从直流电机到 A、C 同步加速器的过程。

对于某一个技术领域来说，由于每一种具体技术都对应有一条 S 形生长曲线，技术替换的结果就形成若干条 S 形生长曲线。若用一条相切于这些 S 形生长曲线的平滑包络线来描述这个替代过程，则可以得到表示一种技术特性发展总体趋势的曲线。图 5-7 为表示运载工具发展过程的包络曲线。

当通过对于技术发展的几个阶段进行分析和描述得到一条包络曲线之后，如果要进一步预测某一技术特性的发展，可以利用包络曲线进行外推。但这种外推与一般的趋势外推不同。

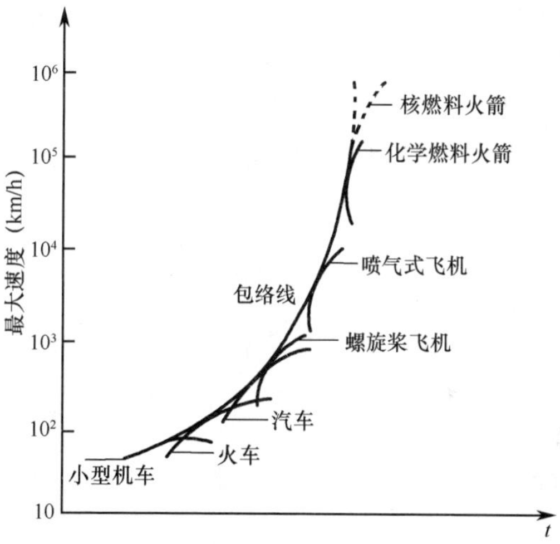


图 5-7　运载工具发展过程包络曲线图

如简单的时间序列外推或生长曲线外推，是对某一特定的、已存发展中的具体技术发展前景进行预测，是通过对某项技术本身或其相关技术的参数，从过去到现在发展的连续轨迹来考察其基本趋势和规律的，这类方法都是把过去、现在和未来看作一个连续的有机整体为前提，或者说它们的数学函数在时间序列上具有连续性。而利用包络曲线进行外推所预测的发展趋势，它包含着技术突破的内容。这种突破不遵循技术发展的连续性，常常还不知道会用什么具体技术来实现这种突破。因此，在大多数情况下，要预测在包络曲线上某处的点是困难的，往往不知道使用哪种形式的曲线来拟合，必要时可请专家提出意见和判断。

在正常情况下，技术的发展过程总是一个技术阶段接着一个技术阶段连续出现的。这种阶段性和连续性使技术特性的发展呈现为包络曲线的趋势。这是利用包络曲线进行外推预测的基础。但是，技术阶段的连续出现是有条件的，即必须不断地有益的发明创造能够使技术特性得到不断的提高，这就需不断出现技术上的突破，而这一点实际上并不是总能实现的。因此，在利用包络曲线进行预测时，常常需采用分支的方式进行外推。如图 5-7 中曲线右上端的两条虚线部分，左面的一条是利用包络曲线进行的趋势外推，右面的一条是利用最后一种技术(如核燃料火箭)的生长曲线外推。前者称为预测上限，后者称为预测下限，上下限之间称为预测带。预测的时间越远,预测带就越宽。这是利用包络线预测的一个特点。

包络曲线法对于不断出现新发明和新技术的技术领域预测是一种较适用的方法。它主要具有以下用处:

1. 当某一技术阶段发展接近极限时,它的生长曲线与包络曲线的差距就会加大。这就可提醒预测者注意,是否将有新的替代技术出现。这时分析两种技术阶段的替代时期很有参考价值。

2. 利用包络曲线外推,可以预测未来各个时期技术的特性参数将会增加到什么水平,从而可以大体上推测出将会产生何种相应的新技术。

3. 包络曲线外推得到的特性参数数据,可为使用新技术确定规格参数提供指导。

(六)灰色系统预测法

灰色系统预测法是针对社会经济系统中既有已知信息、又有未知信息的实际情况,通过对系统已知信息进行一定数学处理来预测系统发展变化趋势的。常用的是 GM(1,1)模型(一阶单序列的线性动态模型,主要用于时间序列预测)。

1. GM(1,1)模型的建立

设某预测对象的原始数据序列 $X^0(i)$ 共有 $n$ 个观察样本($i=1,2,\cdots,n$)。对其进行一次累加生成,得到一次累加序列 $X^1(i)$

$$X^1(i)=\sum_{m=1}^{i}X^0(m)\qquad(i=1,2,\cdots,n)\tag{5-56}$$

采用一阶单变量线性动态模型 GM(1,1),视 $X^1(t)$ 的一阶微分方程为

$$\frac{\mathrm{d}X^0(t)}{\mathrm{d}t}+aX^1(t)=u\tag{5-57}$$

其时间响应为

$$X^1(t)=\left(X^1(0)-\frac{u}{a}\right)\mathrm{e}^{-at}+\frac{u}{a}\tag{5-58}$$

式中,系数 $a$ 与内生控制系数 $u$ 构成的待定参数 $A$ 可按最小二乘法求出。

$$A=(a-u)^{\mathrm{T}}$$

先计算

$$B=\begin{bmatrix}-0.5[X^1(1)+X^1(2)] & 1\\ -0.5[X^1(2)+X^1(3)] & 1\\ \cdots & \cdots\\ -0.5[X^1(n-1)+X^1(n)] & 1\end{bmatrix}\tag{5-59}$$

根据最小二乘法原理得

$$A=(B^{\mathrm{T}}B)^{-1}B^{\mathrm{T}}Y_n$$

则对应 $a$、$u$ 值可以求出,GM(1,1)随即可以确定。

2. GM(1,1)模型精度检验

GM(1,1)模型精度检验,一般是通过计算后验差来进行,首先要求出原始数 $X^0$ 的均方差 $S_0$ 和残差数列 $\varepsilon_i$ 的均方差 $S_1$,其次计算方差比 $C$ 及小误差概率 $P$ 并进行分析判断。

第一步，$$S_0=\sqrt{\sum[X^0(i)-\overline{X}^0]^2/(n-1)}$$

$$S_0=\sqrt{\sum[\varepsilon^0(i)-\overline{\varepsilon}^0]^2/(n-1)}$$

第二步，计算判断值。

$C=\dfrac{S_1}{S_0}$ 是后验差比值，$P=\{|\varepsilon^0(t)-\overline{\varepsilon}^0|<0.6745S_0\}$ 是最小误差概率。

预测精度判断标准见表 5-19。

**表 5-19　预测精度判断标准**

| P 值 | C 值 | 精度等级 | P 值 | C 值 | 精度等级 |
|---|---|---|---|---|---|
| >0.95 | <0.35 | 好 | >0.7 | <0.65 | 勉强合格 |
| >0.8 | <0.5 | 合格 | ≤0.7 | ≥0.65 | 不合格 |

当模型不符合精度要求时，通过残差辨识对模型进行补充和修正。

3. 灰色系统模型的预测

将时间序列值代入灰色系统模型中，即可逐年计算出预测值。

**【例 5-12】**　仍以某省公路旅客周转量(万人・km)原始时间序列 $X_0$ 为基础进行预测。

$$X_0=\{x(1),x(2),\cdots,x(n)\}$$

依照灰色系统的建模方法可得该省公路旅客周转量灰色系统模型 GM(1,1)如下：

$$X(t+1)=5\ 603.08e^{0.187\ 9t}+3\ 923.58 \tag{5-60}$$

在进行预测之前，应对以上模型作精度检验，检验结果见表 5-20。

表中可见，预测模型是好的。应用以上模型预测所得结果见表 5-21。

**表 5-20　某省公路旅客周转量三次指数平滑计算表**

| 检验项目 | 关　联　度 | | 相对误差(%) | 模型精度 |
|---|---|---|---|---|
| | P | C | | |
| 旅客周转量 | 1.00 | 0.115 | 6.32 | 好 |

**表 5-21　灰色系统模型预测结果**

| 项　目 | 年　份 | |
|---|---|---|
| | 2018 年 | 2025 年 |
| 旅客周转量 | 2 464 908 | 6 302 075 |

## 五、季节指数法

建筑企业的生产经营管理活动中，经常会出现季节性变动的现象，为了为经营决策提供正确的依据，一般采用季节指数法来预计这种季节性变动的规律。

### (一)季节指数法的概念

所谓季节指数法，是以循环周期(一年或更长时间)为跨越期求得移动平均值，并在移动平均值的基础上求得季节指数，然后以最后一个移动平均值、趋势增长值和季节指数为依据，对未来的发展趋势作出预测。

### (二)季节指数法的预测模型

季节指数法适用的公式，主要是算术移动平均法的公式，即

$$M_t^{(1)}=\frac{1}{n}(X_t+X_{t-1}+\cdots+X_{t-n+1})$$

以及这一公式的改进公式 $M_t^{(1)}=M_{t-1}^{(1)}+\frac{1}{n}(X_t-X_{t-n})$

季节指数法的预测数学模型为

$$\hat{X}_{t+T}=(a_t+b_tT)Y_t \tag{5-61}$$

式中 $\hat{X}_{t+T}$——第 $t+T$ 个时间周期的预测值,其中 $t$ 为预测模型所处的时间周期;

$a_t$——相当于截距,系观察期最后一个移动平均值;

$b_t$——相当于斜率,系以观察期最后两个移动平均值为基础的变动趋势值;

$T$——预测时间周期,即距离预测模型的间隔期;

$Y_t$——预测的时间周期 $T$ 的季节指数。

季节指数法所求得的移动平均值,系中心化的移动平均值,由于季节变动周期一般为 12 个月,所以为消除季节性变动的影响,是以 12 个月为循环周期,求得跨越期为 12 个月的移动平均值,然后将相邻的两个移动平均值再进行一次平均,求得中心化的移动平均值,最后以中心化的移动平均值为基础求出各月的季节指数,即观察期数据的变动趋势值。

### (三)季节指数法的特点

1. 由于时间序列观察值在季节性变动和不规律的影响下,有的在平均值以上变动,有的在平均值以下变动,通过中心化移动平均的调整,可以使观察值消除季节性变动和不规律变动的影响,而得到比较平滑的平均值。

2. 时间序列观察值由于消除了季节性变动和不规律变动而呈现长期趋势,以适当数学方法加以延伸,便可以预测建筑市场未来的长期趋势值。

3. 由于时间序列观察值具有季节性变动,并非单纯的长期趋势变动,因此,仅预测长期趋势变动和预测长期趋势值还不能反映实际的季节性变动,而季节指数则可以根据预测的长期趋势值求得季节变动值,从而近似地反映市场未来的每月变动趋势。

### (四)季节指数法的预测步骤

运用季节指数法进行预测,其步骤与算术移动平均法基本相同,只是增加了计算季节指数以及运用季节指数预测每月季节变动值的内容。主要预测步骤如下:

第一步,将 12 个月的时间序列观察数据总和,作为观察第一年中间的总计数,并进行移动总计形成新的时间序列。

第二步,计算 12 个月的移动平均值,即用每一组 12 个月的移动总值除以 12,便是每个月的移动平均值,并仍列入两个月之间。

第三步,计算中心化的移动平均值,即以相邻两个月的 12 个月移动平均值相加除以 2,作为下个月的中心化的移动平均值。

第四步,计算每月的季节指数。

第五步,求得各月季节指数的平均数。

第六步,根据中心化的移动平均值、变动趋势值和调整后的季节指数平均值建立预测模型,确定预测值。

**【例 5-13】** 设某地区建筑市场需用劳动力的时间序列观察值见表 5-22,要求预测 2024 年各月的劳动力需求量。

表 5-22　某建筑市场 2019—2023 年各月需劳动力情况　单位：万工日

| 月份 | 年度 | | | | |
|---|---|---|---|---|---|
| | 2019 年 | 2020 年 | 2021 年 | 2022 年 | 2023 年 |
| 1 | 2 | 3 | 5 | 6 | 8 |
| 2 | 4 | 5 | 6 | 5 | 10 |
| 3 | 6 | 7 | 8 | 7 | 12 |
| 4 | 8 | 10 | 10 | 10 | 12 |
| 5 | 10 | 9 | 11 | 9 | 10 |
| 6 | 8 | 8 | 10 | 7 | 8 |
| 7 | 6 | 7 | 6 | 4 | 6 |
| 8 | 5 | 6 | 7 | 4 | 7 |
| 9 | 4 | 3 | 5 | 9 | 6 |
| 10 | 7 | 8 | 9 | 11 | 15 |
| 11 | 8 | 11 | 13 | 14 | 18 |
| 12 | 10 | 14 | 15 | 17 | 20 |
| $\sum$ | 78 | 91 | 105 | 103 | 132 |

**【解】** 第一步：将 12 个月的需用劳动力总和，作为观察第一年中间的总计数，并进行移动总计形成新的时间序列。

由于 12 个月为偶数，所以观察期第一年的总计数应列入 6～7 月之间。如 2019 年 1～12 月的总计数 78(万工日)列入 6～7 月之间，然后按时间序列移动，下一组总计数为 2019 年 2 月～2020 年 1 月的 79(万工日)，则列入 2019 年的 7～8 月之间。其他各组总计数依此类推，逐月向前移动，一直到所有可能的十二个月移动总计数计算完毕为止，如运用式(5-34)、式(5-36)，这一步骤可以省略。

第二步：计算 12 个月的移动平均值。

即用每一组 12 个月的移动总值除以 12，便是每月的移动平均值，并仍列入两个月之间。

例如，2019 年 1～12 月的移动平均值为 78/12＝6.5(万工日)，列入 2019 年的 6～7 月之间；2019 年 2 月～2020 年 1 月的移动平均值为 79/12(万工日)，列入 2019 年的 7～8 月之间等。12 个月的移动平均值，也可以运用式(5-34)、式(5-36)直接计算。

第三步：计算中心化的移动平均值，即以相邻两个月的 12 个月移动平均值相加除以 2，作为下个月的中心化的移动平均值。

例如 2019 年 6～7 月之间 12 个月移动平均值 6.5 万工日，加上 7～8 月之间的 6.6 万工日之和除以 2，等于 6.55 万工日，作为 7 月份中心化的移动平均值，其他各月依此类推。

以上三个步骤的计算结果见表 5-23。

至此，经过中心化的移动平均，时间序列观察值已消除了季节性变动和不规律变动的影响，只包含着长期趋势变动，如图 5-8 所示。

由图 5-8 可知，中心化的移动平均值，反映了观察期资料呈现长期趋势变动，这样便可以通过趋势变动曲线的延伸来预测以后数年的建筑劳务市场变化趋势值。但是，上列曲线也表明了观察值具有明显的季节变动，每年有两个谷峰(一个在 4～6 月份，一个在 10～12 月份)和两个谷底(一个在 1～3 月份，一个在 7～9 月份)，如果仅运用趋势变动曲线的延长进行预测，显然是不可能反映市场发展变化的实际的。因而需要进一步求得观察期的每月季节指数和各月季节指数的平均数。

**表 5-23　2019—2023 年中心化的移动平均值**　　单位:万工日

| 观察期 | 实际用劳动力工日 | 12 个月的移动总值 | 12 个月的移动平均值 | 中心化的移动平均值 | 观察期 | 实际用劳动力工日 | 12 个月的移动总值 | 12 个月的移动平均值 | 中心化的移动平均值 |
|---|---|---|---|---|---|---|---|---|---|
| 2019 年 | | | | | | | | | 8.75 |
| | | | | | | | 105 | 8.8 | |
| 1 月 | 2 | | | | 7 月 | 6 | | | 8.80 |
| | | | | | | | 106 | 8.8 | |
| 2 月 | 4 | | | | 8 月 | 7 | | | 8.80 |
| | | | | | | | 105 | 8.8 | |
| 3 月 | 6 | | | | 9 月 | 5 | | | 8.75 |
| | | | | | | | 104 | 8.7 | |
| 4 月 | 8 | | | | 10 月 | 9 | | | 8.70 |
| | | | | | | | 104 | 8.7 | |
| 5 月 | 10 | | | | 11 月 | 13 | | | 8.60 |
| | | | | | | | 102 | 8.5 | |
| 6 月 | 8 | | | | 12 月 | 15 | | | 8.40 |
| | | 78 | 6.5 | | | | | | |
| 7 月 | 6 | | | 6.55 | 2022 年 | | | | |
| | | 79 | 6.6 | | | | 99 | 8.3 | |
| 8 月 | 5 | | | 6.65 | 1 月 | 6 | | | 8.20 |
| | | 80 | 6.7 | | | | 97 | 8.1 | |
| 9 月 | 4 | | | 6.75 | 2 月 | 5 | | | 7.95 |
| | | 81 | 6.8 | | | | 94 | 7.8 | |
| 10 月 | 7 | | | 6.85 | 3 月 | 7 | | | 8.00 |
| | | 83 | 6.9 | | | | 98 | 8.2 | |
| 11 月 | 8 | | | 6.85 | 4 月 | 10 | | | 8.25 |
| | | 82 | 6.8 | | | | 100 | 8.3 | |
| 12 月 | 10 | | | 6.80 | 5 月 | 9 | | | 8.35 |
| | | | | | | | 101 | 8.4 | |
| 2020 年 | | | | | 6 月 | 7 | | | 8.50 |
| | | 82 | 6.8 | | | | 103 | 8.6 | |
| 1 月 | 3 | | | 6.85 | 7 月 | 4 | | | 8.70 |
| | | 83 | 6.9 | | | | 105 | 8.8 | |
| 2 月 | 5 | | | 6.95 | 8 月 | 4 | | | 9.00 |
| | | 84 | 7.0 | | | | 110 | 9.2 | |
| 3 月 | 7 | | | 6.95 | 9 月 | 9 | | | 9.40 |
| | | 83 | 6.9 | | | | 115 | 9.6 | |
| 4 月 | 10 | | | 6.95 | 10 月 | 11 | | | 9.70 |
| | | 84 | 7.0 | | | | 117 | 9.8 | |
| 5 月 | 9 | | | 7.15 | 11 月 | 14 | | | 9.80 |
| | | 87 | 7.3 | | | | 118 | 9.8 | |
| 6 月 | 8 | | | 7.45 | 12 月 | 17 | | | 9.85 |
| | | 91 | 7.6 | | | | | | |
| 7 月 | 7 | | | 7.70 | 2023 年 | | | | |
| | | 93 | 7.8 | | | | 119 | 9.9 | |
| 8 月 | 6 | | | 7.80 | 1 月 | 8 | | | 10.00 |
| | | 94 | 7.8 | | | | 121 | 10.1 | |
| 9 月 | 3 | | | 7.85 | 2 月 | 10 | | | 10.20 |
| | | 95 | 7.9 | | | | 124 | 10.3 | |
| 10 月 | 8 | | | 7.90 | 3 月 | 12 | | | 10.20 |
| | | 95 | 7.9 | | | | 121 | 10.1 | |
| 11 月 | 11 | | | 8.00 | 4 月 | 12 | | | 10.25 |
| | | 97 | 8.1 | | | | 125 | 10.4 | |
| 12 月 | 14 | | | 8.20 | 5 月 | 10 | | | 10.60 |
| | | | | | | | 129 | 10.8 | |
| 2021 年 | | | | | 6 月 | 8 | | | 10.90 |
| | | 99 | 8.3 | | | | 132 | 11.11 | |
| 1 月 | 5 | | | 8.25 | 7 月 | 6 | | | |
| | | 98 | 8.2 | | | | | | |
| 2 月 | 6 | | | 8.25 | 8 月 | 7 | | | |
| | | 99 | 8.3 | | | | | | |
| 3 月 | 8 | | | 8.35 | 9 月 | 6 | | | |
| | | 101 | 8.4 | | | | | | |
| 4 月 | 10 | | | 8.45 | 10 月 | 15 | | | |
| | | 102 | 8.5 | | | | | | |
| 5 月 | 11 | | | 8.60 | 11 月 | 18 | | | |
| | | 104 | 8.7 | | | | | | |
| 6 月 | 10 | | | | 12 月 | 20 | | | |

第四步:计算每月的季节指数。

季节指数,实际上是各该月平均趋势值以实际用劳动力工日数(或以实际销售量)为基准的升降指数。其计算方法为

季节指数＝实际用劳动力工日数(或实际销售量)移动平均值×100

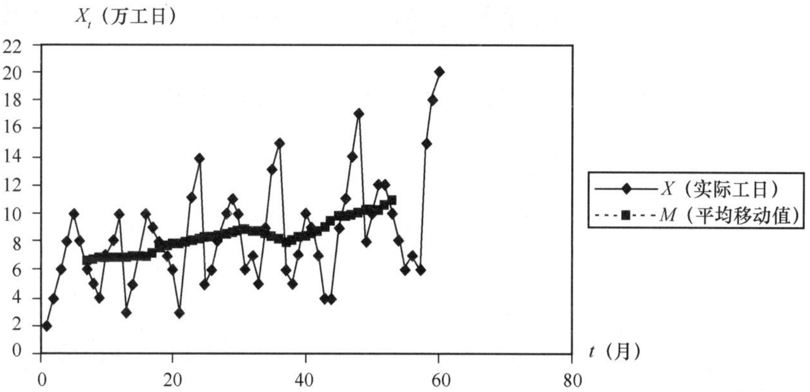


图 5-8　2019—2023 年的实际用工与中心化移动平均值曲线图

如 2019 年 7 月份的季节指数为

$$季节指数=66.55\times100=91$$

它表明该月实际的用劳动力工日数只等于平均趋势值的 91%，即比平均趋势值低 9%，各月季节指数计算的结果，列入表 5-24 的“各月季节指数”栏内。

第五步：求得各月季节指数的平均数。

计算方法是：用每年同月份的季节指数之和除以期数（即月的个数）。如一月份的季节指数平均数为

$$(44+61+73+80)\div4=64.5$$

各月的季节指数平均数，计算结果见表 5-24。

**表 5-24　2019—2023 年各月的季节指数和指数平均值表**

| 月　份 | 各月季节指数 | | | | | 指数平均值 | |
|---|---|---|---|---|---|---|---|
| | 2019 年 | 2020 年 | 2021 年 | 2022 年 | 2023 年 | 平均值 | 调整值 |
| 1 | | 44 | 61 | 73 | 80 | 64.5 | 65.0 |
| 2 | | 72 | 73 | 63 | 98 | 76.5 | 77.0 |
| 3 | | 101 | 96 | 88 | 118 | 100.8 | 101.8 |
| 4 | | 144 | 118 | 121 | 117 | 125.0 | 125.9 |
| 5 | | 126 | 128 | 108 | 94 | 113.0 | 113.8 |
| 6 | | 107 | 114 | 82 | 73 | 94.0 | 94.7 |
| 7 | 91 | 91 | 68 | 46 | | 74.0 | 74.5 |
| 8 | 76 | 77 | 80 | 44 | | 69.0 | 69.5 |
| 9 | 59 | 38 | 57 | 96 | | 63.0 | 63.5 |
| 10 | 102 | 101 | 103 | 113 | | 104.8 | 105.6 |
| 11 | 117 | 138 | 151 | 143 | | 139.3 | 140.3 |
| 12 | 147 | 171 | 179 | 173 | | 167.5 | 168.7 |
| $\Sigma$ | | | | | | 1 191.4 | 1 200.0 |

表 5-24 的计算结果表明，2019—2023 年每月季节指数的五年平均数合计为1 191.4，从理论上计，这个合计数应为1 200。这是因为每月的平均指数定为 100，所以 12 个月的季节指数总和应等于1 200，但是，由于整个运算过程中小数点后尾数的入舍，其总和并不等于1 200，

而仅为1 191.4,这就需要进行调整。调整的方法是以调整系数乘以各月季节指数平均数。调整系数为

调整系数=理论的季节指数总和÷季节指数平均数总和

代入数据得

调整系数=1 200÷1 191.4=1.007 22

然后再以调整系数与各月季节指数平均数相乘,即求得季节指数调整值。如一月份季节指数的调整值为

$$64.5\times1.00722=65.0$$

其他依此类推,计算结果已列入表5-24指数平均值的"调整值"栏内,经调整后的季节指数平均值之和,恰好等于1 200。

第六步,最后就可以根据中心化的移动平均值、变动趋势值和调整后的季节指数平均值建立预测模型,确定预测值。

根据表5-23的数字,2023年最后一个中心化的移动平均值为六月份的10.9万工日,比五月份的10.6万工日增长0.3万工日,即

$$a_t=10.9,b_t=0.3$$

由于 $a_t$ 值处于六月份的水平,所以建立的预测模型为

$$\hat{X}_{6+T}=(a_t+b_tT)Y_t=(10.9+0.3T)Y_t \quad (Y_t\text{ 为季节指数})$$

又由于六月份距离预测期2024年1月的间隔期为7个月,即 $T=7,X_7=0.65$;因而2024年1月份的预测值可以确定为

$$\hat{X}_{6+7}=(10.9+0.3\times7)\times0.65=8.5 \quad (\text{万工日})$$

2024年2月预测值为 $\hat{X}_{6+8}=(10.9+0.3\times8)\times0.77=10.2$ (万工日)

其他各月的预测值,均以此类推。

$$\hat{X}_{6+9}=13.8,\hat{X}_{6+10}=17.5,\hat{X}_{6+11}=16.2,\hat{X}_{6+12}=13.7,\hat{X}_{6+13}=11.0$$

$$\hat{X}_{6+14}=10.5,\hat{X}_{6+15}=9.8,\hat{X}_{6+16}=16.6,\hat{X}_{6+17}=22.4,\hat{X}_{6+18}=27.5$$

## 复习思考题

5-1 何谓建筑企业经营预测?其主要特点有哪些?

5-2 预测如何分类?

5-3 建筑企业经营预测的内容有哪些?

5-4 建筑企业经营预测一般有哪些步骤?

5-5 何谓抽样调查法?其预测的基本步骤有哪些?

5-6 何谓直观预测法?它主要包括哪些具体方法?

5-7 何谓德尔菲法?其特点有哪些?有哪些预测步骤?

5-8 何谓主观概率预测法?

5-9 何谓因果分析法?何谓回归预测技术?何谓相关性检验?一元线性回归和多元线性回归的相关性检验有何区别?

5-10 何谓非线性回归预测技术?常见的形式有哪几种?

5-11 由经济年鉴得知工农业总产值与居民消费的统计数据见表 5-25，并已知 2024 年的工农业产值在 1979 年基础上翻十番，且若取信度 $\alpha=0.01$，则查表得知，$n=5$ 时，相关系数临界值 $r_{\alpha(n-1)}=0.959$。试用最小二乘法预测 2024 年的居民消费水平。

**表 5-25 工农业总产值与居民消费的统计数据表**

| 年 度 | 1952 | 1957 | 1965 | 1975 | 1979 |
|---|---|---|---|---|---|
| 工农业总产值(亿元) | 731 | 1 226 | 1 960 | 4 448 | 6 175 |
| 居民消费〔元/(人·年)〕 | 76 | 102 | 125 | 158 | 197 |

5-12 由经济年鉴得知工农业总产值与居民消费的统计数据如题 5-11 所示，此外还得知同期国民收入的数据见表 5-26，并已知 2024 年的工农业产值在 1979 年基础上翻十番，且国民收入比 1979 年增加 3 倍，见表 5-26，以此作二元线性回归方程，预测 2024 年的居民消费水平。

**表 5-26 工农业总产值、国民收入与居民消费的统计数据表**

| 年 度 | 1952 | 1957 | 1965 | 1975 | 1979 |
|---|---|---|---|---|---|
| 工农业总产值(亿元) | 731 | 1 226 | 1 960 | 4 448 | 6 175 |
| 国民收入(亿元) | 691 | 1 057 | 1 364 | 2 658 | 3 350 |
| 居民消费[元/(人·年)] | 76 | 102 | 125 | 158 | 197 |

5-13 有关部门曾用一元线性回归分析法对我国卫生陶瓷的销售量进行预测。根据对已收集数据的分析，历年卫生陶瓷的销售量与同期全国竣工城镇楼房住宅面积有相关关系，经过筛选后的 19 对有关历史数据见表 5-27，试预测当按照规划某年全国城镇楼房住宅面积达 7 500万 $m^2$ 时的全国卫生陶瓷销售量。若取信度 $\alpha=0.01$，则查表得知，$n=19$ 时，相关系数临界值 $r_{\alpha(n-2)}=0.575$。

**表 5-27 卫生陶瓷销售量与竣工城镇住宅面积的统计数据表**

| 年 度 | 1953 | 1954 | 1955 | 1957 | 1958 | 1959 | 1960 |
|---|---|---|---|---|---|---|---|
| 卫生陶瓷销售量(万件) | 46.6 | 61.3 | 46.3 | 53.4 | 79.9 | 102.9 | 141.1 |
| 竣工城镇住宅面积(万 $m^2$) | 939.4 | 928.9 | 1 012.2 | 1 971.2 | 1 849.4 | 2 272.2 | 2 285.3 |
| 年 度 | 1961 | 1962 | 1963 | 1964 | 1965 | 1971 | 1973 |
| 卫生陶瓷销售量(万件) | 109.1 | 49.2 | 51.4 | 71.2 | 111.4 | 59.5 | 105.8 |
| 竣工城镇住宅面积(万 $m^2$) | 963.9 | 537.6 | 706.2 | 1 073.9 | 1 209.3 | 1 440 | 2 164 |
| 年 度 | 1974 | 1975 | 1976 | 1977 | 1978 | | |
| 卫生陶瓷销售量(万件) | 146.5 | 222.1 | 202.4 | 242.0 | 227.8 | | |
| 竣工城镇住宅面积(万 $m^2$) | 2 055.2 | 2 215.2 | 2 178 | 2 880 | 3 377.3 | | |

5-14 某地区，据统计已知人口、国民收入及住宅建造量的统计数据见表 5-28。要求：

(1)用一元线性回归分析法预测该地区的人口及国民收入在 2024 年的发展状态；

(2)用二元线性回归分析法预测该地区 2024 年的住宅建造量。

**表 5-28 某地区人口、国民收入与住宅建造量的统计数据表**

| 年　度 | 2016 | 2017 | 2018 | 2019 | 2020 | 2021 | 2022 |
|---|---|---|---|---|---|---|---|
| 人　口(万人) | 110 | 114 | 117 | 121 | 125 | 126 | 129 |
| 国民收入(亿元) | 39.1 | 39.3 | 40.0 | 41.6 | 42.0 | 42.5 | 42.9 |
| 住宅建造量(万 $m^2$) | 103 | 110 | 114 | 120 | 127 | 134 | 139 |

5-15 时间序列分析的基本特点有哪些？移动平均法和指数平滑法各有什么特点？说明一次、二次移动平均法和一次、二次指数平滑法分别在哪些情况下适用。

5-16 移动平均法中参数 $n$ 的大小对预测结果有何影响？选择参数 $n$ 应考虑哪些问题？

5-17 指数平滑法中平滑系数 $\alpha$ 的大小对预测结果有何影响？选择 $\alpha$ 应考虑哪些问题？确定指数平滑的初始值应考虑哪些问题？

5-18 季节指数法的概念是什么？其特点和基本步骤有哪些？

5-19 某种商品去年各月份在某市的销售量见表 5-29。试分别用移动平均法和指数平滑法建立线性预测模型并预测今年 1 月份和 2 月份的商品销售量(取 $n=3$，$\alpha=0.6$)。

**表 5-29 某种商品去年各月份在某市的销售量表** 单位:万件

| 月份 | 1 | 2 | 3 | 4 | 5 | 6 | 7 | 8 | 9 | 10 | 11 | 12 |
|---|---|---|---|---|---|---|---|---|---|---|---|---|
| 销售量 | 8.8 | 9.3 | 10.2 | 11.2 | 12.1 | 12.7 | 12.8 | 13.3 | 15.1 | 16.8 | 18.3 | 17.8 |

5-20 混凝土预制构件厂的某种产品前 5 年各月的销售额(万元)见表 5-30，试用季节指数法预测该种混凝土预制构件第 6 年各月的销售额。

**表 5-30 工农业总产值与居民消费的统计数据表** 单位:万元/月

| 月　份 | 年　序 | | | | |
|---|---|---|---|---|---|
| | 1 | 2 | 3 | 4 | 5 |
| 1 | 74.2 | 74.1 | 89.6 | 95.1 | 103.0 |
| 2 | 69.7 | 70.0 | 99.3 | 86.1 | 103.2 |
| 3 | 77.6 | 77.4 | 88.5 | 93.8 | 112.6 |
| 4 | 89.8 | 93.2 | 105.5 | 110.9 | 128.5 |
| 5 | 103.0 | 109.9 | 120.4 | 127.4 | 145.8 |
| 6 | 110.7 | 122.3 | 132.6 | 147.2 | 163.7 |
| 7 | 116.5 | 129.0 | 130.3 | 148.6 | 161.1 |
| 8 | 121.6 | 134.9 | 143.6 | 155.5 | 160.8 |
| 9 | 120.8 | 134.1 | 147.3 | 160.4 | 152.8 |
| 10 | 113.1 | 129.6 | 145.3 | 160.0 | 142.0 |
| 11 | 97.1 | 106.6 | 117.0 | 140.3 | 111.9 |
| 12 | 78.3 | 90.1 | 102.3 | 120.9 | 101.3 |

# 第六章　建筑企业经营决策

**本章提要：**本章主要介绍建筑企业经营管理中的经营决策的基本概念、基本方法与主要内容。

1. 决策的基本概念。包括决策的概念、决策技术的概念、决策的基本内容、决策的地位和作用、决策的合理性、决策方法的科学基础等。

2. 企业决策的分类和程序。包括按计划时间、决策性质、决策形态、确定程度、决策目标、管理层级的企业决策分类、决策一般程序等。

3. 决策中的计量方法。包括确定型决策、不确定型决策、风险决策、多目标决策等，重点介绍风险决策的最大可能性法、期望损益表法、决策树法和效用曲线法等。

## 第一节　概　　述

### 一、决策与决策技术

#### （一）决策的概念

人们在生活、生产和工作中为了达到某一目的或预定的目标，可能有多种可供选择的方案、途径和策略。为了获得最满意的结果，就需要从多种方案、途径和策略中经过比较、选择，而后做出如何行动的决定，这就是决策活动。因此，所谓决策，是指为达到同一目标而在多种可以相互替代的方案中选择最佳方案的过程。具体说，决策就是为了达到一定的目标，根据对外环境和内部条件的分析，从两个以上的方案中，选择一个最佳方案（或手段）的全过程。在实施决策时，一方面需要有"应该达到的既定目标"，另一方面需要有能达到目标的"可利用的代替方案"，这就是说，决策需要有"目标"与"代替的方案"这两方面的前提。

现代化管理中的"经营决策"，是对企业的经营活动，生产技术的全过程进行管理的核心。这种经营决策包含两大部分内容：一是经营分析；二是决策。所谓经营分析就是运用各种科学方法，对企业各项生产活动的目标、资料条件、外界因素与内部能力等进行技术经济效果的定量分析，并进行最优化的选择。所谓"决策"，就是在经营分析的基础上，根据分析的结果及其技术经济效果的大小，列出几个可行的计划或行动方案，再结合企业中其他非定量化的条件和人的因素，经过综合判断，从中选择一个最适宜的方案。

美国现代决策论学派的创始人西蒙（Herbert. A. Simon，1987 年获经济学诺贝尔奖）认为：决策就是管理。也就是说决策与管理是同义词。其理由是：第一，决策贯穿于整个经营过程的始终，是管理的核心和基础。经营管理的各项工作，包括计划、组织、人员配备、领导和指挥、控制等工作都存在着如何做出该项工作的合理决策问题。所以，决策工作是经营管理工作中最为本质的东西。第二,决策是各级各类管理人员的主要工作,不是传统决策论所说的决策仅仅是上层管理人员的事。上至企业的高级领导,下到基层的班、组长,均要做出决策,只是其决策的重要程度和影响范围不同而已。同时,西蒙还把决策分为定型化决策和非定型化决策,并指出传统的决策技能和现代决策技能对这两类问题处理的方法不同,详见表 6-1。

**表 6-1　传统决策与现代决策技能的区别**

| 决策类型 | 决策技能 | |
|---|---|---|
| | 传统决策 | 现代决策 |
| 定型化决策:<br>常规的、反复的决策,决策组织将为处理此种决策开发其具体的过程处理 | 1. 习惯性、事务性的常规业务;标准作业程序<br>2. 组织结构:共同目标、分目标系统,信息联系渠道 | 1. 作业研究:数学分析模型<br>2. 计算机模拟 |
| 非定型化决策:<br>一次性的、非例行性的、新奇的方针决定,通过一般问题解决过程予以处理 | 1. 判断、直觉、创造性管理<br>2. 因素管理<br>3. 经营者的选拔与训练 | 自发性问题解决技能适应:(1)对决策者的训练;(2)对自发性计算机程序的设计 |

### (二)决策技术的概念

现代科学技术发展的特征是既高度专业化又高度综合化,学科彼此交叉、互相渗透,形成了科学知识的整体趋势,科学技术的依赖性也增强了。现代工程技术、生产技术、经济建设的规模越来越大,结构关系越来越交叉,变化越来越多,使得决策问题越来越复杂,迫切需要综合利用人类已经掌握的各种科学知识和技术手段,研究并把握决策的活动规律,提高决策水平。

决策技术就是决策时所用的一系列科学理论、方法和手段的总称。科学技术的发展为决策技术提供了理论基础,系统工程的发展为决策提供了科学的方法,计算机和计算机技术为决策提供了有效的手段。

技术经济问题往往是复杂而多变的,对技术经济问题进行决策,首先必须以科学的预测为基础,没有预测提供的可靠信息,决策就会产生盲目性。其次,要借助于概率论、运筹学等数学和电子计算机,对行动方案做定量分析,以提高决策的准确性。最后,决策是人做出的,决策人的知识、经验、性格不同,对问题的判断也往往不同,因此,决策正确与否,在一定程度上还取决于决策者的水平高低。

### (三)建筑企业经营决策的基本内容

经营决策贯穿于企业经营管理的各个方面和全过程,决策的内容相当广泛,主要包括:

1. 经营战略方面的决策

它包括经营方向、经营目标、经营方针、经营策略、经营计划、经营组织与机构、企业发展规模、技术改造与更新、技术开发、人力资源开发等决策。

2. 招揽工程任务的决策

它包括市场开拓与渗透、联合经营、多种经营、投标策略、投标报价等决策。

3. 生产技术管理方面的决策

它包括工程质量管理、施工计划、施工组织、生产进度及调度、材料供应、技术装备、技术措施以及新技术、新工艺、新材料研究和推广等决策。

4. 财务管理方面的决策

它包括企业目标利润与目标成本、财务计划、财务结算、资金信贷、材料采购与库存等决策。

5. 劳动人事方面的决策

它包括劳动人事计划与组织及调配、副经理级领导人选、用工办法、职工培训等决策。

## 二、决策的地位和作用

决策理论是一门年轻的科学理论，是在第二次世界大战后，随着管理科学、行为科学、系统理论等管理理论和技术的迅猛发展而建立起来的，它代表企业管理的一个更高阶段，是现代企业管理的核心问题。经营决策在现代管理工作中占有这么重要的地位和作用，有以下几方面的原因。

### （一）现代企业经营环境的变化促使人们更加重视经营决策

自1950年以后的时代，与过去时代比较，企业经营的技术、经济、社会和环境等条件，都发生了很大变化。就社会的技术环境而言，由于技术的不断革新，以致随之而来的新的生产方法的利用和新产品的开发等，使企业要耗用巨额的开发投资。因此，为了适应企业的技术开发和生产发展需要，不仅在企业中的最高管理阶层，增加了决策问题，而且在中级管理层也加重了决策的分量。可见，决策是适应环境变化，发现问题，解决问题所实施的一连串的经营行为。企业内外环境安定无变化时，必要的重要决策方案则比较容易制定；企业内外环境变化激烈，必要的决策问题就愈多且问题不易解决。在建筑企业里，不仅社会技术环境变化要求加强决策工作，而且企业的经济环境变化也要求重视决策工作。由于经济体制改革，招标承包制的推行，建筑企业之间围绕建筑产品的价格竞争激烈；随着国民经济的发展，社会和用户对建筑产品的需要变化很大，人事费用的增高等，成为影响企业利润率的重大原因；再加上日益发展的贸易，资本自由化，国际建筑承包企业的竞争就更趋激烈。

在这企业内外环境变化激烈的时代，企业利润率并不仅仅决定于生产能力。往往一个企业失败，并不在于生产效率不高，绝大部分是由于投标、生产计划、经营管理组织与人事方面的决策发生了错误或未能做到适时的决策所致。所以，企业的生存与成长，决定于经营者或管理者所实施的决策的合理性与管理效率。

### （二）企业管理现代化的需要决定了经营决策具有重要的地位和作用

随着管理学和行为科学的发展，使企业管理工作发生了很大变化。从凭经验判断的传统管理，发展到运用科学方法进行经济效果分析的科学管理；从对物的管理，发展到重视人的因素及职工参加管理；从人脑控制发展到电脑控制。在以上的发展变化中，经营决策方面表现得最为突出。

过去经营管理工作主要是依靠少数领导人的实践经验；在现代管理中，则要求充分发挥各级专业人员与职工的集体才智，并运用经营决策的方法来实现企业的经营目标。

### （三）获取最大的经济效益的要求决定了经营决策具有重要的地位和作用

在社会主义制度下，存在着发展社会生产力的问题。要发展生产力，一方面要合理分配资源（包括人力、财力和物力）；另一方面又要合理地管理和利用这些资源。这两方面都存在如何决策的问题,因为在一定时期内,能投入的资源总是有限的,要取得尽可能好的经济效益,就需要合理分配和调节。

企业要合理分配和调节资源,就需要把现有的人力、财力、物力经营管理好,使其发挥最大的经济效益。这里就必须具备有效的组织、合理的决策和良好的人群关系,在这三者之中,合理决策又是经营工作的核心和基础。

## 三、决策的合理性

### (一)决策合理性考察的主要方面

决策的合理性主要应从三方面考虑:

1. 从经济上考虑

在几个不同方案的对比中选定一个最优方案,可以运用边际分析法、成本效益分析法来计算和表明该方案的合理性,并运用电子计算机进行线性规划,找出同样的资源投入获得最大的产出,或以最低的成本获得尽可能多的收益方案,这就称为决策结果的合理导向。这些决策从理论上讲是最为经济的最优决策。

2. 从社会方面考虑

由于决策的目标可分为社会目标、集体目标和个人目标。因此,任何个人或集体所作的合理决策,均不能有害于社会目标。例如,在某项工程中引进国外已经淘汰的打桩机,这种打桩机噪声大,排出的废气污染了环境,影响了工人和施工现场附近居民的身体健康,因而从社会角度来看,该企业的决策是很不合理的。

3. 从心理学的角度考虑

虽然用数学方法可能求得最优的决策,但是在实践中不可能要求一个决策者在什么方面都是最优的。只要能满足人们某种既定的需求,包括心理上的需求,那么这种决策就是令满意的决策,也就是合理的决策。这样,就可大大简化决策的计算过程,节省大量的人力、财力、物力,同时又能达到预期的目的。

### (二)确定决策合理性的原则

在理论和实践上,对决策的合理性有不同看法。有的认为应从计量方面衡量决策的合理性;有的认为应着重从行为方面衡量。现代决策论学派西蒙的看法则不然,西蒙提出用令人满意的准则代替最优化原则,主张定量与定性分析相结合的原则。西蒙认为:用数学计算出的最优决策,也仅是令人满意的合理决策而已。要保证决策的合理性,就应把数学方法的计算与行为科学的社会因素和心理因素的研究有机地结合起来。

西蒙的"令人满意"的决策行为准则,就是在决策时,确定一套标准,用来说明什么是令人满意的最低限度的替代办法。如果考虑中的替代办法满足了或者超过了所有这些标准,那么这个替代办法就是令人满意的。

那么,怎样具体衡量经营决策的合理性呢?根据有关决策论学者提出的理论研究,可归纳为以下几条原则:

1. 要有整体观

其一,表现在决策是渗透到管理人员所有职能中的过程。其二,表现在从招揽工程任务、制定计划到交工验收,管理人员经常在有关方案中做出选择。其三,表现在全部决策过程中,还包括发现新方案,改进执行方法,调整原定目标等,所以,在决策过程中,要有整体观。

2. 要有综合观

其一,表现在决策法采用行为科学和计量科学之处很多,而在整个决策过程中,行为科学的应用更为广泛,计量学科主要用于方案的比较和评价。其二,表现在心理因素,从制定目标到得出结果,处处影响决策者的行为,再结合决策者的价值伦理等观念,这些心理因素就使选择过程变得更为复杂。其三,如果个人决策转变为集体决策,还要加上社会因素。其四,表现在行为科学与计量学科通过决定因素从而融合在一起,开放型决策就是融合这些学科的结果。鉴于以上原因,所以,在决策中要有综合观。

3. 要有连锁观

其一,表现为连锁的是把一个系统的各部分连在一起,每一部分要受到其他部分的制约。其二,由于决策工作者要受到搜集情报、成本、时间等限制,而他本人的认识能力也有限度,所以,决策者还应对他的组织所处环境的力量,保持敏感和做出响应。

4. 要有相互关系观

其一,表现在组织级的决策与管理过程的意义上是相同的。其二,表现管理人员在所有的职能中固然带有决策的性质,而整个管理过程同决策过程在正式组织中的相互关系,最为明显。其三,表现在计划和决策,由于目标和资料而联系起来,不能分开。其四,表现在检查系统同计划不仅有关,而且同决策也有相互关系。

## 四、决策方法的科学基础

决策方法是一种综合性的,完整的处理方法。它牵涉到自然科学、社会科学和管理科学的一些主要学科,并较广泛地应用这些学科的理论观点和技术方法。

### (一)决策与心理学的关系

心理学是研究心理现象的科学。人的任何活动中都有心理现象。决策者在选择方案的过程中,不可避免地要反映出他的性格,反映他对人和人的作用,以及对组织的理解,还要反映出他的价值观和感情。

决策者的心理力量在决策的整个过程中是会发生影响的。有的管理学家经过调查研究。认为人的性格在决策中作为决定因素的含义如下:

首先,任何人对决策过程中的各方面都不会是同样精明的。有的人能做好其中的一部分,别人则能做好另一部分。

其次,不同性格的特点可能和不同决策因素结合起来。如决策者的技巧、智力或训练等。

再次,根据性别、社会地位等因素,性格同决策过程的关系,由于从属于不同的社会集团而有所变化。

总之,决策过程中的心理作用包括很多可变因素,在不同时候以不同的结合方式,对决策发生不同的影响。即难于辨别,更难于控制。

研究表明,个人决策者在做出选择时,接受风险的倾向性变化很大。特别是智力这个因素,在接受风险的行为上有很大影响。有的决策者倾向于结果并不可靠的策略,他会认为所冒风险越大,所得报酬也会越高;相反,也有人宁愿选择结果可以断定的策略,希望十拿九稳地成功。可是,在需要做出决策的实际情况中,这样的结果往往是不存在的。

还有一种影响决策的心理作用是感觉。在对人、对物、对事上有许多原因使人难以避免获得不正确的印象。有时,这是由于观察者受环境的影响。比如录用合同制工人时,一般只根据简历、介绍信和见面印象,而不去考察其工作能力;又如被考察者表现出某些言语动作上的特性,可能触犯观察者,而大大歪曲人所得的印象。

最后,决策者还会受到下意识的影响。以上所述各种内在力量,都属于决策过程中的心理作用。由此可见,决策者很难做到十分精确,最多能希望所作的选择达到令人满意的程度。

(二)决策法与社会学的关系

在社会学方面,决策者的个人价值观是和广泛的社会价值观念混合在一起的。决策者总要尽力达到他自己的所在组织的和所忠诚的集体(他的家属、朋友和同辈)的目标。决策人为了把争论和冲突减少到最低限度,在集体作决定时,常采取一定的表决方法,一般即采用多数或一致通过的办法。个人在集体决策中不但受本人心理影响,而且要受社会力量的约束,才能求得一致。所以,团结好的集体才是有效的集体,才能做出有效的决策。

各种类型的组织都采用集体方式,如小队、工作组、委员会等来做出决策。在正式组织中采用集体决策方式是有种种理由的:一则经营管理日趋复杂,所需专门知识超过一个人所能掌握的;再则决定一经做出,要求所有直接有关的单位予以接受和执行,自然都应参加决策过程。

集体的特点,首先是各人之间意见一致,这是集体发挥有效作用的基本条件;其次,既然要求意见一致,就需要成员之间能相互作用。因而彼此之间联系要方便,所有这些要求有一个先决条件,就是共同利益,还有一个条件是相互接近,至于集体究竟以若干人为宜,尚无定论,小的通常 7 人以上,大的可达 25 人。但应注意,集体人数应是奇数。

集体成员要规定一些准则,实施准则有三种方法:贯彻执行、内在化和集体压力。贯彻执行有四种方式,即教育、监督、警告、奖惩;所谓内在化是把集体的准则作为自己行动的指针;集体压力可以是实际的也可以是想象的。

集体决策的好处是:知识和资料的来源总量较大,处理问题的途径较多,参加决策过程,对最终做出的选择较易接受,对决策有更好的理解。

集体决策同个人决策相比较,一般说来,集体决策常常趋向保守,不过有些怕冒险的个人,在集体决策中反而容易接受结果不太可靠的决定。可以这样说,某些类型的决策最好由集体来做,另一些类型则宜于个人来做,许多研究结果表明,集体决策优于个人决策。

不管个人或集体决策,必须由个别管理人员来执行,由他亲自对做出的决定负责。跟踪和检查的手续,虽然可由决策的集体监督,但仍然要由个别管理人员负起直接责任。

(三)决策法与价值观念的关系

在选择方案过程中,可以说价值观念是指处于指导性地位的。因而有人把伦理学称为"决策的标准"。

所谓"价值",可以看作是一种明显或不明显的概念。其意即指,经个人、集体或组织认为可取的,用作从所有的方案中选择行动的手段和目标的依据。决策者个人的价值观念及其组织价值观念,对决策过程是有影响的。个人的价值体系实际上成为集体、组织和全社会的价值体系的基础,是个人性格的一部分。

在决策过程的每一步,决策者的个人价值观发生矛盾,为了维护集体的利益,往往有必要在个人价值观念上做出妥协。

西方管理学界有人把组织的价值作为伦理价值的同义语。据其调查,外国建筑业的经理们把他们的价值观念依照重要性排列如下:(1)经济的,(2)伦理的和政治的,(3)宗教的,(4)美学的,(5)社会的。

(四)决策与其他社会科学的关系

在各种组织所处的环境中存在着各种势力,如国家法制、政治组织、社会风俗习惯等,对决策工作都会发生影响。决策者必须时刻留心现行的和在制定中的会影响决策的各种法律。人们对决策工作具有间接影响,这是由于社会上的风俗习惯、传统势力,甚至人们的宗教信仰等,不能不影响决策者的思想。在政治方面,决策者当然离不开国家的制度,此外,对政治潮流和群众态度的变化,也要随时注意。总之,环境对正式组织的决策具有左右目标、限制探索、约束方案的选择、直接影响决策的执行等作用。

(五)决策与数学的关系

在整个决策过程中,现代数学方法的应用也是广泛的,这方面的内容将在后序章节叙述。

## 第二节　企业决策的分类和程序

### 一、企业决策的分类

企业中决策的分类,按其考虑的角度不同,具有不同的分法。

(一)按计划时间分类

1. 长期决策。它是指导企业战略目标和发展方向有关的重大安排,如投资方向与生产规模的选择、技术开发的发展方向、一个长时期的发展速度等,长期决策往往与长期规划有关,并较多注意企业的外部环境。

2. 短期决策。它是实现战略目标所采取的手段,它比长期决策更具体,考虑的时间也短一些,其主要注意力是考虑如何组织动员企业内部力量来实现战略目标。

(二)按决策性质分类

1. 战略决策。它是指企业带全局性的重大问题的决策,它指导企业的发展方向,是企业经营管理的首要问题。其主要内容是制定企业的经营目标、经营方针,以及实现目标所需资源(人、财、物)的分配方案等,战略决策也称经营决策。

2. 战术决策。它是指企业内部短期的局部问题的决策。其任务是解决各有关部门如何更好地使用所分配的资源(人、财、物),以提高工作效率的问题。生产控制、质量控制、成本控制和销售策略等方面的决策就属于这一类,战术决策也称为管理决策。

(三)按决策的形态分类

1. 程序化决策。它是指这类决策属于反复的、定规的。当每一问题发生时,不必重新再实施新的决策,可按原设立的一定方式进行的决策。这种决策,是属定型化、程式化或定规化的决策。例如,订货程序、材料和零件的出入存放、工资发放、日常施工和技术管理等。由于这些活动不断地重复进行,人们积累了一套经验,把这种不断重复的工作方法和顺序,编成固定的工作规则和程序,使这类工作有章可循。这类决策主要适用于组织内部的日常业务工作和管理工作。它主要由下中层管理人员来承担,并多采用定量分析方法来制定。

2. 非程序化决策。它是属于新规定的、一次的、例外的、未加程式化或定型化的决策。这类决策活动,并不是经常重复出现的。例如,新产品的开发、产品方向的变动、企业规模的扩大、企业发展多种经营的决定、工程承包的决定等。对这类活动的决策,一般是由上层管理人员来承担的,这类决策的制定,除采用适当的定量分析法外,主要运用定性分析法。

大部分经营决策属非程序化决策,而管理决策属于程序化决策。

### (四)按确定程度分类

1. 确定型决策。它是指影响决策的因素或自然状态是明确的、肯定的、比较容易判断,决策方案的最后结局可以预期达到的决策。

2. 风险型决策。它是指各种因素的未来情况怎样,以及采取某一措施后可能产生的后果如何,是无法明确肯定的,但对其出现的概率则可依过去的经验做出估计。

3. 非确定型决策。它是指不仅事先并不知道在各种特定情况下的确定结果,而且连可能的结果及概率也全然不知道,也无过去的经验和数据可遵循,此时的决策主要凭决策人的知识和经验。

### (五)按决策目标数量分类

1. 单目标决策。它是指方案的选择只考虑一个单一的指标;或者只突出一个指标,其他指标不作要求时的决策。

2. 多目标决策。它是指同时满足多项指标所进行的决策。

### (六)按管理层级分类

1. 最高管理层的经营决策。它是以经理为首的决策机构,谋求企业与外界环境的动态平衡,并使企业在变化、发展的环境中不断发展的决策。经营决策是长期决策或战略决策,一般属于非肯定型或非程序化的决策。它主要包括以下的内容:企业经营目标的决策;企业经营方针、策略的决策;企业发展规模或多种经营的决策;企业生产发展(新产品开发或新建筑类型的发展)的决策;企业更新改造、技术开发的决策;企业技术构成及职工构成的决策;企业职工文化生活和职工福利提高的决策;其他有关企业全局性问题和某些关键性问题的决策等。

2. 中间管理层的管理决策。它是为实施经营决策(战略决策)方案准备条件,提供管理基础和保证的决策。管理决策是中、短期的战术决策。它既有非肯定型或非程序化的决策,也有肯定型或程序化的决策。管理决策为具体实施经营决策准备条件,提供保证,建立基础,因此,它是一种过渡性的政策。管理决策的主要内容包括:企业实施性计划(方案)调整、改变的决策;企业组织系统调整、改变的决策;实施战略决策所需人力、物力、财力等的决策;企业施工生产组织的决策;企业财务系统调整及改变的决策;企业内部控制、调整节等方案的决策等。

3. 基层管理层的业务决策。它是在一定企业体系基础上,为提高日常效率选择各种具体行动方案的决策。它一般是肯定型或程序化的短期决策。业务决策有很多具体的内容,可分为以下几个方面:

其一,供应过程的决策。它包括:采购价格的决策;采购方式的决策;运输决策;库存量决策;供应管理具体方案的决策等。

其二,施工生产组织的决策它包括:施工方法或方案的决策;施工生产组织的决策;质量具体管理的决策;工程成本具体管理方案的决策;工资、奖金的决策等。

其三,交工、维修的决策。它包括:交工时间的决策,处理与用户纠纷的决策;维修方案的决策等。

企业的经营管理决策是三项决策中最主要的决定性的决策。企业以经营决策为前提,结合管理决策、业务决策,构成了企业自上而下,由远至近的决策系统。这个决策系统围绕着经营目标和各级、各部门的具体目标进行决策。决策系统在很大程度上决定了企业的责任系统、权力系统。因此,决策是企业管理的核心职能。

## 二、决策的一般程序

决策工作是一项动态的完整过程,而不是一成不变的手续。在各类型的组织中决策过程可以分成如下一些步骤:

### (一)确定决策目标

明确提出决策所要解决的问题和达到的经营目的。目标主要有三个特点:(1)可以计算其成果;(2)可以规定其时间;(3)可以确定其责任。所以确定目标应力求明确具体,哪些是必须达到的目标,哪些是希望实现的目标;为了实现目标有哪些可利用的资源;怎样具体规定衡量和评价目标的标准和尺度;明确规定实现目标的期限和具体负责人。

### (二)方案设计

研究并提出为解决问题和实现经营目标的各种可行的方案。探索方案的工作是同时多方进行而不是依次进行的。有人把探索过程分为两种方式:一种是先探索一定数量的方案,再从中挑出少数与目标相符合的;另一种是要一直探索出一个满意的解决办法为止。探索活动又是反复进行的,即使在执行时还可能有新的方案出现,不过探索工作受到时间和成本的限制。而且甚至花更多的时间和金钱也不可能搜集齐全部的资料。

### (三)方案评价

在探索方案的工作完成以后,就要对各种备选方案进行技术经济论证,在论证的基础上做出综合评价。不论个人和组织,目标总是要从有希望的方案中,选出一个或几个能获得最多合意的结果和最少不愿有的结果的方案。在把每个方案的预期结果加以比较和评价以后,决策者必须挑出一个最有希望达成目标的方案。

### (四)方案优选

通过对各种方案的分析评价,从可行方案中选出最好方案。挑选一个最好方案很不容易。即使是最好的方案,往往不过是几个不相上下的方案的折中方法。最后选定的方案又不一定是对某个特定目标的最好方案,而只是或多或少能达成几个目标但又不至妨碍任何一个目标的方案。在选择最有利方案时,决策者会遇到各种各样的困难。如同时有两个或更多看来同样可取的方案;或者没有单独一个方案能满足目标的要求,而必须同时采用几个方案;或者会产生过多不满意或不愿有的结果;或方案之多使决策者无所适从;有时,方案之中可能没有一个能完成预定目标的。可见,决策者能够用于鉴别有利方案的标准是很少的。

(五)实施决策

做出决策而不执行,就完全等于空话。方案选定后,就要制订具体的实施措施和政策,要使决策被广大执行者充分接受和透彻了解,要制订相应的各项具体政策,保证决策的正确执行,要把决策目标落实到每一个单位,明确具体责任,要通过控制系统的报告制度,迅速并及时掌握决策实施过程的具体情况。在执行决策中,人的因素是很重要的。

(六)跟踪检查

在决策已经付诸实施后,管理人员还不能确定结果一定符合于原定的目标,必须有一套跟踪和检查的办法,以保证所得结果与决策时的期望一致。这套办法应包括三个步骤:首先,规定标准;其次,用标准衡量执行情况;再次,纠正偏差。所定标准要用可以计量的词句来表示,但并非必须如此。标准应有灵活性,不要定得太死。纠正办法包括:重新安排工作,重新对执行人员发布指示,重新制定目标等。

## 第三节　决策中的计量方法

从前面介绍可知,现代化的决策,根据确定程度分为确定型决策、非确定型决策和风险型决策;按决策的目标数量又分为单目标和多目标的决策。

下面重点阐述确定型决策、不确定型决策、风险型决策和多目标决策。

### 一、确定型决策

(一)确定型决策的含义

确定型决策的特点是在事物的客观条件完全肯定的情况下作出的决策,因而具有明确的规定性。一般常用的模型决策方法就是在事物自然状态完全肯定的情况下,按照一定的数学模型计算后加以择优的方法。确定型决策方法主要用于企业经营与管理,包括"品种与产量决策""投资规模决策""库存决策"等。决策者一般用"最优化准则"来选择决策方案,常用的有线性规划、临界分析法、经济批量模型、现值法、经济函数分析等。由于确定型决策的经济变量相对简单,所以一般不用高等数学作运算。

(二)确定型决策的条件

确定型决策问题具备有如下条件:

(1)存在决策人希望达到的一个明确目标(如收益较大或损失较小)。

(2)只存在一个确定的自然状态 $\theta_j$($j$ 为自然状态个数)。

(3)存在着两个或两个以上可供决策人选择的行动方案 $A_i$($i$ 为方案个数)。

(4)在确定的自然状态下,不同的行动方案的益损值(利益或损失)$\alpha_{ij}$ 可以计算出来。

这类问题,使用的数学方法多种多样。下面仅通过实例说明基本原理和方法。

**【例 6-1】** 有一河面上将增建一座公路桥,工期 7 个月,某工程队考虑是否承包这项工程。根据气象及水文资料分析得知,该段河面过去出现低水位是在每年 9 月初至第二年的 4 月底期间;出现高水位是在每年 5 月初至 8 月底期间,而且一般情况下,只出现这两种自然状态。

如果该工程队承包该工程，在整个建桥过程中，遇上河水为低水位，则可省工省料，工程队可挣4万元；若在施工过程中遇上河水上涨（高水位），就会损失1万元；如果不承包该工程，未来这段时间工程队也会因工程任务少而亏损0.4万元。而该工程队正好在9月初至第二年的4月底期间无其他施工任务。试根据以上资料给出工程队是否承包该工程的依据。

**【解】** 由题意可知，该问题属于确定型决策问题，因其具备有如下条件：一是存在决策人希望达到的一个明确目标（如收益较大或损失较小）；二是只存在一个确定的自然状态（本题中为低水位、可不在高水位条件下安排施工）；三是存在着两个可供决策人选择的行动方案（承包或不承包方案）；四是在确定的自然状态下，不同的行动方案的益损值（利益或损失）可以计算出来（表6-2）。

**表6-2　工程承包决策表**（损益值）

| 行动方案 $A_i$ | 河水水位状况 | |
|---|---|---|
| | $\theta_1$（低水位） | $\theta_2$（高水位） |
| $A_1$（承　包） | 4 | −1 |
| $A_2$（不承包） | −0.4 | −0.4 |

可见，该工程队若承包该桥梁工程，并能在确定的低水位自然条件下安排施工，可获利4万元；而不承包该工程也会损失0.4万元。通过比较当然选定收益大的行动方案 $A_1$，即承包该工程的方案。

当然，若该工程队不能在确定的低水位自然条件下安排施工，而只能在确定的高水位自然条件下安排施工，则应选定损失小的方案 $A_2$，即不承包该工程的方案，以免造成更大的损失。总之，这是在该工程队施工时，水位状况一旦确定的前提下，工程队为达到获利最大或损失最小的目标，而选择的最佳方案。

确定型决策严格说不是决策问题，只是数学运算，这看起来似乎也很容易，但在实际工作中不完全是这样。有时模型变量很多，组合起来备选方案数目很大，从中选优就不那么简单了。例如土石方调配是一个确定型决策问题：有 $n$ 个挖方区，$m$ 个填方区，当 $m$、$n$ 较大时，运输调配方案很多，若要决定出运距最小的方案，要算出来就很不容易。很多确定型决策问题要用运筹学或其他数学方法以及电子计算机才能解决。

### （三）确定型决策方法的要点

由于确定型决策模型相对简单，企业经营者可以根据需要和所掌握的信息资料直接选准所要决策的方案模型，然后进行计算。但仍需注意模型应符合企业经营的规律，在决策过程中要注意以下几点：

1. 在为探索决策方案收集资料以前，先确定几种可能的目标方案的现实性和可行性。
2. 尽量选择简便可行的计算模型，以便节省费用和时间，腾出更多的精力去发现更广泛的可能决策方案。
3. 不断优化模型，把它修改到其效果符合目标为止，然后才作出方案的比较和评价，以减少其结果的不可靠性。
4. 在决策作出并执行后，模型可继续用于检查监督。使用模型的优点是能够提供一个考虑问题的参照系，这是预测结果的最经济的方法。
5. 尽量筛选出在本企业可连续使用的决策方法，这样既可保持经营管理的连续性，便于前后对比,又可以节省时间和费用。但这在不确定型决策中往往难以做到。

(四)盈亏平衡点分析模型

这是根据盈亏界限来确定最低产量水平的方法。从企业角度看,市场任务最好是品种少、批量大。但市场需求者往往要求多品种、多规格、小批量,这时可利用盈亏临界点来作批量决策。其计算公式为

$$N_0 = C/(P-V) \tag{6-1}$$

式中 $N_0$——盈亏平衡点;

$C$——全部固定费用;

$P$——单位产品销售价格;

$V$——单位产品的可变费用。

盈亏平衡点也可以用图表方法求出。建筑企业常常用其计算施工队的最低工作量、住宅建设中的经济批量、施工中大型吊机的配置等。

有时企业的固定费用到一定程度时需较大的增加,或在一定范围内有所变动,这时的计算就比较复杂。

(五)经济生产批量模型

产品产量确定以后,如果是分批生产,应进一步确定最经济的批量大小,才能使资金和设备达到最佳使用。经济生产批量是根据单位产品所耗费用最小的原则来计算的,其公式为

$$Q = (2NA/C)^{1/2} \tag{6-2}$$

式中 $Q$——经济批量;

$N$——全年产量;

$A$——每次调整设备费用;

$C$——原材料单位成本或费用。

这种确定型的经济模型较为简单,一般来说它可满足低层次的管理需要,如仓库管理。

**二、不确定型决策**

前述的确定型决策问题,是指在某种自然状态必然发生情况下的决策问题。若只知道未来出现自然状态有哪几种,而不知道究竟具体出现哪一种,这时的决策问题,即所谓不确定型决策。不确定型决策具备如下的条件:

(1)存在决策人希望达到的一个明确目标(如收益较大或损失较小)。

(2)存在两个或两个以上的不以决策者的主观意志而转移的自然状态。

(3)几种不同的自然状态中未来究竟将出现哪种自然状态,决策者不能确定,而且各种自然状态出现的可能性(即概率)也不知道。

(4)存在着两个或两个以上可供决策人选择的行动方案。

(5)在不同的自然状态下,不同的行动方案的益损值(利益或损失)可以计算出来。

下面介绍几种不确定型决策方法。

(一)第一种方法——乐观法

乐观法也称大中取大法,或称最大最大准则(max—max)。这种方法的特点是:决策者对客观情况持乐观态度,总是认为会出现最好的自然状态。这种方法的步骤是:

第一步:求每个方案在各种自然状态下的最大损益值并填入表的最后一列;

第二步:求各最大损益值的最大值,其对应的行动方案即为最佳方案。

**【例 6-2】** 已知浇灌某高炉基础混凝土有 5 个方案:(1)钢平台和手推车方案;(2)钢平台和小混凝土翻斗车方案;(3)吊车和料斗车方案;(4)混凝土泵车水平管方案;(5)混凝土泵车布料杆方案。设为 $A_1$、$A_2$、$A_3$、$A_4$、$A_5$;四个自然状态 $\theta_1$、$\theta_2$、$\theta_3$、$\theta_4$(它们的概率不知道),它们相应的效益值列于表 6-3 中。要求用乐观法选出最优方案。

**【解】** 第一步:把每个方案在各种自然状态下的最大效益值求出。

$\max\limits_{A_1}\{4,5,6,7\}=7$,　$\max\limits_{A_2}\{2,4,6,9\}=9$

$\max\limits_{A_3}\{5,7,3,5\}=7$,　$\max\limits_{A_4}\{3,5,6,8\}=8$,　$\max\limits_{A_5}\{3,5,5,5\}=5$

**表 6-3　乐观法算例表**　单位:百万元

| 效益矩阵方案 | 自然状态 | | | | $\max\limits_{\theta}[A_i,\theta_j]$ |
|---|---|---|---|---|---|
| | $\theta_1$ | $\theta_2$ | $\theta_3$ | $\theta_4$ | |
| $A_1$ | 4 | 5 | 6 | 7 | 7 |
| $A_2$ | 2 | 4 | 6 | 9 | 9 |
| $A_3$ | 5 | 7 | 3 | 5 | 7 |
| $A_4$ | 3 | 5 | 6 | 8 | 8 |
| $A_5$ | 3 | 5 | 5 | 5 | 5 |
| 决　策 | $\max\limits_{A}\{\max\limits_{\theta}[\alpha(A_i,\theta)]\}$ | | | | 9 |

第二步:求各最大效益值的最大值。

$$\max_{A}\{\max_{\theta}[\alpha(A_i,\theta)]\}=\max_{A_3}\{7,9,7,8,5\}=9$$

最大值 9 对应的行动方案是 $A_2$,故决策结果选方案 $A_2$。需说明的是,若表 6-3 中是损失矩阵,则应采取最小最小(min—min)原则。

### (二)第二种方法——悲观法

悲观法也称小中取大法、最大最小决策方法,或称华尔德决策准则(Wald-Decision Criterion),这种方法的特点是:决策者对客观情况总是抱悲观态度,万事总觉得不会如意,所以为了保险起见,总是把事情结果估计得很不利,因而也称保守方法。在各种最坏的情况下又想从中找个好一点的方案,因此又称最大最小决策方法。这种方法的步骤是:

第一步:求每个方案在各种自然状态下的最小损益值并填入表的最后一列。

第二步:求各最小损益值的最大值,其对应的行动方案即为最佳方案。

**【例 6-3】** 仍以上例说明,已知见表 6-3,把表 6-3 变成表 6-4。要求用悲观法选出最优方案。

**表 6-4　悲观法决策表**　单位:百万元

| 效益矩阵方案 | 自然状态 | | | | $\max\limits_{\theta}[A_i,\theta_j]$ |
|---|---|---|---|---|---|
| | $\theta_1$ | $\theta_2$ | $\theta_3$ | $\theta_4$ | |
| $A_1$ | 4 | 5 | 6 | 7 | 4 |
| $A_2$ | 2 | 4 | 6 | 9 | 2 |
| $A_3$ | 5 | 7 | 3 | 5 | 3 |
| $A_4$ | 3 | 5 | 6 | 8 | 3 |
| $A_5$ | 3 | 5 | 5 | 5 | 3 |
| 决　策 | $\max\limits_{A}\{\min\limits_{\theta}[\alpha(A_i,\theta)]\}$ | | | | 4 |

**【解】** 悲观法的步骤如下：

每一步：把每个方案在自然状态下的最小效益值求出来。

$$\min_{A_1}\{4,5,6,7\}=4,\quad \min_{A_2}\{2,4,6,9\}=2$$

$$\min_{A_3}\{5,7,3,5\}=3,\quad \min_{A_4}\{3,5,6,8\}=3,\quad \min_{A_5}\{3,5,5,5\}=3$$

第二步：求各最小效益值的最大值。

$$\max_{A}\{\min_{\theta}[\alpha(A_i,\theta)]\}=\max_{A}\{4,2,3,3,3\}=4$$

决策结果选 $A_1$。

注：若表 6-4 中是损失矩阵，则应采取最小最大方法。

### (三)第三种方法——乐观系数法

乐观系数法又叫折中准则、赫威兹决策准则(Hurwicz-Decision Criterion)。这个方法的特点是：对客观条件和估计既不那么乐观，但也不悲观，而是采取一个折中标准。

该方法的决策步骤如下：

第一步：决策人先要根据历史数据和经验确定一个表示乐观程度的系数，该系数称为乐观系数，记为 $\beta$，为方便起见，规定 $\beta$ 所在区间为[0,1]，即 $0\leqslant\beta\leqslant1$。

第二步：用下式计算 $CV_i$ 值：

$$CV_i=\beta\max_{j}[\alpha_{ij}]+(1-\beta)\min_{j}[\alpha_{ij}] \tag{6-3}$$

也就是先找到每个方案在各种自然状态下的最大效益值，乘以 $\beta$；再加上最小效益值乘以 $(1-\beta)$，得出 $CV_i$ 值。

第三步：最后比较 $CV_i$，若 $CV_k=\max_{i}(CV_i)$，则选 $A_k$。

如果考虑的是损失值，则

$$CV_i=\beta\min_{j}[\alpha_{ij}]+(1-\beta)\max_{j}[\alpha_{ij}] \tag{6-4}$$

显然：$\beta=1$，则是乐观的情况。

$\beta=0$，则是悲观的情况。

**【例 6-4】** 仍以上例说明，已知见表 6-5，设 $\beta=0.8$，则 $1-\beta=0.2$。要求用乐观系数法选出最优方案。

**表 6-5 乐观系数法决策表** 单位：百万元

| 效益矩阵方案 | 自然状态 | | | | $CV_i$ |
|---|---|---|---|---|---|
| | $\theta_1$ | $\theta_2$ | $\theta_3$ | $\theta_4$ | |
| $A_1$ | 4 | 5 | 6 | 7 | 6.4 |
| $A_2$ | 2 | 4 | 6 | 9 | 7.6 |
| $A_3$ | 5 | 7 | 3 | 5 | 6.2 |
| $A_4$ | 3 | 5 | 6 | 8 | 7.0 |
| $A_5$ | 3 | 5 | 5 | 5 | 4.6 |
| 决　策 | $\max_{i}(CV_i)$ | | | | 7.6 |

**【解】** 计算各个方案的 $CV_i$ 值。

$$CV_1=0.8\times 7+0.2\times 4=6.4$$
$$CV_2=0.8\times 9+0.2\times 2=7.6$$
$$CV_3=0.8\times 7+0.2\times 3=6.2$$
$$CV_4=0.8\times 8+0.2\times 3=7.0$$
$$CV_5=0.8\times 5+0.2\times 3=4.6$$
$$\max\{6.4,7.6,6.2,7.0,4.6\}=7.6$$

所以先取 $A_2$。

同理，如果令 $\alpha=0.6$ 则决策结果仍是 $A_2$，

$\alpha=0.5$ 则决策结果可能是 $A_1$、$A_2$ 或 $A_3$，

$\alpha=0.4$ 则决策结果是 $A_1$；

……

可以看出 $\alpha$ 取值不同，可能得到不同的决策结果，到底 $\alpha$ 取什么值合适呢？这要看具体情况而定，如果当时的条件比较乐观，则 $\alpha$ 应取大一点；反之，则 $\alpha$ 应取小一点；这样比较接近实际。

(四)第四种方法——等可能性法

等可能性法也称 Laplace 法。当决策人在决策过程中，不能肯定哪种状态不容易出现时，就“一视同仁”，认为它们出现的可能性(概率)是相等的。如有几个自然状态，则每一个自然状态出现的概率为 $\frac{1}{n}$；然后按照风险状态决策的益损最大期望值决策即可。这个想法是法国数学家拉普拉斯(Laplace)首先提出的，所以又称拉普拉斯方法。

**【例 6-5】** 仍以上例说明，已知见表 6-6。要求用等可能性法选出最优方案。

**表 6-6　等可能性法决策表(一)(效益矩阵)**　　单位：百万元

| 方　案 | 自然状态 | | | | $E(A)$ | $D(A)$ |
|---|---|---|---|---|---|---|
| | $\frac{1}{4}$ | $\frac{1}{4}$ | $\frac{1}{4}$ | $\frac{1}{4}$ | | |
| $A_1$ | 4 | 5 | 6 | 7 | 5.50 | 1.50 |
| $A_2$ | 2 | 4 | 6 | 9 | 5.25 | |
| $A_3$ | 5 | 7 | 3 | 5 | 5.00 | |
| $A_4$ | 3 | 5 | 6 | 8 | 5.50 | 2.50 |
| $A_5$ | 3 | 5 | 5 | 5 | 4.50 | |
| 决　　策 | $\max_i\{E(A)\}$ | | | | 5.50 | $\min_j\{a_{1j}\}=1.5$ |

**【解】** 第一步：计算各方案的期望值。

$$E(A_1)=4\times\frac{1}{4}+5\times\frac{1}{4}+6\times\frac{1}{4}+7\times\frac{1}{4}=5.50$$

$$E(A_2)=2\times\frac{1}{4}+4\times\frac{1}{4}+6\times\frac{1}{4}+9\times\frac{1}{4}=5.25$$

$$E(A_3)=5\times\frac{1}{4}+7\times\frac{1}{4}+3\times\frac{1}{4}+5\times\frac{1}{4}=5.00$$

$$E(A_4)=3\times\frac{1}{4}+5\times\frac{1}{4}+6\times\frac{1}{4}+8\times\frac{1}{4}=5.50$$

$$E(A_5)=3\times\frac{1}{4}+5\times\frac{1}{4}+5\times\frac{1}{4}+5\times\frac{1}{4}=4.50$$

第二步:在 $E$(A)相同条件下,比较 $D$(A)的大小,选出最优决策方案。

因为 $E(A_1)=E(A_4)$,所以要比较 $D(A_1)$与 $D(A_4)$的大小。

$$D(A_1)=E(A_1)-\min_j\{\alpha_{1j}\}=5.50-4=1.50$$

$$D(A_4)=E(A_4)-\min_j\{\alpha_{4j}\}=5.50-3=2.50$$

因为 $D(A_1)<D(A_4)$,所以决策结果选取方案 $A_1$。

(五)第五种方法——“后悔值”决策方法

“后悔值”决策方法也称沙万奇(Savage)方法,或称大中取小法。决策者制定决策之后,若情况未能符合理想,必将有后悔的感觉,或者感到遗憾,所以有人称遗憾原则。这个方法的出发点是将每种自然状态的最高值(指收益矩阵,损失矩阵应取最低值)定为该状态的理想目标,并将该状态中的其他值与最高值之差,称为未达到理想之后悔值。用这个观点来处理问题时要计算“后悔”矩阵,它可以从收益矩阵中推导出来。该方法的决策步骤如下:

第一步:找出对应于各种自然状态下的最大效益值。

第二步:在每种自然状态下,用该种自然状态下的最大效益值减去同种自然状态下的每个值而得到后悔值。

第三步:对每一方案,找出它的最大后悔值,并填入表中。

第四步:再求这些最大后悔值的最小值,并得出最优决策方案。

**【例 6-6】** 仍以上例说明,已知见表 6-7。要求用后悔值法选出最优方案。

**表 6-7 等可能性法决策表**(二)(效益矩阵) 单位:百万元

| 方案 | 自然状态 | | | |
|---|---|---|---|---|
| | $\theta_1$ | $\theta_2$ | $\theta_3$ | $\theta_4$ |
| $A_1$ | 4 | 5 | 6 | 7 |
| $A_2$ | 2 | 4 | 6 | 9 |
| $A_3$ | 5 | 7 | 3 | 5 |
| $A_4$ | 3 | 5 | 6 | 8 |
| $A_5$ | 3 | 5 | 5 | 5 |

**【解】** 第一步:从表 6-7 的收益矩阵中计算后悔矩阵(表 6-8)。

在 $\theta_1$ 状态下,理想值为 5,故 $A_1$、$A_2$、$A_3$、$A_4$、$A_5$ 的后悔值分别为

$$5-4=1,5-2=3,5-5=0,5-3=2,5-3=2$$

同理,可求出 $\theta_2$、$\theta_3$、$\theta_4$ 状态下的后悔值,见表 6-8 的后悔矩阵。

第二步:把每个行动方案 $A_1$、$A_2$、$A_3$、$A_4$、$A_5$ 的最大后悔值求出。

第三步:再求这些最大后悔值中的最小后悔值。

$$\min\{2,3,4,2,4\}=2$$

所以,决策结果可选方案 $A_1$ 或 $A_4$。

表 6-8　后悔矩阵

| 方案 | 自然状态 | | | |
|---|---|---|---|---|
| | $\theta_1$ | $\theta_2$ | $\theta_3$ | $\theta_4$ |
| $A_1$ | 1 | 2 | 0 | 2 |
| $A_2$ | 3 | 3 | 0 | 0 |
| $A_3$ | 0 | 0 | 3 | 4 |
| $A_4$ | 2 | 2 | 0 | 1 |
| $A_5$ | 2 | 2 | 1 | 4 |

对于不确定型决策问题，应注意以下两个方面：一方面是采用不同的决策方法所得到的结果并非完全一致，由于它们之间没有规定一个统一的评比标准，因此难以判别哪个方法好，哪个方法不好。另一方面，这类决策准则方法中，不是以客观标准作为依据，而是依决策者对各种自然状态的看法而定，往往带有很大的主观随意性。持乐观态度者，可用乐观方法；持悲观态度者可用悲观方法；持中间态度者可用乐观系数法；如果重视决策错误而产生后悔者，可以用后悔值方法；如果对未来情况发生的可能性认为相同者可以采用等可能方法。显然这是不够合理的。当然，为使决策的结果更加可靠，避免主观随意性，必须设法确定各种自然状态发生的概率，据此来选择行动方案，这就是下面将介绍的风险型决策问题。

### 三、风险决策

风险型决策问题，也叫统计型决策问题，或称随机型决策问题。它是指在几种不同的自然状态中，未来究竟将以哪种自然状态出现，决策人不能确定，但是各种自然状态出现的可能性，即概率，决策人可以预先估计或计算出来。因此，风险决策是介于确定型决策和非确定型决策之间的一种决策类型。这类决策之所以称为风险型决策，是因为不论选择哪种方案，都要承担一定的风险。对上述条件分析所需要的概率，可以用过去的统计资料得出统计概率，也可以凭主观估计。由于概率具有很大的或然性，所以决策就有风险，从而推导出的决策方法称为风险型决策方法。当概率在决策时无法估计时，所进行的推导就缺少最佳方案的选择依据，这时决策者只能根据他的思路和经验进行决策，并且要冒更大的风险，这种风险型决策就变成了不确定型决策。

例如在前面所示的某工程队是否承包某公路桥梁工程的决策问题中，若不能确定在什么时期出现哪种自然状态(即不能确定河道何时为低水位、何时为高水位)，但能根据历史气象及水文资料，估计出施工期间出现低水位和高水位的可能性(即概率)。这时该决策问题就变为一个风险决策问题，若该工程队采用承包方案，可能遇上河水上涨，若采用不承包方案，又可能遇上河水为低水位的情形，故无论选哪种方案，都要冒亏损的风险。因此，这时该决策问题应按风险决策的方法来解决。

风险决策具备如下条件：

第一，存在着决策人希望达到的目标(利益较大或损失较小)。

第二，存在着两个以上的行动方案 $A_i$($i$ 为方案个数)可供决策人选择，最后只选定一个方案。

第三，存在着两个以上的不以决策人的主观意志为转移的自然状态 $\theta_j$($j$ 为自然状态种数)。

第四，不同的行动方案在不同状态下的相应益损值(利益或损失)$\alpha_{ij}$ 可以计算出来。

第五，在几种不同的自然状态中未来究竟将出现哪种自然状态，决策人不能肯定。但是各种自然状态出现的可能性(即概率)，决策人可以预先估计或计算出来。

对于风险型决策问题，其决策方法主要有：最大可能性法、期望损益表法和决策树法。

(一)最大可能性法

由前述可知,确定型决策是比较容易的,故我们可以设想风险决策问题中有些也能像确定型决策那样进行决策。根据概率论的知识可知,一个事件,其概率越大,发生的可能性也越大。基于这种想法,可以在风险型决策问题中选择一个概率最大的(也就是可能性最大)自然状态进行决策,其他自然状态可以不考虑,这就将其简化成了确定型决策问题,这种方法称为最大可能法。最大可能性法,就是选择自然状态中事件发生概率最大的一个,然后找出在这种状态下损益值最大的方案作为最佳方案。

**【例 6-7】** 原始资料同例 6-1,且自然状态出现概率由历史气象和水文调查可估计出来,见表 6-9。要求用最大可能性法选出最优方案。

**表 6-9 工程承包决策表**(损益值) 单位:万元

| 行动方案 $A_i$ | 自然状态及概率 | |
|---|---|---|
| | $\theta_1$(低水位) | $\theta_2$(高水位) |
| | $p(\theta_1)=0.7$ | $p(\theta_2)=0.3$ |
| $A_1$(承包) | 4 | −1 |
| $A_2$(不承包) | −0.4 | −0.4 |

**【解】** 第一步:分析比较自然状态及其出现可能性大小,找出其发生概率较大者。

由表 6-7 中可知,最大概率为 $p(\theta_1)=0.7$,即出现低水位的可能性最大。

第二步:按出现最大概率的自然状态进行决策。

即将风险型决策转化为确定型决策进行分析,本算例中,对应于低水位的方案有两个,即承包和不承包方案。采用承包方案时可以获取最大收益,故选取 $A_1$(承包工程)为最佳方案。

由此可知,确定型决策是风险型决策的特例,只不过是把确定的自然状态看作必然事件,即发生的概率为 1,其他自然状态看作不可能事件,即发生概率为 0 的风险型决策。

这种决策方法应用较广。但要注意:当自然状态中某一个状态发生的可能性比其他状态发生的可能性大得多,而它们的损益值差别不很大时,采用这种决策方法将取得较好的效果。如果自然状态的数目较多,且它们发生的概率却很小或很接近,而不同的方案在不同的自然状态下的损益值相差较大时,就不宜采用这种决策方法。

(二)期望损益表法

这里所说的期望值就是概率论中离散随机变量的数学期望。我们把每个行动方案看成是离散随机变量,其取值就是每个行动方案在自然状态下相应的损益值,即损益矩阵中的每个元素。各方案的损益期望值则是各自然状态发生的概率与该方案对应的损益值乘积之和。其计算公式为

$$E(A_i)=\sum_{j=1}^{n}p(\theta_j)\alpha_{ij} \tag{6-5}$$

式中 $E(A_i)$——$A_i$ 方案的损益期望值;

$p(\theta_j)$——自然状态 $\theta_j$ 的发生概率;

$\alpha_{ij}$——$A_i$ 方案在自然状态 $\theta_j$ 下的损益值;

$n$——自然状态数。

所谓期望损益表法就是把每个行动方案的损益期望值求出来,加以比较。如果决策目标是效益最大,则采取期望值最大的行动方案;如果损益矩阵的元素是损失值,而且决策目标是

损失最小，则应选定期望值最小的行动方案。

这是一种把各种可行方案、定性的自然状态及其概率和各个方案的损益值加以估计，构建期望损益表（或称为损益矩阵），加以分析比较的方法。由于它符合人们的思维规律，比较直观，容易为企业经营者所接受，所以应用广泛。

运用期望损益表法的步骤是：确定决策目标；根据经营环境对企业的影响，预测可有几种发展趋势及其自然状态，并估计发生的概率；根据经验，分析本企业内部可提供的资源，拟定可行方案；分析不同方案的损益值；计算各可行方案的期望值；决策选择出最佳方案。

**【例 6-8】** 例如某公司开发新的住宅小区，有三幅规划土地可供选择。A 块为解困房为主，B 块为中等标准的商品房为主，C 块为别墅商品房为主。根据上年市场统计，三种商品房的销售概率分 0.43、0.47 和 0.1。不同的方案经施工队成本测算在不同自然状态下的概率、损益值以及各比较方案的期望值见表 6-10。

**表 6-10　方案期望值计算表**　　单位：百万元

| 行动方案 | 住宅小区类型 | | | 期望值 $E$ |
|---|---|---|---|---|
| | 解困型 | 中等型 | 别墅型 | |
| | $p_1=0.43$ | $p_2=0.47$ | $p_3=0.1$ | |
| | 效益值 | | | |
| A | 500 | 400 | 100 | 413 |
| B | 300 | 500 | 200 | 384 |
| C | 300 | 300 | 400 | 310 |

根据期望值就可以进行决策了。

假定三个方案的期望值相等，则可推导出在这种情况下的折转概率的联立方程组：

$$500p_1+400p_2+100(1-p_1-p_2)=300p_1+500p_2+200(1-p_1-p_2)$$

$$300p_1+500p_2+200(1-p_1-p_2)=300p_1+300p_2+400(1-p_1-p_2)$$

即

$$p_1=0.34,p_2=0.33,p_3=0.33$$

这就说明，在保证利润的条件下，折转概率与所掌握的统计概率有差距，要求提高高级商品房的销售的可能性。因此公司领导决定不对上述三幅土地的任何一幅投资，这也是为了保护企业利益的一种决策。如果投资，则应在方案的基础上，再考虑降低成本，调整生产组织，才能优化企业利益。测算也显示，高级住宅虽然利润丰厚，但企业仍不能轻易涉足，因为市场销售前景黯淡。

**【例 6-9】** 某建筑商品预制构件厂要确定下一计划期内产品的生产批量，根据以前经验并通过市场调查和预测，已知预制构件产品销路好、一般、差三种情况的可能性（即概率）分别为0.3、0.5 和 0.2，产品采用大批量、中批量和小批量生产三个方案，可能获得的效益价值也可以通过分析相应地计算出来，分析结果见表 6-11。要求用期望损益表法进行决策。

**表 6-11　产品批量决策表**　　单位：万元

| 行动方案 | 产　品　销　路 | | | 损益值的期望值 $E(A_i)$ |
|---|---|---|---|---|
| | $\theta_1$（销路好） | $\theta_2$（销路一般） | $\theta_3$（销路差） | |
| | $p(\theta_1)=0.3$ | $p(\theta_2)=0.5$ | $p(\theta_3)=0.2$ | |
| | 效益值 | | | |
| $A_1$（大批量生产） | 20 | 12 | 8 | 13.6 |
| $A_2$（中批量生产） | 16 | 16 | 10 | 14.8 |
| $A_3$（小批量生产） | 12 | 12 | 12 | 12.0 |

**【解】** 第一步:计算各方案在各种自然状态下的损益期望值 $E(A_i)$

$$E(A_1)=20\times0.3+12\times0.5+8\times0.2=13.6 \quad (万元)$$

$$E(A_2)=16\times0.3+16\times0.5+10\times0.2=14.8 \quad (万元)$$

$$E(A_3)=12\times0.3+12\times0.5+12\times0.2=12.0 \quad (万元)$$

第二步:比较各方案的损益期望值 $E(A_i)$。

因本算例为效益期望值,故取

$$E(A_2)=\max\{E(A_i)\}=14.8 \quad (万元)$$

则采用行动方案 $A_2$,也就是采取中批量生产,可能获得的效益最大。

此外,如果 $A_1$、$A_2$、$A_3$ 代表三个不同的投资方案,而表 6-10 中所给出的损益指标 $\alpha=F(A_i,\theta_i)$代表风险指标值,这时有

$$E(A_3)=\min\{E(A_i)\}=12.0$$

决策者就应采取行动方案 $A_3$,可能承担的风险投资最小。

(三)决策树法

期望值决策方法,除用期望损益表法决策分析外,也可以用决策树进行分析。俗话说"三思而后行","走一步看几步",意思是要人们在做决策和采取行动之前要慎重考虑和权衡各种可能发生的情况,要看到未来发展的几个步骤。决策树方法就是这一思想的具体化。这种决策方法的思路如树枝形状,所以,起了个形象化的名字称决策树。它不仅可以解决单级决策问题,而且可以解决决策损益表不易表达的多级决策问题。

决策树分析法常用于不确定情况下的决策。以选择工程承包对象为例,其不确定性较大,各个招标工程条件不同,竞争的对手不一,预期的利益也不同。另一方面,工程分包、现场管理、工人工资、机具设备、各种间接费用等,都有很大的不确定性。有的项目利润很高,但不确定性大,有一定的风险。应用概率论的理论,把预期的利润乘以成功的概率,就得出期望值。在投标报价时预计项目的利润可达 90 万元,可该项目中标的成功概率为 0.7。这样预期该项目的利润虽为 90 万元,在与其他投标方案作比较时,它就应乘以 0.7,以 63 万元与其他方案比较。但这还不够完整,根据概率论原理,它必须与失标可能所带来的损失结合起来考虑,如其损失额为 10 万元,发生概率为 0.3,则期望效益应调整为:期望效益$=90\times0.7+(-10)\times0.3=60$ (万元)。

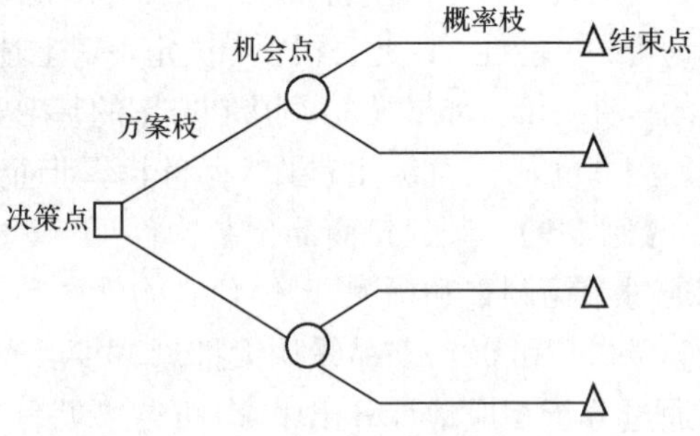

图 6-1　决策树示意图

这就比较完整。事实上,决策问题总是比较复杂的,需要做多方案的比较。同时,对策之间又是互相关联的,这就需要把各个对立的方案网络起来,形成树枝,一般的决策树如图 6-1 所示。

事件未肯定时,每个树枝都有概率。具体的计算从略。

1. 决策树的结构

决策树又称决策图,它是以方块和圆点作为结点,并由直线连接而形成一种树枝状结构。其结构如图 6-2 所示,该图是由前面损益决策表 6-11 的数据做出的。

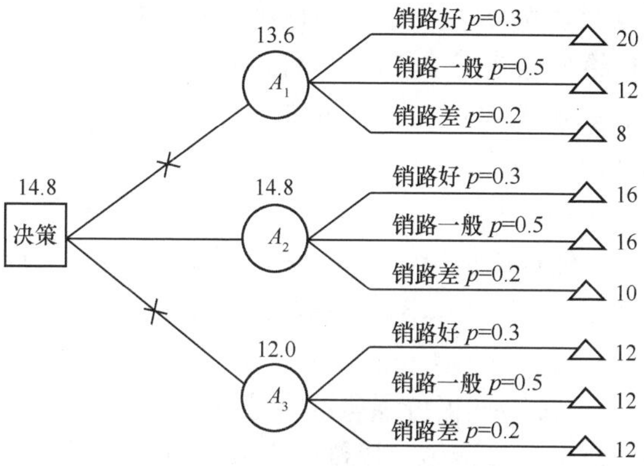


图 6-2　产品生产批量决策树(单位:万元)

图中符号说明:

□——表示决策点,从它引出的分枝称为方案分枝,分枝数反映可能的行动方案数;

○——表示方案节点,其上方的数字表示该方案的效益期望值,从它引出的分枝称为概率分枝,每条分枝上面标出了自然状态及其出现概率,分枝数反映可能的自然状态数;

△——表示结果节点(或称"末梢"),它旁边的数字是每一方案在相应状态下的效益值。

将各方案节点上的期望值加以比较,选取最大的效益期望值 14.8,写在决策点的上方,说明选定了方案 $A_2$,方案分枝中打"×"记号的表示该方案删除掉,或称剪枝方案。

为了掌握和运用决策树方法进行决策,需要掌握几个关键步骤:

第一步:画出决策树。

把某个决策问题未来发展情况的可能性和可能结果所做的预测或预计,用树状图形反映出来。画决策树的过程,实质是拟订各种决策方案的过程,是对未来可能发生的各种事件进行周密思考、预测和预计的过程,是对决策问题一步一步深入探索的过程。

第二步:预计可能发生的概率。

概率数值的确定,可凭有关事件人员的估算或根据过去的历史资料推算,或用特定的预测方法计算。概率的准确很重要,如果误差过大,就会给决策带来偏差,从而给企业带来损失,但是,为了求得一个比较准确的概率,可能会支出相当的人工和费用,所以对概率的要求应根据实际情况而定,不能离开现实条件而要求越精确越好。为了便于决策,把确定好的概率值标在树上的相应位置上。

第三步:计算益损期值。

在决策树中由末梢(即结果节点)开始由右向左的方向顺序来考虑,利用益损值和它们相应的概率计算出每个方案的益损期望值。

决策问题的目标是效益(如利润、投资回收额等)应取期望值的最大值,如果决策目标是费用的支出或损失,则应取期望值的最小值。

2. 多级决策

以上的例子只包括一级决策,称为单级决策问题,有些决策问题包括两级以上的决策,称为多级决策的问题。

**【例 6-10】** 某施工单位准备对一座建筑工程项目进行投标,这一施工单位对该工程的投标策略分为两种:一种是投高标,中标的可能性估计为 30%;另一种是投低标,中标的可能性估计为40%。投标准备费估算为2万元。如果该施工单位中标,它又可以有两种承包方案:一种是将一部分工程转包给其他施工单位,另一种是自己全承包。

根据资料分析,如果该施工单位在投高标的情况下中标,然后再部分转包,估计可按30%、50%的概率分别获得5 000万元、1 000万元的利润,20%的概率损失200万元。若自己全包,可按20%、60%的概率分别获得4 000万元、500万元的利润,20%的概率损失300万元。如果该施工单位是在投低标的情况下中标,然后再部分转包,估计可按30%、40%的概率分别获得4 000万元、950万元的利润,30%的概率损失300万元。若自己全包,可按20%、50%的概率分别获得3 900万元、490万元的利润,30%的概率损失350万元。

根据上述情况,该施工单位最佳报价承包策略是什么?

**【解】** 现在用决策树法来选择该施工单位应采取的最佳行动方案。

第一步:画出决策树(图6-3)。

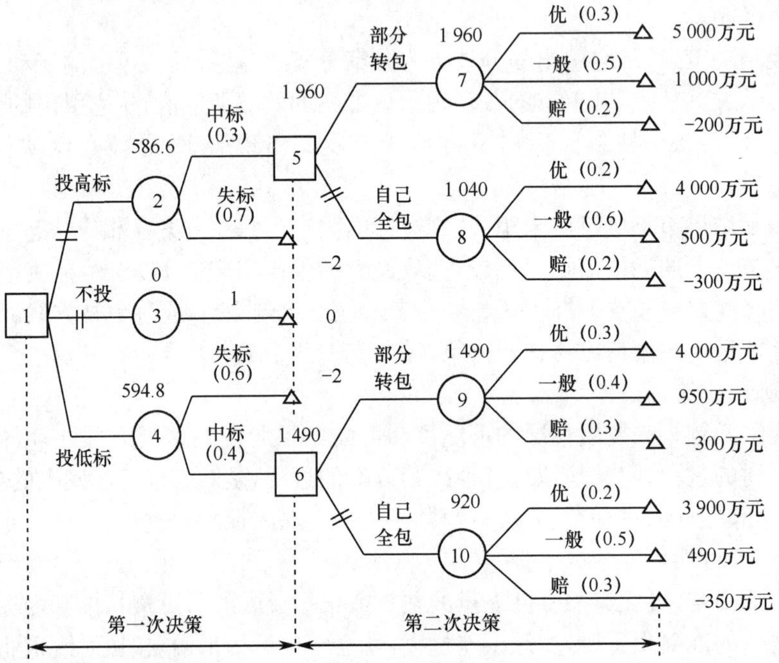


图6-3 投标报价承包决策树图

第二步:计算各点的损益期望值。

点⑦:0.3×5 000+0.5×1 000+0.2×(-200)=1 960(万元),并标于点⑦上。

点⑧:0.2×4 000+0.6×500+0.2×(-300)=1 040(万元),也标于点⑧。

因为,1 960>1 040,故此剪掉自己全包的方案枝,并将点⑦处的期望值1 960万元转移到点⑤处。

同理,将点⑨处的期望值转移到点⑥处。

点②:0.3×1 960+0.7×(-2)=586.6(万元)

点③:1×0=0

点④:0.4×1 490+0.6×(-2)=594.8(万元)

第三步:比较损益期望值,确定方案。

点④与点②、点③,点④的期望值最大,为594.8万元,故划掉投高标和不投标的方案,合理的决策应该是选择投低标且部分转包的行动方案,可望得到 594.8 万元的利润。

从上述的分析可以看到,决策树法比较直观简洁,可以使决策人周密地考虑各种有关因素,从而有顺序、有步骤地进行决策。因此,对于较复杂的决策问题,用决策树法比较有效,特别是多级决策问题尤为方便。

(四)效用曲线法

在以上讨论决策时,是以损益期望值为决策准则的,但这样做有时并不一定合理。例如有的行动方案虽然收益很多,但成功的把握很小;而有的行动方案虽然收益较少,但成功的把握性却很大。在这样的情况下,有的决策者宁愿采用收益较少的方案,而不愿采用收益较多的方案,因后一方案所冒风险太大。由此可见,决策者对待风险的态度,对决策方案的选择有较大影响。因此,在决策分析时,不应完全以损益期望值为决策的准则,还应把决策者对待损益风险的态度考虑进去。这就产生了另一种决策方法——效用曲线决策法。

所谓效用,可以理解为收益的把握性和风险的程度,它实际上是考虑了决策者对损益风险的态度。相当于损益值的一个系数。效用值越大,表示收益的把握性越大,而风险越小;反之,效用值越小,表示收益的把握性越小,而风险越大。一般情况下,用 1 表示最大效用值,也即最大损益值的等效系数为 1;用 0 表示最小效用值,也即最大损益值的等效系数为 0。同一个人对不同风险程度的相同损益值具有不同的效用值;不同的人对同等风险程度下的相同损益值也具有不同的效用值。若在直角坐标系中,考虑决策者对待风险的态度画出损益值与效用值对应关系曲线,就称为效用曲线,如图 6-4 所示。

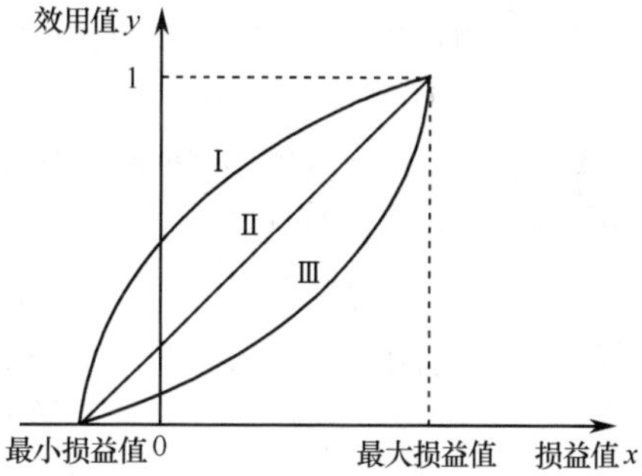


图 6-4　效用曲线类型

图 6-4 中的三条曲线是代表三种不同类型决策人的效用曲线。

曲线Ⅰ表明,当损益值增大时,效用曲线上升缓慢;而当损益值减少时,效用曲线下降很快。这说明决策者对损益值减小则十分敏感,效用迅速减退。这正好表达了保守型决策者不求大利,但求避开风险的态度特征。

曲线Ⅲ与曲线Ⅰ正好相反,是冒险型决策者的效用曲线。

直线Ⅱ表明效用值的增减与损益值的增减完全一致,成正比关系。它反映了决策者严格按照损益期望值的大小来进行决策,这是一种按常规办事的中间型决策者的效用曲线。

下面举例说明效用曲线的建立与应用。

**【例 6-11】** 某工程队有甲、乙两项工程任务可选择承接。工程甲需采用该队不熟悉的新施工技术,风险较大,但若能按时完工,可获得较高利润;工程乙的施工技术该工程队较熟悉,按时完工把握性较大,但利润较低。而且两项工程的损益值及各种情况的概率如图 6-5 所示。若用期望损益表法进行决策,易知应选择第一方案,即承接工程甲可望获得最大利润,其损益期望值为 53 万元。现要求用效用曲线法来进行决策。

**【解】** 第一步:绘制效用曲线。

一般以 $x$ 轴表示损益,$y$ 轴表示效用,以最大损益值 80 万元的效用值为 1,以最小损益值 −10 万元的效用值为 0,画一条斜直线,如图 6-6 所示。

第二步:考虑决策者对风险的态度,确定若干效用值所对应的损益值,找出效用曲线上的坐标点。

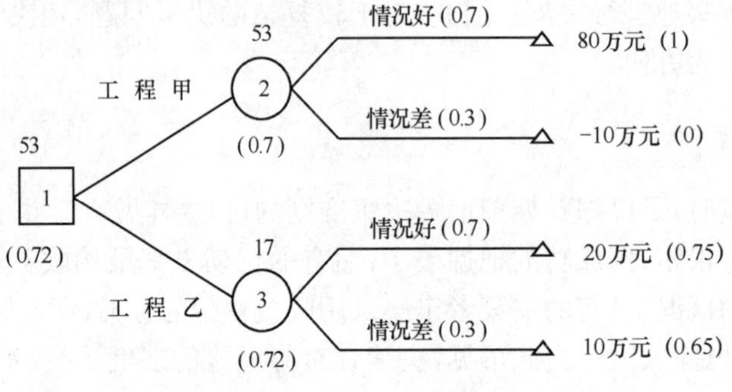


图 6-5　选择工程决策树

如该决策问题,第一方案有 70%的机会可得 80 万元,30%的机会损失 10 万元。若假设现另有第三方案,以 100%的机会可得 30 万元,试问决策者愿意接受哪个方案？现用提问法来试验决策者对不同方案的选择。

若决策者认为选第三个方案可稳拿 30 万元,比选第一方案稳妥。这说明该决策者认为 30 万元的效用值大于第一方案的效用值。

若把第三方案的 30 万元降为－1 万元时,决策者选第一方案,这说明－1 万元的效用值小于第一方案的效用值。

这样经过数次询问后,决策者认为当第三方案为 15 万元时,选取第一方案或第三方案均可,这说明对决策者来说,15 万元的效用与第一方案的效用值是相同的,则该效用值为

$$0.7\times1+0.3\times0=0.7$$

即损益值为 15 万元对应的效用值为 0.7,于是得到效用曲线上一点。上式中 1 和 0 分别为 80 万元和－10 万元的效用值。

然后以 0.3 的概率得 15 万元,以 0.7 的概率得 80 万元作为机会,重复上述询问过程。假定经过多次询问后,最后得出 45 万元的效用与这个机会的效用相等,则相当于 45 万元的效用值为

$$0.7\times1+0.3\times0.7=0.91$$

于是又得到曲线上一点。上式中 1 和 0.7 分别为 80 万元和 15 万元的效用值。采用同样的方法,可得到许多这样的点,把它们连接起来,就成为该决策者的效用曲线(图 6-6)。

从效用曲线上可以找出对应于各损益值的效用值,如 20 万元的效用值为 0.75,10 万元的效用值为 0.65,80 万元的效用值为 1,－10 万元的效用值为 0。将各个效用值标于图 6-5 中〔即()内数字〕。

现以两个方案的效用期望值为标准,来选择最优方案。

第一方案(承接工程甲)的效用期望值为

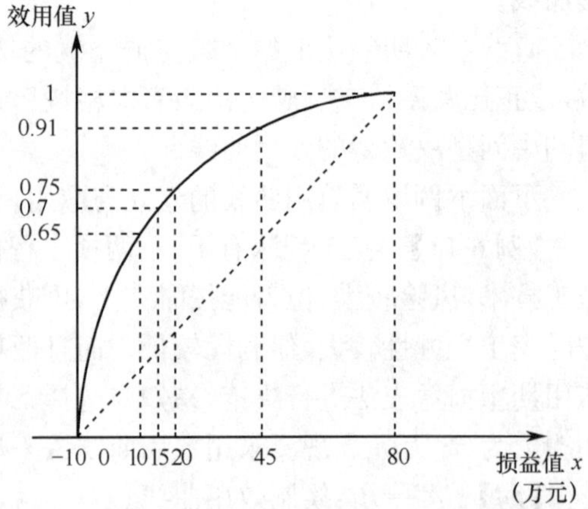


图 6-6　选择工程决策保守型效用曲线

$$0.7\times1+0.3\times0=0.7$$

第二方案(承接工程乙)的效用期望值为

$$0.7\times0.75+0.3\times0.65=0.72$$

也将效用期望值标于图 6-5 中即〔( )内数字〕。

由于第二方案的效用期望值大于第一方案的效用期望值,因此,决策者决定选择第二方案,即承接工程乙,这与按期望损益表法决策结果正好相反。它说明该决策者属保守型决策者类型。从曲线上可测出,效用值 0.7 相当于损益值 15 万元;效用值 0.72 相当于损益值 17 万元。

## 四、多目标决策

上面所讲的都是属于单目标决策,可是在实际的建筑企业管理工作中经常遇到多目标的决策问题,下面介绍解决多目标决策问题的两种比较著名的方法,即效益成本分析法和罗马尼亚的"选择法"。

### (一)效益成本分析法

它是用来处理离散型变量(表现为只有有限数目的方案)的情况。效益成本分析法大致可以分为两个步骤:

第一步:先淘汰一切劣解和达不到起码满意水平的方案,减少供最后选择的方案数目;

第二步:综合判断,做出抉择。

在单目标决策中,对任意两个方案总可以肯定地比较出谁优谁劣。在多目标决策中,如果分别从每个目标去看,同样也可以肯定地比较出谁优谁劣。根据各个目标的分别比较结果,各个方案之间的优劣关系可以分为四类:

第一类,方案甲在所有目标方面都等于方案乙;

第二类,方案甲在所有目标方面都劣于方案乙;

第三类,方案甲在所有目标方面都不优于方案乙,且至少有一个目标劣于方案乙;

第四类,方案甲在某些目标方面优于方案乙,但在另一些目标方面却劣于方案乙。

第二类和第三类的方案甲就称为劣解,它没有任何优于其他方案的地方,所以应当淘汰掉,第一类中两方案绝对相等,这种情况很少发生,如果发生了,那么随意淘汰掉其中哪一个都可以,余下的就只有第四类了,现以两个目标为例,如图 6-7 所示。

图 6-7 中,②、⑤属于第三类,⑥、⑦、⑧、⑨属于第二类,都是劣解,应淘汰掉。余下①、③、④三个方案属于第四类,互有优劣。例如在目标 $A$ 方面,方案④优于方案③,方案③又优于方案①。但在目标 $B$ 方面则正好相反,方案①优于方案③,方案③又优于方案④。因此应保留下来供进一步选择。但此时方案数目已从 9 个减少至 3 个,下一步选择就方便了。

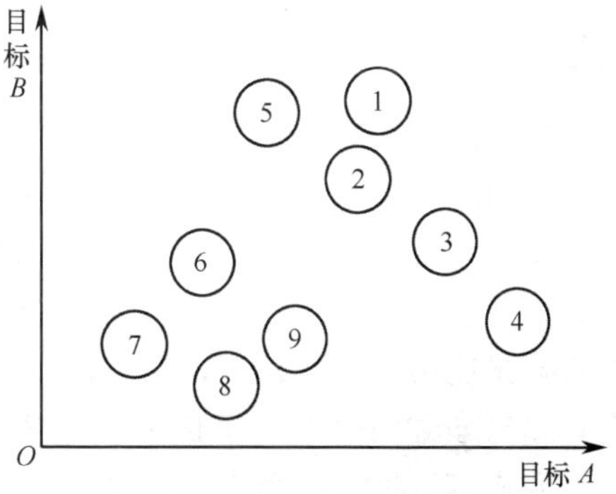

图 6-7　多目标方案比较示意图

去掉劣解之后,还得淘汰掉那些不到起码满意水平的方案,然后才能进入下一步,供综合判断,以做最后选择。

第二步综合判断的特点,就是综合地权衡各方面的利弊得失,按决策理论的术语来说,就是在得与失之间求得最佳的平衡。为了说明这一步如何进行,举一个效益成本分析的简单例子。

**【例 6-12】** 某个建筑企业准备新建一间轧制波型屋面瓦的厂房,以发展多种经营,为此提出了不少方案,经上述第一步淘汰劣解之后,还余下六个方案。再把造价超过 100 万元和投产后每年产值不足 100 万元的三个方案淘汰掉后,还余下如下三个方案供选择,主要技术经济指标见表 6-12。

**表 6-12 厂房建设方案比较表**

| 目　　标 | 单　位 | 第一方案 | 第二方案 | 第三方案 |
|---|---|---|---|---|
| 1. 造价 | 万元 | 100 | 86 | 75 |
| 2. 建筑年限 | 年 | 5 | 4 | 3 |
| 3. 需要投入周转的流动资金 | 万元 | 45.8 | 33.3 | 38.5 |
| 4. 建成后发挥效益时间 | 年 | 10 | 10 | 10 |
| 5. 每年产值 | 万元 | 260 | 196 | 220 |
| 6. 产值利润率 | % | 12 | 15 | 12.5 |
| 7. 环境污染 | | 稍重 | 最轻 | 轻 |

**【分析】** 表 6-12 说明,这三个方案各有优缺点。第一方案投资大,年限长,对环境污染的防护效果最差,但投产后产值大,虽然利润率不高,但每年利润总额仍最高(31.2 万元)。第三方案投资少,见效快,产值中等,但每年利润总额最少(27.5 万元)。第二方案的特点是产值利润率最高,对环境污染的防护效果最好,其他指标就不理想,而且年产值最低。可见没有一个是全部目标均优的方案,为了便于进一步综合判断,应把目标适当集中一些,因为在管理决策中最关心的是成本和收益这两大类,因此应首先集中注意这两大类指标。因为建成后发挥效益的时间是 10 年,为此首先要计算这三个方案的 10 年总利润和全部投资额。全部投资额应包括建房的投资(包括设备投资)和建成后的流动资金投资。例如第一方案即为 145.8 万元(100 万元+45.8 万元),而 10 年的总利润等于:260×12%×10=312(万元)。其余各方案也按此计算,然后再将利润同投资相比较,结果见表 6-13。

**表 6-13 厂房建设方案比较指标**

| 目　　标 | 单　位 | 第一方案 | 第二方案 | 第三方案 |
|---|---|---|---|---|
| 1. 10 年总利润额 | 万元 | 312 | 294 | 275 |
| 2. 全部投资额 | 万元 | 145.8 | 119.3 | 113.5 |
| 3. 利润高于投资的余额 | 万元 | 166.2 | 174.7 | 161.5 |
| 4. 投资利润率 | % | 2.14 | 2.46 | 2.42 |

从上面的投资与利润的比较可以看出,第一方案是不好的,虽然它的总利润额比其他两个方案稍高(分别高 6.1% 和 13.5%),但投资额却比其他两方案高得多(分别高 22.2% 和 28.5%)。结果平均每一元投资所获得的利润额就低于其余两个方案,何况第一方案在环境保护方面效果最差,因此可以放弃此方案。第二方案同第三个方案的情况差别不很大,第二方案的投资虽比第三方案稍多,但利润也多些,因此,平均每元投资所获得的利润略高于第三方案,在环境污染方面也是最轻的,因此选第二方案较为合理。

我们可以把这三个方案看成是投资由少逐渐加多的过程。我们还可以把不投资看成是一个方案,不妨把它列为第四方案。如果第四方案向投资最少的第三方案过渡,即从不投资到投资 113.5 万元,此时每增加投资一元所获得的利润为 2.42 元,此即第三方案的增量利润率;再从第三方案过渡到第二方案;投资增加 5.8 万元(=119.3 万元−113.5 万元),利润总额则增加了 19 万元(＝294 万元－275 万元)，因而第二方案的增量利润率为 328%(＝19÷5.8)，比第三方案高，所以第二方案优于第三方案；再从第二方案向第一方案过渡，投资增加了 26.5 万元，利润仅增加 18 万元，增量利润率仅 68%，比第二、第三两方案都低很多，所以不值得由第二方案向第一方案过渡，即不选第一方案，而选第二方案。

上述分析已把 7 个目标中的 6 个目标考虑进去了。但还没有考虑建成年限这个因素，资金是要付利息的，所以必须考虑时间因素。那么如何把时间因素考虑进去呢？美、日、欧各国是采用计算折现值的办法，即将投资额和利润都按其发生的年份通过复利换算而折为现在的价值，设年利率为 $r$，则几年后发生的价值 $A$ 折算为现值 $P_v$ 时应等于：

$$P_v=\frac{A}{(1+r)^n} \tag{6-6}$$

在上例中假定利率为 6%，所有建厂的造价投资都是第一年初支出，流动资金投资都是建成后第一年初支出，那么按投资和利润折算为现值后比较见表 6-14。

这样比较的结果，第三方案由于可以早日投产从而早得收益，折算为现值后，平均每元投资所获得利润反而略高于第二方案，如果污染问题不是要求特别严格(因为第三方案的环境污染程度属“轻”的范围)，则以第三方案为宜。

**表 6-14　折现后厂房建设方案比较指标**

| 目　　标 | 单　位 | 第一方案 | 第二方案 | 第三方案 |
|---|---|---|---|---|
| 1. 总利润额 | 万元 | 171.60 | 171.40 | 169.94 |
| 2. 全部投资额 | 万元 | 134.22 | 113.38 | 107.33 |
| 3. 投资利润率 | % | 128 | 153 | 158 |

## (二)罗马尼亚的“选择法”

上述建立在综合分析基础上进行判断的效益成本分析法，要求决策者对决策问题的性质和特点十分清楚，然后才可以做出中肯的分析和判断。决策的问题不同，分析的内容和方法也就有所不同，没有固定的格式。所以它主要属于非规范化的决策(其中有小部分可能规范化)，因此不便用电子计算机来帮助决策。如果比较方案太多，则分析的工作量势必很大，给决策增加不少困难，为了充分利用现代化计算手段帮助决策者做出决策，使多目标决策中选择方案的方法尽量规范化是必要的。罗马尼亚采用的“选择法”就是一种比较简单的规范化办法，它已编成计算机程序供应用。这个办法大体上分三个步骤。

第一步：标准化，即先把表明各个目标的具体数值化为以 100 分为满分的分数。

为了方便起见，这里仍沿用效益成本分析中的那个例子，该例中那七个目标计算单位就有“万元”“年”“%”三种，而且污染程度则专门用文字来表示特征，都得把所有这些计量单位的数值化成分数，并要求在这几个方案的比较中，分别从各个目标来看，最好的方案为 100 分，最不好的方案应为 1 分，居中的方案可按此比例推算，公式如下：

$$X=\frac{99(C-B)}{A-B}+1 \tag{6-7}$$

式中，$A$ 为最好方案的变量值；$B$ 为最坏方案的变量值；$C$ 为居中方案的变量值；$X$ 为居中方案的分数。

**【例 6-13】**　每年产值最高的是第一方案 260 万元，其分数应为 100，最低的是第二方案的 196 万元，其分数应为 1，居中的第三方案(每年产值 220 万元)的分数应为

$$X=99(220-196)\div(260-196)+1=38.13$$

其他指标也像此办法标准化为分数，非数量化指标也要设法评出分数来，本例标准化结果见表 6-15。

**表 6-15　标准化后厂房建设方案比较表**

| 目　　标 | 第一方案 | 第二方案 | 第三方案 |
|---|---|---|---|
| 1. 造价 | 1 | 56.4 | 100 |
| 2. 建筑年限 | 1 | 50.5 | 100 |
| 3. 需要投入周转的流动资金 | 1 | 100 | 58.8 |
| 4. 每年产值 | 100 | 1 | 38.1 |
| 5. 产值利润率 | 1 | 100 | 17.5 |
| 6. 环境污染 | 1 | 100 | 70.0 |

因为各方案“建成后发挥效益时间”均相同，可以不必比较，因此未列入表中，故表中缺第 4 项。

第二步：标准化之后，下一步就是淘汰劣解。

因为这个例子是已经淘汰掉劣解后余下的三个方案，所以不需要再淘汰劣解了。

第三步：是综合数量评价以确定中选方案。

为了有个明确价值标准，应该先给各个目标以适当的权数。确定权数时，首先要考虑各个目标在本决策中的重要性，重要性大的，权数也应大一些；其次也要考虑每个目标的数值在各个方案之间的差异程度，差异大，权数也要大一些，假定我们给予上述 6 个目标的权数如下：

| | |
|---|---|
| 1. 造价(投资) | 40 |
| 2. 建成年限 | 40 |
| 3. 建成后需投入的流动资金 | 40 |
| 4. 建成后发挥效益的时间 | 0 |
| 5. 每年产值 | 80 |
| 6. 产值利润率 | 30 |
| 7. 环境污染 | 20 |

权数总数为 250，有了权数以后就可以对各方案的优劣进行综合评价。综合评价有两种方法。第一种是加权综合法。即将各自标的权数乘以各目标的分数然后相加或总和，例如，第二方案的分数加权和为

$$40\times56.4=2\ 256$$
$$40\times50.5=2\ 020$$
$$40\times100=4\ 000$$
$$80\times1=80$$
$$30\times100=3\ 000$$
$$20\times100=2\ 000$$

合计为 13 356

同理可求得第一方案和第三方案的分数加权和分别为 8 170 和 15 325。因为第三方案之加权和最大，故选择第三方案。这里可以看出权数对选择是有不小影响的，上例中对建成年限这一目标(即时间因素)十分重视，如果不考虑这一目标，即把这一目标的权数降为 0，则上述三个方案的分数加权和就变成：

第一方案：8 130；　第二方案：11 336；　第三方案：11 325

此时我们宁可选择第二方案，这同上面直接采用效益成本分析法所选的结果相同。

罗马尼亚“选择法”中的第二种综合评价法是引入优系数和劣系数概念。先对各个方案两两对比，然后逐步淘汰。

所谓优系数是指方案甲优于方案乙的那些目标权数对全部权数总和之比。例如，本例中第三方案优于第一方案的目标有5个，其权数合计为170，对权数总和250之比为0.68，这就是第三方案对第一方案相比的优系数。可见优系数只反映优的目标有多少以及这些目标的重要性，而不反映每个目标优的程度。

劣系数则相反，它反映劣的程度，而不反映劣的目标有多少。为了计算劣系数，就得先计算相比的两个方案之间，方案甲（比较方案）劣于方案乙（被比方案）的那些目标中的差数极值（简称劣极差）和方案甲优于方案乙的那些目标中的差数极值（简称优极差）。劣系数就等于这两个极差之和除劣极差后所得的商数。仍以第三方案对第一方案相比为例，第三方案只有产值劣于第一方案，两者之差为61.9（＝100－38.1），此即劣极差，第三方案优于第一方案的目标有5个，其中差数最大的造价和建成年限这两个目标，差数为99（＝100－1），此即优极差。故第三方案之劣系数应为

$$61.9\div(61.9+99)\approx0.38$$

按同样办法可算出把不同方案之间两两相比的优系数和劣系数，见表6-16。

**表6-16　不同建厂方案相比的优系数和劣系数**

| 比较方案 | 优系数 | 劣系数 |
|---|---|---|
| 方案三对方案一 | 0.68 | 0.38 |
| 方案二对方案一 | 0.68 | 0.50 |
| 方案三对方案二 | 0.64 | 0.63 |

有了优系数和劣系数之后，为了进行选择，还必须确定出优系数和劣系数的淘汰标准，优系数的最好标准为1（此时劣系数为0），这个最好标准实际上达不到，因为如果存在这个标准，则被比方案必为劣解，在上一步就应该淘汰掉了。所以应放宽一些标准，即适当降低优系数，升高劣系数。例如，要求优系数为0.9，劣系数为0.1，看看有无达到这个标准。如有则可淘汰掉被比的方案，如没有则再降低标准（本例没有）。这样不断地降低标准，总可以逐步淘汰掉较劣的方案，留下最优的一个或极少数几个方案供决策者最后判断选择。本例中如把优系数标准降到0.68，劣系数标准上升到0.38，就可以淘汰掉第一方案。余下第二、第三两个方案较难选择，虽然第三方案对第二方案之优系数为0.64，但劣系数却高达0.63，所以这两方案相比，第三方案之优越性有限。在这种情况下，或是再提高劣系数标准，较勉强地淘汰掉第二方案而只选中第三方案，或是把第二、第三方案都留下，由决策者斟酌其情况最后选择。

这种罗马尼亚“选择法”，除了权数对最后选择影响较大以外，也与第一步标准化的方法有关，上例中使第二、第三两方案对比发生困难的原因是劣系数太高，而这就同标准化的方法有关，因为标准化方法规定，不论各目标原本的具体数值相差多大，化为分数后一律必须最大值为100和最小值为1，本来第二方案与第三方案的产值利润相差不很大（12.5%对15%），可是化为分数后却相差很大（17.5对100），从而造成劣系数高达0.63的局面，可见这种标准化方法，主要适合于供选择方案较多的情况。如果备择方案很少，那就不好采用这种标准化方法，实际上，备择方案较少时，完全可以用人工判断，也不必求助于计算机，自然不必用此标准方法了。

## 复习思考题

6-1 什么是决策？建筑企业经营决策的基本内容包括哪些？

6-2 应从哪些方面考虑建筑企业经营决策的合理性问题？

6-3 建筑企业经营决策是如何分类的？

6-4 建筑企业经营决策的一般程序和步骤有哪些？

6-5 何谓确定性决策？该决策问题应具备哪些条件？

6-6 何谓不确定性决策？该决策问题应具备哪些条件？

6-7 何谓风险型决策？该决策问题应具备哪些条件？

6-8 已知某建筑企业要投产新产品，投资方案有三个：$A_1$、$A_2$、$A_3$，不同经济形势下的利润见表 6-17。试分别用期望损益表法和决策树法决定所采用的方案。

**表 6-17 某建筑企业的新产品决策表(利润)** 单位：万元

| 投资方案 | 自然状态及概率 | | |
|---|---|---|---|
| | 经济形势好 | 经济形势一般 | 经济形势差 |
| | 0.5 | 0.3 | 0.2 |
| 小投资方案 $A_1$ | 10 | 0 | −1 |
| 中投资方案 $A_2$ | 25 | 10 | 5 |
| 大投资方案 $A_3$ | 50 | 0 | −40 |

6-9 某建筑公司拟建一预制构件厂，一个方案是建大厂，需投资 300 万元，建成后如销路好每年可获利 100 万元，如销路差，每年要亏损 20 万元；另一个方案是建小厂，需投资 170 万元，建成后如销路好每年可获利 40 万元，如销路差每年可获利 30 万元。两方案的使用期均为 10 年，销路好的概率是 0.7，销路差的概率是 0.3，试用决策树法选择方案。

6-10 在题 6-9 中，如果我们再考虑一个方案，即先建设小厂，若销路好，则在 3 年以后再扩建，扩建投资 130 万元，可使用 7 年，每年盈利 85 万元；其余条件仍按题 6-9 的方案计。试用决策树法进行决策。

6-11 已知某建筑企业要投产某种新产品，中批量、大批量和小批量生产方案分别为 $A_1$、$A_2$、$A_3$，可能遇到的自然状态为 $S_1$、$S_2$、$S_3$，分别代表产品需求量高、中、少三种不同自然状态。各种方案在自然状态下的益损值见表 6-18，而每种情况出现的概率并不知道，试分别用乐观法、悲观法、乐观系数法和等可能性法以及后悔值法进行决策。

**表 6-18 某建筑企业的产品生产及益损值表** 单位：万元

| 决策方案 | 不同经济形势 | | |
|---|---|---|---|
| | 需求量高 | 需求量中 | 需求量少 |
| | $S_1$ | $S_2$ | $S_3$ |
| 中批量方案 $A_1$ | 46 | 60 | 30 |
| 大批量方案 $A_2$ | 70 | −10 | −16 |
| 小批量方案 $A_3$ | 35 | 27 | 34 |

# 第七章　建设产品价值管理

**本章提要**：本章主要介绍建设产品价值管理的基本概念、基本方法与主要内容。

1. 价值工程的基本概念。包括价值工程的产生和发展、价值工程的定义及其特点、价值的概念、成本的概念、功能的概念、价值工程的特点、提高产品价值的途径等。

2. 价值工程的实施步骤。包括分析对象的选择、情报搜集、功能分析、功能评价、方案改进和创新等。

3. 建筑工程价值分析特点。包括设计和施工的一次性、寿命周期长和经营使用费用比重大、影响建筑物总费用的部门和因素多等。

4. 价值工程在新建铁路工程和住宅建筑工程中的应用案例。

人们从事任何经济活动或其他活动，客观上都存在着两个基本问题：一是活动的目的和效果，二是从事活动所付出的代价。通常人们在活动之前和活动之中都应该考虑这两个问题，但由于种种原因，往往偏重一面，忽视另一面，尤其是忽视付出代价的现象常常发生。当然，有时目的和效果实在太重要了，以至于可以不惜一切代价去达到它。然而，这毕竟是极少数的情形。我们日常遇到的大量活动则应当二者兼顾。对于建筑产品，用户在技术性能、外观、价格、质量等方面会提出各种各样的要求。于是，技术人员总是努力做到技术方案通过技术经济评价后付诸实施，但技术经济工作并没有结束，因在方案实施过程中，还应不断改进和完善，使方案产生更好的经济效果。在这方面，价值工程和由它发展而来的建筑产品价值管理是一种有效的技术经济手段，建筑产品价值管理贯穿于建筑产品生产的全过程。

## 第一节　价值工程的基本概念

### 一、价值工程的产生和发展

价值工程（Value Engineering，VE）起源于 20 世纪 40 年代，也就是第二次世界大战期间因为材料短缺而对产品进行变革的研究。创始人是美国通用电气公司的工程师 L·D 麦尔斯（Lawrence D. Miles）。当时美国政府为了刺激军工生产，对企业给予了成本补贴，因而使企业产生对成本不太重视的倾向。战后军工生产转为民用，政府取消了对企业的成本补贴，且当时物资供应较紧缺，价格上涨。企业为了竞争生存，就在物资采购和材料代用等方面找出路，以便使产品成本降低，性能提高，以增强市场的竞争能力。

麦尔斯在工作中发现人们使用某种材料的目的，并不在于此种材料本身，而在于它所具有的功能，因此，可用具有相同功能而价格低廉的代用品取代原有价格昂贵的材料。从这一指导思想出发，麦尔斯提出一套正规的方法，在该方法中，工作人员按小组审查公司制造产品的功能（功能分析），通过小组人员的创造性和创造技法来改革产品，降低了产品成本而不影响其效用。

当时,美国通用电气公司的设计师麦尔斯在难以采购到石棉板的情况下,买了一种不燃烧的纸来代替石棉板,这种纸货源充足,价格也很便宜,大大有利于企业降低成本,但因违反消防法而遭到反对,因为当时美国消防法明文规定:"在上产品涂料时要在地板上垫上一层不燃烧的石棉板"。几经交涉,并通过试验,证实不燃烧的纸确有石棉板隔脏和防火的功能。最后,终于修改了消防法,允许用这种不燃烧的纸来代替石棉板铺在涂料间的地板上。麦尔斯以该公司当时的产品冰箱和烤箱为研究对象,从设计上分析其功能,研究用最少的资源而能充分地实现其功能的方法。

尽管所用的大部分技术不是新的,但功能分析方法的基本原理是独特的。1961 年,L·D 麦尔斯在他的《价值分析和价值工程技术》一书中,把价值分析定义为"一种有组织的创造性方法,该方法的目的是有效地识别出不必要的成本,即无助于质量、用途、寿命、外观或用户特殊要求等的成本"。

可见,麦尔斯的 VE 技术是从分析产品功能入手,对产品作改进设计,重新审查设计图样,在现有设计最低成本的基础上消除产品材质选择、技术要求、结构、功能等不合理因素,进一步降低成本。根据过去推行 VE 的效果,成本降低率可达到 25%～40%。

麦尔斯对产品设计规格提出了改进方案,在不降低产品功能的情况下,创立了功能分析、功能定义和功能评价的方法,使功能成为可以衡量的东西。从而逐渐总结出一套系统的方法。1947 年,他在《美国机械工程师》上发表了以价值分析为题的论文。受到美国政府和企业的高度重视。此后,这种方法得到迅速推广。这套方法就是价值分析(Value Analysis,VA)。

美国通用电气公司用"价值工程"这一新技术,仅在头 17 年内就节约了 2 亿美元。而用在研究和应用"价值工程"上的钱只有 80 万美元。1952 年,美国国防部舰船局对通用电气公司进行调查,认可了价值分析的成果,并于 1954 年决定加以采用,同时规定舰船的承包商可在用价值工程方法改进设计所得到的节约额中提取 20%～30%作为超额利润。因此,各造船厂纷纷采用价值工程,仅 1956 年就节约 3 500 万美元。1959 年美国价值工程师协会(SAVE)成立,1962 年美国国防部把价值工程作为一种强制性规定列入装备供应采购规则,加以迅速推广。次年,又发行了 VE 手册,对 VE 的方法、目标制定、对象选择、成本计算、报告制度等作了说明。在 1964～1972 年间,美国国防部由于采用价值工程而节约的金额就超过 10 亿美元。1977 年,美国参议院呼吁各部门推广价值工程;1978 年,美国休斯飞机公司有 4 000 人参加价值工程分析活动,提出改革方案 3 000 多件,年节约额超过 1 亿美元。1955 年日本引进价值工程,并于 1960 年在全国范围内广泛开展。日立电脑公司雇佣有价值工程师 250 多名,该公司推广应用价值工程 10 年,从中收益达 280 亿日元。所以,价值工程现在已被认为是一种比较成熟的提高功能、降低成本的有效方法。

20 世纪 70 年代末、80 年代初价值工程传入我国,并于 1982 年在建筑技术经济评价中开始应用。在此后的短短几年内,取得了显著成效。上海市在 59 个企业的 233 个项目上应用价值工程,收益达 1 260 万元,重庆、万州区等地市在 32 个企业推广运用价值工程,收益 546 万元。

价值工程发展很快,从应用领域来看,由硬件领域发展至非硬件领域,由产品开发设计发展到行政、培训、管理、系统和过程、冒险分析、预测、资源分配和销售等领域。当今 VE 或 VA 是一门提高产品或服务价值的广泛应用学科。

## 二、价值工程的定义及其特点

### (一)价值的概念

价值工程是一种通过各相关领域有组织的协作，对所研究对象的功能与费用进行系统分析，不断创新，力图以最低的寿命周期成本可靠地实现必要功能，旨在提高所研究对象价值的思想方法和管理技术。价值工程中所指的"价值"与政治经济学中所讲的价值工程不同，后者是指凝结在商品中的社会必需劳动。要掌握 VE 的本质，必须深刻理解定义中每句话的含义。

而在价值工程中"价值"是指产品的功能(或效用)与获得此种功效所支出的成本(或费用)之间的关系，"价值"被定义为：评价某一事物与实现它的耗费相比合理程度的尺度。这里的"事物"可以是产品，也可以是工艺、服务等。具体地讲，是指生产某种产品，从事某种生产劳务活动，购买某种物品等，耗费单位成本(或费用)所换来的功能。

对于产品而言，价值公式可表示为

$$\text{价值}(V)=\frac{\text{功能}(F)}{\text{成本}(C)} \tag{7-1}$$

价值的定义和经济效果定义是相吻合的。价值工程的目的是要提高价值，也就是要提高经济效果。

当两种商品功能大体相同时，人们趋向于购买支付费用较少的；或当两种商品的售价大体相同时，人们愿意购买性能比较好的、功能比较强的物品。总之，要求"物美价廉"，就是要追求高的价值。这就是用户的价值观。因此，对用户而言，价值是用产品的功能所花费用的比值表示的，即

$$\text{用户价值}(V_u)=\frac{\text{功能}(F)}{\text{用户支出}(C)} \tag{7-2}$$

生产者为生产具有一定功能的产品需要投入相应的人力、物力和财力资源，同时也要获得一定的经济效益，所以从企业角度分析则把生产该产品所消耗的费用即生产成本，与出售产品所得收入相比较，价值

$$\text{企业价值}(V_m)=\frac{\text{收入}(F)}{\text{成本}(C)} \tag{7-3}$$

若忽略产品在流通过程中所附加的费用，对同一产品，可以认为

$$\text{用户支出}=\text{生产者收入} \tag{7-4}$$

由式(7-2)～式(7-4)可知

$$V_m=\frac{\text{功能}(F)}{V_u\times\text{成本}(C)} \tag{7-5}$$

由式(7-5)可知，同一产品 $V_m$ 和 $V_u$ 成反比，但是按照价值工程的观点，生产者要提高产品的价值，决不能采取降低 $V_u$ (指损害用户利益)的办法，因为那样就要冒失去市场的风险。实际上，企业的价值观和用户的价值观应当是一致的。

一般提高生产者价值 $V_m$ 大体有三种途径：

1. 提高售价。但从用户角度看会使 $V_u$ 下降，所以一般不可取。

2. 扩大销售量。是可行的途径，但要受到竞争者的影响和市场需求的制约，同时，增加产量也要受到企业生产能力和资源供应等方面的制约。

3. 提高功能、降低成本，挖掘企业内涵。这是一条对企业和用户都有利的途径。所谓提

高功能就是通过改进设计来提高产品的功能水平、可靠性、维修性、安全性、可操作性以及在产品中增加用户希望的功能等,与此同时,采用新技术、新材料、新工艺、新方法等以降低寿命周期成本,这是提高价值的理想途径。提高功能,既可提高用户价值,又可在提高 $V_u$ 的同时,扩大产品的销售量,以使 $V_m$ 提高;降低成本,使企业直接受益,既节约社会资源,又增加了企业的利润,使企业有可能采取让利于民的措施,减价出售,也可提高 $V_m$ 。

4. 功能保持不变,降低成本。当产品已经定型、性能和质量都趋于稳定时,开展 VE,拢出过剩和不必要功能,采用代用材料、新方法、新工艺、提高管理来降低成本以提高价值。

5. 成本保持不变,提高功能。在改进设计时,在成本保持一定的情况下,提高其使用功能和美学功能是有竞争力的。

6. 少量提高成本,使功能大幅度提高。为了满足购买力较高的用户需要,可适当提高产品档次,产品力求多功能、新颖、时髦、特殊,如生产收、录、放多功能收录机等,虽然成本有所增加,但功能大增,同样可提高产品价值,并能以较高的价格出售。

7. 稍微降低功能,较大幅度降低成本。针对购买力较低的用户,为了满足他们的需要而减少或降低某些功能,使成本大幅度降低。

### (二)寿命周期成本的概念

寿命周期成本是从研制 VE 对象开始到它的形成直至退出使用所需的全部费用。对产品来说是指从产品构思、设计、制造、流通、使用直至报废为止整个时期的全部费用。它分两个部分:

$$寿命周期成本\ C=总成本费用\ C_1+使用成本\ C_2 \tag{7-6}$$

式中　总成本费用 $C_1$ ——产品出厂前一切费用的总和;

使用成本 $C_2$ ——产品出厂后各项使用费用的总和。

在不同的情况下,成本有着不同的含义。例如,顾客购买建筑商品房屋时,其成本就相当于商品房的价格;房地产建筑商建造商品房时,其成本就相当于建造该商品房的成本。但无论是顾客或房地产开发商,只要做一些深入的分析,就会发现成本应视为建筑产品——商品房的寿命期费用。

产品有自然寿命和经济寿命之分。自然寿命是指产品从开始研制、生产,投入使用直至损坏不能再使用为止;当产品使用到某一时点,虽未完全损坏,但从经济效益考虑,继续使用已经不合算而使其报废时,此时点就称为产品的经济寿命。产品在其经济寿命周期中的全部费用成为产品的寿命周期成本,也就是前面所说的总成本,它包括生产成本和使用成本。

对于顾客而言,商品房寿命期费用等于购置费、维修费和使用费等,即从商品房购置开始到它使用至全部报废为止所花费的总费用。对于房地产开发商而言,商品房的寿命期费用等于商品房的科研、设计、试验、宣传、施工建造、设备安装、维修费用等。只有生产出售价低、功能高、维修和使用费用少的产品,在房地产开发建筑市场才更有竞争力。降低产品的寿命期费用具有很大的经济意义,它不仅符合顾客与建筑商的利益,也是对社会人力、物力、资源的合理利用与节约。

寿命周期成本的高低与产品的功能水平具有内在的联系。在技术经济条件不变的情况下,随着产品功能水平的提高,总成本费用上升,使用成本下降,而寿命周期成本则呈马鞍形变化,如图 7-1 所示。寿命周期成本有一个最低点 $C_{min}$ ,产品功能则相应有一个是适宜水平功能 $F_0$ 。功能过高,虽然使用成本较低但总成本费用较大,则寿命周期成本仍偏高;反之,功能过低，虽然总成本费用较低，但使用费用较大，寿命周期成本也偏高。只有功能适宜才能使寿命周期成本最低。

VE 就是要使功能和寿命周期成本得到最佳匹配。

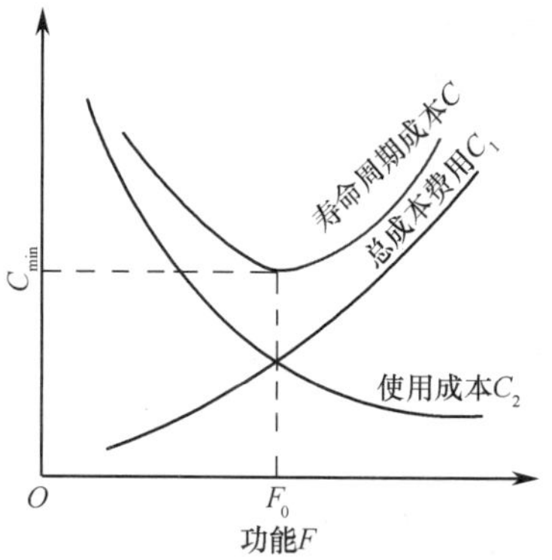


图 7-1 产品寿命周期成本与产品功能之间的关系

### (三)可靠地实现必要功能的概念

功能是 VE 对象能够满足某种需要的一种属性，就产品而言，是指其功用、效用、作用、用途等。产品功能可分以下几种：

1. 按功能性质特点区分，有使用功能和美学功能两种。使用功能是产品在应用中所提供的功能；美学(贵重)功能是为了满足用户对美学或贵重性质的要求而提供的功能。

2. 按功能重要程度区分，有基本功能和辅助功能。基本功能是产品的主要功能，它是产品得以存在并被生产的主要理由，也是用户(顾客)购买的主要原因，一个产品如果不能实现其基本功能，就失去了存在的价值。产品的基本功能往往不止一个，有时有两个以上。辅助功能一般是支持基本功能，是为了更好地实现基本功能而附加的功能。

3. 按功能适应用户需要区分，有必要功能和不必要功能。必要功能是指为满足使用者的需求应具备的功能。如果用户需求的项目欠缺或功能实现程度不足，则应补充功能项目和提高功能水平。不必要功能是相对必要功能而言。一般指用户不需求的(多余)功能项目，包括过剩的功能水平、过时功能和重复功能以及无助于基本功能更好地实现的辅助功能项目和水平，这些都应予剔除。

“可靠地实现”主要表现在性能、可靠性、保养性、安全性和操作性几方面。性能——功能的实现程度；可靠性——功能实现的持续性；保养性——功能发生故障时修复的难易程度；安全性——实现功能时的安全程度；操作性——实现功能时人们使用产品的难易程度。这些都是实现功能的必要条件，满足这些条件就是“可靠地实现”的含义。

从某种程度上讲，顾客所要购买的不是作为实物的建筑产品，而是购买这个建筑产品所具有的功能。

价值工程中的功能指的是价值工程分析对象能够满足某种需要的一种属性。它的含义是广泛的，不同的对象包含不同的内容。对建筑产品而言，它是用途或效用；对建筑企业来说，是它为社会提供的建筑产品和效益。

顾客对建筑产品的要求，不只是能够实现功能，还要求产品具有满足同功能有关的各种条件，这些条件主要有性能、可靠性、美观性、实用性、保养性、安全性等。

### (四)价值工程的特点

VE 作为一门软科学有自己的系统性、科学性，它是以最低的寿命期费用，可靠地实现必要的功能，着重于产品或劳务的功能研究的有组织的活动。这里的“产品”是指材料、制成品、机械及设备、工具、土木建筑等；“劳务”则是指工艺、工序、作业、组织机构等。实践证明，价值工程可成功地应用于这些领域以及其他更为广阔的领域。其主要特点是：

1. 独特的研究方法——功能分析

价值工程最本质的特征就是将以事物的结构、构造为中心的分析研究，转变为以功能分析研究为中心,这就是 VE 能成为一门科学管理技术的根本所在。

任何一种产品都有特定功能。如作为建筑构件的梁和柱,其功能是承受荷载;生活房屋建筑的功能是提供居住场所等生活条件。通过功能分析,可以找出用户所要求的必要功能和不必要的功能,从而寻求用最低的成本实现必要的功能的途径。功能分析的目的就在于确保必要的功能,消除不必要的功能。功能分析是将功能与成本相结合进行研究,先对功能进行定性分析,然后定量评价功能的价值,从而达到以最低的寿命周期成本,可靠地实现必要功能,有效地利用资源,提高价值目的。

2. 着眼于价值的提高

VE 的目标特征(目的)是提高对象的价值。一般来说,要提高产品的功能就要增加生产费用,但提高了功能会使日常使用费用降低,这样生产费用和使用费用之和必然存在一个最小值,价值工程的目的就在于寻求不同的方案,以使这项费用达到最低。

开展价值分析不应与现代的或传统的以降低成本为目的的成本分析混淆起来。成本分析着重分析生产过程的成本,很少考虑用户的费用,而价值工程的成本是指寿命周期成本;成本分析是在原产品结构、工艺、材料基本不变的前提下,分析如何改善经营管理来降低成本。而 VE 分析则从产品的功能入手,通过改进产品结构、工艺和材料,以满足用户必要功能的要求,并为大幅度降低成本创造条件;成本分析多是事后分析,而 VE 则贯穿在设计、制造和使用的全过程,起到事先控制成本的作用;成本分析从企业的角度进行财务管理,降低生产成本,而 VE 是从用户立场上使功能和成本得到最佳匹配以提高价值。

3. 侧重于设计和计划阶段开展工作

价值工程的对象是产品的设计和更新,工具、装备和工艺流程的设计和更新,工程的设计和施工的改造,以及改进工作方法和管理体系等。VE 活动贯穿于产品生产的各个环节,但要侧重于在设计和计划阶段开展工作。设计是产品生产的第一道工序,设计阶段开展 VE 活动,可以在产品投产之前,通过合理确定结构、工艺、材料、外协和生产组织形式等,把产品的功能与成本建立在最优选择的基础上,从而为提高产品质量和降低成本创造良好的前提条件。许多研究资料认为产品成本的 70%～80%是由研制阶段决定的。

4. 有组织的活动

通过各相关领域的协作,依靠集体智慧开展有组织的活动是 VE 的另一重要特征。VE 是技术和经济相结合的创新活动,需运用各相关学科的知识和方法,因此,必须把有关人员组织起来,集体攻关,才能找出解决问题的最佳方案。任何一种产品价值的提高需要各方面的人员的共同努力。如建筑工程要提高其功能,降低费用,就要依靠科研、勘测设计、施工安装、物资供应、管理等多方面的共同努力。

### (五)提高产品价值的途径

从价值的含义可知,要提高产品价值,就是要通过产品的改进设计,以便用更少的资源,更充分地实现用户的功能。具体措施有:(1)功能提高,且成本降低;(2)功能提高,但成本不变;(3)成本降低,但功能不变;(4)功能有很大提高,成本稍有增加;(5)成本有很大降低,功能稍有降低。

产品通过改进设计后,实现的功能必须要达到从前的标准,若产品经过修改后损害了用户所要求的功能,那么不管其成本降低多少,都不符合价值工程原理,不可取。反之,若片面地追求提高功能,使产品成本大幅度提高,用户买不起,不是产品滞销,就是赔钱销售,实际上也降低了产品价值，同样不可取。

### 三、VE 的工作程序

VE 的工作程序是一个合理的、有组织的过程，其内容见表 7-1。

**表 7-1　VE 工作程序**

| 阶段 | VE 工作程序 | VE 提问 | VE 活动 | 所使用的技术 |
| --- | --- | --- | --- | --- |
| 初始 | 确定对象 | 它是什么 | 定义对象、收集资料 | ABC 方法，用户评分法，费用比重法，因素分析法 |
| 信息 | 功能分析 | 它是干什么用的 | 功能定义、功能整理，约束分析，数据整理 | 双词功能描述，FAST 图 |
|  | 功能评价 | 它的成本是多少<br>它的价值是多少 | 价值计量<br>数据收集 | 价值计量技术 |
| 革新 | 方案创造 | 有无其他方法实现这个功能 | 思索/设想 | 智暴法、Gordon 法、德尔菲 Delphi 法、类比法、校对清单法、形态综合法、特性列举法 |
| 评估 | 方案评估 | 新方案的价值是多少 | 方案预筛选，优选方案，试验，分析，确定可行性 | Pareto 投票法、Q 分类法 |
| 实施 | 方案实施 | 新方案能满足功能要求吗 | 总结研究结果、汇编报告、提出建议书 | 数据缩减法、报告书写方法 |

## 第二节　价值工程的实施步骤

价值工程活动的过程，实质上是一个发现问题、分析问题和解决问题的过程，国外一般提出的构思过程有分析、综合、评价三个阶段，我国在推行价值工程过程中，总结了许多经验，国家于 1987 年 10 月发布了我国自己的价值工程工作程序，它包括四个阶段：一是准备阶段，有对象选择、组成工作小组、制订工作计划等工作；二是分析阶段，有搜集整理信息系统、功能系统分析、功能评价等工作；三是创新阶段，有方案创新、方案评价、提案编写等工作；四是实施阶段，有审批、实施与检查、成果鉴定等工作。其主要内容有：

(1)选择 VE 对象；

(2)搜集情报资料；

(3)功能、成本分析；

(4)制订改善方案；

(5)方案评价、验证、实施；

(6)VE 活动的成果评价。

其大致的工作程序如图 7-2 所示。

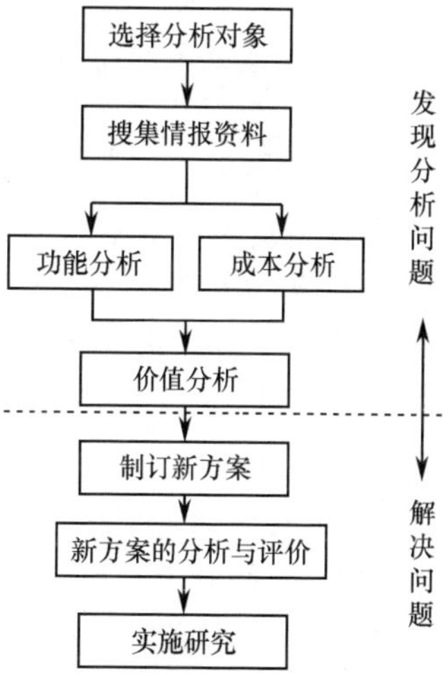


图 7-2　价值工程工作步骤图

## 一、分析对象的选择

一个企业产品多种多样,每个产品又由多种零部件组成,不可能对所有的产品进行分析。对一项建筑工程来说,也不是对每一分部分项工程都要进行 VE 分析活动,只能根据可能和需要有选择地实施。一般来说,应根据降低成本的目标、用户的要求、市场的动向、新技术发展趋势等,针对当前产品或工程在成本及功能两个方面有待解决的问题加以确定。

### (一)选择对象的原则

总的来讲,对象选择要遵循提高经济效益这一基本原则。对于建筑产品可以定性地考虑以下几个方面:

1. 投资额大的工程项目。对于这类工程项目,从可行性研究、编制设计文件、施工准备到组织施工,都可以开展价值工程活动。在保持预定功能的条件下,即使固定资产投资或施工成本减少 1%,资金节约也将是十分显著的。

2. 面广量大的建筑产品。例如住宅、单层工业厂房、中小学校、商店和医院等建筑物,每个项目投资不一定很大,但从全国或地区范围来说,建造面广而量大,价值工程在一个项目上取得的成果可以推广到其他项目上去。

3. 结构复杂、建筑自重大、稀缺材料用量多的项目。工程结构越复杂,简化的潜力越大,可能取消的辅助功能越多。建筑自重过大,则改进结构节约投资的潜力也大。若稀缺材料用量多,则应尽量减少使用,节约挖潜。

4. 能耗大、能量转换率低的工程项目。合理使用能源和节约能源是我国现代化建设中的一个突出问题,关键是能量转换率低。因此,把这类工程列为价值工程对象,有利于节约能源,促进能源科学技术水平的提高。

5. 污染严重的工程项目。经济合理地处理废水、废渣、噪声,甚至变废为宝是价值工程需要研究的重要对象。

6. 用户意见多的建筑产品。用户认为功能不足或售价过高的建筑应是价值工程对象。

### (二)价值工程选择分析对象的方法

选择分析对象常用以下几种方法:

1. 经验分析法(因素分析法)

它是根据分析对象考虑因素,凭价值分析人员的知识、经验来确定分析对象的一种方法。经过经验分析,对产品存在的问题和改进方面提出初步意见,然后集体讨论决定分析对象。分析时要注意区别轻重缓急和主次,既考虑需要也考虑可能,尽量做综合分析。此法的优点是简单易行,节省时间。但缺乏定量依据,不够精确可靠。它主要应用于选择对象条件相差悬殊,问题明确,时间紧迫及粗选阶段。

2. 不均匀分布定律法

它也称为巴雷特分析法、ABC 分析法或费用比重分析法。质量管理中称为排列图法。这是一种按照局部成本在整体成本中所占比重的大小来选择价值工程对象的方法。

在资本主义国家,国民财富的分配规律是占人员比例不大的少数人占据社会财富的大部分,而占人口比例很大的多数人则只占有社会财富的小部分。意大利经济学家巴雷特(Pareto)把这种现象概括为不均匀分布规律。后来,人们发现类似的规律存在于成本分析、库存管理等许多经济管理问题之中。

价值工程的ABC分析法就是将企业的产品、组成某一产品的零部件或单位工程中的分部分项工程，按成本比重排列，将少数数量不多而占总成本比重相当大的部分列为分析的主要对象。对于建筑产品来说，各个分部分项工程可分为三大类：

A类——数量只占总数的20%，而其成本或费用则占总成本的70%左右；

B类——数量占总数的40%，成本或费用占20%左右；

C类——数量占总数的40%，成本或费用占10%左右。

可见，A类分部分项工程应作为价值分析对象，B类分部分项工程只需做一般分析，C类分部分项工程除非有特殊需要，可暂不做分析。

例如，在住宅建筑总造价中，结构工程占有较大的比重，虽然不到70%，也是主要的分析对象；而在高级旅游建筑中，设备工程则有可能取代结构工程成为主要分析对象。

对A类分析对象的选择可根据以下因素确定：

(1)成本高，对总成本的影响较大；

(2)数量多，销售量大；

(3)体积大，材料用量多；

(4)质量差，售价高而又缺乏竞争力；

(5)结构复杂工序多，有可能简化；

(6)能耗大，对环境有不利影响。

**【例7-1】** 某8层住宅工程，结构为钢筋混凝土框架，材料、机械、人工费总计为216 357.83元，建筑面积为1 691.73 $m^2$，各部分所占费用见表7-2。

**表7-2　各分部费用表**

| 分部名称 | 代　号 | 费　用(元) | 占比(%) |
|---|---|---|---|
| 基　础 | A | 29 113.01 | 13.46 |
| 墙　体 | B | 41 909.53 | 19.37 |
| 框　架 | C | 75 149.86 | 34.73 |
| 楼地面 | D | 10 446.04 | 4.83 |
| 装　饰 | E | 20 571.49 | 9.51 |
| 门　窗 | F | 33 777.31 | 15.61 |
| 其　他 | G | 5 390.59 | 2.49 |
| 总　计 | | 216 357.83 | 100 |

由表7-2可知，应选框架、墙体及门窗工程作为分析对象。ABC分析法的特点是：能够比较直观地显示出产品成本这一因素中的主要问题；其不足之处是没有将费用和功能联系起来共同考虑，因而容易忽视功能重要但成本不高的对象。

**【例7-2】** 某设计院为提高设计效益，在保证质量要求下缩短建筑设计周期以提高竞争力。以某中型铁路旅客站房(建筑面积6 000 $m^2$)的建筑设计，作为VE对象进行分析。

根据不同设计阶段所用时间及其"影响质量数"(经验分析权值)，为提高设计质量，用ABC分析法找出A类(表7-3)。由表7-3可见，A类为方案设计它占影响质量数的68.18%，而只占时间单元的11.11%。因此，为提高质量应开展A类方案设计的价值工程活动。

**表 7-3　某铁路旅客站房 VE 对象分析表**

| 序　号 | 项目分类 | 内　　容 | 占用时间单元 | | 影响质量数 | |
|---|---|---|---|---|---|---|
| | | | 单元数 | 占总数(%) | 数　额 | 占总数额(%) |
| 1 | A | 方案设计 | 2 | 11.11 | 75 | 68.18 |
| 2 | B | 初步设计 | 3 | 16.67 | 15 | 13.64 |
| 3 | C | 施工设计 | 13 | 72.22 | 20 | 18.18 |
| 合　　计 | | | 18 | 100.00 | 110 | 100.00 |

若以压缩设计时间作为开展价值工程的目标,则 ABC 分析法的应用见表 7-4。由表 7-4 可见,A 类为施工设计,它占时间单元总数的 72.22%,而只占影响质量数的 18.18%,因此,若在保证质量前提下,为压缩设计时间选择开展价值工程对象,则应该以施工设计为对象。

**表 7-4　某铁路旅客站房 VE 对象分析表**

| 序　号 | 项目分类 | 内　容 | 占用时间单元 | | 影响质量数 | |
|---|---|---|---|---|---|---|
| | | | 单元数 | 占总数(%) | 数额 | 占总数额(%) |
| 1 | A | 施工设计 | 13 | 72.22 | 20 | 18.18 |
| 2 | B | 初步设计 | 3 | 16.67 | 15 | 13.64 |
| 3 | C | 方案设计 | 2 | 11.11 | 75 | 68.18 |
| 合　　计 | | | 18 | 100.00 | 110 | 100.00 |

**【例 7-3】**　某公路桥施工中,为取得较好经济效益,拟开展价值工程活动。现用 ABC 分析法从构成该桥结构整体的总费用中,选出开展价值工程活动的对象见表 7-5。

**表 7-5　某公路桥施工 VE 对象分析表**

| 序　号 | 项目分类 | 内　容 | 金　额<br>(万元) | 分类金额合计<br>(万元) | 占费用<br>(%) | 分类占费用<br>(%) |
|---|---|---|---|---|---|---|
| 1<br>2<br>3<br>4 | A类<br><br>材料费 | 钢材<br>水泥<br>二、三项料合计<br>木材 | 102.0<br>89.1<br>76.4<br>22.3 | 289.8 | 22.7<br>19.8<br>17.0<br>4.9 | 64.4 |
| 5<br>6<br>7<br>8<br>9<br>10<br>11<br>12<br>13 | B类<br>施工费用 | 人工费:<br>基础用工<br>打台身用工<br>梁体预制用工<br>机械工<br>机械费:<br>混凝土机械<br>起吊机械<br>运费:<br>主材运费<br>当地材运费 | ⋮ | 106.8 | ⋮ | 23.7 |
| 14<br>15<br>16<br>17<br>18<br>19<br>20<br>21<br>⋮ | C类<br>其他费用 | 施工管理费<br>土地征用费<br>施工影响费<br>(风、雨、夜)<br>调迁费<br>大小临时设施费<br>设备购置费 | ⋮ | 53.4 | ⋮ | 11.9 |
| 合　计 | | | | | 100 | 100 |

由表 7-5 计算可见，在构成该桥结构整体的总费用中，原材料费(水泥、钢材和二、三项料、木材)占总费用 61.4%，应该是重点降低成本的对象，即开展 VE 的对象。

3. 价值系数分析法

当某一项工程或由多个零部件组成的产品，而这些零部件的重要性又各不相同时，可应用价值系数法选择分析对象，其步骤是：

第一步，用强制确定法(又称 FD 法或 01 评分法)计算功能系数。具体做法是：将零部件排列起来，一对一地进行重要性比较(即每一零部件分别与其他零部件比较)，重要的得 1 分，不重要的得 0 分；第一零部件与其他零部件比过一轮，求出各自的重要性得分累计，各零部件得分累计之和为总分，每一零部件得分累计与总分之比，即为该零部件的功能系数，亦称功能评价系数。

$$\text{功能评价系数}(f_i)=\text{零部件得分累计}\div\text{总分} \tag{7-7}$$

第二步，求出每一零部件的成本与各零部件成本总和之比，即成本系数。

$$\text{成本系数}(c_i)=\text{零部件成本}\div\text{各零部件成本之和} \tag{7-8}$$

第三步，以成本系数去除功能系数，即得出每个零部件的价值系数。

$$\text{价值系数}(v_i)=\text{功能系数}\div\text{成本系数} \tag{7-9}$$

计算出各零部件的价值系数后，以其中价值系数最低的，作为价值分析的对象。

**【例 7-4】** 由例 7-1 中的房建工程由 7 个分部工程组成。其成本系数即表 7-2 中的比值(%)(取小数点后两位数)。其他数值见表 7-6，如

$$\text{C 的功能系数}=5\div 21=0.238\approx 0.24$$

$$\text{C 的价值系数}=0.24\div 0.35\approx 0.69$$

**表 7-6　价值系数计算表**

| 零部件代号 | 一对一比较结果 | | | | | | | 积分 | 功能系数 | 成本系数 | 价值系数 |
|---|---|---|---|---|---|---|---|---|---|---|---|
| | A | B | C | D | E | F | G | | $f_i$ | $c_i$ | $v_i$ |
| A | | 1 | 0 | 1 | 1 | 1 | 1 | 5 | 0.24 | 0.13 | 1.85 |
| B | 0 | | 0 | 1 | 1 | 1 | 1 | 4 | 0.19 | 0.19 | 1.00 |
| C | 1 | 1 | | 0 | 1 | 1 | 1 | 5 | 0.24 | 0.35 | 0.69 |
| D | 0 | 0 | 1 | | 1 | 0 | 1 | 3 | 0.14 | 0.05 | 2.80 |
| E | 0 | 0 | 0 | 0 | | 0 | 1 | 1 | 0.05 | 0.10 | 0.50 |
| F | 0 | 0 | 0 | 1 | 1 | | 0 | 2 | 0.09 | 0.16 | 0.56 |
| G | 0 | 0 | 0 | 0 | 0 | 1 | | 1 | 0.05 | 0.02 | 2.50 |
| 小　计 | | | | | | | | 21 | 1 | 1 | — |

注：(1)积分等于代号所在行的分数之和；(2)代号所在行和列的 1 与 0 必须对等。

通过上例的计算可以看出，价值系数存在三种情况：

(1)价值系数小于 1，即功能系数小于成本系数，如 C、E 和 F 分部工程。表明该分部相对来说不太重要，而且费用偏高，应作为价值分析的对象。

(2)价值系数大于 1，即功能系数大于成本系数，如 A、D 和 G 分部工程。表明该分部比较重要，而成本偏低，是否需要提高费用，应视具体情况而定，因为有时也可能有过剩的功能。

(3)价值系数趋近或等于 1，如 B 分部工程。说明该分部的重要性与其费用适应，是比较合理的。

有时某一零部件的积分为零，说明和其他零部件相比其重要性差些。如根本就是多余的，在进行价值分析时，可将其取消或与其他项目合并，或降低其成本。

用这种方法选择分析对象的缺点是没有和分析效果联系起来。如例 7-5 中,在所定的分析对象 C、E、F 中,按规则应首先考虑价值系数最小的 E 分部,但深一步分析会发现,远没有提高 C 和 V 值所带来的经济效益大,原因就是它们的成本数额不同。

4. 比重分析法

比重分析法可分为费用比重分析法和成本利润对比法。费用比重分析法是根据各个对象所花的某种费用占该种费用总额的比重大小,选择比重大的作为价值工程对象。成本利润对比法是根据各个产品的利润占成本重的大小来确定价值工程对象,一般应选比重小的作为对象。可以考虑各种产品或作业的产值(或利润)比重与成本比重的关系计算其相对价值系数($v$),其计算式为

$$相对价值系数(v)=产值(或利润)比重\div成本比重 \tag{7-10}$$

若相对价值系数($v$)<1,意味着该产品或作业成本比重大于产值(或利润)比重,即相对于所产生的效益来说,其花费的成本太大,这是不值得的,应该开展价值工程分析、降低成本对象;若相对价值系数($v$)=1,则说明该产品或作业产生的效益和花费的费用相当;若相对价值系数($v$)>1,则是属于很"值得"的范围。显然,后两者不是开展价值工程分析的对象。

**【例 7-5】** 某铁路局集团有限公司拟对运输管理中"周转时间"开展价值工程,从周转时间的三项因素选择具体对象。

**【解】** 列表计算见表 7-7。

表中:产值比重——用各项所用的时间占全周转时间的百分数求得。因为该时间比重也是该项车小时消耗占总车小时消耗的比重。车小时是有一定价格的所以就是产值比重。

成本比重——各项目前实际成本占总成本的百分数。

相对价值系数——产值比重与成本比重之比。

**表 7-7 比重分析法选择价值工程对象表**

| 作业区域 | 运行中 | 技术站 | 作业站 | 合 计 |
|---|---|---|---|---|
| 产值比重(%) | 40 | 37 | 23 | 100 |
| 成本比重(%) | 38 | 32 | 30 | 100 |
| 相对价值系数($v$) | 1.05 | 1.15 | 0.77 | — |

由表 7-7 可知,运行中和技术站作业成本比重较大,但产值比重亦较大,使 $v>1$,说明该两项作业所花的钱是"值得"的,可不作为 VE 的对象。而作业站虽然成本比重不是很大,但 $v<1$,说明作业站相对于其产值来说,成本偏高,应是开展 VE 的对象。

**【例 7-6】** 某工程项目各分部工程预算单价的比重和实际造价的比重见表 7-8,试作价值工程的对象选择。

**表 7-8 价值工程对象选择表**

| 分部工程项目 | A | B | C | D | E | F | G | H | 合计 |
|---|---|---|---|---|---|---|---|---|---|
| 预算单价比重(%) | 16 | 28 | 10 | 2 | 22 | 8 | 10 | 4 | 100 |
| 实际造价比重(%) | 26 | 27 | 4 | 2 | 24 | 5 | 8 | 4 | 100 |
| 相对价值系数($v$) | 0.62 | 1.04 | 2.50 | 1.00 | 0.92 | 1.6 | 1.25 | 1.00 | — |

**【解】** 表 7-8 中,实际造价比重指的是按现有设计做出预算造价计算的各分部工程的工程造价比重;预算单价比重是指按预算定额单价表计算的各分部工程单价比重,预算单价的大

小表示完成工作量的大小。因此，前者意味着成本；后者意味着产值。相对价值系数 $v$ 即为预算单价比重与实际造价比重之比。

由表 7-7 中相对价值系数 $v$ 的计算可见：C、F、G 三项分部工程的 $v>1$；B、D、H 三项的 $v\approx1$，因此以上 6 项均不列为 VE 对象。而 A、E 两项虽然成本比重不是最大，但由于 $v<1$，因此是开展价值工程的对象。其中尤以 A 为重点，在工程项目的设计中，对 A 项目应重点控制，通过开展 VE 活动，降低造价的效果将会较为显著。

其他选择分析对象的方法还有很多，如功能成本比较法、用户评分法、强制确定法、最合适区域法等。

## 二、情报搜集

对价值工程来说，情报就是资源，没有情报，价值工程的各项工作就无法开展。价值工程成果的优劣，自始至终取决于情报的质量、数量及其实时性。

情报搜集首先要明确目的，制订计划，然后有组织地进行。要注意情报的完整程度和准确程度，并按规定期限完成。

在价值分析对象初步选定之后，即进入对分析对象的现状及改进的可能性调查研究、搜集必要情报的阶段。情报资料从范围上来说，有企业内外和国内外资料；从内容上分，有技术情报和经济情报。情报搜集的主要内容有：

1. 使用情报：用户的使用条件和对性能、可靠性、安全和寿命的要求；对外观、规格、费用的要求；有关部门对使用环境的要求等。

2. 销售情报：市场状态、销售特点、竞争产品的状况、未来需求的预测、产品的储运、包装等。

3. 技术情报：产品的生产工艺、成本构成、新技术的发展、现行的有关规范和标准、维修保养能力、企业的设计和加工条件等。

4. 供应情报：材料原料、零部件的供应情况及价格水平、未来可能出现的问题等。

对建筑工程而言，情报来源主要有规划、设计、施工、用户以及市场等方面。

## 三、功能分析

价值工程的核心是功能分析，它决定着价值工程活动的有效程度，因为任何产品都具备相应的功能，而这些功能的具备是产品存在的依据。通过产品功能、成本的定性和定量分析，弄清它们的相互关系可以科学地确定产品的必要功能，合理地分配成本，为创造、改善方案提供依据。

### （一）明确功能要求

分析对象确定后，首先要确定它们应具备的功能项目和应达到的功能水平，以便于鉴别各类功能的情况，如哪些功能过剩、不足、必要或不必要等。从而在改进方案中，去掉不必要功能，降低过剩功能，提高不足功能，使产品有一个合理的功能结构。为此，事先明确功能要求就十分必要。

明确功能要求，须根据“需要”和“可能”两个方面进行考虑，既要考虑用户的要求，又要考虑企业条件和社会制约条件，这可用图 7-3 表示。

从用户方面考虑，一是使用目的，二是使用环境。根据使用目的确定功能类别，功能水平

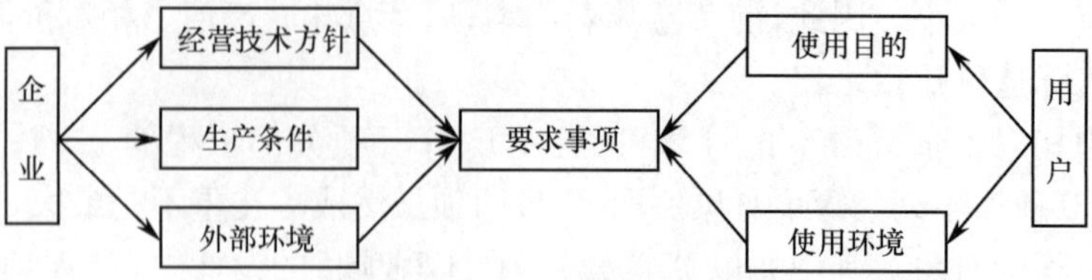


图 7-3　功能要求分析图

及其他条件。目的不同,功能要求也不同。同时,外观、价格、工期等技术外的条件也要加以明确。另外,使用环境不同、制约条件不同,对产品功能的要求也不同。

从企业方面,主要考虑是否符合企业的经营方针和技术方针,还有生产能力、试验条件、供应条件、产品的价格水平和目标盈利等因素。

企业外部环境,主要指国家的有关政策、法令及社会其他方面的要求。当然也包括科学技术、工艺技术和材料科学等的发展制约。

(二)功能定义

给产品和零部件下定义是为了明确功能概念所包括的本质,以及与其他功能概念的区别。进一步加深对产品功能的理解,有助于开阔思路,提出更好的代替方案。定义功能时,既要对产品总的功能下定义,又要对每个零部件的功能下定义,因为只有把产品分解为更细小的环节才容易发现问题。

对产品功能下明确的定义,往往是与对产品或零部件的作用的认识密切相关的,认识得越深刻,理解得越全面,对产品或零部件功能的描述就越简明扼要。在实践中常用一个动词加一个名词的简单语句给功能下定义。例如:桥梁的功能是"跨河"或"跨沟";轨道的功能是"通行列车";柱梁的功能是"承重"。例如:玻璃窗使用六种材料或零部件,其功能定义见表 7-9。

**表 7-9　玻璃窗零部件功能定义表**

| 编　号 | 零部件 | 功　能 |
|---|---|---|
| 1 | 窗　框 | 装纳窗扇 |
| 2 | 窗　梃 | 固定玻璃 |
| 3 | 玻　璃 | 透光挡风 |
| 4 | 玻璃筋 | 加固玻璃 |
| 5 | 小五金 | 控制窗扇 |
| 6 | 油漆膜 | 防止侵蚀 |

(三)功能分类

对一种产品或一项工程进行功能分析,首先要根据功能的重要程度分清什么是基本功能和辅助功能。

基本功能是产品及其零部件达到使用目的的不可缺少的功能,也是产品及其零部件得以存在的条件。例如玻璃窗的基本功能是透光;墙面抹灰的基本功能是保护墙体等。基本功能可以从三个方面来确定:一是它的作用是不是不可缺少?二是它的作用是不是主要的?三是如果它的作用变了,产品结构和零部件是否会全部改变?

辅助功能是对实现基本功能起辅助作用的功能,或者说为了更有效地实现基本功能而添加的功能。窗扇用磨砂玻璃以遮挡视线就是辅助功能。辅助功能也可以从三个方面来确定:一是它对基本功能是不是起辅助作用?二是它与基本功能比较是不是次要的?三是它是不是实现基本功能的手段?

划分基本功能和辅助功能的目的,主要是对产品的作用有一个明确的概念。将产品的基本功能确切地表达出来,以免产生多余功能而花了不必要的成本。

功能还可按满足要求的性质分为使用功能和美观功能。使用功能是通过产品的基本功能和辅助功能来实现的。不同产品对美学功能的要求差别很大。有的没有这方面的要求,如打入地下的桩。而有些产品则以美学的功能为主,如公园里装饰性很强的亭台建筑等。

此外,功能还可按开展价值工程活动角度分为必要功能、不必要功能、不足功能和过剩功能。必要功能就是为了满足使用者的要求而必须具备的功能,这部分功能必须保证充分可靠地予以实现。不必要功能即是产品具有的与满足用户需求无关的功能,它的存在势必产生不必要的费用,增加用户的经济负担,还会造成社会资源的浪费。不足功能是指必要功能的功能水平未达到用户所要求的程度,若发现有不足功能,则应设法补足。过剩功能是指对象所具有的超过使用者需要的必要功能。产品成本与功能有直接关系,如果有不必要功能和过剩功能,就会产生不必要的成本,用户购买多余的功能就会付出多余的费用。

### (四)功能整理

功能整理就是把下过定义的功能,按照它们之间的逻辑关系进行系统的整理,最后形成一个功能系统图。从而可比较直接地看出分析对象所具备的功能类别,各类功能之间的关系和位置,以及原来的设计思路。

1. 功能整理的目的

其主要目的是:(1)明确功能间的相互关系;(2)发现不必要功能;(3)检查功能定义的正确性;(4)便于划分功能区域;(5)确定改进的着手点。

2. 功能整理的方法

功能整理的方法,可以采用功能分析系统技术(function analysis system technique,简称为 FAST),即利用功能之间的上下位关系和并列关系进行整理。功能整理,主要按照"目的—手段"的逻辑关系来进行。其大致步骤如下:

第一步,按用户对功能的要求挑出基本功能,并把其中最基本的功能排在左端,称为最上位功能。如图 7-4 所示,内脚手架的最基本功能是"便于操作"。

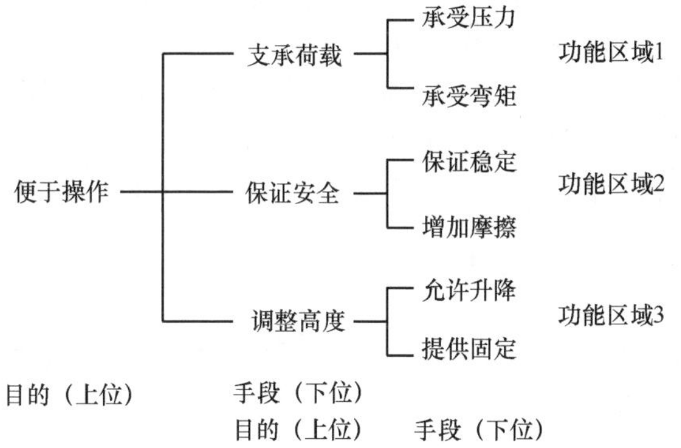


图 7-4　内脚手架在工程中的功能系统图

第二步,逐个明确功能的关系——是上下位还是并列关系。在一个功能系统中,上位功能是目的,下位功能是手段。而目的和手段又是相对的,一个功能对它的上位功能来说是手段,对它的下位功能来说则又是目的。从图 7-4 中可以发现,要实现一个对象的总体功能,往往需要同时具备几个手段功能,而每个手段功能又可自成系统,称为功能区域或功能子系统。

第三步,按照上述功能分析,去掉不必要的和多余的功能,把功能排列起来,就是功能系统图。

第四步,按功能系统图形成的并列功能,从最上位功能往后推,划分功能区域。检查功能系统图,即检查作为目的的上位功能和作为手段的下位功能的关系,当功能的相互关系同"目的—手段"的逻辑并列关系不矛盾时,功能系统图就完成了。

(五)功能分析的方法

功能分析的基本方法是:针对分析的对象,提出合乎逻辑的逐步深入的一连串问题;通过对这些问题的解答,最后得出功能最佳、成本最低的方案,也就是"价值"最高的结果。所提的问题可以归纳为五个:

1. 价值分析的对象是什么?
2. 它是干什么用的(功能是什么)?
3. 它的成本是多少?
4. 有无其他方法实现同样的功能?
5. 新方案的成本是多少?

这些问题的求解过程,就是价值分析的实施和深化过程。

## 四、功能评价

通过前述功能定义和功能整理,明确了产品的必要功能和功能系统图之后,即定性地确定问题完成之后,下一步就是定量地确定问题。功能评价就是对分析对象原来的设计状态按照功能区域或功能单元,逐一评价,定出其优劣和价值高低,把通常定性方法说明的问题用定量方法来描述,以便采取相应措施,提高分析对象的价值。

(一)功能评价的目的

1. 找出低价值功能区域或功能单元。即从众多的价值工程对象中进一步缩小范围,选定价值工程的重点对象,并定出需要改进的具体课题和先后次序。

2. 定出目标成本。就是在分析对象改进后,成本能降低到的程度。即为功能设置的成本目标值,也称为预计成本。目标成本的确定要考虑许多制约条件,如市场情况,竞争对手情况以及本企业的技术和管理水平等。通过功能评价能定出目标成本的大致范围。

3. 取得工作的动力。通过科学分析,明确了改进的课题,看到了改进的潜力,对即将取得的经济效益已初步估算出来时,人们必将为实现这一目标而努力工作。

(二)功能评价的方法

目前,常用的功能评价的方法有两大类:一类是采用绝对值计算法,即功能成本法;另一类是相对值计算法,即功能评价系数法。

1. 功能成本法

该方法是把功能直接用实现这一功能所需要的成本费用来表示,当评价某功能的价值大小时,就取实现这一功能的最低成本同该功能的目前成本之比,这个比值就是该功能的价值系数。用公式表达如下:

$$\text{功能价值系数}\ V_i=\frac{\text{实现该功能的最低成本}\ C_a}{\text{实现该功能的目前成本}\ C_0} \tag{7-11}$$

当 $V_i=1$ 时,表示实现该功能所花费与其成本相适应,功能价值高,可不必分析;

当 $V_i<1$ 时,表示实现该功能所花费的实际成本比目标成本大,功能价值低,必须大力降低成本。

(1)功能最低成本 $C_a$ 的确定

实现某功能的最低成本 $C_a$ 表示该功能的功能评价值,常用以下方法得到:

①经验估计法。这种方法是邀集一些有经验的人,对初步设想实现某一功能的几个方案进行成本估算,每个估算值可能不同,可取其平均值,在各方案中取成本最低者即为功能评价值 $C_a$。

②公式法。即利用工程上的一些计算公式,加以适当变换,找出功能和成本之间的关系,求得 $C_a$ 值。

③实际价值标准法。这是根据企业内外完成同样功能已有产品的实际资料,从中选择功能实现程度相同而成本最低的产品,作为价值标准的办法。该方法一般只适用于能具体测定性能的产品功能评价。

(2)功能现实(目前)成本 $C_0$ 的确定

求 $C_0$ 时,一个功能区域或功能单元往往包括许多零部件,其中,只对功能区域起作用的零部件,其成本自然应当算作本功能的成本,但有的零部件不只对一个功能起作用,可能同几个功能区域有关系。这时,就要将零部件成本转化为功能成本,分摊到各个功能区域中去,得到某一功能成本。

**【例 7-7】** 某设计院对铁路客运站建筑设计的施工图设计工作开展价值工程活动,经过功能定义和功能整理得功能项目见表 7-10,已知多功能项目(工序)目前所需设计时间,并调查及统计各工序设计的最低所需时间,试分析该项设计工作的改进重点。

由表 7-10 中可知,按 $V_i=C_a\div C_0$ 选择改进对象重点,其顺序是:$F_7$、$F_9$、$F_1$、$F_2$、$F_{11}$、$F_6$。

2. 功能评价系数法

功能评价系数是一种相对值法,用功能评价系数表达功能评价值;用成本系数表达成本值。功能价值系数计算公式为

**表 7-10　"施工图设计"功能成本分析**

| 序号 | 设计分类 | 功能项目 | | 现需时间(工日) $C_0$ | 最低时间(工日) $C_a$ | 价值系数 $V_i$ | 时间降低额(工日) $(C_0-C_a)$ | 改进对象 | |
|---|---|---|---|---|---|---|---|---|---|
| | | 编号 | 名　称 | | | | | 按 $V_i$ | 按 $(C_0-C_a)$ |
| 1 | 建筑设计 | $F_1$ | 平立剖面图 | 245 | 198 | 0.81 | 47 | ③ | ② |
| 2 | | $F_2$ | 建筑大样图 | 200 | 167 | 0.84 | 33 | ④ | ③ |
| 3 | | $F_3$ | 编制说明 | 5 | 5 | 1.00 | 0 | | |
| 4 | | $F_4$ | 计算工程量 | 5 | 5 | 1.00 | 0 | | |
| 5 | 结构设计 | $F_5$ | 结构计算 | 20 | 20 | 1.00 | 0 | | |
| 6 | | $F_6$ | 结构平面布置图 | 150 | 136 | 0.91 | 14 | ⑥ | ④ |
| 7 | | $F_7$ | 框架(节点大样)图 | 272 | 214 | 0.79 | 58 | ① | ① |
| 8 | | $F_8$ | 编写说明 | 3 | 3 | 1.00 | 0 | | |
| 9 | | $F_9$ | 计算工程量 | 5 | 4 | 0.80 | 1 | ② | ⑥ |
| 10 | 设备设计 | $F_{10}$ | 设备计算 | 5 | 5 | 1.00 | 0 | | |
| 11 | | $F_{11}$ | 平面系统图 | 50 | 45 | 0.90 | 5 | ⑤ | ⑤ |
| 12 | | $F_{12}$ | 计算工程数量 | 4 | 4 | 1.00 | 0 | | |
| 13 | 电照设计 | $F_{13}$ | 电照计算 | 3 | 3 | 1.00 | 0 | | |
| 14 | | $F_{14}$ | 电照平面系统图 | 18 | 18 | 1.00 | 0 | — | — |
| 15 | 预算编制 | $F_{15}$ | 编制预算 | 15 | 15 | 1.00 | 0 | — | — |
| 合　计 | | | | 1 000 | 842 | — | 158 | — | — |

$$功能价值系数\ V_i=\frac{功能评价系数\ F_i}{功能成本系数\ C_i} \tag{7-12}$$

式中

$$功能成本系数\ C_i=\frac{该功能目前成本\ C_0}{功能总成本\ C} \tag{7-13}$$

功能评价系数 $F_i$,可按功能重要性程度获得。计算 $F_i$ 常用强制确定法和 DARE 法两种。

(1)强制确定法(FD 法)

强制确定法(Forced Decision Method)是用一对一的方法按其重要性程度评分,从而得到功能重要性比重的方法。常用“01”评分法、“04”评分法两种。

①“01”评分法

“01”评分法是把产品各个功能(或零部件)排列起来,再按其功能的重要性程度作一对一的对比,重要的得 1 分,相对不重要的得 0 分。参加评分最好有 5～15 人,评分人员应对产品熟悉,互相不通气,各自评分。

**【例 7-8】** 专家甲对 A、B、C、D 四个功能领域进行评价,用“01”评分法评价各功能的相对重要性见表 7-11。

**表 7-11 专家甲的评分(“01”评分法)**

| 功能领域 | A | B | C | D | 功能累计评分值 |
|---|---|---|---|---|---|
| A | × | 1 | 1 | 1 | 3 |
| B | 0 | × | 0 | 1 | 1 |
| C | 0 | 1 | × | 1 | 2 |
| D |  | 0 | 0 | × | 0 |
| $\sum$ |  |  |  |  | 6 |

由多人评分结果得平均评分值(见表 7-12④)。

平均评分值=功能评分值总计÷评分人员数

功能评价系数 $F_i$=该功能平均评分值÷功能总分

由此可见,功能评价系数即功能重要性系数,即功能重要性比重。

**表 7-12 五人评价结果表**

| 功能领域① | 评价人员② | | | | | 评分值总计③ | 平均评分值④ | 评价系数 $F_i$⑤ |
|---|---|---|---|---|---|---|---|---|
| | 甲 | 乙 | 丙 | 丁 | 戊 | | | |
| A | 3 | 3 | 2 | 3 | 3 | 14 | 2.8 | 0.47 |
| B | 1 | 0 | 0 | 1 | 1 | 3 | 0.6 | 0.10 |
| C | 2 | 2 | 3 | 2 | 1 | 10 | 2.0 | 0.33 |
| D | 0 | 1 | 1 | 0 |  | 3 | 0.6 | 0.10 |
| 合计 | 6 | 6 | 6 | 6 | 6 | 30 | 6.0 | 1.00 |

“01”评分法简单、明确,但评分方法太呆板,呈绝对化,有时甚至出现 0 功能(见表 7-11 中的 D)。

②“04”评分法

这种方法的做法是请 5～15 个对产品熟悉的专家各自参加功能评价。评价两个功能的重要性时采用五种评分计分:

a. 非常重要的功能得 4 分，另一个相比的功能很不重要时得 0 分。

b. 比较重要的功能得 3 分，另一个相比的功能不太重要时得 1 分。

c. 两个功能同样重要的，则各得 2 分。

d. 不太重要的功能得 1 分，另一个相比的功能比较重要时得 3 分。

e. 功能很不重要的得 0 分，另一个相比的功能非常重要时得 4 分。

可见，“04”评分法采用多级比较关系：0—4、1—3、2—2，使功能对比能反映不同的重要性程度。表 7-13 为专家甲用“04”评分法得出的评价结果。

**表 7-13　专家甲的评分（“04”评分法）**

| 功能领域 | A | B | C | D | 总计评分值 | 评价系数 |
|---|---|---|---|---|---|---|
| A | × | 4 | 3 | 4 | 11 | 0.45 |
| B | 0 | × | 1 | 2 | 3 | 0.13 |
| C | 1 | 3 | × | 3 | 7 | 0.29 |
| D | 0 | 2 | 1 | × | 3 | 0.13 |
| Σ | | | | | 24 | 1.00 |

(2)DARE 法

DARE(decision alternative ratio evaluation system)法又称功能重要性系数法或决定方案比率评价法。该方法的特点是：

①按照功能的任意排列顺序，两两逐次对比其重要性，并按前项功能为后项功能重要性的倍数而给前项功能初步打分。例如例 7-8 中，用 DARE 法评分，A 是 B 功能重要性的 2.75 倍，将 1 其记为 A 的暂定重要性系数(表 7-14②)，依次类推。

②对暂定重要性系数进行修正，把最下面一项功能定为 1.0，并按反顺序依次修正前面各项功能得分(见表 7-14③)。

③将各功能的修正系数重要性系数除以全部功能得分总数 7.25，得出功能的重要性系数(见表 7-14④)。

**表 7-14　DARE 法评价表**

| 功能领域<br>① | 评　价　人　员 | | |
|---|---|---|---|
| | 暂定重要性系数② | 修正重要性系数③ | 功能重要性系数④ |
| A | 2.75 | 2.75 | 0.38 |
| B | 0.40 | 1.00 | 0.14 |
| C | 2.50 | 2.50 | 0.34 |
| D | — | 1.00 | 0.14 |
| 合计 | | 7.25 | 1.00 |

这种求算功能重要性系数的方法比 FD 法更合理一些，用较少判断次数即可做出评价，因而采用较多。这种方法虽然灵活，但当比较对象上下次序排列不同时，往往得到不同的结果。通常被比较对象项目较多，使用强制确定法有困难时，就应用 DARE 法，可较快取得结果。

## 五、方案改进和创新

价值工程活动是否取得成功，关键在于功能分析之后，能否制定出可行的方案。而提出方案的过程正是一个创造的过程。没有创造,价值工程活动就会一事无成。价值工程在我国各地开展以来,虽取得了一定成效,但还没有充分发挥我们的创造才能,所提方案的数量较少。应该充分研究如何提高职工的创造能力,以将我国价值工程活动提高一步。

(一)提出改进方案的方法

发挥创造能力,发挥聪明才智来构思方案,方法是很多的。据统计,目前世界上已有 340 多种创造方法应用于各国。以下介绍几种常用方法。

1. 头脑风暴法

头脑风暴法(简称 BS 方法),又称为智暴法。这种方法是由美国 BBDO 广告公司的奥斯本于 1941 年首创。他通过开会的方式创造新的广告花样。这种开会的方法同普通会议的根本区别在于它有四条规则,它是在一种与普通会议完全不同的气氛下进行的,所以能够想出更多方案。这四条规则是:一是不批评别人的意见;二是欢迎自由奔放地思考;三是提出的方案越多越好;四是要求在别人的方案基础上进行改进或与之结合。遵循这四条规则就能在与会成员的头脑里掀起思考的"风暴",抓住瞬时灵感刺激思考能力,集中集体智慧,互相启发,力戒思维扼杀;在激发、诱发及综合的基础上,必然会出现一些新颖而有价值的想法,使与会者彼此的意见和想法相互影响,产生连锁反应,提出尽可能多的方案来;会后再经整理分类,分析其可行性。为了能激发灵感,会议参加者应是各方面专业人员,人数以 10 人为宜,时间不宜过长,约 1 h 即可。

**【例 7-9】** 已知同例 7-7,某设计院开展建筑施工图设计的 VE 活动,经功能评价之后,选出了改进重点是"框架(节点大样)图"、"平立剖面图"、"建筑大样图"三项(表 7-10)。经多次召开有领导、专家、设计人员参加的"头脑风暴法"会议,得出了数个改进方案,经过比选决定采用表 7-15 组合方案。

**表 7-15　改进方案(组合方案)表**

| 项目名称 | 子功能项目 | 组合改进方案 | 时间变动(工日) | | |
|---|---|---|---|---|---|
| | | | $F_7$ | $F_1$ | $F_2$ |
| $F_7$:框架(节点大样)图 | 图面质量 | 拟定统一绘制标准 | −10 | −8 | −3 |
| | | 使用多种粗细绘图笔 | −5 | −5 | −5 |
| | | 预制图框图标 | −8 | −5 | −5 |
| $F_1$:平立剖面图 | 正确掌握设计标准 | 拟定统一技术标准 | −8 | −4 | −2 |
| | | 合理减少图纸数量(充分利用标准图) | −5 | −6 | −5 |
| | | 合理简化图纸内容 | −5 | −6 | −2 |
| $F_2$:建筑大样图 | 生产组织 | 选用绘制施工图较熟练人员 | −10 | −8 | −5 |
| | | 设计、复核密切配合 | −6 | −3 | −3 |
| | 合　　计 | | −57 | −45 | −30 |

由表 7-15 的计算可见,采用头脑风暴法在众多设计的改进方案中,经组合,最后的结论是:使铁路客运站施工图设计时间共减少 132 工日。降低率为 132 工日÷1 000工日=13.2%(表 7-10),基本接近期望时间降低额。

2. 哥顿法(又称模糊目标法)

它是由美国人哥顿(W. I. Gordon)提出来的。运用抽象思维的阶梯,通过扩散与收敛思维相结合的方法进行创造。所谓抽象的阶梯是对于要改进的事物,撇开事物原有的实物形态,抽象地思考事物的本质(即功能),围绕事物的本质,寻求实现事物功能的各种手段,创造出能更好地实现事物功能要求的实物形态。

例如要开发割草机,主持人开始只提出一个抽象的功能概念,即"用什么办法可以把一种东西断开",与会者提出用剪断、切断、扯断、刨断、割断、锯断、冲断等不同方法以后,再宣布断开的东西是草,让大家研究割草机方案。割草机的功能是割草,本质上是草的"物料分离",通过扩散思维搜索分离草的办法有拉、割、剪、抽等,剪草用双刀或多刀的相对移动剪切,效率较高;抽草是一种颇有新意的方案,启发于杂技演员用绳子抽断香烟和切开纸张,这说明软韧的绳子只要有足够的速度,利用冲击力也能分离物体。

新型割草机用直径约 2 m 高速旋转的尼龙绳又快又好地修整草地。在多种方案的基础上,根据具体情况进行优选,如以手推为动力,剪草方案较合理。如用高速动力,抽草机方案既简单效率又高。这种方法是一种抽象类比法,可扩大思路,寻求新的解法。

这种方法具体做法是以小组会的形式进行。会议主持者向大家提出一个抽象的功能概念,而不把要解决的具体问题全部摊开,以免束缚大家的思想。其特点是用"抽象的阶梯"的方法把问题抽象化,并要求对抽象的问题自由地提出解决方案。对提出来的方案,会议主持者逐个研究,看能否解决原来的问题,会议结束时把问题摆出来。

再如,要研究建筑物的"屋面排水"的改进方案,开始时,会议主持者只是提出"如何把水排掉"的概念,让大家围绕这一问题提方案。与会者可能会提出无组织排水、有组织排水,用管子引水、用排水沟引水等方案,在充分发表意见的基础上,会议主持者再具体提出"屋面排水"的问题,这样就可以在各种方案中经比选各种组合方案。

哥顿法的优点在于先把问题抽象化,然后提出解决的方案。这是因为,在开发新产品的时候,如果只是根据具体事物来想办法,会受现有事物的约束,提不出彻底的解决方案。如果根据抽象的问题提方案,会得到一些平常想不到的有创造性的方案。

### (二)改进方案评价

经过方案改进和创新阶段,得到了大量提案,需要进行筛选,找出最优方案,并付诸实施,因此要对方案做出评价。方案评价由于评价阶段不同可分为概略评价和详细评价两个步骤。两个阶段的评价内容都有技术评价、经济评价、社会评价以及三方面联系起来的综合评价。技术评价是围绕"功能"所进行的评价,内容是新方案能否实现所需"功能"及其实现程度;经济评价是围绕方案的经济效果所进行的评价,内容主要是以成本为代表的经济可行性;社会评价是针对方案给社会带来的利益或影响进行评价,其内容大多已包括在广义技术可行性和经济可行性评价之内,但为了强调方案对社会的影响,也有必要单独列出以引起重视。在以上三方面评价的基础上,还应进行方案的综合评价。在价值工程活动中的综合评价即价值分析,是根据以上三方面的内容,对方案价值大小所做的综合评定。

常用的评价方法有:一是优缺点对比法。将各方案的优缺点一一列出,通过对比择优选用。这种方法简便易行,但多是定性的描述,缺少定量计算,当定性分析之间分歧较大时,就难取舍。二是评分法。评分法是将各评价指标(因素)分为若干等级,每个等级确定一个评分标准;先将每个方案按评价指标评出属于何级,再套这一项目所得的分数,最后将分数相加(或相乘)即得各方案的总分,根据总分确定最优方案。也可用前述的 DARE 方法来评价改进方案。

**【例 7-10】** 已知某一产品经过粗选后还有 A、B、C 三个方案待评价。现拟用加权评分法评价这一产品的改进方案。经分析，影响方案优劣的有成本(指标 1)和三个技术性能(指标 2，3,4)，进一步分析认为，这 4 个指标重要程度(即加权系数)为 4%、20%、10%、30%，各方案打分(百分制)及计算见表 7-16。

其中“加权分”为用百分制的评分乘加权系数后的结果。经评定，以方案 B 最好。

**表 7-16　方案评价评分表**

| 指标及权系数 | | 方案 | | | | | |
|---|---|---|---|---|---|---|---|
| | | A | | B | | C | |
| | | 被评分 | 加权分 | 被评分 | 加权分 | 被评分 | 加权分 |
| 指标 1 | 0.40 | 80 | 32 | 90 | 36 | 70 | 28 |
| 指标 2 | 0.20 | 60 | 12 | 80 | 16 | 90 | 18 |
| 指标 3 | 0.10 | 70 | 7 | 60 | 6 | 80 | 8 |
| 指标 4 | 0.30 | 90 | 27 | 70 | 21 | 70 | 21 |
| 累计得分 | | | 78 | | 79 | | 75 |

### (三)改进方案试验与提案

当价值工程方案评价后，还要进行某些必要的试验，以使提案更为可靠。即在改进新方案中，若采用了一些过去未曾使用过的新方法(结构、材料、工艺等)，就必须进行必要的试验。试验通过后，可着手制定正式提案，并报有关部门审批。批准后，可列入实施计划，做出具体安排，并监督贯彻执行，随时了解执行情况，解决实施中出现的问题。

### (四)价值工程活动成果的评价

为了肯定所取得的成果，继续提高价值工程的经济效益，当经济活动的实施告一段落之后，要进行总结和成果评价。价值工程活动的成果评价，一般可以计算以下几项：

1. 全年净节约额=(改进前成本－改进后成本)×年产量－VE 活动费用
2. 节约倍数=全年净节约额÷VE 活动费用
3. 节约百分数=(改进前成本－改进后成本)÷改进前成本×100%

节约倍数通常在 10～20 倍或更高，节约百分数通常大于 10%，若小于该数就不一定选为 VE 对象。

## 第三节　建筑工程价值分析的特点

价值分析在建筑工程中的应用，比其他产业要晚得多，就连价值工程的发祥地美国直到 1970 年有关团体才召开会议，研究价值工程在建筑工程中的应用问题。日本也是在这一年首次召开“建筑工程 VE 讨论会”，之后才成立了本行业的价值分析的学术团体。

价值分析在建筑工程中的应用难度比较大，这是由建筑产品及其生产的技术经济特征所决定的。国外建筑工程的价值分析，一般是由设计部门组织价值分析小组，从分析各项功能入手，提出问题，设计出多种改进方案，最后经价值分析决定出最优方案。工程发包时，在合同中规定出由于改进原设计方案所获利润的分成办法，以利于推动建筑安装企业开展价值工程活动。

建筑工程价值分析和其他制造业相比，主要有以下特点：

### (一)设计和施工的一次性

一般制造业的产品多为批量生产，对产品设计的一次改进可以影响到以后的大批产品，因而在价值分析活动中，只要每件产品有少量的成本节约，就可以获得巨大的经济效益。

而建筑产品具有建造和使用地点固定性的特点，许多工业或民用建筑工程项目，从设计到施工都是一次性的单件生产，设计图纸一般不再重复使用，因此本设计的改进就不会为下一项工程带来经济效益。不过每项建筑工程的费用一般数额较大，特别是大中型工程项目的建设耗资巨大，开展价值分析同样具有重要意义，虽然是一次设计和施工，其节约额也是非常可观的。

随着建筑工业化的发展，传统的生产方式方法将逐步被淘汰，工厂化大批量生产的建筑构件、配件以及成套的装配式建筑日益增多，施工现场机械化施工的工作量不断增加，其生产方式将逐渐接近制造业的大生产，为开展价值分析创造了条件。因此，要抓住建筑工程中按标准化、定型化、工厂化生产的构件和配件以及标准住宅等开展价值分析活动。从设计、材料、生产工艺、运输、安装、使用等各个环节，寻求降低成本的可能，经济效益就会从小到大，积少成多，价值分析活动就会不断地壮大起来，得到广泛应用和发展。

### (二)寿命周期长和经营使用费比重大

凡是寿命周期长和使用费比重大的产品，要按产品的整个经济寿命周期(包括使用年限)来计算全部费用，既要降低一次性的生产成本，又要节约经常性的使用费，并尽可能延长其使用年限。一般来说非临时性建筑物的使用寿命都是较长的，有的长达几百甚至上千年。不过从经济效益来考虑，使用寿命一般都在百年以下，多数不超过 50 年。但即使是这样，计算出整个使用期中的各种费用也是非常困难的，因为在今后几十年的时间内，影响用于建筑工程费用的因素很多，如工程的拆迁、灾害的损失、未来的改建、维修的规模等。随着技术的进步，未来建筑材料、设备的发展水平都是无法估计的，而这项费用占总费用的比重又比较大，故又是有效地开展建筑工程价值分析工作必不可少的，这就给价值分析工作带来很大影响。正由于此，进行技术经济的科学研究就显得更为重要了。

### (三)影响建筑物总费用的部门和因素多

一般工业品的价值分析，由生产该产品工厂的科研或设计部门负责就可以了。而建筑工程所涉及的部门和因素相对而言比较多，开展价值分析活动往往要组织各有关单位参加，运用各方面的经济技术知识才能取得理想的效果。

建筑物一般都由若干不同功能的单位工程组成，如土建工程、给排水、卫生、照明、暖气通风等。其中土建工程又包括基础、砖石、装饰等近十个分部分项工程。这些分部分项工程因采用的材料、施工工艺不同，其单位成本相差也很大。作为建筑物的直接费就是由以上各项工程的费用组成的，其中土建工程所占比重最大，特别是民用建筑，它决定着建筑物的使用性质、建筑标准、平面和空间布置等重大问题，其次是水、暖、电、卫和机械设备与安装工程。各单位工程之间互有联系又互有影响，不过主要是土建对其他工程的影响。但在研究功能、成本和价值的关系时，必须从全局出发，以节约总费用为目的，权衡各因素的利弊，统一考虑降低成本，改善功能的措施，切不可片面地为节省某项工程的费用而不顾其他工程的成本。

## 第四节 价值工程在新建铁路工程中的应用实例

×××新建铁路××区间××段设计为单线。该段设有:隧道一座,长308 m;大中桥 2 座,长175.0 m;涵洞 4 座,横长176 m;挡土墙 3 处,圬工方量1 500 $m^3$;路基土石方若干立方米。本段线下工程(路基土石方除外)造价为 207.87 万元,工期 15 个月。本项工程已订立施工承包合同,要求降低造价 7%。

为了降低工程造价,实现降低造价 7%的目标,特运用价值工程对本段工程进行分析和评价。

(一)VE 对象的选择

用 ABC 分析法做 VE 对象的选择见表 7-17。由表 7-16 的分析可知,该工程项目按其内容划分 A、B、C 三类,隧道工程属于 A 类,大中桥属于 B 类,因此搞好隧道和大中桥的功能分析和评价,对于降低本项目工程造价,具有重要现实意义。

**表 7-17 VE 对象选择表**

| 序 号 | 项目内容 | 项 目 数 | | 成 本 | | 项目分类 |
|---|---|---|---|---|---|---|
| | | 项数 | 占总数(%) | 造价(万元) | 占总造价(%) | |
| 1 | 隧 道 | 1 | 10 | 129.71 | 62.40 | A |
| 2 | 大中桥 | 2 | 20 | 41.99 | 20.20 | B |
| 3 | 涵 洞 | 4 | 40 | 22.86 | 11.00 | C |
| 4 | 挡土墙 | 3 | 30 | 13.31 | 6.40 | C |
| 合 计 | | 10 | 100 | 207.87 | 100.00 | — |

(二)桥隧功能分析和评价

1. 功能定义

按主要工序形成的功能领域分别把隧道和桥梁分为 4 个功能领域,共 8 个功能领域,见表 7-18。

**表 7-18 功能定义表**

| 工程项目 | 功能领域代号 | 工序名称 | 主 要 功 能 |
|---|---|---|---|
| 隧 道 | A | 洞身开挖 | 开辟通道,为衬砌提供断面 |
| | B | 拱墙衬砌 | 支护围岩,保持形状 |
| | C | 铺底水沟 | 排水,铺砟 |
| | D | 洞 门 | 支护洞口仰坡、边坡,保持洞口稳定、美观 |
| 桥 梁 | E | 挖 基 | 提供灌注基础场所,成形 |
| | F | 基 础 | 封闭地基,与地基形成整体,支承墩台身 |
| | G | 墩 台 身 | 支承梁体,美观 |
| | H | 锥体护坡 | 保持桥头填方稳定,防冲刷及风化 |

2. 功能评分

经过工程技术人员、专家、老工人组成的 5 人评价小组对各工序的功能重要性用“01”评分法得出各功能领域的评分值及评价系数 $F_i$ 列于表 7-19 中。

3. 功能评价

按已知各项目成本按工序(功能领域)分配列于表 7-19 中，并将目标成本按功能重要程性系数 $F_i$ 分摊，计算各工序(功能领域)降低成本期望幅度，由此找出重点改进的工序。详细计算见表 7-19。

表 7-20 中，桥隧总目标成本按目前总成本降低 7% 计算[$C_a=171.70\times(1-7\%)=159.68$ 万元]。各工序目标成本按桥隧目标总成本乘以该功能的重要系数得到。

由表 7-19 的计算可知，各工序中，开挖为第一重点，衬砌为第二重点，两者改进后期望成本降低额为 49.07 万元。若考虑其他工序保证功能实现需增加成本，则桥隧开展 VE 活动后能降低成本额为 12 万元。

**表 7-19　功能评分汇总表**

| 功能项目<br>① | 评价人员② | | | | | 评分值总计<br>③ | 平均评分值<br>④ | 评价系数⑤<br>$F_i$ |
|---|---|---|---|---|---|---|---|---|
| | 甲 | 乙 | 丙 | 丁 | 戊 | | | |
| A 洞身开挖 | 6 | 7 | 6 | 6 | 7 | 32 | 6.4 | 0.23 |
| B 拱墙衬砌 | 5 | 6 | 5 | 6 | 7 | 29 | 5.8 | 0.21 |
| C 铺底水沟 | 2 | 2 | 3 | 2 | 2 | 11 | 2.2 | 0.08 |
| D 洞　门 | 2 | 1 | 2 | 1 | 1 | 7 | 1.4 | 0.05 |
| E 挖　基 | 4 | 3 | 4 | 5 | 3 | 19 | 3.8 | 0.13 |
| F 基　础 | 3 | 3 | 4 | 3 | 2 | 15 | 3 | 0.11 |
| G 墩 台 身 | 5 | 5 | 4 | 5 | 5 | 24 | 4.8 | 0.17 |
| H 锥体护坡 | 1 | 1 | 0 | 0 | 1 | 3 | 0.6 | 0.02 |
| 合　计 | 28 | 28 | 28 | 28 | 28 | 140 | 28.0 | 1.00 |

**表 7-20　桥隧功能评价表**

| 序号<br>① | 功能领域 | | 功能评价<br>系数 $F_i$④ | 目前成本<br>(万元)⑤ | 成本系数<br>$C_i$⑥ | 价值系数<br>$V_i$⑦ | 目标成本<br>(万元)⑧ | 成本降低额<br>(万元)⑨ | 改进顺序<br>⑩ |
|---|---|---|---|---|---|---|---|---|---|
| | 代号② | 工序③ | | | | | | | |
| 1 | A | 开挖 | 0.23 | 64.85 | 0.38 | 0.61 | 36.73 | 28.12 | ① |
| 2 | B | 衬砌 | 0.21 | 54.48 | 0.32 | 0.61 | 33.53 | 20.95 | ② |
| 3 | C | 铺底 | 0.08 | 6.49 | 0.04 | 2.00 | 12.77 | −6.28 | |
| 4 | D | 洞门 | 0.05 | 3.89 | 0.02 | 2.50 | 7.98 | −4.09 | |
| 5 | E | 挖基 | 0.13 | 10.40 | 0.06 | 2.17 | 20.76 | −10.36 | |
| 6 | F | 基础 | 0.11 | 8.30 | 0.04 | 2.75 | 17.57 | −9.27 | |
| 7 | G | 墩台 | 0.17 | 20.19 | 0.12 | 1.42 | 27.15 | −6.96 | |
| 8 | H | 锥体 | 0.02 | 3.10 | 0.02 | 1.00 | 3.19 | −0.09 | |
| 合计 | | | 1.00 | 171.70 | 1.00 | — | 159.68 | 12.02<br>(49.07) | — |

(三)改进方案及其评价

在反复进行工点施工调查的基础上，优化施工组织设计；又在工程现场组织多次研讨、分

析会,确定各功能的改进方案,现分析如下(各改进方案节约费用计算过程略):

1. 隧道工程

(1)洞身开挖

$A_{11}$方案:两洞口同时施工改为单洞口施工,安排合理能满足工期。施工口选择进洞方向为上坡。可减少生产生活房屋约250 $m^2$,并节约机械调转及安装费用,两项合计节约费用3.00万元。

$A_{21}$方案:石渣运输下坡运行,可提高运输效率15%,则运输降低成本1.55万元。

$A_{31}$方案:拟采用较先进的"预裂光面"爆破,可节约开挖量325 $m^3$,节约费用2.11万元;节约炸药7 638.4 kg,可节约费用0.7万元。两项合计2.82万元。

(2)衬砌

$B_{11}$方案:采用"以隧养隧",自制砂石,节约大堆料制备费用,预计节约费用合计6.28万元。

$B_{21}$方案:严格按配合比施工,节约水泥,混凝土中掺用高效添加剂,用强制式拌和机拌和,机械捣固,以提高混凝土质量,降低水泥消耗量,预计节约水泥10%,计1.2万元。

$B_{31}$方案:本隧道的拱墙混凝土衬砌拟全部采用钢拱(排架)、钢模板及钢支撑等,实现以钢代木,预计可节约费用1.24万元。

2. 桥梁工程

(1)桥梁墩台

$C_{11}$方案:与隧道同建一砂石联合生产线自制砂石,合计节约2.01万元。

$C_{21}$方案:在墩台混凝土中掺用高效减水剂,掺填片石20%,可降低水泥耗用量15%,则可节约费用0.67万元。

(2)锥体护坡

$D_{11}$方案:自备片石,在隧道弃渣场选用,计节约0.60万元。

$D_{21}$方案:采用挤浆法砌筑片石,预计可节约水泥10%,则节约费用0.10万元。

3. 改进方案的组合

各功能领域的改进方案组合及各种组合方案的成本状态列于表7-21中。

**表7-21 桥隧改进方案组合表**

| 序号 | 功能领域 | 方案组合 | 成本降低幅度(万元) |
|---|---|---|---|
| 1 | 洞身开挖 | $A_{11}+A_{21}+A_{31}$ | 7.37 |
| 2 | 衬砌 | $B_{11}+B_{21}+B_{31}$ | 8.72 |
| 3 | 墩台身 | $C_{11}+C_{21}$ | 2.68 |
| 4 | 锥体 | $D_{11}+D_{21}$ | 0.70 |

由表7-21可知,改进方案的全部组合可获得最好的经济效果,其成本降低幅度达19.47万元。

4. 成果总评

该桥隧工程开展价值工程活动能节约费用19.47万元,占全部成本的百分比为

$$降低率=19.47万元\div171.70万元=11.3\%$$

占本段全部新建铁路工程总成本(造价)的比例为

$$降低率=19.47万元\div207.87万元=9.4\%$$

该项目目标降低成本7%,现开展价值工程活动后,能降低成本9.4%,已达到了预定的要求。

## 第五节 价值工程在工程设计方案优选中的应用实例

同一建设项目,同一单项、单位工程可以有不同的设计方案,方案不同,造价也就会有差异,这时,设计人员可通过价值工程活动进行方案的优选。根据功能系统图分析,对上位功能进行分析和改善比对下位功能效果好,对功能领域进行分析和改善比对单个功能效果好。因此,价值工程既可用于工程项目设计方案的分析选择,也可用于单位工程设计方案的分析选择。现以某建筑设计院在建筑设计中应用价值工程,进行住宅设计方案选优,说明价值工程在工程设计中的应用。

### 一、对象选择

对建筑设计单位来说,承担的工程设计的种类繁多,必须运用一定方法选择价值工程的重点研究对象。到底选择哪些项目作为价值工程的分析对象呢?某建筑设计院依据近几年承担的设计项目的建筑面积构成统计数据,运用百分比法来选择价值工程的研究对象。通过分析,价值工程人员决定把该建筑设计院设计面积比重最大的住宅工程作为价值工程的研究对象。该建筑设计院近几年各类设计项目建筑面积统计数据及其比重见表 7-22。

表 7-22 某建筑设计院设计项目概况

| 工程类别 | 比重(%) | 工程类别 | 比重(%) |
|---|---|---|---|
| 住宅楼 | 38 | 图书馆 | 1 |
| 综合楼 | 10 | 商业建筑 | 2 |
| 办公楼 | 9 | 体育建筑 | 2 |
| 教学楼 | 5 | 影剧院 | 3 |
| 宾　馆 | 5 | 医　院 | 5 |
| 车　间 | 3 | 其　他 | 17 |

### 二、信息资料

在选择好价值工程分析对象之后,价值工程人员围绕以下几个方面重点进行资料收集:

1. 通过工程回访,收集广大用户对住宅的使用意见;

2. 通过对不同地质情况和基础形式的住宅进行定期的沉陷观测,获取地基方面的第一手资料;

3. 了解有关住宅施工方面的情况;

4. 收集大量有关住宅建设的新工艺及新材料的性能、价格和使用效果等方面资料;

5. 分地区按不同地质、基础形式和类型标准,统计分析近年来住宅建筑的各种技术经济指标。

### 三、功能分析

功能分析价值工程人员组织设计、施工及建设单位的有关人员共同讨论,对住宅的各种功能进行定义、整理和评价分析。在功能分析中,参与分析人员一致认为住宅功能有如下几方面:①从大的方面讲,有适用、安全、美观和其他几方面功能;②就适用功能而言,可以具体分为平面布局、采光通风和层高层数等功能;③就安全功能而言,可以具体分为牢固、耐用、“三防”设施等功能;④就美观功能而言,可以具体分为建筑造型、室外装修、室内装修等功能;⑤就其他功能而言,可以包括环境设计、技术参数、便于施工、容易设计等功能。

在功能分析中,价值工程人员坚持把用户的意见放在第一位,结合设计、施工单位的意见进行综合评分,把用户、设计及施工单位三者意见的权数分别定为 70%、20%和 10%。具体情况见表 7-23。

**表 7-23 住宅功能重要系数表**

| 功能 | | 用户评分 | | 设计人员评分 | | 施工单位评分 | | 功能重要系数 |
|---|---|---|---|---|---|---|---|---|
| | | 得分 $F_{Ⅰ}$ | $0.7F_{Ⅰ}$ | 得分 $F_{Ⅱ}$ | $0.2F_{Ⅱ}$ | 得分 $F_{Ⅲ}$ | $0.1F_{Ⅲ}$ | $(0.7F_{Ⅰ}+0.2F_{Ⅱ}+0.1F_{Ⅲ})/100$ |
| 适用 | 平面布局 $F_1$ | 41 | 28.7 | 38 | 7.6 | 43 | 4.3 | 0.406 |
| | 采光通风 $F_2$ | 16 | 11.2 | 17 | 3.4 | 15 | 1.5 | 0.161 |
| | 层高层数 $F_3$ | 4 | 2.8 | 5 | 1 | 4 | 0.4 | 0.042 |
| 安全 | 牢固耐用 $F_4$ | 20 | 14 | 21 | 4.2 | 19 | 1.9 | 0.201 |
| | (三防设施)$F_5$ | 4 | 2.8 | 3 | 0.6 | 3 | 0.3 | 0.037 |
| 美观 | 建筑造型 $F_6$ | 3 | 2.1 | 5 | 1 | 3 | 0.3 | 0.034 |
| | 室外装修 $F_7$ | 2 | 1.4 | 3 | 0.6 | 2 | 0.2 | 0.022 |
| | 室内装修 $F_8$ | 7 | 4.9 | 6 | 1.2 | 5 | 0.5 | 0.066 |
| 其他 | 环境便于施工等 $F_9$ | 3 | 2.1 | 2 | 0.4 | 6 | 0.6 | 0.031 |
| 总计 | | 100 | 70 | 100 | 20 | 100 | 10 | 1.000 |

## 四、方案设计与评价

现以某住宅为例来说明价值工程人员如何进行方案设计与评价。

根据收集的信息资料及上述功能重要程度的分析结果，设计人员集思广益、大胆创新，设计了十几个不同的方案。价值工程人员对创新设计的十几个方案，先采用优缺点列举法进行分析筛选，保留了 5 个较优方案供进一步优选。5 个备选方案的主要特征及单方造价见表7-24。

**表 7-24 住宅备选方案**

| 方案名称 | 主 要 特 征 | 每平方米造价(元) |
|---|---|---|
| 方案 A | 7 层混合，层高 3 m，240 内外砖墙，钢筋混凝土预制基础，半地下室作储藏间，外装修一般，内装修较好，室内设备较好 | 784 |
| 方案 B | 7 层混合，层高 2.9 m，240 内外砖墙(120 砖非承重内墙)，钢筋混凝土条形基础(地基经过真空预压处理)，装修一般，室内设备中等标准 | 596 |
| 方案 C | 7 层混合，层高 3 m，240 内外砖墙，沉管灌注基础，半地下室作杂放间，外装修一般，内装修较好，室内设备中等水平 | 740 |
| 方案 D | 5 层混合，层高 3 m，空心砖内外墙，钢筋混凝土满堂基础，装修及室内设备一般，屋顶无水箱 | 604 |
| 方案 E | 层高 3 m，其他同方案 B | 624 |

为了从这些备选五个方案中选出最佳方案，价值工程人员从技术与经济二者综合的角度来确定最合理方案。为此，价值工程人员按照下述步骤进行综合评价分析：

第一步，计算各方案的功能系数。其结果见表 7-25。

第二步和第三步，计算各方案的成本系数与价值系数。其结果见表 7-26。

最后，根据价值系数大小选择最优方案，例中方案 B 价值系数最高为 1.112，故方案 B 为最优方案。

**表 7-25　功能评价系数计算**

| 评价系数 | | 方案满足分数 | 方案名称 | | | | |
|---|---|---|---|---|---|---|---|
| 功能因素 | 重要系数 Φ | | A | B | C | D | E |
| $F_1$ | 0.406 | S | 10 | 10 | 9 | 9 | 10 |
| $F_2$ | 0.161 | | 10 | 9 | 10 | 10 | 9 |
| $F_3$ | 0.042 | | 9 | 8 | 9 | 10 | 9 |
| $F_4$ | 0.201 | | 9 | 9 | 8 | 8 | 9 |
| $F_5$ | 0.037 | | 7 | 6 | 7 | 6 | 6 |
| $F_6$ | 0.034 | | 9 | 7 | 8 | 6 | 7 |
| $F_7$ | 0.022 | | 7 | 7 | 7 | 7 | 7 |
| $F_8$ | 0.066 | | 9 | 6 | 8 | 7 | 7 |
| $F_9$ | 0.031 | | 9 | 7 | 8 | 7 | 7 |
| 方案总分 | | $\sum \Phi S$ | 9.449 | 8.881 | 8.912 | 8.553 | 8.990 |
| 功能评价系数 | | | 0.211 | 0.198 | 0.199 | 0.191 | 0.201 |

**表 7-26　功能评价系数计算**

| 方案名称 | 单方造价 | 成本系数 | 功能系数 | 价值系数 | 最优方案 |
|---|---|---|---|---|---|
| A | 784 | 0.234 2 | 0.211 | 0.901 | √ |
| B | 596 | 0.178 0 | 0.198 | 1.112 | |
| C | 740 | 0.221 0 | 0.199 | 0.900 | |
| D | 604 | 0.180 4 | 0.191 | 1.059 | |
| E | 624 | 0.186 4 | 0.201 | 1.078 | |
| 合　计 | 3 348 | 1.000 0 | 1.000 | — | — |

## 复习思考题

7-1　什么是价值工程？“价值”的含义是什么？提高建筑产品价值有哪些途径？价值工程有哪些特点？

7-2　价值工程有哪些实施步骤？

7-3　选择价值分析对象的一般原则有哪些？常用哪些方法？

7-4　如何应用不均匀分布定律法、价值系数法和比重分析法？

7-5　某预制构件厂生产 A、B、C、D 四种产品，其年成本分别为 50 万元、30 万元、20 万元、10 万元；其利润相应地分别为 11.5 万元、5.0 万元、6.0 万元、2.5 万元。试做开展价值工程活动的对象选择。

7-6　某项工程材料费用的组成项目见表 7-27。

**表 7-27　某项工程材料费用的组成项目表**

| 序　号 | 材料名称 | 金额(千元) | 序　号 | 材料名称 | 金额(千元) |
|---|---|---|---|---|---|
| 1 | 木材 | 113.75 | 7 | 条石 | 13.80 |
| 2 | 水泥 | 92.95 | 8 | 胶合板 | 12.50 |
| 3 | 砖 | 93.60 | 9 | 石灰 | 2.43 |
| 4 | 钢材 | 68.76 | 10 | 落水管 | 7.50 |
| 5 | 碎石 | 25.80 | 11 | 白石子 | 4.20 |
| 6 | 砂 | 23.00 | 12 | 其他<br>(油漆、钉等 20 项) | 19.87 |

试选择开展价值工程降低费用的对象。

7-7　某项工程项目施工费用组成见表 7-28。

**表 7-28　某项工程项目施工费用组成表**

| 项目名称 | 直接费 | 人工费 | 施工管理费 | 机械台班费 | 人力运输费 | 合　计 |
|---|---|---|---|---|---|---|
| 费用(万元) | 34.60 | 8.47 | 11.09 | 0.52 | 1.04 | 55.72 |

7-8　某建筑工程各分部工程用“04”评分法得到评分值及其预算费用见表 7-29。试问:如何选择降低成本对象？若要求总成本在预算费用基础上降低 20%,又问各分部工程各降低成本应该是多少？

**表 7-29　某建筑工程各分部工程评分值及其预算费用表**

| 分部工程名称 | A | B | C | D | E | F | 评分值 | 预算费用(元) |
|---|---|---|---|---|---|---|---|---|
| 基础工程　A | × | 2 | 2 | 2 | 3 | 3 | 12 | 7 273 |
| 内外墙身工程　B | 2 | × | 2 | 2 | 3 | 3 | 12 | 25 457 |
| 楼地面工程　C | 2 | 2 | × | 2 | 3 | 3 | 12 | 25 014 |
| 屋面工程　D | 2 | 2 | 2 | × | 3 | 3 | 12 | 7 155 |
| 装修工程　E | 1 | 1 | 1 | 1 | × | 2 | 6 | 5 359 |
| 门窗工程　F | 1 | 1 | 1 | 1 | 2 | × | 6 | 12 652 |
| 合　计 | | | | | | | 60 | 82 910 |

7-9　某大桥工程以低标 540 万元中标,经用价值工程 ABC 分析法找到 A 类费用是基础工程中的方桩,打入方桩预制 41.5 万元,每根方桩 500 元。预制方桩工序的功能评分及目前成本见表 7-30。

**表 7-30　预制方桩工序的功能评分及成本表**

| 序　号 | 工序名称 | 功能评分 | 目前成本(元) |
|---|---|---|---|
| 1 | 钢筋加工成型 | 21 | 280 |
| 2 | 模型加工制作 | 3 | 30 |
| 3 | 混凝土灌注 | 12 | 150 |
| 4 | 养护及拆模 | 2 | 20 |
| 5 | 场地清理 | 2 | 20 |
| 总　计 | | 40 | 500 |

若要求每根方桩成本降至 450 元,问应从哪些工序着手？成本降低期望值是多少？

7-10　某工程有 A、B 两个方案，按表 7-31 中四个指标，用 DARE 法比较两方案的优劣。已知各方案对各指标的满足程度系数($S_{ij}$)见表 7-31。

**表 7-31　预制方桩工序的功能评分及成本表**

| 方案 | | 指标 | | | |
|---|---|---|---|---|---|
| | | 1. 预算造价 | 2. 平面布置 | 3. 能源消耗 | 4. 建筑自重 |
| $S_{ij}$ | A | 0.4 | 0.45 | 0.6 | 0.65 |
| | B | 0.6 | 0.55 | 0.4 | 0.35 |

各指标的重要性互比值见表 7-32(从右往左比较)。

**表 7-32　各指标的重要性互比值表**

| 指标代号 | 1 | 2 | 3 | 4 |
|---|---|---|---|---|
| 重要性互比值 | 1 | 0.5 | 2 | — |

试列表计算各指标的重要程度系数 $W_i$，并计算 $A_j$ 值，最后给出结论。

# 第八章　工程项目招标和投标

**本章提要**：本章主要介绍工程承发包内容和方式以及工程项目招标和投标的基本概念、基本方法与主要内容。

1. 工程项目承包内容和方式的基本概念。包括工程承包的概念、承包的方式、国外工程承包方式等。

2. 工程项目招标。包括招标投标的起源与发展、工程招标投标的基本概念、工程招标投标承包制的意义、工程招标分类与招标方式、工程招标程序及工作内容、工程招标标底及招标文件等。

3. 工程勘测设计招标与投标。包括可行性研究和设计任务书的发包与承包、勘测设计招标与投标、工程设计招标竞赛、设备和材料供应招投标等。

4. 工程施工招标。包括投标组织、施工招标程序和工作内容、工程项目招标投标工作全过程实例等。

## 第一节　工程项目承包内容和方式

### 一、工程承包的概念

#### （一）工程承发包的概念

工程承发包是一种商业交易行为。它是指作建筑企业（承包商）作为承包人（称为乙方），建设单位（业主）作为发包人（称为甲方），由甲方把建筑安装工程任务委托给乙方，而且双方在平等互利的基础上签订工程合同，明确各自的经济责任、权利和义务，以保证工程任务在合同造价内按期按质的全面完成。其工程承发包方法有：

1. 指令方法。由国家对发包者、承包者同时下达指令，而且指定承包者，适用于重点工程。

2. 协议方法。包括独家协议，即发包者与某一家承包者协商承包。

3. 招标方法。召集 3 个以上的承包单位进行承包竞争，发包者择优选定。

工程承包是经营方式的一种。从工程施工的角度看，是指建筑企业向建设单位（业主）或施工服务对象，提供建筑工程产品或服务的方式，即指企业获得任务的方式。就经营方式而言，在实际工作中是多种多样的，如商品化经营方式、综合开发方式及承包方式等。而承包方式是最基本、采用最多且历史也最悠久的一种。

### （二）工程承包的范围

工程项目的整个建设过程，可以分为可行性研究、设计任务书、勘察设计、材料及设备采购供应、工程施工、生产准备和竣工验收等阶段。工程承包的范围，就其总体而言，就是整个建设过程各个阶段的全部工作，即包括：(1)可行性研究；(2)编制设计任务书；(3)工程勘察设计；(4)设备及材料采购供应；(5)工程施工；(6)生产职工培训；(7)工程项目管理等。对一个承包单位来说，承包内容可以是建设过程的全部工作，也可以是某一阶段的全部或一部分工作。

### （三）我国工程承包业务的形成与发展过程

我国建筑工程承包业务的形成与发展大致可以划分为以下 4 个阶段：

1. 新中国成立前的引进学习阶段

新中国成立以前，我国建筑工程承包业务的形成来源于资本主义国家。从 19 世纪 80 年代起，在上海就陆续开办了一些营造厂（即建筑业）。不过那时的营造厂具有浓厚的封建性与买办性，实行的是层层转包的资本主义管理经营制度。由于资本主义市场竞争的出现，营造厂间的竞争日趋激烈，客观上促进了我国建筑业的发展。到 20 世纪初，我国建筑业已初步具有一般民用建筑设计与施工活动的能力。

2. 新中国成立初至改革开放以前的发展阶段

新中国成立以后，由于国家建设的需要，建筑业有了很大的发展。在第一个五年计划期间，工程承包实行了包工包料制度，在当时的历史条件下，虽然工程任务是以行政手段分配的，仍起了较大的积极作用，施工周期和工程质量都能达到国家要求，建筑设计和施工技术也都接近当时国际水平。

1958—1977 年期间，取消和废除了承包制、合同制、法定利润和甲乙方关系，建立了现场指挥部等管理体制，这实际上不承认建筑企业是一个物质生产部门，不承认建筑产品是商品，因此，施工企业成了来料加工、提供劳务的松散行业，这一时期施工企业处于徘徊不前的状态。

3. 改革开放以后的大发展阶段

1978 年至今，我国建筑业率先实行了全行业改革，恢复了建筑产品利润，实行了建设项目法人责任制、招标承包制、合同管理制、建设监理制、百元产值工资含量包干、经理（厂长）负责制及项目经理负责制，改革了材料供应体制和各种形式的内部承包责任制等。这些改革措施，有力地调动了施工企业和全体职工的积极性，向着现代化施工与管理的目标不断前进。

## 二、工程承包方式

### （一）工程承包方式分类

工程承包方式指的是承发包双方之间经济关系的形式。由于承包内容和具体环境的不同，承包方式是多种多样的。其分类如图 8-1 所示。

### （二）按承包范围（内容）划分承包方式

按承包范围即承包内容划分的承包方式，有建设全过程承包（统包）、阶段承包和专项（业）承包三种。

- 工程承包
  - 按承包范围(内容)分
    - 建设全过程承包(统包)
    - 阶段承包
      - 包工包料
      - 包工部分包料
      - 包工不包料
      - （以上为）施工阶段
    - 专项(业)承包
  - 按承包者所处的地位分
    - 总承包
    - 分承包
    - 独立承包
    - 联合承包
    - 直接承包
  - 按获得承包任务的途径分
    - 计划分配
    - 投标竞争
    - 委托(协商)承包
    - 指令承包
  - 按合同类型和计价方法分
    - 固定总价合同
    - 计量估价合同
    - 单价合同
      - 分部分项工程单价
      - 最终产品单价
      - 总价投标,单价结算
    - 成本加酬金合同
      - 成本加固定百分比的酬金
      - 成本加固定数额的酬金
      - 成本加浮动酬金
      - 目标成本加奖罚
    - 按投资总额或工作量承包计取酬金合同
    - 统包(交钥匙)合同

图 8-1　工程承包的分类图

1. 建设全过程承包

建设全过程承包也称“统包”,或“一揽子承包”,即通常所说的“交钥匙”。采用这种承包方式,建设单位一般只需要提出使用要求和竣工期限,承包单位即可对项目建议书、可行性研究、勘察设计、设备询价与选购、材料订货、工程施工、职工培训,直至竣工投产,实行全面的总承包,并负责对各项分包任务进行综合管理协调和监督工作。为了有利于建设和生产的衔接,必要时也可以吸收建设单位的部分力量,在承包公司的统一组织下,参加工程建设的有关工作。

这种承包方式要求承包双方密切配合;涉及决策性质的重大问题仍应由建设单位或其上级主管部门做最后的决定。该方式适用于各种大中型建设项目。好处是可以积累建设经验和充分利用已有的经验,节约投资、缩短建设工期并保证建设的质量,提高经济效益。当然,也要求承包单位必须具有雄厚的技术经济实力和丰富的组织管理经验。适应这种要求,国内外一些大承包商往往和勘察设计单位组成一体化的承包公司,或者更进一步扩大到若干专业承包商和器材生产供应厂商,形成横向的经济联合体。这是建筑业一种新的发展趋势。

2. 阶段承包

阶段承包的内容是建设过程中某一阶段或某些阶段的工作。例如可行性研究或设计任务书、勘察设计、建筑安装施工等。在施工阶段,还可依承包内容的不同,细分为三种方式:

(1)包工包料。即承包工程施工所用的全部人工和材料。这是国际上采用较为普遍的施工承包方式。

(2)包工部分包料。即承包者只负责提供施工的全部人工和一部分材料,其余部分则由建设单位或总包单位负责供应。我国多年来实行的施工单位承包全部用工和地方材料,建设单位负责供应统配和部分材料以及某些特殊材料,就属于这种承包方式。

(3)包工不包料。即承包人仅提供劳务而不承担供应任何材料的义务。目前在国内外的建筑工程中都存在这种承包方式。

3. 专项承包

专项承包的内容是某一建设阶段中的某一专门项目,由于专业性较强,多由有关的专业承包单位承包,故又称专业承包。例如可行性研究中的辅助研究项目,勘察设计阶段的工程地质勘察、供水水源勘察、基础或结构工程设计、工艺设计、供电系统、空调系统及防灾系统的设计,建设准备过程中的设备选购和生产技术人员培训,以及施工阶段的深基础施工、金属结构制作和安装、通风设备安装和电梯安装等。

### (三)按承包者所处地位划分承包方式

在工程承包中,一个建设项目上往往有不止一个的承包单位。不同承包单位之间、承包单位与建设单位之间的关系不同,所处地位不同,也就形成不同的承包方式。主要有下列 4 种:

1. 总承包

一个建设项目建设全过程或其中某个阶段的全部工作,由一个承包单位负责组织实现。这个承包单位可以将若干专业性工作交给不同的专业承包单位去完成,并统一协调和监督它们的工作。在一般情况下,建设单位仅同这个承包单位发生直接关系,而不同各专业承包单位发生直接关系。这样的承包方式称为总承包。承担这种任务的单位称为总承包单位,或简称总包,通常有咨询公司、勘察设计机构、一般土建公司以及设计施工一体化的大型建筑公司等。

我国新兴的工程承包公司也是总包单位的一种组织形式。

2. 分承包

分承包简称分包,是相对总承包而言的,即承包者不与建设单位发生直接关系,而是从总承包单位分包某一分项工程(例如土方、模板、钢筋等)或某种专业工程(例如钢结构制作和安装、卫生设备安装、电梯安装等),在现场上由总包单位统筹安排其活动,并对总包负责。分包单位通常为专业工程公司,例如工业炉窑公司、设备安装公司、装修工程公司等。国际上现行的分包方式主要有两种:一种是由建设单位指定分包单位,与总包单位签订分包合同;另一种是总包单位自行选择分包单位签订分包合同。

3. 独立承包

独立承包是指承包单位依靠自身的力量完成承包的任务,而不实行分包的承包方式。通常仅适用于规模较小、技术要求比较简单的工程以及修缮工程。

4. 联合承包

联合承包是相对于独立承包而言的承包方式,即由两个以上承包单位联合起来承包一项工程任务,由参加联合的各单位推定代表统一与建设单位签订合同,共同对建设单位负责,并协调它们之间的关系。但参加联合的各单位仍是各自独立经营的企业,只是在共同承包的工程项目上,根据预先达成的协议,承担各自的义务和分享各自的收益,包括投入资金数额、工人和管理人员的派遣、机械设备和临时设施的费用分摊、利润的分享以及风险的分担等。

该承包方式由于多家联合,资金雄厚,技术和管理上可以取长补短,发挥各自的优势,有能力承包更大的工程任务。同时由于多家共同作价,在报价及投标策略上互相交流经验,也有助于提高竞争力,较易中标。在国际工程承包中,外国承包企业与工程所在国承包企业联合经营,也有利于对当地国情民俗、法规条例的了解和适应,便于开展工作。

5. 直接承包

直接承包就是在同一工程项目上,不同的承包单位分别与建设单位签订承包合同,各自直接对建设单位负责。各承包商之间不存在总包、分包关系,现场协调工作可由建设单位自己去做,或委托一个承包商牵头去做,也可聘请专门的项目经理来管理。

### (四)按获得承包任务的途径划分承包方式

根据承包单位获得任务的不同途径,承包方式可划分为4种。

1. 计划分配

在计划经济体制下,由中央和地方政府的计划部门分配建设工程任务,由设计、施工单位与建设签订承包合同。在我国,这是计划经济条件下多年来采用的主要方式。

2. 投标竞争

通过投标竞争,优胜者获得工程任务,与建设单位签订承包合同。这是国际上通用的获得承包任务的方式。我国建筑业和基本建设管理体制改革的主要内容之一,就是从以计划分配工程任务为主逐步过渡到以在计划指导下实行投标竞争为主的承包方式。

3. 委托承包

委托承包也称协商承包,即不须经过投标竞争,而由建设单位与承包单位协商,签订委托其承包某项工程任务的合同。

4.获得承包任务的其他途径(如指令承包)

《中华人民共和国招标投标法》(简称《招投标法》)第六十六条规定:“涉及国家安全、国家秘密、抢险救灾或者属于利用扶贫资金实行以工代赈、需要使用农民工等特殊情况,不适宜进行招标的项目,按照国家有关规定可以不进行招标。”此外,依国际惯例,由于涉及专利权、专卖权等原因,只能从一家厂商获得供应的项目,也属于不适宜进行招标的项目。对于此类项目的实施,可以视不同情况,由政府主管部门以行政命令指派适当的单位执行承包任务,这是一种具有强制性的行政措施,仅适用于某些特殊情况;或由主管部门授权项目主办单位(业主)或听其自主,与适当的承包单位协商,将项目委托其承包。

### (五)按合同类型和计价方法划分承包方式

工程项目的条件和承包内容的不同,往往要求不同类型的合同和包价计算方法。因此,在实践中,合同类型和计价方法就成为划分承包方式的重要依据。

1. 固定总价合同

固定总价合同就是按商定的总价承包工程。它的特点是以图纸和工程说明书为依据,明确承包内容和计算包价,并一笔包死。在合同执行过程中,除非建设单位要求变更原定的承包内容,承包单位一般不得要求变更包价。这种方式对建设单位比较简便,因此为一般建设单位所欢迎。对承包商来说,如果设计图纸和说明书相当详细,能据以比较精确地估算造价,签订合同时考虑得也比较周全,不致有太大的风险,也是一种比较简便的承包方式。

如果图纸和说明书不够详细,未知数比较多,或者遇到材料突然涨价以及恶劣的气候等意外情况,承包单位须承担应变的风险;为此,往往加大不可预见费用,因而不利于降低造价,最终是对建设单位不利。这种承包方式通常仅适用于规模较小、技术不太复杂的工程。

2. 计量估价合同

计量估价合同以工程量清单和单价表为计算包价的依据。通常由建设单位委托设计单位或专业估算师提出工程量清单，列出分部分项工程量(例如挖土若干立方米，填土夯实若干立方米，混凝土若干立方米，墙面抹灰若干平方米等)，由承包商填报单价，再算出总造价。

因为工程量是统一计算出来的，承包商只要经过复核并填上适当的单价就能得出总造价。承担风险较小；发包单位也只要审核单价是否合理即可，对双方都方便。目前国际上采用这种承包方式的较多。我国的施工图预算也属于这种类型。

3. 单价合同

在没有施工详图就需开工，或虽有施工图而对工程的某些条件尚不完全清楚的情况下，既不能比较精确地计算工程量，又要避免凭运气而使建设单位和承包单位任何一方承担过大的风险，采用单价合同是比较适宜的。在实践中，这种承包方式可细分为三种：

(1)按分部分项工程单价承包

即由建设单位开列分部分项工程名称和计量单位，例如挖土方每立方米、混凝土每立方米、钢结构每吨等，然后由承包单位逐项填报单价；也可以由建设单位先提出单价，再由承包单位认可或提出修订的意见后作为正式报价，经双方磋商确定承包单价，然后签订合同，并根据实际完成的工程数量，按此单价结算工程价款。这种承包方式主要适用于没有施工图、工程量不明即须开工的紧急工程。

(2)按最终产品单价承包

就是按每平方米住宅、每平方米道路等最终产品的单价承包。其报价方式与按分部分项工程单价承包相同。这种承包方式通常适用于采用标准设计的住宅、中小学校舍和通用厂房等工程。但考虑到基础工程因条件不同而造价变化较大，我国按每一平方米单价承包某些房屋建筑工程时，一般仅指±0.000 标高以上部分，基础工程则按计量估价承包或分部分项工程单价承包。单价可按国家预算定额或加调价系数一次包死，也可商定允许随工资和材料价格指数的变化而调整。具体的调整办法在合同中明确规定。

(3)按总价投标和决标，按单价结算工程价款

该承包方式适用于设计已达到一定的深度，能据以估算出分部分项工程数量的近似值，但由于某些情况不完全清楚，在实际工作中可能出现较大变化的工程。例如在铁路或水电建设中的隧洞开挖，就可能因反常的地质条件而使土石方数量产生较大的变化。为了使承发包双方都能避免由此而来的风险，承包单位可以按估算的工程量和一定的单价提出总报价，建设单位也以总价和单价为评标、决标的主要依据，并签订单价承包合同。随后，双方即按实际完成的工程数量与合同单价结算工程价款。

4. 成本加酬金合同

该承包方式的基本特点是按工程实际发生的成本(包括人工费、材料费、施工机械使用费、其他直接费和施工管理费以及各项独立费，但不包括承包企业的总管理费和应缴所得税)，加上商定的总管理费和利润，来确定工程总造价。这种承包方式主要适用于开工前对工程内容尚不十分清楚的情况，例如边设计边施工的紧急工程，或遭受地震、战火等灾害破坏后需修复的工程。在实践中可有 4 种不同的具体做法。

(1)成本加固定百分数酬金

计算方法可用式(8-1)说明。

$$C=C_d(1+P) \tag{8-1}$$

式中 $C$——总造价;

$C_d$——实际发生的工程成本;

$P$——固定的百分数。

从式(8-1)中可以看出,总造价 $C$ 将随工程成本 $C_d$ 而水涨船高,显然不能鼓励承包商关心缩短工期和降低成本,因而对建设单位是不利的。现在这种承包方式已很少被采用。

(2)成本加固定酬金

工程成本实报实销,但酬金是事先商定一个固定数目。计算式为

$$C=C_d+F \tag{8-2}$$

式中,$F$ 代表酬金,通常按估算的工程成本的一定百分比确定,数额是固定不变的。这种承包方式虽然不能鼓励承包商关心降低成本;但从尽快取得酬金出发,承包商将会关心缩短工期,这是其可取之处。为了鼓励承包单位更好地工作,也有在固定酬金之外,再根据工程质量、工期和降低成本情况另加奖金的。在这种情况下,奖金所占比例的上限可大于固定酬金,以充分发挥奖励的积极作用。

(3)成本加浮动酬金

该承包方式要事先商定工程成本和酬金的预期水平。如果实际成本恰好等于预期水平,工程造价就是成本加固定酬金;如果实际成本低于预期水平,则增加酬金;如果实际成本高于预期水平,则减少酬金。这三种情况可用算式表示如下:

$$\text{如果 } C_d=C_0,\text{则 } C=C_d+F \tag{8-3}$$

$$C_d<C_0,C=C_d+F+\Delta F \tag{8-4}$$

$$C_d>C_0,C=C_d+F-\Delta F \tag{8-5}$$

式中 $C_0$——预期成本;

$\Delta F$——酬金增减部分,可以是一个百分数,也可以是一个固定的绝对数。

采用这种承包方式,通常规定,当实际成本超支而减少酬金时,以原定的固定酬金数额为减少的最高限度。也就是在最坏的情况下,承包人将得不到任何酬金,但不必承担赔偿超支的责任。

从理论上讲,这种承包方式既对承发包双方都没有太多风险,又能促使承包商关心降低成本和缩短工期;但在实践中估算预期成本比较困难,所以要求当事双方具有丰富的实践经验。

(4)目标成本加奖罚

在仅有初步设计和工程说明书即迫切要求开工的情况下,可根据粗略估算的工程量和适当的单价表编制概算,作为目标成本;随着详细设计逐步具体化,工程量和目标成本可加以调整,另外规定一个百分数作业酬金;最后结算时,如果实际成本高于目标成本并超过事先商定的界限(例如5%),则减少酬金,如果实际成本低于目标成本(也有一个幅度界限),则加给酬金。用算式表示如下:

$$C=C_d+P_1\times C_0+P_2(C_0-C_d) \tag{8-6}$$

式中 $C_0$——目标成本;

$P_1$——基本酬金百分数;

$P_2$——奖罚百分数。

此外,还可另加工期奖罚。

这种承包方式可以促使承包商关心降低成本和缩短工期,而且目标成本是随设计的进展而加以调整才确定下来的,故建设单位和承包商双方都不会承担多大风险;这是其可取之处。

当然也要求承包商和建设单位的代表都须具有比较丰富的经验。

5. 按投资总额或承包工作量计取酬金的合同

这种承包方式主要适用于可行性研究、勘察设计和材料设备采购供应等项承包业务。例如，按我国现行规定，工业建设项目的设计费控制在概算投资的2%以内，民用建设项目的设计费控制在概算投资的1.5%以内，采用标准设计的项目设计费率应低0.5%；勘察费按完成的工作量和相应的费用定额计取；物资承包公司供应材料按材料价款的8‰计取承包业务费；设备采购按其总价的1%计取承包业务费。承包可行性研究和设计任务书的计费方法可根据委托单位的要求和所提供的资料情况，拟定工作项目，估计完成任务所需各种专业人员的数目和工作时间，据以计算工资、差旅费以及其他各项开支，再加企业总管理费，汇总即得出承包费用总额。

6. 统包合同

统包合同即“交钥匙”合同，其内容见“建设全过程承包”部分。下面说明达成统包合同和确定承包价的一般步骤。

第一步，建设单位委托承包商进行拟建项目的可行性研究；承包商在提出可行性研究报告的同时，提出初步设计和工程概算所需的时间和费用。

第二步，建设单位委托承包商作初步设计并着手施工现场的准备工作。

第三步，建设单位委托承包商作施工图设计并着手组织施工。

每一步都要签订合同，规定支付给承包商的报酬数额。由于设计是逐步深入，概预算是逐步完善的，而且建设单位要根据前一步工作的结果决定是否进行下一步工作，所以不大可能采用固定总价合同、计量估价合同或单价合同等承包方式；在实践中以采用成本加酬金合同者为多，至于采用哪一种成本加酬金合同，则根据实际情况由建设单位和承包商双方协商确定。

### （六）国内工程承包方式

我国目前工程承包方式分类如下：

1. 按工程造价承包分类

(1)工程概算包干

工程概算包干是以建设项目（或工程项目）的初步设计或扩大初步设计所计算的总概算（综合概算）或造价为依据，由施工企业在建设规模、建设投资、建设工期、工程施工、工程质量、材料设备订购与消耗等方面对发包人实行总承包。

(2)施工图预算包干

它是指以单位工程施工图设计所计算的预算总造价为依据，由施工企业承包。这种承包方法是我国多年来承发包制的习惯做法，其具体承包方法有以下几种：

①以施工图预算为基础按实结算。这种方式是以施工图预算为依据，将工程施工中发生的设计变更增减、材料代换、基础工程量增减等费用，按实际发生的情况，在工程完工结算时一并进行调整或补充，并以此作为工程造价进行结算。

②按施工图预算加系数包干。这种承包方式是以单位工程施工图预算为依据，另按地区规定包干范围内的包干系数增收包干费，一次包死，超支或节余都不做调整。国家规定一般民用建筑按工程造价的3%收取包干费，工业建筑按工程总造价的5%收取包干费。重庆市规定不分民用建筑或工业建筑均按工程综合费的1.5%收取包干费。

③单方造价包干。这种方式是根据工程类型与结构特征，按每平方米建筑面积的预算造

价为依据实行包干,在地区规定的包干范围内一次包死,超支或节余也概不调整。这种承包方式适用于定型设计或标准设计的民用建筑工程,如城市居民区的住宅建设等。

2. 按承包工程范围分类

(1)建设工程总承包

它是指建设单位(业主)将整个建设工程发包给某个施工企业,实行总承包,且负责其整个承包范围内的工作。并在工程承包总投标的限额内,保证按期按质地完成。目前尚有以下两种主要承包方式:

①建设项目总承包。这种总承包方式是指承包企业对建设项目的可行性研究、设计任务书编制、工程勘察设计、主要材料与设备的订货、工程施工,直至交工验收、投产使用等建设全过程的总承包,并负责工程任务的分包,以及整个建设项目的综合协调管理与监督工作。分包企业对总包企业负责,总包企业对建设单位负责。

②建筑安装工程总承包。这种总承包方式是我国多年来常用的一种承包方式,是指建筑安装企业对建设项目中的建筑安装工程任务实行总承包。负责整个建筑安装工程施工及管理工作。该方式一般是以土建施工企业为总包,并对自身无力完成的工程任务可分包给安装企业、机械化施工企业及其他施工企业去完成,并签订总包和分包合同,以明确双方的责任、权利和义务、保证整个建筑安装工程的顺利完成。

(2)专业工程承包

由于建筑施工生产社会化、专业化的不断发展,将许多具有专业性强的工程任务,分包给专业施工企业去完成。如安装工程、机械化施工工程(大型土石方、结构吊装等),基础和打桩工程、高级装饰工程等;这些专业化施工企业承包本专业的工程任务,其承包方法可以直接由建设单位承包,也可以对总包企业承包工程实行分包。

### (七)国外工程承包方式

国外工程承包方式,按工程承包范围分类基本上与我国相同。从国外工程承包情况看,由于社会化、专业化大生产的不断发展,各种专业承包公司越来越多,专业分工越细,工艺专业化发展也就越快。因此,国外专业化承包公司比我国要多一些,有的国家以工种分工,这样专业化承包公司就更多了,其工程承包方式也就具有多种类型的特点。从工程造价分类看,主要有如前所述的三种类型:一是固定总价承包形式;二是计量定价承包方式;三是成本加酬金承包方式。

# 第二节　工程项目招标

## 一、工程招投标概述

### (一)招标投标的起源与发展

招标投标最早起源于英国,产生于资本主义社会。资本主义国家的购买市场按购买人的标准可划分为公共市场和私人市场,而采购行为也可分为公共采购行为和私人采购行为。私人采购的方法和程序一般不受约束,而政府机构和公用事业部门进行采购的开支主要来源于税收,即公共采购动用的是财政预算资金,它基本是来自千千万万的纳税人。因此,如何管好纳税人的钱是涉及对公众负责的根本问题。政府和公用事业部门有义务保证其采购行为合理、有效，保证其采购行为公开、透明，在这种背景下，招标投标便应运而生。英国1782年首先设立了皇家文具公用局，它作为办公用品采购的官方机构，采用了公开招标这种形式。该部门发展成为物资供应部，专门负责采购政府各部门所需物资。此后，很多国家都相继成立了专门的机构或通过专项法律，以确定招标采购的重要地位。

招标投标在许多国家得到发展。美国在1861年制定的一项法案要求每一项采购至少要有三个投标人。1868年国会又通过立法确立公开开标和公开授予合同的程序。1947年，美国又以《武装部队采购法》确立了国防采购的方法和程序。1949年又通过《联邦财产与行政服务法》，该法为联邦服务总署提供了采购政策和方法。美国采购制度一贯奉行维护采购信誉、保持采购制度的透明度和展开充分部分三大思想。英国政府采购是在政府政策、预算控制、个人责任和议会的监控的前提下进行的。因此，招标竞争是政府采购的核心原则。法国、比利时、瑞士、韩国、日本等许多国家的法规中都有关于招标投标的详细规定。

从世界经济发展的趋势看，随着国际分工在世界领域的发展，各国经济互相依赖的加强，国际招标投标在世界经济中的地位日益突出，越来越多的国家以此作为改善本国进出口贸易的有效手段和开展国际经济合作的有效方法，这样也使以招标方式交易的物资、工程和服务普遍增加。

1977年，国际咨询工程师协会（Féderation Internationale Des Ingénieurs－Conseils，FIDIC，1913年在英国成立，中国于1996年正式加入）和欧洲建筑工程国际工程师联合会以各国实践为基础，编制了《土木工程国际通用合同条件》（简称《合同条件》）。该《合同条件》以招标承包制为基础，规定了工程承包过程中的管理条件，已被广泛应用于国际建筑工程市场。

FIDIC于1999年出版的四种新版的《合同条件》，继承了以往《合同条件》优点，在内容、结构和措辞等方面做了较大修改、重大调整。2002年，中国工程咨询协会经FIDIC授权将新版《合同条件》译成中文本。FIDIC合同条件四种新版的合同条件及其适用范围为：

（1）《施工合同条件》（Conditions of Contract for Construction），简称"新红皮书"。该文件推荐用于有雇主或其代表——工程师设计的建筑或工程项目，主要用于单价合同。通常由工程师负责监理，由承包商按照雇主提供的设计施工，但也可包含由承包商设计的土木、机械、电气和构筑物的某些部分。

（2）《生产设备和设计——施工合同条件》（Conditions of Contract for Plant and Design－Build），简称"新黄皮书"。该文件推荐用于电气和（或）机械设备供货和建筑或工程的设计与施工，通常采用总价合同。由承包商按照雇主的要求，设计和提供生产设备和（或）其他工程，可以包括土木、机械、电气和建筑物的任何组合，进行工程总承包。但也可对部分工程采用单价合同。

（3）《设计采购施工（EPC）/交钥匙工程合同条件》（Conditions of Contract for EPC/Turnkey Projects），简称"银皮书"。该文件可适用于以交钥匙方式提供工厂或类似设施的加工或动力设备、基础设施项目或其他类型的开发项目，采用总价合同。这种合同条件下，项目的最终价格和要求的工期具有更大程度的确定性；由承包商承担项目实施的全部责任，雇主很少介入。即由承包商进行所有的设计、采购和施工，最后提供一个设施配备完整、可以投产运行的项目。

（4）《简明合同格式》（Short Form of Contract），简称"绿皮书"。该文件适用于投资金额较小的建筑或工程项目。根据工程的类型和具体情况，这种合同格式也可用于投资金额较大的工程，特别是较简单的、或重复性的、或工期短的工程。在此合同格式下，一般都由承包商按照雇主或其代表——工程师提供的设计实施工程，但对于部分或完全由承包商设计的土木、机械、电气和(或)构筑物的工程，此合同也同样适用。

1983年6月7日城乡建设环境保护部(现建设部)发布了建设工程招标投标的第一个部门规章——《建筑安装工程招标投标试行办法》，这也是我国第一个对招标投标做出比较详尽规定的办法；1984年9月国务院颁布了《关于改革建筑业和基本建设管理体制若干问题的暂行规定》；1984年11月国家计委、城乡建设环境保护部又联合颁布了《建设工程招标投标暂行规定》；1992年12月30日建设部发布实施了《工程建设施工招投标管理办法》；第九届全国人大常务委员会于1999年8月30日审议通过了《中华人民共和国招标投标法》，并于2000年1月1日起在全国范围内施行。可见，我国在工程项目上推行招投标制已经有40多年的历史。

根据原七部委(国家发展和改革委员会、工业和信息化部、财政部、住房和城乡建设部、交通运输部、铁道部、水利部、国家广播电影电视总局、中国民用航空局)〔2003〕30号令发布的《工程建设项目施工招标投标办法》(简称《招投标办法》，2003年5月1日施行，2013年月1日修改实施)，对建设单位及建设项目的招标条件作了明确规定，其目的在于规范招标单位的行为，确保招标工作有条不紊地进行，稳定招投标市场秩序。

随着建筑业改革的深入，各地都建立了专门的招投标管理机构，制定了招标投标管理办法，在建筑市场中建立起了竞争机制。招投标是具有完善机制的、科学合理的工程承发包方法，是一百多年来在国际上采用的比较完善的工程承发包方式。通过参加招投标取得工程项目的建设任务，是施工企业打入国内与国际市场的主要途径。招标投标关系到建筑企业未来的生存和发展。实行工程建设招投标是培育和发展建筑市场的主要环节，对振兴和发展建筑业及促进我国社会主义市场经济体系的完善具有十分重要的意义。

### (二)工程招标投标概念

1. 招标

工程招标是指工程建设单位(业主)就拟建工程的规模、等级、设计图纸、质量标准等有关条件，公开或非公开地邀请投标人报出工程价格，在规定的日期开标，从而择优选定工程承包者的过程。

工程招标是从工程项目投资者——业主的角度所揭示的招投标的过程，亦可理解为业主通过竞争的手段，通过审查、评比、选定等活动，在众多的自愿参加者中择优选择承包商的市场交易行为。

2. 标底

标底就是建设单位招标时，对拟建的工程项目由自己或委托设计单位或咨询公司，依据工程内容及有关规定计算出建成这项工程所需的造价。标底一般按概算和预算资料，再综合考虑不可预见费，按工程的价值价格，并考虑承包者的一定利润，进行估算。标底一般作为选定中标单位的一个重要参考指标。明标招标时，标底在招标文件中明确公布，暗标招标时，标底在开标前应严格保密。每一个招标项目只允许有一个标底。

3. 投标

工程投标，就是承包单位在同意建设单位拟定的招标文件所提出的各项条件的前提下，对招标项目进行报价。投标单位获得投标资料以后，在认真研究招标文件的基础上，掌握好价格、工期、质量、物资等几个关键因素，根据建设单位的要求和条件，在符合招标项目质量要求的前提下，对招标项目估算价格，并在规定的期限内向招标单位递交投标资料，争取“中标”，这个过程就是投标。

4. 报价

报价即标价，是投标者承包工程的预算造价，它是投标能否取胜的一个重要指标，在一项工程投标之前，由投标人根据标书、图纸等招标文件并进行现场勘察后进行计算。一般情况下，可根据施工图预算并考虑各种管理费、不可预见费以及利润来计算标价。

5. 开标

开标是指招标单位在规定的地点和时间内，在有投标者出席的情况下，当众公开拆开标书（即投标函件），宣布投标者的名称、投标价格等主要内容，这个过程称为开标。开标应当在法律保障和通过公证员监督下进行。开标一般有以下三种方式：

(1)在有投标单位自愿参加的情况下，公开开标，不当场宣布中标结果；

(2)在公证人的监督下，公开开标，当场宣布与确定预选中标单位；

(3)在有投标单位自愿参加的情况下，公开开标，当场确定中标单位。

6. 评标(议标)

评标又称议标，就是指招标单位按照招标文件的要求，由专门的评标委员会，对各投标单位所报送的投标资料进行全面审查，择优选定中标单位，这个过程称为评标。评标是一项比较复杂的工作，要求有生产、质量、检验、供应、财务、计划等各方面的专业人员参加，对各投标单位的信誉、技术、质量、价格、限期等条件，进行综合分析和评比，根据招标单位的要求，择优评出中标单位。中标单位的评定办法一般有以下三种：

(1)全面评比、综合分析条件，最优者为中标单位；

(2)按各项指标打分评标，以得分最高者为中标单位；

(3)以能满足招标单位的侧重条件，如工期短、或报价低等，选定中标单位。

7. 中标(得标)

当招标单位以中标通知书的形式，正式通知投标单位得了标，作为投标者来说是中标；就招标者来说则是接受了投标者的标。在开标以后，经过评标，择优选定的投标单位，就称中标单位，在国际工程招标投标中，称之为成功的投标者。

### (三)工程招标投标承包制的意义

工程建设实行招标承包制是我国工程建设事业改革的需要。

招标投标承包制，不仅在理论上符合商品经济和价值规律的基本原理，且实践证明，实行招标投标承包制可以确保工程质量、缩短建设工期、降低工程造价、提高投资效益、保护公平竞争。

工程招标投标承包制的优点具体体现在以下几个方面：

1. 促使建设单位按基本建设程序办事

招标单位只有具备了招标条件，才允许进行招标活动，因此，建设单位必须按基本建设程序办事，认真做好项目的前期准备工作。从根本上根除“边勘察、边设计、边施工”的“三边工程”做法。

2. 可以缩短建设工期

招标文件中把建设工期以合同的形式固定下来，中标者若延误工期将负责赔偿业主的损失；反之，若中标者缩短工期则可能得到奖励，这样，就促使承包单位按期完工或提前竣工。

3. 可以降低工程造价

实行工程招标制以前，工程任务只能由本系统有关部门承担，“一家独揽”，没有竞争压力。

施工部门在工程施工中习惯于敞开口花钱或在编制预算时多加“水分”,以便“宽打窄用”。实行招标投标承包制后,施工企业尽全力挖掘潜力,降低报价,争取中标。这对于建设单位来说,有效地降低了工程造价。同时,也促使建设单位加强资金管理,抑制预算超概算、决算超预算的不良做法,促使建筑工程按经济规律办事提高经济效益。

4. 提高了工程质量

招标文件中明确提出了各项工程应达到的质量标准和验收办法,中标者不仅要尽量满足建设单位的质量要求,有时为了获得投标竞争的胜利,还主动提高质量标准。在中标后执行合同的过程中,中标者仍很重视工程质量,其原因有二:一是为了避免因质量不合格返工而造成的经济损失;二是建立良好的信誉,为今后投标竞争的获胜奠定基础。因此,在实行招标投标制以后,工程质量事故明显减少,工程质量普遍提高。

5. 有利于采用、推广、发展新技术和现代化的科学管理经验

投标者为了缩短工期、保证工程质量、降低工程造价以提高竞争力,就必须积累和完善现代化管理经验,否则很难达到上述目的。

6. 简化了经济结算手续,提高了工作效率

实行招标承包制以前,建设单位和承包单位甲乙双方为编制、审查预算和办理完工结算经常扯皮;实行招标承包制后,标价和工程款的支付办法,均按招标文件规定办理,减少了扯皮现象,提高了工作效率。

7. 促进承包队伍素质的不断提高

工程施工的招标承包,打破了地区、行业、单位之间的界限。这样,每项工程招标时,都可能有很多单位参加投标,从而引入竞争机制。这就迫使工程承包单位必须全面提高承包队伍的全员素质,才有竞争力,否则很难中标,即使“中了标”也很难获得理想的经济效益。

8. 国家、集体和个人的收入都明显增加,调动了各方面的积极性

实行招标投标承包制,作为建设单位,选择价格合理的承包单位为国家节省了投资;作为承包单位,按固定总价或固定单价承包工程,在履行合同中将尽最大努力加强管理、节省开支、力求获得最大程度的利润。由此可见,实行招标承包制,国家、集体和个人的收入均有明显增加,调动了各方面的积极性。

### (四)工程招标投标的特点

建筑产品是商品,实行公开买卖,就要有竞争,要使价值规律对建筑产品价格起调节作用,那就必须让企业生产产品的个别价格到市场上衡量。如果中标,也就是该建筑企业的产品的个别价格得到了社会承认,这样使企业的发展取决于市场的吸引力,不取决于行政的推动力。

招标投标是建筑业的主要竞争形式。能否正确报价,能否正确组织利用技术经济情报资料,不断开拓新技术,改善经营管理,是承包商生死攸关的问题。这是商品生产经营共有的规律,各国可以相互学习、借鉴。但是,在不同的社会制度下,竞争的目的、性质、范围和手段也不同。资本主义竞争有它的破坏性,是尔虞我诈的、你死我活的竞争。我国利用竞争发展生产,用招标投标法限制它的破坏性方面,利用积极的一面,是企业择优发展的手段,在社会主义制度下,建筑工程招标投标的竞争有如下特点:

(1)我国的招标投标是在国家宏观指导下,在政府监督下的竞争。招标投标活动及其当事人应当接受依法实施的监督。建筑工程的投资受国家宏观计划的指导,建设投资必须列入国家固定资产投资计划。工程的造价在国家允许的范围内浮动。

(2)投标是在平等互利的基础上进行的。在国家招标投标法的约束下,各建筑企业以平等的法人身份展开竞争,这种竞争是社会主义商品生产者之间的竞争,不存在根本利益上的冲突。为了防止竞争中可能出现不法行为,我国政府颁布了招标投标法、招标投标条例等,详细规定了具体做法及行为原则。

(3)竞争的目的是互相促进,共同提高建筑企业之间的投标竞争,可使建筑企业改善和加强经营管理,增强管理储备和企业弹性,使企业择优发展。

(4)招标投标受计划价格指导。我国定标的标价,一般控制在已经审定的以标底为基数的上下限范围内。其标底的计算仍以施工图预算(或概算)为主,实际上即以计划价格为指导定标。其目的是保护建筑企业的合理经济利益。

## 二、工程招标分类与招标方式

### (一)工程招标的分类

招标是国际承包市场上普遍采用的一种方式,不仅工程施工,就连设计、设备材料的采购甚至整个项目,也大都采用招标。根据不同的分类方式,工程项目招标具有不同的类型。

1. 按工程项目建设程序分类

工程项目建设过程可分为建设前期阶段、勘察设计阶段和施工阶段。因而,工程项目招标的形式可以分为工程项目开发招标、工程勘察设计招标、工程施工招标三种类型。

(1)工程项目开发招标

这种招标是业主为选择科学、合理的投资开发建设方案,为进行项目的可行性研究,通过投标竞争寻找满意的咨询单位的招标。投标人一般为工程咨询单位。中标单位最终的工作成果("标底")是项目的可行性研究报告。中标的工程咨询单位必须对自己提供的研究成果认真负责,并得到业主的认可、同意、承诺。

(2)工程勘察设计招标

工程勘察设计招标是通过可行性研究报告所提出的项目设计任务书,择优选择勘察设计单位。其"标底"是勘察和设计成果。勘察和设计是两件不同性质的具体工作,不少工程项目是分别由勘察单位、设计单位分别进行的。铁路、公路及道路工程包括线路、路基、路面、桥涵、防护、监控通信等方面的勘察设计。

(3)工程施工招标

工程施工招标是在工程项目的初步设计或施工图设计完成后,用招标的方式进行选择施工单位。其标底是向建设单位(招标者)交付按设计规定的完整的建筑产品。可将整个工程作为一个整体一次发包,也可把全部工程分解成几个独立段落或几个独立的项目进行招标。

2. 按工程承包的范围分类

(1)项目总承包招标

即选择项目总承包人的招标。这种招标形式可分为两种类型:一种是工程项目实施阶段的全过程进行招标;另一种是工程项目建设全过程招标。前者是在设计任务书完成后,从项目勘察、设计到交付使用进行一次性招标;后者则是从项目的可行性研究到交付使用进行一次性招标,业主提供项目投资和使用要求及竣工、交付使用期限,其可行性研究、勘察设计、材料和设备采购、施工安装、生产准备和试生产、交付使用,均由一个总承包商负责承包,即所谓的"交钥匙工程"。

我国由于长期采取设计与施工分开的管理体制,目前具备设计、施工双重能力的建筑企业为数较少。因而在国内工程招标中,所谓项目总承包招标往往是指施工过程的总承包招标,与国际惯例所指的总承包尚有一定的差距。

(2)专项工程承包招标

是指在工程承包招标中,对其中某项比较复杂、施工和制作要求特殊的单项工程进行单独招标。

3. 按行业类别分类

即按与工程建设相关的业务性质进行分类的招标方式。按不同的业务性质,可分为:

(1)土木工程招标,包括道路、桥梁、厂房、写字楼、商店、学校、住宅等。

(2)勘察设计招标。

(3)货物采购招标,包括建筑材料和大型成套设备等的招标。设备和材料供应的招标投标程序比较简单。大宗交易通常采取公开招标方式,即由招标单位在报刊上发布招标通告,投标单位购买标书,按指定时间、地点投标报价,招标单位在预定的时间地点当场开标,当场决定中标单位,随后双方签订供货合同。小批器材供应,不值得公开招标,可采取比价方式选定供货单位。具体做法是由建设单位或委托咨询机构开列所需器材品名、规格、型号和数量,向若干家供应商发出询价函,要求他们在规定的期限内报价;收到供应商的报价单之后,经过比较,选定报价合理的厂商,签订供货合同。

(4)咨询服务招标,包括项目开发性研究、可行性研究、工程监理等。

(5)生产工艺技术转让招标。

(6)机电设备安装工程招标,包括大型电机、电梯、锅炉等的安装。

## (二)工程招标方式

建筑工程可以采取不同的招标方式。在实践中采用何种招标方式,则应由主持招标的单位根据工程的规模大小和专业性程度等具体条件选择,并必须在招标文件中明确规定。工程招标根据其资金来源和工程具体情况不同,分为国际招标和国内招标。国际、国内常用的招标方式有以下几种:

1. 公开招标

公开招标是一种无限竞争性招标。由招标单位通过报刊、广播、电视等新闻媒介公开发布招标广告,宣布招标工程项目的内容和要求。不受地区限制,各承包商凡是对此项目感兴趣者,一律机会均等,凡符合规定条件的承包商都可以自愿参加投标。

这种形式按其开标、决标的方式又可分为两种:一是公开招标和公开决标。它是在规定的时间和地点进行当众开标,宣读各承包商的标函及标书主要内容,公布中标条件和决定中标单位;另一种也是公开招标和当众开标,但不当场选定和公布中标单位。而是招标单位与有关部门对投标书进行审查、鉴别和比较,从中优选出3～5名投标人,作为预选的中标单位,然后再分别召集预选单位面对面地、具体的讨论与磋商,进行比较后,以书面形式通知中标者和其他落标者。

《招投标办法》:按照国家有关规定需要履行项目审批、核准手续的依法必须进行施工招标的工程建设项目,其招标范围、招标方式、招标组织形式应当报项目审批部门审批、核准。项目审批、核准部门应当及时将审批、核准确定的招标内容通报有关行政监督部门。

公开招标的优点是使招标单位有较大的选择范围,可在众多的投标单位之间选择报价合理、工期较短、信誉良好的承包商；其缺点是招标单位审查投标者资格及其标书的工作量比较大，招标费用支出也多；参加投标者越多其竞争愈激烈，中标的机会也愈小；少数承包人为了得标，故意采取压低报价的手段，力图排挤那些持严肃认真态度的承包单位。但是，只要认真对报价标书进行严格审查，这种形式仍是十分可取的。

2. 邀请招标

邀请招标是一种有限竞争性招标。由招标单位向预先选择的数目有限的承包商发出邀请信，邀请他们参加某项工程的投标竞争。它是根据见闻、经验和情报资料而获得这些承包商的能力资信状态，加以选择后，以发招标邀请书来进行的。同样进行资格预审等程序，经过标书评审择优选定中标单位和发出中标通知书。

《招投标办法》规定：依法必须进行公开招标的项目，有下列情形之一的，可以邀请招标：

(1)项目技术复杂或有特殊要求，或者受自然地域环境限制，只有少量潜在投标人可供选择；

(2)涉及国家安全、国家秘密或者抢险救灾，适宜招标但不宜公开招标；

(3)采用公开招标方式的费用占项目合同金额的比例过大。

邀请招标的优点是被邀请参加投标的竞争者为数有限，不仅可以节省招标费用，而且使每个投标者的中标机会相对提高，对招标投标双方都有利。而且这种形式，目标明确，经过选定的投标单位，在施工经验、施工技术和信誉上都比较可靠，基本上能保证工程质量和进度。邀请招标的缺点是限制了竞争范围，把许多可能的竞争者排除在外，不利于公平竞争。而且，报价也可能高于公开招标形式。因此，有些国家对邀请招标的适用条件做出指导性规定，这些规定通常是：

(1)由于工程性质特殊，要求有专门经验的技术人员和熟练技术工人以及专用技术设备，只有少数承包商能够胜任。

(2)公开招标使招标单位支付的费用过多，与所能获得效益的价值相比，得不偿失。

(3)公开招标的结果难以产生理想的中标单位。

(4)由于工期紧迫和保密要求等其他原因而不宜公开招标。

邀请招标中应邀参加投标的单位一般不得少于三家。

此外，对于可行性研究和生产职工培训之类的任务，也适用于邀请招标的方式。

3. 议标

又称非竞争性招标或指定性招标。这种招标方式是由建设单位或其代理人直接邀请某一承包商进行协商，达成协议后将工程任务委托这家承包商去完成。如果第一家协商不成，可另外邀请一家，直到达成协议为止。

这种招标方式的优点是：可节约时间，一般易于达成协议，迅速开展工作；其缺点在于竞争性差，不具备比较和选择的余地，因此，也就起不到报价竞争的良好效果。这种形式有时也可找两家承包商分别商议招标条件和要求，以克服上述缺陷。这种方式通常适用于下列几种情况：

(1)因特定理由(例如涉及国家安全、国家机密、需要专门经验、特殊设备、专业性强，以及为了保护专利等)只能考虑某一家符合要求的承包商。

(2)工程性质特殊、内容复杂，发包时尚不能清楚详尽地确定其中某些技术细节和近似的工程量。

(3)工程规模不大，且同已发包的大工程相联，不易分割的工程。

(4)边设计边施工的紧急工程，如抢险救灾工程等。

(5)公开或邀请招标后未选出中标单位,预期重新组织招标仍不会有结果的工程。

(6)建设单位拟开发某种新技术需要施工单位从设计阶段开始就参加合作的工程。

《招投标办法》规定:依法必须进行施工招标的工程建设项目有下列情形之一的,可以不进行施工招标:

(1)涉及国家安全、国家秘密、抢险救灾或者属于利用扶贫资金实行以工代赈需要使用农民工等特殊情况,不适宜进行招标;

(2)施工主要技术采用不可替代的专利或者专有技术;

(3)已通过招标方式选定的特许经营项目投资人依法能够自行建设;

(4)采购人依法能够自行建设;

(5)在建工程追加的附属小型工程或者主体加层工程,原中标人仍具备承包能力,并且其他人承担将影响施工或者功能配套要求;

(6)国家规定的其他情形。

国际工程招标除上述三种方式外,对技术含量高,施工工艺复杂的项目,如大型化工设备安装工程,还常采用两阶段招标的方式。先要求投标者投"技术标",即进行技术方案招标,评标后淘汰其中技术不合格者,技术标评标通过者,才允许投商务标。有时也可以采取在投标时承包商将技术标与商务标分两袋密封包装,评标时先进行技术标的评定,技术标通过者,则打开其商务标进行综合评定;技术标未通过者,商务标原封不动地退还给投标者。这种招标方式花费时间较长,因而只有在十分必要时才采用。

## 三、工程招标程序及工作内容

### (一)工程项目招标应具备的条件

《招投标办法》规定工程项目招标应具备的条件主要有:

1. 工程施工招标人是依法提出施工招标项目、进行招标的法人或者其他组织。含义如下:

(1)招标人是法人或依法成立的其他组织;

(2)有与招标工程相适应的经济、技术、管理人员;

(3)有组织招标文件的能力;

(4)有审查投标单位资质的能力;

(5)有组织开标、评标、定标的能力。

不具备上述(2)~(5)项条件的,须委托具有相应资质的咨询、监理等单位代理招标。(1)、(2)两条是对招标单位资格的规定,后三条则是对招标者能力的要求。

2. 依法必须招标的工程建设项目,应当具备下列条件才能进行施工招标:

(1)招标人已经依法成立;

(2)初步设计及概算应当履行审批手续的,已经批准;

(3)有相应资金或资金来源已经落实;

(4)有招标所需的设计图纸及技术资料。

上述规定的主要目的在于促使建设单位严格按基本建设程序办事,防止"三边"工程等不科学的现象发生,并确保招标工作的顺利进行。

### (二)工程招标程序

招标投标是一个整体活动,涉及业主和承包商两个方面,招标作为整体活动的一部分,主要是从业主的角度揭示其工作内容，但同时又须注意到招标与投标活动的关联性，不能将两者割裂开来。

所谓招标程序是指招标活动的内容及其内在的逻辑关系。不同的招标方式，具有不同的活动内容。

工程施工招标一般程序可分为三个阶段：一是招标准备阶段；二是招标投标阶段；三是决标成交阶段，其每个阶段具体步骤如图 8-2 所示。

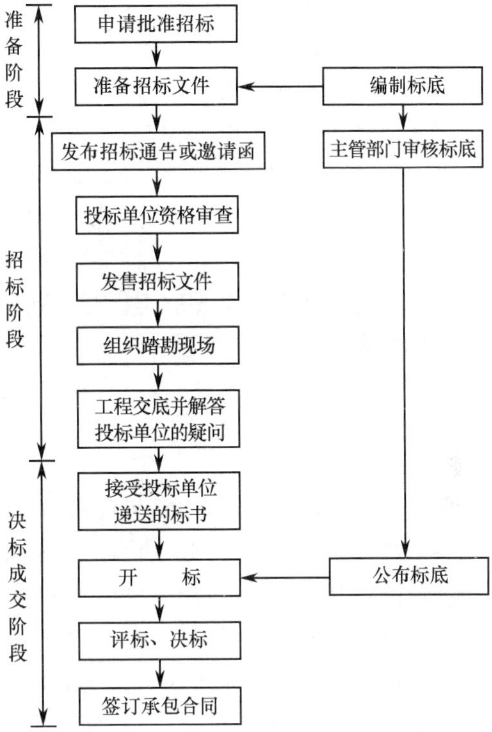

图 8-2　工程施工招标一般程序

施工招标一般按下列程序进行：

(1)由建设单位组织一个招标班子

我国招标工作机构主要有三种形式：

①由建设单位的基本建设主管部门(处、科、室、组)负责有关招标的全部工作。这些机构的工作人员一般是从各有关部门临时抽调的，成立临时工作机构，工作完成后回原单位，故不利于培养专业化的干部和提高招标工作水平。

②由政府主管部门设立“招标投标领导小组”或“招标投标办公室”之类的机构，统一处理招标工作。这种做法在推广招标承包的开始阶段，能较快地打开局面；但政府主管部门过多干预建设单位的招标活动，代替招标单位决策，是不符合经济体制改革要实行政企分开和经济责任制原则的。

③专业咨询机构受建设单位委托，承办招标的技术性和事务性工作，决策仍由建设单位做出。这种做法可使建设单位节省大量的工作人员，而咨询机构要在同行竞争中求生存和发展，就必须精益求精，不断提高服务质量，也符合讲求效率、节省开支的原则。

(2)向招标投标办事机构提出招标申请书

招标单位应向上级主管部门提出招标申请，经批准后，方可组织招标工作。

(3)编制招标文件和标底，并报招标投标办事机构审定

《招投标办法》规定招标文件包括内容为：①招标公告或投标邀请书；②投标人须知；③合同主要条款；④投标文件格式；⑤采用工程量清单招标的，应当提供工程量清单；⑥技术条款；⑦设计图纸；⑧评标标准和方法；⑨投标辅助材料。

(4)发布招标通告或发出招标邀请书

建设单位的招标申请经主管部门批准，并准备好要招标的文件之后，即可发出招标通告或招标邀请书。《招投标办法》规定招标公告或者投标邀请书应当至少载明下列内容：①招标人的名称和地址；②招标项目的内容、规模、资金来源；③招标项目的实施地点和工期；④获取招标文件或者资格预审文件的地点和时间；⑤对招标文件或者资格预审文件收取的费用；⑥对招标人的资质等级的要求。

(5)投标单位申请投标

(6)对投标单位进行资质审查，并将审查结果通知各申请投标者

投标单位资格审查的目的在于了解投标单位的技术和管理水平，为使招标工作获得比较理想的结果，限制不符合要求的单位盲目参加投标，并作为决标的参考。投标单位资格审查由招标单位负责。在公开招标时，通常在发售招标文件之前进行，审查合格者才准许购买招标文件，也称为资格预审。邀请招标时，则在评标的同时进行资格审查。

《招投标办法》规定资格审查应主要审查潜在投标人或者投标人是否符合下列条件：

①具有独立订立合同的权利；

②具有履行合同的能力，包括专业、技术资格和能力，资金、设备和其他物质设施状况，管理能力，经验、信誉和相应的从业人员；

③没有处于被责令停业，投标资格被取消，财产被接管、冻结，破产状态；

④在最近三年内没有骗取中标和严重违约及重大工程质量问题；

⑤国家规定的其他资格条件。

资格审查时，招标人不得以不合理的条件限制、排斥潜在投标人或者投标人，不得对潜在投标人或者投标人实行歧视待遇。任何单位和个人不得以行政手段或者其他不合理方式限制投标人的数量。

如采取直接邀请投标方式，投标单位还须扼要说明对招标工程准备采取的主要方法。资格审查的程序，通常由投标单位按招标单位的要求填报投标单位情况调查表，同时交验有关证件(复制件)；招标单位审查后，分别对合格单位与不合格单位发出书面通知。

(7)合格的投标单位购买或领取招标文件及设计图纸、技术资料等

投标单位接到招标通告或招标邀请书后，应马上按时领取或购买招标文件，以便有充分的时间认真、仔细地研究招标文件，充分了解其内容和要求，尽快地安排投标工作，并提出请招标单位予以澄清的疑点。

(8)组织投标单位踏勘现场，并对招标文件答疑

招标单位组织投标单位踏勘现场，解决招标文件中的问题。

(9)建立评标组织，制定评标、定标办法

评标组织可为评标委员会或评标工作小组。由招标单位邀请有关部门的专家学者组成，评委会可酌情设立主任委员，副主任委员、委员。

制定评标办法，主要为在评标过程中有据可依，以避免评标工作出现人际关系及其他一些漏洞，这样对所有单位一视同仁，能够合理地选定中标单位，保护竞争。

(10)召开开标会议，审查投标标书

投标截止后，应按规定时间开标，开标由招标单位主持，邀请各投标单位和当地公证机构及有关部门的专家、学者参加。当众打开标箱，由公证人员检查并确认标书密封完好，封套书写符合规定，没有其他字样或标记；然后由工作人员逐一拆封，宣读其中要点，并在预先准备的表册上逐项登记。

登记表册由读标人、登记人和公证人签名，作为开标的正式记录，由招标单位保存。拆封的标书连同封套应妥为保存。逾期送达及投标单位已送出但开标时招标单位尚未收到的标书，也应开列清单，作为开标记录的附件。开标期间，投标人有权要求检查开标记录及其附件，开标主持人不应拒绝。

开标后，如全部投标单位的报价都超出标底过多，经复核标底无误，招标单位可宣布投标无效，另行组织招标或邀请协商。

(11)组织评标，决定中标单位

开标后，应在一定时间内进行评标。评标由招标单位邀请有关部门的代表和专家，组成评

标小组或委员会来进行。评标机构应先排除无效标书，并经公证人员检查确认。然后由评标机构根据投标方案的优劣，质量是否合乎要求，经济效益好坏，进度快慢，报价高低，资历和社会信誉等条件，提出综合评标报告，推荐候选的中标单位。评审工作视内容繁简程度，可在开标的当场进行，也可在随后进行；但评审原则和标准必须当场公布，并记入开标记录。评审的原则是保护竞争，对所有投标单位一视同仁。如对某些单位实行优惠政策（如对本系统、本部门的单位，在标价上给予适当照顾），应在招标通告或投标须知中事先说明。评审的标准是承包商应拥有足以胜任招标工作实力，信誉良好，报价合理。

标书经评审后，应按标价从低到高的顺序列出清单，并写出综合评标报告，推荐出第一、二、三名候选的中标单位，交给招标单位决策人做最后抉择。

招标单位也可根据评标报告在自己的职权范围内自主地做出决策，确定中标单位。除重大项目的中标单位，按规定须经上级主管部门批准外，一般情况下其他单位或个人不应对招标单位的决策进行干预。

(12)发出中标通知书

一般不太复杂的工程可在开标当场决定中标单位，并通知未中标单位退还招标文件和领回押金的时间和地点。对于工程任务较大、较复杂的工程任务，则应由招标单位分别与评标小组推荐的候选中标单位，就技术力量，施工方式、方法、设备、工期以及决定标价的其他因素进行调查和磋商，全面衡量，择优决标。

从开标到决标的期限没有统一规定，决标后应立即向中标单位发出中标通知书。

(13)建设单位与中标单位签订承发包合同

中标通知书发出之后，招标单位与中标单位应在约定的期限内就签订合同进行磋商。双方就合同条款达成协议，签订合同，招标工作即告圆满结束。

## 四、工程招标标底及招标文件

### (一)工程招标标底

工程招标标底是由招标单位或委托经建设行政主管部门批准具有编制标底资格和能力的中介代理机构，根据国家（或地方）公布的统一工程项目划分、统一的计量单位、统一的计算规则以及施工图纸、招标文件，并参照国家规定的技术、经济标准定额及规范所编制的建设单位的期望计划价格。

1. 标底的作用

标底是招标者对招标工程所需工程费用的自我测算和事先控制，也是审核投标报价、评标和决标的重要依据。标底制定得恰当与否，对投标竞争起着决定性的作用。标底过高或过低都会造成不良后果：标底过高，会造成投标报价的盲目性，很显然会给建设单位造成损失；标底过低，会造成中标单位亏损，甚至会导致工程质量下降。所以在编制标底时应考虑实际情况，既要力求节约投资，又能使中标单位经过努力能获得合理利润。

2. 编制标底应遵循的原则

(1)统一工程项目划分，统一计量单位，统一计算规则。

(2)根据设计图纸及有关资料、招标文件，参照国家规定的技术、经济标准定额及规范，确定工程量和编制标底。

(3)标底价格一般应控制在批准的总概算（或修正概算）及投资包干的限额内。标底的计价内容、计价依据应与招标文件一致。

(4)标底价格作为建设单位的期望计划价格,应力求与市场的实际变化吻合,要有利于竞争和保证工程质量。

(5)根据我国现行的工程造价计算方法,并考虑与国际惯例接轨,提倡优质优价。

(6)一个工程只能编制一个标底。

(7)标底必须经招标管理机构审定。

(8)标底审定后必须及时妥善密封保存至开标时,所有接触到标底的人员均负有严格保密责任,不得泄密。

3. 计价方法

标底价格由成本、利润、税金等组成,应考虑人工、材料、设备、机械台班等价格变动因素,还应包括施工不可预见费、预算包干费、措施费(赶工措施费、施工技术措施费)、现场因素费用、保险以及采用固定价格的工程风险金等。在工程量清单的配价上采用以下两种方法:

(1)工料单价

工程量清单的单价,按照现行预算定额的工、料、机消耗标准及预算价格确定。其他直接费、间接费、利润、有关文件规定的调价、风险金、税金等费用计入其他相应标底计算表中。

(2)综合单价

工程量清单的单价综合了直接费、间接费、工程取费、有关文件规定的调价、材料差价、利润、税金、风险金等一切费用。

4. 标底文件包括的内容

(1)标底报审表

标底报审表是招标文件和工程标底主要内容的综合摘要,主要供招标者主管机关从宏观上审核标底之用。其主要内容有:

①招标工程综合说明。包括招标工程名称、建筑面积、招标工程的设计概算或修正概算金额、工程施工质量要求、定额工期、计划工期天数、计划开竣工日期等。

②招标工程一览表。包括单项工程名称、建筑面积、结构类型、建筑物层数、檐高、室外管线工程及庭院绿化工程等。

③标底价。包括招标工程总造价、单方造价、钢材、木材、水泥总用量及其单方用量。

④招标工程总造价中所含各项费用的说明。包括包干系数或不可预见费用的说明和工程特殊技术措施费的说明。

(2)工程标底

工程标底是详细反映标底造价的数据。一般应包括以下 6 个方面的基本内容:

①标底编制单位名称、主要编制人(分土建、水暖、通风空调、电气等专业)及专业证书号。

②标底综合编制说明。主要说明编制依据,标底包括和不包括的内容,其他费用(如包干费、技术措施费、分包工程施工交叉作业费等)的计算依据,需要说明的其他问题等。

③标底汇总表。包括各单项工程、单位工程、室外工程、其他费用的名称、建筑面积、标底造价及其单方造价(或技术经济指标)以及标底总造价及单价造价。

④主要材料用量。包括钢材、木材、水泥的总用量及单方用量。其中,钢材应分钢筋、型钢、钢管、钢板等;木材应分松木及硬杂木并均折算成原木计算。

⑤各单位工程概(预)算表(按单项工程顺序分别排列),包括分部分项直接费、其他直接费、工资及主要材料的调价、企业经营费、利润等。

⑥“暂估价”清单。包括设备单价及土建工程材料价、工料价等。此清单虽已在招标文件中列入，但作为完整文件便于查考可重复列入标底文件。

5. 标底编、审的程序

(1)确定标底计价内容和计价方法、编制总说明、施工方案或施工组织设计、编制(或审查确定)工程量清单、临时设施布置及临时用地表、材料设备清单、补充定额单价、钢筋铁件调整、预算包干、按工程类别的取费标准等。

(2)确定材料设备的市场价格。

(3)采用固定价格的工程，应测算施工周期人工、材料、设备、机械台班价格波动风险系数。

(4)确定施工方案或施工组织设计中的计费内容。

(5)计算标底价格。

(6)标底送审。标底应在投标截止日期后，开标之前报招标管理机构审查。结构不太复杂的中小型工程在投标截止日后 7 天内上报，结构复杂的大型工程在 14 天内上报。未经审查的标底一律无效。

(7)标底审定交底。

当采用工料单价计价方法时，其主要内容包括：

①标底计价内容；

②预算内容；

③预算外费用。

当采用综合单价计价方法时，其主要内容包括：

①标底计价内容；

②工程量清单单价组成分析；

③设备市场供应价格、措施费、现场因素费用等。

6. 标底的编制方法

(1)以施工图预算为基础编制标底

这种方法目前国内采用最为广泛。从不同的承包方式来说，又可分为除政策性调价，材料、设备价差及重大洽商变更部分可以调整外，其他一律包死的承包方式和一次包死的承包方式两种。两种承包方式，以第一种承包方式最为普遍。其编制标底的具体步骤、方法介绍如下：

①准备工作。首先，要熟悉施工图设计及说明，如发现图纸之间有矛盾或不符之处及说明不够明确的地方，应要求设计单位会同建设单位交底、补充。其次，要勘察施工现场，对现场条件及周围环境进行实地了解，以作为确定包干系数和技术措施费等有关费用的依据。第三，要了解招标文件中有关招标范围、材料、半成品和设备、加工订货情况，工程质量和工期要求，物资供应方式等情况。此外，还要进行市场调查，掌握材料、设备的市场价格，以正确确定暂估价等价格。

②计算工程量。应以本工程施工图设计与说明(包括所采用的全部标准图或通用图集)、当地的预算定额或综合预算定额的项目划分及其工程量计算规则为依据，并执行当地的其他与此有关的补充定额、规定等。此外，还必须根据工程现场情况，考虑合理的施工方法和施工机械，正确套用定额，分部分项地逐项计算出工程量，并经过认真校核，以确保其正确性。因为这份工程量表不但是计算标底直接费的依据，同时，它对于钢筋的使用量与定额间的差额，也应加以实际“抽筋”调整后列入工程量。

③单价的确定。首先是定额单价的正确套用,凡符合定额者均应套用;其次是定额单价的换算,即大部分工程内容及工序符合定额,只是局部材料不同而定额规定允许换算者,应加以换算;第三是定额缺项,须编制补充单价,应根据施工详图、定额项目划分、计量单位及材料预算价格的选用(如有者)和新材料价格的补充等,确定合理的单价(包括"暂估价")。

④主要材料量的计算。主要材料通常包括钢材、水泥、木材三材。钢材应包括土建、水、暖、空调、电气等全部钢筋、型钢、管材、钢板等。所有主材均应根据定额的消耗量及各单位工程的工程量计算。

⑤工、料费的调整。目前,大部分地区对定额中确定的人工工资和主要材料的单价,要求在标底中按市场价或一定的定价和系数加以调整差价,以弥补过大的悬殊。工料总价的计量基数分别按各单位工程的主材量和工资额计算。

⑥直接费的确定。各分部分项工程量与各相应单价之乘积即为直接费的主要内容,有些地区还应包括工料差价,有些地区则不包括,应以当地规定为准。

⑦其他直接费和现场经费的确定。

⑧直接工程费的确定。直接费、其他直接费和现场经费之和即为直接工程费。

⑨间接费的确定。间接费的计算基础:土建工程为直接费;安装工程为人工费。

⑩计划利润的确定。计划利润的计算基础;土建工程为直接工程费与间接费之和;安装工程为人工费。

⑪税金的确定。税金(包括营业税、城市维护建设税及教育费附加),其计算基础为直接工程费、间接费、计划利润三项之和。

⑫包干费和技术措施费的确定。包干费和技术措施费的费率标准各地不一,应按当地规定执行。

⑬标底总价的确定。上述各项费用之和即为标底总价。目前,大部分地区均强调一个工程只能有一个标底,以利于统一评标,待确定中标单位后,再对某些由于企业等级不同或所有制不同而在取费标准上有差别时,加以补充或调整。

对于一次性包死承包方式的标底,其编制方法大都同上,所不同者,凡开口部分均应堵死。如调价系数,材料、设备的差价等,除按当时的情况考虑外,还应预估竣工时的各种预涨系数(风险系数),列入标底。对于钢筋用量也应按图实算,在标底中一次调整定死,竣工时不再另外结算。

(2)以扩大初步设计概算为基础编制标底

这种方法在国内工程不宜多加采用,主要是由于初步设计深度不够,与施工图设计的内容出入较大,势必导致造价上的差距过大,对投资难以控制。但也有其一定的可取之处,主要是争取时间提前开工,施工与施工图设计可以交叉作业(一般是先出基础图就可开工,以后主体结构、建筑装修、机电设备安装等设计陆续跟上,使施工仍能顺利进行),提前竣工投产,以取得早赢利的目的。其前提是要有能满足招标需要的有类似技术设计深度的招标图,以作为定量、定质和作价的依据。

采用这种方法的标底、其编制步骤和方法基本上与按施工图预算为基础的标底相同。不同处主要有以下几个方面:

①采用的定额及其单价是概算定额,而不是预算定额。概算定额的子目(即分部分项)是以扩大结构的形式出现的,在一个子目中综合的工程内容和工序较多,其优点是由于设计深度不能与施工图相比,可以避免漏项,也简化了工程量。如遇定额缺项,则应与概算定额对口,编制相应的扩大结构的补充单价。

②在招标文件中宜附工程量清单，并宜由原设计单位提供，以避免由于设计深度不够造成由各投标企业各自计算工程量而出入较大，但这并不排除各投标企业可以对清单中的工程量进行审核、更正和补充。

③在国内，目前尚不实行单价合同而仍实行总价合同的情况下，由于各种不定因素比施工图预算阶段相对增加，因此，各种包干费用、风险系数等也应适当增加，对于钢筋用量也宜在定额含量的基础上，根据不同工程类别，加以必要的调整（以经验估计）。

综上所述，以扩大初步设计概算为基础的标底，在目前设计深度普遍不够的情况下，万不得已时方可采用。不然，除了竣工造价与中标合同价会有很大出入外，给其他管理方面也必将增加很多工作。

（3）以最终产品单价造价包干为基础编制标底

这种方法主要适用于采用标准设计大量兴建的工程，例如，通用住宅、中小学校舍等。一般住宅工程按每平方米建筑面积实行造价包干，通常根据不同建筑体系的结构特点、层数、层高、装修和设备标准等条件与地基土质、地耐力及基础、地下室不同做法，分别确定每平方米建筑面积设计标高±0.000 以上、以下部分的造价包干标准。具体工程的标底即以此为基础，并考虑现场条件、工期要求等可变因素来确定。

7. 标底编、审说明

（1）采用工料单价

①工程量清单应与投标者须知、合同条件、合同协议条款、技术规范和图纸一起使用。

②工程量清单所列的工程量系招标单位估算的和临时的，作为标底及投标的共同基础。付款以实际完成的工程量为依据，实际工程量由承包单位计量、监理工程师核准。

③工程量清单中所填入的单价与合价，应按照现行预算定额的工、料、机消耗标准及预算价格确定，作为直接费的基础。其他直接费、间接费、利润、有关文件规定的调价、材料差价、设备价、现场因素费、施工技术措施费、赶工措施费以及采用固定价格的工程所测算的风险金、税金等的费用，计入其他相应标底计算表中。

④工程量清单不再重复或概括工程及材料的一般说明，在编制和填写工程量清单的每一项的单价和合价时应参考投标须知和合同文件的有关条款。

⑤国内工程标底中所有标价应以人民币表示。

（2）采用综合单价

①、②、③、④与采用工料单价计价方法相同，不同的是工程量清单中单价和合价填入方法。采用综合单价计价方法时，应包括人工费、材料费、机械费、其他直接费、间接费、有关文件规定的调价、利润、税金以及现行取费中的有关费用、材料差价以及采用固定价格的工程所测算的风险金等全部费用。

### （二）招标文件

建设单位在招标以前，必须把拟建工程的技术经济条件编写成文件，供投标单位阅读和了解，这些成册的资料统称为招标文件。招标文件的编制是招标准备工作中最重要的环节，它不仅是投标者进行投标的依据，也是签订合同的基础。因此，工程招标文件编制质量的高低，是招标工作成败的关键。

1. 施工招标文件的编制原则

编制招标文件的工作是一项十分细致、复杂的工作，必须做到系统、完整、准确、明了，提出

要求的目标要明确,使投标者一目了然。编制招标文件的依据的原则是:

(1)建设单位和建设项目必须具备招标条件;

(2)必须遵循国家的法律、法规及有关贷款组织的要求;

(3)应公正、合理地处理业主和承包商的关系,保护双方的利益;

(4)正确、详尽地反映项目的客观、真实情况;

(5)招标文件各部分的内容要力求统一,避免各份文件之间有矛盾。

2. 招标文件的主要内容

按国际惯例,施工招标文件主要包括以下几方面的内容:投标申请书;投标者须知;合同条件;规范、图纸;工程量表;投标书和投标书保证格式;补充资料表;合同协议书及各类保证等。我国颁布实施的《建设项目施工招标文件范本》中规定,我国进行国内工程项目建设施工招标的招标文件的主要内容有:投标者须知;合同条件及合格格式;技术规范;投标文件和图纸等。在具体内容上,不同的招标方式具有不同的要求。以公开招标的招标文件为主要线索,不同部分简单介绍。

投标者须知主要包括如下内容:

(1)总则

主要内容有:工程说明、资金来源、资格与合格条件的要求和投标费用等。在邀请招标、议标中一般不包括资格和合格条件的要求。

(2)招标文件

包括招标文件组成、招标文件的解释、招标文件的修改等。招标文件的组成包括下列内容:

第一卷　投标者须知、合同条件和合同格式

　　第一章　投标须知前附表和投标须知

　　第二章　合同条件

　　第三章　合同协议条款

　　第四章　合同格式

第二卷　技术规范

　　第五章　技术规范

第三卷　投标文件

　　第六章　投标书及投标书附录

　　第七章　工程量清单与报价表

　　第八章　辅助资料表

　　第九章　资格审查表(资格预审的不采用)

第四卷　图纸

　　第十章　图纸

(3)投标报价说明

主要包括:投标价格、投标价格采用方式及有关价格固定、调整、投标货币等规定。

(4)投标文件的编写

主要有:投标文件的语言、投标文件的组成、投标有效期、投标保证金、投标预备会、投标文件的份数和签署等内容。

(5)投标文件的递交

主要包括:投标文件的密封与标志、投标截止期、投标文件的修改与撤回等。

(6)开标

有关开标会议的时间、地点、无效标的规定等内容。议标则不包括此项内容。

(7)评标

评标主要包括:评标内容的保密、资格审查、投标文件的澄清、投标文件符合性鉴定、错误的修正、投标文件的评价与比较等内容。邀请招标与议标则主要包括:评标内容的保密、投标文件的澄清、投标文件的符合性鉴定、投标文件的评价与比较。

(8)授予合同

授予合同主要包括:合同授予标准、中标通知书、合同协议书的签署和履约担保等内容。邀请招标和议标一般不包括合同授予标准的内容。

## 第三节　工程勘测设计招标与投标

### 一、可行性研究和设计任务书的发包与承包

#### (一)可行性研究的发包和承包

1. 可行性研究的发包

工程项目可行性研究任务的分派,通常不采取招标投标方式,习惯做法是由项目主管部门或对该项目有兴趣的投资者,向若干家专业咨询、设计机构或设计施工联合企业发出邀请函。同时附有经主管机关批准的项目建议书副本和有关拟建项目的目标、规模、技术要求、原料、动力、市场、资金来源等的设想说明,请这些单位提出编制可行性研究报告的报价单,然后从中选择资信卓著、报价合理的单位,经协商签订承包合同。技术复杂的大型项目,往往邀请国际知名的咨询机构参加。在承包单位确定之后,还应根据研究内容和深度的要求,提供下列主要背景资料和基础资料:

(1)国家经济建设的方针、政策和长远规划;

(2)政府主管部门批准的资源报告、国土开发规划、江河流域规划、交通网规划和工业基地规划等;

(3)可靠的自然、地理、气象、水文地质和经济、社会等基础资料;

(4)有关的经济法规和工程技术方面的法规、标准、规范等;

(5)政府主管部门规定用于项目评价的参数和指标,例如定额、回收期、基础收益率、折现率、利率、折旧率以及调整外汇率等。

依据我国《招投标法》、《工程建设项目招标范围和规模标准规定》(国家发展计划委第 3 号令)、《必须招标的工程项目规定》(国家发改委令第 16 号,2018 年 6 月 1 日施行)等文件精神,在完成可行性研究报告后,优选确定总承包单位。

2. 可行性研究的承包

工程承包公司或咨询、设计单位接到建设单位的邀请函及说明资料之后,应根据该项可行性研究所要求的内容和深度,估计工作量,做出报价方案,经业务主管审核决定,即可向建设单位发出报价单,参加承包该项任务的竞争,即使对该任务不感兴趣,一般也不应谢绝参加,更不可对邀请函置之不理,习惯的做法是提出较高的报价,使自己落选。

可行性研究的报价也有按拟建项目估计投资总额的一定百分比计算的,其费率从 2%～3%不等。通常投资额较大的大型项目费率可低些,投资额较小的小型项目费率要高些,委托

者精通业务,技术力量强,配合协作得好,取费可低些;反之,取费就要高些。

通过报价竞争获胜的单位,在接到委托单位的通知后,须在规定的期间内与对方签订承包合同。在洽谈合同过程中,精明的委托者往往会对报价单开列的某些具体项目提出降价的要求,以达到降低包价的目的。承包单位的代表应该得到授权,可在一定限度内机动灵活地适当调整报价。

### (二)设计任务书的发包和承包

设计任务书的编制,通常不采取招标的方式来确定承办单位。我国习惯做法是按拟建项目的隶属关系,由主管部门组织有关单位或委托咨询、设计单位进行编制。改建、扩建项目的设计任务书,也可由现有生产或经营管理单位编制。参加编制的单位不取报酬,或按参加工作的人员的工资标准和实际工作期限取得补偿。实行建筑业和基本建设管理体制改革以来,正在逐步过渡为由建设单位或主管部门自行主持或由建设全过程总承包单位主持发包。其具体做法与可行性研究的承发包基本上相同。

## 二、勘测设计招标与投标

### (一)勘测任务招标和投标

一旦项目决策以后,怎样才能干好,首先就是设计的问题了,设计的好坏和正确与否,就决定了工程的命运。如果设计有误,那就很难在施工的过程中把它纠正,可能造成很大的浪费。

工程勘测设计任务相对施工任务而言很小。设计任务,一般是建设单位采取委托协商的办法选择设计单位实行承包,设计单位则按建设单位的要求完成勘测设计任务,提交设计报告并按规定收取勘测设计费。

### (二)工程设计的招标和投标

工程设计的招标,要有经主管机关批准的设计任务书;建设规模、标准;铁路和公路的路线起讫点、主要控制点、线路或路线全长、所经主要河流、垭口及城镇;沿线的地形、地质、地震、气候、水文等自然地理特征;占用土地、城镇规划及其他建设工程的协调情况;有关部门及当地政府要求和所需资金。招标工作由建设单位主持,也可委托工程承包公司或项目管理咨询机构代办。工程设计可采取招标方式或方案竞赛方式,也可采取协商或主管机关指定承包单位的方式发包。

1. 工程设计的招标

(1)招标要求

依据住建部颁发的《建筑工程设计招标投标管理办法》(第 33 号令,自 2017 年 5 月 1 日起施行)中规定,工程设计的招标应当依法进行公开招标或者邀请招标,以采用设计方案招标或者设计团队招标,招标人可以根据项目特点和实际需要选择。设计方案招标,是指主要通过对投标人提交的设计方案进行评审确定中标人。设计团队招标,是指主要通过对投标人拟派设计团队的综合能力进行评审确定中标人。

建筑工程设计招标范围和规模标准按照国家有关规定执行,有下列情形之一的,可以不进行招标:

①采用不可替代的专利或者专有技术的;

②对建筑艺术造型有特殊要求,并经有关主管部门批准的;

③建设单位依法能够自行设计的;

④建筑工程项目的改建、扩建或者技术改造，需要由原设计单位设计，否则将影响功能配套要求的；

⑤国家规定的其他特殊情形。

(2)招标文件组成

招标文件应当满足设计方案招标或者设计团队招标的不同需求，主要包括以下内容：

①项目基本情况；

②城乡规划和城市设计对项目的基本要求；

③项目工程经济技术要求；

④项目有关基础资料；

⑤招标内容；

⑥招标文件答疑、现场踏勘安排；

⑦投标文件编制要求；

⑧评标标准和方法；

⑨投标文件送达地点和截止时间；

⑩开标时间和地点；

⑪拟签订合同的主要条款；

⑫设计费或者计费方法；

⑬未中标方案补偿办法。

(3)设计招标基本要求与程序

①设计招标基本要求

公开招标的，招标人应当发布招标公告。邀请招标的，招标人应当向 3 个以上潜在投标人发出投标邀请书。

招标公告或者投标邀请书应当载明招标人名称和地址、招标项目的基本要求、投标人的资质要求以及获取招标文件的办法等事项。

招标人一般应当将建筑工程的方案设计、初步设计和施工图设计一并招标。确需另行选择设计单位承担初步设计、施工图设计的，应当在招标公告或者投标邀请书中明确。

鼓励建筑工程实行设计总包。实行设计总包的，按照合同约定或者经招标人同意，设计单位可以不通过招标方式将建筑工程非主体部分的设计进行分包。

②设计招标一般程序

a. 招标文件编制；

b. 发布招标通告或发出邀请投标函；

c. 对投标单位进行资格审查；

d. 向合格的投标单位发售或发送招标文件；

e. 组织投标单位踏勘工程现场，解答投标提出的问题；

f. 接受投标单位的标书；

g. 开标，组织开标、决标、发出中标通知书；

h. 签订承包合同。

2. 工程设计投标

(1)投标工作机构

参加投标单位，应根据招标通知中工程项目大小、性质、地理位置，任务难易程度，设计质量,完成任务时间等要求,相应抽调有关方面专业技术人员组成投标小组,具体负责投标文件编制和整个投标工作。投标小组应认真积累有关资料,研究投标策略,编制标书,争取中标。

为了保守本企业对外投标报价的秘密,投标工作班子的人员不宜过多,尤其是最后决策的核心人员,以控制在企业行政领导、总工程师及合同预算部门负责人范围之内为宜。

(2)设计投标的程序和工作内容

设计投标的一般程序,如图 8-3 所示。

图 8-3　工程设计投标一般程序

①送交投标申请书

参加投标的勘察单位,在向招标单位送交投标申请书的同时,需提供本单位自然情况资料,便于招标单位了解、掌握投标单位设计水平和承担任务的能力。主要需提供下列资料:

a. 单位名称、地址、所有制性质及隶属关系;

b. 勘察证书及批准承担任务范围文件的复印件;

c. 单位简历、技术力量(高工、工程师、经济师、助工、助经、技术工人),主要勘察装备与测试手段;

d. 近几年承担的主要工程项目及其勘察设计质量情况。

②研究招标文件

投标单位通过招标资格审查,取得招标文件以后,首要工作是仔细认真地研究招标文件,充分了解其内容方法和要求,以便安排投标工作,并发现应提请招标单位予以澄清的疑点。研究招标文件的着重点,通常放在以下几方面:

a. 研究工程设计综合说明,借以获得对工程全貌的轮廓性了解。

b. 研究合同主要条款,明确中标后应承担的义务和责任及应享有的权利,重点是承包方式,开竣工时间及工期奖罚,预付款的支付和结算方法,设计变更及停工、窝工、不可抗拒的自然灾害损失处理办法等。因为这些因素关系到人员、设备、测量方案的安排,最终都会反映在标价上,所以都必须认真研究,以利于减少风险。

c. 熟悉投标单位须知,明确了解在投标过程中,投标单位应在什么时间做什么事和不允许做什么事,目的在于提高效率,避免造成废标,徒劳无功。

d. 全面研究了解招标文件,对工程任务和招标单位的要求有了基本的了解之后,投标单位就可以制定自己的投标工作计划,以争取中标为目标,有秩序地开展工作。

③调查投标环境

所谓投标环境,实质就是了解工程任务所在地的自然、经济和社会条件。这些条件是工程任务的制约因素,必然影响工程设计时间、费用,是投标单位报价时必须考虑的,所以,在招标单位组织现场踏勘期间,不但要掌握工程任务的大小、难易程度,而且还要尽可能把上述情况了解清楚,方能以最低设计费用,拟定最佳设计方案,力争中标。调查的重点应有以下几方面:

a. 现场条件,可通过踏勘现场和研究招标单位提供的有关资料来了解。主要调查:进入现场通道(铁路、公路、水运),沿线村镇居民点、食宿地点等。

b. 自然条件,包括沿线的地形、地质、气候等因素对工程任务的影响程度。例如,地形、地貌、台风的季节和雨季的起止期,降雨量大小,常年最高、最低和平均气温等。这些资料应请招标单位提供,或从当地气象、地质等部门取得。

c. 经济条件,包括生活必需品的供应情况主要是粮食、肉类和蔬菜等供应条件和价格。

d. 社会条件，包括当地风俗习惯、语言、沿线居民生活水平。

④确定投标策略

参加投标竞争，目的在于得到自己最有利的勘测设计合同，从竞争中得胜利，从技术上求发展，从经济上获得尽可能多的盈利。为此，研究投标策略，以指导其投标全过程的活动。

正确的策略，来自实践经验的积累和对客观规律的认识，以及对具体情况的了解；同时，决策者的能力和魄力也是不可缺少的。投标策略主要解决决定是否投标和指导报价，争取中标。

a. 决定是否投标

对某一具体工程设计是否投标，首先要从本单位的主观条件，即各项自身的业务能力水平能否承担招标工程任务的要求来衡量，主要应从以下几方面考虑：

(a)勘测设计人员素质操作技术水平；

(b)设计能力；

(c)测量仪器、钻探、实验设备能力；

(d)测设方式、方法；

(e)对工程设计的熟悉程度和管理经验；

(f)竞争的程度是否激烈；

(g)中标承包后对今后本单位工作、经济等方面的影响；

(h)以往对类似工程设计工作的经验。

如通过上述各项因素的综合分析，大部分的条件都能胜任者，即可初步做出可以投标的判断。此外，还需了解企业自身以外的各种因素，这些因素已在前面"调查投标环境"中介绍。

b. 指导报价，争取中标

做出对某一具体工程设计投标的决定之后，就需采取一定的投标策略，以指导报价，争取中标，并预期获得更多的盈利。常见的投标策略有以下几种：

(a)靠缩短工期取胜。即采取有效措施，在招标文件规定的工期基础上，高水平管理，高水平设计，以提前若干个月或若干天完工，从而降低设计费用。

(b)低利政策。主要适用于设计任务不足时，如以低利承包一些工程设计，还是有利的。此外，承包单位初到一个新的地区，为了打入这个地区的承包市场，建立信誉，也往往采取这种策略。着眼发展，为争取将来的优势，而宁愿目前少盈利。承包单位为了锻炼自己的设计队伍，提高业务水平，掌握某种有发展前途的测设方法和先进技术，也可采用这种策略，为今后从竞争中求生存打下一个良好基础。

⑤拟定测设方案

测设方案是投标报价的一个前提条件，也是招标单位评标时要考虑的因素之一。测设方案应由投标单位的技术负责人主持制定。主要考虑测量、设计方法，主要测量仪器，钻探设备，制图设备，主要工程技术人员的配备，测设进度及工期安排等，要求在使用先进技术和工期两个主方面对招标单位有较大吸引力，同时又有助于降低设计费用。由于投标的时间要求所限，所以，测设方案不可能也无须编得很详细，只要抓住要点，简单扼要加以说明就可以了。

⑥报价

报价是投标的关键性工作。通常应在投标单位的决策人主持之下，由预算部门负责，与有关业务部门配合进行。报价的主要工作步骤和工作内容如下：

a. 校核或计算工程数量

工程量是计算标价的重要依据。在招标文件中大部分均有工程量清单，但不一定完美无缺,投标单位在投标作价前应进行认真核对。

b. 编制分部分项工程单价表

分部分项工程单价表是计算报价的又一个重要依据。它应根据招标文件提供的路线长度、桥梁座数(米),隧道延长米,按照招标文件规定的计算设计费文件、资料,按铁路和公路等级,设计阶段、地区困难等级、困难类别因素及技术复杂系统等来计算设计费。

c. 不可预见因素的考虑

在工程设计过程中难免出现某些不可预见的因素,诸如风、雨、气温及其他意外情况造成停工、窝工等,都会影响设计工期。因此,在投标报价时,应对这些因素予以适当考虑,特别是采用固定总价合同时,更应充分注意,酌加一定的系数,以不可预见费的名目,列为标价的组成部分。通常,固定总价合同的不可预见费可高些;气象、地形、地质条件比较复杂,建设规模较大,工期较长的任务,不可预见费也应高些,反之,则应低些。

d. 标价方案分析和报价决策

在投标实践中,基础标价不一定就作为正式报价,还应做多方案,即可能的低标价和高标价方案的比较分析,提供决策参考。

低标价应该是能够保本的最低报价。高标价是充分考虑可能发生的风险损失以后的最高报价。

投标报价的一般规律如下:

(a)暂时设计任务不足或对某一工程有兴趣时,报价宜较低;反之,报价可高,即采取所谓"陪标标价"。

(b)对工程量大但技术不复杂的工程设计(如平原地区路线、桥梁),报价宜较低,对地形较复杂(如山岭重丘区)或位于偏僻地区、测设条件不好的工程设计以及小型工程设计任务,报价可高些。

(c)竞争对手多的工程报价宜较低;自己有专长又较少竞争对手的工程设计,报价可较高些。

(d)对国内建设单位的工程设计报价宜较低;对外资或中外合资的工程设计,因现行定额与单价不适用,而且质量、工期、管理等要求较高,故报价应适当提高。

至于对某一具体工程,究竟以什么样的标价作为投标的正式报价,则应由决策人根据竞争情况和自身条件做出决策。

⑦编制标书

对某一工程设计的投标决策做出以后,应立即编写正式标书。我国尚未规定工程设计投标书的统一格式,一般由招标单位制定,作为招标文件的组成部分,由投标单位按要求编制和投送。其基本内容为:

a. 标书封面。填写招标单位及工程名称和投标单位名称与负责人姓名以及标书送投日期。

b. 标书主文。填写工程设计总标价、总工期、工程设计质量标准,以及要求招标单位提供的配合条件。这就是投标系统的正式报价单,也是开标后评标、决标的主要依据。

c. 附件。主要有:投标保证书;报价单;测量、设计方法、顺序和总工期进度安排;测量、设计过程中保证质量的主要措施;投标单位认为必要的其他文字说明。

编制标书前,应仔细研究投标须知,按要求填写有关表格;填妥后,要详加校核,避免因任何差错造成废标。经检查无误的标书,由投标单位及负责人签名盖章,按招标须知的要求密封，在投标截止时间以前送达招标单位指定的收件地点，等候开标。在开标之前，如对已投出的标书修订补充，可以书面密封提交招标单位。这些修订补充应视为标书的组成部分。

## 三、工程设计方案竞赛

在实践中，建筑工程特别是大型建筑设计的发包，习惯上多采取设计方案竞赛的方式。通常的做法是，建设单位（或委托咨询机构代办）称提出竞赛的具体要求和评选条件，提供方案设计所需的技术、经济资料，发函邀请若干家设计机构参加竞赛。接受邀请的设计单位，在规定的期限内向竞赛主办单位提交参赛设计方案。竞赛主办单位聘请专家组成评审委员会，对参赛方案进行审核。就能否满足设计目标的要求，是否符合规划管理的有关规定，以及建造和使用过程的经济性等方面，提出评价意见和候选名单。最后由建设单位负责人做出评选决策。并与入选方案的设计单位签设计合同。对未入选的方案的设计单位，可付给适当的补偿。

## 四、设备和材料供应招投标

### （一）发展概况

我国为了深化流通体制改革，改革机电设备进口管理工作，决定开展机电设备招标工作，并于 1985 年批准成立了中国机电设备招标中心。我国成套设备招标投标工作起步于 1984 年，1987 年 4 月，物资部成立了招标管理机构。1991 年 6 月 13 日物资部印发《建设工程设备招标投标管理暂行办法》（〔1991〕物成字 115 号），1995 年 11 月 27 日，国内贸易部发布《建设工程设备招标投标管理试行办法》（简称《设备招投标办法》，内贸成字〔1995〕186 号文）。1996 年 11 月 8 日，国家经济贸易委员会颁布的《机电设备招标投标管理办法》（1997 年 1 月 1 日实施）。财政部对《政府采购货物和服务招标投标管理办法》（简称《采购货物办法》，财政部令第 18 号）进行了修订并公布，自 2017 年 10 月 1 日起施行。材料供应也已全面实行招标投标，取得了很好的效果。

### （二）主要方法

我国规定，建设工程实行设备、材料供应招标，要有设计单位提供的设备、材料清单和所必需的资金。设备和材料的供应方式，以分别由设备成套公司、基建物资配套承包联合公司、地方基建物资配套承包公司实行承包供应责任制为主，工程项目的器材供应也已逐渐采用招标投标方式。

设备和材料供应的招标投标程序比较简单，大宗交易通常采取公开招标方式。即由主持招标的单位发布招标通告；投标单位购买标书，按指定时间、地点投标报价，招标单位在预定的时间、地点当众开标，当场决定中标单位，随后双方签订供货合同。

小批器材供应不值得公开招标，可采取比价方式选定供货单位。具体做法是由建设单位或委托咨询机构开列所需器材品名、规格、型号和数量，向若干家厂商发出询价函，要求他们在规定的期限内报价，收到厂商的报价单之后，经过比较、选定报价合理的厂商，商签供货合同。

在市场经济中，商品的价格是经常波动的。器材供应厂商无论是参加投标还是答复客户的询价，开出的报价单都须注明该报价单的有效期限。有效期限的表示方法，有的写明自报价单发出之日起若干天内有效，有的则写明该报价的有效期至某年某月某日为止。器材供应报价单的有效期一般为二～四周。

## 第四节 工程施工投标

投标有时也称"报价"，即承包商作为买方，根据业主的招标条件，以报价形式争取得到承包项目的活动。

招标投标是一个有机整体，招标主要揭示在招标投标整体活动中业主的活动内容；而投标则揭示承包商的活动内容。

### 一、《招投标办法》要求

1.投标人是响应招标、参加投标竞争的法人或者其他组织。招标人的任何不具独立法人资格的附属机构(单位)，或者为招标项目的前期准备或者监理工作提供设计、咨询服务的任何法人及其任何附属机构(单位)，都无资格参加该招标项目的投标。

2.投标人应当按照招标文件的要求编制投标文件。投标文件应当对招标文件提出的实质性要求和条件做出响应。投标文件一般包括下列内容：(1)投标函；(2)投标报价；(3)施工组织设计；(4)商务和技术偏差表。投标人根据招标文件载明的项目实际情况，拟在中标后将中标项目的部分非主体、非关键性工作进行分包的，应当在投标文件中载明。

3.招标人可以在招标文件中要求投标人提交投标保证金。投标保证金除现金外，可以是银行出具的银行保函、保兑支票、银行汇票或现金支票。投标保证金不得超过项目估算价的百分之二，但最高不得超过八十万元人民币。投标保证金有效期应当与投标有效期一致。投标人应当按照招标文件要求的方式和金额，将投标保证金随投标文件提交给招标人或其委托的招标代理机构。

4.投标人应当在招标文件要求提交投标文件的截止时间前，将投标文件密封送达投标地点。招标人收到投标文件后，应当向投标人出具标明签收人和签收时间的凭证，在开标前任何单位和个人不得开启投标文件。

在招标文件要求提交投标文件的截止时间后送达的投标文件，招标人应当拒收。依法必须进行施工招标的项目提交投标文件的投标人少于三个的，招标人在分析招标失败的原因并采取相应措施后，应当依法重新招标。重新招标后投标人仍少于三个的，属于必须审批、核准的工程建设项目，报经原审批、核准部门审批、核准后可以不再进行招标；其他工程建设项目，招标人可自行决定不再进行招标。

5.投标人在招标文件要求提交投标文件的截止时间前，可以补充、修改、替代或者撤回已提交的投标文件，并书面通知招标人。补充、修改的内容为投标文件的组成部分。

6.在提交投标文件截止时间后到招标文件规定的投标有效期终止之前，投标人不得撤销其投标文件，否则招标人可以不退还其投标保证金。

7.在开标前，招标人应妥善保管好已接收的投标文件、修改或撤回通知、备选投标方案等投标资料。

8.两个以上法人或者其他组织可以组成一个联合体，以一个投标人的身份共同投标。

联合体各方签订共同投标协议后，不得再以自己名义单独投标，也不得组成新的联合体或参加其他联合体在同一项目中投标。招标人接受联合体投标并进行资格预审的，联合体应当在提交资格预审申请文件前组成。资格预审后联合体增减、更换成员的，其投标无效。联合体各方应当指定牵头人，授权其代表所有联合体成员负责投标和合同实施阶段的主办、协调工作，并应当向招标人提交由所有联合体成员法定代表人签署的授权书。联合体投标的，应当以联合体各方或者联合体中牵头人的名义提交投标保证金。以联合体中牵头人名义提交的投标保证金，对联合体各成员具有约束力。

9. 下列行为均属投标人串通投标报价：

(1)投标人之间相互约定抬高或压低投标报价；

(2)投标人之间相互约定，在招标项目中分别以高、中、低价位报价；

(3)投标人之间先进行内部竞价，内定中标人，然后再参加投标；

(4)投标人之间其他串通投标报价的行为。

10. 下列行为均属招标人与投标人串通投标：

(1)招标人在开标前开启投标文件并将有关信息泄露给其他投标人，或者授意投标人撤换、修改投标文件；

(2)招标人向投标人泄露标底、评标委员会成员等信息；

(3)招标人明示或者暗示投标人压低或抬高投标报价；

(4)招标人明示或者暗示投标人为特定投标人中标提供方便；

(5)招标人与投标人为谋求特定中标人中标而采取的其他串通行为。

11. 投标人不得以他人名义投标。前款所称以他人名义投标，指投标人挂靠其他施工单位，或从其他单位通过受让或租借的方式获取资格或资质证书，或者由其他单位及其法定代表人在自己编制的投标文件上加盖印章和签字等行为。

12. 投标文件有下列情形之一的，招标人应当拒收：

(1)逾期送达；

(2)未按招标文件要求密封。

有下列情形之一的，评标委员会应当否决其投标：

(1)投标文件未经投标单位盖章和单位负责人签字；

(2)投标联合体没有提交共同投标协议；

(3)投标人不符合国家或者招标文件规定的资格条件；

(4)同一投标人提交两个以上不同的投标文件或者投标报价，但招标文件要求提交备选投标的除外；

(5)投标报价低于成本或者高于招标文件设定的最高投标限价；

(6)投标文件没有对招标文件的实质性要求和条件作出响应；

(7)投标人有串通投标、弄虚作假、行贿等违法行为。

## 二、投标组织

在工程承包招标投标过程中，竞争十分激烈，需要有专门的机构和人员对投标全过程加以组织与管理，以提高工作效率和中标的可能性。建立一个强有力的、内行的投标班子是投标获得成功的根本保证。对招标人而言，招标就是择优。择优一般包含四个方面：较低的价格；优良的质量；较短的工期；先进的技术。招标人通过招标，从众多的投标人中进行评选，既要从其突出的侧面进行衡量，又要综合考虑上述四方面的优劣，最后确定中标者。

对于投标者而言，参加投标就如同参加一场赛事竞争。因它关系到企业的兴衰存亡。随着社会的发展,科学技术的进步,建筑工程越来越多的是技术密集型项目,这样势必给承包人带来两方面的挑战。一方面是技术上的挑战,要求承包商具有先进的科学技术,能够完成"高、新、尖、难"的工程。另一方面是管理上的挑战,要求承包商具有现代先进的组织管理水平,能以较低价中标,靠管理和索赔获利。

(一)投标工作机构人员组成

为了确保在投标竞争中获胜,施工企业必须精心挑选精明强干、富有经验的人员组成投标工作机构。该工作机构应能及时掌握市场动态,能基本判断拟投标项目的竞争态势,注意搜集和积累有关资料,熟悉工程招标投标的基本程序,能针对具体项目的各种特点制定出恰当的投标报价策略,至少应能使其报价进入预选圈内。

投标工作机构应由经营管理类人才、专业技术类人才、商务金融类人才组成,具体人员如下:

1. 决策人。通常由部门经理或副经理担任,也可由总经济师负责。

2. 技术负责人。可由总工程师或主任工程师担任,其主要责任是制定施工方案和各种技术措施。

3. 投标报价人员。由总经济师或合同预算部门主管负责投标报价和合同工作。

4. 有关部门的参谋人员。材料部门负责提供器材市场信息;会计部门提供本企业的工资、管理费等有关成本资料;生产计划部门负责安排施工进度计划等。

投标机构人员应精干,有娴熟的投标技巧和较强的应变能力。为了保守本企业对外投标报价的秘密,投标工作机构人员要相对稳定,不宜过多,尤其是最后决策的核心人员,以控制在企业经理、总工程师和总经济师(合同预算负责人)范围之内为宜。

(二)投标机构人才应具备的基本素质

1. 经营管理类人才的素质

决策人才即经营管理类人才,是专门从事工程承包经营管理,制定和贯彻经营方针与规划,负责工作的全面筹划和安排的决策人才,这类人才应具备的素质为:

(1)知识渊博、视野广阔、有识有胆、勇于开拓,在经营管理领域有造诣,对其他相关学科也应有相当知识水平。能全面、系统地观察和分析问题。

(2)具有一定的法律知识和实际工作经验,对开展投标业务所遵循的各项规章制度有充分的了解,有丰富的阅历和预测、决策能力。

(3)有较强的思维能力和社会活动能力,具有综合、概括、分析判断和决策能力,有扩大信息交流,不断吸收投标业务工作所必需的新知识和情报。

(4)能掌握一套科学的研究方法和手段,具有大专以上学历。

2. 专业技术类人才的素质

所谓专业技术类人才,指工程设计施工中的各类人才即总工程师、工程师,如土木工程师、电气工程师、机械工程师等各类专业技术人员,他们具备熟练的实际操作能力,能在投标时从本公司的实际技术水平出发,考虑各项专业实施方案。

3. 商务金融类人才的素质

所谓技术报价人员即商务金融类人才,是指从事金融、贸易、税法、保险、预决算等专业知识方面人才。财务人员须具备会计师资格。

以上是对投标班子组成人员个体素质的基本要求，一个投标班子仅仅个体素质良好还不够，还需要各方的共同参与、协同作战，充分发挥群体力量。

## 三、施工投标的程序和工作内容

施工投标的一般程序如图 8-4 所示，详细程序框图如图 8-5 所示。

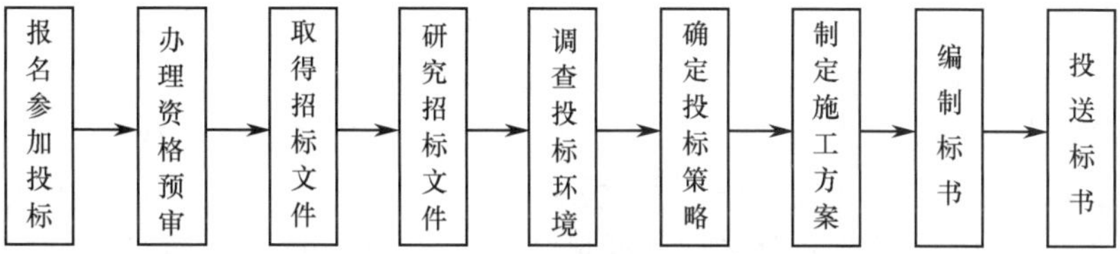


图 8-4　施工投标的一般程序

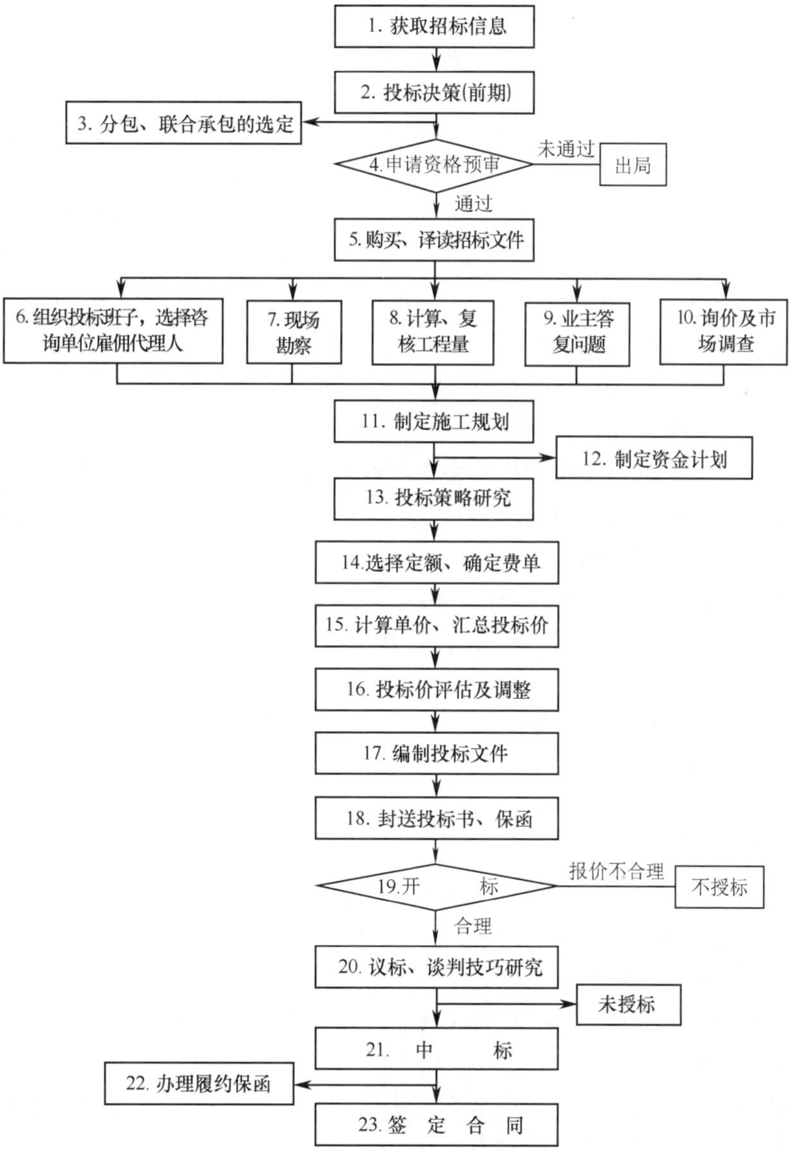


图 8-5　建设工程项目施工投标详细程序框图

施工投标分为准备工作、组织工作和投标后期工作三个阶段。其具体内容如下：

(一)研究招标文件

建筑企业报名参与或接受邀请参加某一项工程的投标，通过资格审查并取得招标文件以后，首要工作是仔细认真地研究招标文件，充分了解其内容和要求，以便安排投标的部署，并发现应提请招标单位予以澄清的疑点。研究招标文件的着重点，常有以下几方面：

1. 研究工程综合说明。借以获得对工程全貌的轮廓了解。

2. 熟悉并详细研究设计图纸的技术说明书。目的在于弄清工程的技术细节和具体要求，使制定施工方案和报价有确切的依据。为此，要详细了解设计规定的各部位做法和对材料品种规格的要求。对整个建筑物及其各部件的尺寸，各种图纸之间的关系(建筑图与结构图、平面、立面与剖面图，设备图与建筑图、结构图的关系等)都要吃透，发现不清楚或互相矛盾之外，要报请招标单位解释或订正。

3. 研究合同主要条款，明确中标后应承担的义务和责任及应享有的权利。重点是承包方式、开竣工时间及工期奖罚、材料供应及价款结算办法、预付款的支付和工程款结算办法、工程变更及停工、窝工损失处理办法等。因这些因素或者关系到施工方案的安排，或者关系到资金的周转，最终都会反映在标价上，所以都须认真研究，以利于减少风险。

4. 熟悉投标单位须知。明确了解在投标过程中，投标单位应在什么时间做什么事和不允许做什么事，目的在于提高效率，避免造成废标，徒劳无功。

全面研究招标文件，对工程本身和招标单位的要求有了基本的了解之后，投标单位就可以制定自己的投标工作计划，以争取中标为目标，有秩序地开展工作。

(二)调查投标环境

所谓投标环境，实质就是中标后工程施工的自然、经济和社会条件。这些条件是工程施工的制约因素，必然影响工程成本，是投标单位报价时必须考虑的。所以要在报价前尽可能了解清楚。调查的重点通常是以下几方面：

1. 施工现场条件，可通过踏勘现场和研究招标单位提供的地基勘探报告资料来了解；

2. 自然条件，主要是影响施工的风、雨、气温等因素；

3. 器材供应条件；

4. 专业分包的能力和分包条件；

5. 生活必需品的供应情况。

(三)确定投标策略

建筑企业参加投标竞争，目的在于得到对自己最有利的施工合同，从而获得尽可能多的盈利。为此，必须研究投标策略，以指导其投标全过程的活动。

正确的策略，来自实践经验的积累和对客观规律的认识以及对具体情况的了解。同时，决策者的能力和魄力也是不可缺少的，投标策略主要解决如下两个问题：

1. 决定是否投标

对某一具体工程是否投标，首先要从本企业的主观条件即各项自身的业务能力水平能否适应投标工程的要求来衡量，主要应考虑：

(1)工人和技术人员的操作技术水平；

(2)机械设备能力；

(3)设计能力；

(4)对工程的熟悉程度和管理经验；

(5)竞争的程度是否激烈；

(6)器材设备的交货条件；

(7)得标承包后对本企业的影响；

(8)已往对类似工程的经验。

如通过上述各项因素的综合分析，大部分的条件都能胜任者，即可初步做出可以投标的判断，通常先根据经验统计规定可以投标的最低总分，再针对具体工程评定各项因素的加权综合总分与“最低总分”比较，即可做出是否可以投标的判断。

此外，还须了解企业自身以外的各种因素，这些因素如前所述的“调查投标研究”。

2. 指导报价，争取中标

做出对某一具体工程投标的决定之后，就需采取一定的投标策略。以指导报价争取中标，并预期获得尽可能多的盈利，常见的投标策略有以下几种：

(1)靠经营管理水平高取胜。这主要靠做好施工组织设计，采取合理的施工技术和施工机械，精心采购材料、设备，选择可靠的分包单位，安排紧凑的施工进度力求节省管理费用等，从而有效地降低工程成本而获得较大的利润。

(2)靠改进设计取胜。即仔细研究原设计图纸，发现有不够合理之处，提出能降低造价的措施。

(3)靠缩短建设工期取胜，即采取有效措施。在投标文件规定的工期基础上，再提前若干个月或若干天完工，从而使工程早投产、早收益。这也是能吸引业主的一种策略。

(4)低利政策。主要适用于承包商任务不足时，与其坐吃山空，不如以低利承包到一些工程，还是有利的。此外，承包商初到一个新的地区，为了打入这个地区的承包市场、建立信誉，也往往采用这种策略。

(5)虽报低价，却着眼于施工索赔，从而得到高额利润。即利用图纸、技术说明书与合同条款中不明确之处中寻找索赔机会。一般索赔金额可达10%～20%，不过这种策略并不是到处可用的。

(6)着眼于发展，为争取将来的优势，而宁愿目前少赚钱。承包商为了掌握某种有发展前途的工程施工技术(如修建秦皇岛—沈阳铁路客运专线，建造核电站等)，就可能采用这种策略。这是一种较有远见的策略。

以上这些策略不是互相排斥的，须根据具体情况，综合、灵活运用。

### (四)制定施工方案

施工方案是投标报价的一个前提条件。也是招标单位评标时重点考虑的因素之一。施工方案应由投标单位的技术负责人主持制定。主要应考虑施工方法，主要机械设备，施工进度及分批竣工的安排，现场工人数目的平衡以及安全措施等，要求在技术和工期两方面对招标单位有吸引力，同时又有助于降低施工成本。由于投标的时间要求往往相当紧迫，所以施工方案不可能也没必要编得很详细，只要抓住要点，简单扼要地说明就行了。

(五)报　价

报价是投标的关键性工作。通常在投标单位的决策人主持之下,由预算部门负责,与有关业务部门配合进行。报价的主要工作步骤和内容如下:

1. 校核或计算工程量

工程量是计算标价的重要依据。在招标文件中大部分均有实物工程量清单。但不一定完美无缺。投标单位在投标作价前应进行核对。核对不可能也不必要全部重新计算一遍,可采用重点核对的方法进行。核对的内容可分:项目是否齐全,有无漏项或重复;工程量是否正确,工程做法及用料是否与图纸相符等。核对可采用重点抽查的办法进行,即选择工程量较大,造价较高的项目抽查若干项,按图详细计算。一般项目则只粗略估算其是否基本合理就行了。在进行核对前,首先要熟悉施工图纸和概预算定额,当前国内概预算定额内容及项目划分不尽一致,必须先弄清当地定额及其工程量计算规则的特点及与自己经常使用的定额有何不同之处,如投标单位的工程量清单是采用概算定额的项目划分,则更应注意每个主要项目中所综合的次要项目的内容。

在核对项目是否齐全,工程做法及用料是否与图纸相符时,可以将工程量清单与图纸择要逐项进行核对,以查明是否有不符或漏项之处。一般易于疏忽者是图纸中的说明或图纸本身确有相互矛盾之处,尤应加以注意。

在重点核对工程量是否正确时,首先可采用“工程量概念指标”,从大数上估算其合理性。所谓“工程量概念指标”是指各分部分项工程在各类建筑中的一般指标系数。如在民用建筑中,每平方米建筑面积的外墙面积系数、门窗面积系数、楼道地面面积系数、楼梯面积系数、屋面面积系数(不同层数)等。它们一般均有一定的大体系数,要靠工作中积累的资料及经验才能掌握。经过“工程量指标”法的概算核对,视其结果及时间上是否充裕,可以进一步考虑哪些工程量尚应进一步详细核对,哪些则可不必再细核。

如确实发现工程量清单中有某些错误或漏项,一般不能任意更改或补充。因为这样会使建设单位在评标时失去统一性和可能性,但可以在标函中加以说明,留待得标后签订合同时再加以纠正,或留待施工结算时作为调整承包价格处理(如为非固定总价包死合同形式者)。遇有不附工程量清单的投标工程,则投标单位就应详细计算工程量后再据以逐项分析单价。从而确定标价。如何正确计算工程量,首先应研究招标文件,看其是否明确规定了采用什么定额及工程量计算规则。如无这些规定,则应向招标单位提出加以明确,否则一般可采用工程所在地现行的概算定额及其工程量计算规则计算,在标函中最好也加以说明。在计算方法上必须注意各地定额不同之处,否则很易与自己习惯的计算方法和项目划分相混淆。此外,今后的投标工程将逐步采用概算定额,以简便工程量计算,提高工作效率和加快建设进度。施工企业由于习惯于使用预算定额,对概算定额及其计算工程量方法是比较生疏的,必须加以注意和熟悉。

2. 编制分部分项目工程单价表

分部分项工程单价表是计算标价的又一个重要依据。它的编制分为两个基本步骤,即先确定直接费诸因素的基础单价,再按不同分部分项工程的工料等消耗定额确定其预算单价。此预算单价即为计算标价的基础。

按我国习惯,分部分项工程单价即直接费的水平决定于基础单价和人工、材料、施工机械台班消耗量等两类因素。在投标报价时,可以预(概)算定额为基础,根据本企业的施工技术和管理水平适当调整,主要是向下浮动,即低于定额消耗量,以提高竞争能力。对于现行定额中没有的项目,即通常所谓缺项定额,应根据图纸及预算定额的编制原则和方法,编制补充单估价表。每一分部分项工程最后以工料、机械台班(时)单价与其相应的消耗量的乘积之和,作为该分项工程单价,再将这些单价汇编成表册,备报价使用。

3. 施工管理费率的测算

在标价中,施工管理费占有一定的比重,要做到合理报价和科学地确定本企业的管理费开支水平,应根据本单位的实际情况,进行必要的测算,管理费率测算的基数可按一个企业或一个独立核算单位(如工区、工程处等)在一个会计年度内完成的工程总值,也可按一个较大规模的投标工程的总标价测算。

4. 独立费率的确定

我国建筑安装工程造价的构成中,有一类既不列入直接费,又不列入施工管理费的费用项目,称之为"独立费"。主要有大型临时设施费、冬季和雨季施工增加费、夜间施工费、远征工程费、劳动保险支出和技术装备费等项。这些独立费的费率由中央有关部委和地方政府的主管部门因地制宜地分别规定,由工程承包单位在施工中包干使用。

投标单位对某一工程报价时,应预先了解工程所在地或其所属系统规定的各项独立费费率,并参考平时积累的不同类型的工程在不同施工条件下实际发生的各项独立费的数据资料,结合施工方案,确定独立费率,力求低于规定的水平,以增强报价的竞争力。

5. 资金占用和利息的分析

投标单位在某一工程中标并签订承包合同以后,即须着手组织施工,这就需要有一定数量的流动资金,用来支付材料价款、职工工资和经营管理费用等项开支。按我国现行规定,建筑企业的流动资金实行有偿占用,即由银行提供贷款,由企业按一定利率支付利息。因此,资金的占用不仅影响报价,而且反映企业的经营管理水平,所以在投标报价时要对资金占用和利息进行分析。

建筑企业在一个工程项目施工中的利息支出,决定于占用资金的数量、时间和利率三个因素,银行对建筑企业流动资金限额内贷款的利率比较稳定,一般没有波动,所以降低利息支出的关键在于占用资金数量少,占用时间短,即周转速度快。在实行流动资金全额信贷的情况下,尽量安排均衡施工。即与施工进度相适应,均衡地调配劳动力和施工机械,避免大抢大窝。同时组织材料、设备均衡地进场,既避免与施工进度脱节,又不造成积压。

这些是节省利息支出的有效途径。在实行按工程进度拨款的情况下,贷款应适合工程进度的需要,同时也应考虑及时结算已完工程款,用来归还贷款,尽量使贷款保持在较低的额度,也是十分重要的。

6. 不可预见因素的考虑

在工程施工过程中难免出现某些不可预见的因素,诸如材料价格的变化、基础施工遇到意外情况以及其他意外事故造成停工、窝工等,都会影响工程造价。因此,在投标报价时应对这些因素予以适当考虑。特别是采用固定总价合同时,更应充分注意,酌情加一定的系数(例如3%～5%,或更低些),以不可预见费的名目,列为标价的组成部分。通常,固定总价合同的不可预见费可高些;设计文件比较粗略,或地质资料不够详细,或气象条件比较复杂,施工期又较长的工程,不可预见费也应高些;反之,则应低些。

7. 预期利润率的确定

我国建筑业实行低利政策,现行法定利润率为2.5%。但在实行投标承包制的条件下,为了鼓励竞争,建筑企业在投标报价时,应允许采取有适当弹性的利润率,即为了争取得标,预期利润率可低于2.5%,甚至在某一工程上有策略性的亏损,以提高报价的竞争力。在降低成本、保证工程质量的前提下,预期利润率也未尝不可以高于2.5%。对此,投标单位应自主做出决策。

8. 确定基础标价

将分别确定的直接费、施工管理费、独立费、不可预见费以及预期利润汇总,即得出造价。但在分别确定上述各项费用的过程中,难免在某些环节上发生误差,因此汇总后还须进行检查,主要是将单位造价水平、主要材料用量、用工量和工资含量等指标,与同类型工程的经验统计资料进行对比,如发现有较大差异,则应结合施工方案进一步检查主要材料、设备、人工定额和单价,以及各项取费标准和利润等的确定,有无不够合理之处,必要时加以适当调整,最后形成基础标价。

9. 确定基础标价的指标作价法

某些招标工程可能采取以每单位最终产品(如住宅建筑面积每平方米,给排水管道每千米、沥青混凝土路面道路每百平方米等)造价包干的形式发包。报价时,除以分部分项工程单价表为基础计算标价外,还可采用指标估价法。这种方法的特点是:根据在实践中积累的统计资料,制定不同类型的建筑产品每一单位内的分部分项工程量或土、料、机械台班(时)耗用量指标,作为计算直接费的基础,其基本算法可用下列算式说明。

每一单位建筑产品的直接费 $=\sum$ 每一单位建筑产品所含分部分项工程量×单价或每一单位建筑产品的直接费 $=\sum$ 每一单位建筑产品所含工、料、机械台班耗用量×单价

至于施工管理费、独立费及利润项。仍可按前面介绍的常规方法来确定。这种方法的优点在于可节省计算时间,提高报价速度。

编制标价时,必须根据招标工程的具体情况,选用最近似的指标,并加以必要的调整或换算。至于采用主要工程量指标还是工料消耗指标可自行决定。在填单价时应注意现行价格上的变化并增加必要的议价材料的差价,以及结合本企业的管理水平和投标策略列入管理费、独立费、利润及包干或不可预见费等因素。

10. 标价方案分析和报价决策

在投标实践中,基础标价不一定就作为正式报价,还应作多方案(即可能的低标价和高标价方案)的比较分析,提供决策参考。

低标价应该是能够保本的最低报价;高标价是充分考虑可能发生的风险损失以后的最高报价。二者可分别按下式计算:

低标价=基础标价-(预期盈利×修正系数)

高标价=基础标价+(估计风险损失×修正系数)

两式中的“修正系数”应小于1(一般为0.6~0.7)。因为在正常情况下,无论各种营利因素还是各种风险,百分之百地出现的机会是极其少有的。

投标报价的一般规律是:

(1)现承担任务不足或对某一工程有兴趣时,报价宜较低;反之,报价可高,即采取所谓“陪标标价”。

(2)对一般房屋建筑工程报价宜较低;对特种结构及海港码头等工程,报价可较高。

(3)对工程量大但技术不复杂的工程(如住宅小区,大盘土石方等),报价宜较低;对技术复杂或位于偏僻地区,施工条件不好的工程以及小型工程,报价可较高。

(4)竞争对手多的工程报价宜较低;自己有专长又较少竞争对手的工程,报价可较高。

(5)对国内建设单位的工程报价宜较低;对外资或中外合资的工程,因现行工程与单价不适用,而且质量、工期、管理等要求较高,故报价应当提高。

至于对某一具体工程,究竟以什么样的标价作为投标的正式报价,则应由决策人根据竞争

情况和自身条件做出决策。

(六)编制标书

1. 投标文件的内容

投标单位对招标工程做出报价决策之后,即应编制标书,也就是投标须知规定投标单位必须提交的全部文件。这些文件主要分为四部分:

第一部分是投标书及其附件。投标书就是由投标的承包商负责人签署的正式报价信,我国通称标函。中标后,投标书及其附件即成为合同文件的重要组成部分。

第二部分是划价的工程量清单和单价表。它按规定格式填写,核对无误即可。

第三部分是业主要求递交的与报价有关的技术文件。它包括图纸、技术说明、施工方案、主要机械设备清单以及某些重要或特殊材料的说明书和样本等。

第四部分是投标保证书。如果同时进行资格审查,则审查资料也属于这一部分。

《招投标办法》规定,投标文件一般包括下列内容:

(1)投标函;

(2)投标报价;

(3)施工组织设计;

(4)商务和技术偏差表。

投标人根据招标文件载明的项目实际情况,拟在中标后将中标项目的部分非主体、非关键性工作进行分包的,应当在投标文件中载明。

2. 投标文件的格式

国内工程投标书的基本格式可参照建设部颁发的《建设工程施工招标文件范本》;国际工程投标书的基本格式可参考《世界银行贷款项目招标文件范本》中的《土建工程国际竞争性招标文件范本》。

(1)投标书

投标书的基本格式如下:

**投标书**(标函)

__________(建设单位或招标办公室)

在研究了______________建筑安装工程的招标条件和勘察、设计、施工图纸,以及参观了建筑安装工程工地后,经我们认真核算,愿意承担上述全部工程的施工任务。我们的投标书(标函)内容见表 8-1。

我们特此同意,在本投标书发出的______天之内,我们都将受本投标书的约束,我们愿在这一期间(即从______年______月______日起至______年______月______日止)的任何时候接受贵单位的中标通知。一旦我们的投标被接纳,我们将与贵单位共同协商,按招标书所列条款的内容正式签署__________建筑安装工程施工合同,并切实按照合同的要求进行施工,保证按质、按量、按时完工。

我们承诺,本投标书(标函)一经寄出,投标截止后不得以任何理由更改,中标后不得拒绝签订施工合同和施工;一旦本投标书中标,在签订正式合同之前,本投标书连同贵单位的中标通知,将构成我们与贵单位之间有法律约束力的协议文件。

(如果招标书要求投标方提供银行或上级部门担保的,投标方应在投标书(标函)中附上一份银行或上级部门的履约保证书。)

**表 8-1　投标书(标函)附表**

<table>
<tr><td rowspan="5">标函内容</td><td colspan="2">工程名称</td><td colspan="2"></td><td colspan="2">建筑地点</td><td></td></tr>
<tr><td colspan="2">建筑面积</td><td colspan="2"></td><td colspan="2">建筑层数</td><td></td></tr>
<tr><td colspan="2">结构形式</td><td colspan="2"></td><td colspan="2">设计单位</td><td></td></tr>
<tr><td colspan="2">工程内容</td><td colspan="5"></td></tr>
<tr><td colspan="2">包干形式</td><td colspan="5"></td></tr>
<tr><td rowspan="5">标价</td><td colspan="2">总造价</td><td colspan="2"></td><td colspan="2">每平方米造价</td><td></td></tr>
<tr><td rowspan="4">其中</td><td>直接费</td><td colspan="2"></td><td rowspan="4">其中</td><td>直接费</td><td></td></tr>
<tr><td>间接费</td><td colspan="2"></td><td>间接费</td><td></td></tr>
<tr><td>材料差价</td><td colspan="2"></td><td>材料差价</td><td></td></tr>
<tr><td>其他</td><td colspan="2"></td><td>其他</td><td></td></tr>
<tr><td rowspan="2">工期</td><td colspan="2">开工日期</td><td></td><td>竣工日期</td><td></td><td>合计天数</td><td></td></tr>
<tr><td colspan="2">进度</td><td colspan="5"></td></tr>
<tr><td>质量</td><td>达到等级</td><td colspan="2"></td><td>保证质量、安全主要措施</td><td colspan="3"></td></tr>
<tr><td colspan="2">施工方法及选用施工机械</td><td colspan="6"></td></tr>
</table>

我们的企业概况见表 8-2。

**表 8-2　承包企业概况表**

<table>
<tr><td>企业名称</td><td colspan="8"></td></tr>
<tr><td>地　址</td><td colspan="3"></td><td colspan="2">所有制类别</td><td colspan="3"></td></tr>
<tr><td>审定企业施工级别</td><td colspan="3"></td><td colspan="2">平均人数</td><td colspan="3"></td></tr>
<tr><td>企业简历(包括成立年限)</td><td colspan="8"></td></tr>
<tr><td rowspan="2">技术力量</td><td>工程师以上人数</td><td>助工人数</td><td>技术员人数</td><td>五级工以上人数</td><td>平均技术等级</td><td></td><td></td><td></td></tr>
<tr><td></td><td></td><td></td><td></td><td></td><td></td><td></td><td></td></tr>
<tr><td>装备情况</td><td colspan="8">施工机械</td></tr>
<tr><td rowspan="3">营业执照</td><td>批准机关</td><td colspan="7"></td></tr>
<tr><td>执照号码</td><td colspan="7"></td></tr>
<tr><td></td><td colspan="7"></td></tr>
</table>

投标书发出日期：______年______月______日______时

投标单位：__________________(公章)

企业负责人：________________(盖章)

联系人：__________________(盖章)

电话：__________________

地址：__________________

(2)综合说明。它包括建筑面积、总工期、计划开工和竣工日期、报价总金额等。

(3)钢材、水泥、木材用量。其中实行议价承包的,应写明单位差价及差价总金额。

(4)对招标文件的确认或提出新的建议。

(5)报价说明,即注明报价总金额中未包括的内容和要求招标单位配合的条件,应写明项目、数量、金额和未予包含的理由。对招标单位的要求应具体明确，并提出在招标单位不能给予配合情况下的报价和要求，例如报价增加多少、工期延长要求及其他要求条件等。

(6)降低造价的建议和措施说明。

(7)施工组织设计或施工方案。施工方案不仅关系到工期，而且对工程成本和报价也有密切关系。一个优良的施工方案，既要采用先进的施工方法，安排合理的工期，又要充分有效地利用机械设备，均衡地安排劳动力和器材进场，以尽可能减少临时设施和资金占用。施工方案应由投标单位的技术负责人主持制定。

(8)单项工程标书。它包括工程名称、建筑面积、结构类型、质量标准、单项工程造价及总价构成、分包的项目内容和拟用的分包单位或用什么方式选用分包单位等。

(9)投标书附件。国际工程投标一般情况下要求采用标准格式。投标书附件格式有联合国工业发展组织编制的，也有 FIDIC 组织推荐的。FIDIC 组织推荐的格式见表 8-3。

**表 8-3　投标书附件**

| 序号 | 项　目　内　容 | 合同条款号 | 备　　注 |
|---|---|---|---|
| 1 | 第三者责任险最少保险金额 | 8.3 | (　　　人) |
| 2 | 履约保证金<br>银行履约保函金额<br>履约担保书金额 | <br>12.4<br>12.4 | <br>合同价的　　%<br>合同价的　　% |
| 3 | 工程师发出开工通知的时间 | 29.1 | 发出中标通知后(　　)天 |
| 4 | 完工时间 | 31.1 | (　　　)天 |
| 5 | 误期赔偿费金额 | 33.2 | (　　　)元/天 |
| 6 | 误期赔偿费期限 | 33.2 | (　　　)% |
| 7 | 缺陷责任期 | 34.1 | (　　　)天 |
| 8 | 动员预付款金额 | 36.1 | 合同价的(　　　)% |
| 9 | 月付款证书的最少金额 | 36.4(C) | (　　　)元 |
| 10 | 出具付款证书后的付款时间 | 36.7 | 月付款证书:(38)天内<br>最终付款证书:(56)天内 |
| 11 | 保留金金额 | 36.8(C) | 月付款的(10 人) |
| 12 | 保留金限额 | 36.8(C) | 合同价的(5)% |

注:合同条款号指招标文件中所附的合同条款。

投标保函可分为银行提供的投标保证金和担保公司、证券公司或保险公司提供的担保书两种格式，现将两种格式分别介绍如下：

## 投标保证金银行保函格式

鉴于(投标人名称)(以下称投标人)于__________年__________月__________日递交(合同名称)的投标书。

本行(银行名称)(以下称“本行”)在此承担向(业主名称)(以下称业主)支付总金额人民币__________元的责任。

本责任的条件是：

(1)如果投标人在投标书规定的有效期内撤回其投标；或____________________。

(2)如果投标人在投标有效期内收到业主的中标通知后：

a. 不能或拒绝按投标须知的要求（如果有投标须知的话）签署合同协议书；或________________________________________。

b. 不能或拒绝按投标须知的规定提交履约保证金。

而业主指明了产生上述情况的条件，则本行在接到业主的第一次书面要求就支付上述数额之内的任何金额，并不需要业主申述和证实他的要求。

本保函在招标通告中规定的投标截止日期后或业主在这段时间内延长的截止期后30天内保持有效，本行不要求得到延长有效期的通知，但任何索款要求应在有效期内送到本行。

银行授权代表：(签字盖公章)

姓名：____________________

银行：____________________

地址：____________________

证人：(签字盖公章)

日期：__________年__________月__________日

## 投标担保书格式

根据本担保书，(投标人名称)做为委托人(以下称"委托人")和在中国注册的(担保公司、证券公司或保险公司名称)作为担保人(以下称"担保人")共同向债权人(业主名称)(以下称业主)承担支付人民币__________元的责任。

鉴于委托人已于__________年__________月__________日就(合同名称)的建设向业主递交了书面投标书(以下称"投标书")。

本担保书的条件是：

(1)如果委托人在投标书规定的投标有效期内撤回其投标；或________________。

(2)如果委托人在投标有效期内收到业主的中标通知后：

a. 不能或拒绝按投标须知的要求(如果有要求的话)签署合同协议书；或__________。

b. 不能或拒绝按投标须知的规定提交履约保证金。

则本担保书有效，否则无效。

但是担保人不承担支付下述金额的责任：

(1)大于本担保书规定的金额，或______________________________。

(2)大于投标人投标价与业主授标价之间的差额的金额。

担保人在此确认本担保书责任在招标通告中规定的投标截止期后或在这段时间内延长的截止期后30天内保持有效。延长投标有效期无须通告担保人。

委托人代表(签字盖公章)　　　担保人代表(签字盖公章)

姓名：________________　　　姓名：________________

地址：________________　　　地址：________________

日期：__________年__________月__________日

3. 标书实例

国内工程投标书实例(按施工图预算编制法)如下：

# 投　　标　　书

一、工程名称：××市××住宅楼(六层混合结构)

二、工程地点：××市××大街

三、建筑面积：3 915 $m^2$

四、工期：开工：2022 年×月×日；竣工：2023 年×月×日或实际工期为 6 个月。

工程造价总表见表 8-4。

**表 8-4　工程造价总表**

| 序　号 | 工程和费用名称 | 总价(元) | 单方造价(元/$m^2$) | 备　　注 |
|---|---|---|---|---|
| 1 | 土建工程 | 582 659 | 148.83 | |
| 2 | 水暖工程 | 64 058 | 16.36 | |
| 3 | 电气工程 | 24 391 | 6.23 | |
| 4 | 议价材料差价 | 68 513 | 17.50 | |
| 共　　计 | | 739 621 | 188.92 | |

说明：

一、本标价是根据××市建基：字〔2020〕××号和市建行字〔2021〕××号文及招标文件等规定，结合本公司实际情况及达到优良质量标准编制的。

二、赶工费是指为在规定工期内交工而发生的工料、机械费及夜班补助费、夜间照明费等(表 8-5)。

三、二次倒运费系由于现场情况不清，而按本公司历年情况估算的。

四、议价材料差价是在 2022 年价差的基础上，扣除新型材料(如灰砂砖)价差后，并考虑了今年主要材料价格上涨的因素估算的。

五、本标价在按招标文件规定的时间内开标、决标并签订合同者可按一次包死合同价格执行，不再另行结算。遇天灾及意外事故等非人力所能抗拒的情况时，应另行按实考虑。

本标价除第五条情况外，其有效期尚可延长到×年×月×日止。

××市××建筑公司

(盖章)

负责人(盖章)

2022 年×月×日

**表 8-5　工程预算书**

| 序号 | 工　程　名　称 | 单位 | 数量 | 单价(元) | 合价(元) | 其　中 | | | 备　注 |
|---|---|---|---|---|---|---|---|---|---|
| | | | | | | 人工费 | 材料费 | 机械费 | |
| | 一、土建工程 | | | | | | | | |
| | (一)土方工程 | | | | 10 081 | | | | |
| | (二)砌筑工程 | | | | 125 656 | | | | |
| | (三)钢筋混凝土工程 | | | | 170 681 | | | | |
| | (四)木作工程 | | | | 60 571 | | | | |

续上表

| 序号 | 工 程 名 称 | 单位 | 数量 | 单价（元） | 合价（元） | 其中 | | | 备 注 |
|---|---|---|---|---|---|---|---|---|---|
| | | | | | | 人工费 | 材料费 | 机械费 | |
| | (五)楼地面工程 | | | | 19 658 | | | | |
| | (六)屋面工程 | | | | 19 803 | | | | |
| | (七)金属工程 | | | | 356 | | | | |
| | (八)粉饰工程 | | | | 34 890 | | | | |
| | (九)脚手架工程 | | | | 6 272 | | | | |
| | 直接费合计 | | | | 447 968 | | | | |
| | 间接费(含独立费、利润) | | | | 91 565 | | | | |
| | 包干费 | | | | 13 485 | | | | |
| | 赶工费 | | | | 6 720 | | | | |
| | 散装水泥损耗 | | | | 2 664 | | | | |
| | 红砖差价 | | | | 13 537 | | | | |
| | 二次倒运费 | | | | 6 720 | | | | |
| | 土建工程共计 | | | | 582 659 | | | | |
| | 二、采暖工程 | | | | 31 062 | 1 579 | | | |
| | 三、给排水工程 | | | | 24 950 | 1 137 | | | |
| | 直接费合计 | | | | 56 012 | 2 716 | | | |
| | 间接费(同上) | | | | 7 412 | | | | |
| | 调整费 | | | | 634 | | | | |
| | 暖气、给排水工程共计 | | | | 64 058 | | | | |
| | 四、电气工程 | | | | 20 294 | 1 501 | | | |
| | 管理费(同上) | | | | 4 097 | | | | |
| | 电气工程费共计 | | | | 24 391 | | | | |

注：分项工程列项从略。

## 复习思考题

8-1　什么是工程承发包？其方法有哪些？工程承发包的方式如何分类？

8-2　什么是工程招标、投标、报价、开标、评标、中标？

8-3　建筑工程实行招标投标承包制有何意义？有哪些特点？

8-4　工程招标如何分类？工程招标的方式有哪些？各种方式适应于什么情况？

8-5　工程招标应具备什么条件？工程施工招标的一般程序分为几个阶段？其程序怎样？

8-6　国内工程招标文件包括哪些内容？

8-7　什么是工程标底？标底有哪些作用？如何编制？

8-8　为什么要对申请投标的单位进行资格审查？主要审查哪些方面的内容？

8-9　什么是工程设计方案竞赛？其具体步骤如何？

8-10　什么是设备和材料供应招标和投标？其主要方法有哪些？

8-11　什么是工程施工投标？其一般程序和工作内容是什么？

8-12　常见的投标策略主要有哪些？

8-13　报价的主要工作步骤和内容有哪些？

# 第九章　施工组织设计

**本章提要**:本章介绍工程施工组织设计的基本概念、基本方法与主要内容。

1. 施工组织设计的基本概念。包括施工组织设计的概念和意义、作用与任务、分类、编制依据和原则、编制程序及步骤等。

2. 施工组织设计编制的办法和内容。结合铁路工程介绍施工组织有关资料调查、施工组织方案比选、施工顺序及进度安排、材料供应计划及运输方案、临时工程修建意义、施工进度示意图及施工总平面布置示意图和主要劳动力、材料、施工机具数量计算等。

3. 综合性施工组织设计。包括施工工期的安排、劳动力、材料与机具需要量计算、施工区段划分、施工顺序的合理安排、材料供应计划、施工组织文件中应附资料等。

4. 路基土石方工程施工组织设计。包括路基工程特点、施工方法选择、土石方调配等。

5. 桥涵工程施工组织设计。包括桥涵工程及其施工特点、施工组织设计要点等。

6. 隧道工程施工组织设计。包括隧道工程及其施工特点、施工组织设计要点等。

7. 某房建工程施工组织总设计示例。包括房建工程施工组织设计要点等。

## 第一节　概　　述

### 一、施工组织设计的概念及意义

基本建设的程序和内容包括计划、设计和施工三个重要阶段。计划阶段是确定拟建工程项目的性质、规模和建设期限;设计阶段是根据计划的内容编制建设项目的技术经济文件,把建设项目的内容、建设方法和投产后的经济效果具体化;而施工阶段则是根据计划和设计文件的规定,制定实施方案,把人们主观设想变成客观现实,即通过一系列的建筑施工活动,生产出合格的建筑产品。

建筑产品的生产和其他工业产品的生产一样,都是按要求投入生产要素,通过一定的生产过程,生产出成品。而建筑产品及其生产又具有一系列与工业企业不同的特点。如建筑产品的固定性、多样性、形体庞大性和生产的流动性、单件性、复杂性等。这样必须详细研究工程特点、地区环境和施工条件,从施工的全局和技术经济的角度出发,遵循施工工艺的要求,合理地安排施工过程的空间布置和时间排列,科学地组织好人力、技术、材料、机具和资金等生产要素,协调施工中的各单位、各部门及各施工阶段之间的关系。即必须研究建筑工程施工中的生产组织学或生产管理学问题。

施工组织设计就是针对建筑施工安装过程的复杂性,用系统的思想并遵循技术经济规律,对拟建工程的各阶段、各环节以及所需的各种资源进行统筹安排的计划管理行为。它是用来指导拟建工程施工全过程中各项活动的技术、经济和组织的综合性文件。施工组织设计是工程施工的总体规划,它通过对复杂生产过程的科学、经济、合理的规划安排,使建设项目能够实现连续、均衡、协调而有节奏地进行施工,以满足建设项目对工期、质量及投资方面的各项要求。因此,如何在设计或施工阶段,根据建设项目不同的特点编制相应的施工组织设计是工程建设项目管理的重要环节。

## 二、施工组织设计的作用与任务

施工组织设计是对拟建工程施工的全过程实行科学管理的重要手段。它在每项工程建设中都具有重要的规划、组织和指导作用,具体表现为:

1. 设计单位编制的施工组织设计是工程设计文件的一个组成部分,它可以体现基本建设计划和设计要求并指导其实施。

2. 施工组织设计可进一步验证拟建工程设计方案的经济合理性、技术科学性和实施可行性,也是编制概预算的基础资料之一。

3. 施工组织设计是施工准备工作的一项重要内容,同时又是指导施工企业开展施工准备工作的依据。

4. 施工组织设计可全面考虑拟建工程的各种具体施工条件,扬长避短地拟定合理的施工方案,确定施工顺序、施工方法、劳动组织和技术经济组织措施,合理地统筹安排拟建施工进度计划,保证工程按期投产或交付使用。

5. 施工组织设计为建设单位编制基本建设计划和施工企业编制施工计划提供依据。施工企业可以提前掌握人力、材料和机具使用上的先后顺序,全面安排资源的供应与消耗;可以合理地确定临时设备的数量、规模和用途及其在施工场地上的布置方案。

6. 施工组织设计是统筹安排施工企业生产的投入与产出过程的关键和依据。科学的施工组织设计是施工企业从承担工程任务开始到竣工验收交付使用结束的全部施工过程的计划、组织和控制等管理工作的基础。

7. 施工组织设计对现场所作的规划与布置,为现场的文明施工创造了条件,并为现场平面管理提供了依据。

8. 施工组织设计的编制,可以预计施工过程中可能遇到的各种困难,事先做好准备、预防,主动调整施工中的薄弱环节,从而提高了施工的预见性,减少了盲目性,使管理者和生产者做到心中有数,为实现建设项目提供技术保证。

根据实施经验可知,对于一个拟建工程来说,如果施工组织设计编制得合理,能够正确反映客观实际,符合建设单位和设计单位的要求,并且在施工过程中认真地贯彻执行,就可以保证拟建工程施工的顺利进行,取得好、快、省和安全的效果,早日发挥基本建设投资的经济效益和社会效益。

施工组织设计的基本任务是根据国家和业主对建设项目的各项要求,通过周密细致的调查研究,选择经济、合理、有效的施工方案;确定合理、可行的施工进度;拟定有效的技术组织措施;采用最佳的劳动组织,计算施工中劳动力、材料、机具设备和临时辅助大型建筑物的需要量;合理布置施工现场的空间,以确保全面高效地完成最终建设任务。总之,施工组织设计应包括准备工作、基本工作和辅助工作在内的全部生产活动。

## 三、施工组织设计的分类

施工组织设计根据编制基本建设阶段(编制阶段)的不同、编制对象范围的不同、使用时间的不同和编制内容的繁简程度不同,施工组织设计有以下分类情况:

1. 按编制阶段不同分类

施工组织设计一般在基建的设计和施工阶段编制。因此,可分为设计单位编制的施工组织设计和施工单位编制的施工组织设计。

(1)设计阶段

设计单位在初步设计、技术设计和施工图设计阶段均应编制相应的施工组织设计。在三阶段设计的初步设计中编制施工组织规划设计,着重提出施工总期限和总的施工方案意见;在技术设计中编制施工组织总设计,根据批准的施工组织方案意见及沿线施工调查的资料,使施工总工期和总施工方案具体化;在施工图设计中编制单位工程施工组织设计。在两阶段设计的扩大初步设计中编制施工组织总设计,在施工图设计以及一阶段设计中,编制单位工程施工组织设计。

(2)施工阶段

在投标阶段由参加投标的施工承包单位编制满足施工投标要求的综合指导性施工组织设计。

施工承包单位在接受任务后,为了保证合同要求,应根据设计文件和自己的具体情况和条件,结合综合指导性施工组织设计编制相应的标后施工组织设计,即指导施工的全局性文件。一经批准则各项管理工作都应围绕施工组织设计的要求进行。

2. 按编制对象范围不同分类

可分为施工组织总设计、单位工程施工组织设计、分部分项工程施工组织设计(或称为特殊项目施工组织设计)三种。

(1)施工组织总设计

它是以一个建设项目或一个建筑群为编制对象,用以指导建设项目或建筑群施工全过程的各项施工活动的技术、经济和组织的综合性文件。施工组织总设计一般在初步设计或扩大初步设计被批准之后,由总承包企业的总工程师主持下进行编制。

(2)单位工程施工组织设计

它是以一个单位工程(一个建筑物或构筑物)为编制对象,用以指导其施工全过程的各项施工活动的技术、经济和组织的综合性文件。单位工程施工组织设计一般在施工图设计完成后,在拟建工程开工之前,由工程处的技术负责人主持下进行编制。

(3)分部分项工程施工组织设计

它是以分部分项工程为编制对象,用以具体实施其施工全过程的各项施工活动的技术、经济和组织的综合性文件。分部分项工程施工组织设计一般是同单位工程施工组织设计的编制同时进行,并由单位工程的技术人员主持编制。

3. 按编制时间范畴不同分类

可分为建设期限达数年以上的建设项目施工组织总设计、年度施工组织设计和季节性工程施工设计。三者之间的关系是:前者依次为后者的编制依据,后者依次是前者的深入和具体化。编制对象的时间范畴愈长,编制内容就愈概括、愈粗略;反之,时间愈短,则内容便愈具体、愈详尽。

4. 按编制内容繁简程度不同分类

可分为内容较完整的施工组织设计和内容有所侧重或简化的施工组织大纲或施工方案设计。一般情况下,凡是一个建设项目或结构较为复杂的、技术及质量要求较高的单位工程和采用新工艺、新技术、新结构施工的分部分项工程和专业化工程,均应编制内容较为完整的各种类型的施工组织设计。凡规模较小、结构简易、技术熟悉的单位工程,可只编制简略扼要的施工方案设计。

需要说明的是,铁路、公路和道路工程的施工组织设计同工业与民用建筑工程的施工组织设计的编制内容、方法都大同小异,但仍各有一些行业性习惯做法。如铁路工程施工承包单位编制的施工组织设计可分为指导性施工组织设计和实施性施工组织设计两大类。指导性施工组织设计是施工单位对一个建设项目施工的总体部署和规划,包括由工程局施工技术处编制的总施工组织设计(它反映整个建设项目施工总体部署和规划,是计划性文件)和由工程处编制的综合性施工组织设计(它根据施工组织设计的原则,按分段施工的范围,结合实际情况进行编制)。

## 四、施工组织设计编制的依据和原则

1. 编制的依据

施工组织设计应根据下列资料编制:

(1)国家计划或合同对建设项目的修建要求。如施工总期限,分期分段竣工期限和投资计划等。

(2)工程设计文件。包括有关说明书、设计图纸、工程数量表、施工组织方案意见、总概算等。

(3)调查研究资料。包括工程项目所在地区的自然经济资料,如气象、交通运输情况、当地建筑材料分布、临时辅助大型建筑物及辅助设施的修建条件,以及水、电、燃料等资料。在铁路、公路既有路线改扩建中,尚应包括既有路线的现状及旧料和设备可资利用情况等资料。

(4)有关定额(劳动定额、物资消耗定额、机械台班定额等)、各种参考指标。

(5)现行有关技术标准、施工规范、规则及地方性规定等。

(6)施工力量及机具配备情况。如参加施工人数、技术力量(包括水平、工种),机具数量、规格、性能等。

(7)鉴定意见及有关其他单位的协议、上级指示等。如施工要求,材料供应方式,既有工程的改造、拆迁、改土还地等。

2. 编制原则

(1)应认真贯彻党和国家对工程建设的各项方针和政策,严格执行建设程序。

(2)按经济合理的原则,在详细调查研究的基础上,遵循施工工艺规律、技术规律及安全生产规律,合理安排施工程序及施工顺序。

(3)应先重点后一般,全面规划,统筹安排,突出重点。对人力、物力、财力的分配在首先考虑重点和关键工程的同时,也要安排好一般工程的衔接和相应的配套工程。做到建成一部分,用一部分,迅速形成生产能力,尽快交付使用。

(4)要因地制宜,就地取材,积极采用先进施工技术,科学地确定施工方案;积极而慎重地采用新技术、新工艺、新材料、新设备,努力提高产品质量。

(5)要努力提高施工机械化水平,这是提高劳动生产率,减轻劳动强度,节约劳动力,加快施工进度，缩短工期的有力措施。应结合施工单位自有的机具配备、租赁的可能和国家配属的可能情况、工期要求等，做出合理的部署和安排，充分利用和发挥现有机具设备的效能，特别在人烟稀少交通不便的地区，更要提高机械化施工的程度。

(6)应尽量减少临时工程的数量，有条件时，应将临时与永久工程结合起来考虑。

(7)采用流水施工作业方法，组织连续、均衡、有节奏的施工，保证人力、物力充分发挥作用。

(8)做好施工区域的调查，根据工程所在地季节性特征、工程类别及工程特点，落实季节性施工措施，科学安排好施工顺序及作业项目的衔接，确保全年不间断施工。

## 五、施工组织设计编制的程序及步骤

编制施工组织设计要遵循一定的程序，要按照施工的客观规律，协调和处理好各个影响因素的关系，用科学的方法进行编制。一般的编制程序及步骤如下：

1. 计算工程量。只有工程量计算准确，才能保证劳动力和资源需要量计算得正确和合理地组织施工。故工程量必须根据设计图纸和定额进行计算。

2. 分析设计资料，选择施工方案和施工方法。根据设计文件和前一阶段的施工组织设计安排，进一步研究施工方案、施工方法、施工顺序、施工机械选择以及保证质量和安全的各种技术措施等。

3. 编制工程进度图。按照工期要求和施工现场条件，组织流水施工，决定各工序的作业时间，编制出施工进度计划。

4. 计算人工、材料、机具需要量，并制订出相应的供应计划。依据采用的劳动定额、工程量及进度安排计划计算出需要量和供应计划并进行相应的平衡调整。

5. 工地运输组织。

6. 布置施工平面图。使生产要素在空间上的位置合理、互不干扰。

7. 编制技术措施计划，计算技术经济指标。

8. 编写说明书。

不同的施工组织设计阶段，编制程序有所不同，图 9-1 为编制程序的相互关系图。

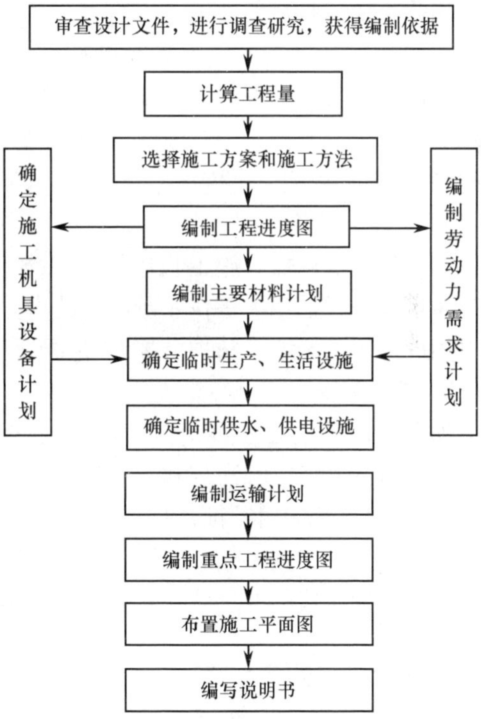


图 9-1　施工组织设计的编制程序

编制施工组织设计，特别是编制实施性施工组织设计时，应特别注意处理好以下几个问题：一是解决好施工中的主要矛盾，既要突出重点，又要概括全面；二是应认真细致地做好工程排队工作，安排好进度安排、各项工程的施工顺序和搭界关系以及保重点工程等问题；三是注意生产、生活物资的供应补给，为工地运输创造条件；四是留有余地，便于调整等。

## 第二节 施工组织设计编制的办法和内容

以下结合铁路工程介绍施工组织设计的编制办法和主要内容。

### 一、施工组织有关资料调查

施工组织有关资料的调查，是编制施工组织的重要步骤，必须认真做好。调查的内容比较广泛，主要包括以下几方面的内容。

1. 有关工程项目特征与要求的资料调查

向建设单位和主体设计单位了解并取得设计资料，了解建设项目的目的、任务、设计意图；弄清设计规模、工程特点；了解生产流程与工艺设备特点及来源资料；摸清对工程分期、分批施工、配套交付使用的顺序要求，图纸交付的时间以及工程施工的质量要求和技术难点等。

2. 施工场地附近地区自然条件方面的资料调查

如气象及水文资料，地方可能支援工程建设的物力、劳力，边远地区的风俗习惯、有无区域性的病疫等地区特征。

3. 施工区域的技术经济条件调查

如砖、瓦、灰、砂、石等当地建筑材料的生产及供应能力，地方工业、电力、水源、水质、现有规划的交通运输情况；既有铁路公路的设备、运营等情况；施工单位的施工力量、劳动组织、机具配备、各种工程施工进度指标、有关技术经济资料等。

4. 社会生活条件调查

工程所在地区能为施工利用的房屋类型、面积、位置、使用条件和满足施工需要的程度。施工时运输、打桩、用火等作业所产生的安全、防火问题，以及振动、噪声、粉尘、有害气体、垃圾等对周围环境的影响及防护措施，工地绿化、文物保护要求等。

5. 其他调查

如果涉及国际工程、国外施工项目，那么调查内容更加广泛，如汇率、进出海关的程序与规则、项目所在国的法律、法规和政治经济形势等。

可见，建筑施工对外部条件的依赖性很强，各种必要技术、经济条件中的任何一种，在时间、规格、数量上出现差错或疏漏，都将打破施工正常秩序。所以，应结合建设项目的情况、地区特点和不同阶段的要求认真地进行施工组织调查。

### 二、施工组织方案比选

在三阶段设计的初步设计或两阶段设计的扩大初步设计中，应根据计划任务书规定的竣工期限，结合各建设项目的具体情况，提出不同的施工组织方案。

从技术的可能性和经济的合理性进行全面研究分析比选，提出最优方案。主要比选方案，应编写比选说明，主要内容如下：

1. 施工总工期及分期、分段或区间施工安排的期限。
2. 主要工程及控制工程的施工进度与措施。
3. 改建工程中解决施工与行车相互干扰的方案。
4. 大型临时设施或过渡工程数量及费用。
5. 材料供应及运输费用。

6. 所需劳动力、材料、成品、施工机具的数量。

7. 工程造价是否经济合理和技术上是否可行的意见。

## 三、施工顺序及进度安排

施工顺序及进度安排，应按国家的修建计划、工期要求、投资安排，结合各建设项目的工程数量及地区特征，统筹规划、合理安排，使劳力、机械设备、各类物资的需要量，尽可能做到大体上的均衡，充分发挥人力、物力的作用，以提高投资效益。具体安排主要考虑下列几个方面：

1. 临时工程，应结合正式工程的工期、先后顺序，分段分期修建。

2. 控制工程及施工困难的重点工程，应结合竣工工期的要求安排。

3. 铁路既有线和枢纽改建、拆建、增建第二线等项目，应根据工程分布与运营需要缓急，分先后安排有关工程。

4. 要考虑施工季节性的因素，受季节性影响大的工程，如因工期限制，必须在不利季节施工时，应提出有效的措施意见。

5. 铁路站后工程，应结合总工期的要求，统筹安排，配套交付使用。

6. 安排施工顺序，要综合考虑可利用因素，如铁路、公路路堑或隧道弃方，临时与永久结合的正式工程等应安排在前；铁路站场改建中，安排车场及股道的施工顺序要尽量考虑利用既有设备过渡，以减少过渡工程。

对施工顺序及进度安排中的关键问题和措施意见，应作简要说明。

## 四、材料供应计划及运输方案

材料(包括成品、半成品)供应计划是施工组织中一项重要内容。编制时应根据施工进度，各类工程需要材料的品种、数量、来源，结合运输方案及分段、分期竣工的情况统筹规划，尽可能就近供料或就近取材，减少远距离运输，使供料方案经济合理。

对建筑拆除的设备和材料或铁路、公路路堑、隧道弃方的利用，应根据施工顺序、堆放场地、运输条件等因素综合考虑。

运输方案应在保证物资及时供应的前提下，尽量做到流向合理，避免倒流。一般情况，新建铁路在铺轨前的施工用料，通常以汽车运输为主，铺轨后，尽可能利用火车运输。如有水运条件，应注意通航季节、运输能力、船只来源、修建码头费用等因素，与陆地运输条件比较后选用。

铁路既有线技术改造、增建第二线、扩建枢纽等建设项目，一般采用火车运输，以节省运费和临时道路修筑费。但利用既有线火车运输，必须根据区间、车站的通过能力，区间或车站卸料的可能性、临时封锁要点、增加运输列车的条件综合考虑，并需与运营部门协商。

运料尽可能从发料地点直接运到工地，以减少装卸次数和材料在运输途中的损耗。

## 五、提出临时工程修建的意见

临时工程(指大型临时设施和过渡工程)应结合地区特征，基建项目的特点及施工期限，本着节省资金，节约用地，发挥投资效益的原则，统筹规划，全面布局。要因地制宜，就地取材或利用正式工程材料、设备先后倒用(如铁路过渡信号设施)以及临时与永久相结合或利用原有建筑物设备等。维修标准应结合安全、防火、卫生等规定的原则，力求简易适用。通过研究比选，提出必须修建的项目、地点(尽可能建在用地界内)、规模(包括主要工程量及租用土地的面积),并作简要说明(包括可以利用其他建筑物和材料等的情况)。

## 六、施工进度示意图及施工总平面布置示意图

### (一)施工进度示意图

主要表示在规定的总工期范围内,总的工程进度及各项主要工程的施工顺序及其进度。具体内容有:

1. 工程平、纵断面示意图(绘明铁路车站、重点桥隧工程的位置、里程)。
2. 主要工程量。
3. 施工区段划分。
4. 工程进度图示。
5. 铁路、公路既有线通过能力(以行车对数表示)。
6. 劳动力动态示意图(指各个时期直接参加施工的出工人数)。
7. 图例、附注。

施工特别复杂地段,由于工点密集,必要时,可另绘放大的局部示意图。铁路枢纽项目,可分站、分片或分几个部分按顺序排列连接绘制。

### (二)施工总平面布置示意图

一般包括下列主要内容:

1. 铁路、公路线路平纵面缩图及主要村镇、河流位置。
2. 重点桥隧等工程的位置及其中心里程、长度、孔跨,以及重点取土场位置。
3. 车站位置及其中心里程。
4. 施工区段划分。
5. 砂、石、砟场位置(包括既有及新建)。
6. 大型临时设施的位置。
7. 既有和计划修建的运输道路位置。
8. 铁路既有线技术改造或增建第二线的项目,应标明设计线与既有线的关系。
9. 图例、附注。

复杂的铁路、公路展线地段及站场改建,可附放大的平面示意图。

## 七、主要劳动力、材料、施工机具数量的计算

### (一)主要劳动力

直接参加施工的劳动力工日数(包括施工单位开采砂、石及工地预制成品、半成品的劳动力),按定额和综合指标计算。

### (二)主要材料(包括成品、半成品)

1. 按各类工程(包括正式工程及大型临时设施和过渡工程),根据定额或综合指标计算,并按各设计阶段编制内容的规定,分列并汇总。

2. 工地临时设置的成品厂预制的成品、半成品,应计列原材料数量,并注明预制品的品名、数量,价购的成品、半成品,则仅统计其品名、数量(考虑施工可能变动的需要可另附价购的

预制品原材料数量)。

3. 周转料(如脚手架、模型板等),按定额计算。

4. 大型临时设施和过渡工程的用料,应考虑周转倒用等情况计列数量,并加注说明。

5. 临时房屋的材料,按总概算中"临时房屋及小型临时设施"的概算总额以"万元三材指标"计算(Y)。

(三)主要施工机具数量

主要施工机具数量,根据施工进度、工期、顺序及各工点相互调配使用等情况提出配备台数,按同时使用最大机具数量配备。

## 第三节 综合性施工组织设计

综合性施工组织设计是技术设计阶段和施工部门对全线或某一段全部工程施工的总体规划,是各施工单位进行工作的重要依据,也是编制预算的基础文件。下面以铁路工程为例来说明。

### 一、施工工期的安排

(一)施工总工期

应根据国家下达的任务书中要求竣工期限进行编制。但有时在既有线技术改造的项目,甚至新建项目,国家往往提出分期投资分段施工办法,以节约资金和满足运输要求。因此,在具体安排施工组织时,除工期安排需要满足计划要求外,在工程量安排上也应满足投资要求。

(二)各类工程施工期限

安排各类工程施工期限时,首先应考虑铺轨架梁和关键工程的施工期限,然后安排站前工程(如路基、桥涵等)和站后工程(如房屋、给水、通信、信号等)的施工期限。同时也要考虑到各主要工程间衔接和必要的间隔时间,以及流水施工顺序等。

1. 铺砟期限

线路上铺砟工作的完工日期,应在新建铁路线交付使用日期前一个半月左右。在此时期内,进行各项工程的验收和检查,以及处理未做完的结尾工程。

在确定铺砟期限时,第一层和第二层的填铺日期应分别考虑。必须在前一层经过压实后,方能再铺第二层道砟。

铺砟的期限,视每昼夜铺砟的速度而定,而铺砟速度又取决于砟场生产量和运砟的条件。设某一采砟场供给某段所需道砟,其总方数为$W_0$(m$^3$),该采砟场每昼夜的生产率为$N_0$(m$^3$),在运砟条件不受限制的情况下,则该段铺砟工作期限约为

$$t_0=\frac{W_0}{N_0}\quad（昼夜）\tag{9-1}$$

2. 铺轨期限

铺轨工作一般是分期进行,第一期应铺设各区间的正线和某些为了保证工程列车运转和临时运营所必需设置的车站的站线,第二期再铺设其余各车站的站线。

铺轨工程应在桥梁、隧道、路基工程完成后半月至一个月进行。

铺轨期限只计算正线的时间。设正线的长度为$L$(km),每昼夜的铺轨速度为$M_r$(km),则正线铺轨的期限将为

$$t_0=\frac{M_r}{L}\quad(\text{昼夜})\tag{9-2}$$

机械化铺轨的速度视铺轨机的生产能力而定。人工铺轨的速度则看钢轨散布的快慢而定。铺轨期限应考虑架梁时间在内。

3. 土石方工程完工期限

土石方工程期限在各个区段的铺轨日期确定以后,即可规定土石方工程的完工期限。一般情况下,土石方工程应在铺轨前半个月完成。遇有工程大量集中的地方,在短期内不能完成的,可以考虑修筑便线,便线土石方应在铺轨前完成。但应检查预计在铺轨以后的土石方工程能否按期完工,以免影响交付运营的时间。土石方工程的期限,可用式(9-3)来计算。

$$t_{cp}=\frac{W}{nq}\quad(\text{昼夜})\tag{9-3}$$

式中　$W$——某段土石方工程数量($m^3$);

$q$——机具设备或人工每班生产率($m^3$/班);

$n$——每昼夜工作班数。

根据工程期限,可以规定各重点工程及各段土石方工程的开竣工日期。在确定开工日期时,还要考虑到与准备工作和其他工程的相互配合。

在确定土石方施工的期限时,还需要考虑到施工季节性影响,如在雨季施工应考虑比非雨季施工的时间要多。严寒地区还应考虑冬季施工的问题。

当确定各段土石方施工的先后顺序时,应该根据铺轨方向而定,同时也要考虑与桥涵工程完工时间相互配合。

4. 桥梁、隧道工程期限

桥梁、隧道工程的施工期限应根据工程量的大小、施工方法、劳动组织和定额(或指标)来确定。

桥梁工程,应在同区段土石方工程完成前半个月至一个月完工,以便有充分时间结合土石方工程进行桥头及锥体填土工作。一般小桥涵工程宜在路基工程开工前完工,以免留缺口,影响土石方工程的进展。

隧道工程一般应在准备工作完毕以后开工,在铺轨前一个月完成。施工期限一般不受季节性的限制,但若利用弃砟作为路基填土或桥涵砌料则应考虑要相互配合。

5. 站后工程期限

站后工程施工安排,应配合通车需要或铺轨进度逐步完成,并在交付使用前1～2个月全部完成。

房屋工程应配合通车的需要,结合料源、运输来安排。但区段站房屋数量大,一般多靠近城镇,砖、瓦、灰等材料来源方便时,可安排在铺轨前施工,于交付使用前1～2月全部竣工。

给水工程的施工,要妥善安排,和房屋工程一样,应配合通行工程列车的需要进行施工。可在铺轨前修建部分正式给水工程,其余待铺轨后进行,利用工程列车运送材料,降低成本。但对缺水地区的长管路应提早开工。

正式通信，一般可安排在铺轨后进行，以免与其他工程施工干扰，同时可用工程列车运送材料。

信号工程，一般在铺砟整道、道岔就位后进行，一次施工完毕(包括信号楼、机电房屋等)。

其他站场设备、机电安装等工程，应配合有关工程进行，避免返工。

6. 准备及辅助工作期限

施工准备是为全线施工创造条件，争取及早展开施工的一项重要工作。因此，需要全面考虑，做到“三通一备”，即把运输道路、电力、通信线路尽快贯通，临时房屋及工作场地修建齐备，起到密切配合全线施工的作用。一般都应在正式施工前予以解决。

此外，对地亩、拆迁建筑物，改移道路、砍伐树木等和有干扰的农田水利灌溉系统的改移或处理，也应予以重视，采取措施妥善处理。

对施工中的辅助设施，如材料厂、木材加工厂、砂石场、道砟场、成品厂、发电厂与轨节组装基地等，亦应根据施工进展的要求抓紧筹建，及时生产，以满足各类工程施工的要求。

施工准备工作所需时间与地形、拆迁建筑物的多少、全线工程量的分布情况、原有交通运输条件等有关。在一般情况下，一个综合处或一个施工区段需 2～4 个月。

## 二、劳动力、材料与机具设备需要量计算

首先，根据各项工程的设计文件要求和工程量，从技术上及经济上考虑选择决定施工方法，确定施工中必需的机具。然后，按照式(9-4)计算劳动量(工日或台班)。

$$Q=\frac{W}{m} \tag{9-4}$$

式中　$Q$——劳动量(工日)或机械需要量(台班)；

$W$——工程量；

$m$——每台班或每工日生产率(从定额上查得)。

根据劳动量再计算机械和工人的数量，即

$$N=\frac{Q}{T_{p}n} \tag{9-5}$$

式中　$N$——机械或工人的数量；

$T_{p}$——按照施工进度所规定的工作日数；

$n$——每昼夜工作班数。

工作日数 $T_{p}$ 是按日历计算得的日历天数中除去星期休息日和其他法定假日、雨班休息等的实际工作日。

材料需要量一般是根据各类工程量和材料消耗定额进行计算而得。某一时期所需材料数量为该时期内各项工程材料需要量的总和。

## 三、施工区段划分

### (一)划段的原则

施工区段主要根据工程量大小，施工单位劳动力机具配备的情况，工期要求和省(自治区)、市所辖范围等为依据，通过仔细安排后进行划分。在划段时，除专业队伍担任的工程量外，一般以综合工程处为划分单元。划段时，还应从全线考虑，各处的任务要饱满，避免队伍转移频繁，达到合理正确地部署施工力量。

(二)划段注意事项

1. 要考虑路基土石方的调配和隧道出砟的利用。

2. 长大干线或既有线改建,由几个承包单位施工时,要考虑各承包单位的管辖范围。

3. 要考虑展线地段的施工干扰。

4. 一般不在桥隧建筑物中间、车站内、路堑中间及线路曲线上划段。

(三)有关参考指标

1. 一个综合工程处,每个生产人员全年平均作业天数,不少于 265 d。

2. 一个综合工程处,全员人数为 6 000～10 000人,施工期为 2～3 年,可担负(300～500)万工日的工程任务。管辖长度,山区一般为 20～30 km,平原为 40～60 km。

3. 分项工程参考指标见表 9-1。

**表 9-1 分项工程参考指标**

| 项目 | | 指标 | 附注 |
|---|---|---|---|
| 土石方 | 人力施工 | 2.0 $m^3$/工日 | 按施工方计 |
| | 机械施工 | 3.5 $m^3$/工日 | 按施工方计 |
| 挡土墙、浆砌片石 | | 0.7 $m^3$/工日 | |
| 大桥 | | 101 工日/m | |
| 中桥 | | 94 工日/m | |
| 小桥 | | 138 工日/m | |
| 拱涵 | | 46 工日/m | |
| 机械开挖单线隧道 | | 155 工日/m | 石质每米综合 |
| 人力开挖单线隧道 | | 197 工日/m | 石质每米综合 |

## 四、施工顺序的合理安排

施工顺序的安排要考虑各项工程的工期和相互的配合外,首先要安排好长(隧道)、大(桥)、重(重点土石方)等控制工期的关键工程和它们中的关键工序提前开工,因为它们是施工进度的主要矛盾。所以在整体施工组织安排或工点施工组织安排中都应考虑如何加速这些关键工程的进度,采取合理的施工方法和有效的施工措施。

铺轨架桥也是控制工程的一项重要工程,它的施工期限与进度直接影响分段或全线的交付使用的期限,也与长、大、重工程的施工期限关系极大;如能采取措施提前完成铺架任务也可为工程材料运输和收尾配套创造有利条件。

另外在施工顺序安排时,还应考虑到人力、物力的综合平衡,尽可能组织均衡生产和流水作业,推行切实可行的先进施工方法,不断提高综合机械化、施工工厂化的水平,以加快施工进度,提高工程质量。

## 五、材料供应计划

铁路工程施工中，材料供应具有材料需要量大，供应线长，料源方向不定、供料点多而分散等特点。因而正确编制材料供应计划，对降低工程造价，保证施工任务顺利完成有重大作用。在编制材料供应计划时，必须根据材料厂设置位置、当地料源和分布情况，全面计划，综合考虑，妥善安排，提出经济合理、切实可行的运输方法和运距，以便利施工，避免停工待料、材料倒流等现象。

## 六、施工组织文件中应附资料

1. 说明书(包括主要工程数量)。

2. 施工组织计划进度图及施工总平面布置示意图(或建筑材料分布及施工组织平面示意图)。

3. 主要劳力、材料、设备、施工机具及成品梁数量表。

## 七、示　　例

### (一)工程概况

本线为某干线中的一段，线路自甲站西闸门接轨起至终点寅站，全长105 km。线路自甲站向东北向走行，通过平坦的耕地，在 DK14+800 跨越伟河特大桥后到已站与既有线相接，利用既有线一个区间到庚站，而后折向东走行，直至 DK92 折向北直达本段终点。线路自 DK92 至本段终点(图 9-2)，走行在乐河二阶台地上，横穿黄土冲沟，起伏较大，山坡陡峻，沟岸高差达 50～70 m，故高桥较多。其主要工程数量见表 9-2。

**表 9-2　主要工程数量表**

| 工程名称 | | | 单位 | 数量 |
|---|---|---|---|---|
| 区间土方 | | | 断面 $m^3$ | 3 560 342 |
| 站场土方 | | | 断面 $m^3$ | 1 242 275 |
| 挡土墙 | | | $m^3$ | 144 |
| 涵管 | | | 座— m | 202—3 384 |
| 特大桥 | | | 座— m | 1—1 189 |
| 大桥 | | | 座— m | 9-1 411 |
| 中桥 | | | 座— m | 2—75 |
| 小桥 | | | 座— m | 33—506 |
| 隧道 | | | 座— m | 2—406 |
| 轨道工程 | 铺轨 | 正线 | km | 9 428 |
| | | 站线 | km | 3 512 |
| | 铺道岔 | | 组 | 99 |
| | 铺砟 | | $m^3$ | 2 406 22 |
| 生产房屋 | | | $m^3$ | 17 805 |
| 生活房屋 | | | $m^3$ | 35 501 |

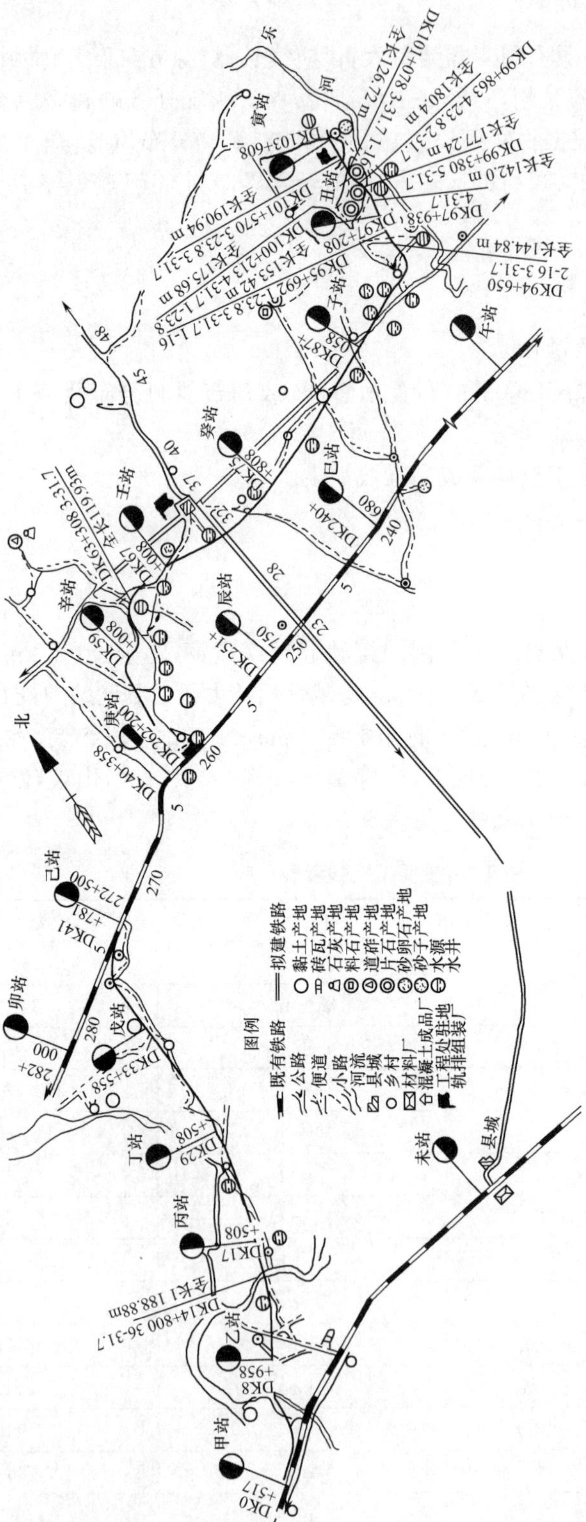


图9-2　施工总平面布置图

(二)施工总期限

根据上级批准的本段开、竣工期限，要求第一季度全面开工，本年内铺轨通车，工期为一年，如图 9-3 所示(附书末)。

(三)铺轨方案

由于工期紧迫，采用一端铺轨需 3～4 月，且接轨点又无设置轨排场的条件。同时，在 DK14＋800 处有特大桥工程，工期较长，不能使铺轨工作提前进行。考虑到本段除接轨点外，尚在己、庚两站与既有线相接，且在庚站附近有设轨排场的条件。轨料直运工地组装后，向前后两端铺轨，故采用多头铺轨方案可缩短铺轨时间 1～2 个月，同时还可增加站前工程的施工时间。

(四)施工区段划分

根据本段工程量的分布情况，并考虑到铺轨前路基及桥隧工程施工工程期限短促的特点，故对全线大量的路基土方、大桥、特大桥等重点工程和通信、信号、电力、给水、房屋等工程，分别由机筑处、桥梁处和各专业队担负着施工。其余中小桥涵、部分路基土方和隧道工程由两个综合工程处担负施工。里程划分自 DK0＋000～DK75＋293 由一处施工，人数为10 000人；DK75＋293～DK105＋000 由二处施工，人数为6 000人。

(五)施工安排

1. 施工准备

DK92＋000～DK105＋000 为全线工程重点地段，汽车运输便道应先修通，其余地段可利用已有道路。此外，施工通信，综合本线情况，自本线起点至 DK88＋000，地形平坦，交通方便，采用临时工程与永久工程相结合的措施，可提前修建正式通信；DK88＋000～DK105＋000 一段，地形起伏大，先修临时通信，待铺轨通车后，再修正式通信。施工用电，采用分散发电施工。临时供水，结合水源分布情况，由工程段队分别解决。

2. 站前工程

全线控制工程主要有以下几处：DK14＋800 处一座 36—31.7 m预应力混凝土梁特大桥和 DK92＋000～DK105＋100 一段正、站线路基土方及其间 8 座大桥、高桥等工程，根据上述情况，施工安排如下：

(1)第一工程处负责范围内的重点工程为特大桥，该桥为 36—31.7 m预应力混凝土梁特大桥，其 1～18 号墩为沉井基础，其余各墩为钻孔桩基础。因基础工程量大，要求 3 月份以前充分作好施工准备，4 月份全面展开施工。

在水中筑岛时，以相同施工为宜。避免满槽筑岛，因暴雨堵塞水流，使工程受到损失，影响进度，主流桥墩宜在汛期前完。钻孔桩基础，于施工前先进行试桩工作，取得有关数据后才能正式施工，以确保工程质量。特大桥由两个桥梁队负责施工，自 4 月份起至 10 月底止，全桥施工工期为 7 个月。

路基土方除 DK15＋442～DK21＋450、DK58＋366～DK60＋609 及 DK70＋608～DK75＋293 约13 km，由工程处采用人力配合小型机具施工外，其余地段全部采用机械施工，分别由两个机筑队负责施工。小桥涵应配合路基工程展开，其施工进度详见图 9-3 施工计划进度图。

(2)DK92＋000～DK105＋000 间正、站线路基土方有 270 万 $m^3$，为第二工程处之重点工程，采用机械施工，配备两个机筑队。由于挖方数量大，其中配备一个挖运为主的机筑队，施工工期为半年，自 3 月份起至 9 月底完工。其余 DK75＋293～DK92＋000 一段，由第二工程处采用人力小型机具施工，自 6 月份起至 9 月中止，工期为 3 个半月。小桥涵的施工，则配合路基土方工程进行。8 座大桥，墩高 30～40 m四座及 40～50 m四座，其中薄壁空心墩 6 座。配备四个桥梁队施工。3 月份前做好施工及备料准备工作，4 月份开工至 9 月份完工。

隧道 2 座共406 m，由第二工程处施工，于 5 月份开工至 9 月份完工。

(3)铺架工程：轨排组装基地设在庚站东2 km，采用三头铺轨，DK15＋442～DK41＋781 及 DK49＋358～DK105＋000 采用机械铺轨，铺架日进度1.0 km。起点至特大桥，待大桥竣工后，由接轨点向特大桥采用人工铺设，日进度1.0 km。特大桥的架梁工作按日架 2 孔安排。

3. 站后工程

站后工程应配合铺轨和通车的需要展开施工，结合本线通过地区，沿线各乡、镇均有砖瓦石灰生产，客货运生产房屋可于通车前建成使用，其余生活及附属房屋铺轨后建成。其他各项工程及进度安排详见施工进度图。

(六)材料供应计划

1. 外来材料

利用原有的材料厂扩建后供应，该厂设在既有线某站，距本线接轨点两个区间。

线路起点至特大桥(包括特大桥)的用料，均由接轨点转运至工地。特大桥至线路终点间的用料，由材料厂用火车沿既有线运至己、庚两站(即本线与既有线交叉通过的两站)后，再转运至工地。其中己站为预制管场用料的转运点。

2. 地方材料

(1)砂：全线缺砂，均需外运，由既有线某站附近新建砂场供应，其运输方法及转运点同外来料。

(2)石料：线路起点至特大桥，由既有线石场购买，运至接轨点再转运到工地。特大桥到线路终点间用料，由沿线产地开采，汽车运至工地。

(3)底砟；由沿线产地供应，汽车运至线路铺设。

(4)砖、瓦、石灰等材料：沿线各乡、镇均生产可供应，同时在既有线砖瓦厂亦可购买供应。

3. 用料量及总运量(表 9-3)

**表 9-3　用料量及总运量汇总表**

| 序号 | 材料名称 | DK0＋000～DK75＋293 | | | DK75＋293～DK105＋000 | | | 特大桥 | | |
|---|---|---|---|---|---|---|---|---|---|---|
| | | 质量(t) | 综合运距(km) | 运量(t·km) | 质量(t) | 综合运距(km) | 运量(t·km) | 质量(t) | 综合运距(km) | 运量(t·km) |
| 1 | 外来料 | 7 183 | 15 | 107 745 | 15 840 | 48 | 760 320 | 6 877 | 10 | 68 770 |
| 2 | 砂 | 33 778 | 15 | 506 670 | 64 000 | 48 | 3 072 000 | 19 022 | 10 | 190 220 |
| 3 | 石料 | 92 809 | 25 | 2 320 225 | 166 320 | 7 | 1 164 240 | 29 291 | 10 | 292 910 |
| 4 | 底砟 | 136 620 | 20 | 2 732 400 | 44 055 | 25 | 1 101 375 | | | |
| 5 | 砖瓦 | 43 399 | 30 | 1 301 970 | 21 702 | 25 | 542 550 | | | |
| 6 | 石灰 | 1 200 | 15 | 18 000 | 1 000 | 7 | 7 000 | | | |
| 合　计 | | 314 989 | | 6 987 010 | 312 917 | | 6 647 485 | 55 190 | | 551 900 |

4. 运输力量配备

根据上述总运量和历年统计汽车运输指标:完好率为 86.2%,工作率为 74.1%;里程利用率为 59.5%;平均车吨月产为1 728 t·km;平均车日行程为125.5 km及工期要求进行计算确定。

第一工程处配备汽车 169 辆;第二工程处配备汽车 138 辆;特大桥配备汽车 18 辆。

## (七)临时辅助建筑及辅助设施

1. 临时辅助建筑物项目及主要工程量(表 9-4)

**表 9-4　临时辅助建筑物项目及主要工程量表**

| 序号 | 项　　目 | 单位 | DK0+000～DK75+293 | DK75+293～DK105+000 | 合　计 |
|---|---|---|---|---|---|
| 1 | 新建汽车运输便道(干线) | km | | 17.8 | 17.8 |
| 2 | 新建汽车运输便道(支线) | km | 1 | 10.5 | 11.5 |
| 3 | 整修汽车运输便道(干线) | km | 17 | 17.7 | 34.7 |
| 4 | 整修汽车运输便道(支线) | km | 28 | 24 | 52 |
| 5 | 临时通信 DK88～DK105 | km | | 16.5 | 16.5 |
| 6 | 铺拆轨道<br>轨排场(7)材料厂(1.5)岔线(5.5) | km | 14 | | 14 |
| 7 | 铺道砟 | $m^3$ | 16 500 | | 16 500 |
| 8 | 涵　渠 | 座 | 8 | | 8 |

2. 辅助设施的安排

因接轨站无设材料厂条件,且承包单位原有材料厂距接轨站仅两个区间,故利用该厂扩建后供料。轨排场设在庚站东2 km。成品梁除特大桥用的专用梁需在外厂订购外,均利用工程局现在厂址,不另设置。关于砖、瓦、石灰等材料,不另设厂,就地购买解决。

## (八)劳动力、材料及机具数量

劳动力、材料、成品梁及施工机具所需的数量见表 9-5。

**表 9-5　劳动力、材料、成品梁及施工机具所需的数量表**

| 项　目 | 单位 | DK0+000～DK75+293 | DK75+293～DK105+000 | 合　计 |
|---|---|---|---|---|
| 一、劳动力 | | | | |
| 共计工 | 工日 | 789 500 | 551 800 | 1 341 300 |
| 工地小搬运工 | 工日 | 122 000 | 88 000 | 210 000 |
| 备料工 | 工日 | 250 000 | 216 000 | 466 000 |
| 合　计 | 工日 | 1 161 500 | 855 800 | 2 017 300 |
| 二、外来料 | | | | |
| 水　泥 | t | 10 500 | 12 000 | 22 500 |
| 钢材、铁件 | t | 1 500 | 720 | 2 220 |
| 木　材 | $m^3$ | 3 450 | 5 200 | 8 650 |

续上表

| 项　目 | | 单位 | DK0＋000～DK75＋293 | DK75＋293～DK105＋000 | 合　计 |
|---|---|---|---|---|---|
| 钢　轨 | | 根 | 13 984 | 6 862 | 20 846 |
| 枕　木 | | 根 | 141 551 | 71 393 | 212 944 |
| 道　岔 | | 组 | 60 | 40 | 100 |
| 电　杆 | | 根 | | | 505 |
| 三、地方料 | | | | | |
| 砂 | | $m^3$ | 33 000 | 40 000 | 73 000 |
| 石　料 | | $m^3$ | 74 000 | 100 800 | 174 800 |
| 底　砟 | | $m^3$ | 82 800 | 26 700 | 109 500 |
| 面　砟 | | $m^3$ | 109 000 | 58 000 | 167 000 |
| 砖 | | 千块 | 9 800 | 5 400 | 15 200 |
| 瓦 | | 千块 | 4 700 | 2 000 | 6 700 |
| 石　灰 | | t | 1 200 | 1 000 | 2 200 |
| 四、成品梁 | | | | | |
| 预应力梁31.7 m | | 孔 | 39 | 21 | 60 |
| 预应力梁23.8 m | | 孔 | | 8 | 8 |
| 混凝土梁16 m | | 孔 | 3 | 4 | 7 |
| 钢筋混凝土梁 | $L=12$ m | 孔 | 1 | | 1 |
| | $L=10$ m | 孔 | | 5 | 5 |
| | $L=8$ m | 孔 | 3 | | 3 |
| | $L=4.5$ m | 孔 | 1 | 4 | 5 |
| | $L=2.4$ m | 孔 | | 7 | 7 |
| 钢筋混凝土管 | $D=0.75$m | 节 | 389 | | 389 |
| | $D=1.0$ m | 节 | 180 | 47 | 227 |
| | $D=1.5$ m | 节 | 153 | 373 | 526 |
| | $D=2.0$ m | 节 | 43 | | 43 |
| 五、施工机械 | | | | | |
| 拌和机 | | 台 | 10 | 15 | 25 |
| 电焊机 | | 台 | | 5 | 5 |
| 电动卷扬机 | | 台 | | 32 | 32 |
| 通风机 | | 台 | | 4 | 4 |
| 推土机 | | 台 | 40 | 40 | 80 |
| 铲运机 | | 台 | 50 | 50 | 100 |
| 挖土机 | | 台 | 2 | 6 | 8 |
| 水　泵 | | 台 | 24 | 16 | 40 |
| 空压机 | | 台 | | 2 | 2 |
| 铺轨机 | | 台 | 1 | 1 | 2 |
| 架桥机 | | 台 | 1 | 1 | 2 |
| 倾斜车 | | 台 | 9 | 36 | 45 |

# 第四节　路基土石方工程施工组织设计

## 一、路基工程的特点与施工组织任务

铁路和公路是国民经济的大动脉，铁路和公路路基是工程的重要组成部分，是承受轨道、列车和车辆荷载的基础。因此，它们必须具有坚固性、稳定性和耐久性，才能抵抗各种不利的自然因素的影响。为了确保运输的畅通无阻，首先必须做好路基工程。

### （一）路基工程的特点

路基工程在铁路和公路基本建设中，具有以下一些特点：

1. 工程量大，使用劳动力最多，在不同的地形条件下，一般可占总劳动量的40%～45%。从路基工程占线路或路线长度比重来看，桥隧较多的山区铁路和公路，路基工程占线路全长的60%～70%；在平原地区可达80%～90%。可见，路基工程是新建铁路和公路上最繁重的工作，也是极其重要的工程。因其所占比重较大，一旦发生自然灾害，受冲击的机会就大，直接危及交通的畅通与安全。

2. 投资所占工程费的比率很高，在不同的地形条件下，一般可达到总工程费的20%～30%，有的甚至达到60%左右。

3. 路基工程是直接在天然地面上开挖填筑的，易受不良地质构造和水文、气象等因素的影响，其所处环境复杂，涉及面很广。因此，对勘测设计和施工提出了很高的要求。

4. 路基工程因所处周围环境的复杂性，故其强度和稳定性程度，并不是经久不变的。由于地表水的渗入和蒸发，地下水位的上升和下降以及温度的变化，将促使土壤中的水分重新分布，增加或减少土壤的湿度，以及不同季节内土壤的冻结和融化，都会剧烈地改变土壤的物理力学性质，从而影响土体的强度和稳定性。所以，实践证明，路基的问题，可以说基本上是其稳定性问题。而影响路基稳定的因素很多，按病害形成的原因可分为路基自身的稳定问题和自然坡面的稳定问题两类。其中，既有由于勘测设计时不够重视造成的不稳定问题，又有施工时不了解设计意图，采取措施不当或施工管理不够严格，不遵守施工规范及操作规程，求进度忽视质量而造成的不稳定问题。

5. 路基土石方工程之所以常常成为关键工程，不仅在于工程量集中，更重要的在于各种复杂的路基工程问题。如泥石流、滑坡、坍方等地质不良地段或工点，往往给工程建设和交通运营带来极大危害。

6. 路基工程具有连绵性和填挖相间的独有特性。

因此，正确组织路基工程的施工，有着非常重要的意义。应根据其特点和特性，结合工地条件，妥善安排和组织路基施工，才能大大节省劳动力，提高机具使用效率，节约用地，从而成为降低工程成本、加速工期、确保工程质量的决定性因素。

### （二）路基工程施工组织的设计的基本问题

路基土石方工程的工作内容包括：准备工作（包括清除施工地区树木和树根、排除地表水、设置运土道等）、基本工作（开挖、运土、填筑、平整及压实）、整修工作（修整路基顶面和路堤路堑边坡）等。

在路基土石方工程施工组织中，必须正确地解决如下基本问题：

1. 合理地调配土石方

土石方调配,就是在经济合理的条件下移挖作填,使土石方的利用达到最大限度,以减少施工的土石方数量。

2. 适当地选择施工方法

在进行土石方调配时,应根据工程数量、工期要求、土壤种类、运土距离、劳动力及施工机具等具体条件选择施工方法,使其不仅达到单价便宜,同时还能减轻劳动强度,节省劳动力,加速进度。

3. 周密安排施工进度计划

应首先按照确定的路基土石方施工方数,以预算为依据,计算出所需劳动力的工天数和施工机械、运输工具的台班数,要广泛采用小型机具及先进施工方法,在条件许可时应尽可能地采用大型综合机械化。然后再根据工期要求,周密地安排施工日期和施工顺序以及施工进度计划,同时求出需要的人工、机械和运输工具的数量。最后确定工人和使用机具的劳动组织,并决定其调动顺序,以保证在规定工期内均衡施工。

4. 工地组织

应根据施工组织设计中所安排的施工顺序、施工方法和施工期限来进行施工。保证紧张而均衡施工,以缩短工期,降低工程成本。

## 二、施工方法选择

由于铁路和公路路基土石方施工工作量大且贯穿全线,为了节省劳动力、提高工效、减轻劳动强度,加快施工进度、降低工程造价和确保工程质量。在选择施工方法时,凡有条件的地方,应尽量采用机械化施工。对于个别由于施工条件限制和工程量小的工点,如不宜采用机械施工时,也可采用人力配合小型机械施工,因地制宜地选好机械,以便在挖、装、运、卸、夯等工序之间配套使用,联合作业。

### (一)路基土石方工程施工方法简介

铁路、公路和道路工程的路基土石方工程,常用的施工方法有以下几种:

1. 土方施工方法

(1)机械施工

土方施工中,常用的主要机械有推土机、铲运机、挖土机和装载机,辅助机械有松土机、自动平地机和羊足压路机(羊足滚)等。

推土机是一种具有推(挖)、运、碾压等效能的土方施工机械,操作灵活,转移方便,适应近距离范围内的施工。

铲运机具有挖、装、卸、散、平碾压等全部土方施工工序的作业性能,运距适应范围较远,使用灵便。

挖土机或装载机是一种只能进行挖、载作业的土方机械,必须辅助以自动倾斜汽车或其他运输工具才能进行路基施工。单斗挖土机应用范围较广,我国铁路、公路土方施工中常使用的一般挖土机是履带式正铲挖土机。这种机械不如推土机和铲运机调动灵活,并且需要大型运输工具来转移。因此,一般在重点填挖方地段才采用,以尽量减少机械的转移。而装载机灵活机动,适应性较强。

松土机(或除根机)应用于冬季施工或土质坚硬地段刨松土壤,自动平地机主要用于整平路基面和大面积的场地平整以及路堤和路堑边坡的修整。羊足压路机主要用于路堤上层、路基特别设计地段或密实度要求较高工程的压实。

(2)人力施工方法

人力施工主要是人工挖土装土、借助小型机械运土卸土和夯实。

①人推架子车运土

架子车(或手推车)是一种简单灵活,使用方便的轻型运输工具,在路基土石方施工中过去被广泛使用。除一般的架子车外,常用的还有另外两种型式的自卸车,一种是前翻斗自卸架子车,车厢容积为 0.2～0.24 $m^3$,另一种是活底翻斗自卸架子车,车厢容积为 0.28～0.3 $m^3$。

每辆架子车配备三人,其中挖土一人,装土、推车各一人。每辆前翻式自卸架子车,运距为200 m时,每天可完成土方8.3 $m^3$;活底翻斗式自卸架子车,运距为200 m时,每天可完成土方7.5 $m^3$。

②卷扬机拉架子车运土

主要是用卷扬机牵引翻斗车进行升高运输,这种方法适用于上坡运土,其特点是比较省力。

③自动溜放循环翻板车运土

这种方法主要是利用纵坡,运土车辆依靠重力溜放,两组车体在两股轻便轨道上循环作业,利用势能以重带轻,一上一下,适用于临近山坡的大量取土。

④人推轨道翻板车运土

利用小斗车从上向下装车运土,人力推运一段,其余利用自重和坡度溜放,重车下坡速度要慢有利安全,适用于土石方数量大且集中的地段。

⑤滑坡索道运土

主要利用自然势能作动力,在索道上挂土筐以重带轻。适用于悬崖陡坡、跨河流或从上往下运输而不能采用其他机具时都能使用,但运量较小。

2. 石方施工

石方施工一般均为先打眼,再爆破,后清方。打眼分为人工打眼和机械钻眼,人工打眼是用大锤钢钎打眼,而机械钻眼是用风动凿岩机钻孔。常用的爆破方法有:炮眼法、药壶法、深孔法和小型药室法。一般多采用深孔法,对于石方集中的工点,也可采用大爆破。

深孔法爆破石方具有使用劳动力少、工效高、进度快、施工条件好等优点,适用于石质坚硬、节理不发育的岩层。开挖路堑与光面爆破配合,可减少起爆次数,并能使边坡平整稳定。

药壶法爆破,具有爆破效果好、工效高、炸药消耗少、岩体内部爆破松散、能控制飞石滚石等特点,适用于不含水的软石及次坚石。

至于大爆破,对于节省劳动力和缩短工期,效果较为显著,但对路基边坡的地质构造和山体稳定具有相当大的破坏作用,如处理不当,往往对路基边坡稳定造成很大影响,不仅增加防护工程,而且对运输安全带来隐患。因此,在选择大爆破时应慎重考虑,认真比较后方可决策。大爆破适用于石方数量集中,岩体比较均匀完整、岩层产状对路堑边坡稳定有利的地段。

(二)选择施工方法的原则

施工方法的选择与土石方调配有着极其密切的联系,因而总是一面进行土石方调配,一面按合适条件选择施工方法,只有两者做到了统一的考虑,才能得到比较理想的方案。但对于情况复杂的地段,须用不同的施工方法和调配方式进行综合比较后,方能得出经济合理的方案。

机械施工的组织工作和机械的运用是较为复杂的,而机械的优越性能不能得到很好发挥,也往往取决于这两个条件。因此,必须根据工地的具体情况合理地进行机械选择,把机械适当地安排到最适宜的工程上去,使机械发挥出更大的作用,以便取得良好的经济效益。

选择施工方法与机械类型,一般可按下列原则进行:

1. 首先考虑困难复杂工点,然后考虑一般性工点;

2. 先解决正线路基,然后解决站场及附属工程,但也不要截然分开;

3. 先定大爆破和机械化工点,后定小型机械化工点;

4. 在选择机械类型时,应考虑技术性能是否适合,设备供应是否可能,并对不同的施工方法进行比较后再作出决定。

### (三)选择土方施工机械的影响因素

各种土方施工机械性能互不相同,而机械的技术性能又常常限制了机械的使用。某种机械在一定的工作条件下是适宜的,而在另一种条件下就不能很好地发挥效能,甚至根本不能进行工作。因此,在选择机械时,应考虑下列影响因素。

1. 工作数量

在土方数量很大且较集中的工点,可用生产能力强的大型机械,因其生产效率高,且能减少机械转移工地的时间消耗,工程成本要比用一般小能力机械为低。如果土方数量较小,则只能用生产能力小的机械。工点工作量的大小,对于移动困难的大型机械影响甚大,特别是在交通不便的地区更为显著。如果工点工作量不大,则需增加机械转移的次数,致使生产率的提高甚至还补偿不了因转移而增多的支出,此时,往往限制了大型机械的使用。选择机械时,可以参考表 9-6。

**表 9-6　机械工作限额**

| 顺　序 | 机械名称 | 规　　格 | 工作限额($m^3$) | 附　注 |
|---|---|---|---|---|
| 1 | 推土机 | 红旗 100 | 不限制 | |
| 2 | 铲运机 | 2～2.5 $m^3$ | 5 000 | |
| 3 | 铲运机 | 6 $m^3$ | 5 000～10 000 | |
| 4 | 铲运机 | 6 $m^3$以上 | 20 000～30 000 | |
| 5 | 挖土机 | 0.25～0.5 $m^3$ | 5 000～10 000 | |
| 6 | 挖土机 | 1～2 $m^3$ | 15 000～40 000 | |

2. 工程期限

工程期限是选择施工方法的主要影响因素。一般在工期紧迫且工程量较集中的地段,应使用大型机械,这样做虽然会增高工程成本,但如能因此而加快施工进度并提前交付使用,反而是有利的。不过,有时路基虽能提前完工,但由于其他原因不能使整段线路提前交付使用,那就没有必要采用大型机械来缩短路基工程的工期了。

3. 土壤性质

路堑和取土坑(或取土场)的土壤对挖土机械有一定限制,如Ⅲ类以下的土壤(松土、普通土、硬土),可以使用所有的土方施工机械来开挖。有的Ⅲ类土壤,当铲运机的铲刀不易吃土时,则可先用松土机刨松后再进行铲运施工。斗容量为 4～6 $m^3$以上的大型铲运机,可在直径为25 cm的卵石土壤中工作(卵石成分不超过 25%)。对石质土壤(软石、次坚石),经爆破后也可用铲运机或挖土机施工。土壤冻结时，当冻土厚度为 10～20 cm时，可以直接使用推土机、铲运机或挖土机施工，但当冻土厚度超过20 cm时，则需先将冻土耙松或爆破松动后再装运。

4. 路堤填筑高度及路堑开挖深度

3 m以内的矮路堤或浅路堑，宜采用推土机填挖土方，特别是横向坡度不陡的半填半挖地段更为适宜。当填挖高大于3 m，宜采用铲运机施工。在浅路堑中，不适宜使用土斗容量很大的挖土机，因为掌子面很浅，机铲挖土时必须重复转动，延长了挖土工作循环时间，再加上时常移动这个笨重机械，致使工作效率大大降低。挖土机适用于土质大路堑及大型取土场挖土和半径7 m以内的土方挖掘及卸弃，但其最低工作面高度必须在1.5 m以上。

5. 地形条件及交通条件

地形条件对于选择土方机械与运输工具有很大的影响。因为地形交通条件，往往决定着能否向工点运送机械或工点间转移。因而在选择机械时，应很好地结合地形及交通条件，达到充分利用地形条件，满足机械性能要求。

6. 当地气候条件

施工地段的气候条件，对选择施工方法也有影响。如每年有多少不能工作的雨雪天，地表冻结情况以及在规定的工期内有多少有效工作日，这些因素对于冬雨季施工所用机械的选择关系很大。旱季应尽量做填方、土方及地下水发育的地段，而雨季最好作挖方、石方和地下水弱流的地段。

7. 土石方运输距离

对施工机械及运土工具的选择，还要考虑土石方运距的远近，而运距的远近又直接影响到工程成本和生产效率。在一般情况下，推土机的运距以 10～100 m为宜，铲运机则以100～800 m为宜。挖土机或装载机需配备运输工具装运土方，而运输工具的需要量还必须与挖土机械的能力相适应。当采用倾卸汽车配合挖土机装运土方时，可参考所配汽车数量见表 9-7。

**表 9-7　每台挖土机所配备的倾卸汽车辆数**

| 挖土机的斗容量($m^3$) | 运距(km) | 倾卸汽车的质量(t) | | |
|---|---|---|---|---|
| | | 3.5 | 6.5 | 10 |
| 0.5 | 0.5 | 4 | 3 | |
| | 1.0 | 6 | 4 | |
| | 1.5 | 7 | 6 | 4 |
| | 2.0 | 9 | 7 | 4 |
| | 4.0 | 15 | 9 | 5 |
| 0.75 | 0.5 | 5 | 4 | |
| | 1.0 | 7 | 5 | 3 |
| | 1.5 | 9 | 7 | 4 |
| | 2.0 | 12 | 9 | 5 |
| | 4.0 | 18 | 12 | 7 |
| 1.0 | 0.5 | | 5 | 3 |
| | 1.0 | | 7 | 4 |
| | 1.5 | | 10 | 6 |
| | 2.0 | | 12 | 7 |
| | 4.0 | | 15 | 10 |

8. 施工单位的机械设备和技术条件

施工单位的土方机械和运输设备的供应与购置条件，对机械的选择有时会起决定性的作用。首要的问题是有无机械可用，其次再考虑不同类型机械的适用条件，当然也可考虑是否有租用的可能和取费标准。

选择土方机械的影响因素有上列8项，这些因素是互相制约的。在选择施工机械时，必须抓住主要矛盾，将影响因素进行综合分析和比较，从中选出经济合理的施工方案。

在选择机械施工的过程中，除了选用单项施工机械外，还可以选用土方综合机械化施工，并做到配套使用。对石方施工日产1 000 $m^3$所需配备的施工机械和劳动力数量的参考指标见表9-8和表9-9；机械筑路队月产12万$m^3$(最高可达26万$m^3$)的组织配备列于表9-10中。

**表9-8　施工机械数量**

| 序　号 | 名　　称 | 规　　格 | 单　位 | 数　量 |
|---|---|---|---|---|
| 1 | 挖掘机 | 斗容量1.25～1.5 $m^3$ | 台 | 3 |
| 2 | 倾卸汽车 | 8 t以上 | 台 | 12 |
| 3 | 推土机 | 88 kW以上 | 台 | 3 |
| 4 | 潜孔凿岩机 | YQ—150型 | 台 | 2 |
| 5 | 潜孔凿岩机 | 东方红100型 | 台 | 1 |
| 6 | 空气压缩机 | 9 $m^3$/min | 台 | 6 |
| 7 | 发电机 | 80 kW | 台 | 3 |

**表9-9　劳动力数量**

| 序　号 | 工　　作 | 人　数 | 附　　注 |
|---|---|---|---|
| 1 | 挖掘机司机 | 20 | 每台每班2人，三班作业 |
| 2 | 倾卸汽车司机 | 36 | 每台每班1人，三班作业 |
| 3 | 推土机司机 | 9 | 每台每班1人，三班作业 |
| 4 | 空压机司机 | 6 | 每班2人，三班作业 |
| 5 | 凿岩机司机 | 14 | YQ-150B型每台每班3人，两班作业<br>东方红100型每台每班2人，一班作业 |
| 6 | 发电机司机 | 6 | 每班2人，三班作业 |
| 7 | 电工 | 6 | 三班作业 |
| 8 | 管道工 | 1 | 一班作业 |
| 9 | 开挖工 | 6 | 一班作业 |
| 10 | 爆破工 | 6 | 一班作业 |

**表9-10　机械筑路队组织配备**

| 组　织　名　称 | 人　数 | 占总人数(%) | 主要机械装备 |
|---|---|---|---|
| 一线人员： | 180～225 | 62～62.5 | |
| 其中：推铲班 | 50～60 | | 推土机4～5台，铲运机1 520台 |
| 挖装班 | 30～35 | | 挖土机、装载机各6台左右 |
| 钻爆班 | 30～40 | | 潜孔钻机及空压机 |
| 运输班 | 30～35 | | 自卸汽车20辆左右 |
| 机电班 | 30～35 | | 发电机、抽水机 |
| 普工班 | | | |
| 二线人员：修理班 | 80～100 | 27.6～27.8 | 各种机床 |
| 三线人员：管理服务 | 30～35 | | |
| 合　　计 | 290～360 | | |

注：表列人员及机械配备，系按三班制配备。

### 三、土石方调配

路基土石方工程施工组织的主要任务之一，就是要最合理地调配土石方，使其利用达到最大限度。当然，在路基工程中，最好是把从路堑挖出的土壤用来填筑路堤。这样，则土石方施工数量仅计挖方，不计填方，所有耕地、劳动力和工期都可大大缩减，但路堑到路堤的距离过远，或由于地形和施工顺序等限制就不适合以挖作填。因此，何处可以挖作填，何处应弃土取土，就应根据经济合理的原则，结合实际加以比较，这项工作就称为土石方调配。

#### （一）路基土石方调配应遵循原则

路基土石方调配应遵循的几项原则如下：

1. 要贯彻以农业为基础的方针，节约用地、少占农田，在不增加国家投资的基础上，结合施工进度改地造田以支援农业，促进农业基本建设的发展。

2. 路堤取土，应根据所需数量，考虑路基排水、农田灌溉和改地造田，结合施工方法、地形和土壤情况，选用浅挖宽取、坡地取平和取土坑挖取等方法。若无上述要求，可深挖窄取，以少占农田为原则。兼做排水的取土坑，坑内坡度要适度，深度要与桥涵进出口标高相配合。在沿河地段，要注意不要因取土而造成河岸冲刷。

3. 路堑取土，应保证路堑边坡稳定和地面排水，不能堵塞渠道。沿河弃土，不能阻塞河流、压缩桥孔而造成对河岸的冲刷。

4. 对桥隧、站场及附属工程等的弃土要合理利用，避免由于施工不当或考虑不周造成弃土多占农田的不良后果。

土石方调配有两种方法：一种是线法，应用于线路区间和一般中小站土石方的调配；一种是面法，用于编组站、枢纽和较大的广场或厂区土石方调配。在线法中，土石方的调配又有两种方式：一种是纵向（沿线路中心线）把路堑的土运到路堤上去；一种是横向把路堑中的土运到弃土堆上去，或者是把取土坑的土运到路堤上去。在面法中，则是将挖方的土分配到需要填方的地方，是在一个大面积上进行调配，运土方向是根据经济合理原则而定，没有一定的方向。

#### （二）线法土石方调配原理

既然线法土石方调配就是要决定哪部分土可以移挖作填，哪部分土是弃土或借土，那就要对下列因素加以综合考虑：

1. 纵向运土的最大经济范围

将纵向运土以挖作填的费用，与横向运土（借土、弃土）的费用加以比较，可以得出纵向运土的最大经济范围。在此范围之内，纵向运土是经济的，而在此范围以外，应采取横向运土，这范围就称为最大经济运距。

（1）最大经济运距的决定

最大经济运距是根据在这个距离时，纵向运土施工法与横向运土施工法费用相等来决定的，即

$$a'+bL_{TP}=a'+b_1L_k+a+b_2L_p \tag{9-6}$$

或

$$bL_{TP}=b_1L_k+a+b_2L_p$$

$$L_{TP}=\frac{b_1L_k+a+b_2L_p}{b} \tag{9-7}$$

式中　$L_{TP}$——最大经济运距（m）；

$b$——纵向以挖作填 1 $m^3$ 土每米运价(元)；

$a'$——路堑内挖 1 $m^3$ 土单价(元)；

$b_1$——路堑至弃土堆 1 $m^3$ 土每米运价(元)；

$L_k$——路堑到弃土堆横向运距(m)；

$a$——取土坑内挖 1 $m^3$ 土单价(元)；

$b_2$——取土坑至路堤 1 $m^3$ 土每米运价(元)；

$L_p$——取土坑至路堤横向运距(m)。

若线路经过耕地，取土坑及弃土堆还须付出地亩费及青苗费时，式(9-7)变为

$$L_{TP}=\frac{b_1L_k+a+b_2L_p+AF+A'S}{b} \tag{9-8}$$

式中　$A$——借土 1 $m^3$ 与弃土 1 $m^3$ 占用耕地面积之和($m^2$)；

$A'$——青苗面积($m^2$)；

$F$——每平方米购地费(元)；

$S$——每平方米青苗费(元)。

式中的单价可由定额及单价表中查得，所需要决定的就是两个横向运距 $L_k$、$L_p$。

(2)横身运距的决定

横向运距应按路堑中心线到弃土堆中心线间的距离 $L_k$ 来计算，或路堤中心线到取土坑中心线间的距离 $L_p$ 来计算。

2. 土石方调配方法

路基土石方调配，都是在经济运距范围内最大限度地移挖作填，减少施工方数。过去长时间采用土积图法进行调配，但随着土方施工机械的大量使用，已不再使用此方法。现在多采用在经济运距范围内的概略调配法——用土方数量图进行土石方调配。

(1)用土方数量图进行土石方调配

用土方数量图进行土石方调配是一种土石方的概略调配法，它简单易行，在要求精确度不高时可采用。土方数量图的横坐标为距离(以百米标表示)，纵坐标则为每百米的土石方数量，挖方画在上面，填方画在下面。

现用实例说明，如可将表 9-11 中的数据用图 9-4 表示。图中横坐标为距离(以百米标表示)，纵坐标为每百米的土石方数量，挖方(正数)画在上面，填方(负数)画在下面，按比例画成矩形，亦可在矩形内写出土石方的具体数量。

**表 9-11　某段路基工程土石方数量表**

| 里　程 | DK16+000～+100 | +100～+200 | +200～+300 | +300～+400 | +400～+500 |
|---|---|---|---|---|---|
| 土石方数量($m^3$) | −3 000 | −4 000 | −1 600 | −3 500 | −4 400 |
| 里　程 | DK16+500～+600 | +600～+700 | +700～+800 | +800～+900 | +900～DK17+000 |
| 土石方数量($m^3$) | 3 000 | 4 000 | 1 400 | 1 700 | 3 500 |
| 里　程 | DK17+000～+100 | +100～+200 | +200～+300 | +300～+400 | +400～+500 |
| 土石方数量($m^3$) | 1 700 | 4 100 | 1 600 | 3 000 | −2 500 |
| 里　程 | DK17+500～+600 | +600～+700 | +700～+800 | +800～+900 | +900～DK18+000 |
| 土石方数量($m^3$) | −3 100 | −1 500 | −4 000 | −4 000 | −2 000 |

注：表中数据正号表示挖方、负号表示填方。

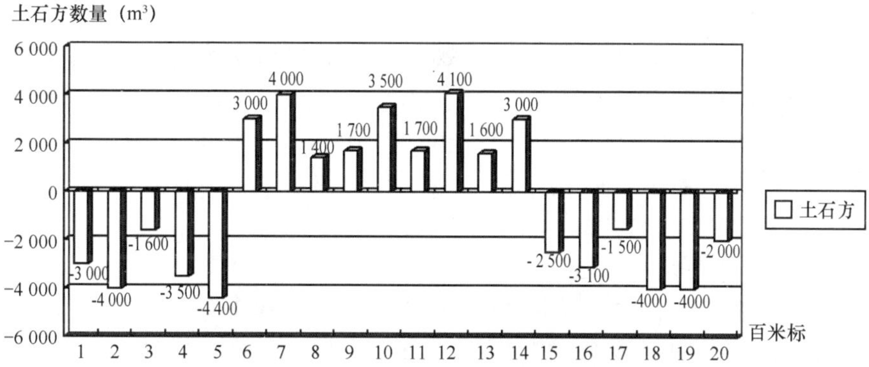


图 9-4　土石方数量图

当综合地考虑了各种因素，确定了纵向调配的经济范围以后，即可在土方数量图上进行具体调配。从图 9-4 中可以看到，在 DK16＋500～DK17＋400 间为挖方。这挖方可以调往前面的一段填方，也可以调往后面的一段填方。到底怎样调法，能调多少，就应由经济范围来定。为此，可由填挖交界点向两边进行累计土方，观察所累计土方两端间距离是否接近经济运距范围，至接近时，即可将两边累计土方数量调整到相等，并决定两端百米标的桩号，这两个桩号之间的距离即为纵向调配范围。在此范围以外，则采取横向运土。

以图 9-4 为例：若经济范围为800 m，则根据以上所述，很容易确定由 DK16＋500～DK16＋940 处之挖方共11 500 m³调至 DK16＋150～＋500 处作填方是经济的。同样，也可以确定由 DK16＋940～DK17＋400 处之挖方共12 500 m³调至 DK17＋400～＋835 处作填方是经济的。

在此种调配方法中，土方的平均运距可以从图中用目估决定，也可较精确地用各百米内土方的运距加权平均得到。

如自挖方向前一段填方调配的平均运距 $L_{cp}$ 可由下式求得：

$$L_{cp}=\{[(2\ 000\times325)+(1\ 600\times250)+(3\ 500\times150)+(4\ 400\times50)]+[(3\ 000\times50)+(4\ 000\times150)+(1\ 400\times250)+(1\ 700\times350)+(1\ 400\times420)]\}\div11\ 500 \approx 350\ (\mathrm{m})$$

自挖方向后一段填方调配的平均运距 $L_{cp}$ 可用同样方法求得

$$L_{cp}=\{[(2\ 100\times430)+(1\ 700\times350)+(4\ 100\times250)+(4\ 100\times250)]+[(1\ 600\times150)+(3\ 000\times50)]+[(2\ 500\times50)+(3\ 100\times150)+(1\ 500\times250)+(4\ 000\times350)+(1\ 400\times17.5)]\}\div12\ 500 \approx 470\ (\mathrm{m})$$

(2)与其他工程的相互利用

在路基土石方调配中，除了合理安排区间路基土石方本身的利用和取弃土外，还应充分考虑与其他工程的相互利用和配合，以减少施工方数和降低造价。

①与附属工程的相互利用

在进行土石方调配时，应注意与附近的附属工程（如改沟、改河、开挖侧沟、扩大天沟、改移公路等）的土石方相互利用。这不仅可以减少总的施工方数而且可以少占用土地。若经过经济比较，互相调配确属有利时，应尽量调配。

②隧道出渣的利用

隧道开挖的土石方可用于填筑路堤。其数量为除去本身(混凝土之碎石与拱背回填片石)利用以外,一般隧道每延长米可利用约30 $m^3$作填筑路堤之用。由于隧道之开挖多从两端并进,两端出渣,接通点不一定在中点,故每端只能考虑利用隧道全长约五分之二的数量。若是几个工作面进行开挖,则根据实际情况进行考虑利用数量。土石方调配中,利用隧道出渣土石方数量不计入施工方数,而列在隧道出渣内。

③桥梁回填土壤的取用

对桥头填筑渗水土壤与桥台两侧填筑锥体所需之土壤,在土石方调配时应适当考虑。当开挖路堑有这种土壤时,可将该种土壤就近弃于路堑附近之弃土堆,待桥梁需用时再作第二次运输。其倒装与第二次运输费用列入桥梁工程中,土石方调配不予考虑。

④石料和道砟的供应与路堑石方的利用

路堑内开挖的石方,不仅可填筑路堤,而且可作为桥隧大型建筑和线路上部建筑所需之片石与混凝土骨料和道砟材料。但若数量太少不敷应用时,应先满足填石路堤之需要。当路堑中石方很多,可以供作大型建筑材料或道砟材料时,该项材料应在调配时作为弃方,堆放于弃土堆,不得用于填筑路堤,以便于节省料费。

⑤与施工期限和施工顺序的配合

a. 当土石方调配在经济运距范围内,但需跨数量较大之填挖地段时,应进行工期核算,是否能在规定期内完成任务。

b. 当土石方调配在经济运距范围内,由挖方调向填方不跨越填筑地段,但数量太大,开挖面小时,亦应进行工期核算,决定是否需要借土填筑路堤或增大开挖面。

c. 施工顺序与调配之可能性。

铁路和公路工程的施工顺序,一般均为小桥涵管先行施工,土石方次之,而土石方工程中又是先择重点,或较大填挖方地段进行。在调配中要周密考虑工期之先后,确定其调配之道路与可能性。在建有大桥、隧道处因修建工期较长,调配时一般不考虑跨越;在建有中小桥处,应视地形情况,适当考虑其跨越的可能性。

d. 土石方代用问题。

当路基设计为填石路堤时,土石方调配应以次坚石或坚石调入填筑。如挖方内无该项材料,或数量太少而附近又无适当石料可借用时,应要求将填石路堤设计改为填土路堤;如受条件限制不能改变,则应由远处调运,绝对不能以软石代替。当涵管位于填石路堤地段,则涵管顶上至少1 m及涵管中线两侧各两倍于涵管孔径宽度的范围内,应以粒径须小于15 cm的石块填筑。当路堤设计为填土断面,则土石方调配时填土填石均可。

3. 土石方调配表

土石方调配决定后,即可将调配结果汇总整理,列入土石方调配表内,供以后计算劳动量及安排施工进度计划之用。土石方调配表的格式及填法如下:

(1)表中区间:填写两邻接站名,车站部分只写该调配车站之站名。

(2)起讫里程:填写本项调配的开始公里与末尾公里里程(一页调配表正线从整公里开始到整公里止,一页中可合并调配 1～3 km,站场按站为单位,一页只调配一站,这样才便于核对土石方断面方数)。

(3)表中右上角应填写正(站)线。

(4)表中第 1 栏起讫里程填写调配时所划分每段挖(填)方起讫百米标及加标。挖填段落之划分，一律以土方数量表上的中心高决定其填挖段落，不考虑数量是否全为挖方或填方。填挖段落交界处的里程亦按中心高为零之位置划分。当土石方数量表上有中心高为零者即以此处分界。如无中心高为零者，应以填挖交界点相邻之两里程的中心高按比例求得之。

(5)表内第 2 栏填写调配时所划分每填(挖)小段的实际长度，应考虑该段内路线的长短链，同时，大型建筑所留缺口地段亦应扣除。

(6)表内第 3 栏填写每划分小段的平均中心高。可在纵断面图上量取(或计算)，计到米即可，量取方法有两种：

①用卡规在纵断面图上等间距量取高度总和的平均数；

②在纵断面图上数小米厘方格(半格以上算一格，半格以下不算)之和再以长度方向方格数除之，即为平均中心高。

(7)表内 4、5、6、7 栏内为断面方数，按填挖段落汇总后的填挖方数填入，并依照里程顺序将桥梁隧道缺口亦依次填列。如填方内有填石路堤数量，应与填土方数量分开，并于左上角注一“石”字。

(8)表内 8、9、10、11、12、13 栏为施工方数(即在调配过程中经比较研究的结果)。8、9 栏为由路堑运到路堤的土、石利用方数量。

①由挖方地段调出作填方者，其数量不加括号，不计涨余量。如调至上一行填方地段，应于格中加一横线，将数量填于线上；如调向下一段填方，应该将数字填于线下。当调出至跨越行之填方处，跨越表上几行，即于数量左角注一数字，外加小圈以资区别。

②在填方地段内，由挖方调入之数量，由上格挖方调入者填于线上，由下格挖方调入者填于线下，并均于数量外加括号。石方另加涨余量，用不同括号括起。

③在半填半挖地段自行利用者，格中不加横线。

④10 栏为取土坑运至路堤的借土、借石方数，借石方数应加涨余量(加括号)。横向借土、借石可将数量写于格中，如系纵向借方应加横线表示借土方向，使各填方段落内 8、9 栏括号内数字与第 10 栏之和等于第 4 栏填方数量。11、12 栏为弃土数量，5 栏减去 8 栏等于 11 栏。6 栏减去 9 栏等于 12 栏。8、9、10、11、12 各栏无括号数字之和即为施工总方数。

(9)表内 14～32 栏，按施工方法与运距分类填写实际方数。

4. 机械化施工土石方调配特点

对于高度综合性机械化施工，用土方数量图进行土石方调配，只能作为参考。因为从土方数量图上所得到的土方运距，与机械实际走行距离是不相符的。

由于挖填处的地表面水平与其他的地表面水平不同，所以机械一般不能行经最短直线距离，故机械的实际运距较直线距离要延长一个距离。这个数值又根据所用机械与运输工具不同而改变，同时还要随着工程进度而改变。因为由于路堤慢慢升高或路堑慢慢加深，机械从地表面上升或下降所需要增加的距离也就愈来愈大。

另一方面，土方数量图是按垂直断面行调配，这与机械施工是不相符合的。因为路堑用机械开挖时，不能垂直断面开挖，而是以水平或斜方向进行的。对于填筑路堤，也必须分层填筑，这样从土方数量图中所得出来的调配范围，不合乎实际施工情况，需要进行修正。

因此，机械化施工的土石方调配方法，宜直接按现场条件作出几个机械开行路线，经技术经济比较后，决定其调配范围。

5. 广场土石方调配(面法调配)

广场土石方调配。首先在等高线地形图上画上方格，方格边长按具体情况确定。根据设计标高及地形断面(或实测标高)计算每个方格的土石方填挖数量。将方格编号,然后进行调配。

(1)在地形图上画上方格,将每个方格编上号。

(2)计算每个方格的土石方填挖数量。

当一个方格中全是填方或挖方时,其土石方数量是它的平面面积乘此方格的平均填挖高。当一个方格中有部分填方和部分挖方时,其填方和挖方量应分别计算。

(3)将计算的各方格中土石方数量填入广场土石方数量表。

(4)根据所划的方格进行土石方调配。

先求方格本身填挖平衡,再将剩余的挖方数量调往邻近而需要填方的方格上去。在整个平面方格上的填挖方进行平衡后,如填方不足或挖方有余,则从广场范围外靠近取土或弃土。土石方调配后,注明每一方格土石方的来源和去处,选用的施工方法、运距及施工顺序,并将调配结果填入广场土石方调配表。

## 四、劳动力、机械及运输工具需要量计算

在土方调配及施工方法决定后,就可按照有关公式计算劳动力和机械数量。按照计算所得机械数量,应该增加10%~15%的后备量(备机械修理之用)。

运输工具(列车或车辆),在所计算时期所需的数量可用下列公式求出:

$$N=\frac{Q}{S} \tag{9-9}$$

其中

$$S=\frac{qT}{t_1+t_2+\dfrac{2L}{V_{CP}}+t_3}K_B \tag{9-10}$$

式中 $N$——运输工具数量;

$S$——在所计算的时间内一个运输工具的生产率(t);

$Q$——在所计算时间内的运输量(t);

$q$——运输工具的载重(t);

$T$——所计算的时间长度(min);

$t_1$——装车时间(min);

$t_2$——卸车时间(min);

$t_3$——操纵和道岔等车时间(min);

$L$——运距(m);

$V_{CP}$——来回的平均速度(m/min);

$K_B$——运输时间利用系数(0.85~0.95)。

根据运输的种类和具体条件,上述计算的运输工具数量应增加10%的后备量,因为部分机械要定期地检修或不定期地修理。

## 五、技术作业规程和技术作业图表

在施工中为了落实施工组织设计的要求,提高施工组织设计的质量,必须编制一些施工技术作业规程和实施性技术作业图表。根据各种施工方法,在规程中应有准备工作、基本工作及整理工作的施工技术作业方面的必要措施,确定完成工作次序,以及施工组织必须执行的措施。技术作业图表,是按一定次序执行各种工作过程的图示,如图9-5所示(附书末)。

### 六、施工组织设计进度图及施工场地布置图

施工组织设计进度图是在规定的施工工期范围内将线路的平、纵断面示意图、土石方调配结果、施工方法、主要工程数量、区段划分、日历性进度安排、劳动力动态等，用图示的方法反映出来。它是施工组织设计的主要文件，是作为指挥、控制、检查工程进度和调度的依据。

施工组织设计进度图根据不同的工程和具体情况可用不同的方式绘制，但应对上述主要内容，用简单明了的图示反映出来。图 9-6（附书末）是某路基土石方工程施工组织设计进度图的示例。

施工场地布置图，主要应把施工地区的简单地物、地貌、线路情况、施工房屋的安排、运输道路、机械行走路线，取弃土位置等反映在图纸上，如图 9-7 所示。

## 第五节　桥涵工程施工组织设计

### 一、桥涵工程的特点

#### （一）桥涵工程的重要性及其作用

桥涵工程是构成铁路、公路建筑物的关键工程，它与路基共同组成铁路和公路下部建筑。它的施工质量与进度直接影响到列车、车辆的安全正常运营和全线的完工期限。它的作用除可跨越江河、湖泊、海峡、沟谷之外，还可解决排水、灌溉和道路立交等问题，并能代替高填路堤以减少占用耕地面积，既利于排水也便于桥下耕种或通行。在线路通过城镇、村庄或重要建筑物时，可考虑抬高线路平面，修建跨越，以减少建筑物的拆迁。

在一条铁路和公路的各项建筑物中，桥涵工程占有相当的比重，特别是穿越地形复杂的山区地段和河流交错的南方交通更显突出。修建桥涵工程所需劳动力、材料、机械设备等投资占全部投资的比重也相当大。据统计，桥涵工程费用占总工程费的 30%左右，劳动力占总劳动力的 22%左右。而且桥涵工程，特别是深水中大桥、特大桥、高桥和技术复杂的桥梁工程的施工期限是控制全线如期交付使用的关键。可见，桥涵工程在铁路和公路工程建筑中占有十分重要的地位。

#### （二）桥涵工程的施工特点

1. 桥涵工程的类型多。从桥跨上说，有简支梁桥、连续梁桥、斜腿刚构桥、斜拉桥、框架桥、拱桥、悬索桥、组合体系桥等。桥梁结构又分钢筋混凝土梁、预应力钢筋混凝土梁、钢板梁、钢桁梁、系杆拱、石砌拱等。桥梁基础有明挖、挖井、挖孔桩、钻孔桩、沉井、管桩基础等。涵渠有明渠、圆涵、矩形涵、盖板涵、拱涵、渡槽、倒虹吸等。随着科技的进步，机械化程度的提高，将不断设计出新的桥梁、涵渠。不同类型的桥涵，其施工方法各不相同。

2. 施工技术复杂。一方面桥涵类型多、结构复杂，另一方面由于桥涵工程野外施工，受地形、地质、水文、气候条件的制约，使施工技术复杂，难度大，特别是深水桥基础的施工，常会遇到不良地质，给施工带来很大困难。另外，架梁采用选拼、悬浇、顶推等新方法，施工技术都是比较复杂的。

3. 施工人员和机械集中，工作面窄小。桥涵工程，特别是一些复杂的大桥、特大桥、高桥和大型涵渠，从基础开始到工程全部完工，需要各种专业人员参与施工，专业多、工种多、工序更多，而且相互交叉，立体作业。因施工场地受限于峡谷、水流以及高空作业等条件，在狭小的施工场地上要聚集相当数量的劳力、建材和机具设备，更需要精心组织和合理设置。

4. 桥涵工程可采用工厂化、机械化施工。

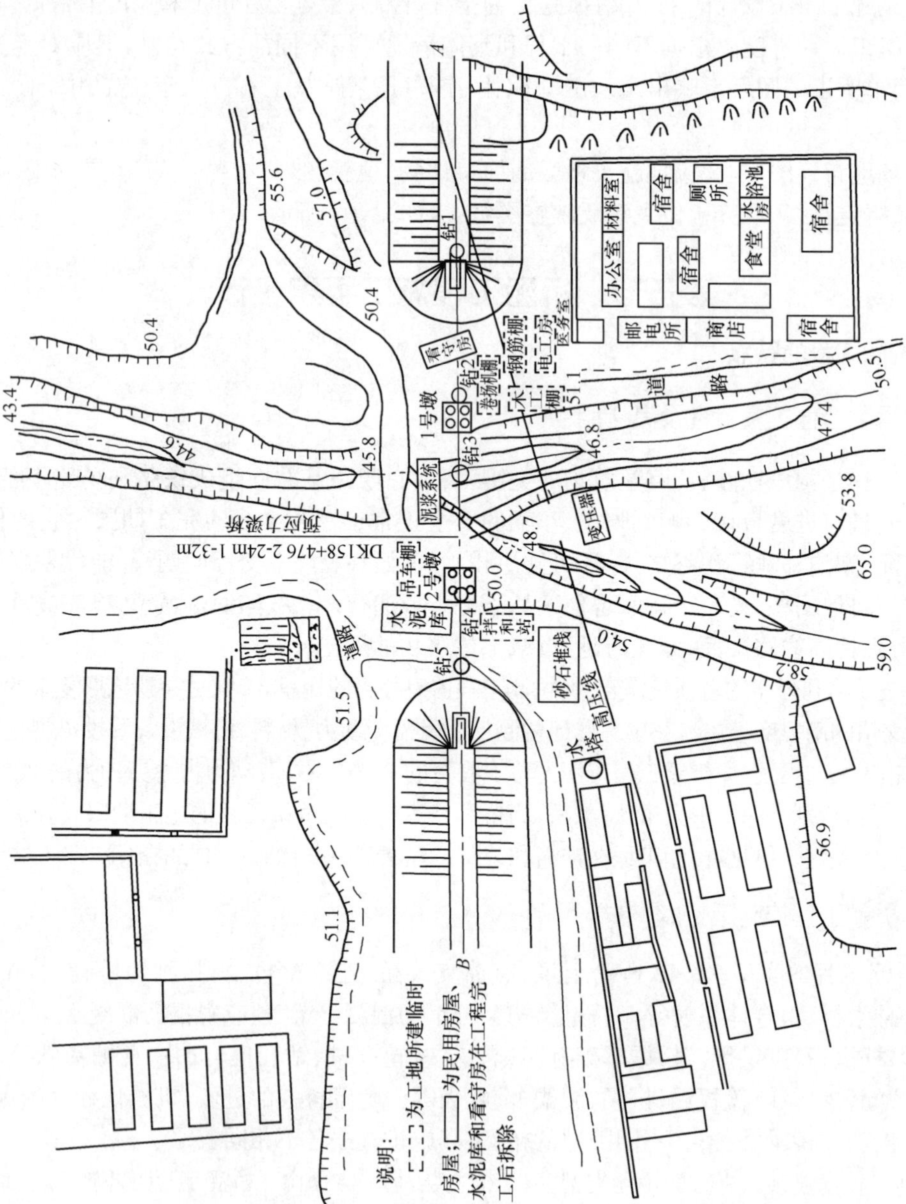
A
B
办公室
材料室
宿舍
宿舍
宿舍
厕所
水房
浴池
食堂
宿舍
邮电所
商店
宿舍
医务室
电工房
钢筋棚
看守房
卷扬机棚
木工棚
钻1
钻2
钻3
钻4
钻5
1号墩
2号墩
泥浆系统
预应力梁桥
DK158+476 2-24m 1-32m
吊车棚
水泥库
拌和站
砂石堆栈
变压器
高压线
水塔
道路
道路
55.6
57.0
50.4
50.4
43.4
44.6
45.8
51.1
46.8
47.4
50.5
53.8
48.7
50.0
54.0
65.0
59.0
58.2
51.5
51.1
56.9
说明：[虚线框]为工地所建临时房屋；[实线框]为民用房屋、水泥库和看守房在工程完工后拆除。

图9-7 施工场地布置图

## 二、桥涵工程施工组织设计要点

桥涵工程的施工组织设计，是组织桥涵施工总的计划文件，对桥涵的修建和顺利进行，人力、物力的合理使用，具有重大意义。因此，在桥涵工程施工组织设计中除按一般的要求外，还应妥善解决以下几个主要问题。

### (一)调查研究施工条件

桥涵所在地址的施工条件是确定施工组织的重要因素，往往因为客观条件调查研究不够而造成施工组织的不合理。如不恰当的施工方法，不合实际的施工进度图和工地布置等，给施工管理和进度来影响，甚至造成时间和金钱上的浪费。因此，在作施工组织设计前必须对当地河流情况、水文情况、地质条件、地形地貌条件、气候情况、当地资源材料、交通运输条件以及生活、供水、供电条件、既有铁路和公路设备情况等进行详细的调查研究，作为编制施工组织设计的依据。

### (二)合理选择施工方法

桥涵工程的施工特点决定了桥涵的施工方法多种多样，即便是结构设计定型化，也会因工程所在地区、地形、地质、气候、水文条件的不同，施工方法各不相同。同一个工程，可能有几种施工方法，不同的施工方法对施工过程将产生不同的效果，这就要从工期、质量、安全、效益等方面进行分析比较，从中选出最佳施工方案。

一般按分部分项工程选择施工方法，即可依据不同地质和施工条件，首先，按照设计的基础类型(扩大基础、沉井基础、钻孔、挖孔桩基础、打入桩基础、管桩基础等)选择基础施工方法。其次，按照墩台类型选择木模板、钢模板、滑板、爬模施工方法，混凝土水平与垂直运输方法，混凝土浇筑与捣固方法等。第三，按照桥跨结构类型选择工厂预制或就地制梁及其相应的施工方法。

选择最佳施工方案和方法应考虑到如下因素：

1. 施工期限

工期是确定施工方案或方法的决定因素。单位桥涵工程应根据国家或建设单位对建设项目的总工期或全线或单位工程指导性施工组织设计的工期要求，合理地确定其施工期限。

一般桥涵的工期应在同路段路基土石方工程完工前完成，以便结合路基土石方工程进行桥头及锥体护坡的填土。小桥涵应尽量在路基开工前修建，避免留有缺口影响路基填筑质量。

2. 施工条件

桥涵工程施工条件是选择施工方案或方法的重要因素。要根据所在地区的地形、地质、气象、水文、施工季节等造就的施工条件，选择适合工程结构特点的施工方案或方法。

3. 桥涵基础类型

在桥涵施工中，一般技术比较复杂的是基础工程施工。不同类型的基础，施工方法均不相同，即使是同类型基础，也可能有几种施工方法，需慎重选择。

4. 专业化施工

桥涵工程专业性强，工种多，技术难度大。选择施工方法应考虑专业化施工。

5. 施工单位的生产能力

施工单位生产工人文化程度、技术工种、等级、实际水平，现有机具设备状况以及生产管理人员的素质和管理水平。

6. 先进技术、工艺和先进施工经验的采用

桥涵工程施工技术复杂，选择施工方法应吸取成功的先进经验，采用先进施工技术和工艺是非常重要的。

7. 尽量采用预制成品、构件，拼装施工

8. 尽量采用机械化施工

选择先进的工业化和机械化施工，可以加速工程进度，降低成本、提高质量、减少劳动力消耗。

9. 施工方案或方法的经济性

桥涵工程施工方案或方法，首先要保证工期、质量和安全，还应采取措施降低工程成本提高经济效益。因此，还应注意从各种可能的施工方案或方法中优选出技术可能、经济合理的施工方法。

### (三)正确安排施工组织进度计划

施工组织进度计划，是用日历进度图表示的，它是施工组织设计的主要部分。施工中的一切活动，均以它为指导。在安排施工进度计划时应考虑以下一些因素：

1. 保持施工过程的连续性

施工进度图必须保持施工过程的连续性，各项工作之间的相互配合，遵守技术规程的规定。

桥涵工程的工作很多，根据其工作性质可分为两类：

(1)主导工作：这是决定完工期限，而且彼此相互牵连并有一定严格顺序的工作，如开挖基坑、修筑基础及墩台等。

(2)非主导工作：这种工作与主导工作的施工也有牵连，但不影响完工期限，因为它们可和主导工作同时进行，如建造盲沟、基坑回填、河道加固、建造导流建筑等。

一般施工进度图内仅包括主导工作，非主导工作应根据主导工作的进度另作相应的安排，但主导工作与非主导工作的区分，并不是绝对的，有时随着具体情况的变化非主导工作也可变为主导工作，如改河工程量很大时，可能控制工期而成为主导工作；高路堤的涵洞缺口填土因土方工作量过大，也可能成为控制工期的主导工作。

2. 桥涵进度图采用流水作业法编制

桥涵进度图应采用流水作业法编制，以提高劳动生产率和发挥机器设备的利用率。

桥涵施工过程中各项作业施工计划的安排有顺序作业法、平行作业法、流水作业法和平行流水作业法。

(1)顺序作业法：是由一个工班(或小组)顺序地来完成所有桥涵的各项作业，这样会使施工期限拖长；熟练劳动力不能充分发挥其专业工种的作用，机器设备利用率亦会受到影响。平行作业法是由几个工班(或小组)同时顺序地来完成各个桥涵的各项作业。这样虽然可以缩短施工工期，但同时需要的熟练劳动力数量和机器设备数量会大大增加，而劳动生产率和机器设备利用率也因熟练劳动力和机器设备不能充分发挥作用而降低。

(2)流水作业法：是将全部施工过程分为许多个别作业，用专业化的工班来担任完成，每班在一个工程对象上完成担任的工作后，即转移到次一工程对象上做同样的工作，在原有工作的地点上，由另一专业化工班开始执行其担任的工作任务，在其完成后，由第三个专业化工班接

着工作，如此连续进行，直到该项工程完成。

各班的工人编制应当是固定的，在每一工程对象上或地段上，某一专业工班的工人都是进行同一类型的工作，使用同样的机械和设备进行同样作业。这样能充分发挥熟练劳动力和机器设备的作用，提高工效，加快进度。

(3)平行流水作业：若在一个施工单位管区内桥涵很多，为了要在规定工期内完成任务，有时就不可能每一项工作只用一个工班来完成，就需要分成几个同时开工的工班去完成。几个同样专业工班同时在不同地点用流水作业施工，这称为平行流水作业。

3. 考虑季节对施工的影响

桥涵多在河流上修建，河流季性变化较大，对某些桥涵部分的施工会带来影响。因此安排进度时应考虑到哪些工作宜于在哪个季节施工，哪些工作不宜在哪个季节施工，如在涨水季节就不宜安排水下工程(如基础、墩台水中部分)施工，可在岸上安排结构预制、拼装等工作；又如冬季严寒季节就不宜作就地混凝土施工，这样就会增加施工附加费(如设暖棚、材料加热等)。

4. 劳动力的平衡性

编制施工进度时应考虑到劳动力在各个时期的基本平衡，在开始时逐渐增加劳动力，在完工前逐渐减少，施工期间不应在短期内骤增骤减，因为这样会增加转移工地的时间和费用，也会增加居住及生活福利的费用，使劳动力不能得到充分利用。

(四)研究施工场地平面布置

施工场地布置是在详细了解当地条件，结合施工组织、施工方法和进度计划的要求来合理布置，并用施工平面图表示出来。工地布置必须满足下列要求：

1. 各类附属企业、仓库、机械设备等位置应布置在能发挥最大效能的地点；
2. 使工地运输费用最少，运距短、运输方便不互相干扰；
3. 建造临时建筑物的费用最低；
4. 使工人上班走路的时间最少，同时生活上又须尽量方便；
5. 要适合技术保安和防火的要求；
6. 施工场地在施工期间不致被洪水淹没。

根据工地布置的要求，结合地形条件，可将施工场地选择在河流的一岸或两岸。在较小的河流上，跨河容易，施工场地可布置在与公路衔接的一岸，材料可由便桥或悬索式吊车运至河中或对岸，这样，由于施工建筑物集中，设备费用可降低。在宽阔的河道上，跨河运送材料较困难，宜在两岸分设工地，大型施工设备可集中在一岸。

## 第六节　隧道工程施工组织设计

### 一、隧道工程特点

隧道是地下建筑物，是山区铁路和公路重要工程之一，长大隧道常常也是控制通车期限的关键工程。经与地面建筑工程比较，具有以下特点：

1. 由于隧道是地下建筑物，受地质和水文地质条件的制约，因而，施工环境差、难度大、技术复杂、要求高。隧道开挖时的坑道在未衬砌前，通常须加支撑以受地层压力。同时地层不得暴露过久，必须及时衬砌，以免地层压力增大发生坍塌事故。

2. 隧道施工是一种多工序、多工种联合的地下作业，工作面狭窄，而且地层愈差，所采用的坑道愈小,工作面能容纳的人数不多,出渣、进料运输量多,施工干扰大,为加快施工进度,需以横洞、斜井、竖井、平行导坑增加工作面,施工复杂而艰巨。因而施工进度受到限制,必须全面规划,科学地组织施工。

3. 隧道工程大部分地处深山峻岭之中,场地狭小,要使用多种机械设备,需要相当数量的洞外设施来保证洞内施工,而洞外往往受地形限制,场地布置比较困难。

4. 隧道内工作条件差,空气不足,光线不好,有时还有地下水和有害气体,如发生坍塌、涌水、瓦斯等诸多不安全因素,因此,要制定出切实可行的安全技术组织措施。

5. 由于地质、水文地质以及围岩压力复杂多变,在施工过程中往往需要改变施工方法;隧道工程的工作是循环性的,常常是几个工序组成一个循环,重复各个循环,使隧道工程向前进展。所以,也要求隧道施工必须不间断地连续进行。

因此,要保证隧道施工的顺利进行,必须要有严密的施工组织,并且使各工序有条不紊地按照循环作业的顺序和时间进行施工。

## 二、隧道工程施工组织设计要点

隧道施工的最关键问题,就是加快开挖进度,缩短工期,加快进度的措施,除了尽量使工作机械化和保持工作的严格顺序以外,就是增加隧道施工的开挖工作面,以更多的劳力、机械投入生产,增加工作面的方法主要是开挖横洞、直井、斜井或平行辅助导坑等。隧道施工组织技术,除一般要求外,主要也应妥善解决以下几个问题。

### (一)调查研究施工作件

隧道施工技术也较复杂。隧道一般多位于山区,地形条件和交通条件较差,而工作人员的生活设施布设困难。主要机器设备、材料堆放都在洞外、出渣、材料也需要一定场地,因此,隧道所在位置的地形、交通条件应很好调查研究,合理安排。另外,隧道的地下情况,直接影响施工方法,施工进度和人身安全,所以对隧道经过的岩层情况、地下水、地下气体情况也应周密调查,妥善处理。

### (二)选择施工方法,安排施工顺序、编制循环作业时间表

1. 隧道施工办法的选择

应以地质条件为主要依据,结合工期、隧道长度、断面大小、施工速度、施工单位的机械化程度和施工技术水平以及地形等因素综合考虑。同时,应尽量采用新技术、新工艺、新设备,以加快施工进度,保证工程质量,提高生产效率,改善劳动条件。还应考虑到围岩发生变化时,施工方法的适应性和变更的可能。常用施工方法见表 9-12。

新奥法施工是新近发展起来的隧道施工新方法。它具有支护速度快,结构受力性能好,作业空间较大,能适应隧道机械化施工等优点,特别是在安全性和经济性方面尤为突出。因此,在选择施工方法时应优先考虑。

2. 安排施工顺序

为了安全生产,减少作业之间的干扰,保证施工质量,提高生产效率,必须保持各作业间的最小间距。不同的开挖方法有不同的间距要求。施工顺序的确定与导坑类型、断面尺寸及各作业间隔长度等因素有关,在确定施工方法后,应绘制出施工顺序图。

3. 编制循环作业时间表

施工顺序图作好后,就在确定每个顺序一次循环的进度。每个施工顺序应采用先进的施

工技术和最佳的劳动组合，然后按施工定额和一次循环的进度，计算出循环的时间。每次循环的工作必须具体明确，以便指导工作。在这里必须指出，在编制循环作业时间表时，应尽量使每一施工顺序做到：

(1)各班进度一致以求均衡生产，可用工班组成人数来调整。

(2)放炮时间在同一时刻，并使这些时间和休息时间相结合，以减少工时损失。

**表 9-12　单、双线隧道的常用施工方法**

| 施工方法 | 单线 | | | | | | 双线 | | | | | |
|---|---|---|---|---|---|---|---|---|---|---|---|---|
| | 围岩类别 | | | | | | 围岩类别 | | | | | |
| | Ⅵ | Ⅴ | Ⅳ | Ⅲ | Ⅱ | Ⅰ | Ⅵ | Ⅴ | Ⅳ | Ⅲ | Ⅱ | Ⅰ |
| 全断面法 | ※ | ※ | | | | | ※ | ※ | | | | |
| 正台阶法 | ※ | ※ | | | | | ※ | ※ | | | | |
| 反台阶法 | ※ | ※ | ※ | | | | ※ | ※ | | | | |
| 漏斗棚架法 | ※ | ※ | ※ | | | | ※ | ※ | | | | |
| 下导坑先拱后墙法(蘑菇形开挖) | | ※ | ※ | | | | | ※ | ※ | | | |
| 上下导坑先拱后墙法 | | | ※ | ※ | ※ | | | | ※ | ※ | | |
| 上导坑先拱后墙法 | | | | | ※ | ※ | | | | ※ | ※ | |
| “品”字形导坑先拱后墙法 | | | | | | | ※ | ※ | ※ | ※ | | |
| 侧壁导坑先墙后拱法 | | | | | | | | | | | ※ | ※ |

注：1. 选用施工方法时，除地质条件外，还需结合其他条件来考虑；

2. 反台阶法按先拱后墙法施工时，可用到Ⅳ类围岩。

### (三)编制施工组织进度图

由前述隧道工程的特点可知，隧道工程的总进度，往往受开挖或运输等关键作业项目的进度所控制。如采用全断面开挖法，则开挖为关键作业项目；采用以导坑引进的其他各种方法，则导坑开挖将控制隧道的施工进度，而开挖又受运输的控制，因此在安排施工进度时，必须配备相适应的运输能力，以满足出渣和进料的需要。施工进度的确定应考虑的主要因素如下：

1. 首先应计算出隧道开挖作业进度

影响隧道开挖进度的因素很多，如围岩类别、岩石硬度、炮眼个数、布置、深度等都直接关系到开挖进度，而这些因素又是千变万化的，可根据施工定额或施工统计资料和有关参数进行开挖进度计算。隧道开挖工期是以钻眼、装药、爆破、通风、安全处理、出渣、支护等一次循环作业时间为基础，选定有关参数进行计算确定；也可运用网络计划技术，分工序绘制循环作业网络图分析计算。

2. 其次要考虑边墙及拱圈衬砌作业进度

衬砌作业的进度受到相应开挖作业进度的控制。通常是以开挖进度来安排衬砌进度的，只有铺底作业为避免影响洞内运输，往往放在各开挖、衬砌项目完成后进行。衬砌作业施工进度也可根据施工定额或有关指标计算。

此外，洞门工程可根据地质情况及工程数量来确定工期，地质不良的洞门应尽早尽快完成，以保证安全。若为混凝土衬砌，水沟及压浆工作可在边墙及拱圈完工后 7～14 d 完成；若为砌石圬工时，可在边墙及拱圈完工后 3～4 d 完成。

(四)绘制施工平面布置图

由于隧道工程施工场地狭小,洞外施工场地布置得合理与否,关系到隧道施工能否迅速、正常与安全地进行,也关系到隧道的文明施工。为此,应根据洞口地形、地质、水文条件,考虑有利于生产,也方便职工生活,合理布置弃渣场、堆料场、各种机械房、油库、炸药雷管库、办公室、宿舍、食堂、洞口排水系统、运输道路、三管两线等设施。

## 第七节　某房建工程施工组织总设计示例

### 一、工程概况

本工程为某城市某学校群体建筑,工程建设计划分两期,一期工程总占地面积 138 122 $m^2$,列入市重点工程。

(一)工程整体布局

整个学校布局规划呈长方形状,四面临马路,设有北门和南门两个大门。本工程基本上以南北中轴线对称布置,依使用性质不同,分为行政管理区、教学区、居住区及配套建筑和体育训练场四大部分。东面是体育训练场,西面是居住区。中部教学区按南北向布置,由校内的规划道路分为三个部分:教学部分处在校园内靠北,设有 1～3 号教学楼、电教馆、办公楼和大会堂等;学院辅助建筑处在院内中间,设有图书馆、体育馆等;学院配套建筑处在学院内靠南,设有 1～4号学生宿舍、食堂、校医院、汽车库、变电所、浴室和锅炉房等。室外管线包括污水、雨水、暖沟和道路等。工程场地开阔,适合所有单位工程全面展开施工。

(二)工程建设特点

一期工程结构较简单,砖混结构与框架结构各占一半,层数少,有三栋 5～6 层单体建筑,其余为 1～2 层建筑。但工期急,合同要求在当年度 8 月底竣工的工号有 2 个,其余均在次年 5 月底竣工,质量要求高。

(三)工程特征

学校一期工程包括 7 个项目,总建筑面积 21 354 $m^2$,建筑特征见表 9-13。室外管线设计特征见表 9-14。

**表 9-13　某学校一期工程建筑特征表**

| 序号 | 工程名称 | 建筑面积($m^2$) | 结构形式 | 层数 | | 檐高(m) | 建筑特征 | | |
|---|---|---|---|---|---|---|---|---|---|
| | | | | 地上 | 地下 | | 基础 | 主体 | 装修 |
| 1 | 1号教学楼 | 5 359.5 | 框架 | 5 | 0 | 13.2～21 | 基础埋深−3.500 m,C25 钢筋混凝土带形基础 | 现浇 C25 钢筋混凝土柱、梁、板结构,加气混凝土块、空心砖做填充墙 | 水磨石、局部锦砖地面,内墙喷涂料、局部面砖,外墙为进口涂料、局部玻璃面砖,顶棚吊顶、喷涂 |
| 2 | 1号教学楼 | 5 359.5 | 框架 | 5 | 0 | 14.6～21 | 基础埋深−3.500 m,C25 钢筋混凝土带形基础 | 现浇 C25 钢筋混凝土柱、梁、板结构,加气混凝土块、空心砖做填充墙 | 面砖、水磨石楼面,内墙喷涂料、贴面砖。外墙进口涂料,局部面砖,石膏板吊顶、喷涂料 |

续上表

| 序号 | 工程名称 | 建筑面积（$m^2$） | 结构形式 | 层数 | | 檐高（m） | 建筑特征 | | |
|---|---|---|---|---|---|---|---|---|---|
| | | | | 地上 | 地下 | | 基础 | 主体 | 装修 |
| 3 | 学生宿舍 | 6 146 | 砖混 | 6 | 1 | 10.3～19.6 | — | 砖墙、构造柱、预应力钢筋混凝土空心楼板、有少量混凝土梁、板、柱 | 水磨、锦砖地面，内墙抹灰喷白、外墙涂喷料，顶棚喷涂料、局部吊顶 |
| 4 | 食堂 | 2 675 | 混合 | 2 | 1 | 7.1～11.2 | 基础埋深－3.000 m，钢筋混凝土基础和带形砖基础 | 厨房为现浇梁、板、柱，附楼为砖墙、现浇梁、预制板 | 水磨石、局部锦砖地面，内墙喷涂料，外墙为进口涂料、贴锦砖 |
| 5 | 浴室 | 914 | 砖混 | 2（附属） | 0 | 7.8 | 基础埋深－3.550 m，钢筋混凝土带形基础和砖砌带形基础 | 砖墙、现浇钢筋混凝土楼板 | 水磨石、锦砖地面（加防水层），内墙瓷砖和涂料，外墙为水刷石 |
| 6 | 锅炉房 | 817 | 混合 | 1 | 0 | 8.84 | 基础埋深－2.950 m，钢筋混凝土带形基础和砖砌带形基础 | C30 钢筋混凝土现浇柱，预制薄腹梁，砖砌围护结构，40 m高砖砌烟囱带内衬 | 水泥砂浆、细砂混凝土地面、内墙和顶棚喷大白浆，外墙为水刷石 |
| 7 | 变电室 | 83 | 砖混 | 1 | 0 | 6.65 | 基础埋深－2.700 m，混凝土垫层，带形砖基础 | 砖墙、现浇钢筋混凝土梁板 | 水泥砂浆地面，内墙喷涂料，外墙喷涂料、少量水刷石、顶棚刮腻子、喷涂料 |

**表 9-14　室外管线设计特征表**

| 序号 | 工程名称 | 设计特征 |
|---|---|---|
| 1 | 污水 | 埋置深度－1.0～－3.73 m，混凝土管径 $D$＝200～400 mm，承插式接头，下设混凝土垫层 |
| 2 | 雨水 | 埋置深度－1.0～－1.87 m，混凝土管径 $D$＝200～400 mm，承插式接头，下设混凝土垫层 |
| 3 | 暖沟 | 埋置深度－1.85～－2.05 m，暖沟断面为 140～1 400 mm（净空尺寸），MU2.5 砖，M5 水泥砂浆砌筑 |
| 4 | 室外道路 | 沥青混凝土路面 |

## （四）施工条件

施工场地原系农田，场地较开阔，可供施工使用的场地 4 万 $m^2$，场地自然标高较设计标高（±0.000）低 800～1 000 mm，需进行大面积回填和平整场地。土质为粉质黏土。场内东北角有供建设单位使用而兴建的两栋半永久性平房，西侧有旧房尚未拆除，直接影响 2 号教学楼的施工。为此，建设单位应做好拆、搬迁工作，以保证施工的顺利进行。场内已有两个深井水源和 200 kW 变压器一台，目前水泵已安装完毕，为满足施工需要，需安装加压罐。据初步计算，施工用电量超过 500 kW，因此变压器容量尚需增大，需建设单位提前做好增容工作，场内还需埋设水电管网及电缆。一期工程 7 个项目的施工图纸已供应齐全，可以满足施工要求。市政给排水设施已接至红线边，可满足校内给排水施工需要。建设单位在进行前期准备工作的过程中，已完成了一期工程正式围墙的修建，并在场内东西向预留了一条道路，可作为施工准备期施工材料进出场道路。施工现场内的树木,施工中应尽量保护,确系影响施工需砍伐时,须事先征得建设单位的同意。

(五)主要实物工程量

略。

**二、施工部署**

(一)施工总体组织原则

1. 组织机构。学校工程施工管理推行项目经理负责制,由公司抽调技术水平高,思想素质好、能力强的人员组成项目经理部,实施对工程的组织与指挥,其管理体系如图 9-8 所示。

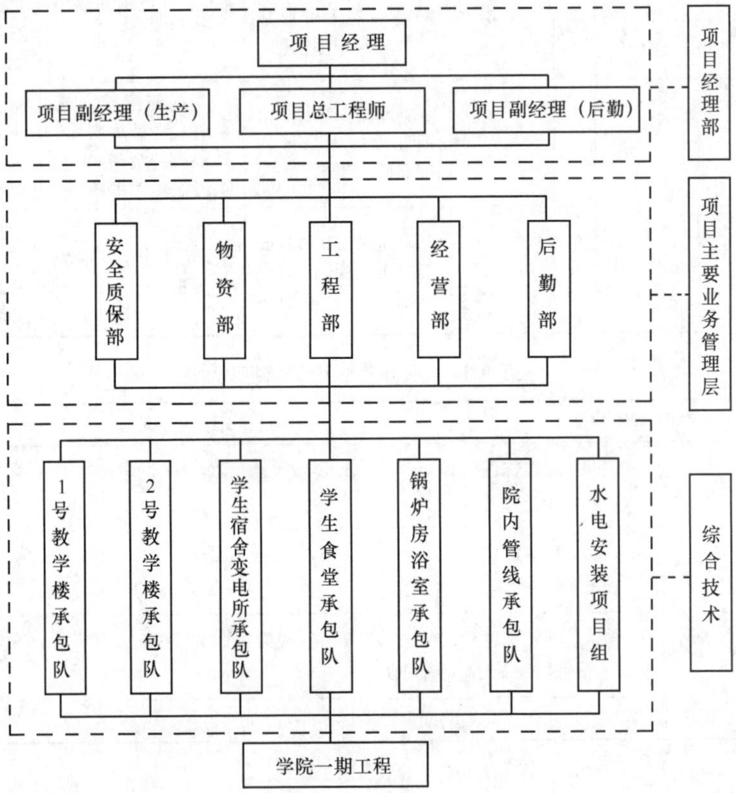


图 9-8　施工管理组织体系图

2. 施工任务划分。土建工程原则上以公司现有力量为主,分栋号成立承包队,考虑到合同工期紧、工程量大等因素,应补充部分民工(650 人左右)。此外,在工程大面积插入装修时,应从全公司范围抽调部分技术水平高的装修工,以补充装修力量的不足。安装工程由公司的水电专业分公司承担。土建与安装的配合,必须从基础开始就协调好。

3. 施工组织原则。考虑到浴室、变电所在当年 9 月 30 日前竣工,1 号和 2 号教学楼、宿舍楼、学生食堂和锅炉房在次年 5 月 31 日前交付使用的要求,一期工程按"分区组织承包齐头并进"的原则组织施工,并视单位工程大小分层分段组织流水,确保竣工工期。

由于采取上述施工原则,材料部门应积极组织好材料的订货、进货工作,加强材料管理并严格控制好月、旬供货量,确保在合同工期内完成施工任务。

## (二)施工程序

根据平面规划及施工力量部署情况,学校一期工程划分为两个施工区:教学区为Ⅰ施工区,学校配套建筑群为Ⅱ施工区。一期工程各单位工程整体流水线按由Ⅰ区至Ⅱ区组织,在各单位工程开始插入抹灰施工时,组织院内污水、雨水和暖沟的施工。校内道路及场地平整在主要教学用工程完成后再大面积展开。

## (三)主要项目施工方案

1. 施工机械选用方案

根据工程项目特点、工期要求及本企业现有施工机械装备情况,各单位工程主要施工机械将采用表 9-15 所示的方案。

2. 模板工程

本工程使用的模板类型见表 9-16。

模板应按施工总平面图上划定的位置堆码整齐。对有损坏的模板,要及时进行修理,以保证工程施工质量。模板使用时涂刷防雨型脱模剂。

3. 脚手架工程

根据工程项目特点及不同施工阶段的需要,各单位工程脚手架将采用表 9-17 所示方案。

4. 钢筋工程

(1)现场设钢筋加工车间,集中配料,按计划统一加工。加工好的钢筋半成品应按单位工程不同结构部分分成不同型号、规格,分别挂牌堆放,并按抗震结构有关规定施工。

(2)钢筋焊接、绑扎应严格按设计、施工规范和工艺标准进行。为了降低工程成本,采用电渣压力焊、气压焊技术接长钢筋。

(3)钢筋绑扎过程中,随时注意检查设计是否有预埋件要求。如吊顶、框架柱、梁的预埋插筋,楼梯扶手下的预埋铁件等,为装修施工创造条件。

(4)各种楼梯应放大样,对旋转角度、弧长等应放样精确计算,以保证加工的成型钢筋符合设计及规范要求。

**表 9-15　主要施工机械选用方案**

| 序号 | 工程名称 | 结构形式 | 结构特征 | | | 主要施工机械选用方案 | | | | |
|---|---|---|---|---|---|---|---|---|---|---|
| | | | 檐高(m) | 层数 | | 基础土方工程 | 结构工程 | | | |
| | | | | 地上 | 地下 | | 主　机 | 台数 | 副　机 | 台数 |
| 1 | 1 号教学楼 | 框架 | 21 | 5 | 0 | WY-100 液压式挖土机 | QT60/80 塔式起重机 | 1 | 井字提升架 | 1 |
| 2 | 1 号教学楼 | 框架 | 21 | 5 | 0 | WY-100 液压式挖土机 | FO23B 塔式起重机 | 1 | 井字提升架 | 1 |
| 3 | 学生宿舍 | 砖混 | 19.6 | 6 | 1 | WY-100 液压式挖土机 | QT60/80 塔式起重机 | 1 | 井字提升架 | 1 |
| 4 | 食堂 | 混合 | 11.2 | 2 | 1 | WY-100 液压式挖土机 | QT60/80 塔式起重机 | 1 | 井字提升架 | 1 |
| 5 | 浴室 | 砖混 | 7.8 | 1 | 0 | 人工挖槽 | Lokomo 汽车式起重机(芬兰) | 1 | 井字提升架 | 1 |
| 6 | 锅炉房 | 混合 | 8.84 | 1 | 0 | 人工挖槽 | Lokomo 汽车式起重机(芬兰) | 1 | 井字提升架 | 1 |
| 7 | 变电室 | 砖混 | 6.65 | 2 | 0 | 人工挖槽 | Lokomo 汽车式起重机(芬兰) | 1 | 井字提升架 | 1 |

**表 9-16　模板类型选用表**

| 序号 | 结构部位 | 模板类型 | 支撑体系 |
|---|---|---|---|
| 1 | 柱 | 定型组合钢模板 | 钢管、扣件做支撑 |
| 2 | 梁、板 | 定型组合钢模板与胶合板模板 | 可调节立柱、钢管、扣件支撑 |
| 3 | 节点部分 | 木模 | 对拉螺栓固定,钢管、扣件做支撑 |
| 4 | 教学楼旋转楼梯 | 底模、边模用木模或特制定型钢模板 | 钢管、扣件做支撑,配以部分其他支撑,并应专项设计 |

**表 9-17　脚手架方案表**

<table>
<tr><th>序号</th><th>施工阶段</th><th>脚手架类型</th><th colspan="2">脚手架高度</th><th>注意事项</th></tr>
<tr><td>1</td><td>基础</td><td>双排钢管脚手架,教学楼、宿舍楼设三座跑梯,其余工程各设一座跑梯</td><td colspan="2">平地面高</td><td>坑上周围挂上安全网</td></tr>
<tr><td rowspan="11">2</td><td rowspan="11">主体</td><td rowspan="11">沿建筑外围设置双排钢管脚手架,教学楼、宿舍楼设三座跑梯,食堂、锅炉房、浴室、变电所各设一座跑梯。锅炉房烟囱外侧搭设正六边形脚手架,内墙砌体工程采用内撑式脚手架</td><td>1 号教学楼</td><td>Ⅰ段 21 m,Ⅱ段 13 m,扶手高 1 m</td><td rowspan="11">水平安全网、脚手架应与墙体可靠连接</td></tr>
<tr><td>2 号教学楼</td><td>Ⅰ段 21 m,Ⅱ段 14.4 m,扶手高 1 m</td></tr>
<tr><td rowspan="5">学生宿舍</td><td>D—K 轴 19.4 m</td></tr>
<tr><td>N—Q 轴 13.2 m</td></tr>
<tr><td>L—N 轴 16.3 m</td></tr>
<tr><td>Q—S 轴 10.0 m</td></tr>
<tr><td>S—T 轴 3.0 m</td></tr>
<tr><td>食堂</td><td>食堂 11 m,附楼 7.2 m</td></tr>
<tr><td>浴室</td><td>7.6 m</td></tr>
<tr><td>锅炉房</td><td>8.6 m</td></tr>
<tr><td>变电室</td><td>6.5 m</td></tr>
<tr><td>3</td><td>装修</td><td>简易满堂红脚手架</td><td colspan="2">步高 1.8m</td><td>剪力撑设置</td></tr>
</table>

5. 混凝土工程

(1)施工现场设混凝土集中搅拌站,内量一台 H2-25 型自动化搅拌机及一台 J-400 型滚筒式混凝土搅拌机,完善计量装置,按本厂程统一生产计划供应混凝土。

(2)作为检验混凝土强度的手段,现场设标准养护室,做好材质检验,并严格贯彻按配合比施工的原则。

(3)加强混凝土养护,浇水养护不少于 7 d。

(4)严格控制外加剂的掺量,掺量应以试验室提供的配合比数据为准,严禁随意更改。

6. 砌筑工程

本工程砌筑量较大,需精心组织,精心施工。

(1)垂直运输采用选定的方案,水平运输利用小翻斗车和手推胶轮车。

(2)脚手架按表 9-17 采用。

(3)现场砂浆集中搅拌,集中供应,砌筑砂浆应在 2 h 以内用完,不准使用过夜砂浆。

(4)按照 8 度抗震设防的原则,检查设计及施工是否满足抗震要求,确保结构安全可靠。

7. 装修工程

(1)装修程序按照"先上后下,先外后内,先湿作业后干作业,先抹灰后木作最后涂料"的原则施工。推广在结构施工插入室内粗装修的施工方法。

(2)装修工程应在混凝土工程和砌筑工程验收完后方可进行。对结构验收中提出的一些问题,如墙体凸凹不平,混凝土墙面麻面、大梁、顶板局部超出验收标准等问题,应经处理并取得设计单位与质量监督部门同意后,方可装修施工。

(3)建立样板间施工制度。质量检查以样板间为准,装修施工应加强技术组织与管理工作。

(4)要求本项目一切交叉打洞作业应在面层施工前完成,严禁面层施工后打洞,避免土建和安装交叉施工,保证整体装修质量。

(5)推广公司其他一些大型项目组织装修施工的经验,抽调素质过硬的高级工任工长,成立装修专业小组,分单位工程、分楼层、分施工段组织流水施工,并贯彻质量与工资、奖金挂钩的原则,做到人人关心质量,人人重视质量。

(6)加强成品保护工作并制定出切实可行的成品保护措施,建立成品保护组,设专人负责管理并监督实施。

8. 室外管线工程

(1)室外管线工程根据不同分项及现场定向划分施工段,组织流水施工。院内室外管线是保证学院次年 9 月 1 日按时开学的重要组成部分,为此必须在次年春季组织院内管线施工及与院外市政管网接口施工。

(2)各施工段统一采用机械完成土方开挖及运土工作。土方开挖应以不阻断各单位工程运料通道为前提,需横穿运料通道时,应采用工字钢架桥,上铺 1.5～2 cm 厚钢板,以满足运料需要。

(3)雨水、污水等项目钢筋混凝土管施工,均采用分段一次安装成型,支设稳定后,两侧支模,一次浇筑混凝土的施工方法。

(4)暖沟砌筑依不同施工段按设计组织墙体砌筑,并视一次用料量组织铺设沟盖板。

(5)各种雨水井、海水井和化粪池,均采用砌完后随即抹灰工艺。

(6)道路施工需采用压路机分段进行碾压,确保路面质量。

### (四)施工准备工作计划

技术准备计划见表 9-18。施工准备计划见表 9-19。

**表 9-18　技术准备计划表**

| 序号 | 工作内容 | 实施单位 | 完成日期 | 备　注 |
|---|---|---|---|---|
| 1 | 工程导线控制网测量 | 项目测量组 | 本年 2 月中旬 | 建设单位配合 |
| 2 | 新开工程放线 | 项目测量组 | 本年 2 月 20 日 | |
| 3 | 施工图会审 | 建设单位、设计单位、公司技术科、项目工程部 | 本年 1 月中旬,1 号、2 号教学楼、学生宿舍图纸会审,本年 2 月底完成锅炉房、浴室、变电所和学生食堂图纸会审工作 | 技术部门与建设单位、设计单位积极联系 |

续上表

| 序号 | 工作内容 | 实施单位 | 完成日期 | | 备注 |
|---|---|---|---|---|---|
| 4 | 编制施工组织设计 | 项目工程部 | 总设计 | 本年2月15日 | 先出结构工程施工组织设计，再出装修工程施工组织设计 |
| | | | 1号教学楼 | 本年2月中旬 | |
| | | | 2号教学楼 | 本年2月中旬 | |
| | | | 锅炉房及浴室 | 本年2月底 | |
| | | | 学生宿舍及变电所 | 本年2月底 | |
| | | | 学生食堂 | 本年3月底 | |
| 5 | 气压焊、埋弧焊焊工培训 | 项目工程部 | 本年3月 | | |
| 6 | 构件成品、半成品加工订货 | 项目工程部 | 本年3月10日前 | | 结构构件加工计划在单位工程开工前提出，装修工程构件 |
| 7 | 提供建设场地红线桩水准点地形图及地质勘察报告资料 | 建设单位 | 本年2～3月上旬 | | |
| 8 | 原材料试验 | 试验站 | 本年3月上旬 | | 随工程材料进场验收 |
| 9 | 各工号施工图预算 | 项目经营部 | 本年2～3月 | | 先出教学楼、学生宿舍、食堂预算 |
| 10 | 工程竖向设计 | 建设单位、设计单位 | 本年3月 | | |

**表 9-19　施工准备计划表**

| 序号 | 工作内容 | 实施单位 | 完成日期 | | 备注 |
|---|---|---|---|---|---|
| 1 | 劳动力进场 | 公司劳资科 | 本年1月中旬至2月底 | | 建设单位配合 |
| 2 | 临建房屋搭设 | 项目部 | 本年1月下旬至3月中旬 | | 满足3月份施工要求 |
| 3 | 施工水源 | 建设单位 | 本年2月 | | 水化试验及主管接出、加压泵安装 |
| 4 | 修建临时施工道路 | 项目部(机械专业分公司) | 本年3月初 | | 建设单位配合 |
| 5 | 临时水电官网布设 | 项目部 | 本年2月下旬至3月中旬 | | |
| 6 | 落实电源，增补容量 | 建设单位 | 本年2月底 | | 机械分公司配合 |
| 7 | 大型机械进场 | 机械分公司 | 推土机 | 本年2月下旬 | 平面场地、修建施工道路 |
| | | | 挖土机 | 本年2月下旬 | 土方开挖 |

## 三、施工总进度计划

### (一)各单位工程开、竣工时间

根据与建设单位签订的工程承包合同，结合本工程的项目准备情况，拟定各单位工程开、竣工时间，见表 9-20。

**表 9-20　各单位工程开、竣工时间表**

| 序号 | 工程名称 | 计划开工日期 | 计划竣工日期 |
|---|---|---|---|
| 1 | 1 号教学楼 | 本年 2 月 15 日 | 本年 12 月 |
| 2 | 2 号教学楼 | 本年 3 月 1 日 | 次年 4 月 30 日 |
| 3 | 学生宿舍 | 本年 3 月 1 日 | 次年 3 月 31 日 |
| 4 | 浴室 | 本年 3 月 1 日 | 本年 8 月 31 日 |
| 5 | 学生食堂 | 本年 4 月 1 日 | 本年 12 月 31 日 |
| 6 | 锅炉房 | 本年 4 月 1 日 | 次年 3 月 31 日 |
| 7 | 变电站 | 本年 4 月 1 日 | 本年 8 月 31 日 |
| 8 | 室外管线 | 本年 4 月 1 日 | 次年 7 月 31 日 |

### (二)本项目总进度网络控制计划

本项目总进度网络控制计划如图 9-9 所示。

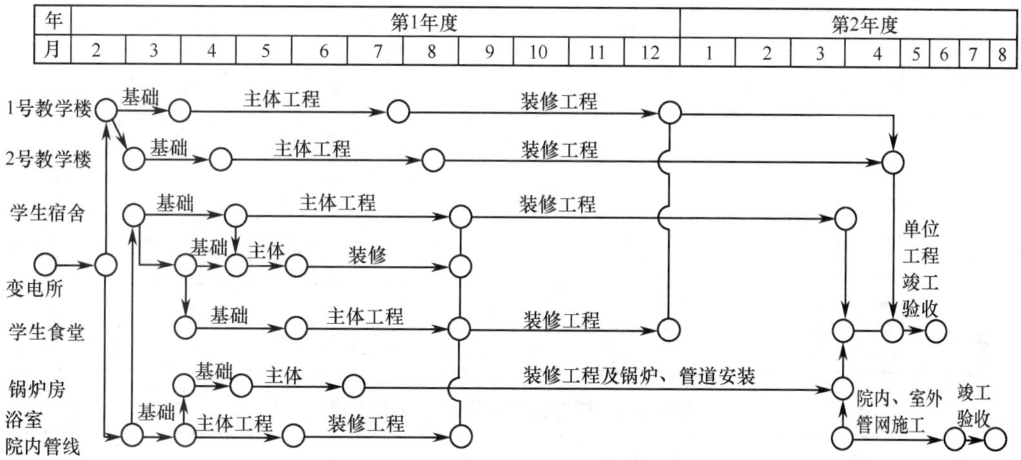


图 9-9　施工总进度网络控制计划图

## 四、资源需求量计划

### (一)劳动力需求量计划

根据各单位工程的建筑面积，结合工期要求，结构工程按 4～5 工日/$m^2$，装修工程 2～3 工日/$m^2$，计算出各单位工程需要的劳动力数。考虑到框架结构与混合结构劳动力组合要求，最后确定的各单位工程劳动力需求量计划见表 9-21。

**表 9-21　各单位工程劳动力需求量计划表**

| 工　种　名　称 | 1 号教学楼 | 2 号教学楼 | 学生宿舍及变电所 | 学生食堂 | 锅炉房及浴室 | 合　　计 |
|---|---|---|---|---|---|---|
| 木工 | 36 | 36 | 28 | 24 | 18 | 142 |
| 钢筋工 | 24 | 24 | 24 | 18 | 16 | 106 |
| 混凝土工 | 12 | 12 | 12 | 8 | 8 | 52 |
| 架子工 | 16 | 16 | 18 | 16 | 12 | 78 |

续上表

| 工种名称 | 1号教学楼 | 2号教学楼 | 学生宿舍及变电所 | 学生食堂 | 锅炉房及浴室 | 合计 |
|---|---|---|---|---|---|---|
| 瓦工 | 32 | 32 | 54 | 14 | 24 | 156 |
| 抹灰工 | 42 | 42 | 56 | 32 | 16 | 188 |
| 油漆工 | 16 | 16 | 24 | 16 | 12 | 84 |
| 电焊工 | 4 | 4 | 2 | 2 | 2 | 14 |
| 合计 | 182 | 182 | 218 | 130 | 108 | 820 |

(二)主要机械设备、工具需求量计划

主要工具需用计划见表9-22。主要机械设备需用计划见表9-23。

**表9-22　主要用具需求量计划表**

| 序号 | 单位工程名称 | 架管(t) | 扣件(万个) | 架板($m^2$) | 安全网($m^2$) | 模板($m^2$) |
|---|---|---|---|---|---|---|
| 1 | 1、2号教学楼 | 450 | 10.63 | 2 700 | 1 800 | 6 850 |
| 2 | 学生宿舍 | 180 | 4.25 | 510 | 900 | 650 |
| 3 | 变电室 | 12 | 0.3 | 60 | 220 | 165 |
| 4 | 学生食堂 | 210 | 4.96 | 660 | 880 | 1 800 |
| 5 | 浴室 | 86 | 2.03 | 220 | 720 | 350 |
| 6 | 锅炉房 | 94 | 2.22 | 180 | 686 | 620 |
| 合计 | | 1 032 | 24.39 | 4 330 | 5 206 | 10 435 |

**表9-23　主要机械设备需求量计划表**

| 序号 | 机械名称 | 型号 | 单位 | 数量 | 用途 |
|---|---|---|---|---|---|
| 1 | 塔式起重机 | TQ60/80 | 台 | 2 | 学生宿舍、2号教学楼垂直运输机械 |
| 2 | 塔式起重机 | FO/23B | 台 | 1 | 1号教学楼垂直运输机械 |
| 3 | 挖土机 | WY—100 | 台 | 1 | 单位工程基坑开挖 |
| 4 | 推土机 | | 台 | 1 | 场地平整 |
| 5 | 载重汽车 | 东风牌 | 辆 | 4 | 场内至场外水平运输 |
| 6 | 小翻斗车 | | 辆 | 6 | 场内材料运输 |
| 7 | 混凝土搅拌机 | | 台 | 2 | 1台自动计量 |
| 8 | 卷扬机 | | 台 | 8 | 主体和装修工程塔设井字架 |
| 9 | 砂浆搅拌机 | | 台 | 2 | 砌筑、装工程搅拌砂浆 |
| 10 | 混凝土振捣器 | 插入式 | 台 | 16 | 混凝土工程 |
| 11 | 混凝土振捣器 | 平板式 | 台 | 4 | 混凝土工程 |
| 12 | 钢筋切断机 | | 台 | 1 | 钢筋加工 |
| 13 | 钢筋弯曲机 | | 台 | 1 | 钢筋加工 |
| 14 | 钢筋调直机 | | 台 | 1 | 钢筋加工 |
| 15 | 对焊机 | | 台 | 1 | 钢筋加工 |

续上表

| 序号 | 机械名称 | 型号 | 单位 | 数量 | 用途 |
|---|---|---|---|---|---|
| 16 | 电焊机 | 交流 | 台 | 6 | 现场钢筋焊接 |
| 17 | 土木圆锯 | | 台 | 2 | 木构件加工 |
| 18 | 木工平面刨 | | 台 | 2 | 木构件加工 |
| 19 | 抽水泵 | 深水 | 台 | 2 | 深水井抽水 |
| 20 | 潜水泵 | QY-25 mm | 台 | 2 | 雨季施工基坑抽水 |
| 21 | 蛙式打夯机 | | 台 | 5 | 回填土施工 |
| 22 | 砂轮机 | | 台 | 3 | 打磨工具 |
| 23 | 双头磨石机 | | 台 | 6 | 现浇水磨石打磨 |
| 24 | 单头磨石机 | | 台 | 6 | 现浇水磨石打磨 |
| 25 | 切割机 | | 台 | 2 | |
| 26 | 电钻 | | 台 | 4 | |

注：室外管线施工劳动力由上述单位工程劳动力抽调组合，总数160人。

## 五、施工总平面图

施工总平面布置如图9-10所示。

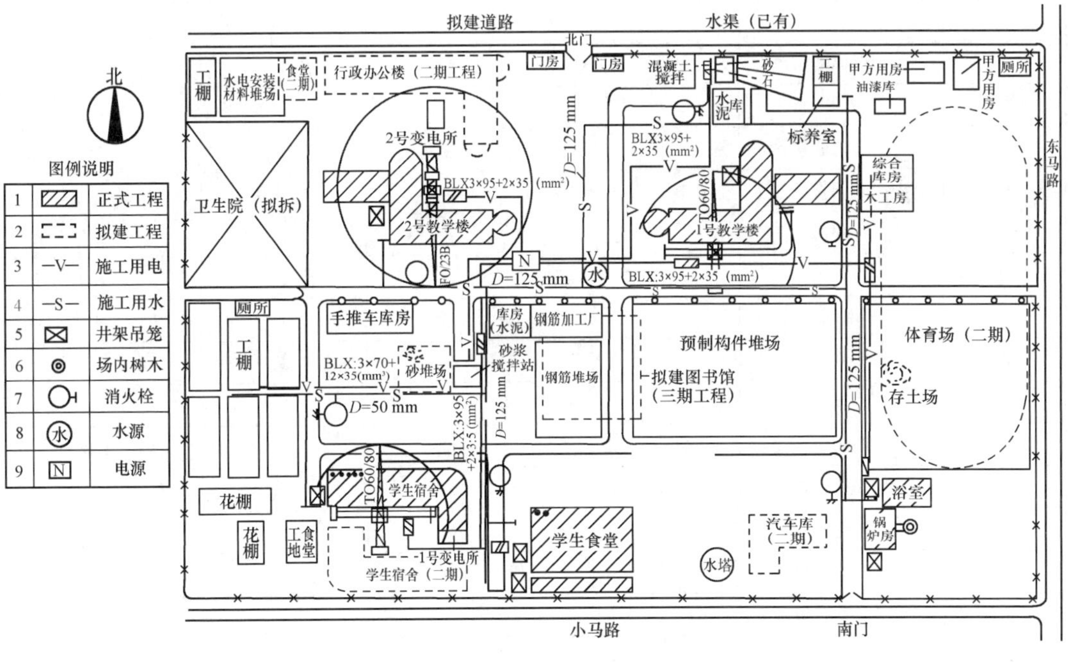

图9-10 施工总平面布置

现场东部体育场跑道作为场内的集中堆土场，中部绿化区（包括图书馆和体育馆）和北大门入口范围作为工程材料中转场地位用。工人生活区靠近西大门。

### （一）施工道路规划

1. 建设单位在进行前期准备工作的同时，已预留了一条东西向道路，并预留了大门位置，道路规划中应尽可能加以利用。因东马路系集资兴建的道路，机动车辆禁止通行，故须将原预留的东大门堵死。在施工平面布置上,计划以南门和西门作为主要施工进出口。

2. 施工道路在规划上尽可能利用学校设计规划的正式道路位置及路床。请建设单位催促设计单位于本年2月提供院内竖向设计。

3. 施工道路按一股简易公路的做法,碎石路面采用碎石和砂土混合碾压而成、其中碎石含量多65%,沙土(当地土壤)含量≤35%。单位工程施工机具及材料堆场见单位工程施工组织设计。

(二)施工用电安排

1. 主要用电设备

施工主要用电设备见表9-24。

**表9-24 施工主要用电设备表**

| 序 号 | 机械名称 | 型 号 | 单 位 | 数 量 | 单机容量(kW) |
|---|---|---|---|---|---|
| 1 | 塔式起重机 | TQ60/80 | 台 | 2 | 55.5 |
| 2 | 塔式起重机 | FO/23B | 台 | 1 | 70 |
| 3 | 卷扬机 | | 台 | 8 | 11 |
| 4 | 混凝土搅拌机 | | 台 | 2 | 10.3 |
| 5 | 砂浆搅拌机 | | 台 | 5 | 3 |
| 6 | 振捣器 | 插入式 | 台 | 10 | 1.5 |
| 7 | 振捣器 | 平面式 | 台 | 4 | 0.5 |
| 8 | 钢筋切断机 | | 台 | 2 | 10 |
| 9 | 钢筋弯曲机 | | 台 | 2 | 3 |
| 10 | 钢筋调直机 | | 台 | 1 | 11 |
| 11 | 电焊机 | 交流 | 台 | 6 | 27 |
| 12 | 对焊机 | | 台 | 1 | 75 |
| 13 | 土木圆锯 | | 台 | 1 | 4 |
| 14 | 木工平面刨 | | 台 | 1 | 3.5 |
| 15 | 抽水泵 | 深水 | 台 | 2 | 2.2 |
| 16 | 潜水泵 | QY－25 mm | 台 | 2 | 2.2 |
| 17 | 蛙式打夯机 | | 台 | 4 | 2.5 |
| 18 | 砂轮机 | | 台 | 6 | 0.5 |
| 19 | 双头磨石机 | | 台 | 4 | 3 |
| 20 | 单头磨石机 | | 台 | 4 | 2.2 |

2. 用电计算

$$\sum P_1=588.1\text{ kW},\ \sum P_2=162\text{ kW},\ K_1=0.5,\ K_2=0.6,\ \cos\varphi=0.75$$

室内外照明取总用电量的15%计算。并考虑80%的机械设备同时工作,则现场总用电量为

$$P=1.1\times\left(0.5\times\frac{588.1}{0.75}+0.6\times162\right)\times1.15\times0.82=485.14\text{ kW}$$

选择配电变压器的额定功率为

$P=500$ kW>495.1 kW，原有变压器 200 kW 不能满足施工生产、生活需要，需增加容量。

3. 供电线路布置

为了经济起见，场内供电线路均设埋地式（深度不小于 0.6 m）电缆，采用三相五线制干线，分区控制，共五路。施工区四路，采用 BLX 型铝芯全塑铁管电缆 $3\times95+2\times35=355(m^2)$；通生活区一路，采用电缆为 $3\times70+2\times25=260(m^2)$［至生活区食堂为 $3\times25+2\times10=95(m^2)$］。

## （三）施工用水安排

1. 主要分项工程用水量

主要分项工程用水量统计见表 9-25。

**表 9-25　主要分项工程用水量表**

| 分项工程名称 | 日工程量($Q_1$)($m^3$) | 用水定额($N_1$)($t/m^3$) | 用水量(t) |
| --- | --- | --- | --- |
| 混凝土工程 | 200 | 1 700 | 340 000 |
| 砌筑工程 | 80 | 200 | 16 000 |
| 抹灰工程 | 300 | 30 | 9 000 |
| 楼地面工程 | 500 | 190 | 95 000 |
| 合 计 | 1 080 | 2 120 | 460 000 |

2. 施工用水计算

（1）施工工程用水

$$q_1=K_1\frac{\sum Q_1\times N_1\times K_2}{1.5\times8\times3\ 600}=1.15\times\frac{460\ 000\times1.5}{1.5\times8\times3\ 600}\approx18.37\ (L/s)$$

（2）现场生活用水

$$q_2=\frac{P_1\times N_1\times K_3}{t\times8\times3\ 600}=\frac{600\times60\times1.4}{1.5\times8\times3\ 600}\approx1.17\ (L/s)$$

（3）生活区用水

$$q_3=\frac{P_2\times N_3\times K_4}{24\times3\ 600}=\frac{400\times70\times2.0}{24\times3\ 600}\approx0.65\ (L/s)$$

（4）消防用水

$$q_4=15\ (L/s)$$

（5）管径计算

$q_1+q_2+q_3=20.19\ (L/s)>q_4=15\ (L/S)$，现场主干管流速 $v=2.0$ m/s，则管径为

$$D=\sqrt{\frac{4Q\times1\ 000}{\pi v}}=\sqrt{\frac{4\times20.19\times1\ 000}{3.14\times2.0}}\approx113.4(mm)$$

故现场主干管选用 $\phi125$ mm 黑铁管，支管选用 $\phi50$ mm 白铁管。

3. 现场排水

（1）施工道路利用路两旁修建的排水沟排水，将积水由西向东，再向北排入拟建道路旁的排水沟内。

（2）混凝土搅拌站、锅炉房、浴室和钢筋棚等生产临建污水直接排入拟建道路旁的排水

沟内。

(3)生活区污水，如职工宿舍和食堂污水，由滤池直接排入南面水沟内。

(四)现场临建房屋规划

临建房屋类型及平面布局见施工总平面图。根据该项目施工周期较短的特点及尽可能减少临建费用的要求，在规划和搭设临建房屋时，应考虑在满足基本需要的前提下，必须对其面积和标准严加控制。现将有关问题说明如下：

1. 本工程施工高峰人数估计达 820 人左右，生活区已考虑了 540 人的住房，可能尚有 280 人左右的住房将在花棚北面的空地内搭设，应注意予以预留。

2. 整个项目施工用地的安排，必须服从报送规划部门同意的施工平面图要求，不得擅自修改。

3. 各临建单体构造详见各单位施工组织设计。规划中，对临建房屋大多考虑利用部分旧材料搭设(如金属配套骨架和门窗等)，其标准应不高于单位施工组织设计要求。

4. 为满足文明施工的需要，场内应按总平面规划示意图增设排水沟道，并保持畅通。污水应经滤池排至场外水沟内。

## 六、主要技术措施

(一)技术管理措施

实行项目总工程师负责制，全面解决施工中出现的技术问题。技术管理流程如图 9-11 所示。

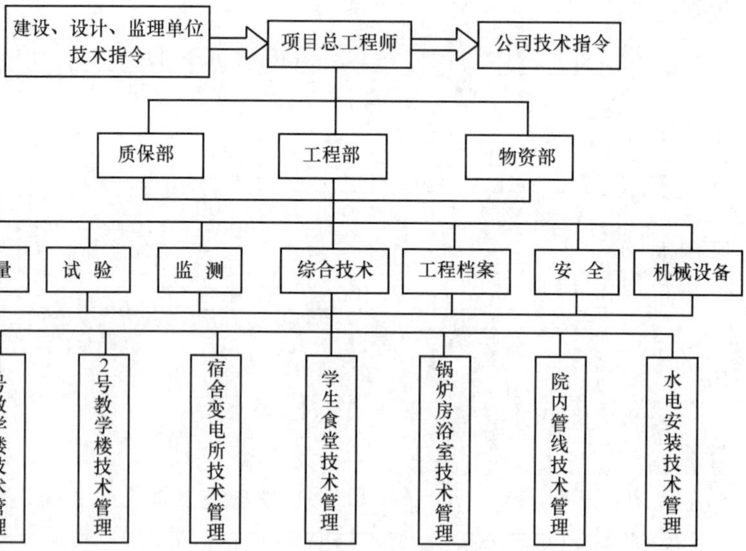


图 9-11　技术管理流程图

(二)质量控制措施

1. 现场成立技术、质量管理小组，并建立以项目经理、项目总工程师为首的质量保证体系，推行目标管理(教学楼达到“市优”，学生宿舍达到“局优”，其余工程达到“优良”标准)，并以单位工程为单位开展全面质量管理活动。

2. 严格执行各项技术管理制度和岗位责任制度，认真按照施工图、技术规范、规程和工艺标准施工，并贯彻"三级"技术交底制。

对工程中使用的新材料、新工艺、新技术须经过批准、试验并经鉴定后方可采用。

3. 严格执行施工质量验收，对进场原材料、成品、半成品必须实行检验和验收制度，不符合要求的原材料、成品、半成品严禁在工程中使用。

施工中应加强技术指导与检查，工程管理中实行质量一票否决制，加强三检制，上一工序不合格必须返工重做。

4. 严格贯彻工程质量奖惩制度，加强工程质量管理。

5. 做好整个施工现场控制桩的保护及测量放线和标高施测工作。全场统一施测，统一管理。

## (三)安全、消防措施

1. 施工现场成立以项目经理为核心的安全、消防领导小组，设专职和兼职安全消防人员，形成安全消防保证体系。整个工地每周应进行一次安全消防大检查，以消除事故隐患。

2. 按照建设主管部门关于文明施工的规定，开工前应将有关安全生产、消防、卫生的规章制度及现场施工平面布置图、卫生区责任图和临时用电定点图在工地西大门旁用展板公布。

3. 凡进入施工现场的管理人员，必须参加安全考试并取得合格证书；各项工程开工前应做好安全交底工作，未进行安全交底的一律不准施工；特殊工种工人必须持证上岗；所有从业人员必须佩戴符合安全规定的劳动保护用品。

对新进场的工人和新分配来的大学生，应组织学习公司颁发的《安全手册》和建设主管部门有关安全生产的规定，考试合格后才能上岗。

4. 单位工程用电容量大于 50 kW 时，应编制用电施工组织设计；50 kW 以内应做安全用电技术措施方案和安全防火措施。

5. 塔式起重机的安全装置(四限位、两保险)必须齐全有效，不能带病运转。塔机操作人员必须经常检查塔机的螺栓部件并认真执行保修制度，严禁违章作业。

6. 井字提升架的布置及其主体设计由工程部在单位施工组织设计中明确；动力部分设计及使用管理，由机械专业分公司统一负责。井字提升架应有超高限位、防坠落装置和进口安全防护及防雷接地接零的设施，并要经常派人检查螺栓松紧和卷扬机运转情况，发现问题及时处理。卷扬机设专人操作、维修，其限位装置必须齐全、完好。吊笼起吊严格执行"三不准"制度，严禁吊笼载人运行，要有防止坠落措施。

7. 首层出入口醒目处，应设置安全生产标志，建立安全责任区；建筑物四周、跑梯四点和楼层内若有较大的孔洞，应挂设安全网和护栏设施。严禁酒后参加施工作业。

8. 建筑物外脚手架搭设应符合操作规程规定。工作面上应满铺架板，严禁有探头板出现；上人斜道坡度不大于 1∶3，宽度不小于 1 m，斜道上钉间距 300 mm 的防滑木条。

9. 对结构吊装承重平台和运输马道必须专门设计，经技术、安全人员验收合格后可使用。

10. 对于有易燃易爆物品的施工场所，严禁使用明火；必须使用时，需经消防部门批准并采取适当的保护措施。电焊机应单独设置开关，焊接处不能有易燃物，操作时应设专人看管。

11. 各种机械设备应严格执行安全操作规程和岗位责任制，非操作人员严禁擅自动用。

12. 各单位工程楼梯入口处，应设置消防箱，配备各种消防器材。生活区和生产区应按总平面要求布置消火栓，并单独设置阀门开关，施工中严禁动用。

### (四)冬期雨期施工措施

1. 冬期施工措施

(1)提前做好人力、物力准备,组织对司炉、测温、外加剂使用人员、工长等专业人员的技术培训,做好冬施技术交底。冬施准备工作要列入施工计划。

(2)工程部组织有关人员对本工程各栋号的冬施项目进行统一审查,分年编制冬期施工方案,并由项目总工程师指导督促工地贯彻执行。

(3)冬期混凝土采用综合蓄热法施工,即混凝土采用热水搅拌,掺入抗冻剂和早强剂并加岩棉被覆盖保温;墙体砌筑采用抗冻砂浆,限制昼夜砌筑高度,同时对砌体进行覆盖保温。为确保合同工期及综合经济效益,凡属次年 5 月竣工的 4 个单体工程,其装修湿作业项目必须在本年年底全部完成,达到基本竣工程度。

(4)冬期尽可能不安排土方回填、屋面防水和室外散水等项目施工,必须安排时应制定专门的质量保证措施。砌筑工程应以各单位工程的楼层为单位,并在冬季到来之前完成楼层的封闭工作,为冬季室内装修创造条件。

(5)冬季到来之前应做好施工现场水管、水龙头、消火栓、蒸汽管和混凝土搅拌站等的保温工作,并做好冬季施工防火、防中毒、防冻、防滑和防爆工作。

2. 雨期施工措施

(1)现场成立雨期施工领导小组和防洪抢险队,设专人值班,做到及时发现,及时改进,排除隐患。

(2)做好雨期施工准备工作。雨季到来之前一个月,应对各种防雨设备、器材、临时设施与临建工程进行检查、修整;现场内的排水沟,应经常有人疏通,以保证现场和少活区积水及时排除。

(3)本工程地势低(较设计±0.000 低 100 cm),故现场临建设施和施工道路应较自然地坪垫高 80 cm 以上,防止雨水浸泡,影响使用。

(4)地下结构施工期间,应保证坑底周围排水沟和坑上排水沟畅通无阻,流入集水井内的水应及时抽出坑外;室外回填土应避免安排在雨期进行。

(5)现场内的控制柱、塔式起重机基础等要做好保护措施,避免被雨水浸泡后发生沉降。

(6)施工遇大雨或暴雨时,应停止浇混凝土并用塑料布加以遮盖;混凝土浇筑应避免安排在雨天进行。

(7)雨后应安排专人测定砂、含水率,及时调整混凝土和砂浆的用水量。

(8)注意雨期的安全生产。雨期施工期间,要保证配电箱和场内电器设备不进水、不受雨淋;现场配电箱设置在距地面 15 m 处,电器设备基础顶面高出地面 50 cm,雨后应对一切外用照明、电器设备、脚手架和塔吊井字架等组织专人检查,确认安全后方可使用。

### (五)降低成本措施

1. 采用对焊、气压焊接长钢筋,推广 $\phi$22 mm 以上钢筋连续下料,达到节约钢筋的目的。

2. 在混凝土拌和中掺入减水剂,减少水泥用量。

3. 利用定型组合钢模板支模,降低木材消耗。

4. 在砌筑、抹灰砂浆中掺入粉煤灰和微沫剂,减少水泥和石灰用量。

5. 推广混凝土地面一次抹灰成型技术。

6. 顶棚和混凝土墙面抹灰使用混凝土界面处理剂，加气混凝土块墙面抹灰使用 YH-2 型防裂剂，减少抹灰厚度，降低工程成本。

## 复习思考题

9-1　什么是施工组织设计？其主要作用和任务有哪些？

9-2　施工组织设计如何分类？

9-3　施工组织设计编制的依据是什么？其编制原则有哪些？

9-4　施工组织设计编制的程序及步骤有哪些？

9-5　施工调查的主要内容有哪些？

9-6　施工组织方案的主要内容有哪些？

9-7　施工顺序及进度安排主要考虑哪些方面的问题？

9-8　施工进度示意图的具体内容有哪些？

9-9　施工总平面布置示意图的主要内容有哪些？

9-10　铁路工程施工工期安排的主要内容有哪些？

9-11　路基工程的特点与施工组织设计应解决的基本问题有哪些？

9-12　路基土石方工程施工方法选择的原则是什么？

9-13　路基土方施工机械选择的影响因素有哪些？

9-14　路基土石方调配应遵循的原则有哪些？

9-15　如何确定纵向运土的最大经济范围？土石方调配的主要方法有哪些？

9-16　桥涵工程的施工特点有哪些？其施工组织设计的要点有哪些？

9-17　隧道工程的施工特点有哪些？其施工组织设计的要点有哪些？

9-18　房屋建筑工程的施工特点有哪些？其施工组织设计的要点有哪些？

# 第十章 网络计划技术

**本章提要:**本章介绍网络计划技术的基本概念、基本方法与主要内容。

1. 网络计划技术的产生和发展、概念与特点。包括横道图、网络计划技术的基本概念、网络计划的分类等。

2. 网络图的编制方法。包括双代号网络图的构成与基本符号、双代号网络图的绘制方法、单代号网络图的绘制方法等。

3. 网络计划的时间参数计算。包括双代号网络计划工序时间参数计算、单代号网络计划工序时间参数计算、网络计划关键线路的确定等。

4. 时标网络计划。时标网络计划的特点与适用范围、双代号时标网络图的绘制方法、网络横道图等。

5. 网络计划优化。包括网络计划优化的概念与作用、网络计划的工期优化、网络计划的资源优化、网络计划的费用优化等。

## 第一节 概　　述

网络计划技术是随着现代科学技术和工业生产的发展而产生的,20 世纪 50 年后期出现于美国,已在世界各国广泛应用,成为一种比较盛行的现代生产管理的科学方法,可运用计算机进行网络计划绘图、计算优化、分析和控制。许多国家将网络计划技术用于投标、签订合同及拨款业务;在资源和成本优化等方面应用也较多。由于这种方法主要用于进行规划、计划和实施控制,因此,在缩短建设周期、提高工效、降低造价以及提高生产管理水平方面取得了显著的效果。我国也已将之应用到各项生产的组织与管理中,收到了很好的效果。在土木工程施工组织与管理中也在大力推广使用。

### 一、网络计划技术的产生和发展

20 世纪以前,因为工程规模很小,对工期要求不高,虽说有进度计划,那只是装在施工负责人头脑里的东西。随着工程规模的不断增大,原来凭经验管理的方法不适应了。20 世纪初,H·L·甘特创造了"横道图法"(或称为条形图、甘特图),也就是将各项生产或工作任务按其起讫时刻用一条线段(横道)表示在有时间坐标的图表上。由于横道图具有易于编制、简单明了、直观易懂,且能够清楚地表明各项生产或施工任务的进度安排的优点,所以很快得到推广,土建工程应用更为广泛,至今仍在使用。例如,有一项分三段施工的钢筋混凝土工程,用横道图表示,如图 10-1 所示。然而,随着科学技术的迅速发展,生产规模的不断扩大,生产技术和工艺日益复杂,横道图法的一些缺点也就暴露了出来,即:一是不能全面地反映出各工序互相之间的逻辑关系和影响，即不能显示出工作之间的内在联系与依从关系；二是不能客观地突出工作的重点，不易抓住影响工期的关键工序，可能拖长工期，使工程不能及时投产，生产单位和业主遭受损失；三是不便进行各种时间计算，也不能从图中看出计划中的潜力及其所在，不便于修改、调整横道图，因修改之将“牵一发而动全身”；四是不便于进行电算和优化。这些缺点的存在，对改进和加强大型工程的生产或施工管理工作是不利的。因此，促使人们去探索更科学的组织管理方法。

1956 年，美国杜邦·奈莫斯公司的摩根·沃克(Morgan. Walker)为寻求充分利用 Univac 计算机的方法，与赖明顿·兰德公司内部建筑计划小组的詹姆斯·E·凯利(James. E. Kelly)合作，开发了一种面向计算机描述工程项目的合理安排进度计划方法，称之为沃克·凯利法，后来称之为关键线路法(Critical Path Method)，简称 CPM。该方法于 1957 年用于建造一个投资1 000万美元的化工厂建设计划中，协调企业同各业务部门的系统规划，统筹各项工作，并找出编制与执行计划的关键路线，使整个工程项目缩短工期 4 个月；后来杜邦公司又将其用于设备维修，使原来因大修需停工 125 h 的工程缩短到只需 74 h，一年就节省 100 万美元，从此，CPM 得以广泛应用。

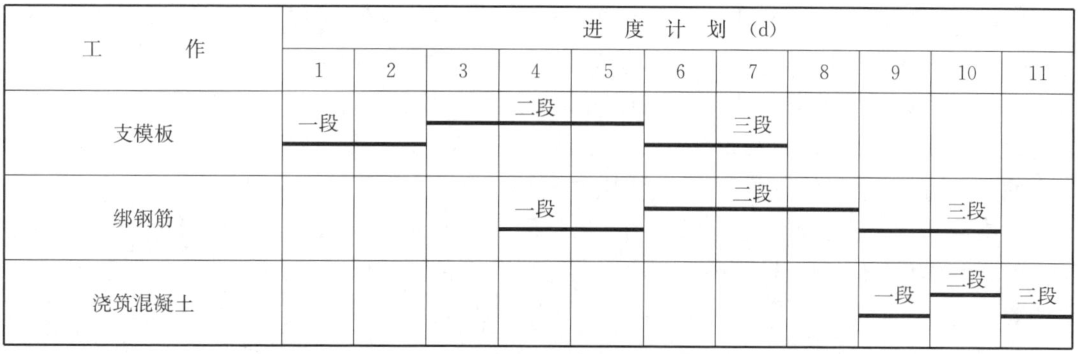


图 10-1　横道计划

1958 年，美国海军军械局在制定研究“北极星”导弹计划时(该计划包含几十亿个管理项目，250 个承包商和9 000多个分包商参加)，又研究创造出了计划评审技术(Program Evaluation and Review Technique，PERT)。使用该方法，不仅有效控制了计划，协调了各方关系，而且使计划 10 年完成的项目提前 2 年多完成了任务，并在成本控制上取得了显著效果。

1966 年产生了能够体现随机因素作用的图示评审技术(Graphic Evaluation and Review Technique，GERT)。20 世纪 70 年代初，美国的 G·L·穆勒(G. L. Moeller)等人在 GERT 技术基础上提出了风险评审技术(Venture Evaluation and Review Technique，简称 VERT)。以后，逐渐形成了一类计划管理的现代化方法。

我国从 20 世纪 60 年代初在华罗庚教授倡导下，对网络计划技术进行了研究和应用，收到了一定的效果。由于它符合统筹兼顾、适当安排的思想，因此，华罗庚教授将之概括称为统筹法。1984 年国家经委提出了推广 18 种现代管理方法，其中就包括网络计划技术。1992 年建设部颁布了行业标准《工程网络计划技术规程》(JGJ/T1001—91)，于 2000 年 2 月 1 日起执行；2015 年 11 月 1 日实施《工程网络计划技术规程》(JGJ/T121—2015)。1992 年又颁布了国家标准《网络计划技术》(GB/T13400. 1—92)2013 年 6 月 1 日实施新版《网络计划技术》(GB/T13400. 1—2012)，使得工程网络计划技术在计划编制与控制管理的实际应用中有了一个可以遵循的技术标准。国内外网络技术发展概况如图 10-2 所示。

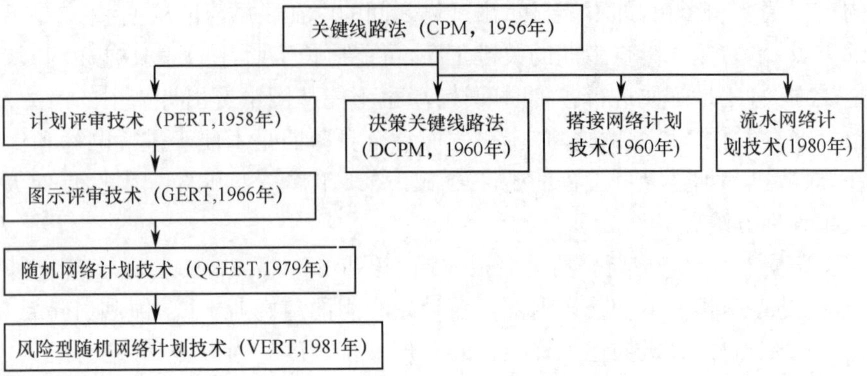


图 10-2　国内外网络计划技术发展概况

## 二、网络计划技术的概念和特点

### (一)网络计划技术的基本概念

网络计划技术既是一种科学的计划方法,又是一种有效的生产管理方法。它的基本原理是:首先,应用网络图形来表示一项计划(或工程)中各项工作的开展顺序及其相互之间的关系;其次,通过对网络图进行时间参数计算,找出计划中的关键工作和关键线路;再次,通过不断改进网络计划,寻求最优方案;最后,在计划执行过程中对计划进行有效控制与监督,保证合理地使用人力、物力和财力,以最小的消耗取得最大的经济效益。

网络计划技术的基本模型是网络图。所谓网络图(network diagram)是指“由箭线和节点组成的,用来表示工作流程的有向、有序网状图形”。所谓网络计划(network plan)是指“用网络图表达任务构成、工作顺序,并加注工作时间参数的进度计划”。所谓网络计划技术(network planning techniques 或 project network techniques)是指“用网络计划对任务工作进度进行安排和控制,以保证实现预定目标的科学管理技术”。需要指出的是,这里所说的任务是指计划所承担的有规定目标及约束条件(时间、资源、成本、质量等)的工作总和,如规定有工期和投资额的一个工程项目即可称为一项任务。

### (二)网络计划技术的特点

网络计划与横道计划相比,具有以下特点:

1. 网络图把施工过程中的各有关工作组成了一个有机的整体,能全面而明确地表达出各项工作开展的先后顺序和反映出各项工作之间的相互制约和相互依赖的关系。

2. 能进行各种时间参数的计算。

3. 在名目繁多、错综复杂的计划中找出决定工程进度的关键工作,便于计划管理者集中力量抓主要矛盾,确保工期,避免盲目施工。

4. 能够从许多可行的方案中,选出最优方案。

5. 在计划的执行过程中,某一工作由于某种原因推迟或者提前完成时,可以预见到它对整个计划的影响程度,而且能根据变化的情况,迅速进行调整,保证自始至终对计划进行有效的控制与监督。

6. 利用网络计划中反映出的各项工作的时间储备,可以更好地调配人力、物力,以达到降低成本的目的。

7. 更重要的是，它的出现与发展使现代化的计算工具——计算机在建筑施工计划管理中得以广泛应用。可以利用计算机进行网络计划的时间参数计算和优化、调整。

网络计划技术可以为施工管理提供许多信息，有助于管理人员全面了解、重点掌握、灵活安排、合理组织、多快好省地完成计划任务，不断提高管理水平。但网络计划技术不如横道图那样易学易懂，它对计划人员的素质要求高；此外，从图上很难清晰地看出流水作业的情况，也难以据一般网络图计算人力及资源需要量的变化情况。上述示例用双代号网络图表示，如图 10-3 所示。

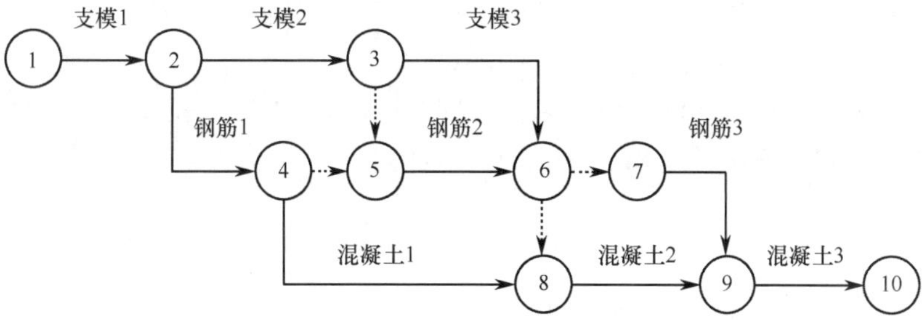


图 10-3　网络计划

## 三、网络计划的分类

按照不同的分类原则，可以将网络计划分成不同的类别。

### (一)按代号的不同划分

1. 双代号网络计划(activity-on-arrow network，A-on-A)

即用双代号网络图表示的网络计划。双代号网络图是以箭线及其两端节点的编号表示工作的网络图。目前，施工企业大多采用这种网络图。

2. 单代号网络图(activity-on-node network，A-on-N)

它是以单代号网络图表示的网络计划。在网络图中，每个节点表示一项工作，箭线仅用来表示各项工作间相互制约、相互依赖关系。

### (二)按性质划分

1. 肯定型网络计划(deterministic network)

这是指工作、工作与工作之间的逻辑关系以及各工作的持续时间都肯定的网络计划。本章只涉及肯定型网络计划。即在该网络计划中，各项工作的持续时间都是确定单一的数值，整个网络计划有确定计划总工期。

2. 非肯定型网络计划(undeterministic network)

这是指工作、工作与工作之间的逻辑关系以及各工作的持续时间三者之中有一项以上不肯定的网络计划。在这种网络计划中，各项工作的持续时间只能按概率方法确定出上述三个数值，整个网络计划无确定计划总工期。计划评审技术和图示评审技术就属于非肯定型网络计划。

### (三)按目标多少划分

1. 单目标网络计划(single-destination network)

这是指只有一个终点节点的网络计划，即网络图只具有一个最终目标。如一个建筑物的施工进度计划是只具有一个工期目标的网络计划。

2. 多目标网络计划(multi-destination network)

它是指终点节点不止一个的网络计划。此种网络计划具有若干个独立的最终目标。

(四)按有无时间坐标划分

1. 时标网络计划(time-coordinate network)

它是指以时间坐标为尺度绘制的网络计划。在网络图中,每项工作箭线的水平投影长度,与其持续时间成正比。如编制资源优化的网络计划即为时标网络计划。

2. 非时标网络计划(notime-coordinate network)

它是指不按时间坐标绘制的网络计划。在网络图中,工作箭线长度与持续时间无关,可按需要绘制。通常绘制的网络计划都是非时标网络计划。

(五)按层次划分

1. 分级网络计划(hierarchial network)

它是根据不同管理层次的需要而编制的范围大小不同,详细程度不同的网络计划。

2. 总网络计划(master network)

这是以整个计划任务为对象编制的网络计划,如群体网络计划或单项工程网络计划。

3. 局部网络计划(subnet network)

它是指以计划任务的某一部分为对象编制的网络计划,如分部工程网络图。

(六)按工作衔接特点划分

1. 普通网络计划(network plan)

工作间关系均按首尾衔接关系绘制的网络计划称为普通网络计划,如单代号、双代号和概率网络计划。

2. 搭接网络计划(multi-dependency network)

按照各种规定的搭接时距绘制的网络计划称为搭接网络计划,网络图中既能反映各种搭接关系,又能反映相互衔接关系,如前导网络计划。

3. 流水网络计划(flow process network)

它是指能充分反映流水施工特点的网络计划。包括横道流水网络计划、搭接流水网络计划和双代号流水网络计划。

## 第二节　网络图的编制

网络图是表示一项工程或任务进行顺序的工作流程图,它是一种网状图形。当它与时间相结合时,就成为网络形式的进度计划。现分别介绍双代号网络图和单代号网络图。

### 一、双代号网络图的构成与基本符号

双代号网络图是由若干表示工序的箭线(带箭头的实线)和节点(圆圈)所组成的,其中每一道工序都是用一根箭线和两个节点来表示,每个节点都编以号码,箭线前后两个节点的号码即代表该箭线所表示的工序,“双代号”的名称即由此而来。图 10-3 就是双代号网络图。现将

双代网络图中三个基本符号的有关含义和特性分述于后。

(一)箭　　线

1. 在双代号网络图中,一条箭线表示一个工序(又称工作、作业、活动),如立模板、绑钢筋、浇混凝土、拆模板等。但包括的范围可大可小,视情况需要而定,故也可以表示一项分部工程,一个建筑物的主体结构,甚至某一建筑物的全部施工过程。

2. 一道工序都要占用一定时间,一般地讲都要消耗一定的资源(如劳动力、材料、机具设备等)。因此,凡占用一定时间的过程,都应作为一道工序来看待。例如,混凝土养护,这是由于技术上的需要而引起的间歇等待时间,在网络图中也应用一条箭线来表示。

3. 在无时标的网络图中,箭线的长短并不反映工序占用时间的长短。原则上讲,箭线的形状怎么画都行,可以是水平直线、曲线或斜线,但是不得中断。在同一张网络图上,箭线的画法要求统一,画面要求整洁醒目,最好画成水平直线或带水平直线的折线。

4. 箭线所指的方向表示工序进行的方向,箭线的尾表示该工序的开始,箭头表示该工序的结束,一条箭线表示工序的全部内容。工序名称应注在箭线水平部分的上方,工序持续时间(也称作业时间)则注在下方,如图 10-4 所示。

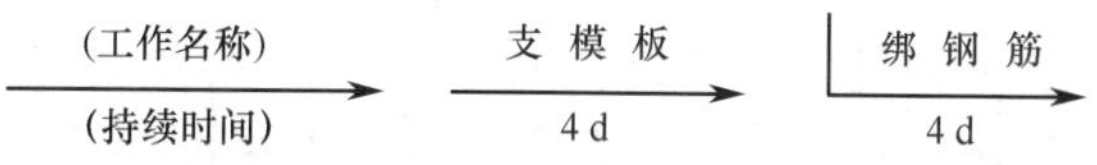


图 10-4　工序名称和持续时间标注法

5. 两道工序前后连续施工时,代表两道工序的箭线也前后连续画下去。工程施工时间还常出现平行工序,平行工序其箭线也平行绘制,如图 10-5 所示。就某工序而言,紧靠其前面的工序称为紧前工序;紧靠其后面的工序称为紧后工序;与之平行的称为平行工序,该工序本身则可称为本工序。

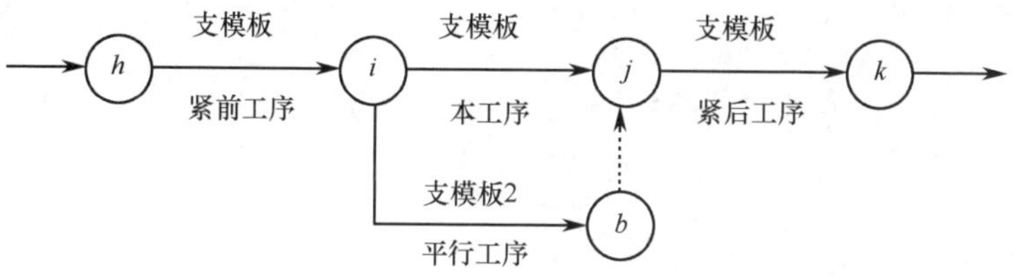


图 10-5　工序的关系

6. 在双代号网络图中,除有表示工序的实箭线外,还有一种带箭头的虚线,称为虚箭线,它表示一个虚工序。虚工序是虚拟的,工程中实际并不存在。因此,它无工序名称,不占用时间,不消耗资源,其作用是在网络图中正确表达工序之间的连接关系。虚工序的表示方法如图 10-6(a)所示。也可采用实箭线加注零时间表示,如图 10-6(b)所示。

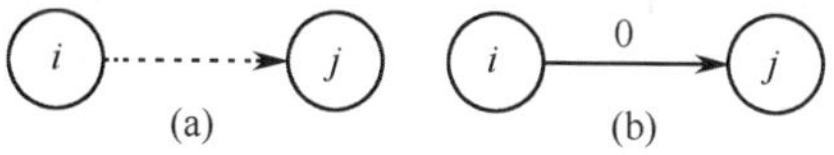


图 10-6　虚工序的表示方法

(二)节　　点

1. 节点就是网络图中两道工序之间的交接之点,用圆圈表示。节点也可称为"事件"。双代号网络图中的节点一般是表示前一道或若干道工序的结束,同时也表示后一道或若干道工序的开始。节点仅为前后两道工序交接之点,只是一个"瞬间",它既不消耗时间,也不消耗资源。

2. 箭线尾部的节点称箭尾节点,箭线头部的节点称箭头节点;前者又称开始节点,后者又称结束节点,如图 10-7 所示。

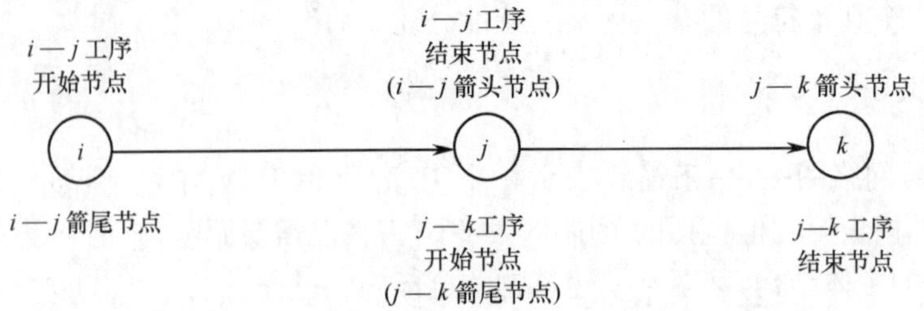


图 10-7 前后两道工序符号的名称

3. 在网络图中,对一个节点来讲,可能许多箭线通向该节点,这些箭线就称为“内向工序”(或内向箭线);同样也可能有许多箭线由同一节点出发,这些箭线就称为“外向工序”(或外向箭线),如图 10-8所示。

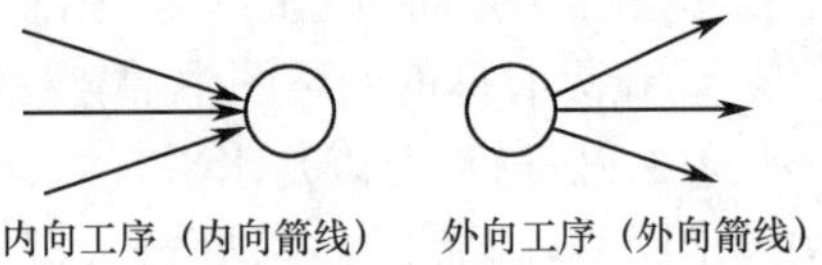


图 10-8 内向工序和外向工序

4. 网络图中第一个节点称为起点节点,它意味着一项工程或任务的开始;最后一个节点称为终点节点,它意味着一项工程或任务的完成。网络图中的其他节点称为中间节点。

(三)节点编号

如前所述,一道工序是用一条箭线和两个节点来表示的。为了使网络图便于检查和计算,所有节点应统一编号,一条箭线前后两个节点的号码就是该箭线所表示的工序代号。因此,一道工序用两个号码来表示,如图 10-9 所示。编号时箭尾节点的号码应小于箭头节点号码。

(四)一道工序的完整表示法

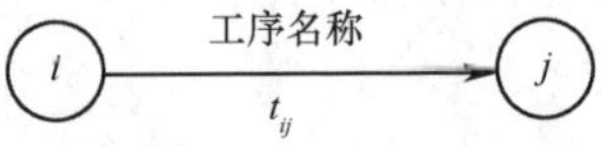


图 10-9 工序的完整表示法

如一道工序的开始节点编号为 $i$,结束节点编号为 $j(i<j)$,工序的持续时间为 $t_{ij}$,则工序的完整表示法如图 10-9 所示。

## 二、双代号网络图的绘制方法

(一)双代号网络图各种逻辑关系的正确表示方法

网络图中的逻辑关系是指网络计划中所表示的各个工作之间客观上存在或主观上安排的先后顺序关系。这种顺序关系划分为两类:一类是施工工艺关系,称为工艺逻辑;另一类是施工组织关系,称为组织逻辑。

1. 工艺逻辑关系

工艺逻辑关系是由施工工艺和操作规程所决定的各个工作之间客观上存在的先后施工顺序。对于一个具体的分部工程来说,当确定了施工方法以后,则该分部工程的各个工作的先后顺序一般是固定的,有的是绝对不能颠倒的。比如现场制作预制桩必须在绑扎好钢筋笼和安装模板以后才能浇捣混凝土。

2. 组织逻辑关系

组织逻辑关系是施工组织安排中,考虑劳动力、机具、材料或工期等影响,在各工作之间主观上安排的先后顺序关系。这种关系不受施工工艺的限制,不是由工程性质本身决定的,而是在保证施工质量、安全和工期等前提下,可以人为安排的顺序关系。比如有 $A$、$B$ 两幢房屋基础工程的土方开挖，如果施工方案确定使用一台抓铲挖土机，那么要挖的顺序究竟是先 $A$ 后 $B$，还是先 $B$ 后 $A$，应该取决于施工方案所作出的决定。

3. 各种逻辑关系的正确表示方法

在绘制网络计划时，必须正确反映各工作之间的逻辑关系，其表示方法见表 10-1。

在表示施工计划的网络图中，根据施工工艺和施工组织的要求，应正确反映各道工序之间的相互依赖和相互制约的关系。各工序间的逻辑关系是否表示得正确，是网络图能否反映工程实际情况的关键。如果逻辑关系错了，网络图中各种时间参数的计算就会发生错误，关键线路和工程的总工期跟着也将发生错误。

要画出一个正确地反映工程逻辑关系的网络图，首先要搞清楚各道工序之间的逻辑关系，也就是要具体解决每个工序下面的三个问题：

(1)该工序必须在哪些工序之前进行；

(2)该工序必须在哪些工序之后进行；

(3)该工序可以与哪些工序平行进行。

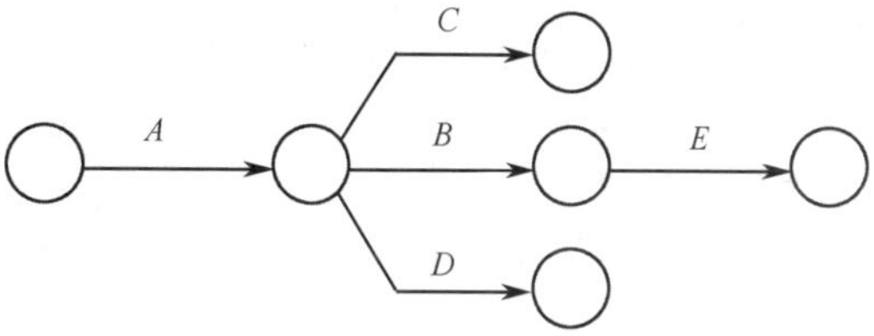


图 10-10　工序的逻辑关系

图 10-10 中，就工序 $B$ 而言，它必须在工序 $E$ 之前进行，是工序 $E$ 的紧前工序；工序 $B$ 必须在工序 $A$ 之后进行，是工序 $A$ 的紧后工序；工序 $B$ 可以与工序 $C$ 和 $D$ 平行进行，是工序 $C$ 和 $D$ 的平行工序。这种严格的逻辑关系，必须根据施工工艺和施工组织的要求加以确定，只有这样才能逐步地按工序的先后次序把代表各工序的箭线连接起来，绘制成一张正确的网络图。

在网络图中，各工序之间在逻辑上的关系是变化多端的。表 10-1 所列的是网络图中常见的一些逻辑关系及其表示方法。表中工序名称均以字母表示。

**表 10-1　网络图中常见的各种工序逻辑关系的表示方法**

| 序号 | 工序之间的逻辑关系 | 网络图中的表示方法 | 说　明 |
|---|---|---|---|
| 1 | 有 $A$、$B$ 两项工作按顺序施工方式进行 | 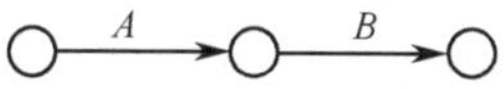  | $B$ 工作依赖 $A$ 工作，$A$ 工作约束 $B$ 工作开始 |
| 2 | 有 $A$、$B$、$C$ 三项工作，只有在 $A$ 完成后进行 $B$ 和 $C$ | 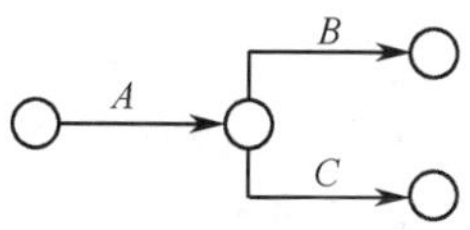  | $A$ 工作制约着 $B$、$C$ 工作的开始，$B$、$C$ 为平行工作 |
| 3 | 有 $A$、$B$、$C$ 三项工作，$C$ 工作只有在 $A$、$B$ 均完成后才能开始 | 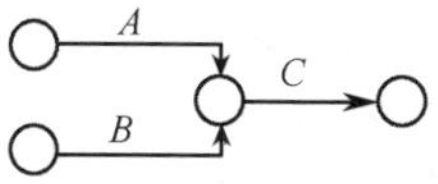  | $C$ 工作依赖着 $A$、$B$ 工作，$A$、$B$ 为平行工作 |
| 4 | 有 $A$、$B$、$C$、$D$ 四项工作，只有当 $A$、$B$ 均完成后才能同时进行 $C$ 和 $D$ | 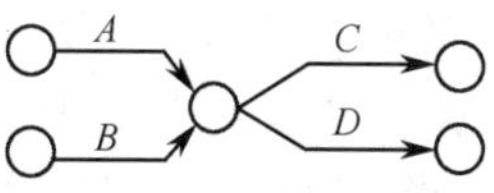  | 通过中间节点正确地表达了 $A$、$B$、$C$、$D$ 之间的逻辑关系 |
| 5 | 有 $A$、$B$、$C$、$D$ 四项工作，$A$ 完成后进行 $C$，$A$、$B$ 均完成后进行 $D$ | 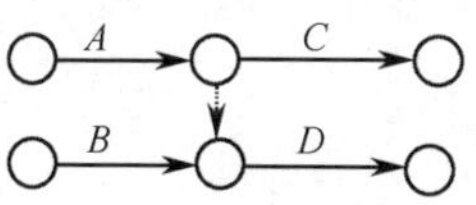  | $D$ 与 $A$ 之间引入逻辑连接（虚工作），以正确表达其约束关系 |

续上表

| 序号 | 工序之间的逻辑关系 | 网络图中的表示方法 | 说　　明 |
|---|---|---|---|
| 6 | 有 A、B、C、D、E、F 六项工作，A、B 均完成后进行 D；A、B、C 均完成后进行 E；D、E 均完成后进行 F | 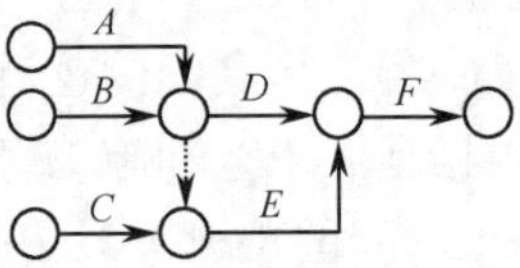 | E 与 A、B 之间引入逻辑关系（虚工序），只有这样才能正确表达 A、B 与 E 之间的约束关系 |
| 7 | 有 A、B、C、D、E 五项工作，A、B 均完成后进行 C；B、D 均完成后进行 E | 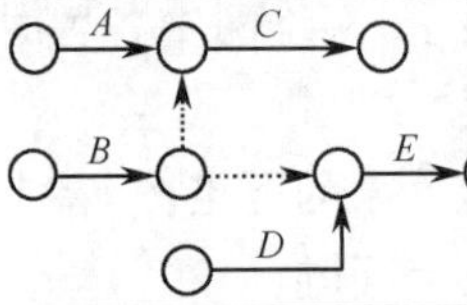 | B、C 和 B、E 之间引入逻辑关系（虚工序），只有这样才能正确表达 B、C 和 B、E 之间的约束关系 |
| 8 | 有 A、B、C、D、E 五项工作，A、B、C 均完成后进行 D；B、C 均完成后进行 E | 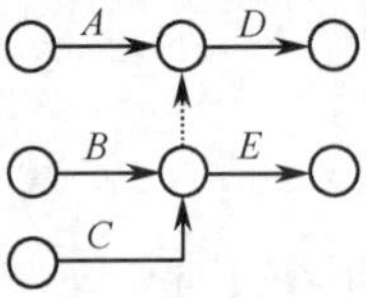 | 这是前面序号 1 和 3 情况通过虚工序连接起来，虚工序表示 D 工作受到 B、C 工作的制约 |
| 9 | 有 A、B、C、D、E 五项工作，A 完成后进行 C；A、B 均完成后进行 D；B 完成后进行 E | 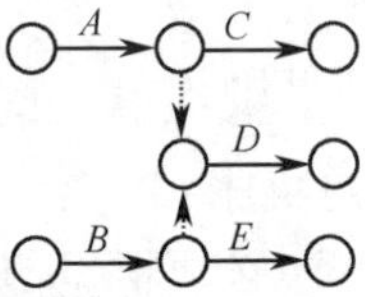 | B、D 和 A、D 之间引入逻辑关系（虚工序），只有这样才能正确表达 B、D 和 A、D 之间的约束关系 |
| 10 | A、B 两道工序分成三个施工段，分段流水施工；A1 完成后进行 A2、B1，A2 完成后进行 A3，A2、B1 完成后进行 B2，A3、B2 完成后进行 B3。有两种表示方法 | 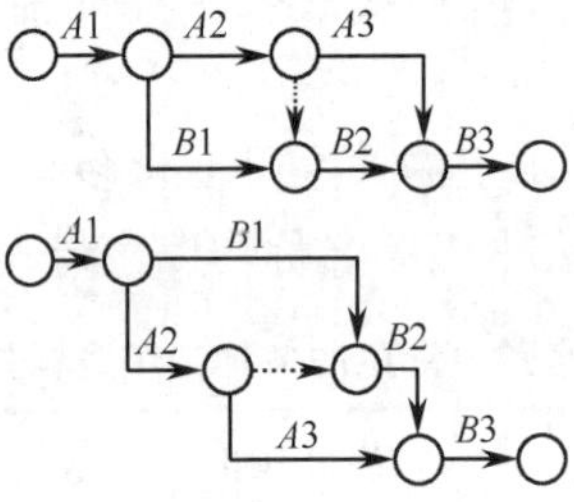 | 每个工种工程建立专业工作队，在每个施工段上进行流水作业，不同工种之间用逻辑搭接关系表示 |

## (二)虚箭线在双代号网络图中的应用

通过前述的各种工序逻辑关系表示方法，可以清楚地看出，虚箭线不是一道正式的工序，而是在绘制网络图时根据逻辑关系(包括工艺逻辑和组织逻辑关系)需要而增设的。它既不消耗时间，也不消耗资源，一般不标注名称，持续时间为 0。虚箭线的作用主要是帮助正确表达各工序间的关系，避免逻辑错误，也用来防止发生代号混乱的现象。现将虚箭线的应用列举于后。

### 1. 虚箭线在工序的逻辑连接方面的应用

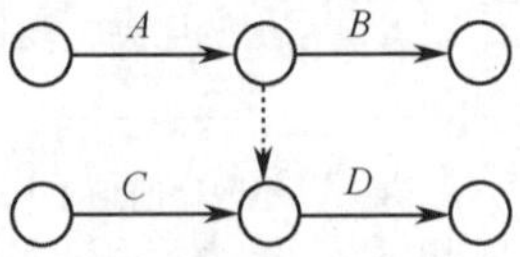

图 10-11　虚箭线的应用之一

绘制网络图时，经常会遇到图 10-11 的情况，当 A 工序结束后可同时进行 B、D 两道工序，C 工序结束后进行 D 工序。从这四道工序的逻辑关系可以看出，A 完成后其紧后工序为 B，C 完成后其紧后工序为 D，但 D 又为 A 的紧后工序，为把 A、D 两工序紧前紧后的关系连接起来，这时就需要引入虚箭线。因虚箭线的持续时间是零。虽然 A、D 间隔有一条虚箭线，又有两个节点，但二者关系仍是在 A 工序完成后，D 工序才可以开始。

### 2. 虚箭线在工序的逻辑“断路”方面的应用

绘制双代号网络时，最容易产生错误的是把本来不应发生逻辑关系的工序联系起来了，使网络图发生逻辑上的错误。这时就必须使用虚箭线在图上加以处理，以隔断不应有的工序联系。用虚箭线隔断网络图中无逻辑关系的各项工序的方法称为"断路法"。产生错误地方总是在同时有多条内向和外向箭线的节点处，画图时应特别注意，只有一个内向或外向箭线的地方是不会出错的，如图 10-12 所示。

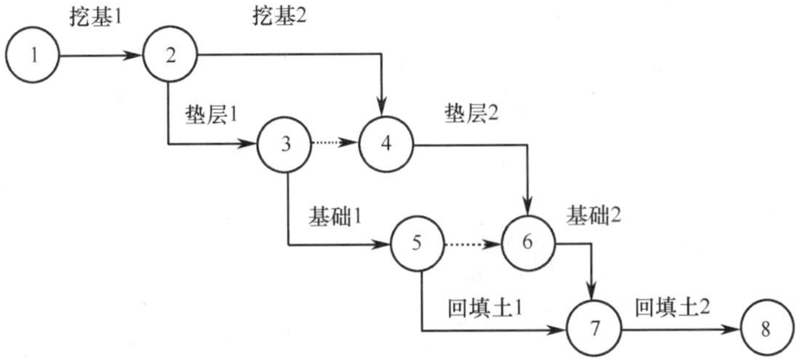


图 10-12　虚箭线的应用之二：正确表达逻辑关系

3. 两道工序或两道以上工序同时开始同时完成时，必须引进虚工序，以免造成混乱

图 10-13(a)中，$A$、$B$ 两道工序的箭线共用①、②两个节点，1—2 代号既表示 $A$ 工序又表示 $B$ 工序，代号不清，就会在工作中造成混乱。而图 10-13(b)中，引进了虚工序，即图中的 2—3，这样 1—2 表示 $A$ 工序，1—3 表示 $B$ 工序，前面那两道工序共用一个双代号的现象就消除了。

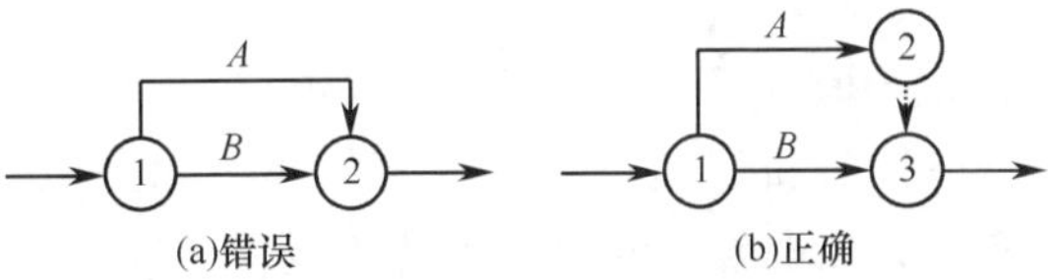


图 10-13　虚箭线的应用之三

4. 虚箭线在两项工程的工序之间互相有联系时的应用

在两项工程之间，施工过程中在某些工序间有联系时，也可引用虚箭线来表示它们的互相关系。例如在两项工程施工中，绘制网络图时，把两项工程的工序分别排列在两条水平线上，如果某些工序要利用同一台机械或某一工人班组进行施工时，这些联系就应用虚箭线来表示，如图 10-14 所示。

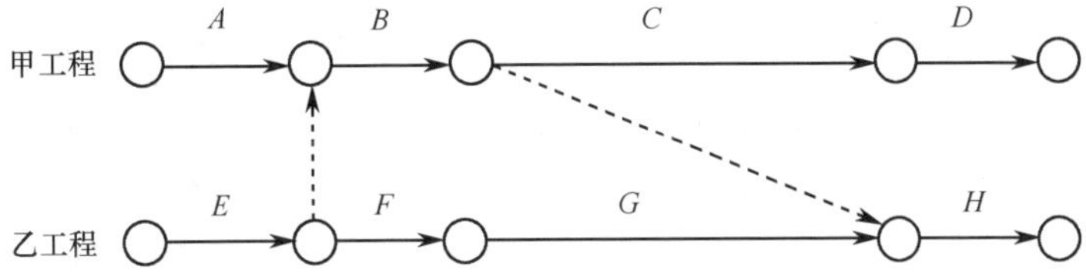


图 10-14　虚箭线的应用之四

### (三)绘制双代号网络图的基本规则

绘制双代号网络图时，要正确地表示工序之间的逻辑关系和遵循有关绘图的基本规则。否则，就不能正确反映工程的工作流程和进行时间计算。绘制双代号网络图一般必须遵循以下一些基本规则。

1. 网络图绘制必须正确表达已定的逻辑关系

绘制网络图之前，要正确确定施工顺序，明确各工序之间的衔接关系，根据施工先后次序逐步把各道工序的箭线连接起来,绘制成网络图。

2. 网络图中严禁出现循环线路

在网络图中如果从一个节点出发顺着某一线路又能回到原出发点,这种线路就称作循环线路。例如图 10-15 中的 2→3→5→2 和 2→4→5→2 就是循环线路,它表示的逻辑关系是错误的,在工艺顺序上是相互矛盾的。

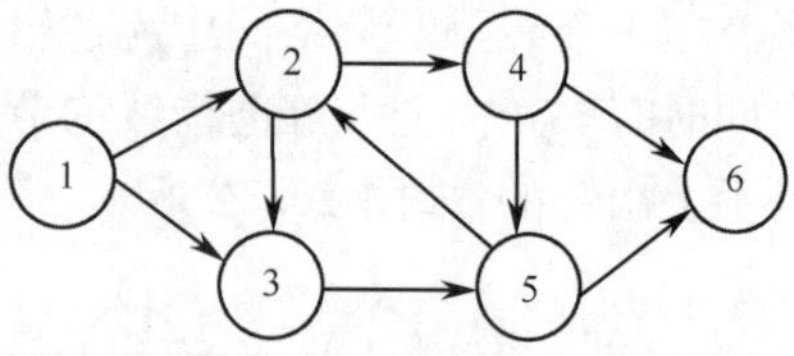


图 10-15　循环线路是逻辑错误

在网络图中不允许出现代号相同的箭线网络图中每一条箭线都各有一个开始节点和结束节点的代号,号码不得重复,一道工序只能有唯一的代号。例如图 10-16(a)中的两条箭线在网络图中表示两道工序,但其代号均为 1—2,这就无法分清 1—2 究竟是代表哪道工序,因此是错误的。这种情况的正确表示方法应该是增加一个节点和一条虚箭线,如图 10-16(b)所示。

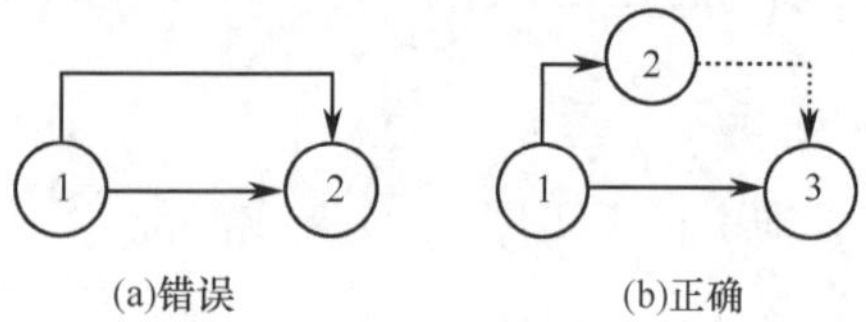


图 10-16　两道工序的表示方法

3. 网络图中严禁出现带双向箭头或无箭头的线段

网络图是一种有向图,是沿着箭头指引的方向前进的,因此,一条箭线只能有一个箭头,不允许出现有双向箭头的线,同样也不允许出现无箭头的线段。

4. 网络图中严禁出现没有箭头节点或无箭尾节点的线段

5. 在绘制网络图时,箭线不宜交叉

当交叉不可避免时,可以用过桥法或指向法,如图 10-17和图 10-18 所示。在一张箭线较多的网络图中,常会出现箭线交叉现象。箭线交叉有时是由于布局不合理造成的,如图 10-17(a)所示,经过整理后可以避免,如图 10-17(b)所示。

当箭线交叉不可避免时,应采用“过桥法”或“指向法”等绘制,如图 10-18 所示。

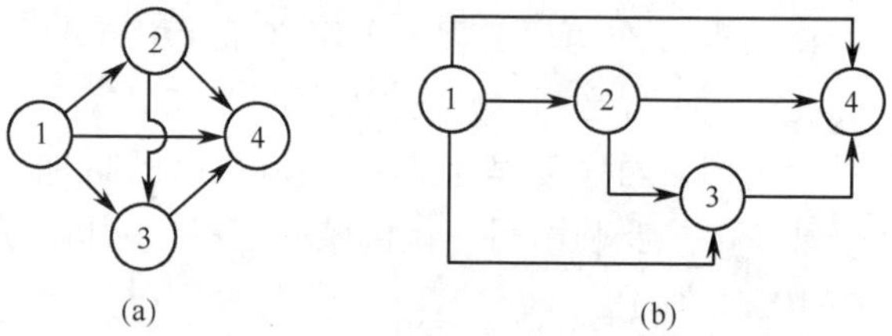


图 10-17　箭线交叉及其整理

6. 合理利用母线法绘制网络图

当网络图的起点节点有多余外向箭线或终点节点有多余内向箭线时,为图形简洁,可采用母线法绘图。使多条箭线经一条共用的母线线段从起点节点引出如图 10-19(a)所示;或使多条箭线经一条共用的母线线段引入终点节点,如图 10-19(b)所示。当箭线线型不同(如粗线、细线、虚线、点画线或其他线形等)而且可能导致误解时,不得使用母线法绘图。

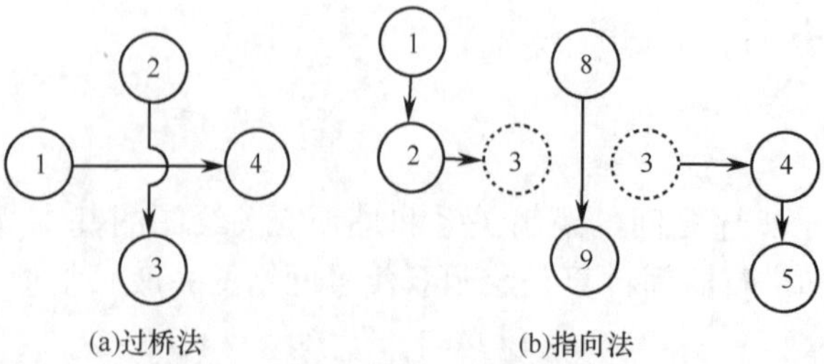


图 10-18　箭线交叉处理方法

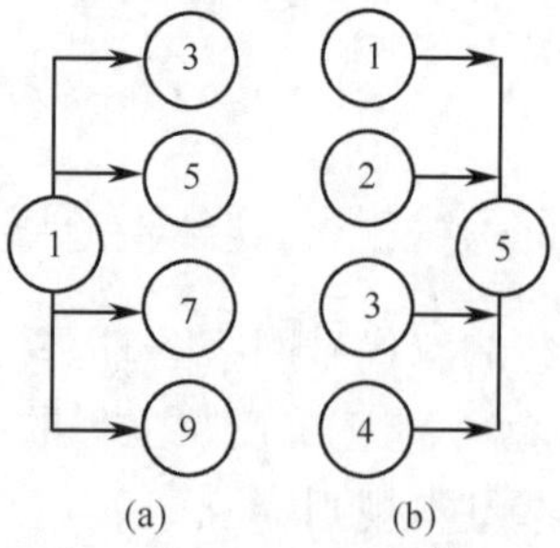


图 10-19　母线法绘制示意

7. 在一个网络图中只允许有一个起点节点和一个终点节点

在一个网络图中，除起点节点外，不允许再出现没有内向箭线的节点。例如图 10-20(a)所示的网络图中出现了两个没有内向箭线的节点①、④，这是不允许的。如果遇到这种情况，最简单的办法就是像图 10-20(b)那样，用虚线把①、④连接起来，使之变为一个起点节点。在本例中，最好是把多余的④节点删除，而直接把①、⑤两节点用箭线连接起来。

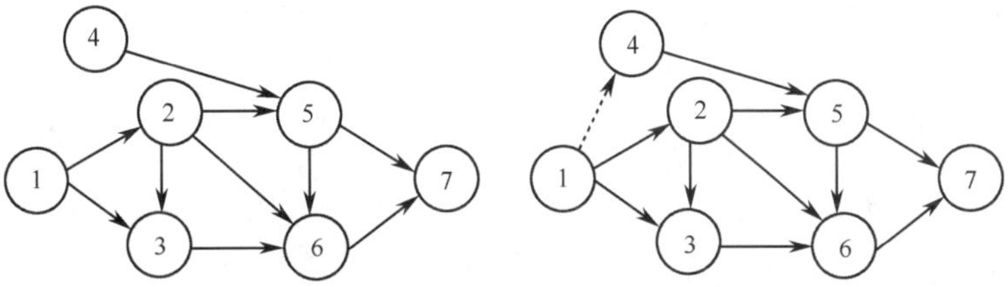

(a)错误　　(b)正确

图 10-20　只允许有一个起点节点

在一个网络图中，除终点节点外，一般不允许出现没有外向箭线的节点，只有多目标网络图除外。如果遇到这种情况，也可采用增加虚箭线或去掉多余的节点来解决。

### (四)网络图的编号

按照各道工序的逻辑顺序将网络图绘就之后，即可进行节点编号。节点编号的目的是赋予每道工序一个代号，并便于对网络图进行时间参数的计算。当采用电子计算机来进行计算时，工序代号就是绝对必要的。

1. 网络图的节点编号应遵循的原则

(1)一条箭线(工序)的箭头节点的编号“$j$”，应大于箭尾节点“$i$”，即 $i<j$。编号时号码应从小到大，箭头节点编号必须在其前面的所有箭尾节点都已编号之后进行。图 10-21 中，为要给节点③编号，就必须先给①、②节点编号。如果在节点①编号后就给节点③编号为②，那原来节点②就只能编为③(图 10-22)。这样就会出现 3—2，即 $i>j$，以后进行计算时就容易出现错误。

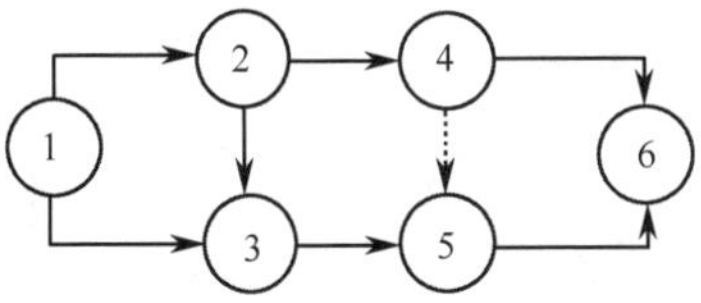

图 10-21　正确编号

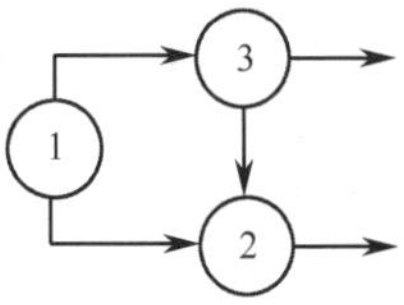

图 10-22　错误编号

(2)在一个网络图中，所有节点不能出现重复的编号。有时考虑到可能在网络图中会增添或改动某些工序，故在节点编号时，可预先留出备用的节点号，即采用不连续编号的方法，如先编为①、③、⑤……或①、⑤……，以便于中间插号调整，避免以后由于中间增加一道或几道工序而改动整个网络图的节点编号。

2. 网络图节点编号方法

网络图的节点编号除应遵循上述原则外，在编排方法上有不同，一般编号方法有两种，即水平编号法和垂直编号法。

(1)水平编号法

它是指从起点节点开始由上到下逐行编号，每行自左到右按顺序编排，如图 10-23 所示。

(2)垂直编号法

垂直编号法就是从起点节点开始自左到右逐列编号,每列则根据编号规则的要求或自上而下,或自下而上,或先上下后中间,或先中间后上下都可,如图 10-24 所示。

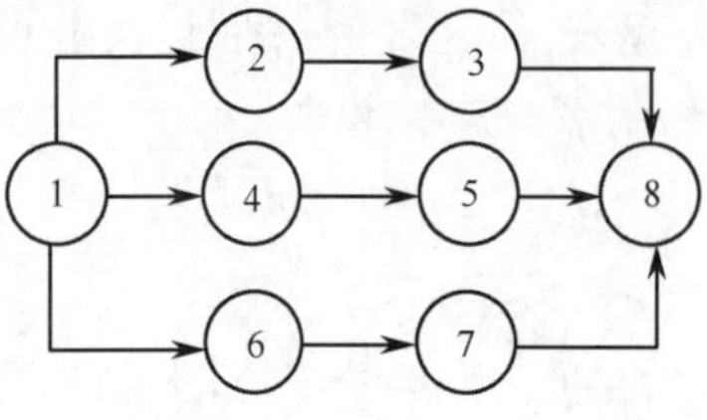


图 10-23　水平编号法

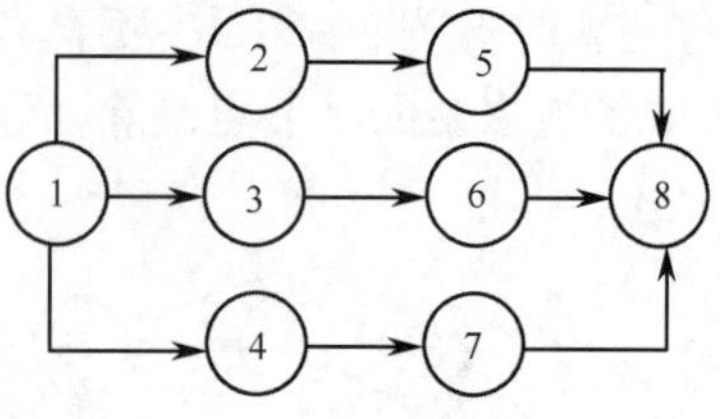


图 10-24　垂直编号法

(五)绘制网络图时应注意的问题

首先,网络图的布局要条理清楚,突出重点。因网络计划是用来指导实际工作的,所以网络图除了要符合逻辑外,图面还必须清晰,要进行周密合理的布置。其次,绘图时,力求减少不必要的箭线和节点。在正式绘制网络图之前,最好先绘成草图,然后再整理。

(六)双代号网络图示例

图 10-25 为某隧道开挖采用上下导坑法施工,开挖中按四小时循环作业,根据各工序逻辑关系用双代号绘制的网络图示例,图中时间为分钟。

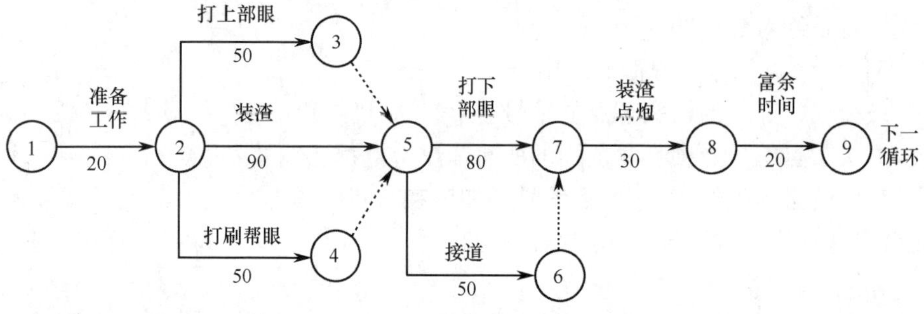


图 10-25　某隧道开挖双代号网络图

## 三、单代号网络图的绘制

(一)单代号网络图的构成与基本符号

单代号网络图也是由许多节点和箭线组成的,但是构成单代号网络图的基本符号含义与双代号都不完全相同。单代号网络图的节点是表示工序,而箭线仅表示各道工序之间的逻辑关系。由于用节点来表示工序,因此,单代号网络图又称节点网络图。

单代号网络图与双代号网络图相比,也具有一些优点,工序之间逻辑关系容易表示,且不用虚箭线,网络图便于检查、修改,所以单代号网络图也有广泛的应用。图 10-26 中(a)、(b)两个网络图,都是四道工序,逻辑关系也一样,但(a)图是用双代号表示的,而(b)图是用单代号表示的。

现将单代号网络图的基本符号分述如下。

1. 节点

节点是单代号网络图的主要符号,它可以用圆圈(○)或方框(□)表示。一个节点代表一

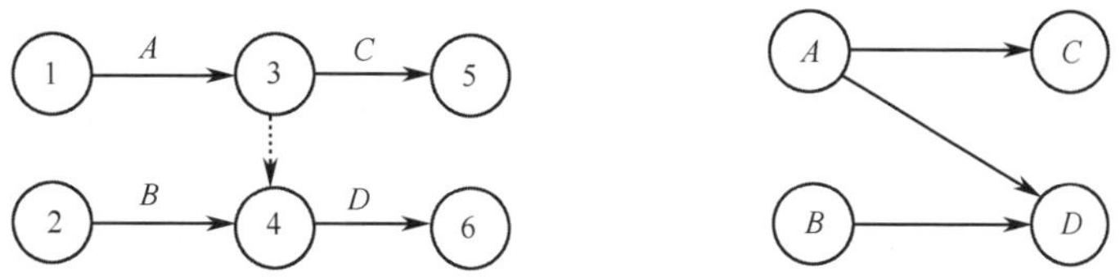


(a)双代号网络图 (b)单代号网络图

图 10-26 两种网络图对比

道工序(工作、作业、活动)。节点所表示的工序名称,持续时间和代号一般都标注在圆圈和方框内,有的甚至将时间参数也注在节点内,如图 10-27 所示。

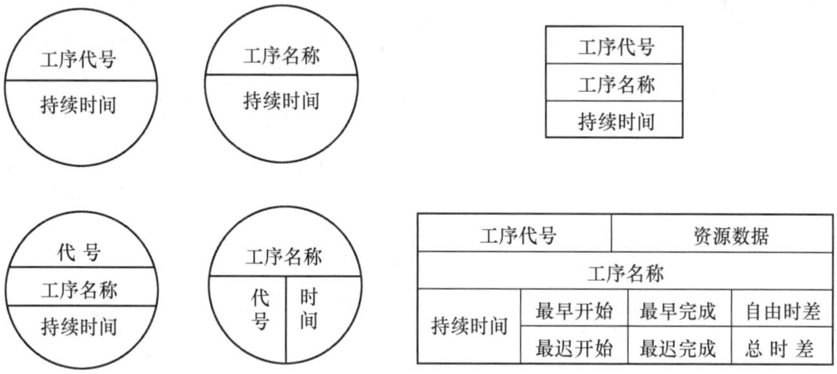


图 10-27 单代号网络图节点标注方法

2. 箭线

箭线在单代号网络图中仅用以表示工序之间的逻辑关系,既不占用时间,也不消耗资源。单代号网络图中不用虚箭线。箭线的箭头表示工作的前进方向,箭尾节点表示的工序为箭头节点的紧前工序。箭头节点表示的工序为箭尾节点的紧后工序,如图 10-28 所示。

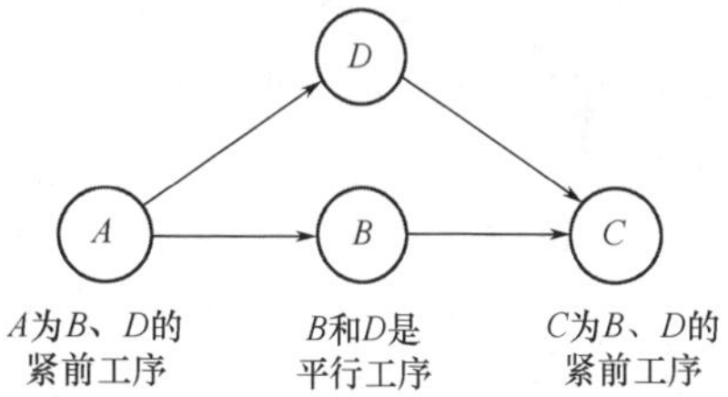


图 10-28 节点所表示的工序关系

3. 代号

在单代号网络图中,一道工序仍只能有一个代号,不得重号。代号仍用数码表示,箭头节点的号码要大于箭尾节点的号码,一个节点(表示一道工序)只有一个数码,因此称为“单代号”。如图 10-29 中代号 3 表示工序 $A$,4 表示工序 $B$,5 表示工序 $C$。

4. 一道工序的完整表示方法

假如有一道工序“砌基础”,持续时间为 14 d,代号为 3;紧后工序为“砌桥墩”,持续时间为 18 d,代号为 4。则该两个工序在单代号网络图中的完整表示方法如图 10-30 所示。

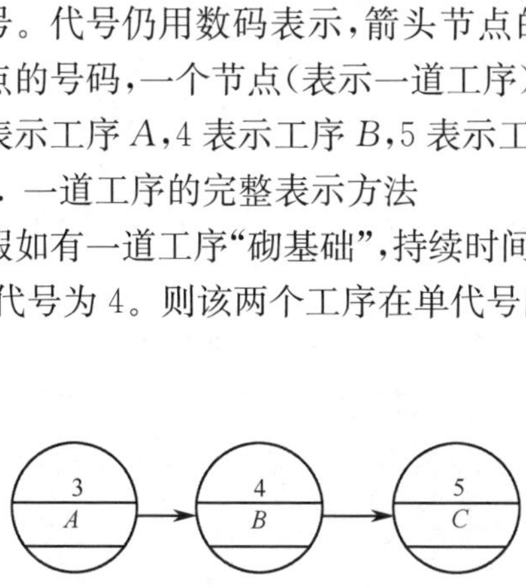


图 10-29 代号表示方法

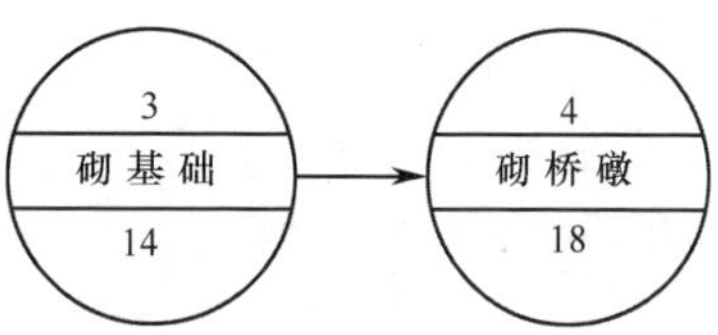


图 10-30 工序的完整表示方法

## (二)单代号网络图的绘制方法

1. 单代号网络图的各种逻辑关系的表示方法

单代号网络图中,各工序之间的逻辑关系,仍然是根据工程中工艺上和组织上的客观顺序来确定的,逻辑关系的表示方法也比较简单,表 10-2 是用单代号网络图表示的各种逻辑关系。

**表 10-2　单代号网络图中工序的逻辑关系**

| 序　号 | 工序之间的逻辑关系 | 单代号网络图的表示方法 |
| --- | --- | --- |
| 1 | A、B、C 三项工序按顺序 | 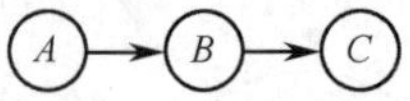 |
| 2 | B、C 工序完成后进行 D 工序 | 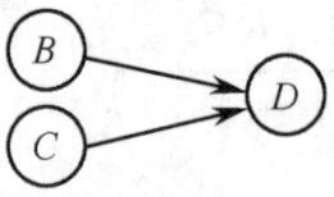 |
| 3 | B 工序完成后,C、D 工序可以同时开始 | 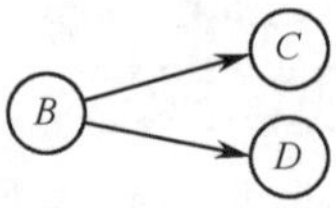 |
| 4 | A 工序完成后,进行 C 工序,B 工序完成后,可同时进行 C、D 工序 | 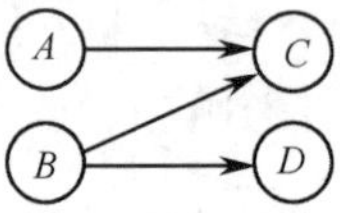 |

2. 绘制单代号网络图的基本规则

绘制单代号网络图也必须遵循一定的逻辑规则,当违背了这些规则时,这可能出现逻辑混乱,无法区别工序之间的关系或无法进行时间参数的计算,这些规则也和双代号的要求基本相同。

(1)单代号必须正确表述已定的逻辑关系。

同双代号图一样,"逻辑关系"包括两类:一类是工艺关系,另一类是组织关系。在单代号网络图中,这两种关系的表达比双代号网络图更明确。

(2)单代号网络图中严禁出现循环线路。

(3)单代号网络图中严禁出现双向箭头或无箭头的连线。

(4)单代号网络图中严禁出现没有箭尾节点或无箭头节点的箭线。

由于箭线是联系前后两项工作的,故无箭尾节点的箭线或没有箭头节点的箭线都是没有意义的。

(5)绘制网络图时,箭线不宜交叉,当交叉不可避免时,可采用过桥法和指向法绘制。其过桥法或指向法的绘制方法与前述双代号的相同。

(6)单代号网络图中应只有一个起点节点和终点节点;当网络图中有多项起点节点和多项终点节点时,应在网络图的两端分别设置一项虚工序,作为该网络图的起点节点和终点节点。除了开始的起点节点和最后的终点节点外,其他所有节点,其前面必须至少有一个紧前工序节点,其后面必须至少有一个紧后工序节点,并以箭线相联系。

## (三)单代号网络图示例

图 10-31 为一单跨钢筋混凝土梁桥施工的工序流程用单代号网络图表示的方法。

该桥桥基和桥台为现场浇筑钢筋混凝土，上部结构为钢筋混凝土预制梁，桥的两端与线路连接。该工程的施工顺序为：挖土→基础→桥台→预制梁（运输和安装）→回填土→与线路连。基础分别由两个组施工，桥台由一个组完成。

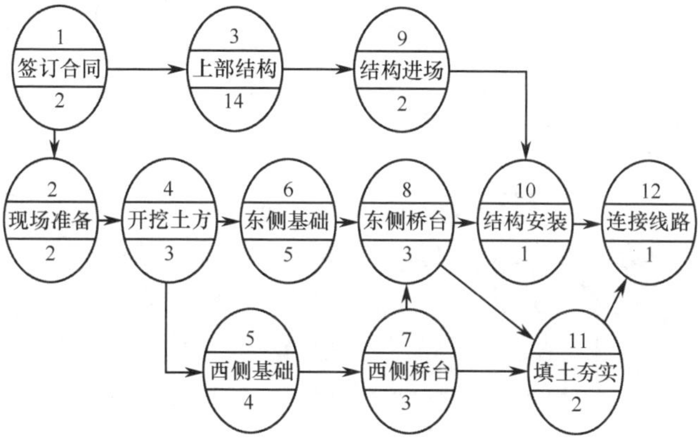


图 10-31　单代号网络图示例

# 第三节　网络计划的时间参数计算

计算网络计划的时间参数，是网络计划方法的一项重要技术内容。计算网络计划的时间参数是确定机动时间和关键线路的基础，是确定计划工期的依据，又是进行计划调整与优化的前提。

网络计划的时间参数既可以按工序计算，也可以按节点计算，其原理基本类似，下面只着重介绍工序时间参数计算方法。

## 一、双代号网络计划工序时间参数计算

工序时间参数是以工序为对象计算的，包括最早开始时间、最早完成时间、最迟开始时间和最迟完成时间。实际工作中一般只计算最早和最迟开始时间，因为有了工序的开始时间就可以一眼看出它的完成时间。此外还要计算工序的两个时差，即工序的总时差和自由时差。

为简化计算，网络计划时间参数中的开始和完成时间都以时间单位的终了时刻为准。如第 3 天开始即指第 3 天终了（下班）时刻开始，实际是第 4 天凌晨才开始；第 2 周完成即第 2 周终了时完成。

网络计划时间参数计算的基础是工序的作业持续时间。

计算工序时间参数的方法较多，如分析计算法、图上计算法、表上计算法、电算法等，最简便的办法就是在网络图上进行的图上计算法和利用表格计算的表上计算法，这些都是手算法。复杂的网络图的计算就要利用电子计算机，称为电算法。下面介绍其中的图上计算法、表上计算法。

### （一）图上计算法

单双代号网络计划的工序时间参数计算在原理上是完全一样的，只是由于图形不同而略有差异罢了。以下我们先介绍双代号网络计划的时间参数计算。

1. 计算工序的最早开始时间

工序的最早开始时间，也可称为最早可能开始时间，用 $ES_{ij}$（earliest start time）表示。它

是指一个工序在具备了一定工作条件和资源条件后可以开始工作的最早时间。在工作程序上,它要等紧前工序完成后方能开始。

计算工序最早开始时间应从起点节点开始,顺箭线方向逐项进行计算,直到终点节点为止。必须先计算紧前工序,然后才能计算本工序。现以图 10-32 为例加以说明。

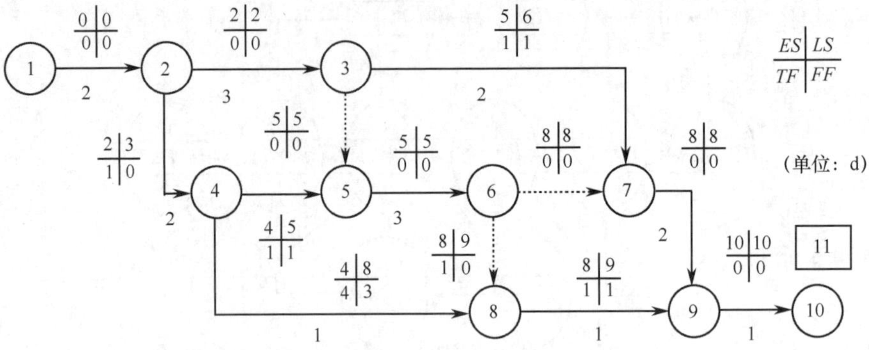


图 10-32　双代号网络计划工序时间参数计算

凡与起点节点相联系的工作,都是首先开始进行的工序,所以它们的最早开始时间都是零。在本例中,工序 1—2 的最早开始时间就是零,我们可以将此数填在该工序箭线上方"+"字的左上方,以后计算出来的所有工序最早开始时间也都填写在这个位置。

所有其他工序的最早开始时间的计算方法是:将其所有紧前工序的最早开始时间分别与各该工序的作业时间相加,然后再从这些相加的和数中选取一个最大的数,这就是本工序的最早开始时间。如果用公式来表达为

$$ES_{ij}=\max\{ES_{hi}+t_{hi}\} \tag{10-1}$$

式中　$ES_{ij}$——本工序的最早开始时间;

$ES_{hi}$——紧前工序的最早开始时间;

$t_{hi}$——紧前工序的作业持续时间。

在本例中,工序 2—3 和 2—4 只有一个紧前工序 1—2,故它们的最早开始时间都是 0+2=2。同理,工序 3—5 与 3—7 的最早开始时间都是 2+3=5,工序 4—5 和 4—8 的最早开始时间都是 2+2=4。这里需要注意的是,网络图中的虚工序也要像一般实工序一样进行时间参数计算。否则计算容易发生错误。工序 5—6 有两个紧前工序 3—5 和 4—5,须先分别计算,工序 3—5 的最早开始时间加其持续时间为 5+0=5,工序 4—5 为 4+0=4,从 5 与 4 中取最大值,即 5,这就是工序 5—6 的最早开始时间。其他工序的最早开始时间都可仿此计算,计算结果全部填入图 10-32 中。

最早开始时间算完后就可以计算网络计划的总工期了。方法是将所有与终点节点相联系的工序分别求出最早开始与持续时间之和,其值的最大者即为本计划的总工期。本例与终点节点相联系的工序只有 9—10 一项,故其最早开始时间与持续时间之和 10+1=11 即为本计划的总工期,可将其填入节点 10 旁的方框中,如图 10-32 所示。

工序的最早完成时间就是其最早开始时间与持续时间之和,一般用 $EF_{ij}$(earliest finish time)表示。所以,本工序的最早开始时间也就是紧前各工序最早完成时间的最大值,故式(10-1)也可改写成

$$ES_{ij}=\max\{ES_{hi}+t_{hi}\}=\max EF_{hi} \tag{10-2}$$

式中　$EF_{hi}$——紧前工序的最早完成时间。

2. 计算工序的最迟开始时间

工序的最迟开始时间，也称最迟必须开始时间，用 $LS_{ij}$（latest start time）表示。它是指一个工序在不影响工程，按总工期完成的条件下最迟必须开始的时间，它必须在紧后工序开始之前完成。

计算工序的最迟开始时间应从终点节点逆箭线方向向起点节点逐项进行计算。必须先计算紧后工序，然后才能计算本工序。整个计算是一个减法过程。

总工期是与终点节点相连的各最后工序的最迟完成时间。如有规定的总工期，我们就按照规定的工期计算。否则就按我们所求得的计划总工期计算。本例没有规定的总工期，计划总工期 11 就是最后工序 9—10 的最迟完成时间。最后工序的最迟开始时间等于其完成时间减本身的持续时间，所以工序 9—10 的最迟开始时间为 11－1＝10。

所有其他工序的最迟开始时间的计算方法是：将各紧后工序最迟开始时间的最小值减去本工序的作业持续时间，所得的差数就是本工序的最迟开始时间。各紧后工序最迟开始时间的最小值，其实就是本工序的最迟完成时间 $LF_{ij}$（latest finish time），所以本工序的最迟开始时间也可用本工序的最迟完成时间减持续时间求得。用公式表示为

$$LS_{ij}=\min LS_{jk}-t_{ij}=LF_{ij}-t_{ij} \tag{10-3}$$

式中　$LS_{ij}$——本工序最迟开始时间；

$LS_{jk}$——紧后工序最迟开始时间；

$t_{ij}$——本工序的持续时间；

$LF_{ij}$——本工序最迟完成时间。

在本例中，最后工序的最迟开始时间就是其完成时间减持续时间，工序 7—9 和 8—9 的紧后工序只有工序 9—10，故它们的最迟开始时间就分别是 10－2＝8 和 10－1＝9。同理，工序 6—7 和 6—8 的最迟开始时间分别为 8－0＝8 和 9－0＝9。工序 5—6 后有两个紧后工序，故应先选取各紧后工序最迟开始时间中的最小值，即 8 与 9 中的 8，然后再从中减去本工序的持续时间 3，即 8－3＝5。其他所有工序都可仿此计算。所有计算出来的最迟开始时间应填入相应工序箭线上方"＋"字右上方。

3. 计算工序的时差

工序的总时差是指一个工序所拥有的机动时间的极限值。一个工序的活动范围要受其紧前紧后工序的约束，它的极限活动范围是从其最早开始时间到最迟完成时间这段时间中，扣除本身作业必须占用的时间之后，其所剩余时间便可机动使用，它可以推迟开工或提前完成，如可能，它也可以断续施工或延长其作业时间以节约人力或设备。这个工序可以灵活机动使用的时间就称为工序总时差，用 $TF_{ij}$（total float）表示。用公式表达为

$$TF_{ij}=LF_{ij}-ES_{ij}-t_{ij}=(LF_{ij}-t_{ij})-ES_{ij}=LS_{ij}-ES_{ij} \tag{10-4}$$

式中　$TF_{ij}$——本工序的总时差。

从式(10-4)中可以看出，利用已经计算出来的最早和最迟开始时间，就能很方便地算出任何工序的总时差了，即把箭线上"＋"字右上方的数减去左上方的数，所得的差便是该工序的总时差，可以把它记在"＋"字的左下方。例如在图 10-32 的例子中，工序 2—3 的总时差为 2－2＝0，工序 2—4 的总时差为 3－2＝1，所有工序的总时差都可依法求得，结果均列入图 10-32 中。

工序的自由时差是总时差的一部分，指一个工序在不影响紧后工序最早开始的条件下可以机动灵活使用的时间，用 $FF_{ij}$（free float）表示。这时工序活动的时间范围被限制在本身最早开始时间与其紧后工序的最早开始时间之间，从这段时间扣除本身作业时间之后，剩余的时

间就是自由时差了,用公式表示为

$$FF_{ij}=ES_{jk}-ES_{ij}-t_{ij}=ES_{jk}-(ES_{ij}+t_{ij})=ES_{jk}-EF_{ij} \tag{10-5}$$

式中 $FF_{ij}$——本工序自由时差;

$ES_{jk}$——紧后工序的最早开始时间;

$EF_{ij}$——本工序的最早完成时间。

在图 10-32 网络计划中,工序 2—4 自由时差可以这样计算:它的紧后工序 4—5 或 4—8 的最早开始时间为 4,从中减去它本身最早开始与持续时间之和,即 4−(2+2)=0,差为 0,就是说,它虽有总时差,却没有自由时差。又如工序 3—7,它的自由时差是 8−(5+2)=1。其他工序的自由时差都可以仿此计算,将结果记在箭线上"+"字的右下方。

因为自由时差是总时差的构成部分,总时差为零的工序,其自由时差也必为零,可不必专门计算。一般地,自由时差也可能存在于有多条内向箭线的节点之前的工序之中,这就是为什么工序 2—4 没有自由时差而工序 3—7 恰好有自由时差之故。

(二)表上计算法

表上计算法的原理同图上计算法是完全一样的,懂得了图上计算法就不难掌握表上计算法,它们的区别只是形式不同而已。进行表上计算应先绘制如表 10-3 形式的计算表。

**表 10-3　工序时间参数计算表**

| 序号 | 工序编号 | 持续时间 $t_{ij}$ | 最早开始 $ES_{ij}$ | 最早完成 $EF_{ij}$ | 最迟开始 $LS_{ij}$ | 最迟完成 $LF_{ij}$ | 总时差 $TF_{ij}$ | 自由时差 $FF_{ij}$ | 关键工序 $TF=0$ |
|---|---|---|---|---|---|---|---|---|---|
| (1) | (2) | (3) | (4) | (5)<br>(3)+(4) | (6)<br>(7)−(3) | (7) | (8)<br>(6)−(4) | (9) 紧后<br>(4)−(5) | (10) |
| 1 | 1−2 | 2 | 0 | 2 | 0 | 2 | 0 | 0 | ※ |
| 2 | 2—3 | 3 | 2 | 5 | 2 | 5 | 0 | 0 | ※ |
| 3 | 2—4 | 2 | 2 | 4 | 3 | 5 | 1 | 0 | |
| 4 | 3—5 | 0 | 5 | 5 | 5 | 5 | 0 | 0 | ※ |
| 5 | 3—7 | 2 | 5 | 7 | 6 | 8 | 1 | 1 | |
| 6 | 4—5 | 0 | 4 | 4 | 5 | 5 | 1 | 1 | |
| 7 | 4—8 | 1 | 4 | 5 | 8 | 9 | 4 | 3 | |
| 8 | 5—6 | 3 | 5 | 8 | 5 | 8 | 0 | 0 | ※ |
| 9 | 6—7 | 0 | 8 | 8 | 8 | 8 | 0 | 0 | ※ |
| 10 | 6—8 | 0 | 8 | 8 | 9 | 9 | 1 | 0 | |
| 11 | 7—9 | 2 | 8 | 10 | 8 | 10 | 0 | 0 | ※ |
| 12 | 8—9 | 1 | 8 | 9 | 9 | 10 | 1 | 1 | |
| 13 | 9—10 | 1 | 10 | 11 | 10 | 11 | 0 | 0※ | ※ |

表的(1)栏只要自上而下顺序编号就可以了;表的(2)、(3)栏是根据网络计划转录的,应按工序编号由小到大依次排列,其他各栏则需要计算。

凡箭尾号为起点节点号的工序,其最早开始时间为零,填入相应工序的(4)栏内。将(3)栏和(4)栏相加即可得到相应的(5)栏。表 10-3 中,工序 1—2 的最早完成时间就是 2+0=2。

计算以后各工序的最早开始时间的方法仍然先按式(10-2)即选取其紧前工序最早完成时

间的最大值。计算应自上而下按序号依次进行。例如工序 2—3,它的紧前工序的箭头号必与本工序的箭尾号相同,即为 2,这样我们就可以到本工序前已计算过的工序中找出箭头号为 2 的所有工序,从它们的最早完成时间,即(5)栏中选取一个最大的作为本工序的最早开始时间。在本例中,这种紧前工序只有 1—2 一项,所以它的(5)栏数字 2 就是本工序的最早开始时间,可填入(4)栏。为了学习方便,我们在表中用虚箭线标明了这种关系。在实际计算时就不必标这种线了。又如工序 5—6,它有两个紧前工序 3—5 和 4—5,两者(5)栏数字的最大值是 3—5 的 5,故可将此数填入本工序的(4)栏,其第(5)栏之值则应是(3)栏加(4)栏之和,即 5+3=8。所有其他工序都可同样计算,参看表 10-3。

最早完成时间的最大值就是计划工期。

计算工序最迟时间也仍然依据式(10-3)逆表格序号自下而上进行。最后各工序的最迟完成时间如有规定工期即为规定工期,否则取计划工期。在本例中取计划工期,即 11,填入工序 9—10 的第(7)栏,将(7)栏数减去本工序持续时间即为最迟开始时间,本例为 11-1=10,填入本工序的(6)栏。其他工序的计算方法是:从本工序以下的工序中找出箭尾号等于本工序箭头号的工序(即紧后工序),取其最迟开始时间的最小值移置本工序的(7)栏内,这就是本工序的最迟完成时间。如本例的工序 8—9 与 7—9,它们的(7)栏数字就都是由工序 9—10 的(6)栏移来(表中用虚线指示出来)。又如工序 5—6 就是从其紧后工序 6—7 与 6—8 的(6)栏中选取一个最小值,即 8 与 9 中的 8 作为本工序的最迟完成时间。

总时差的计算很简单,式(10-4)仍然适用,在表上即以本工序的(6)栏减(4)栏或(7)栏减(5)栏就行了,将结果填入(8)栏,如工序 1—2 的总时差为 0-0=0 或 2-2=0,工序 4—8 则为 8-4=4 或 9-5=4。凡是总时差为零的工序可在(10)栏内画一个“※”号,表明它是一个没有任何机动时间的关键工序。

自由时差也还是按式(10-5)计算。在表上先找出箭尾号与本工序箭头号相同的一个紧后工序,用它的(4)栏减去本工序的(5)栏即得。如工序 4—8 的自由时差就是用其紧后工序 8—9(4)栏的 8 减本工序(5)栏而得 8-5=3。

### 二、单代号网络计划工序时间参数计算

单代号与双代号网络图只是表现形式不同,其所表达的内容则完全一样。所以双代号网络计划的时间参数计算公式完全适用于单代号网络计划。只要把双代号表示改为单代号表示即可。但是,由于单代号网络图中紧后工序的最早开始时间可能不相等,因而在计算自由时差 $FF$ 时稍有变化,需要用紧后工序的最小值为被减数。其各个参数计算公式如下:

$$ES_i=\max\{ES_h+t_h\}=\max EF_h \tag{10-6}$$

$$LS_i=\min LS_j-t_i=LF_i-t_i \tag{10-7}$$

$$TF_i=LF_i-ES_i-t_i=(LF_i-t_i)-ES_i=LS_i-ES_i \tag{10-8}$$

$$FF_i=\min ES_j-(ES_i+t_i)=\min ES_j-EF_i \tag{10-9}$$

下面举图上计算法为例,仍用前例,以便比较。再将图 10-32 改画成单代号形式网络图,如图 10-33 所示。标注方法见图例所示,画在每个工序节点的两端,左上记 $ES$,右上记 $LS$,左下记 $TF$,右下记 $FF$。

这个网络图开始和最后都只一个工序,所以可以不另加起点节点和终点节点。起点节点(开始工序)的最早开始时间总是零。②、④工序的最早开始时间都是其紧前工序①的最早开始时间与其持续时间之和,即 0+2=2;工序⑤,其最早开始时间就是其两个紧前工序的最早

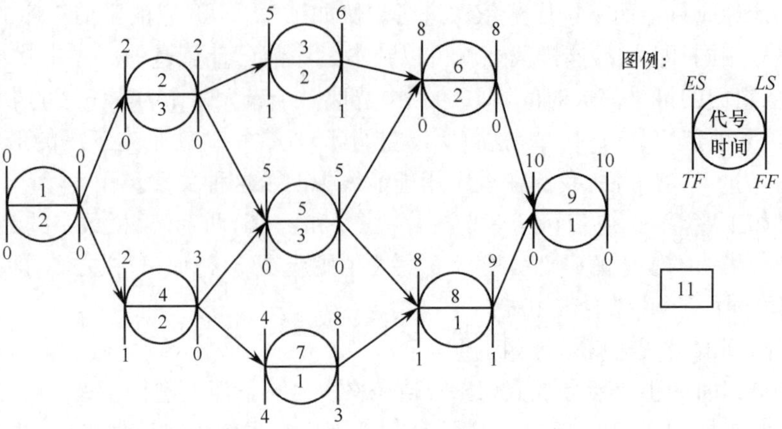


图 10-33　单代号网络计划工序时间参数计算

完成时间的最大值，即 2＋3＝5 与 2＋2＝4 中的最大值 5。计划的总工期等于终点节点的最早开始时间与持续时间之和。本例即 10＋1＝11，计入节点旁的方框内。终点节点(最后工序)的最迟开始时间是用总工期减本工序的持续时间之差，本例中即为 11－1＝10，其他工序的最迟开始时间利用各紧后工序最迟开始时间的最小值减本工序的持续时间求得，如⑥、⑧工序分别为 10－2＝8 和 10－1＝9；又如工序⑤的最迟开始时间等于从⑥、⑧工序的最迟开始时间中取小值 8，再减去本工序持续时间 3，得 8－3＝5。任何工序的总时差都可用其最迟开始时间减最早开始时间求得。如工序④的总时差即 3－2＝1。自由时差要取紧后工序最早开始时间的最小值为被减数，再从中减去本工序的最早开始时间与持续时间之和(即最早完成时间)，如本例中工序④的自由时差就应从紧后工序⑤、⑦的最早开始时间 5 与 4 中取最小值 4，再减去本工序最早完成时间 2＋2＝4，得零。

### 三、网络计划关键线路的确定

计算网络计划时间参数的目的之一是找出计划中的关键线路，找出了关键线路也就抓住了工程进度计划的主要矛盾，这样就可使工程管理人员在生产的组织和管理工作中做到心中有数，以便合理地调配人力和物资，避免盲目赶工，消费人力、物力，保证工程有条不紊地进行。

所谓线路，是指网络图中顺箭线方向由起点至终点的一系列节点与箭线组成的通路。在一个网络计划中，一般都存在许多条线路，但也有只一条线路的网络图。前述图 10-32 网络计划，其中就包括六条线路：

1. 1→2→3→7→9→10
2. 1→2→3→5→6→7→9→10
3. 1→2→3→5→6→8→9→10
4. 1→2→4→5→6→7→9→10
5. 1→2→4→5→6→8→9→10
6. 1→2→4→8→9→10

每条线路都包含着若干个工序(单代号为节点，双代号为箭线)，这些工序的作业持续时间之和就是这条线路的长度，即线路的总持续时间。例如前面 6 条线路的长度依次是 10、11、10、10、9、7。

所谓关键线路是指在任何一个网络计划中至少有的一条最长线路，这条线路的总持续时间决定了这个网络计划的总工期。在这种线路中，没有任何机动的余地，线路上的任何工序拖延工期就会使总工期相应地延长，任何工序的工期缩短，也可能同时会缩短总工期。这种线路是按期完成计划任务的关键所在，所以称之为关键线路。为了醒目，在网络图中通常都用双线（或粗线、红线等）标出关键线路。

凡在关键线路上的各工序称为关键工序，凡在关键线路上的节点则称为关键节点。关键工序也没有任何灵活机动的余地，它的最早开始时间和最迟开始时间是相同的，不存在任何时差。上面 6 条线路中的第 2 条就是关键线路，工序 1—2，2—3，3—5，5—6，6—7，7—9，9—10 都是关键工序，①、②、③、⑤、⑥、⑦、⑨、⑩都是关键节点。

所谓非关键线路是指网络计划中除了关键线路之外，比关键线路为短（时间之和更小）的线路。在这种线路上总是或多或少存在时差，其中存在时差的工序就是非关键工序，所以非关键工序总是有一定的机动时间可供其调剂使用。需要注意的是非关键线路并非全由非关键工序组成，在任何线路中，只要有一个非关键工序存在，它的总长度就会小于关键线路，它就是非关键线路。凡不在关键线路上的节点都是非关键节点。例如上述 6 条线路中的第 1 条，即 1—2—3—7—9—10，它的总持续时间是 10，比关键线路中的 11 为短，所以是非关键线路，这条线路中只有工序 3—7 是非关键工序，也正因线路中有了这个非关键工序，线路也才成了非关键线路。所以只有全部由关键工序组成的线路才能成为关键线路。还有一点值得注意的是，在我们举的这条非关键线路上却没有哪一个节点是非关键节点，这就是说，这条非关键线路是全部由关键节点组成的。这个事实告诉我们，单纯用关键工序可以确定关键线路，但不能单靠关键节点来确定一条关键线路。

确定关键线路的方法很多，如上面讲的线路长度比较法就是其中一种。当网络时间参数以工序为计算对象时，可利用关键工序法来确定关键线路。即在所求的时间参数中已求出的工序最早开始时间和最迟开始时间加以比较，凡是这两个时间相同的工序，其总时差必为零。因此，这些工序为关键工序，只要把所有这些工序标出来，关键线路也就出来了。这样做起来是极其方便的。

在采用图上计算法时，每个工序的最早、最迟开始时间都已平列在箭线上，这时我们只要直接把最早最迟开始时间相等的这些工序的箭线用特殊线条标示出来就行了。因为凡以特殊线条标出的工序，其总时差和自由时差都必为零，所以对这种工序的时差也可以不予计算和标出，以减少图面上的数字，使图更简明清晰，也不会发生任何误解。

在采用表上计算时，在算出总时差后，只要在第 10 栏相应位置把总时差为零的关键工序标示出来就行。把这些工序编号依次连接起来就是我们要找的关键线路。

## 第四节　时标网络计划

### 一、时标网络计划的特点与适用范围

前述网络计划各工序的作业持续时间与其箭线的长短无关，不能一目了然地从网络图上直接看出工序的开始和完成时间。为了克服这一不足，就产生了时标网络计划。它是以时间为横坐标，并以此为基准绘制各工序的箭线，使箭线的长短能直接反映相应工序的作业持续时间，而且能在图上直接显示出各工序的开始和完成时间，显示出工序的时差和整个网络计划的关键线路。

(一)双代号时标网络计划的特点

1. 它兼有网络计划与横道计划两者的优点,能够清楚地表明计划的时间进程。

2. 它能在图上直接显示各项工作的开始与完成时间、工作自由时差及关键线路。

3. 它在绘制中受到时间坐标的限制,因此不易产生循环回路之类的逻辑错误。

4. 可以利用时标网络计划直接统计资源的需要量,以便进行资源优化和调整。

5. 因为箭线受时标的约束,故绘图不易,修改也较困难,往往要重新绘图。不过在使用计算机以后,这一问题已较易解决。

(二)双代号时标网络计划的适用范围

1. 工序项目较少、工艺过程比较简单的工程。

2. 局部网络计划。对大型复杂的工程,可以先用时标网络图的形式绘制各分部分项工程的网络计划,然后再综合起来绘制出较简明的总网络计划。

3. 作业性网络计划。

4. 使用实际进度前锋线进行进度控制的网络计划。

有时,为了便于在图上直接表示每道工序的进程,可将已编制并计算好的网络计划再改制成时标网络计划。由于单代号网络计划绘制时标网络计划后会使图形变得与双代号网络计划近似,故《工程网络计划技术规程》中没有提及,实际是不予提倡。

**二、双代号时标网络图的绘制方法**

双代号时标网络计划是目前常用的一种网络计划形式。它可以按最早时间也可以按最迟时间绘制。

(一)按最早开始和最早完成时间绘制双代号时标网络图

其绘制步骤如下:

1. 计算网络计划各工作的时间参数,作为画图的依据。

2. 在有横向时间刻度的表格上确定每项工作最早开始时间的节点位置,顺向绘制。

3. 按各工作的持续时间长短来绘制相应工作的实线部分。箭线一般沿着水平方向画,箭线在时间刻度上的水平投影长度,就是该工作的持续时间。

4. 用水平波形线把实线部分与其紧后工作的最早开始节点连接起来,两线相接处要加一圆点标明。波形线部分的水平投影长度,就是该工作的自由时差。

5. 两工作之间的关系,如需要加虚工作连接时,不占用时间的用垂直虚线连接。占用时间的部分可用波形线来表示。

6. 把时差为零的工作,由起点连至终点的线路,就是关键线路。终点节点所在的时间就是工程的竣工时间,即工期值。

绘制时标网络计划可以采用两种方法中的任一种:一是先计算无时标网络计划的时间参数,再按该计划在时标表上进行绘制,其步骤如前所述;另一种是对于较简单的网络图,也可以不计算时间参数直接绘制成时标网络计划。

绘制时标网络图时要注意以下几点:

1. 在定各节点位置时,一定要在所有内向箭线全画出来之后,才能最后确定该节点的位置。最好先确定出关键线路上的节点。

2. 每项工作的实箭线长度必须严格按其持续时间来画，如与紧后工作的开始节点还有距离就补上虚形线，虚形线长度就是该工作的自由时差。

3. 最好在绘制时与原来网络图的形状相近，以便检查和核对。

下面举一个将双代号网络图改绘制成时标网络图(按最早开始时间和最早完成时间绘制)的例子，如图 10-34 所示。

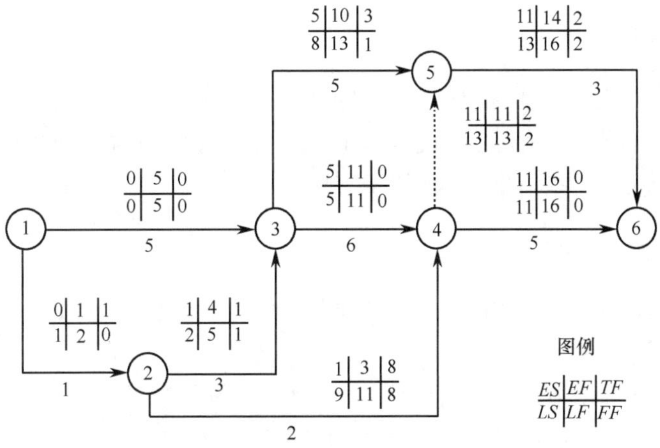


(a)双代号网络图

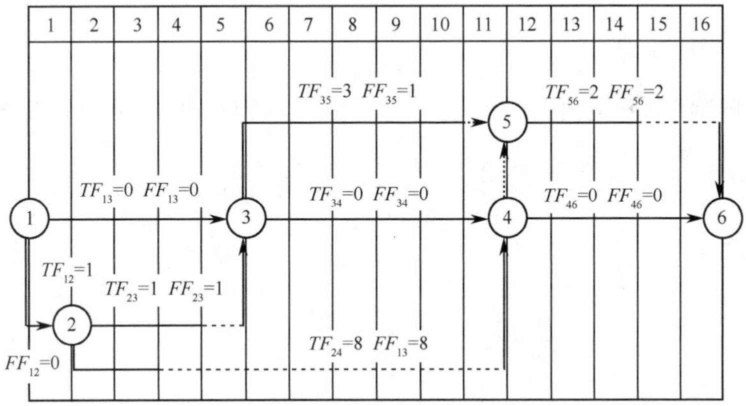

(b)相应的时标网络图

图 10-34　按最早时间绘制的时标网络计划

## (二)按最迟开始时间和最迟完成时间绘制双代号网络计划

其绘制步骤如下：

1. 计算网络图中每项工作的时间参数，作为绘图的依据。

2. 在有时间刻度的表格上确定每项工作最迟开始时间的节点位置，逆向绘制。

(1)如果节点处只有一条外向箭线，那么此项工作的最迟开始时间就是该节点的位置。

(2)若某节点处有若干条外向箭线，那么各项工作最迟开始时间中的最小值就是该节点的位置。

3. 按各工作的持续时间长短沿水平方向绘制相应工作的实线部分，其箭头必须与该项工作的结束节点相连。

4. 用虚形线把实线部分(即箭尾)与该工作的开始节点连接起来,两线连接处可加圆点标明。

5. 虚工序的连接与关键线路的找法,同按最早开始时间画的时标网络图一样。

同样可将前例的双代号网络图按最迟时间改绘制成时标网络图。应注意的是:按最迟时间画的时标网络图中,虚形线所示长度已不是工作的自由时差。对照按最早、最迟时间绘制的时标网络图,工作的总时差就是两图中同一工序虚形线最长值。

## 三、网络横道图

网络横道图是吸取网络图和横道图二者的优点,提出的一种新图式。这种图是将上述双代号时标网络图中的节点代号去掉,代之以工作名称。并标明时差和关键线路。它既能显示各工序之间的逻辑关系,又简明、易懂,便于实用。

### (一)网络横道图的格式

网络横道图的普通横道图相似,只是增加了一些时间参数符号,如图 10-36 所示。

在网络横道图中有三种指示线:

1. 粗黑实线,表示以最早开始时间所画的进度指示线;

2. 粗原点线,表示以最迟开始时间所画的进度指示线;

3. 波形线,表示时差。

### (二)绘制方法与步骤

1. 在已有的网络图上,按图上计算法计算出各项工作的时间参数如图 10-35 所示。

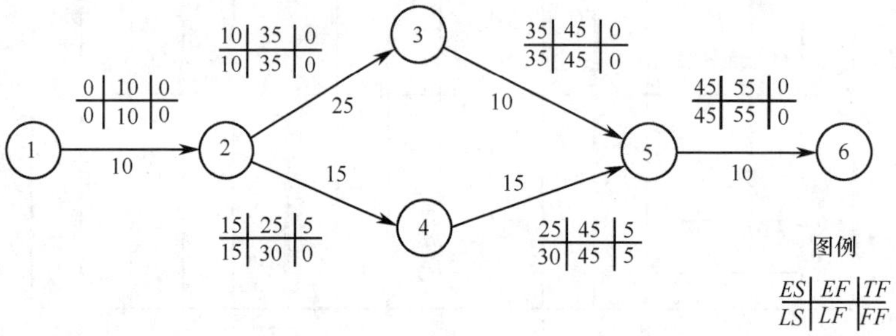


图 10-35　网络图及时间参数

2. 按网络图中各项工作的先后顺序以及节点由小到大的程序一一填入表内,如图 10-36 所示。其中虚工作也同样算一项任务,不得省略。

3. 画横道进度指示线。先用粗黑线画出以最早开始时间表示的进度指示线,再画出以粗截面线表示的最迟开始时间进度指示线,最早开始与最迟开始时间之差,即为总时差,用波形线表示在粗截面线的后面。自由时差则用波形线表示在粗黑实线的前面。

4. 从上到下,依次检查进度指示线。凡是进度指示线上下能直接衔接,其间没有中断,由始点到终点可构成一个首尾相连的"阶梯",这就是关键线路。其总长度就是总工期,在其粗黑线上加记"※"符号,以示区别。根据网络图绘制相应的网络横道图,也已编制了电算程序,由计算机完成绘图工作,应用起来十分方便。

| 工作名称 | 工作代号 | 持续时间 $t_{ij}$ | 时间参数 | | | | 进　　度 |
|---|---|---|---|---|---|---|---|
| | | | ES | LS | TF | FF | 5 10 15 20 25 30 35 40 45 50 55 60 |
| 制定计划 | 1—2 | 10 | 0 | 0 | 0 | 0 | |
| 现场调查 | 2—3 | 25 | 10 | 10 | 0 | 0 | |
| 收集资料 | 2—4 | 15 | 10 | 15 | 5 | 0 | |
| 调查整理 | 3—5 | 10 | 35 | 35 | 0 | 0 | |
| 计算准备 | 4—5 | 15 | 25 | 30 | 5 | 5 | |
| 设　　计 | 5—6 | 10 | 45 | 45 | 0 | 0 | |

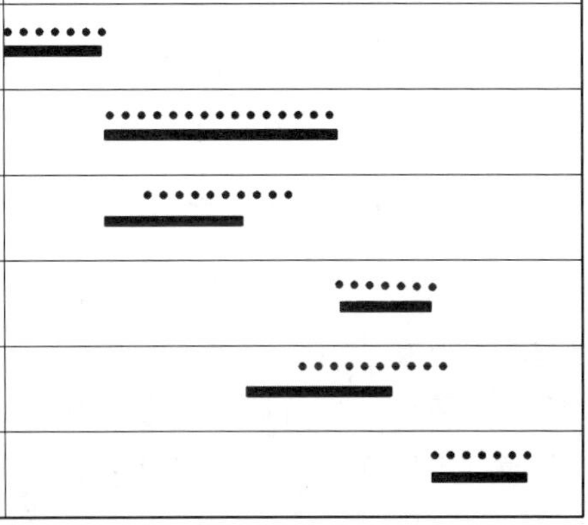

图 10-36　将图 10-35 改绘成网络横道图

# 第五节　网络计划优化

## 一、网络计划优化的概念与作用

### (一)网络计划优化的概念

所谓网络计划优化，就是在满足既定的约束条件下，按某一目标，通过不断调整，寻找最优网络计划方案的过程。因为我们可以经过调查研究、确定施工方案、划分施工过程、分析施工过程间的逻辑关系、编制施工过程一览表、绘制网络图、计算时间参数等步骤，确定网络计划的初始方案。然而要使工程计划如期实施，获得缩短工期、质量优良、资源消耗少、工程成本低的效果，必须对网络计划进行优化。网络计划优化包括工期优化、资源优化及费用优化。

### (二)网络计划优化的作用

1. 工期优化的作用在于当网络计划计算工期不能满足要求工期时，通过不断压缩关键线路上的关键工作的持续时间，达到缩短工期，满足工期要求的目的。

2. 一个部门或单位在一定时间内所能提供的各种资源(劳动力、机械及材料等)是有一定限度的，还有一个如何经济而有效地利用这些资源的问题。在资源计划安排时有两种情况：一种情况是网络计划需要资源受到限制，如果不增加资源数量(例如劳动力)有时也会迫使工程的工期延长，或者不能进行(材料供应不及时)；另一种情况是在一定时间内如何安排各工作活动时间，使可供使用的资源均衡地消耗。资源消耗是否均衡，将影响企业管理的经济效果。例如网络计划中在某一时间内红砖消耗数量比平均数量还要高 50%～60%，为了满足计划进度，供应部门突击供应，将使大量红砖进入现场，不仅增加二次搬运费用，而且会造成现场拥挤，影响文明施工，劳动部门也因瓦工需要数量突然增多而感到调度困难；当瓦工数量不能满足时，就得突击赶工，加班加点，以致增加各种费用。这都将给企业带来不必要的经济损失。资源优化的作用在于，在资源有限条件下，寻求完成。计划的最短工期，或者在工期规定条件下，力求资源消耗均衡。通常把这两方面的问题分别称为“资源有限，工期最短”和“工期固定，资源均衡”。

3. 完成一项工作常可以采用很多种施工方法和组织方法，而不同施工方法和组织方法，对完成同一工作就会有不同的持续时间与费用。由于一项工程是由很多工作组成,所以,安排一项工程计划时,就可能出现多种方案。它们的总工期和总成本也因此而有所不同。如何在这多种方案中确定一个最优或较优方案,需要用费用优化方法解决。

对于不同的优化目标,有不同优化理论和方法。在求解同一目标的优化时,其计算方法有多种。以下介绍《工程网络计划技术规程》中所述的优化方法。

## 二、网络计划的工期优化

网络计划编制后,最常遇到的问题是计算工期大于上级规定的要求工期。因此需要改变计划的施工方案或组织方案。但是在许多情况下,采用上述的措施后工期仍然不能达到要求,那么唯一的途径就是增加劳动力或机械设备,缩短工作的持续时间。缩短哪一个或哪几个工作才能缩短工期呢?工期优化方法能帮助计划编制者有目的地去压缩那些能缩短工期的工作的持续时间。解决此类问题的方法有"顺序法""加权平均法""选择法"等。"顺序法"是按关键工作开工时间来确定,先干的工作先压缩。"加权平均法"是按关键工作持续时间长度的百分比压缩。这两种方法没有考虑需要压缩的关键工作所需的资源是否有保证及相应的费用增加幅度。"选择法"更接近于实际需要,故在此作重点介绍。

### (一)"选择法"工期优化

可按下列因素选择应缩短持续时间的关键工作:

1. 缩短持续时间对质量影响不大的工作;
2. 有充足备用资源的工作;
3. 缩短持续时间所需增加的费用最少的工作。

### (二)工期优化的计算

应按下述步骤进行:

1. 计算并找出网络计划的计算工期、关键线路及关键工作;
2. 按要求工期计算应缩短的持续时间;
3. 确定各关键工作能缩短的持续时间;
4. 按上述因素选择关键工作压缩其持续时间,并重新计算网络计划的计算工期;
5. 当计算工期仍超过要求工期时,重复以上步骤,直到计算工期满足要求工期止;
6. 当所有关键工作的持续时间都已达到其能缩短的极限而工期仍不能满足要求时应对原组织方案进行调整或对要求工期重新审定。

### (三)现结合示例介绍工期优化的计算步骤

已知某网络计划如图 10-37 所示,图中括号外数据为工作正常持续时间,括号内数据为工作最短持续时间,假定上级指令性工期为 100 d,优化的步骤如下:

第一步,用工作正常持续时间计算节点的最早时间和最迟时间找出网络计划的关键工作及关键线路,如图 10-38所示。

其中关键线路用粗箭线表面,为①—③—④—⑥,关键工作为 1—3,3—4,4—6。

第二步,计算需缩短工期,图 10-38 所计算的工期需要缩短时间 60 d。根据图 10-37 中数据,关键工作 1—3 可缩短 20 d,3—4 可缩短 30 d,4—6 可缩短 25 d,共计可缩短 75 d,但考虑前述原则，因缩短工作 4—6 增加劳动力较多，故仅缩短 10 d，重新计算网络计划工期如图 10-39所示。图 10-39的关键线路为 1—2—3—4—6，关键工作为 1—2，2—3，3—5，5—6。工期为 120 d。

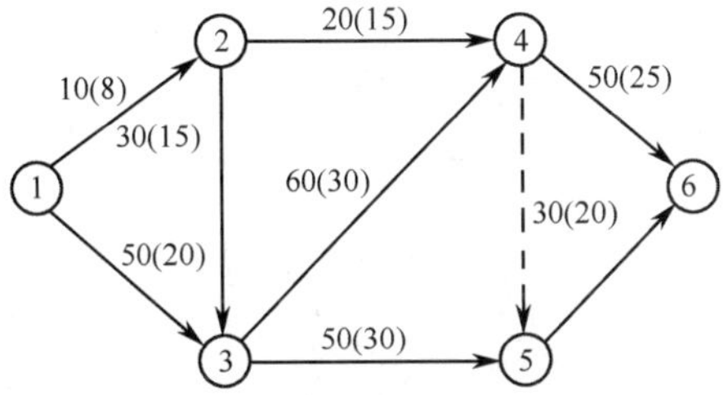


图 10-37　某网络计划

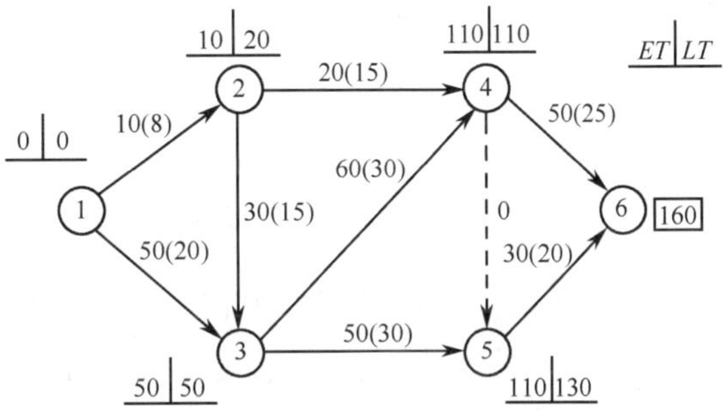


图 10-38　某网络计划的节点时间

按上级要求工期尚需压缩 20 d。仍根据前述原则，选择工作 2—3，3—5 较宜，用最短工作持续时间换置工作 2—3 和工作 3—5 的正常持续时间，重新计算网络计划，如图 10-40 所示。经计算，关键线路为 1—3—4—6，工期 100 d，满足要求。

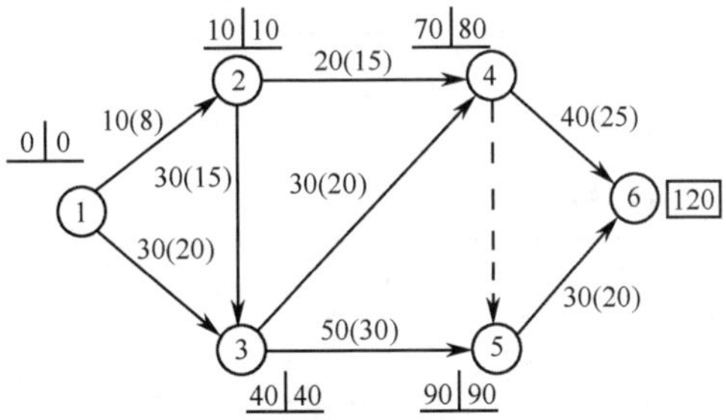


图 10-39　某网络计划第一次调整结果

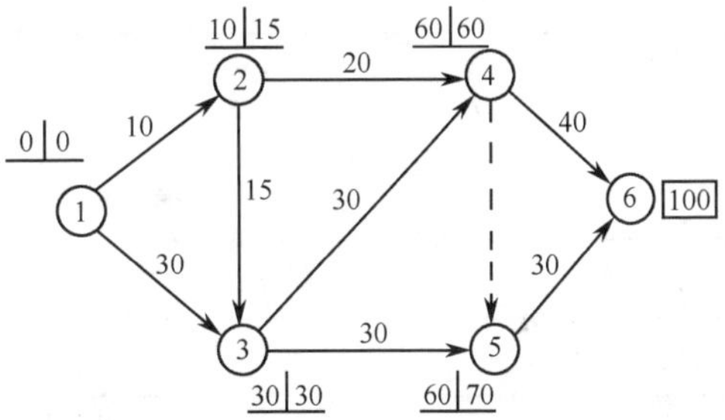


图 10-40　优化后的某网络计划

## 三、网络计划的资源优化

### (一)工期固定，资源均衡

所谓工期固定，是指要求工程在国家颁布的工期定额，甲、乙方签订的合同工期，或上级部门下达的工期指标范围内完成。一般情况下，网络计划的工期不能超过有关的规定。既然工期已定，那么我们只能考虑如何使资源使用比较均衡。一般来说，理想的资源计划安排如图 10-41所示，它是平行于时间坐标轴的一条直线。也就是说，每日资源需要保持不变。但这是不可能做到的。是否能趋于平均水平、上下波动少些呢？在工期规定下求资源均衡安排问题，就是希望高峰值减少到最低程度。用什么方法可以把高峰值减少呢？为了说明方便，我们且举例来介绍一种“削高峰法”。

已知某工程网络计划如图 10-42 所示。箭线下的数字表示工作的持续时间，箭线上的数字则表示工作需要的资源数量。

计算步骤如下：

第一步：按最早开始时间绘制时标网络计划，如图 10-43 所示。

第二步：计算每日资源需用量，见表 10-4。

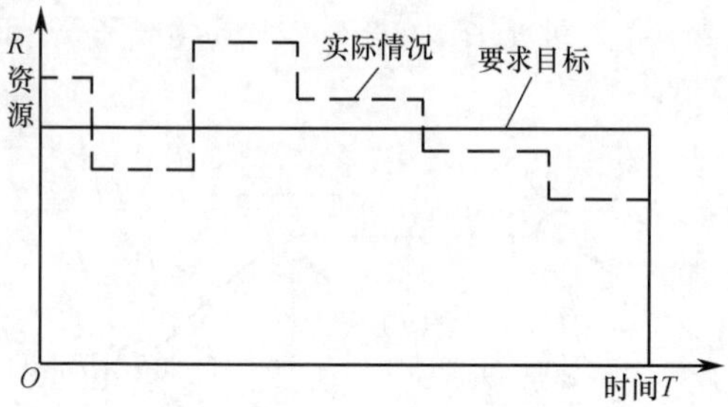


图 10-41　资源使用计划

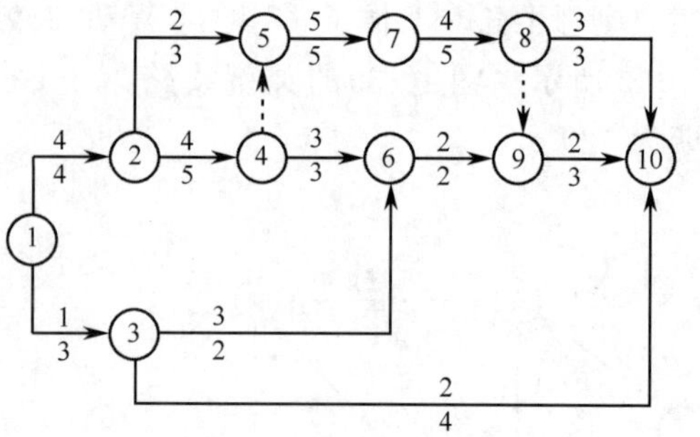

图 10-42　某工程网络计划

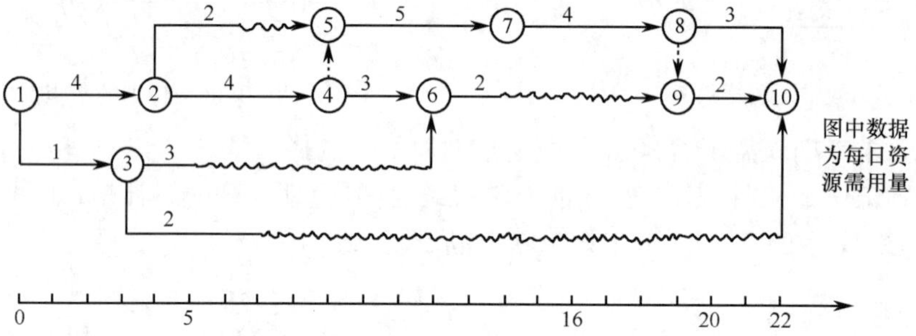


图 10-43　时标网络计划

**表 10-4　每日资源需用量表**

| 工　作　日 | 1 | 2 | 3 | 4 | 5 | 6 | 7 | 8 | 9 | 10 | 11 |
|---|---|---|---|---|---|---|---|---|---|---|---|
| 资 源 数 量 | 5 | 5 | 5 | 9 | 11 | 8 | 8 | 4 | 4 | 8 | 8 |
| 工　作　日 | 12 | 13 | 14 | 15 | 16 | 17 | 18 | 19 | 20 | 21 | 22 |
| 资 源 数 量 | 8 | 7 | 7 | 4 | 4 | 4 | 4 | 4 | 5 | 5 | 5 |

第三步:确定资源限量。

资源限量上限就是表 10-4 中最大值减去它的一个计量单位(可根据需要确定其大小,如 1 t或10 t等)的数值。优化时是使峰值先下降一个计量单位。然后按每次下降一个计量单位进行下去,直到基本“削平”。在本例中,最大值是第 5 天的 11,减去一个计量单位,资源限量定为

$$R=11-1=10$$

第四步:分析资源需用量的高峰并进行调整。

根据表 10-4 中资源需用量,可以确定何处出现超过资源限量的情况。对超过限量的时间区段中每一个工作($i$—$j$)是否能调整,按式(10-10)做出判别:

$$\Delta T_{ij}=TF_{ij}-(T_h-ES_{ij})\geqslant 0 \tag{10-10}$$

式中　$\Delta T_{ij}$——表示工作的时间差值;

$T_h$——表示资源需用量高峰期的最后时刻。

若不等式成立,则该工作可以向右移动至高峰值之后,即移动($T_h-ES_{ij}$)时间单位;若不等式不成立,则该工作不能移动。

当在需要调整的时段中不止一个工作可使不等式成立时,应按时间差值 $\Delta T_{ij}$ 的大小顺

序，最大值的优先移动：如果 $\Delta T_{ij}$ 值相同，则应考虑资源需用量小的优先移动。

在本例中，第 5 天资源需用量为 11，超过资源限量 $R_a=10$ 的规定。在这一天里有 2—5、2—4、3—6、3—10 四项工作，分别计算它们的 $\Delta T_{ij}$ 为

$$\Delta T_{2-5}=2-(5-4)=1$$

$$\Delta T_{2-4}=0-(5-4)=-1$$

$$\Delta T_{3-6}=12-(5-3)=10$$

$$\Delta T_{3-10}=15-(5-3)=13$$

通过 $\Delta T_{ij}$ 值计算，得知工作 2—5、3—6、3—10 都可以移动，其中工作 3—10 的 $\Delta T_{ij}$ 值最大，故优先将该工作向右移动 2 d(即第 5 天以后开始)，如图 10-44 所示，然后计算每日资源需用量，看峰值是否小于或等于资源限量 $R_a(R_a=10)$？如果由于工作 3—10 最早开始时间改变，其他时段中出现过 $R_a=10$ 的情况时，则重复第四步，直至不超过 $R_a=10$ 为止。本例工作 3—10 调整后，其他时间里没有再出现超过 $R=10$ 的。

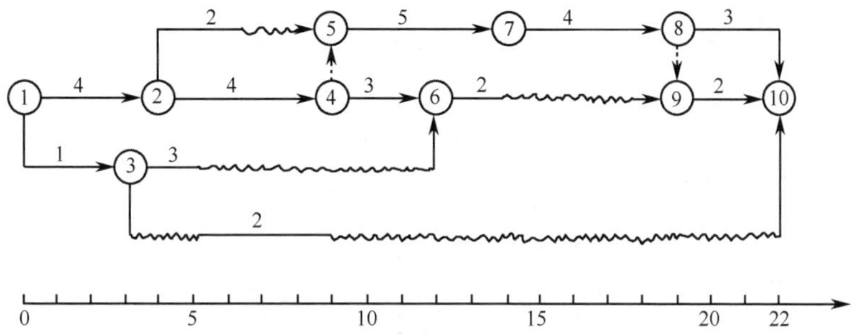


图 10-44　第一次调整后的时标网络计划

第二次调整：

画出工作 3—10 移动后的时标网络计划(图 10-44)，并计算出相应的每日资源需用量见表 10-5。

**表 10-5　第一次调整后的每日资源需用量表**

| 工　作　日 | 1 | 2 | 3 | 4 | 5 | 6 | 7 | 8 | 9 | 10 | 11 |
|---|---|---|---|---|---|---|---|---|---|---|---|
| 资 源 数 量 | 5 | 5 | 5 | 7 | 9 | 8 | 8 | 6 | 6 | 8 | 8 |
| 工　作　日 | 12 | 13 | 14 | 15 | 16 | 17 | 18 | 19 | 20 | 21 | 22 |
| 资 源 数 量 | 8 | 7 | 7 | 4 | 4 | 4 | 4 | 4 | 5 | 5 | 5 |

从表 10-5 得知，经第一次调整后，资源需用量最大值为 9。故资源限量定为 $R_a=9-1=8$。逐日检查至第 5 天，资源需用量超过了 $R_a=8$ 的值。在该天中有工作 2—4、3—6、2—5，各计算其 $\Delta T_{ij}$ 值为

$$\Delta T_{2-4}=0-(5-4)=-1$$

$$\Delta T_{3-6}=12-(5-3)=10$$

$$\Delta T_{2-5}=2-(5-4)=1$$

其中工作 3—6 的 $\Delta T$ 值为最大，故优先调整工作 3—6，将其向后移动 2 d(即第 5 天以后开始)，资源需用量变化见表 10-6。由表可知在第 6、7 两天资源需用量又超过了 $R_a=8$ 的值，在这一时段中有工作 2—5、2—4、3—10、3—6，再计算各 $\Delta T_{ij}$ 值为

表 10-6　每日资源需用量表

| 工　作　日 | 1 | 2 | 3 | 4 | 5 | 6 | 7 | 8 | 9 | 10 | 11 |
|---|---|---|---|---|---|---|---|---|---|---|---|
| 资 源 数 量 | 5 | 5 | 5 | 4 | 6 | 11 | 11 | 6 | 6 | 8 | 8 |
| 工　作　日 | 12 | 13 | 14 | 15 | 16 | 17 | 18 | 19 | 20 | 21 | 22 |
| 资 源 数 量 | 8 | 7 | 7 | 4 | 4 | 4 | 4 | 4 | 5 | 5 | 5 |

$$\Delta T_{2-5}=2-(7-4)=-1$$
$$\Delta T_{2-4}=0-(7-4)=-3$$
$$\Delta T_{3-6}=10-(7-5)=8$$
$$\Delta T_{3-10}=12-(7-5)=10$$

按理应选择 $\Delta T$ 最大值的工作 3—10，但因为它的资源需用量为 2，移动它仍然不能解决资源冲突，故选择工作 3—6(它的资源需用量为 3)，将其向右移动 2 d，相应的每日资源需用量变化见表 10-7。由表可知，在第 8、9 两天资源需用量又超过了 $R_a=8$，在这一时间区段中有工作 2—4、3—6、3—10，分别计算其 $\Delta T_{ij}$ 值为

$$\Delta T_{2-4}=0-(9-4)=-5$$
$$\Delta T_{3-6}=8-(9-7)=6$$
$$\Delta T_{3-10}=12-(9-5)=8$$

表 10-7　每日资源需用量表

| 工　作　日 | 1 | 2 | 3 | 4 | 5 | 6 | 7 | 8 | 9 | 10 | 11 |
|---|---|---|---|---|---|---|---|---|---|---|---|
| 资 源 数 量 | 5 | 5 | 5 | 4 | 6 | 8 | 8 | 9 | 9 | 8 | 8 |
| 工　作　日 | 12 | 13 | 14 | 15 | 16 | 17 | 18 | 19 | 20 | 21 | 22 |
| 资 源 数 量 | 8 | 7 | 7 | 4 | 4 | 4 | 4 | 4 | 5 | 5 | 5 |

选择 $\Delta T$ 值大的工作 3—10 优先调整，向右移动 4 d(即第 9 天以后开始)，每日资源需用量见表 10-8。由表可知，在第 10 至 13 天资源需用量又超过了 $R_a=8$。在这段时间中，有工作 5—7、4—6、3—10、6—9，分别计算其 $\Delta T_{ij}$ 值为

$$\Delta T_{5-7}=0-(13-9)=-4$$

工作 4—6 必须与 6—9 一同移动，即

$$\Delta T_{4-6}=5-(13-9)=1$$
$$\Delta T_{3-10}=9-(13-9)=5$$

表 10-8　每日资源需用量表

| 工　作　日 | 1 | 2 | 3 | 4 | 5 | 6 | 7 | 8 | 9 | 10 | 11 |
|---|---|---|---|---|---|---|---|---|---|---|---|
| 资 源 数 量 | 5 | 5 | 5 | 4 | 6 | 6 | 6 | 7 | 7 | 10 | 10 |
| 工　作　日 | 12 | 13 | 14 | 15 | 16 | 17 | 18 | 19 | 20 | 21 | 22 |
| 资 源 数 量 | 10 | 9 | 7 | 4 | 4 | 4 | 4 | 4 | 5 | 5 | 5 |

选择 $\Delta T$ 值大的工作 3—10 向右移动 4 d(从第 13 天以后开始)，计算每日资源需用量后，发现第 14 天仍超过，可将工作 3—10 再后移 1 d，再计算资源需用量，见表 10-9。此时已满足 $R_a=8$ 的要求，第二次调整计算完毕。画出时标网络计划，如图 10-45 所示。

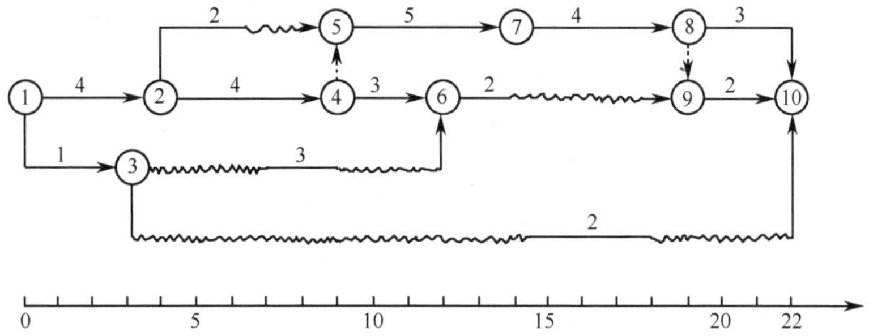


图 10-45　第二次调整后的时标网络计划

为了进一步考虑改善资源计划的均衡性，从表 10-9 得知资源需用量最大值为 8，故资源限量为 $R_a=8-1=7$。

第三次调整：

在表 10-9 中，第 10 至 12 天资源需用量超过 $R_a=7$ 的值，在这段时间内有工作 4—6、5—7，计算其 $\Delta T_{ij}$ 值为

$$\Delta T_{4-6}=5-(12-9)=1$$

$$\Delta T_{5-7}=0-(12-9)=-3$$

**表 10-9　第二次调整后的每日资源需用量表**

| 工　作　日 | 1 | 2 | 3 | 4 | 5 | 6 | 7 | 8 | 9 | 10 | 11 |
|---|---|---|---|---|---|---|---|---|---|---|---|
| 资 源 数 量 | 5 | 5 | 5 | 4 | 6 | 6 | 6 | 7 | 7 | 8 | 8 |
| 工　作　日 | 12 | 13 | 14 | 15 | 16 | 17 | 18 | 19 | 20 | 21 | 22 |
| 资 源 数 量 | 8 | 7 | 7 | 6 | 6 | 6 | 6 | 4 | 5 | 5 | 5 |

故选择工作 4—6 调整，向右移动 3 d(即第 12 天以后开始，因为工作 4—6 没有自由时差，工作 4—6 必须同工作 6—9 一起移动)，计算每日资源需用量，见表 10-10。由表可知，第 13 至 17 天超过了 $R_a=7$ 的值。在这段时间里有工作 5—7，4—6，6—9，7—8，3—10。再看图 10-45，能移在第 18 天以后开始的只有工作 3—10，而且在第 13 至 14 天仍然不能解决资源冲突。而从上述计算出的 $\Delta T$ 的数值看，工作 4—6 尚有两天可以利用，因此先考虑第 13 至 14 天的资源冲突，在这段时间里有工作 4—6 及 5—7。

**表 10-10　每日资源需用量表**

| 工　作　日 | 1 | 2 | 3 | 4 | 5 | 6 | 7 | 8 | 9 | 10 | 11 |
|---|---|---|---|---|---|---|---|---|---|---|---|
| 资 源 数 量 | 5 | 5 | 5 | 4 | 6 | 6 | 6 | 7 | 7 | 5 | 5 |
| 工　作　日 | 12 | 13 | 14 | 15 | 16 | 17 | 18 | 19 | 20 | 21 | 22 |
| 资 源 数 量 | 5 | 10 | 10 | 9 | 8 | 8 | 6 | 4 | 5 | 5 | 5 |

工作 4—6 再向右移动 2 d，工作 6—9 亦移动 2 d，每日资源需用量变化见表 10-11。由表可知，在第 15 至 18 天还超过 $R_a=7$ 的值，在这段时间里，有工作 7—8、4—6、3—10，计算 $\Delta T_{ij}$ 值为

**表 10-11 每日资源需用量表**

| 工　作　日 | 1 | 2 | 3 | 4 | 5 | 6 | 7 | 8 | 9 | 10 | 11 |
|---|---|---|---|---|---|---|---|---|---|---|---|
| 资 源 数 量 | 5 | 5 | 5 | 4 | 6 | 6 | 6 | 7 | 7 | 5 | 5 |
| 工　作　日 | 12 | 13 | 14 | 15 | 16 | 17 | 18 | 19 | 20 | 21 | 22 |
| 资 源 数 量 | 5 | 10 | 10 | 9 | 8 | 8 | 6 | 4 | 5 | 5 | 5 |

$$\Delta T_{7-8}=0-(18-14)=-4$$

$$\Delta T_{4-6}=4-(18-14)=-4$$

$$\Delta T_{3-10}=4-(18-14)=0$$

选择工作 3—10 调整，向右移动 4 d(即至第 18 天以后开始)，计算资源需用量，见表 10-12。在第 19 天资源需用量超过了 $R_a=7$ 的值，但此时所有工作已不能再向右移动。

**表 10-12 每日资源需用量表**

| 工　作　日 | 1 | 2 | 3 | 4 | 5 | 6 | 7 | 8 | 9 | 10 | 11 |
|---|---|---|---|---|---|---|---|---|---|---|---|
| 资 源 数 量 | 5 | 5 | 5 | 4 | 6 | 6 | 6 | 7 | 7 | 5 | 5 |
| 工　作　日 | 12 | 13 | 14 | 15 | 16 | 17 | 18 | 19 | 20 | 21 | 22 |
| 资 源 数 量 | 5 | 5 | 5 | 7 | 7 | 7 | 6 | 8 | 7 | 7 | 7 |

第五步：按上述步骤计算到所有工作都不能再向右移动后，接着就要考虑是否能向左移动。从表 10-12 看，工作 4—6 不能向左移动(因为将超过资源限量 $R_a=7$)，而工作 3—10，最早允许开始时间在第 3 天，在第 3 天至第 18 天时段中，第 10 至 14 天资源需用量为 5，如果该工作向左移动至第 10 天以后开始，就能满足资源限量要求，见表 10-13。至此，资源需用量高峰值已不能再减少一个单位，调整计算完。

**表 10-13 调整完后的每日资源需用量表**

| 工　作　日 | 1 | 2 | 3 | 4 | 5 | 6 | 7 | 8 | 9 | 10 | 11 |
|---|---|---|---|---|---|---|---|---|---|---|---|
| 资 源 数 量 | 5 | 5 | 5 | 4 | 6 | 6 | 6 | 7 | 7 | 5 | 7 |
| 工　作　日 | 12 | 13 | 14 | 15 | 16 | 17 | 18 | 19 | 20 | 21 | 22 |
| 资 源 数 量 | 7 | 7 | 7 | 7 | 7 | 7 | 6 | 6 | 5 | 5 | 5 |

第六步：绘制调整后的时标网络计划(图 10-46)。

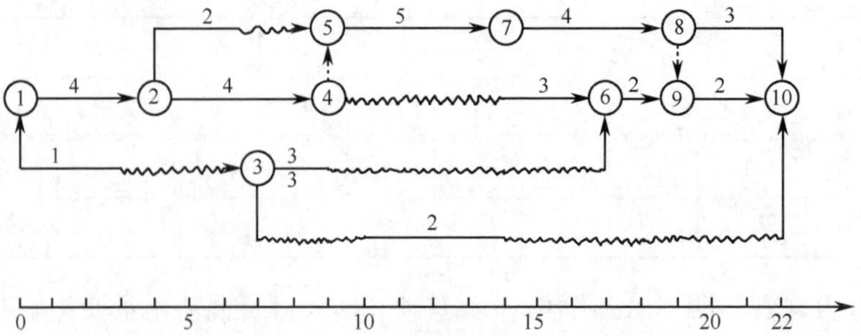


图 10-46 资源调整完成的时标网络计划

## (二)资源有限,工期最短

“资源有限,工期最短”的优化问题,必须在网络计划编制后进行。它不能改变各工作之间先后顺序关系,因而使用数学方法求解的问题变得复杂,目前解决这类问题的计算方法不少都只能得到比原方案较优的结果。为了达到一定的精度,我们将分两个方面讨论,即初始可行方案的编制和调整。

为了说明如何编制满足约束条件(资源有限)的网络计划,结合具体例子介绍是较为方便的。

已知某工程网络计划如图 10-47 所示,该计划是一个时标网络计划,图中箭线下为工作持续时间,箭线上为工作每日所消耗的资源,现假定每天只有 9 名工人可供使用,如何安排各工作的时间才能使工期达到最短?

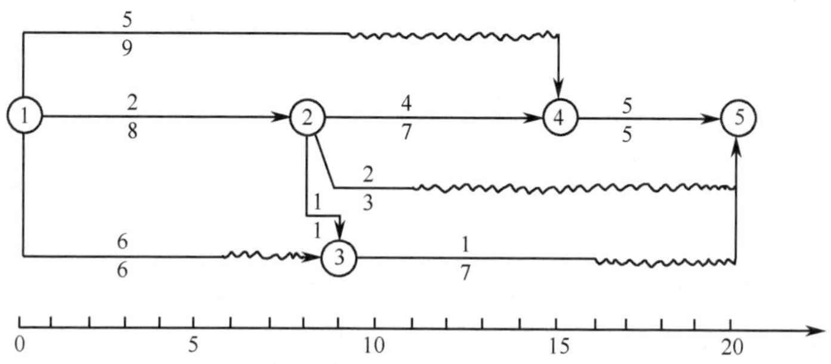


图 10-47　某工程网络计划

求解步骤:

第一步:计算每日资源需要量,见表 10-14。

**表 10-14　每日资源需用量表**

| 工　作　日 | 1 | 2 | 3 | 4 | 5 | 6 | 7 | 8 | 9 | 10 |
|---|---|---|---|---|---|---|---|---|---|---|
| 资 源 数 量 | 13 | 13 | 13 | 13 | 13 | 13 | 7 | 7 | 8 | 8 |
| 工　作　日 | 11 | 12 | 13 | 14 | 15 | 16 | 17 | 18 | 19 | 20 |
| 资 源 数 量 | 8 | 5 | 5 | 5 | 5 | 6 | 5 | 5 | 5 | 5 |

第二步:调整资源冲突。

1. 从开始日期起逐日检查每日资源数量是否超过资源限额,如果所有时间内均满足资源限额要求,初始可行方案就编制完成,否则须进行工作调整。

本例网络计划开始资源数量为 13,大于 9,必须进行调整。

2. 分析资源有冲突时段的工作。

在第 1 天至第 6 天,资源冲突时段中有工作 1—4,1—2,1—3。

3. 确定调整工作的次序。

设有两个工作为 $i$、$j$,有资源冲突,不能同时施工,如图 10-48 所示。

根据网络计划时间参数计算,工作 $i$ 和 $j$ 的有关资料见表 10-15。

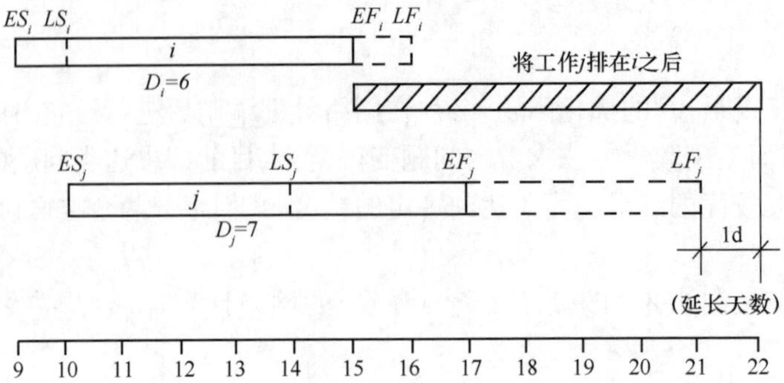


图 10-48　工作 $i$、$j$ 的安排对工期的影响

**表 10-15　工作 $i$、$j$ 的时间参数表**

| 工 作 名 称 | 时 间 参 数 | | | |
|---|---|---|---|---|
| | $ES$ | $EF$ | $LS$ | $LF$ |
| $i$ | 9 | 15 | 10 | 16 |
| $j$ | 10 | 17 | 14 | 21 |

如果把工作 $j$ 安排在 $i$ 之后进行，则工期延长为

$$\Delta D_{ij}=EF_i+D_j-LF_j=EF_i-(LF_j-D_j)=EF_i-LS_j \tag{10-11}$$

本例中，$EF_i-LS_j=15-14=1$，即延长工期 1 d，如把 $i$ 安排在 $j$ 之后，将延长工期

$$\Delta D_{ji}=EF_j-LS_i=17-10=7(\mathrm{d})$$

比较两种方案后，我们就能确定应该选择前一方案，即选择延长工期最短的方案。

因此，安排工作先后顺序时，可将发生资源冲突的各工作每次取两个进行排列，找出各种可能的调整方案，然后逐一计算其延长时间，最后再从中按照延长时间最小的那种排列方法去调整计划。事实上，这也就是把各工作中 $TLS$ 值最大的工作移置于 $TEF$ 值最小的工作之后。如果 $TEF$ 最小值和 $TLS$ 最大值同属一个工作，这时就应找出 $TEF$ 值为次小、$TLS$ 值为次大的工作分别组成两个方案，再从中选取较优的。

现在分析网络图(图 10-47)，工作 1—4、1—2、1—3 有资源冲突，分别计算 $\Delta D$ 值见表 10-16($\Delta D$ 的下标为表中工作的顺序号)。

**表 10-16　$\Delta D_{ij}$ 值计算表**

| 工作名称 | | $TEF_{i-j}$ | $TLS_{i-j}$ | $\Delta D_{1-2}$ | $\Delta D_{1-3}$ | $\Delta D_{2-1}$ | $\Delta D_{2-3}$ | $\Delta D_{3-1}$ | $\Delta D_{3-2}$ |
|---|---|---|---|---|---|---|---|---|---|
| 1 | 1—4 | 9 | 6 | 9 | 2 | | | | |
| 2 | 1—2 | 8 | 0 | | | 2 | 1 | | |
| 3 | 1—3 | 6 | 7 | | | | | 0 | 6 |

$\Delta D_{ij}$ 值小于或等于零，则说明工作 $j$ 安排在工作 $i$ 之后工期不会增加。

在本例中工作 1—4 安排在工作 1—3 后，相应工期增加为零，绘制新的网络图，如图10-49所示。再转回第一步。

按图 10-49 计算每日资源数量，见表 10-17。逐日检查该表，发现在第 9 天资源又发生冲突，有工作 1—4、2—4、2—3、2—5，计算 $\Delta D_{ij}$，确定 $\Delta D_{ij}$ 最小值应是 $\Delta D_{3-4}=-8$，选择工作 2—5 安排在工作 2—3 之后。再分析资源是否有冲突？工作 2—5 最早开始时间调整后，剩下

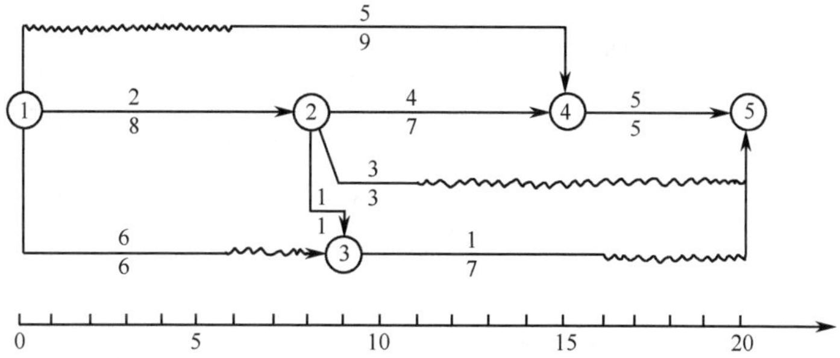


图 10-49　根据表 10-16 绘制的新网络图

尚有工作 1—2、2—4、2—3，资源数量仍有冲突，考虑 $\Delta D_{ij}$ 最小值，利用表 10-18 中的数据，不必重新计算，考虑新的 $\Delta D_{ij}$ 最小值时，表 10-18 中凡与工作 2—5 有关的 $\Delta D_{ij}$ 值已失去意义了，可以不再考虑。这样 $\Delta D_{ij}$ 的最小值就是 $\Delta D_{2-3}$ 了，应把工作 2—4 安排在工作 2—3 之后，工期增加 1 d，绘制新的网络图，再转第一步。至此，资源冲突已全部获得解决，得到了初步可行方案。

**表 10-17　每日资源需用量表**

| 工　作　日 | 1 | 2 | 3 | 4 | 5 | 6 | 7 | 8 | 9 | 10 |
|---|---|---|---|---|---|---|---|---|---|---|
| 资 源 数 量 | 8 | 8 | 8 | 8 | 8 | 8 | 7 | 7 | 13 | 13 |
| 工　作　日 | 11 | 12 | 13 | 14 | 15 | 16 | 17 | 18 | 19 | 20 |
| 资 源 数 量 | 13 | 10 | 10 | 10 | 10 | 6 | 5 | 5 | 5 | 5 |

**表 10-18　$\Delta D_{ij}$ 值计算表**

| 工作名称 | | $EF_{i-j}$ | $LS_{i-j}$ | $\Delta D_{1-2}$ | $\Delta D_{2-3}$ | $\Delta D_{1-4}$ | $\Delta D_{2-1}$ | $\Delta D_{2-3}$ | $\Delta D_{2-4}$ |
|---|---|---|---|---|---|---|---|---|---|
| 1 | 1—4 | 15 | 6 | 7 | 3 | −2 | | | |
| 2 | 2—4 | 15 | 8 | | | | 9 | 3 | −2 |
| 3 | 2—3 | 9 | 12 | | | | | | |
| 4 | 2—5 | 11 | 17 | | | | | | |
| 工作名称 | | $EF_{i-j}$ | $LS_{i-j}$ | $\Delta D_{3-1}$ | $\Delta D_{3-2}$ | $\Delta D_{3-4}$ | $\Delta D_{4-1}$ | $\Delta D_{4-2}$ | $\Delta D_{4-3}$ |
| 1 | 1—4 | 15 | 6 | | | | | | |
| 2 | 2—4 | 15 | 8 | | | | | | |
| 3 | 2—3 | 9 | 12 | 3 | 1 | −8 | | | |
| 4 | 2—5 | 11 | 17 | | | | 5 | 3 | −1 |

4. 画出初始可行方案图。

本例经过三次调整后，得到优化方案，如图 10-50 所示，其每日资源需要量见表 10-19。与初始方案比较，工期增加了 2 d，资源高峰下降了 4 个单位。

**表 10-19　按初始可行方案的每日资源需用量表**

| 工　作　日 | 1 | 2 | 3 | 4 | 5 | 6 | 7 | 8 | 9 | 10 | 11 |
|---|---|---|---|---|---|---|---|---|---|---|---|
| 资 源 数 量 | 8 | 8 | 8 | 8 | 8 | 8 | 7 | 7 | 6 | 9 | 9 |
| 工　作　日 | 12 | 13 | 14 | 15 | 16 | 17 | 18 | 19 | 20 | 21 | 22 |
| 资 源 数 量 | 9 | 9 | 9 | 9 | 8 | 4 | 9 | 6 | 6 | 6 | 6 |

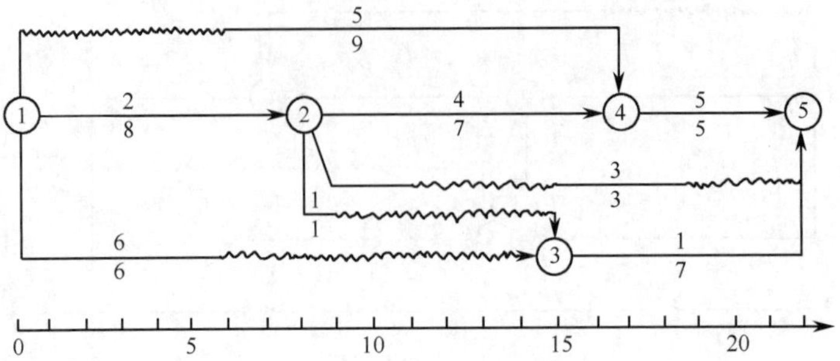


图 10-50　优化方案

## 四、网络计划的费用优化

### (一)时间和费用的关系

工程的成本是由直接费和间接费组成的,而直接费是由材料费、人工费及机械费等构成。由于所采用的施工方案不同,它的费用差异也是很大的。同是钢筋混凝土框架结构的建筑,可以采用预制装配方案,也可以采用现浇方案。如采用现浇方案时,可以采用塔式起重机及吊斗作为混凝土运输的主要设备,也可以采用混凝土泵或其他运输方法;模板可以用木模,也可以用定型钢模板等。施工方案不同,它的费用也不同。间接费包括施工组织管理的全部费用。在考虑工程总成本时,还应考虑可能因拖延工期而罚款的损失或提前竣工而得的奖励,甚至也应考虑因提前投产而获得的收益等。

现在我们先来看一下工程的时间和直接费的关系,图 10-51 中的直接费曲线说明了工程工期变化与费用变化的关系。

直接费曲线通常是一条由左上向右下的下凹曲线,因为直接费总是随着工期的缩短而更快增加的,它是为缩短工程工期时选择最优方案而画出的。曲线从 $A$ 点到 $B$ 点是按照缩短工期时,优先采用费用最低的措施,然后逐步采用费用较高的措施,最后到达最短工期 $B$ 点。如再对其他工作采用加快措施,它只会增加工程的费用,而不会再缩短工期。

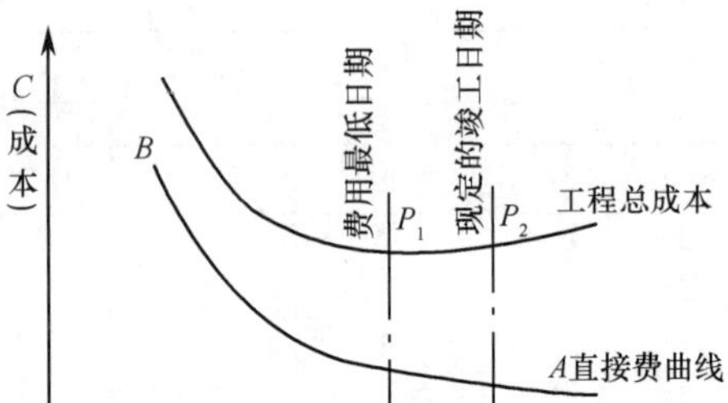


图 10-51　工程时间—总成本关系曲线

再考虑间接费的影响。间接费曲线一般是一条向右上方上升的斜线,表明它是随着时间的增加而增加的。

由于工程的总成本是直接费与间接费之和,所以工程的总成本曲线就是直接费曲线与间接费曲线的组合,图 10-51 即为工程时间—总成本(费用)曲线。

在工程总成本曲线上,有一个成本最低点 $P_1$,它就是费用最低的最优方案,它的相对工期 $t_1$ 就是最优工期。如果知道了要求工期 $t_2$,也可以很容易地找到与之相应的总成本 $P_2$。

就工作而言,完成一个工作的施工方法也很多,但是总有一个是费用最低的,我们就称之相应的持续时间为正常时间。如果要加快工作的进度,就要采取加快措施,这些措施可以是:加班加点,增加工作班次,增加或换用大功率机械设备,采取更有效的施工方法等。采用这些措施一般是要增加费用的，但工作持续时间在一定条件下也只能缩短到一定的限度，这个加快的极限时间称为“加快时间”。

工作时间—费用曲线可能有图10-52的各种形式。

1. 单一的连续直线形，如图10-52(a)所示，这是把正常时间点 $N$ 与加快时间点 $C$ 直接连成一条直线，直线中间各点代表在 $N$—$C$ 之间的工期要花费相应的费用。由于每个工作在整个工程中是占着较小的比重，这种近似的求法一直被认为是可行的，如果一项工程的工作不是分得很粗的话，其结果还是相当精确的。对于不同的工作，它的直接费的增加情况也是不一样的，我们可以用单位时间内的费用增加率，或称费用率，用 $\Delta C_{ij}$ 来表示。若正常施工方案点 $N$ 的正常时间是以 $DN$ 表示，相应的正常费用为 $CN$，缩短后的加快施工方案点 $C$，它的加快时间为 $DC$，相应的施工费用为 $CC$，这样就可以算出费用率 $\Delta C_{ij}$ 来。通过费用率可以看出哪个工作在缩短工期时花费最低，需要时即优先加快这项工作。费用率 $\Delta C_{ij}$ 可用式(10-12)计算。

$$\Delta C_{ij}=\frac{CC_{ij}-CN_{ij}}{DN_{ij}-DC_{ij}} \tag{10-12}$$

2. 折线形时间—费用曲线，如图10-52(b)所示，它要比上述单一的连续直线形曲线更为精确和直观。因为它要求提供的数据太多，广泛地应用于时间—费用调整中是不合理的，但是在把某一项工作放大为一个局部网络图以进行详细分析时，采用这种更为详细的折线形时间—费用曲线则是必要的，因为可以把这个工作看成是一个小的工程来绘制时间—费用曲线。

3. 图10-52(c)表示的是另一种工作时间—费用曲线的形式，$NA$ 线段代表一种施工方法，如果正常时间和费用是 $N$，如投入更多的劳动、机械等就可以达到 $A$ 点。而 $AB$ 段则表示换了另外一种施工方法而引起了费用的增加，但工期没有缩短，而 $BC$ 段表示用新的施工方法并投入更多的人力、设备等而得到的曲线。它很难用于优化的调整程序中。所以一般采用正常施工点到加快施工点之间的连线 $NC$ 的近似法来表示，用在局部区域是可以的。

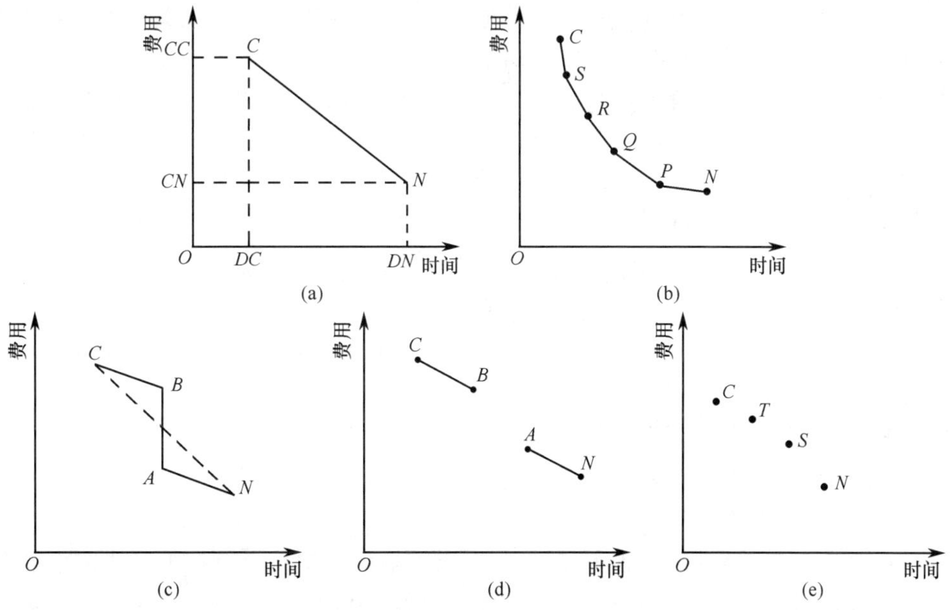


图10-52　工序的时间—费用曲线形式

4. 图10-52(d)表示的是工作时间—费用非连续变化的关系，它表示这个工作两种施工方法之间工作持续时间及费用的变化都有很大的距离。这种变化关系多数属于机械施工方案,表示该工作只能在几个互不相同的施工方案中选择,但尚有小部分连续变化关系。

5. 离散式的点型工作时间—费用关系。这种关系也多属于机械施工方案。工作可能采取几种不同的施工方案,各方案之间无任何关系,工作也不能逐天缩短,只能在几个方案中选择,如图 10-52(e)所示。

### (二)工程时间—费用优化计算

从成本的观点来分析问题,目的就是要使整个工程的总成本最低。具体的问题可以有下列几方面:

(1)在规定工期的条件下,求出工程的最低成本。

(2)如希望进一步缩短工期,则应考虑如何使所增加的成本最小。

(3)要求以最低成本完成整个工程计划时,如何确定它的最优工期。

(4)如准备增加一定数量的费用,以缩短工程的工期,它可以比原计划缩短多少天?

这就是我们要解决的问题。为了使时间—费用调整工作能付诸多施,我们着重介绍手算的方法。虽然从数学观点来说是不严密的,但它较为简便,且能得到较优的方案,可以满足一般的施工要求。

工作的步骤是:首先求出不同工期下的最低直接费用,然后考虑相应的间接费影响,最后再通过叠加求出不同工期的最低工程总成本。

准备工作除了要绘制逻辑关系正确的网络计划之外,还应对各工作求出正常时间 $DN$ 及正常费用 $CN$、加快时间 $DC$ 及加快费用 $CC$ 这 4 个数据。并且假定各工作的费用变化率 $\Delta C_{ij}$ 是连续的、线性的,即工作时间缩短与费用的增长关系是个常数。

费用优化计算步骤如下:

1. 简化网络计划。

不同工期的最低直接费用是通过各个不同工期在最小费用率下压缩关键工作的持续时间取得的。因此在缩短工期过程中,有些工作不能变成关键工作。简化网络计划的目的在于删去那些不能转变成关键工作的非关键工作。这样无论用手工计算或用计算机计算将减少不少计算量。

简化网络计划的方法为:

(1)按工作正常持续时间找出关键工作及关键线路。

(2)令各关键工作都采用其最短持续时间,并进行时间参数计算,找出新的关键工作及关键线路。重复此步骤直至不能增加新的关键线路为止。

(3)删去不能成为关键工作的那些工作,将余下的工作的持续时间恢复为正常持续时间,组成新的简化网络计划。

2. 计算网络计划中各工作费用率 $\Delta C_{ij}$ 。

3. 在简化网络计划中找出费用率(或组合费用率)最低的一项关键工作或一组关键工作,作为缩短持续时间的对象。

4. 缩短找出的工作或一组工作的持续时间,其缩短值必须符合所在关键线路不能变成非关键线路,且缩短后其持续时间不小于最短持续时间的原则。

5. 计算相应增加的总费用。

6. 考虑工期变化带来的间接费及其他损益,在此基础上计算总费用。

7. 重复 3、4、5、6 步骤直到总费用最低为止。

现结合示例说明计算方法及步骤如下。

已知网络计划如图 10-53 所示。试求出费用最少的工期。图中箭线上方为工作的正常费用和最短时间的费用(千元),箭线下方以为工作的正常持续时间和最短的持续时间。已知间接费率为 120 元/d。

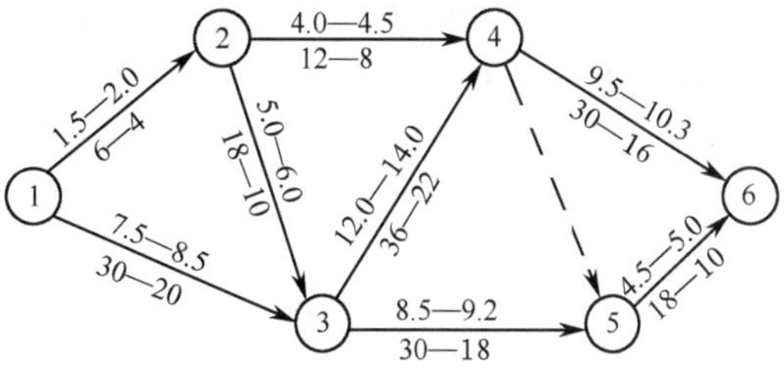

图 10-53　已知网络计划

第一步:简化网络图

简化网络图的目的是在缩短工期过程中,删去那些不能变成关键工作的非关键工作,使网络简化,减少计算工作量。

首先,按持续时间计算,找出关键线路及关键工作,如图 10-54 所示。

其次,从图 10-54 中看,关键线路为①—③—④—⑥,关键工作为 1—3、3—4、4—6。用最短的持续时间置换那些关键工作的正常持续时间,重新计算,找出关键线路及关键工作。重复本步骤,直至不能增加新的关键线路为止。

经计算,图 10-54 中的工作 2—4 不能转变为关键工作,故删去它,重新整理成新的网络计划,如图 10-55 所示。

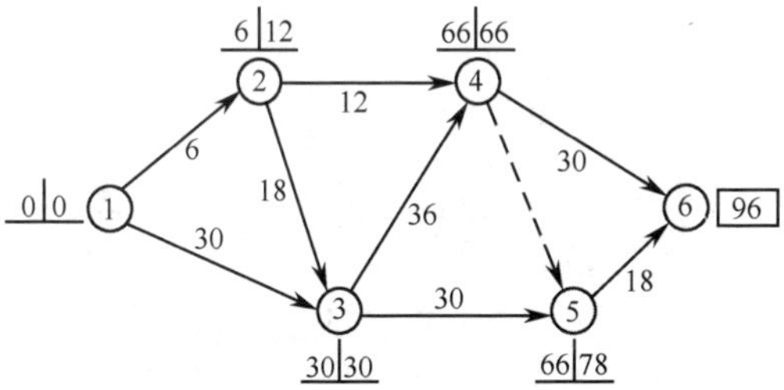

图 10-54　按正常持续时间计算的网络计划

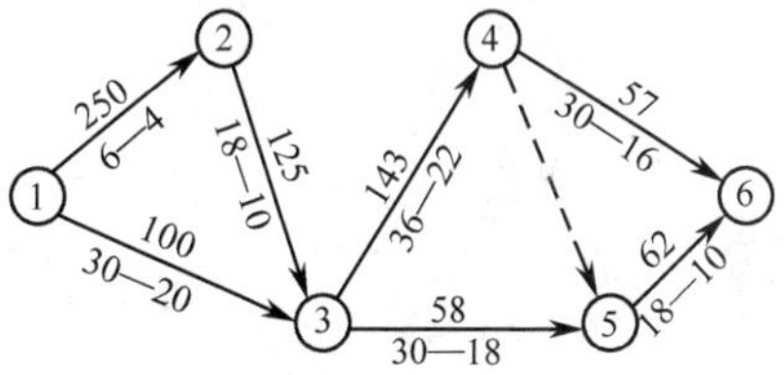

图 10-55　新的网络计划

第二步:计算工作费用率

工作 1—2 的费用率 $\Delta C_{1-2}$ 为

$$\Delta C_{1-2}=\frac{CC_{1-2}-CN_{1-2}}{DN_{1-2}-DC_{1-2}}=\frac{2.0-1.5}{6-4}=250(\text{元/d}) \tag{10-13}$$

其他工作费用率也进行相应计算,然后标注在图 10-55 中相应的箭线上方。

第三步:找出关键线路上工作费用率最低的关键工作。在图 10-56 中,关键线路为①—③—④—⑥,工作费用率最低的关键工作是 4—6。

第四步:确定缩短时间大小的原则是原关键线路不能变为非关键线路。

已知关键工作 4—6 的持续时间可缩短 14 d,由于工作 5—6 的总时差只有 12 d(96－18－66＝12),因此,第 1 次缩短只能是 12 d,工作 4—6 的持续时间应改为 18 d,如图 10-57 所示。

计算第 1 次缩短工期后,增加的费用 $C_1$ 为

$$C_1=\Delta C_{4-6}\times 12=57\times 12=684(\text{元})$$

通过第 1 次缩短,图 10-57 中关键线路变成了两条,即①—③—④—⑥和①—③—④—⑤—⑥。如果使该图的工期再缩短,必须同时缩短两关键线路上的时间。为了减少计算次数,关键工作 1—3、4—6 及 5—6 都缩短时间,工作图 10-57 第 1 次工期缩短的网络计划 5—6 持

续时间只能允许再缩短 2 d,故该工作持续时间缩短 2 d。工作 1—3 持续时间可允许缩短 10 d,但考虑工作 1—2 和 2—3 的总时差有 6 d(12－0－6＝6 或 30－18－6＝6),因此工作 1—3 持续时间缩短 6 d,共计缩短 8 d,计算第 2 次缩短工期后增加的费用 $C_2$ 为

$$C_2=C_1+100\times6+(57+62)\times2=684+600+238=1\ 522(\text{元})$$

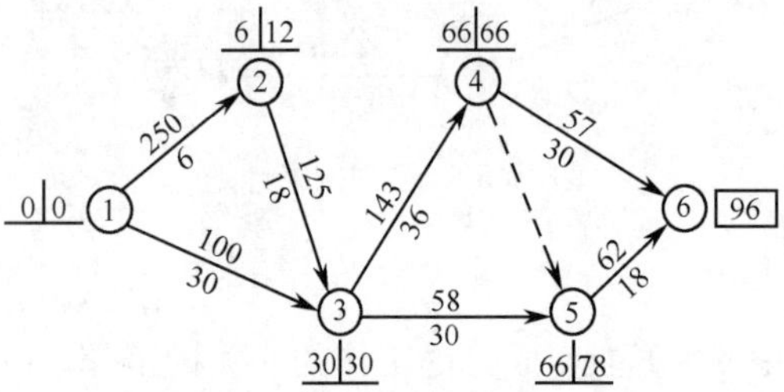


图 10-56　按新的网络图确定关键线路

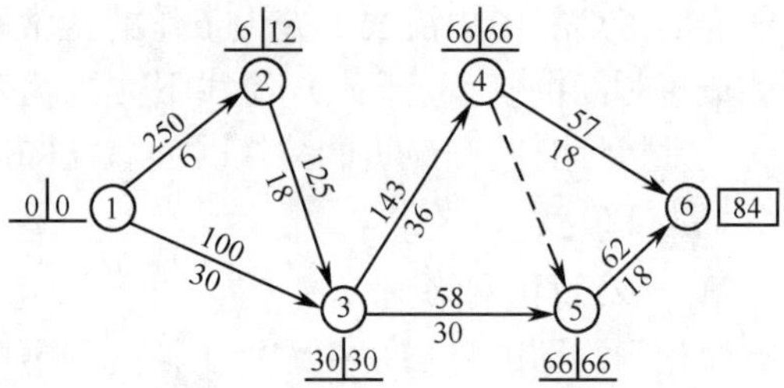


图 10-57　第 1 次工期缩短的网络计划

第 3 次缩短。从图 10-58 上看,工作 4—6 不能再缩短,关键工作 3—4 的持续时间可缩短 6 d,因工作 3—5 的总时差为 6 d(60－30－24＝6),计算第 3 次缩短工期后增加的费用 $C_3$。

$$C_3=C_2+C_{3-4}\times6=1\ 522+143\times6=2\ 380(\text{元})$$

第 4 次缩短。从图 10-59 上看,缩短工作 3—4 和 3—5 持续时间 8 d,因为工作 3—4 最短的持续为 22 d,第 4 次缩短工期后增加的费用 $C_4$ 为

$$C_4=C_3+(143+58)\times8=2\ 380+201\times8=3\ 988(\text{元})$$

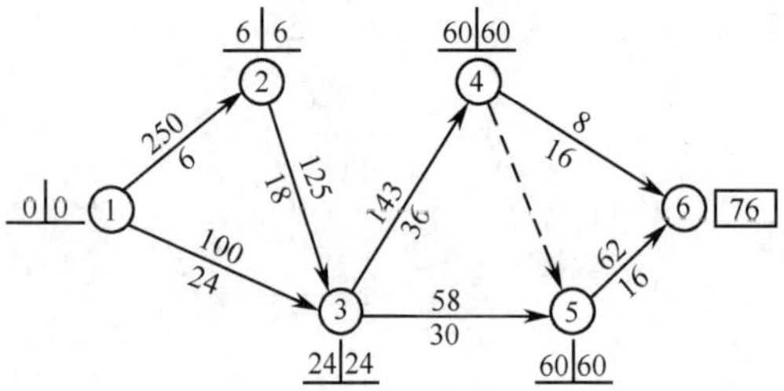


图 10-58　第 2 次工期缩短的网络计划

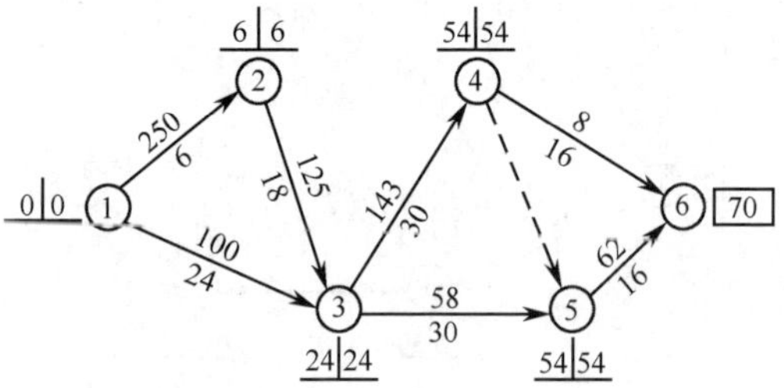


图 10-59　第 3 次工期缩短的网络计划

第 5 次缩短。从图 10-60 上看,关键线路有 4 条,只能在关键工作 1—2、1—3、2—3 中选择,只能缩短工作 1—3 和 2—3(工作费用率为 125＋100)持续时间 4 d。工作 1—3 的持续时间已达到最短,不能再缩短,经过五次缩短工期,不能再减少了,如图 10-61 所示,不同工期增加直接费用计算结束,第 5 次缩短工期后共增加费用 $C_5$ 为

$$C_5=C_4+(125+100)\times4=3\ 988+900=4\ 888\quad(\text{元})$$

考虑不同工期增加费用及间接费用影响,见表 10-20,选择其中组合费用最低的工期作最佳方案。

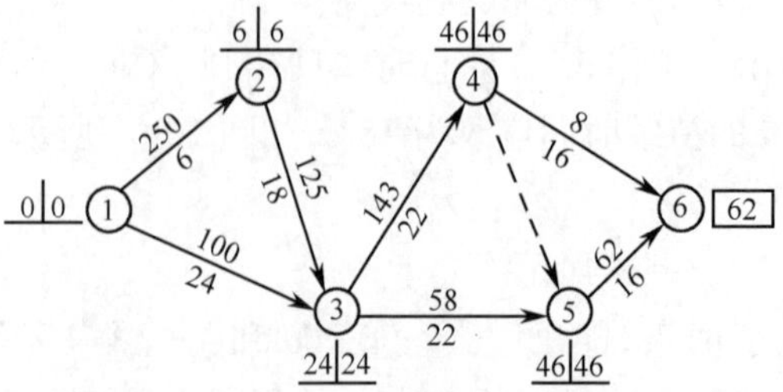


图 10-60　第 4 次工期缩短的网络计划

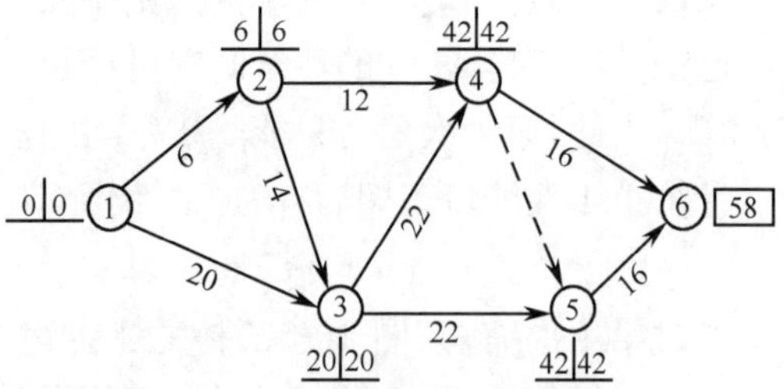


图 10-61　第 5 次工期缩短的网络计划

表 10-20　不同工期组合费用表

| 不同工期(d) | 96 | 84 | 76 | 70 | 62 | 58 |
|---|---|---|---|---|---|---|
| 增加直接费用(元) | 0 | 684 | 1 522 | 2 380 | 3 988 | 4 888 |
| 间接费用(元) | 11 520 | 10 080 | 9 120 | 8 400 | 7 440 | 6 960 |
| 合计费用(元) | 11 520 | 10 764 | 10 642 | 10 780 | 11 428 | 11 848 |

从表 10-20 中可看出，工期 76 d，费用合计最少。

### (三)时间和费用调整法在实际应用中的几个问题

1. 要作时间—费用调整，首先要求出每一工作的正常费用、加快费用及其相应的持续时间。我们可以这样来考虑：每一工作的正常费用既是在正常条件下施工的费用，也是最低的费用。这在我国目前情况下即是预算中的费用，所以，首先在划分网络计划的工作时，就应满足管理部门对成本核算和指标分管的要求。因此，网络计划的工作不宜过粗，应是基层网络计划工作的合并与扩大。其次，网络计划的工作应尽量与现行的预算定额、施工预算编制的方法相一致，以利在现行管理制度下应用。同时，网络计划的工作也不宜过细，以免过多地增加数据及计算工程量。

各工作正常施工的直接费是以预算中的直接费为基础的，所以工作的直接费可以将预算中的人工、机械费扣除，再分别按当时具体情况下正常和加快两种施工方案计算相应的人工、机械费用，补入工作的直接费中，以求出正常和加快施工的直接费。

间接费的计算较为复杂，在时间—费用调整的实际计算过程中，可不必求出它的真正数值，而只要求出因延长或缩短工期间接费的增减情况即可以了。如管理人员及后勤人员的工资、大型设施、机械设备等的租赁费、公用和福利事业费、利息等。

2. 前面叙述的方法，每个工作都是单独考虑的，但实际上加快一项工作所采取的措施也会影响到其他工作的。例如，当对某工作做出加班加点的决定，可能还要同时配备其他小组的人力才行。如加班是在夜里，则照明、夜餐等都要配合。如在天黑以前那就不需要这些了。如这项工作的加班虽然在夜里，但工作面上可能已有其他工种在工作，这时电工、照明费即可适当降低了。

又如，为加快某一工作要调入一台大型设备。这台设备还可以为以后的工作利用，由于它的进场费已在第一个工作中扣除了，因此在加快后一工作时费用即可以降低了。所以在每个加快周期之后，就应该对原来的数据进行修改，不再采用因条件改变而不再符合实际的数据。但是一开始就要求提供这些有影响的数据是不现实的，因为那时还不知道要加速的是哪几个工作，在加速这一工作时其他工作是否已加速到了极限，其他加速的工作有没有调进新设备来等。

由于计划人员难以预测出当时的具体条件，所以在采用计算机时，只能每个工作分别单独考虑。但在手算的过程中就有可能不断地对这些数据进行审定和修改，使计划更加切合实际情况。

3. 工作时间—费用曲线与工程时间—费用曲线的形成应该是一样的，因每一项工作都可以扩大为一局部网络，也就变成一项小工程，所以它的时间—费用曲线应该是图 10-52(b)所示的那样。因工作时间较短，所以在时间—费用调整过程中，我们可近似地用直线表示,这不仅使计算简化,而且更为实用。但这种工作的曲线图形都有一个可行的加快段,即前部分费用变化率较低的那一段。这部分要比用两个端点连线而成的费用率低得多。根据正常与加快两点来确定的费用率有时会显得很陡,因而很多工作就没有被加快,很多有利的方案也就被放弃了。为了取得最大的经济效果,很重要的一点,要在关键工作的最低费用率那一段范围内进行加快,它会得出一个更为经济的方案。如果利用工作时间—费用曲线中费率较低的那部分来调整进度计划,则求出近似最优解的可能性加大了。从国外的实践经验来看,似乎可以肯定,采用工作时间—费用曲线中费率较低那部分进行分析调整的结果,会比在整个工程网络图中采用两点斜率的方法进行分析调整的结果更为有利,可得到一个更为经济的方案。但这样做会增加很大的工作量,只有在经济效益较显著时,才适合采用这种方法。

4. 时间—费用调整法在局部网络计划中的应用问题。在利用总网络计划时容易进行分析,但在局部网络计划中应用时,则在实际工作中会受到很多限制。原因是,局部网络计划只能代表整个工程中的很小的一部分,并不是所有可供选择的最有利加快方案都在这个局部网络计划中。如工程有多条关键线路,最优方案可能是本局部网络计划中的一个工作和另一个局部网络计划中的另一工作相配合的方案。

有了改进方案总比没有改进方案要好,在局部网络计划中应用时间—费用调整法,其目的是判断所有的改动是否对工程有利,有否改进,它虽不是一个最优方案,但也是一个比较好的方案。

## 复习思考题

10-1 何谓网络计划技术?它的基本原理是什么?其特点有哪些?

10-2 什么是网络图?网络计划如何分类?

10-3 试说明双代号网络图的组成要素。

10-4 试说明双代号网络图的绘图规则和方法。

10-5 试说明双代号网络图时间参数种类和计算方法。

10-6 试说明单代号网络图的组成要素。

10-7 试说明单代号网络图的绘图规则和方法。

10-8 试说明单代号网络图时间参数种类和计算方法。

10-9 什么是关键工序?什么是关键线路?什么是计划工期?

10-10 什么是时标网络计划?其绘制方法和步骤有哪些?

10-11 什么是网络横道图?

10-12 试说明网络计划优化的概念、作用和种类。

10-13 简述网络计划工期优化的概念和步骤。

10-14 简述"工期固定、资源均衡"的优化原理和步骤。

10-15 简述"资源有限、工期最短"的优化原理和步骤。

10-16 简述网络计划的费用优化的原理和步骤。

10-17 某项工程由9项工作组成,各项工作之间的网络逻辑关系见表10-21,试绘出其双代号网络图。

**表 10-21　工作间网络逻辑关系表**

| 工作名称 | 紧前工作 | 紧后工作 | 持续时间(d) |
|---|---|---|---|
| $A$ | — | $E$、$F$、$D$ | 4 |
| $B$ | — | $G$、$H$ | 7 |
| $C$ | — | $H$、$I$ | 5 |
| $D$ | $A$ | $H$ | 3 |
| $E$ | $A$ | $G$、$H$ | 6 |
| $F$ | $A$ | $H$、$I$ | 6 |
| $G$ | $B$、$E$ | — | 5 |
| $H$ | $B$、$C$、$D$、$E$、$F$ | — | 8 |
| $I$ | $C$、$F$ | — | 6 |

10-18　某施工项目由 9 项工作组成,各项工作之间的相互制约、相互依赖关系见表 10-22,试绘出其双代号网络图。

**表 10-22　工作间网络逻辑关系表**

| 工作名称 | 紧前工作 | 紧后工作 | 持续时间(d) |
|---|---|---|---|
| $A$ | $Q$、$R$ | $E$、$D$ | 10 |
| $B$ | $R$ | $D$ | 4 |
| $C$ | $Q$ | $E$ | 6 |
| $D$ | $A$、$B$ | $F$ | 7 |
| $E$ | $A$、$C$ | $F$ | 5 |
| $F$ | $D$、$E$ | — | 4 |
| $P$ | — | $Q$、$R$ | 5 |
| $Q$ | $P$ | $A$、$C$ | 8 |
| $R$ | $P$ | $A$、$B$ | 6 |

10-19　某现浇混凝土工程,由支模板、绑钢筋、浇筑混凝土三个分项工程组成。它在平面上划分为三个施工段,各分项工程施工顺序和在各个施工段上的持续时间依次为:支模板 6 d、绑钢筋 4 d 和浇筑混凝土 2 d。试绘出其双代号网络图。

10-20　某施工项目由 10 项工作组成,各项工作之间的相互制约、相互依赖关系见表 10-23,试绘出其双代号网络图。

**表 10-23　工作间网络逻辑关系表**

| 工作名称 | 紧前工作 | 紧后工作 | 持续时间(d) |
|---|---|---|---|
| $A$ | $P$ | $C$ | 5 |
| $B$ | $Q$ | $D$ | 4 |
| $C$ | $A$、$R$ | $E$、$F$ | 8 |
| $D$ | $B$、$R$ | $E$、$G$ | 8 |
| $E$ | $C$、$D$ | — | 6 |
| $F$ | $C$ | — | 5 |
| $G$ | $D$ | — | 4 |
| $P$ | — | $A$、$R$ | 7 |
| $Q$ | — | $B$、$R$ | 6 |
| $R$ | $P$、$Q$ | $C$、$D$ | 9 |

10-21　某施工项目由 9 项工作组成,各项工作之间的逻辑关系,如下所述:$A$ 是首先开始的工作;$A$ 结束后,$B$、$C$、$D$ 才能开始;$E$ 开始前,$B$、$C$ 必须结束;$F$ 开始前,$C$、$D$ 必须结束;$I$ 是最后结束的工作;$I$ 开始前,$G$、$H$ 必须结束;$E$、$F$ 结束后,$G$、$H$ 才能开始。以上各项工作持续

时间，见表 10-24，试绘出其双代号网络图。

**表 10-24 工作的持续时间表**

| 工作名称 | A | B | C | D | E | F | G | H | I |
|---|---|---|---|---|---|---|---|---|---|
| 持续时间(d) | 3 | 10 | 10 | 7 | 5 | 6 | 6 | 8 | 16 |

10-22 某施工项目由 8 项工作组成，各项工作之间的逻辑关系，如下所述：A 为第一项工作，持续时间为 4 d；D、E 持续时间分别为 3 d 和 4 d，两者在 C 后开始；B、C 持续时间分别 6 d 和 3 d，紧随 A 后同时开始；G 工作时间为 8 d，它在 E、F 结束后进行；F 持续时间为 7 d，它在 B 完成后才能开始；H 为最后一项工作，其持续时间为 4 d。试绘制其单代号网络图。

10-23 某施工项目由 12 项工作组成，各项工作之间的逻辑关系，见表 10-25。试绘出其单代号网络图。

**表 10-25 工作间网络逻辑关系表**

| 工作 | 紧前工作 | 持续时间(d) | 工作 | 紧前工作 | 持续时间(d) |
|---|---|---|---|---|---|
| A | — | 10 | G | C | 7 |
| B | — | 8 | H | D、E | 8 |
| C | — | 9 | I | H、E、F | 6 |
| D | A、B | 3 | J | F、G | 4 |
| E | A、B、C | 5 | K | G | 5 |
| F | B、C | 6 | L | J、K、I | 10 |

10-24 某施工项目双代号网络图，如图 10-62 所示。试将该图改为单代号网络图。

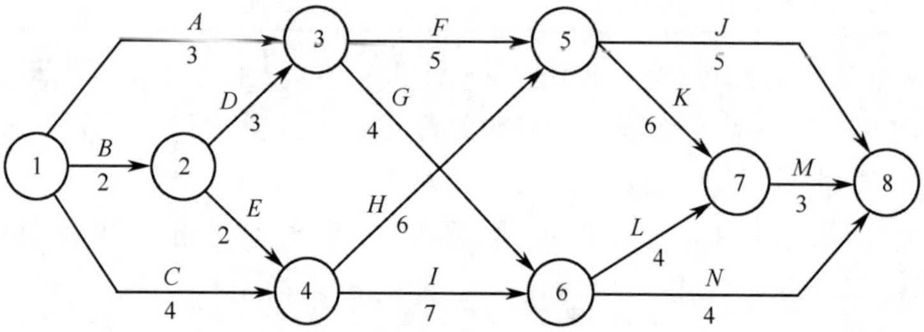


图 10-62 某工程双代号网络图

10-25 某工程双代号网络图工作编码，见表 10-26。试绘制该工程的单代号网络图。

**表 10-26 工作间网络逻辑关系表**

| 工作编号 | 工作 | 持续时间(d) | 工作编号 | 工作 | 持续时间(d) |
|---|---|---|---|---|---|
| 1—2 | A | 8 | 4—8 | J | 7 |
| 1—3 | B | 6 | 5—7 | K | 4 |
| 1—4 | C | 5 | 7—8 | M | 6 |
| 1—5 | D | 6 | 6—8 | N | 5 |
| 2—3 | E | 4 | 8—9 | P | 8 |
| 2—6 | F | 9 | 8—10 | Q | 7 |
| 3—6 | G | 3 | 8—11 | R | 6 |
| 4—5 | H | 8 | 9—11 | S | 2 |
| 4—7 | I | 10 | 10-11 | T | 4 |

10-26　某施工项目由Ⅰ、Ⅱ、Ⅲ三个分项工程组成，它在平面上划分为4个施工段。各分项工程在各个施工段上的持续时间依次为：$t_i^{\mathrm{I}}=6$ d、$t_i^{\mathrm{II}}=4$ d和$t_i^{\mathrm{III}}=2$ d。试绘出其单代号网络图。

10-27　某施工项目由10项工作组成，各项工作之间的相互制约、相互依赖关系见表10-27。要求：试绘出其双代号网络图，并按图上计算法，计算各项时间参数，确定出关键工序、关键线路和计算总工期。

**表10-27　工作间网络逻辑关系表**

| 工　作 | 紧前工作 | 紧后工作 | 持续时间(d) |
|---|---|---|---|
| $A$ | $P$、$Q$ | $K$、$L$ | 6 |
| $B$ | $P$、$R$ | $H$、$L$ | 4 |
| $C$ | $Q$ | $K$ | 5 |
| $D$ | $R$ | $H$ | 3 |
| $H$ | $B$、$D$ | — | 10 |
| $L$ | $A$、$B$ | — | 5或7或15 |
| $K$ | $A$、$C$ | — | 8 |
| $P$ | — | $A$、$B$ | 8 |
| $Q$ | — | $A$、$C$ | 6 |
| $R$ | — | $B$、$D$ | 10 |

注：表中持续时间为"5或7或15"表示可以分别选取不同时间参数计算做出比较。以下各题含义相同。

10-28　某施工项目由10项工作组成，各项工作之间的相互制约、相互依赖关系见表10-28。要求：试绘出其双代号网络图，并按图上计算法，计算各项时间参数，确定出关键工序、关键线路和计算总工期。

**表10-28　工作间网络逻辑关系表**

| 工作 | 紧前工作 | 紧后工作 | 持续时间(d) |
|---|---|---|---|
| $A$ | — | $E$、$F$、$P$、$Q$ | 7 |
| $B$ | — | $E$、$P$ | 3 |
| $C$ | $E$、$F$ | $H$ | 5 |
| $D$ | $E$、$F$ | $G$、$H$ | 6 |
| $E$ | $A$、$B$ | $C$、$D$ | 2 |
| $F$ | $A$ | $C$、$D$ | 6 |
| $G$ | $D$、$P$ | — | 6或8或22 |
| $H$ | $C$、$D$、$Q$ | — | 6 |
| $P$ | $A$、$B$ | $G$ | 9 |
| $Q$ | $A$ | $H$ | 11 |

10-29　某工程由$A$、$B$、$C$、$D$四个分项工程组成。它在平面上划分为4个施工段，各分项工程施工顺序和在各个施工段上的持续时间依次为：$t_i^A=8$ d、$t_i^B=6$ d和$t_i^C=4$ d和$t_i^D=2$ d。要求：按施工段排列法绘制双代号网络图，并按图上计算法，计算各项时间参数，确定出关键工序、关键线路和计算总工期。

10-30　某项浇筑钢筋混凝土工程，由支模板、绑钢筋和浇筑混凝土三个分项工程组成，它在平面上划分为三个施工段。各分项工程在各个施工段上的持续时间依次为：支模板5 d、绑钢筋 4 d、浇筑混凝土 2 d。要求:绘出其双代号网络图,以图上计算法确定各项工序的时间参数,找出关键工作、关键线路,计算总工期。

10-31 某工程项目由 9 项工作组成,各项工作之间的相互制约、相互依赖关系见表 10-29。要求:试绘出其双代号网络图,并按图上计算法,计算各项时间参数,确定出关键工序、关键线路和计算总工期。

**表 10-29 工作间网络逻辑关系表**

| 工　作 | 紧前工作 | 紧后工作 | 持续时间(d) |
|---|---|---|---|
| $A$ | — | $D$、$F$ | 4 |
| $B$ | — | $D$、$E$、$F$、$G$、$H$ | 5 |
| $C$ | — | $G$、$H$ | 5 |
| $D$ | $A$、$B$ | — | 9 或 12 或 21 |
| $E$ | $B$ | $I$ | 6 |
| $F$ | $A$、$B$ | $I$ | 8 |
| $G$ | $B$、$C$ | $I$ | 4 |
| $H$ | $B$、$C$ | — | 14 |
| $I$ | $E$、$F$、$G$ | — | 6 |

10-32 某工程项目由 8 项工作组成,各项工作之间的相互制约、相互依赖关系见表 10-30。试绘出其单代号网络图,以图上计算法确定各项时间参数,确定出关键工序、关键线路和计算总工期。

**表 10-30 工作间网络逻辑关系表**

| 工　作 | 紧前工作 | 持续时间(d) | 工　作 | 紧前工作 | 持续时间(d) |
|---|---|---|---|---|---|
| $A$ | — | 3 | $E$ | $C$ | 2 |
| $B$ | $A$ | 5 | $F$ | $D$ | 3 |
| $C$ | $A$ | 6 | $G$ | $E$、$D$ | 5 |
| $D$ | $B$、$C$ | 4 | $H$ | $F$、$G$ | 2 |

10-33 某工程项目由 9 项工作组成,各项工作之间的相互制约、相互依赖关系见表 10-31。要求:试绘出其单代号网络图,并按图上计算法,计算各项时间参数,确定出关键工序、关键线路和计算总工期。

**表 10-31 工作间网络逻辑关系表**

| 工作编号 | 工作 | 持续时间(d) | 工作编号 | 工作 | 持续时间(d) |
|---|---|---|---|---|---|
| 1—2 | $A$ | 8 | 4—5 | $F$ | 5 |
| 1—6 | $B$ | 5 | 6—7 | $G$ | 4 |
| 2—3 | $C$ | 4 | 5—8 | $H$ | 6 |
| 2—4 | $D$ | 3 | 7—8 | $I$ | 3 或 4 或 11 |
| 3—5 | $E$ | 2 | | | |

10-34 某群体工程由 $A$、$B$、$C$、$D$ 四个相同的单项工程组成。它们的土建工程均由基础工程、主体工程和装饰工程三个分部工程构成。各分部工程在各个单项工程上的持续时间依次为:基础工程为 25 d、主体工程为 35 d 和装饰工程为 50 d。在该项工程施工时,基础工程和主体工程各组建一个施工队;装饰工程组建两个施工队,其中装饰Ⅰ队负责 $A$、$C$ 工程施工,装饰Ⅱ队负责 $B$、$D$ 工程施工。要求:绘制单代号网络图,并按图上计算法确定各项时间参数,确定出关键工序、关键线路和计算总工期。

10-35　某施工项目由 7 项工作组成，各项工作之间的逻辑关系，如下所述：$A$ 为首先开始工作，持续时间为 6 d；$C$ 和 $D$ 的持续时间分别为 5 d 和 4 d，两者在 $B$ 结束后开始；$A$ 结束后 $B$ 才能开始，$B$ 的持续时间为 3 d；$F$ 的持续时间为 8 d，它在 $D$ 结束后开始；$G$ 是最后一项工作，其持续时间为 9 d；$C$ 和 $F$ 结束后 $E$ 才能开始，$E$ 的持续时间为 2 d。试绘制单代号网络图，以图上计算法确定各工序的时间参数，找出关键工序、关键线路和计算总工期。

10-36　某工程项目由Ⅰ、Ⅱ、Ⅲ三个分项工程组成，它在平面上划分为 4 个施工段。各分项工程在各个施工段上的持续时间依次为：$t_i^{\mathrm{I}}=5$ d、$t_i^{\mathrm{II}}=3$ d 和 $t_i^{\mathrm{III}}=2$ d。要求：绘出其单代号网络图；以图上计算法确定各工序的时间参数，找出关键工序、关键线路和计算总工期。

10-37　某工程项目由 11 项工作组成，其双代号网络图的工作编号和持续时间，见表 10-32。如果规定工期为 22 d，试确定工期优化方案。

**表 10-32　各项工作参数表**

| 序 | 工作编号 | 正常工作持续时间(d) | 最短工作持续时间(d) |
|---|---|---|---|
| 1 | 1—2 | 2 | 1 |
| 2 | 1—3 | 5 | 3 |
| 3 | 1—5 | 12 | 4 |
| 4 | 2—3 | 6 | 10 |
| 5 | 2—4 | 9 | 4 |
| 6 | 2—6 | 10 | 6 |
| 7 | 3—4 | 12 | 8 |
| 8 | 3—5 | 8 | 6 |
| 9 | 4—5 | 0 | 4 |
| 10 | 4—6 | 10 | 8 |
| 11 | 5—6 | 9 | 5 |

10-38　某工程项目由 11 项工作组成，其双代号网络图的工作编号和持续时间，见表 10-33。如果规定工期为 21 d，试确定工期优化方案。

**表 10-33　各项工作参数表**

| 序 | 工作编号 | 正常工作持续时间(d) | 最短工作持续时间(d) |
|---|---|---|---|
| 1 | 1—2 | 5 | 2 |
| 2 | 1—3 | 8 | 6 |
| 3 | 1—4 | 10 | 4 |
| 4 | 2—5 | 6 | 3 |
| 5 | 2—7 | 5 | 4 |
| 6 | 3—5 | 7 | 5 |
| 7 | 4—5 | 0 | 0 |
| 8 | 4—6 | 3 | 2 |
| 9 | 5—6 | 5 | 3 |
| 10 | 5—7 | 12 | 10 |
| 11 | 6—7 | 4 | 3 |

10-39　某工程施工项目由 6 项工作组成，各项工作编号、资源消耗量和持续时间，见表 10-34。已知各项工作均不允许内部中断。试确定“工期固定、资源均衡”优化方案。

**表 10-34 各项工作资源消耗量和持续时间表**

| 序 | 工作编号 | 资源消耗量(单位) | 工作持续时间(d) |
| --- | --- | --- | --- |
| 1 | 1—2 | 10 | 5 |
| 2 | 1—3 | 3 | 4 |
| 3 | 1—5 | 6 | 8 |
| 4 | 2—4 | 13 | 6 |
| 5 | 3—5 | 4 | 4 |
| 6 | 4—5 | 9 | 5 |

10-40 某工程施工项目由 7 项工作组成,各项工作编号、资源消耗量和持续时间,见表 10-35。已知各项工作均不允许内部中断。试确定“工期固定、资源均衡”优化方案。

**表 10-35 各项工作资源消耗量和持续时间表**

| 序 | 工作编号 | 资源消耗量(单位) | 工作持续时间(d) |
| --- | --- | --- | --- |
| 1 | 1—2 | 9 | 4 |
| 2 | 1—5 | 8 | 8 |
| 3 | 2—3 | 12 | 6 |
| 4 | 2—4 | 8 | 6 |
| 5 | 2—5 | 7 | 4 |
| 6 | 3—4 | 10 | 5 |
| 7 | 4—5 | 10 | 4 |

10-41 某工程施工项目由 5 项工作组成,各项工作编号、资源消耗量和持续时间,见表 10-36。已知每天资源消耗限量为 18 单位,并且各项工作均不允许内部中断。试确定“资源有限、工期最短”优化方案。

**表 10-36 各项工作资源消耗量和持续时间表**

| 序 | 工作编号 | 资源消耗量(单位) | 工作持续时间(d) |
| --- | --- | --- | --- |
| 1 | 1—2 | 12 | 4 |
| 2 | 1—4 | 4 | 8 |
| 3 | 2—3 | 14 | 6 |
| 4 | 2—4 | 8 | 4 |
| 5 | 3—4 | 4 | 4 |

10-42 某工程施工项目由 6 项工作组成,各项工作编号、资源消耗量和持续时间,见表 10-37。已知每天资源消耗限量为 16 单位,并且各项工作均不允许内部中断。试确定“资源有限、工期最短”优化方案。

**表 10-37 各项工作资源消耗量和持续时间表**

| 序 | 工作编号 | 资源消耗量(单位) | 工作持续时间(d) |
| --- | --- | --- | --- |
| 1 | 1—2 | 12 | 4 |
| 2 | 1—4 | 4 | 8 |
| 3 | 2—3 | 14 | 6 |
| 4 | 2—4 | 8 | 4 |
| 5 | 3—4 | 4 | 4 |

10-43　某工程施工项目由 6 项工作组成，各项工作编号、持续时间和直接费，见表 10-38。已知该工程间接费变化率为 180 元/ d。试确定该工程“工期—成本”优化方案。

**表 10-38　各项工作资源消耗量和持续时间表**

| 序 | 工作编号 | 正常工期 | | 最短工期 | |
|---|---|---|---|---|---|
| | | 持续时间(d) | 直接费(元) | 持续时间(d) | 直接费(元) |
| 1 | 1—2 | 4 | 800 | 3 | 950 |
| 2 | 1—3 | 6 | 1 250 | 4 | 1 610 |
| 3 | 2—4 | 6 | 1 000 | 5 | 1 160 |
| 4 | 3—4 | 7 | 1 070 | 5 | 1 320 |
| 5 | 3—5 | 8 | 900 | 5 | 1 510 |
| 6 | 4—5 | 3 | 1 200 | 2 | 1 400 |

10-44　某工程施工项目由 7 项工作组成，各项工作编号、持续时间和直接费，见表 10-39。已知该工程间接费变化率为 175 元/ d。试确定该工程“工期—成本”优化方案。

**表 10-39　各项工作资源消耗量和持续时间表**

| 序 | 工作编号 | 正常工期 | | 最短工期 | |
|---|---|---|---|---|---|
| | | 持续时间(d) | 直接费(元) | 持续时间(d) | 直接费(元) |
| 1 | 1—2 | 8 | 1 240 | 6 | 1 470 |
| 2 | 1—3 | 12 | 700 | 10 | 920 |
| 3 | 2—3 | 7 | 1 060 | 5 | 1 460 |
| 4 | 2—4 | 14 | 1 600 | 10 | 2 120 |
| 5 | 3—4 | 8 | 500 | 5 | 740 |
| 6 | 3—5 | 13 | 1 050 | 10 | 1 230 |
| 7 | 3—6 | 4 | 600 | 2 | 800 |

# 第十一章　建设工程定额与概预算

**本章提要**:本章介绍建设工程定额与概预算的基本概念、基本方法与主要内容。

1. 建设工程定额的基本概念。包括定额的概念、定额的产生与发展、定额的意义、作用与特性、建设工程定额的分类等。

2. 建设工程定额的编制和管理。包括施工、劳动、材料消耗、机械台班使用、预算、概算定额与概算指标的概念、作用、编制原则与方法、建设工程间接费定额与工期定额概念、作用等。

3. 建设工程概预算的基本概念。包括基本建设投资与工程概预算、概预算制度的形成和发展、建设工程的项目划分、建设工程概预算的分类和投资测算体系、概预算的作用、工程建设项目费用的构成、建设工程概预算费用、建设工程设计概算书的编制、建筑工程施工预算的编制等。

4. 工程量清单计价原理。包括工程量清单的概念、工程量清单的编制、招标控制价编制、投标报价编制、工程量清单计价与定额计价模式的区别等。

## 第一节　建设工程定额概述

### 一、建设工程定额的概念及意义

#### (一)建设工程定额的概念

所谓建设工程定额是指在正常施工条件下,按照技术规程和施工规范,在合理的劳动组织和合理地使用材料和机械的条件下,完成单位合格建设工程产品所必需消耗的人力、物力及财力的数量标准,即完成单位合格产品所消耗的各种资源数量标准。

由于在社会生产中,为了生产某一合格产品,都要消耗一定数量的人工、材料、机械设备台班和资金。但是这种消耗数量,受各种生产条件的影响,因此是各不相同的。在一个产品中,这种消耗越大,则产品的成本越高,在产品价格一定条件下,企业的盈利就会降低,对社会的贡献也就降低,因此降低产品生产过程中的消耗,有着十分重要的意义。但是这种消耗是在保证产品规格质量和安全规范的前提下完成的,因此不可能无限制地降低,它在一定的生产条件下,必有一个合理的数额。因此,根据一定时期的生产水平和产品的质量要求,规定出一个大多数人经过努力可以达到的合理的消耗标准,这种标准就称为定额。可见建设工程定额不仅规定了数量标准,而且还规定了工作内容、质量和安全要求。

#### (二)定额的产生与发展

19 世纪末 20 世纪初,美国形成了系统的经济管理理论。而管理成为科学应该说是从美国人泰勒开始的，以至于西方人都称泰勒为“科学管理之父”。当时，美国的科学技术发展很快，机器设备虽然先进，但在管理上仍然沿用传统的经验方法，生产力受到极大的制约。泰勒发现了这一问题并找到了解决方法，主要着眼于提高劳动生产力率，刺激工人的劳动积极性。他突破了当时传统经验方法的束缚，通过科学实验，对工作时间的合理利用进行细致的研究，制定出所谓标准的操作方法，即通过对工人进行训练，要求工人改变过去习惯的操作方法，取消不必要的操作程序，并且在此基础上制定出较高的工时定额，用工时定额评价工人工作的好坏；为了使工人能够达到定额，大大提高工作效率，又制定了工具、机器、材料和作业环境的标准化原理；为了鼓励工人努力完成定额，还制定了一种有差别的计件工资制度。

从泰勒制的标准操作方法、工时定额、工具和材料等要素的标准化，有差别的计件工资制度等主要内容来看，工时定额在其中占有十分重要的地位。首先，较高的定额水平直接体现了泰勒制的主要目的：即提高工人的劳动效率，降低产品成本，增加企业盈利，而所有其他方面的内容则是为了达到这一主要目的而制定的措施。其次，工时定额作为评价工人工作的尺度，并和有差别的计件工资制度相结合，使其本身也成为提高劳动效率的有力措施。

继泰勒之后，20 世纪 20 年代出现了行为科学。它从社会学和心理学的角度，对工人在生产中的行为以及这些行为产生的原因进行分析研究，强调重视社会环境及人际关系对人的行为的影响。着重研究人的本性和需要、行为的动机，特别是生产中的人际关系，以达到提高生产效率的目的。行为科学是在资本主义社会矛盾加剧的情况下出现的，它弥补了泰勒等人科学管理理论的不足，但并不能取代科学管理。相反，在后期的发展中，二者进行了有机结合。20 世纪 40 年代到 60 年代，管理科学从操作方法、作业水平的研究向科学组织的研究上扩展，同时充分利用现代自然科学的最新成果——运筹学、计算机等科学技术手段进行科学管理。20 世纪 70 年代进入“最新管理阶段”，出现了行为科学、系统管理理论，前者强调和重视社会环境和人的相互关系对提高工效的影响；后者把管理科学和行为科学结合起来，以企业为一个系统，从事物的整体出发，对企业中人、物和环境等重要因素进行定性、定量相结合的系统分析与研究，选择和确定企业管理的最优方案，实现最佳经济效益。使定额的发展朝着更先进更合理更科学的方向发展。

我国的定额工作是在新中国成立后从零点开始逐步建立，日趋完善的。最初，吸收了苏联当时定额工作的经验；20 世纪 70 年代后期，又参考欧美日等国家有关定额方面的管理科学内容。在各个时期，定额工作一直受到高度重视，如在“一五”期间，国家计划委员会就在 1954 年颁发了《1954 年建筑工程设计预算定额》（试行草案）。结合我国实际情况，编制了适合我国情况的切实可行的定额。2015 年中华人民共和国住房和城乡建设部颁布《建设工程定额管理办法》（建标〔2015〕230 号），该办法包括了总则、体系与计划、制定与修订、发布与日常管理、经费和附则，共六章二十二条。该办法定额的制定、全面修订和局部修订工作应按准备、编制初稿、征求意见、审查、批准发布五个步骤进行。目前，已颁布施行了一系列的建设工程定额指标。

### （三）建设工程定额在国民经济发展中的意义

建设工程的定额水平是一定时期社会生产力水平的反映，它是与操作人员的技术水平、机械化程度、新材料、新工艺、新结构、新技术的发展和应用有关，与企业的组织管理水平和全体人员的社会主义劳动积极性有关。所以定额不是一成不变的，而是随着生产力水平的提高而提高。定额水平的制定应按照客观经济规律办事，应符合从实际出发，技术先进，经济合理的要求，还要考虑留有余地，反映正常条件下施工企业的生产技术和管理水平。

建设工程是社会固定资产扩大再生产的重要组成部分,建设产品价值的大小则由生产该产品所消耗的社会必要劳动量来决定的。建设工程造价是产品价值的货币表现,其价格是通过建设工程设计概算、施工图预算、竣工决算(简称三算)来确定的。

建设工程定额是编制“三算”的基础资料,编制“三算”,无论是划分工程项目,计算工程量,从而计算确定工程造价;或者计算人工、材料和施工机械的需要量,都必须以建设工程定额作为标准依据。

设计概算、施工图预算和竣工决算是工程建设管理工作的重要组成部分,加强“三算”的管理工作,建立健全“三算”的工作制度,提高“三算”的质量,都是以建设工程定额为基础。而“三算”确定的工程造价,在国民经济管理中,对国家控制全社会投资总规模、调节投资结构、合理使用建设投资、充分发挥投资效果有着举足轻重的意义,建设工程定额是国民经济发展的重要保证。

## 二、建设工程定额的作用与特性

### (一)建设工程定额的作用

建设工程定额的作用是多方面的,它是企业实行科学管理和指导建设工程正常施工必备的条件。具体分析,有如下几个方面的作用:

1. 建设工程定额是国家对工程建设项目进行宏观调控和管理的手段

市场经济并不排斥宏观调控,即使在资本主义国家,政府也要利用各种手段影响和调控经济的发展。利用定额对工程建设进行宏观调控和管理的主要表现有:一是对工程造价进行管理和调控;二是对资源配置和流向进行预测和平衡;三是对经济结构,包括企业结构和所有制结构进行合理的调控,也包括对技术结构和产品结构的调整。

建设工程定额是计划管理的基本依据。无论是国家还是企业的生产都离不开计划,而计划编制和计划管理,都必须以定额作为计算劳动力、物资、资金等各种资源需要量的依据。

2. 建设工程定额是节约社会劳动和提高生产效率的工具

一方面,生产性的施工定额直接作用于建筑安装工人,企业以定额作为促使工人节约社会劳动(工作时间、原材料等)和提高劳动效率、加快工作进度的手段,以增加市场竞争能力,获取更多利润;因为定额本身是一种科学的客观标准,因此要求每一个执行定额的人,严格遵守定额的要求,并监督在生产过程中不超过定额规定的消耗,从而达到提高劳动生产率,降低成本的目的。

另一方面,作为工程造价计算依据的各类定额,又促使企业加强管理,把社会劳动的消耗控制在合理的限度范围内;企业要计算、平衡资源需要量,组织材料供应、编制施工进度计划和作业计划,组织劳动力签发任务书,考核工料消耗,实行承包责任制等一系列管理工作,都需要以定额作为计算标准。因此它是加强企业管理的重要工具。

最后,作为建设项目的定额指标,又在更高层次上促使项目投资者合理而有效地利用和分配社会劳动。所有这些说明,定额在工程建设中节约社会劳动和优化资源配置方面起着十分重要的作用。

3. 建设工程定额是对市场行为的规范,有利于市场竞争

建设工程定额既是投资决策的依据,又是价格决策的依据。对投资者来说,他可以利用定额来权衡自己的财务状况和支付能力、预测资金投入和预期回报,还可以充分利用有关定额的

大量信息，有效提高其项目决策的科学性，优化其投资行为。

对于企业而言，由于有关定额在一定程度上制约着工程中人工、物资的消耗，因此会影响到建筑产品的价格水平。企业在投标报价时，只有充分考虑定额的要求，做出正确的价格决策，才能占有市场竞争优势，才能获得更多的工程合同。可见，定额在上述两个方面规范了市场主体的经济行为。

定额是对市场信息的加工，又是对市场信息的传递。定额所提供的准确的信息为市场需求主体与供给主体之间的竞争，以及供给主体之间的公平竞争，提供了有利条件。

因而对完善我国固定资产投资市场和建筑市场，都能够起到重要的作用。

4. 建设工程定额是确定建设工程造价和技术经济评价的依据

在建设工程产品的生产中所消耗的劳动力、材料以及机械设备台班的数量，是构成工程造价的决定因素，而它们的消耗数量又是根据定额确定的。同时，同一建设工程的不同设计方案，它们的经济效果是不一致的，因此需要对方案进行经济技术比较，选择经济合理的方案。因此，定额是比较和评价设计方案经济合理性的尺度。

5. 定额有利于完善市场信息系统

定额管理是对大量信息的加工，也是对大量市场信息进行传递，同时也收集市场信息的反馈。信息是市场体系中的不可或缺的要素。它的可靠性、完备性和灵敏性是市场成熟和市场效率的标志。在我国，以定额形式建立和完善市场信息系统是以公有制经济为主体的社会主义市场经济的特点，在发达的资本主义国家是难以想象的。

6. 建设工程定额是贯彻按劳分配原则的尺度

定额作为产品生产中的消耗标准，为了减少消耗量，提高生产率，因此必须学习科学技术，提高技术水平，达到以最少的消耗获得较多的合格产品。同时，认真执行定额才能贯彻按劳分配的社会主义原则。所以，合理制定定额、认真执行定额，在社会主义建设中，在改善企业管理中都有重要的作用和意义。

7. 建设工程定额是总结和改进生产方法、推广先进施工技术和工艺的手段

通过对某生产技术进行测定及工时消耗进行研究，制定合理生产劳动组织，选择最有效的设备、工具，考核各种施工方法的工料消耗，这是促进企业吸取先进的科学技术，改进生产方法的有效手段，所有这些均需通过定额分析研究来实现。

定额水平中包含着某些已成熟的先进的施工技术和经验，工人要达到和超过定额，就必须掌握和应用这些先进技术；如果工人要大幅度超过定额水平，他就必须创造性地劳动。第一，在自己的工作中注意改进工具和改进技术操作方法，注意原材料的节约，避免原材料和能源的浪费。第二，企业或主管部门为了推行施工工具和施工方法，所以贯彻定额也就意味着推广先进技术。第三，企业或主管部门为了推行定额，往往要组织技术培训，以帮助工人能达到或超过定额。这样，新技术、新工艺、新材料、新经验就很容易推广而大大提高全社会的劳动生产率。

### (二)建设工程定额的特性

1. 科学性

建设工程定额的科学性主要表现在两个方面。一是定额必须和生产力发展水平相适应，反映工程施工中物资消耗的客观规律，作为建设工程的基本建设计划、调节、组织、预测、控制的可靠依据；二是定额管理在理论、方法和手段上是科学的，以适应现代科学技术和信息社会

发展的需要。它是应用科学的方法,在认真研究生产过程的基础上,通过测定、总结生产实践及广泛搜集资料并进行科学分析的基础上制定的。这充分说明定额编制是按照客观规律的要求,用科学的方法确定各项资源消耗标准。

建设工程定额的科学性与先进性,是统一体的两个方面。科学性,是指定额编制过程中采用科学的方法;先进性,是指用科学的方法确定的定额水平,是大多数企业和职工,经过努力能够达到的平均先进水平,这个定额水平将促使提高生产率和降低资源消耗。

2. 法令性

定额是由被授权部门根据当时的实际生产力水平而制定的,并颁发供所属单位使用。在执行范围内任何单位都必须遵守和执行,不得任意调整和修改。如需进行调整、修改和补充,必须经授权编制部门批准。因此,定额具有经济法规的性质。

定额的这一特点表现在我国定额权威性和强制性两个方面,而且在一定条件下具有经济法规的性质,同时也可看出,我国定额的信誉和信赖程度极高,也说明定额及定额管理的刚性约束和严肃性。

只有科学的定额才具有权威性。在社会主义市场经济的条件下,定额必然牵涉到各有关方面的经济关系和利益关系。赋予定额一定的强制性,就意味着在规定的范围内,对于定额的使用者和执行者来说,不论主观上是否愿意,都必须严格按定额的要求和规定执行。特别是在建筑市场还不完全规范的情况下,定额的法令性显得尤其重要,它可以帮助理顺与建设项目有关的各方面的经济关系和利益关系。所以,这一特点是对生产消费水平的合理限制,不是降低或提高消费水平,更不是限制和约束生产力的发展,而是最大限度地保证生产力水平的提高。

需要注意的是定额毕竟是主观对客观事物的反映,定额的科学性受人们认识水平的限制,所以定额的法令性也不能绝对化。随着投资体制的改革和投资主体多元化格局的形成,以及企业经营机制的转移,定额的这一特点也将相应地得以调整,这种法令性的特点就会弱化。施工企业本身的定额管理能力的逐步提高,正是政府行为的目的。定额管理工作本身又要求改革自身的缺点,以适应市场经济形势下的经济政策。

3. 群众性

建设工程定额的制定和执行,都要有广泛的群众基础。首先,定额水平,要取决于建筑安装工人生产水平的高低;其次,定额的编制,要有建筑企业职工参加,保证所编的定额,能够把广大职工的工作效率、工作质量和国家、企业、生产者的物质利益结合起来,以利于广大职工掌握和执行。因此可以看出,定额的编制和执行都体现出广泛的群众基础。它是群众生产技术水平的一个综合反映。

4. 相对稳定性

定额水平的高低,是根据一定时期社会生产力水平(施工技术和先进工艺的水平)确定的。当生产条件发生了变化,技术水平提高,原定定额均被突破。在这种情况下,授权部门应根据新的情况制定出新的定额或补充原有的定额。但是社会生产的发展有其自身规律,有一个量变到质变的过程。而且,定额的执行也有一个时间过程。所以每一次制定的定额必须是相对稳定的。建设工程定额的稳定期一般在 5～10 年之间。

5. 定额的统一性

国家对经济发展的有计划的宏观调控职能决定了定额的统一性。工程定额的一系列工作的全面进行,需要巨大的人力、财力投入,同时它也给社会以巨大的回报。我国是社会主义公有制为主体的国家,所以定额除了具有发达资本主义国家的作用外,比如技术比较、计算规则、信息交流等，我国的定额还表现为从行政角度干预工程投资规模和建设项目的经济效益。保证有限的资金投入发挥极大的作用，这在资本主义制度下是不可能的，我国建设工程定额的出现正是为了统一和指导建筑市场，以保证市场正常有序地运行。因此，建设工程定额由初期借助于国家统一的技术标准、规范到现在依据建设工程的统一标准、规范，在建设工程主管部门统一领导下，按照定额的制定、颁布和贯彻执行的统一行动，使定额工作及定额的管理工作有统一的程序、统一的原则、统一的要求、统一的用途。

6. 定额的系统性和针对性

一种专业定额是一个完整独立的系统，如铁路或公路工程定额从测定到使用，直至再修订都是为了全面反映铁路或公路工程所有的工程内容和项目。与其技术标准、规范配套，完全准确地反映了铁路或公路工程施工工艺中的每一个环节。

建设工程定额有着很强的针对性，它表现为：

(1)一种产品(或工序)有一项定额，而且不能相互套用。

(2)一项定额，它不仅是该产品(或工序)的各种资源消耗的数量标准，而且还规定了完成该产品(或工序)的工作内容、质量标准和安全要求。

所以，建设工程定额针对性是很强的，符合规定的条件才能套用；与所规定的条件不同，则不能套用。

## 三、建设工程定额的分类

建设工程定额的种类，内容与形式是根据生产建设的需要而制定的。使用对象和生产的具体目的不同，编制的定额也就不同。其分类以及它们之间的关系如下：

### (一)按生产因素分类

在施工生产中起主要作用的有三大要素，即劳动力、材料、机械。建设工程定额是建立在实物量法的基础上编制的，所以工、料、机三因素在建设工程定额中是主要内容。

1. 劳动定额(亦称工时定额或人工定额)；
2. 材料消耗定额；
3. 机械台班使用定额。

这三种定额统称为基础定额。

### (二)按定额编制程度和用途分类

在基本建设活动中，工程建设工作所处的阶段不同，编制造价文件的主要依据、定额是不同的。主要分为以下几种：

1. 施工定额；
2. 预算定额；
3. 概算定额；
4. 概算指标。

### (三)按编制单位和执行的范围分类

1. 全国统一定额；
2. 主管部门定额；

3. 地方定额；

4. 企业定额。

(四)按专业不同分类

各个不同专业都分别有相应的主管部门颁发的在本系统使用的定额，如：

1. 建筑工程定额(也称土建定额)；

2. 安装工程定额(包括电气工程、暖卫工程、通信工程、工艺管道、热力工程、筑炉工程、制冷、仪表、电信及广播等)；

3. 给排水工程定额；

4. 公路工程定额；

5. 铁路工程定额等；

6. 水利水电工程定额；

7. 水运工程定额；

8. 井巷工程定额。

## 第二节　建设工程定额的编制、运用与管理

### 一、施工定额

(一)概　述

1. 施工定额的概念

施工定额，是规定建筑安装工人或班组，在正常施工条件下，完成单位合格建筑安装产品所消耗的人工、材料和机械台班的数量标准。它是由国家、地区、部门或企业在有技术根据的基础上制定的。它规定了国家对建筑安装企业管理水平和经营成果的要求，也规定了国家和企业对工人生产成果的要求。

施工定额，是施工企业管理中重要的定额之一。它包括劳动消耗定额、材料消耗定额和机械台班使用定额三个部分。当前，施工定额中的劳动定额部分，如全国建筑安装工程统一劳动定额、全国市政工程统一劳动定额，实行统一领导分级管理办法，而材料消耗定额和机械台班使用定额则由各地区(或企业)根据需要进行编制及管理。

2. 施工定额的作用

施工定额的作用主要表现在合理组织生产和按劳分配两个方面。认真执行施工定额，正确发挥施工定额在施工管理中的作用，对促进我国建设的发展有着重要的意义。施工定额的作用具体表现在：

(1)它是施工企业编制生产计划和施工作业计划的基础和依据。

(2)它是衡量工人劳动生产率的主要尺度。

(3)它是计算劳动报酬，贯彻按劳分配的手段，是推行经济责任制的重要依据。

(4)它是企业开展劳动竞赛的必要条件。

(5)它是加强企业成本核算和实现施工投标承包制的基础。

(6)它是制订预算定额的基础。以施工定额作为制订预算定额的基础，可以使预算定额符合现实的施工生产和经营管理水平。

由于新结构、新材料、新工艺的不断采用，当预算定额缺项时，施工定额又可作为编制补充定额和补充单位估价表的基础。可见，发挥施工定额在企业管理中的作用，是企业实现科学管理的重要条件。

3. 制定施工定额的原则与依据

(1)编制施工定额的原则。编制施工定额需要贯彻以下原则：

①施工定额的水平，需贯彻平均先进原则。定额的平均先进水平，是指在正常的施工条件下，大多数施工队组和大多数生产者经过努力能够达到或超过，少数工人可以接近的水平。因此，确定定额水平时，要持慎重态度，处理好下述三方面的关系：正确处理数量与质量的关系；合理确定劳动组织；明确劳动手段和劳动对象。

②施工定额的结构形式要坚持简明适用的原则。应注意：定额项目划分合理，步距要适度；定额的文字要通俗易懂，计算方法要简便。

③以专业队伍和群众相结合的编制原则。

④集中领导分级管理的原则。

(2)编制施工定额的依据。制定施工定额的主要依据为：

①党和国家的经济政策和劳动制度。

②技术资料。技术资料分两类，即规范类和技术测定及统计资料类。技术测定数据和统计分析资料必须准确可靠。

4. 施工定额的制定方法

施工定额的制定一般采用三种方法：技术测定法、统计分析法和经验估计法。

(1)技术测定法。技术测定法是利用现场测定的数据制定定额。用这种方法制定的定额称为技术定额，以区别使用统计分析法和经验估计法制定的定额。

技术测定法的优点是采用了比较科学的手段，有比较充分的技术根据。它的缺点是工作量大，比较复杂。随着建设水平的提高，特别是对工、料、机消耗量较大的工程定额项目，应尽量采用此方法，以保证定额的质量。

(2)统计分析法。统计分析法是利用统计资料制定定额的方法。它是对过去的统计资料加以分析、整理，计算出定额项目所需的数据。其优点是简便，但往往受统计资料不完整、不准确和经营管理上的不合理因素影响，使所制定的定额质量不够高。因此，采用统计分析法时必须做到：

①要有真实、系统、完整的统计资料；

②应以单项统计资料和实物效率统计资料为主，尽可能地避免价格因素的影响；

③统计资料应选具有代表性的统计对象，要注意与少数先进和落后水平进行平衡；

④统计分析法应和经验估计法配合使用，它要求把所拟定的定额数据，经有关人员讨论后修订定案。

采用统计分析法，应注意剔除原始资料中相差悬殊的数据，并换算成统一的定额计量单位，用加权平均的方法求出平均修正值。

(3)经验估计法。经验估计法简称经验法。它是选择有实践经验的定额人员、工人和技术人员，对生产某一产品所需消耗的人力、物力、财力的数量估算出定额数据的方法。这种方法简便易行，但无科学依据，准确性差，易受人为因素影响。因此只在下列情况下采用：

①缺乏制定定额的必要资料、数据，不能采用其他方法者；

②此法应配合统计分析法和技术测定法一起使用。

(二)劳动定额及其制定

1. 劳动定额的概念

劳动定额是在一定的生产(施工)组织和生产(施工)的技术条件下,为完成单位合格产品所必需的劳动消耗标准。劳动定额是人工的消耗定额,又称人工定额。因它是采用技术和分析方法制定的,又称技术定额或时间技术定额。劳动定额分时间定额和产量定额。

(1)时间定额。它是工人在正常施工条件下,为完成单位合格产品或工作任务所消耗的必要劳动时间。必要劳动时间包括有效工作时间(准备与结束工作时间、基本工作时间、辅助工作时间)以及休息时间、不可避免的中断时间,但不包括损失时间。共计算方法如下:

时间定额以工日为单位,每个工日工作时间按现行制度执行,其计算如下:

$$\text{单位产品的时间定额(工日)}=\frac{1}{\text{每日产量}} \tag{11-1}$$

或

$$\text{单位产品的时间定额(工日)}=\frac{\text{班组成员工日数总和}}{\text{班组完成产品数量总和}} \tag{11-2}$$

(2)产量定额。产量定额,是指在正常施工条件下,在单位时间(工日)内所应完成合格产品的数量。其计算方法如下:

$$\text{产量定额}=\frac{1}{\text{单位产品时间定额(工日)}} \tag{11-3}$$

或

$$\text{产量定额}=\frac{\text{班组完成产品数量总和}}{\text{班组成员工日数总和}} \tag{11-4}$$

(3)时间定额与产量定额的关系。时间定额与产量定额互为倒数,呈反比例关系。当时间定额减少时,产量定额就相应地增加,当时间定额增加时,产量定额就相应地减少,但它们增减的百分比并不相同。

2. 劳动定额的制定方法

劳动定额的制定过程,是对定额项目工作时间消耗的研究与分析,从准备到结束的全过程。因此,在制定定额之前,必须对施工过程进行深入的了解和研究,确定必要而合理的操作程序。施工生产过程可分解为若干工序、操作和动作,同时分析每一个施工生产工序的合理性和必要性。把完成每一动作、操作和工序所需时间消耗记录下来,累计起来就可确定整个工序或整个施工生产过程消耗的时间,再加上必要的准备、结束和不可避免的中断时间及休息时间,便可最后制定该项目定额时间。

建设工程劳动定额的制定,只把施工生产过程分解到工序为止。例如钢筋制作过程,是由准备、调直、切断、成型、搬运、分堆编号等工序组成。

制定方法有:技术测定法、统计分析法、比较类推法、经验估计法等,如图 11-1 所示。

其中技术测定法是最为科学、准确和可靠的方法。它的主要步骤是定额测定,而测定定额是用科学的方法观察、记录、整理、分析,从而制定出劳动定额。在对某施工过程测定之前,要对其生产技术、施工组织和工时消耗加以分析。在拟定合理的操作方法、劳动组织以及施工条件的基础上进行技术测定。其他劳动定额测定方法是对技术测定法的补充和完善。

- 劳动定额测定方法
  - 技术测定法（计时观察法）
    - 测时法
      - 间隔测时（选择法测时）
      - 连续法测时
    - 写实记录法
      - 数示法
      - 图示法
      - 混合法
    - 工作日写实法
      - 个人工作日写实
      - 班组工作日写实
    - 简易测定法
  - 统计分析法
  - 比较类推法
    - 比例数示法
    - 坐标图示法
  - 经验估计法

图 11-1　劳动定额测定方法图

### （三）材料消耗定额及其制定

1. 材料消耗定额的概念

（1）材料消耗定额的定义。材料消耗定额，简称材料定额。它是指在节约和合理使用材料的条件下，生产单位合格产品所必须消耗的一定品种和规格的材料、燃料、半成品或构件及水、电、动力资源的数量标准。

材料定额是企业核算材料消耗、考核材料使用是节约还是浪费的依据。在建筑工程中，建筑材料占工程费的比例较大，正确地制定材料定额，对产品价格和工程成本有着直接的影响。材料消耗定额在很大程度上影响着材料的合理调配和使用。在产品数量和材料质量一定的情况下，材料供应量和需要量主要取决于材料定额。用科学的方法正确地规定材料定额，就有可能保证材料的合理供应和合理使用，减少材料的积压、浪费和供应不及时的现象发生。这对于我国基本建设规模巨大，建筑材料生产不能满足需要的具体情况，更具有现实意义。

（2）材料消耗定额的组成。单位合格产品所消耗的材料数量由以下两部分组成：①在生产合格产品上的净耗量就是用于合格产品上必须消耗的材料。②在生产合格产品过程中的合理的损耗量。材料消耗量、净用量、合理损耗量的关系式为：单位合格产品中用某种材料的消耗是该材料的净消耗量与合理损耗量之和，即

$$\text{材料消耗量}=\text{材料净用量}+\text{材料损耗量} \tag{11-5}$$

材料损耗量与材料净用量之比，是材料损耗率，即

$$\text{材料损耗率}=\text{材料损耗量}\div\text{材料净用量}\times 100\% \tag{11-6}$$

在材料损耗率确定之后，计算材料消耗定额，可采用下列公式：

$$\text{材料消耗量}=\text{材料净用量}\times(1+\text{材料损耗率}) \tag{11-7}$$

产品中的材料净耗量是可以根据产品的设计图纸计算求得，因此，只要知道了生产某种产品中某种材料的合理损耗率，就可以计算出该单位产品的材料消耗数量。材料损耗率是根据有关规定或施工现场观察资料进行分析测算而确定。

（3）材料消耗定额的作用。材料是完成产品的物化劳动过程的物质条件。在建筑工程产品中，所用的材料品种繁多，耗用量大。在一般的工业与民用建筑中，材料费用占整个工程总造价的 60%～70%，因此合理使用材料，降低材料消耗，对于降低工程成本具有举足轻重的意义。而材料消耗定额就是材料消耗数量的标准，它是企业管理、加强经济核算中的一项重要工具。它的具体作用有：

①材料消耗定额是企业确定材料需要量和储备量的依据;

②它是企业编制材料需用量计划的基础;

③它是施工队对工人班组签发限额领料单的依据,也是考核、分析班组材料使用情况的依据;

④它是实行材料核算,推行经济责任制、促进材料合理使用的重要手段;

⑤它是制定预算定额的基础等。

2. 材料消耗定额的制定方法

(1)直接性消耗材料定额的制定。所谓直接性材料消耗,是指根据工程需要直接用于构成工程实体,而不再次利用的材料消耗量。制定材料消耗定额的基本方法有:施工现场技术测定法、实验室试验法、现场统计法、理论计算法等。

①施工现场技术测定法。施工现场技术测定法亦称施工实验法,就是在施工现场,对生产某一产品的材料消耗量进行实际测算。采用这种方法,首先要选择观察对象。观察对象应符合下列要求:建筑结构是典型;施工符合技术规范要求;材料品种和质量符合设计要求:被测定的工人在节约材料和保证产品质量方面有较好成绩。

该测定法最适用于制定材料损耗定额。因为,只有通过现场观察,才有可能测定出材料损耗数量,同时,也只有通过现场观察,才能区别出哪些是可以避免的损耗(这部分损耗不应列入定额),哪些属于难以避免的合理损耗(合理损耗可列入定额)。

②实验室试验法。实验室试验法是通过专门的试验仪器设备,制定材料消耗定额的一种方法。它只适用于在实验室条件下测定混凝土、沥青、砂浆、油漆等材料的消耗定额。主要研究材料强度与各种材料消耗的数量关系,以获得多种配合比,以此为基础计算出各种原材料的消耗数量。此法的优点是能更深入更详细地研究各种因素对材料消耗的影响,其缺点是没有估计到在施工中某些因素对材料消耗的影响。

③现场统计法。也称统计分析法。它是以现场积累的分部分项工程拨付材料数量、完成产品数量、完成工作后材料的剩余数量的统计资料为基础,经过分析统计,计算出单位产品的材料消耗量的方法。此法比较简单易行,不需要组织专人测定或试验。但是其准确程度受统计资料和实际使用材料的影响,所以要注意统计资料的真实性和系统性,要有准确的领退料统计数字和完成工程量的统计资料;同时要有较多的统计资料作为依据,统计对象也应加以认真选择,以避免数据的片面性。

④理论计算法。理论计算法适宜于对建筑材料和构造以及施工图纸的研究,用理论计算公式制定材料消耗定额的一种方法。计算法适宜于制定块、板类建筑材料的消耗定额。

(2)材料消耗定额的制定。周转性材料是指在施工中可多次使用,逐渐消耗的材料。它在使用过程中不断补充,多次重复使用,它属于工具性材料。应按照多次使用、分次摊销的方法计算。

### (四)机械台班使用定额及其制定

1. 机械台班使用定额的概念

机械台班使用定额是在合理施工组织和合理使用机械条件下,完成单位合格产品所必需消耗的机械台班数量的标准,就称为机械台班使用定额。

(1)机械时间定额。机械时间定额就是在正常的施工条件和劳动组织的条件下,使用某种规定的机械,完成单位合格产品所必需的台班数量。机械时间定额以台班为单位,其计算方法如下:

$$机械时间定额=\frac{1}{机械台班产量定额}(台班) \tag{11-8}$$

(2)机械台班产量定额。机械台班产量定额就是在正常的施工条件和合理施工组织的条件下，使用某种规定的机械，在一个台班时间内，必须完成合格产品的数量。其计算方法为

$$机械台班产量定额=\frac{1}{机械时间定额} \tag{11-9}$$

(3)人工配合机械工作时的定额。人工配合机械工作时的定额就是在正常的施工条件和劳动组织的条件下，使用某种规定的机械，按照每机械台班内配合机械的工人班组总工日数，完成的合格产品数量来确定。它的表现形式，分为机械台班人工配合小组成员时间定额和台班产量定额两种。

①机械台班人工配合小组成员时间定额是指在正常的施工条件下，完成合格单位产品所需消耗的机械台班与配合人工工作时间，通常以“工日”为单位，即

$$单位产品的时间定额(工日)=\frac{小组成员工日数总和}{机械台班产量} \tag{11-10}$$

②人工配合台班产量定额是指在正常的施工条件下，配合机械工人在单位时间内完成合格产品数量。它以产品的计量单位为单位，即

$$机械台班产量定额(人工配合)=\frac{小组成员工日数总和}{单位产品时间定额(工日)} \tag{11-11}$$

或

$$机械台班产量定额(人工配合)=\frac{一个机械台班的产量}{小组成员总工日数} \tag{11-12}$$

2. 机械台班使用定额的制定方法

机械台班使用定额制定步骤为，第一步拟定机械的正常工作条件；第二步确定机械正常生产率，就是计算机械纯工作 1 h 的正常生产率；第三步拟定机械正常工作状况，确定机械的工作时间利用系数；第四步计算机械的产量定额的时间定额。

(1)拟定机械的正常工作条件。包括：①工作地点准备；②拟定正常的工人编制。

(2)计算机械纯工作 1 h 的正常生产率。施工机械可分为循环和连续动作两种类型，在确定纯工作 1 h 时的生产率时则应分别对这两类不同机械进行研究，即循环动作机械、连续动作机械。

(3)确定机械工作时间利用系数。

(4)计算机械台班产量定额。

## 二、预算定额及其编制

### (一)概　述

1. 预算定额的概念

建设工程预算定额，简称预算定额，是规定消耗在单位工程基本构造要素的人工、材料和施工机械台班所需实物工程量的标准和货币额度。换言之，预算定额，是规定一定计量单位合格产品的分项工程或构件所需人工、材料、机械台班消耗数量标准和货币额度。

预算定额是工程建设中的一项重要的技术经济法规。它规定了施工企业和建设单位在完成施工任务时，所允许消耗的人力、物力、财力的数量额度，从而规定了国家和建设单位，在工程建设中能够向施工企业提供物资和资金的限度，施工企业就在这个限度内，合理组织施工生产，以按质按量地完成施工任务。预算定额，确定了国家、建设单位和施工企业之间的技术经济关系。

2. 预算定额的作用

(1)预算定额是编制施工图预算,计算和确定工程预算造价的基本依据;

(2)预算定额是设计部门对设计方案进行技术经济分析的工具;

(3)预算定额是对工程拨款、贷款与进行工程竣工结算的依据;

(4)预算定额是编制施工组织设计,确定活劳动和物化劳动需要量的依据;

(5)预算定额是施工企业进行经济分析的依据;

(6)预算定额是编制概算定额、概算指标和编制招标标底与投标报价的基础。

3. 预算定额与施工定额的关系和区别

两者的主要关系是:施工定额是编制预算定额的依据,预算定额是以施工定额为基础。两者本质区别在于存在一个幅度差,两种定额水平的原则不同,存在一个合理的幅度差。

预算定额是以施工定额为基础的。但是,预算定额不能简单地套用施工定额,必须考虑到它比施工定额包含了更多的可变因素,需要保留一个合理的幅度差。此外,确定两种定额水平的原则是不相同的。预算定额基本上是社会平均水平,而施工定额则是平均先进水平。所以确定预算定额的水平时,要相对降低一些。一般预算定额低于施工定额 10%左右。幅度差具体体现在预算定额考虑了在施工定额中没有考虑到的因素。现将这些因素分别简述如下:

(1)确定劳动消耗指标时考虑的因素。①工序搭接的停歇时间;②机械的临时维护、小修、移动发生的不可避免的停工损失;③工程检查所需的时间;④细小的难以测定的不可避免工序和零星用工所需的时间等。

(2)确定材料消耗指标时要考虑的因素。确定材料消耗指标时,要考虑不是由于施工企业的原因所造成的材料质量不符标准和材料数量不足,对材料耗用量和加工费用的影响。

(3)确定机械台班消耗指标需要考虑的因素。①机械施工在与少量手工操作的工作配合中不可避免的停歇时间;②在工作班内机械变换位置所引起的难以避免的停歇时间和配套机械互相影响的损失时间;③机械临时性维修和小修引起的停歇时间;④机械的偶然性停歇,如临时停水、停电所引起的工作间歇;⑤施工开始和结尾时由于施工条件和工作不饱满所损失的时间;⑥工程质量检查影响机械工作损失的时间。

为考虑以上诸因素的影响,要求在施工定额的基础上,根据有关因素影响程度的大小,规定出一个附加额,这种附加额用相对数表示,称为幅度差系数。

施工定额与预算定额的主要区别,从两者的内容、水平、作用诸方面进行说明。施工定额与预算定额的主要区别列于表 11-1 中。

**表 11-1　施工定额与预算定额的主要区别**

| 施 工 定 额 | 预 算 定 额 |
|---|---|
| 1. 定额反映平均先进水平,约比预算定额高 10% | 1. 定额反映社会平均水平,大多数人能够达到和超过的水平 |
| 2. 定额内容是分部分项工程劳动力、材料、机械台班等耗用数量 | 2. 其内容除劳动力、材料、机械台班耗用量以外,还有单价和费用 |
| 3. 它是编制预算定额的基础和依据 | 3. 它是编制概算定额的基础和依据 |
| 4. 它是施工企业编制施工预算的依据 | 4. 它是编制施工图预算、标底、工程结算的依据 |
| 5. 它是施工企业内部进行经济核算、科学管理的依据 | 5. 除企业内部以此进行科学管理外,更是国家、建设单位、企业三者经济关系的依据 |

4. 预算定额的编制原则、依据和方法

(1)编制原则。包括:①全面执行党的方针政策;②技术先进,经济合理;③简明适用,严谨准确。

(2)编制依据。包括:①国家及有关领导部门的有关制度和规定;②施工定额,国家过去颁发的预算定额和各省、市、自治区现行预算定额的编制基础资料,有代表性的,质量较好的补充单位估价表;③现行的全国通用的设计规范,通用标准图集、施工及验收技术规范、质量评定标准和安全技术规程;④有关科学实验、测定、统计和经验分析资料,新技术、新结构、新材料和先进经验资料;⑤现行的人工工资标准和材料预算价格,施工机械台班预算价格等。

(3)编制方法。

①确定预算定额编制方案的主要内容:a. 根据国家的有关政策及实际情况,确定指导思想,建立相应的组织领导,明确编制进度安排及有关具体要求。b. 明确拟定编制的预算定额的用途,制定编制预算定额的细则。根据拟编预算定额的用途,提出定额的结构内容,编制形式,以及对人工、材料、机械台班使用定额数量的计算要求,规定人工、机械的幅度差、材料损耗率、材料超运距及其他工料费的计算要求,并对参加编写的人员进行分组。

②深入调查研究,广泛收集资料。编制预算定额,需要大量准确、可靠的基础资料。所以,在预算定额的编制方案确定以后,就要有重点、有选择地开展深入调查研究工作,广泛收集有关的基础资料,并对这些资料进行反复测算、核实,以保证收集到的资料全面、准确和可靠。收集到的资料,再进一步进行分析和整理,进行科学分类,使资料数据系统化,这是编制定额必须做的工作。

(4)确定预算定额项目及选定计量单位。确定预算定额项目,也称划项工作。它是以现行定额作为划项的基础,在广泛收集资料及群众意见的基础上,用以调整、补充拟编制的预算定额项目。

预算定额的项目应本着齐全、粗细适度、简便适用的原则进行划分。定额项目划分粗细要适度,定额水平要保持平均水平。确定预算定额的计量单位,是一项非常重要的工作。计量单位恰当与否,直接影响预算定额项目的繁简,影响编制工程预算定额的工作量。

(5)确定和计算定额中三项指标的消耗量。包括:①确定人工、材料、机械台班指标内容;②计算人工、材料、机械台班使用指标方法。

(6)编制预算定额基价。预算定额基价,亦称预算价值,是指预算定额中以货币指标反映消耗在单位工程基本构造要素上的人工、材料、机械台班的价值额度。它是以地区性价格资料为基准综合取定的,是编制工程预算造价的基本依据。

(7)编制预算定额项目表格。预算定额表格也称预算定额节,它规定了预算定额表的填列方法和内容。在预算定额表格的基价部分,应分别列出人工费、材料费、机械费,同时要合计出基价。

### (二)预算定额消耗量指标的确定

1. 人工消耗量指标的确定

预算定额中人工消耗量指标包括完成该分项工程必需的各种用工量,预算定额中各种用工量,系根据测算后综合取定的工程量数据和国家颁发的《全国建筑安装工程统一劳动定额》计算求得。定额人工消耗指标与平均等级相对应的工资标准的乘积就是该分项工程单位产品的人工工资。主要内容包括有:(1)基本用工,指完成分项工程的主要用工量。(2)超运距用工。预算定额的材料运输距离事先确定,运输距离往往比劳动定额规定的大。编制定额时,材料、半成品等运距超过劳动定额规定时,需增加用工数量。(3)辅助用工,指材料加工等用工。

(4)人工幅度差。在确定人工消耗量指标时,还应考虑在劳动定额中未包括,而在一般正常施工情况下又不可避免的一些零星用工因素。

2. 材料消耗量指标的确定

材料消耗量指标是指在正常施工条件下,用合理使用材料的方法,完成每单位合格产品所必须消耗的各种材料、成品、半成品的数量标准。材料消耗定额等于材料净用量加材料损耗量。材料消耗量的计算方法有观察法、试验法、统计法和计算法四种。

3. 机械台班使用量指标的确定

预算定额中的机械台班使用量指标,是以台班为单位进行计算的。每个台班为 8 h。是按照施工定额机械施工项目计算机械台班使用量后,再考虑一个机械幅度差决定的。对于大型机械、中小型机械和分部工程的专用机械,其计算方法和机械幅度差是不相同的。机械台班使用量指标确定如下:

(1)大型机械施工的土石方、打桩、构件吊装、运输等项目。大型机械台班使用量指标,按劳动定额台班产量加机械幅度计算。

(2)按操作小组配用机械台班消耗量指标。由土建施工单位管理的中小型机械,一般以操作小组配用机械,并以综合取定的小组产量计算台班产量,不考虑机械幅度差。

(3)分部工程中的打夯、钢筋加工、木作、水磨石等各项专用机械的机械台班使用量指标其机械幅度差为 1.1。

(4)中小型机械台班使用量指标。中小型机械台班使用量指标,直接列于预算定额,或以机械费表示,不列台班数量。

### (三)预算定额基价的编制

预算定额基价,亦称预算价值。是确定预算定额中以货币指标反映消耗在单位工程基本构造要素上的人工、材料、机械台班的价值额度,亦称单位产品直接费。它是将预算定额规定的人工、材料、施工机械台班消耗量,按当地的工资标准、材料预算价格和机械台班单价,计算人工费、材料费、机械台班费用基价,即为预算单价的三项费用。其计算公式如下:

$$预算单价=人工费+材料费+机械台班使用费 \tag{11-13}$$

其中

$$人工费=\sum(人工工日用量\times相应等级日工资标准+工资性津贴) \tag{11-14}$$

$$材料费=\sum(材料用量\times相应的材料预算价格) \tag{11-15}$$

$$机械台班使用费=\sum(机械台班使用量\times相应的机械台班单价) \tag{11-16}$$

1. 工人日工资标准的确定

建筑安装产品直接费中的人工费,是直接从事建筑安装工程施工工人的基本工资、附加工资和工资性质的津贴之和。

建筑安装工程的人工费,在建筑工程造价中约占工程直接费的 10%,是工程造价的重要组成部分,它在整个工程造价中所占的比重虽然不大,但影响工人的合理收入和企业的经济核算。建筑安装企业和其他工业企业在劳动工资管理和工资制度上基本是相同的。建筑业对工程技术和管理人员实行职务等级工资制,对建筑安装工人实行技术等级工资制。

2. 材料预算价格的确定

(1)材料预算价格的构成与作用

①材料预算价格的构成。材料预算价格,是指材料由来源地或交货地点,运达工地仓库

(施工工地存放材料的地方)后的出库价格。建筑材料、成品及半成品的预算价格是由下列费用组成的:材料原价;供销部门手续费;材料包装费;运杂费,包括外埠运杂费(发站及到站装卸运杂费、车船运输费、中心仓库入库费),市内运输费(出库费、市内运费、装卸费);采购及保管费。

②材料预算价格的作用。a. 材料预算价格是编制建筑安装工程概预算定额的基础;b. 材料预算价格是建设单位与施工单位、加工订货单位结算其供应的材料、成品半成品价款的依据;c. 材料预算价格是施工管理部门所属材料供应单位材料出库的计价标准,它起着对材料经营成果进行核算的作用,同时也是施工单位工程成本核算的依据。

(2)材料预算价格的确定

①材料原价。材料原价是指国家主管部门或地方主管部门规定的材料出厂价格或者是销售部门(五金、交电)规定的批发价和市场采购价。它是指物品在出售之前,所需材料制成的成本总额。它是决定商品售价的重要因素之一,对于商家来说是经营管理的基础。

材料原价通常包括以下几个方面的费用:

a. 原材料成本:原材料成本是指用于生产商品所需的原材料的费用。这包括从采购到运输、储存等一系列过程中的成本,以及对原材料的加工和处理费用。原材料成本对于制造商来说是非常重要的,因为它直接影响到最终产品的质量和成本。

b. 加工费用:加工费是将原材料转化为最终产品时所需要的费用。它包括人工费用、设备使用费用、能源费用等。加工费用通常与生产过程中的劳动力和技术密切相关,对于产品的制造周期、产能和质量有着重要的影响。

c. 维护和修理费用:在生产过程中,由于设备磨损、故障等原因,需要进行维护和修理。这些费用也需要计算到材料原价中。维护和修理费用的大小取决于设备的使用频率、维护周期以及维修所需的人力和材料。

d. 管理费用:管理费是指与生产过程和材料相关的管理费用。这包括生产计划、采购、库存管理等方面的费用。管理费用的大小取决于企业的规模、管理方式和市场需求等因素。

e. 相关税费:在购买或者生产材料过程中,可能需要支付一些相关的税费,如增值税、关税等。这些税费也应该计算在材料原价中。

材料原价的概念对于企业管理非常重要,它直接决定了产品的售价和企业的盈利能力。一个合理的材料原价可以确保企业以适当的利润售卖产品,以维持生产经营的持续性。

在确定材料原价时,企业需要进行详细的成本核算和分析。首先,对于每一种原材料,企业需要了解其采购价格、运输费用、存储成本等。其次,需要根据生产工艺和设备使用情况,计算出加工费用。此外,维护和修理费用以及管理费用也需要在计算过程中考虑。

将以上各项费用累加起来,就可以得到材料的总成本,即材料原价。企业根据产品的定价和市场需求,结合自身的成本结构,来决定最终的报价。

然而,确定材料原价并不是一次性的工作,它需要不断监控和调整。企业需要时刻关注原材料市场的变化,以及与供应商的协商和谈判,以降低材料成本。此外,改进生产工艺和提高生产效率,也是降低材料原价的方法之一。

总之,材料原价是衡量产品成本的重要指标之一,它涉及到多个方面的费用,包括原材料成本、加工费用、维护和修理费用、管理费用以及相关税费。企业通过详细的成本核算和分析,来确定最终的材料原价,以保证企业的盈利能力和业务的持续性。同时,企业需要不断监控和调整材料原价,以适应市场的变化和提高企业的竞争力。

在确定地区性的材料预算价格时,凡同一种材料因来源地、交货地、供货单位、生产厂家不同,而有几种价格(原价)时,可根据不同来源地供货数量比例,采取加权平均的方法确定其原价。

②供销部门手续费。供销部门手续费,是指材料经供销部门供应而附加的手续费。手续费率由地区物资管理部门规定。其计算公式为

供销部门手续费=原价×供销部门手续费费率 (11-17)

③材料包装费和回收价值。包装费是为便于材料运输或为保护材料而进行包装所发生的一切费用。

④材料运输费。材料运输费系指材料由来源地(交货地)起(包括经中间仓库转运)运至施工工地仓库止,全部运输过程中发生的一切费用。包括车、船运输费、调车费、驳船费、入库费、装卸费以及附加工作费。材料运输费用通常按外埠运费和市内运费两段计算。

⑤材料采购及保管费。材料采购及保管费,系指施工企业的材料供应部门(包括工地仓库以上各级材料管理部门)在组织材料采购、供应和保管过程中所需要的各项费用。

材料采购及保管费的确定,通常是根据材料供应量大小与其相适应的机构设置,采购保管中可能损耗的大小等情况,分别规定不同费率。

采购及保管费的计算公式为

材料采购及保管费=(原价+供销部门手续费+包装费+运杂费)×采购及保管费率 (11-18)

材料供应价格与材料预算价格的具体计算公式如下:

供应价格=(原价+供销部门手续费+包装费+外埠运杂费) (11-19)

预算价格=(供应价+市内运杂费)×(1+采购及保管费率)-包装回收值 (11-20)

建设工程定额中的材料,在品种、规格、型号等方面是多种多样的,而材料预算价格是针对某一定品种、规格而编制的,因此工程定额中的材料价格是根据需要,对材料预算价格进行选定和必要的综合来计取。

(3)材料预算价差的调整

由于市场经济的发展确定材料预算价格的各种文件和规定经常在改变,因此编制和使用材料预算价格表时应注意按当地新文件、新规定处理。

材料预算价格在执行中,有下列三种情况时,要对材料预算价格进行调整:

①材料原价、运输工具、运价、来源地情况发生时。

②因材料供应不符合设计要求需加工的价差。

③因材料质量差和量差而发生的价差。

3. 施工机械预算价格的确定

施工机械的费用按因素性质可分为三大类,即第一类费用、第二类费用以及其他费用。

机械台班单价是编制建筑安装工程预算定额的基础之一,是施工企业对施工机械费用进行成本核算的依据。机械台班费用定额水平高低,直接影响建筑工程造价和企业的经营成果,因此确定合理的机械台班费用定额,对加快建筑施工机械化步伐,提高企业劳动生产率,降低工程造价,改变我国建筑业落后状况,具有一定的现实意义。

(1)第一类费用的组成及计算方法。该类费用不管机械开动的情况怎样,不管施工地点和条件,都需要支出,是一种比较固定的费用。它是由国家主管部门统一制定颁布,是根据施工机械的年工作制,按全年所需分摊到每个台班中,并且以货币形式列入施工机械台班使用费

中，在编制台班费时不允许调整，可以从定额中直接转抄其货币指标。第一类费用包括八项内容：折旧费、大修费、经常维修费、替换设备及工具附具费、润滑材料及擦拭材料费、安装拆卸及辅助设施费、机械场外迁移费、机械管理费等。

（2）第二类费用组成及计算方法。该类费用的特点是只有机械运转时才会发生的支出费用。它是在国家主管部门颁发的《全国统一施工机械台班费用定额》的基础上，由各地区根据施工条件不同，动力燃料和工资单价不同，可以进行调整，编制出本地区的费用单价。第二类费用也称可变费用。它包括两项内容：人工工资及动力燃料费用。

（3）其他费用。其他费用包括养路费及牌照税，是指定按照省、市（地）有关部门规定的定期交纳的机械牌照税和维护公路所需的费用。机械台班费用定额是根据不同型号、不同使用功能按单机编制的，而预算定额中的机械台班费用是根据本市现有机械装配情况和工程实际使用情况，并考虑到机械的合理配备和充分利用的情况下，有的按同一型号单机进行选定的，有的则按一种机械不同型号进行综合选定的。

可以说，机械台班费用单价是编制建筑、安装、市政工程预算定额机械台班造价的主要基础，也是出租机械台班计费的依据，同时也是施工单位内部机械管理部门成本核算的基础，而工程预算定额中的机械台班费造价只确定分部、分项工程造价的基础。

### （四）预算定额的应用

建设工程预算定额是编制施工图预算、拨付工程款、竣工结算或工程招标、投标的依据，是加强建筑企业经济管理责任制，考核工程成本的依据。因此，预算人员一定要熟悉预算定额的内容、形式和使用方法，才能准确、及时地搞好预算工作。

1. 执行预算定额的原则及要点

（1）预算定额适用于建筑企业承包工业、民用建筑的新建、扩建工程，不适用于修缮、改建和临时性工程。

（2）预算定额是根据现行的建筑安装工程施工验收规范、质量评定标准、安全操作规程及选用标准合格的建筑材料、成品、半成品，并按合理的施工组织设计编制的，除另有规定外，不得因具体工程的施工组织设计、施工方法与定额规定有出入而变更。

（3）预算定额中除预制钢筋混凝土构件外，建筑材料、成品、半成品的进场运输费已包括在建筑材料预算价格中，不得因多次转运而另行计算。

（4）预算定额中的周转性材料、工具设备等，均包括城市近郊区内工地间转移费。不得因多次转移而另行计算。

（5）预算定额中混凝土及钢筋混凝土所列模板费，按钢木综合考虑的，除设计单位或建设单位指定特殊模板外，施工中无论采用何种模板和支模方式均不得调整。

（6）预算定额中的总价或材料合价中（）者，均为不完全价格，应补充缺项的材料、成品、半成品预算价格后使用。

（7）预算定额中材料用量带（）者，其材料价格可以换算，但用量不得调整。

（8）预算定额中的各种汽车、拖车、汽车吊等养路费均包括在台班费中，不得另行计算。

（9）预算定额工资单价中除按规定技术等级工资基价外、每个工日均包括副食品补贴、工资性质的津贴金额。

（10）预算定额中凡注明“×××以内（下）”者，均包括“×××”本身，注明“×××以外（上）者，则不包括“×××”本身。

(11)预算定额工程内容仅注明主要工序,次要工序虽未说明,但定额中已经考虑。

(12)预算定额中仅列主要材料用量,对次要和零星材料虽未列出,但已包括在其他材料费中。

(13)要正确选用定额项目。根据施工图纸及其作法说明计算分部分项工程量,选用相应的定额项目,不漏项、不重项、不错项。

预算项目的工程量计量单位要与定额项目一致。

(14)若工程设计与定额内容不符,而定额规定允许换算时,在套用定额时,要进行换算。

2. 预算定额的换算方法

如果工程项目内容与套用相应定额项目的要求不符,就要在定额规定的范围内进行换算。使施工图纸的内容和预算定额中的要求相一致的换算过程,就称为预算定额的换算。

定额换算的实质就是按定额规定的换算范围、内容和方法,对某些分项工程或结构构件预算单价的换算。通常只有当设计选用的材料品种和规格同定额规定有出入,并允许换算时,才能进行换算。在换算过程中,定额单位产品材料消耗量一般不变,仅调整与定额规定的品种或规格不相同材料的预算价格,经过换算的定额编号的右下端应写个换字,定额单价的换算主要有以下几个方面:

(1)砂浆的换算。由于砂浆强度等级的不同,势必引起相应定额基价的变动,为此,必须进行换算。换算的原则是保持原定额规定的砂浆用量不变。

(2)混凝土的换算。由于混凝土强度等级的不同,而引起定额基价的变动。因此,需要对定额基价进行换算,换算的原则是要保持原定额规定的混凝土用量不变。

(3)钢筋、铁件总用量的调整。预算定额总说明规定,每一建筑物或构筑物其设计钢筋、铁件的总用量与定额钢筋、铁件总用量比较,如果超过±5%时,则钢筋、铁件就要按定额“钢筋铁件增减调整表”中的规定进行调整,即对钢筋、铁件的工料和费用进行调加或调减。

## 三、概算定额与概算指标

### (一)概算定额及其编制

1. 概述

概算定额是介于预算定额和概算指标之间的定额,亦称扩大结构定额。它是规定为完成完整的结构构件或扩大的结构部分所消耗的劳动、材料和机械的数量标准和货币额度。

概算定额是在预算定额的基础上,根据有代表性的建筑工程通用图和材料图等资料,进行综合、扩大和合并而成。概算定额是控制基建投资、考核初步设计或扩大初步设计在经济上合理性的依据。是编制施工组织总设计中主要资源(如劳动力、材料、机械)需求计划的依据。因此,编制概算定额和概算指标的正确性和合理性,对提高概算准确性,合理使用资金,降低造价,充分发挥投资效果起着积极的作用。

编制概算定额时,应考虑到能适应规划、设计、施工各阶段的要求。概算定额与预算定额应保持一致的水平,即在正常的条件下,反映大多数企业的设计、生产及施工管理水平,即社会平均水平。

概算定额的内容和深度,只能以预算定额为基础的综合与扩大,在合并中不得遗漏或增加细目,以保证定额数据的严密性和正确性。概算定额务必达到简化、准确和适用的原则。

由于概算定额是在预算定额的基础上适当综合扩大,因而在工程量取值、工程标准和施工方法等进行综合取定时，概预算定额之间将产生一定的允许幅度差。这种幅度差可控制在5%以内，以便根据概算定额编制的概算控制住施工图预算。

2. 概算定额的作用

概算定额的作用主要有：

(1)它是初步设计阶段编制单位工程概算，扩大初步设计(技术设计)阶段编制修正概算的依据。

(2)它是进行设计方案经济比较和评选的依据。

(3)在扩大结构工程进行期中结算时，概算定额是划分工程项目进行期中结算的依据。

(4)它是编制施工组织总设计中，为拟定总进度计划及各种资源等需要量的依据。

(5)它是编制概算指标的基础。

(6)它是作为工程招投标编制标底和议标的基础。

3. 概算定额的内容

概算定额的内容由文字说明和定额表组成。文字说明有总说明、分章说明。在总说明中主要说明编制目的和依据，所包括的内容、作用、适用范围及建筑面积计算规则等有关规定。分章说明规定了结构分部工程量计算规则，包括定额项目及工程内容等。定额表反映用货币表现的人工费、材料费和机械费以及各地区的基价。

概算定额的编制，按目录、总说明、章节说明、工程量计算规则、定额表、工程量计算参考表和材料规格表顺序排列。

概算定额的项目，按工程结构划分时，与预算定额划分方法相同。

4. 概算定额的编制

(1)编制原则。编制概算定额也必须反映平均水平和简明适用的原则。

由于概算定额也是基本建设产品和建筑安装产品计价的依据，因此，为了符合价值规律的要求，概算定额水平也必须贯彻平均水平的原则。

概算定额的项目划分，在保证具有一定的准确性的前提下，以主体结构分部工程为主，在预算定额项目划分的基础上，进行适当的综合扩大。概算定额的计量单位，应与预算定额尽量取得一致，同时要求定额准确可靠、简明易懂、项目齐全、计算简单。

(2)编制依据。包括：①现行的设计规范和施工验收规范；②现行建筑工程预算定额及施工取费标准；③国家和各省(自治区)、市批准颁发的标准设计和有代表性的设计图纸；④现行的概算定额；⑤现行人工工资标准、材料预算价格和施工机械台班预算价格；⑥有关施工图预算或结算等经济资料。

(3)编制方法。包括：①概算定额幅度差的确定。一般在预算定额的基础上增加的幅度差在5%内。②定额计量单位的确定。③定额项目的划分。对概算定额的项目划分，以简明和便于计算为原则。④定额数据的综合取定。为了稳定概算定额的水平，统一考核和简化计算工作量，并考虑到扩大初步设计图的深度条件，概算定额的编制，尽量不留活口或少留活口。

### (二)概算指标及其编制

1. 概述

概算指标比概算定额更为综合和概括。它是以各类建筑物的面积、体积或万元造价为计量单位所整理的造价和主要材料用量的指标。它是一种用建筑面积，或按构筑物以座为计量单位，规定人工、材料和机械的定额指标。所以依据概算指标来估算工程造价，就更简单化了。

2. 概算指标的作用

(1)概算指标作为编制初步设计概算文件的主要依据。由于概算指标比概算定额更加扩大和综合,所以在初步设计阶段时可以用概算指标确定工程造价。

(2)在建设项目可行性研究时,概算指标可作为编制项目设计估算的依据。

(3)概算指标是编制建设投资计划的参考资料,也是编制建设工程施工组织设计和劳动力、机械、材料物资供应计划的依据。

(4)概算指标是进行技术经济分析,考核建设投资效果的尺度之一。

3. 概算指标的内容

(1)总说明;

(2)经济指标;

(3)结构特征。

概算指标在具体内容的表示方法上,有综合指标与单项指标两种形式。

综合指标是一种概括性比较强的指标,单项指标则是一种以典型的建筑物或构筑物为分析对象的概算指标。对一般的结构内容加以介绍,使用时如与指标结构内容基本相符,各种资源的消耗量的计算结果,出入是不大的。

4. 概算指标的编制

(1)编制步骤。概算指标的编制步骤一般分三个阶段:①准备工作阶段;②编制工作阶段;③复核送审阶段。

(2)编制依据。包括:①标准设计图纸、通用图集和各类工程的典型设计;②现行预算定额、定额补充规定、间接费定额和概算定额;③国家颁发的建筑标准、设计、施工和有关技术规范等;④国家颁发的工程造价指标和地区造价指标;⑤各地区人工工资标准,材料、机械台班预算价格及其他价格资料;⑥工程结算资料。

(3)编制方法。概算指标构成的数据,主要来自各种工程预算和决算资料,即用各种有关数据经过整理分析、归纳计算而得。万元指标,指每万元建设投资中的各种工料的含量。

总之概算指标的编制方法步骤依据与概算定额的编制基本类似,只是项目综合性更大,是以整个建筑物为单位进行计算而编制确定的。

## 四、建设工程间接费定额与工期定额

### (一)施工管理费定额及其编制

1. 概述

施工管理费是工程间接费的主要内容。它是建筑企业为组织和管理工程施工所发生的经营管理性质的费用,其费用标准即为施工管理费定额。这种费用是采取间接分摊的方法,以费率的形式,根据国家的方针政策和有关规定编制的。

施工管理费定额的特点有三方面。其一,它是为施工管理所发生而又不便直接计算在某一单位工程上的费用;其二,它不是直接消耗在工程实体上的费用,而又必须采取费率的形式分摊到每一个单位工程上去;其三,它是构成工程造价的重要组成部分。施工管理费具有法令性和综合性的特点,各建设和施工单位都不能因工程条件的不同,而变动取费标准。

施工管理费定额水平的高低,将直接影响对工程造价的控制,因为工程造价构成中的间接费,是以工程直接费(或直接费中人工工资)为基数乘以施工管理费定额中规定的费率标准计算的。因此，施工管理费定额的合理确定，是控制工程造价的主要因素之一。

施工管理费定额，是加强建筑企业内部经济核算，提高企业经营管理水平的工具。规定一个合理的费用定额，既能控制施工管理费的支出和降低工程造价，又有利于促进企业深化改革，努力提高生产效率，多完成任务，精简机构层次，压缩非生产人员，提高管理工作效率，控制非生产性开支，达到增产节支的目的。因此，它又是促进企业改革、考核企业管理水平、加强经济核算的重要工具。

施工管理费可划分为企业管理费和施工项目管理费。企业管理费是指施工企业经营管理层对企业经济核算，以及工程项目的经营、管理所发生的各项费用；施工项目管理费是指单位工程现场管理层及施工作业层组织生产施工项目完成过程中所发生的各项费用。

编制施工管理费定额，要贯彻增产节约，紧缩非生产性开支，勤俭办企业的原则。使之促进建筑企业机构改革，压缩非生产人员比例和非生产用工。目前多数国营建筑企业的机构设置层次过多，非生产人员比例大都超出了企业验收标准要求的比例。建筑企业应通过精简机构，提高工作效率，压缩非生产人员比例，这是降低施工管理费开支的关键因素。因而应制定一个符合降低工程造价，合理使用建设资金的施工管理费定额。

2. 施工管理费定额费用项目划分

施工管理费定额项目划分，是由其所包括的项目内容决定的，是编制施工管理费定额计算各种费用的基础。大体分为两类性质，一类属于非生产性开支的项目，另一类是属于工人工资性质和为工人参加生产活动的费用项目。

在上述基础上，随着经济体制改革的发展，结合工程建设的实际情况，为了使项目划分更加趋于合理，施工管理费定额项目划分可以做一些探索性的改革。以有利于实行单位工程承包制的推行，适应生产工人对工具的质量、规格品种需要。为了适应各类型企业核算，施工管理费定额，可以只规定各类工程的总费率和费用项目、内容，不再规定分项细目费率。

3. 施工管理费定额的计算基础

施工管理费定额计算基础的确定，应考虑以下几方面的因素：第一，计算基础要保持管理费的相对稳定性，编制方便，使用时计算简便；第二，计算基础要能促进企业管理水平的提高，有利于企业内部的经济核算；第三，计算基础要体现增产节约，合理使用建设资金的原则。

施工管理费定额标准不是以绝对量表示，而是以费率的形式进行计算的。因此，在确定以费率表示的定额标准时，必须首先确定出计算费率的基础，而后才能确定出施工管理费的取费标准。

当前的计算基础一般有两种：一种是建筑、市政工程以直接费为计算基础；另一种是设备安装工程以人工工资（定额工资）为计算基础。

4. 施工管理费费率的测算及取定

(1)收集资料，做好调查研究；

(2)分析整理资料，确定计算数据；

(3)分项计算费用开支额，综合确定施工管理费定额。

确定时需根据费用性质逐项计算、分析取定，施工管理费用定额是各项费用标准之和。

5. 施工管理费的使用

施工管理费定额，据其编制体制、地区、对象、计算基数的不同，可划分为若干个不同的类型，不同的取费标准。施工管理费的金额是组成建设工程概预算造价的重要部分，必须列入建设工程的概预算文件中。

为了正确地使用施工管理费定额,应特别注意定额的适用范围。无论哪一级、哪个地区编制的施工管理费定额,对其适用范围,即适用对象、适用地区、各种取费标准等,都有明确的规定与说明。使用时必须严肃认真地阅读,认真执行。要根据工程类别性质不同,施工企业资质等级不同,而分别采用,以保证正确使用。

(二)其他间接费定额及其编制

1. 概述

建设工程其他间接费用,是指为进行工程施工,需要发生的既不能包括在预算定额单价表中,又不能包括在施工管理费范围之内的其他工程和费用,其费用标准即为其他间接费定额。这种费用是采用间接分摊的方法,以费率的形式,根据国家方针政策和有关规定编制的。

正确地确定其他间接费标准,有利于合理确定建设工程造价,节约国家资金,促进施工企业经济核算,其经济意义是很重要的。

其他间接费用的内容包括:临时设施费、劳动保险基金、技术装备费、计划利润、流动资金贷款利息、税金、建筑行业劳保统筹资金和建材发展补充基金等。

其他间接费定额的计算基础一般有两种。一种是建筑、市政工程以直接费为计算基础,另一种是设备安装工程以人工工资(定额工资)为计算基础。

2. 其他间接费项目内容及计取方法

(1)临时设施费

临时设施费指施工企业为进行建设工程的施工必需的生活和生产用临时设施费用。

临时设施费的取费标准,各地区按照工程类别不同建筑和安装、企业资质级别不同,规定了不同的取费标准。

(2)劳动保险基金

劳动保险基金主要指施工企业由职工福利基金支出以外的,按劳保条例及有关规定的离退休人员的费用、退职人员退职金、职工死亡丧葬费、抚恤金和6个月以上的病假人员工资,以及按照上述职工工资总额提取的工资附加费等。

劳动保险基金的取费标准,各地区按照工程类别不同(建筑和安装)、企业资质级别不同,规定了不同的取费标准。

(3)技术装备费

施工技术装备费是指施工企业为适应建筑施工需要,购置施工机械、设备等技术装备的费用。根据国家有关规定,此项费用列入其他间接费用定额。

技术装备费的取费标准,各地区按不同工程类别、不同企业资质等级,规定了不同的取费标准。

(4)计划利润

依据现行规定,计划利润是指以工程预算成本为基础,按国家统一规定的利润率计提取的施工企业的计划利润。

计划利润的取费标准,各地区根据工程类别、企业资质级别的不同而不同。它是以百分数计取。

(5)流动资金贷款利息

流动资金贷款利息是指施工企业按照规定支付给建设银行的计划内流动资金贷款利息。

它的取费费率标准是根据中国人民建设银行的文件规定,结合本地区计划委员会、城乡建设委员会发布的文件规定计取。

(6)税金(两税一费)

税金是指国家规定计入建设工程造价内的营业税、城市建设维护税、教育费附加。

税金的取费标准,按国家有关规定,结合本地区主管部门发布的文件规定计取。

税金取费标准同样因工程类别、企业资质的不同而异,它以百分数计取。

(7)建筑行业劳保统筹资金和建材发展补充基金

这两项费用的计取,根据国家及各地区主管部门的有关文件规定计算。而且,不统计完成工作量,不提取工资含量。这两项费用计算是以工程造价为基础,乘以取费标准。

总之,其他间接费所属项目虽然都与施工生产有关,但又不是在施工过程中对任何工程都必然发生。其费用项目在很大程度上受地区和工程具体条件的影响,各项费用定额标准的确定主要根据历史资料和实际的预、决算资料以及一定时期国家的有关经济政策,用统计分析法进行计算。其他间接费定额中的劳保支出项目则根据国家的有关经济政策和施工企业的具体情况,即企业职工队伍现状、退休病休人员的人数等测算。

间接费用定额与直接费用定额是配套使用的,执行什么样的直接费定额就采用相应的间接费用定额,只有这样才能保证费用项目在计算和口径上的一致性。

### (三)工期定额

1. 概述

建设工程工期定额,是规定建设工程在正常的组织管理与施工条件下,从基础工程破土开工起至完成工程全部设计项目(承包内容),并达到国家验收标准办理验收签认之日止,所需的全部日历天数。

建设工程工期定额,是为了适应基本建设管理体制改革的需要,加强施工工期管理,提高工程投资效益和企业效益而制定的,并由上级主管部门颁发,由各省(自治区)、市贯彻执行的指令性文件。

2. 工期定额的作用

(1)工期定额是招标、投标和签订建设工程合同,确定施工期限的依据。

(2)工期定额是建设工程实行提前竣工奖,核定提前或延误竣工天数,实行奖罚的依据。

(3)工期定额是实行“工程竣工期调价办法”的基本条件。

(4)工期定额是施工单位编制施工组织设计、安排施工计划、考核施工工期,完成竣工指标的依据。

3.“工期定额”的应用

(1)计算工程项目工期的基本条件

正确地计算工程的合理工期,必须区分以下 5 个基本条件。

①建设项目的规模及工程类型;

②区分工程用途;

③区分工程结构;

④建筑面积和层数(地上地下各有多少层);

⑤有无地下室、不计算建筑面积的技术层及其所在位置。

(2)计算工期的程序

①按工期定额项目直接套用计算;

②超过工期定额项目层数及建筑面积范围的换算;

③多用途工程工期计算。

一项单位工程具有两种或两种以上用途的工程称为多用途工程。

## 五、工程定额计价的基本方法

### (一)定额计价的基本程序

在我国,长期以来在工程价格形成中采用定额计价模式,即按预算定额规定的分部分项子目,逐项计算工程量,套用预算定额单价(或单位估价表)确定直接工程费,然后按规定的取费标准确定措施费、规费、间接费、利润和税金,加上人工、材料调差和适当的不可预见费,经汇总后即为单位工程预算或标底,而标底则作为评标定标的主要依据。以定额计价法确定工程造价,是我国采用的一种与计划经济相适应的工程造价管理制度。

定额计价实际上是国家通过颁布统一的估算指标、概算指标,以及概算、预算和有关定额,来对建筑产品价格进行有计划的管理。国家以假定的建筑安装产品为对象,制定统一的预算和概算定额。计算出每一单元子项的费用后,再综合形成整个工程的价格。工程定额计价的基本程序如图 11-2 所示。

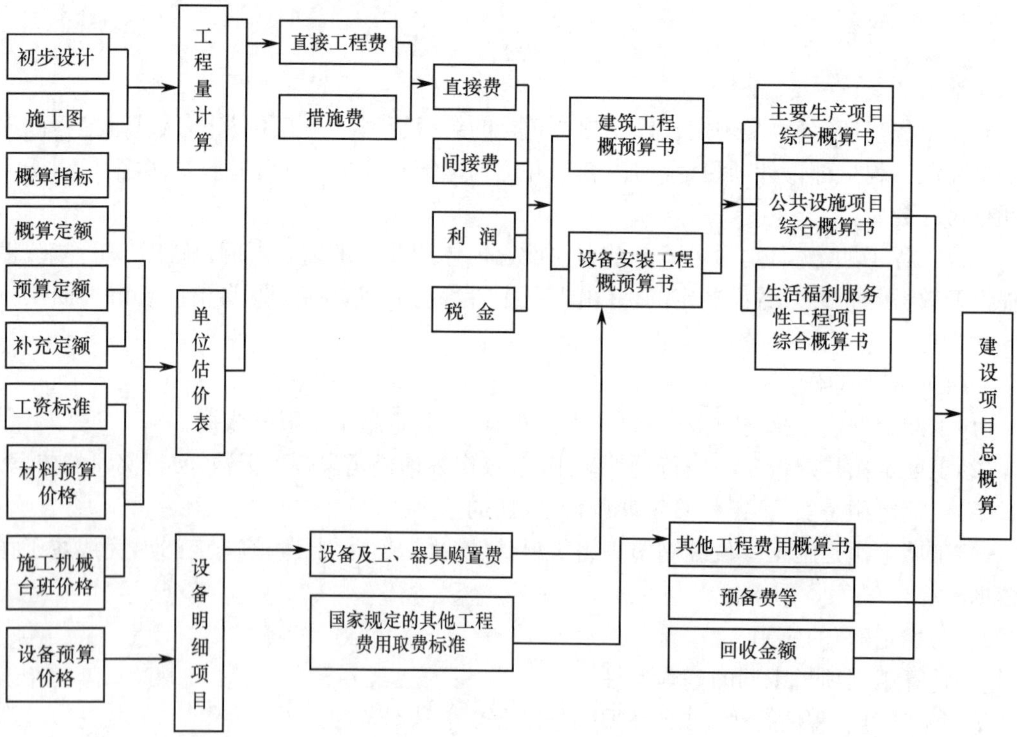


图 11-2 工程造价定额计价程序示意图

从图中可以看出,编制建设工程造价最基本的过程有两个:工程量计算和工程计价。工程量的计算均按照统一的项目划分和工程量计算规则计算。工程量确定以后,就可以按照一定的方法确定出工程的成本及利润,最终就可以确定出工程预算造价。定额计价方法的特点就是一个量与价结合的问题。可以用以下公式来进一步表明在确定建筑产品价格时定额计价的基本方法和程序:

1. 每一计量单位建筑产品的基本构造要素(假定建筑产品)的直接工程费单价＝人工费＋材料费＋机械费　(11-21)

式中　人工费＝∑(人工工日数量×人工日工资标准)　(11-22)

材料费＝∑(材料用量×材料预算价格)　(11-23)

机械费＝∑(机械台班用量×台班单价)　(11-24)

2. 单位直接费＝∑(假定建筑产品工程量×直接工程费单价)＋措施费　(11-25)

3. 单位工程概预算造价＝单位直接费＋间接费＋利润＋税金　(11-26)

4. 单项工程概算造价＝∑单位工程概预算造价＋设备和工器具购置费＋工程建设其他费　(11-27)

5. 建设项目全部工程概预算造价＝∑单项工程的概算造价＋预备费＋建设期贷款利息＋固定资产投资方向调节税　(11-28)

### (二)定额消耗量在工程计价中的作用

1. 定额消耗量及其存在的必要性

所谓定额消耗量，是指在施工企业科学组织施工生产和合理使用资源的条件下，规定消耗在单位假定建筑产品上的劳动、材料和机械的数量标准。

假定建筑产品，即工程基本构造要素，就是分项工程或结构构件。从现行概预算定额中分离出来的定额中的资源消耗量，是经过科学测定的量化标准。它是国家宏观调控，进行资源要素合理配置的重要工具和手段，也是施工企业通过施工活动，保证产品质量，合理计算建筑产品价值量的重要参考。在市场经济条件下，定额消耗量作为概预算计价的重要基础依据，显得特别重要。其必要性体现在以下三个方面：

(1)定额消耗量是市场经济规律的客观要求

在市场经济规律，即价值规律、供求规律、竞争规律作用下的商品交易中，商品是按照等价交换原则进行交换的。所谓等价交换，就是要求商品按价值量进行交换。建筑产品作为一种特殊商品，在生产和交换过程中，其价值量是由社会必要劳动时间决定的，社会必要劳动时间所形成的价值，指的是社会价值而不是个别价值。人工、材料和机械为主要内容的定额消耗量标准就是建筑产品形成市场等价交换的基础，也是把个别价值转化为社会平均价值才能进入商品生产和交换的必由之路。当然商品的等价交换也必然受到供求规律和市场竞争规律的制约。

(2)定额消耗量是资源合理配置的必然要求

建筑产品的生产过程是以消耗大量的物质资源为基础的。它是以自然资源为劳动对象，经过劳动加工，改变自然资源本来的物质形态，为社会提供具有使用价值与价值的社会生产活动。在国家自然资源并不丰富的社会化大生产中，通过节约与合理利用自然资源，建造出优质的建筑产品是人们普遍关心的问题，更是国家宏观调控下对资源配置起基础性作用的客观要求。制定出的定额消耗量标准，是度量产品生产与产品消费数量关系的必然要求，是衡量劳动成果和企业生产成本、费用和效益的重要手段。建筑产品生产的技术经济特点决定了必须把定额量作为资源的消耗标准。

(3)定额消耗量是提高劳动生产率的需要

社会主义初级阶段的根本任务是发展社会生产力。提高人们征服自然、改造自然的能力，是发展生产力和提高施工生产的劳动效率、尽快实现两个根本性转变，特别是经济增长方式转变的关键所在。转变经济增长方式必须以提高劳动生产率为前提。实行以定额消耗量所规定的标准作为计算劳动者报酬的尺度,对提高劳动生产率有重要意义。因此,改革现行概预算定额,强调定额消耗量是工程计价的基础依据,也是社会生产方式发展到现阶段的一种必然要求。

2. 定额消耗量在工程计价中的作用

(1)定额消耗量是编制工程概预算时确定和计算单位产品实物消耗量的重要依据,同时也是控制投资和合理计算建筑产品价格的基础。

(2)定额消耗量是工程项目设计采用新材料、新工艺,实现资源要素合理配置,进行方案技术经济比较与分析的依据。

(3)定额消耗量是确定以编制概预算为前提的招标标底价与投标报价的基础。

(4)定额消耗量是进行项目建设竣工结算的依据。

(5)定额消耗量是施工企业降低成本费用,节约非生产性费用支出,提高经济效益,进行经济核算和经济活动分析的依据。

## 第三节　建设工程概预算

### 一、概　　述

#### (一)基本建设投资与工程概预算

投资是指为了实现某一特定目的而将其能支配的资源投入社会再生产过程的一种社会实践活动。它是最重要和最复杂的经济活动之一。建设工程投资是众多投资中的一种。国家和社会通过对建设工程项目的投资活动,建立起国民经济发展的基础设施,为社会的经济发展和人民的生活提供最根本和最直接的物质条件。因此,必须对基本建设工程投资进行科学的管理和严格的控制。

我国基本建设投资的管理与控制基本上分为三个层次。第一个层次是国家。国家通过基本建设计划和有关政策、法律从宏观上对基本建设投资进行管理和控制。如制定基本建设程序,要求每一个基本建设项目严格遵守基本建设程序。计划部门代表国家根据建设项目可行性研究报告的评审意见来进行项目审批,并按项目的设计概算来控制投资总额。第二个层次是项目申报单位,即项目建设单位。项目建设单位具体对基本建设项目的造价进行控制,自己或委托设计单位编制可行性研究报告,提出项目建议书,并根据批准的可行性研究报告组织设计,根据批准的设计概算(或施工图预算)编制标底组织施工招标,确定施工单位和委托监理单位。在施工过程中,委托监理工程师对工程费用进行严格管理。通过这一系列工作对建设成本(或造价)进行控制。第三个层次是施工单位(或承包单位)。建设项目由施工单位具体实施,并在施工前编制施工预算,对工程成本进行严格控制。

以上三个层次涉及计划、建设、设计、监理和施工各部门,他们都必须以维护国家利益为原则,从各自的工作和需要出发,对基本建设项目进行严格和科学的管理,为国家把好经济关。要达到上述目的,其基本手段就是制定概预算定额。

投资是一项复杂的活动,尤其对建设工程项目投资是一个涉及面广,影响因素众多的动态系统。要对这个动态的过程进行有效的控制,一方面应全面了解它的运动变化规律和特征,另一方面应对投资活动的变化发展进行量化。正是这种数量变化上的特征,为我们提供了观察和控制投资活动的可能,也提供了投资控制的基础和控制指标。这个量或指标就是投资额。投资额不同于投资,虽然我们在使用上对两者不加区分,两个概念紧密联系但又有区别。投资额只是投资活动的数量表现,是衡量投资活动规模的一个指标,表示投资活动所耗费资源的总和。在商品经济条件下，各种资源均折算成货币，因此，投资额总以货币表示，也就是说，投资额就是投资活动所需的货币总额。按计算范围、资金来源和用途不同，投资额可分为一系列指标，如总投资、全部投资、固定资产投资、流动资产投资、技术更新改造投资和设备投资等。

为了进行控制，我们必须对投资在量的方面有一个参考值，这个值又称目标值或计划值。控制时，就以其为参考物，而实际的量所发生的变化就围绕它上下波动。控制的任务是使这种波动尽可能地减小。因此，目标值的确定是控制的一个关键工作。投资本身是一个逐步开展和不断深化的过程，因此，在其运动过程的不同阶段便有不同的测算工作，形成不同的投资额和不同的测算种类。随着投资活动的不断深化，要求对投资额进行不同深度和精度的测算，相应的形成了一个完整的反映投资在数量变化上的投资额测算体系。即从项目决策到竣工交付使用的整个过程中，根据在不同阶段投资额的作用和精度要求的不同，形成了投资估算、设计概算、施工图预算、施工预算、标底、投标报价、结算和决算等 8 种测算方式，并由此构成了建设项目投资额的测算体系。

在以上 8 种测验算方式中，工程概预算具有特别重要的意义和作用，是基本建设工程投资管理的基本环节。概预算是编制建设工程经济文件的主要依据，也是其他测算方式（投资估算除外）的基础。

基本建设工程（或简称建设项目）设计概算和施工图预算，是指在执行基本建设程序过程中，根据不同设计阶段设计文件的具体内容和国家规定的定额、指标及各项费用的取费标准，预先计算和确定每项新建、扩建、改建和重建工程所需要的全部投资额的文件，它是从经济上反映建设项目在不同建设阶段的特点，是按照国家规定的特殊计划程序，预先计算和确定基本建设工程价格的计划文件，是基本建设程序的重要组成部分。由于概预算的重要性，故在投资额测算体系中居于主导地位。

### （二）概预算制度的形成和发展

建筑安装工程是按期货方式进行交换的商品，与一般的工业产品相比，其生产过程和最终产品具有一系列的特点。这些特点就决定了建筑产品的特殊计价方法，即将分项工程作为假定的产品，根据社会正常生产水平规定其人工、材料和施工机械消耗定额，即概预算定额作为确定建筑安装工程价值的统一标准。建筑安装工程概算、预算即是根据工程设计包含的分部分项工程量和其相对应的地区人工、材料、机械单价表及有关费用标准编制而成。

建筑工程概预算制度产生于早期的资本主义国家，其历史可以追溯到 16 世纪，例如英国概预算制度至今已有 400 多年发展史。概预算制度的发展过程大致可分为三个阶段。第一阶段，从 16 世纪到 18 世纪末，由“测量员”对已完工程的工程量进行测量并估价。第二阶段，从 19 世纪初期开始至 20 世纪初期，由“预算师”在开工之前，按照施工图纸进行工程量计算，以作为承包商投标的基础，中标后的预算书就成为合同文件的重要组成部分。第三阶段，到 20 世纪 40 年代，建立了“投资计划和控制的制度”，他们的投资计划相当于我国的初步设计概算或投资估算，作为投资者预测其投资效果，进行投资决策和控制的依据。

我国统一预算制度的建立始于大规模经济建设的“一五”计划时期，从苏联学来的。1958 年后，概预算工作中央不再统管，下放给各省（自治区）、市管理。“十一届三中全会”以后，国家加强了基本建设预算管理，多次部署整顿和加强“三算”的管理工作，要求做到设计要有概算，施工要有预算，竣工要有决算，以促使经济核算，发挥投资的预期效果。同时，国家还组织了设计部门、施工部门和建设银行及各主管部门制定了工程预算、概算定额及各项费用标准，作为编制基本建设概预算的依据。

实践证明,基本建设预算制度,不仅为按等价交换原则办理工程价款的拨付和结算提供了依据,而且,更重要的是促进了施工企业加强经济核算和企业管理,促进了设计部门改进设计方案,提高设计精度,从而为基本建设预算制度、决策、分配、管理、核算和监督提供了依据。所以,建立和完善基本建设预算制度,对加强基本建设管理,提高投资效益,都具有极重要的意义。

长期以来,我国用处理自然经济和产品经济的方式对待建筑业,致使建筑产品价格和价值严重背离,工程没有真正做到定价在先,而是干后再说,这种弊病限制了商品经济的发展。特别是建筑市场开放,实行招标承包制后,这种矛盾就进一步加剧和突出了。建筑产品价格合理与否,不能单纯从价值是价格的基础出发。价格既要反映价值,又要反映供求关系,所以建筑产品价格的制定和调整,既要以价值为基础,又要充分考虑供求关系。一方面,国家通过投资需求和预算定额体系指导调节建筑产品的价格,这说明建筑业同其他物质生产部门的区别,也表明预算定额体系的特定意义;另一方面建筑产品价格改革,必然打破旧的、一统到底的预算制模式,使建筑产品的市场价格(应该是浮动的)逐步纳入概预算定额体系指导下形成的合理价格。现在实行监理制度的推广和深化,建筑产品的价格将会更准确地体现价值规律的要求和市场竞争特性。

总之,无论是国外还是国内,概预算制度都是随着商品经济的发展而逐步形成与不断发展完善的,概预算制度也将会进一步得到加强和完善。

### (三)建设工程的项目划分

建设工程概预算文件是由一系列已编制完整的概预算书和文字说明组成,它是按建设工程概预算的编制办法,在建设工程项目划分的基础上,通过逐一计算各项费用,层层汇总编制而成的。因此在介绍建设工程概预算文件的组成之前,首先应明确建设工程的项目划分。

建设工程一般可划分为建设项目、单项工程、单位工程三级。单位工程又由各个分部工程组成,分部工程又由各个分项工程组成。

1. 建设项目

建设项目又称为基本建设项目。建设项目是指在一个场地上或几个场地上按一个总体设计进行施工的各个工程项目的总和。对于每一个建设项目,都编有计划任务书和独立的总体设计。组织建设项目的单位称为建设单位。建设单位是在行政上独立的组织,独立进行经济核算,可以直接与其他企业或单位建立经济往来关系。

2. 单项工程

单项工程又称工程项目,是建设项目的组成部分,一个建设项目可以是一个单独工程,也可能包括许多单项工程。单项工程是具有独立的设计文件,建成后可以独立发挥生产能力或效益的工程。

3. 单位工程

单位工程是单项工程的组成部分,一般是指不能独立发挥生产能力,但具有独立的设计图纸和独立施工条件的工程。

4. 分部工程

分部工程是单位工程的组成部分。一般是按单位工程的各个部位划分的。

5. 分项工程

分项工程是分部工程的组成部分。

建设工程项目划分及其关系，如图 11-3 所示。

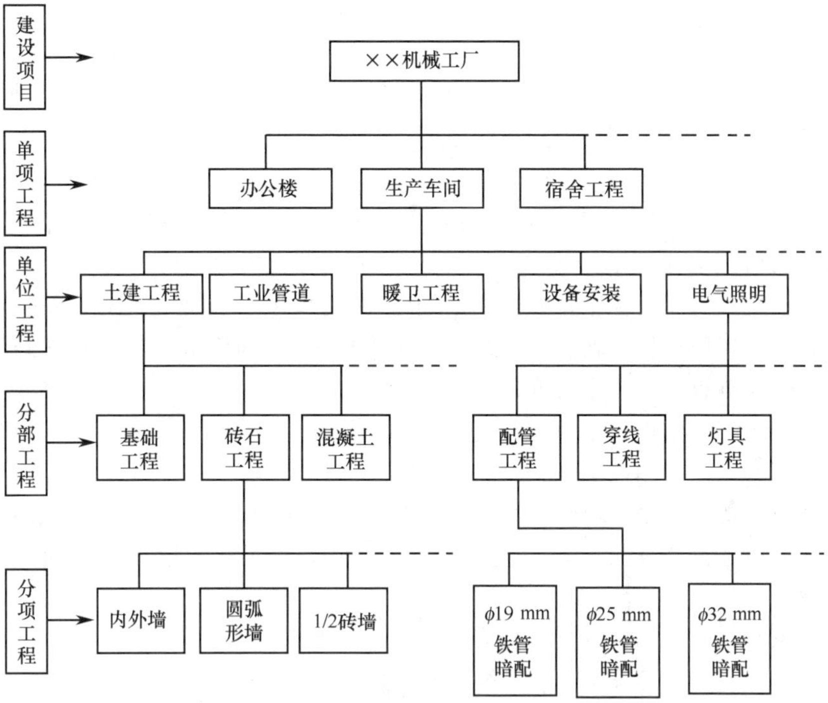


图 11-3　建设工程项目划分及其关系示意图

(四)建设工程概预算的分类和投资额测算体系

1. 建设工程概预算按工程对象划分

(1)单位工程概预算

单位工程概预算是单位工程建设费用的文件，是根据设计图纸计算的工程量、预算定额、设备预算价格、施工管理费和其他费取费标准等编制的，并附有编制说明。

(2)单项工程概预算

单项工程概预算是确定单项工程建设费用的综合文件，它是由组成该单项工程的各个单位工程概预算汇编而成的。

(3)工程建设其他费用概预算

工程建设其他费用，系指根据有关规定应在建设投资中支付的，除建筑安装工程费用、设备购置费、工器具及生产家具购置和预备费以外的一些费用(例如土地、青苗等补偿费和安置补助费，建设单位管理费，生产职工培训费等)。工程建设其他费用概预算是根据设计文件和国家、地方主管部门规定的取费标准进行编制的。工程建设其他费用概预算以独立的项目列入总概预算之中。

(4)建设项目总概预算

建设项目的总概预算是确定建设项目从筹建到竣工验收全部建设费用的文件。它系由该建设项目的各个单项工程的综合概预算、工程建设其他费用概预算和预备费汇编综合而成，并附有详细的说明书。

2. 投资额测算体系

为了对建设工程基本建设进行全面而有效的工程经济管理，在项目建设的各阶段都必须编制有关的经济文件,这些不同经济文件的投资额则要根据其主要内容要求,由不同测算工作来完成。投资额按建设工程的建设程序进行分类,有如下几种:

(1)投资估算

投资估算,一般是指在投资前期(规划、项目建议书、可行性研究报告)阶段,建设单位向国家申请拟定项目或国家对拟定项目进行决策时,确定建设项目在项目建议书、可行性研究报告等不同阶段的相应投资总额而编制的经济文件。

国家对任何一个拟建项目,都要通过对可行性研究报告的全面评审后,才能决定是否正式立项。在可行性研究中,除考虑国家经济发展上的需要和技术上的可行性外,还要考虑经济上的合理性。投资估算为投资决策提供数量依据,也是建设项目经济效益分析中确定成本的主要依据,因此,它是建设项目在初步设计前各阶段工作中,作为论证拟建项目在经济上是否合理的重要文件。它具有如下几个方面的作用:

①它是国家决定拟建项目是否继续进行研究的依据。

②它是国家审批项目建议书的依据。

③它是国家审批建设项目可行性研究报告的依据。可行性研究报告被批准后,投资估算就作为控制初步设计概预算的依据,也是国家对建设项目所下达的投资限额,并可作为资金筹措计划的依据。

④它是国家编制中长期规划和保持合理投资结构的依据。

根据投资估算的作用不同,其内容的深浅程度也不尽相同。

(2)设计概算

概算又分为设计概算和修正概算两种。设计概算和修正概算是指在初步设计或技术设计阶段,由设计单位根据设计图纸、概算定额、各类费用定额、建设地区的自然条和技术经济条件等资料,预先计算和确定建设项目从筹建至竣工验收的全部建设费用的经济文件。它是设计文件的重要组成部分,是国家确定和控制基本建设投资总额,安排基本建设计划,选择最优设计方案的依据。建设项目的总概算一经批准,在其随后的其他阶段是不能随意突破的。

(3)施工图预算

建设工程不论采用几个阶段设计,设计单位在施工图设计阶段均应编制施工图预算。施工图预算是设计单位编制的以施工单位为主,必要时可邀请施工单位及建设单位参加,根据施工图设计的工程量和施工方案,按预算定额和各类费用定额,所编制的反映工程造价的经济文件。它是考核施工图设计经济合理性的依据,对于按施工图预算承包的工程它又是签订建筑安装工程合同,实行建设单位和施工单位投资包干和办理工程结算的依据;对于进行施工招标的工程,施工图预算也是编制工程标底的依据;同时,它也是施工单位加强经营管理,搞好经济核算的基础。

施工图预算必须以施工图图纸、说明书、施工组织设计(或施工方案)以及编制预算的法令性文件为依据。

(4)施工预算

施工预算是施工单位进行成本控制与成本核算的依据,也是施工单位进行劳动组织与安排,以及进行材料和机械管理的依据,对施工组织和施工生产有着极为重要的作用。

施工预算是指施工阶段,在施工图预算的控制下,施工单位根据施工图计算的分项工程量、施工定额、施工组织设计或分部分项工程施工过程的设计及其他有关技术资料,通过工料分析,计算和确定完成一个工程项目或一个单位工程或其中的分部分项工程所需的人工、材料、机械台班消耗量及其他相应费用的经济文件。

(5)标底编制

实行招标的工程项目,一般由招标单位对发包的工程,按发包工程的工程内容(通常由工程量清单来明确)。设计文件、合同条件以及技术规范和有关定额等资料进行编制。标底是一项重要的投资额测算,是评标的一个基本依据,也是衡量投标人报价水平高低的基本指标,在招投标工作中起着关键作用。其编制一方面应遵守国家的有关规定和要求,另一方面应力求准确。标底一般以设计概算和施工图预算为基础编制,以其中的建筑安装工程费为主,且不准超过批准的概算或施工图预算。

(6)报价

报价是由投标单位根据招标文件及有关定额(有时往往是投标单位根据自身的施工经验与管理水平所制定的企业定额),并根据招标项目所在地区的自然、社会和经济条件及施工组织方案、投标单位的自身条件,计算完成招标工程所需各项费用的经济文件。报价是投标文件最重要的组成部分,是投标工作的关键和核心,也是决定能否中标的主要依据。报价过高,中标率就会降低;报价过低,尽管中标率增大,但可能无利可图,甚至承担工程亏本的风险,因此,能否准确计算和合理确定工程报价,是施工企业在投标竞争中能否获胜的前提条件。中标单位的报价,将直接成为工程承包合同价的主要基础,并对将来的施工过程起着严格的制约作用。承包单位和业主均不能随意更改报价。

报价同施工预算虽然比较接近,但不同于施工预算。报价的费用组成和计算方法同概预算类似,但其编制体系和要求均不同于概预算。尤其目前招投标工作中,一般采用单价合同,因而使报价时的费用分摊同概预算的费用计算方式有很大差别。总的看来,报价和概预算的差别主要体现在两个方面:一是概预算文件必须按国家有关规定进行编制,尤其是各费用的计算,更能体现投标单位的实际水平;二是概预算经设计单位编完后,必须经建设单位或其主管部门、建设银行等审查批准后才能作为建设单位与施工单位结算工程价款的依据;而报价则可以根据投标单位对工程项目和招标文件的理解程度,对预算造价上下浮动,无须预先送建设单位审核。因此,报价比概预算更复杂,也比概预算更灵活。

报价与标底有极为密切的关系,标底同概预算的性质很相近,编制方式也相同,都有较为严格的要求。报价则比标底编制要灵活,虽然二者有很明显的差别,并且从不同角度来对同一工程的价值进行预测,计算结果很难相同,但又有极密切的相关关系。

(7)工程结算

工程项目的建设是一个复杂的过程,涉及的单位都是一些相对独立的经济实体,有着各自的经济利益,在项目建设过程中承担着不同的工程内容,因此,无论工程项目采用何种方式进行建设,在建设过程中,各经济实体之间必然会发生货币收支行为。这种在项目建设过程中由于器材采购、劳务供应、施工单位已完工程点的移交和可行性研究、设计任务的完成等经济活动而引起的货币收支行为,就是项目结算。在社会主义商品经济条件下,建设项目的建设过程也是一种商品的生产过程,其间所发生的一系列工作和活动最终都要通过结算来作最后评价。因此,正确而及时地组织项目结算,全面做好项目结算的各项工作,对于加速资金周转,加强经济核算,促进建设任务的完成,保证项目建设的顺利进行以及加强对项目建设过程的财政信用监督等方面都有着十分重要的意义。项目的结算过程,实际上也是组织基本建设活动,实行基本建设拨、贷款的投资过程,也是及时掌握项目投资活动中的动态及其变化情况的过程。项目结算是国家组织基本建设经济活动,及时掌握经济活动信息,实现固定资产再生产任务的重要手段。同时,通过结算,可以协助建设单位有计划地组织一切货币收支活动,使各企业、各单位的劳动耗能及时得到补偿。

项目结算的主要内容包括货物结算、劳务供应结算、工程(费用)结算及其他货币资金的结算等。货物结算是指建设单位同其他经济单位之间,由于物资的采购和转移而发生的结算;劳务供应结算是指建设单位同其他单位之间,由于互相提供劳务而发生的结算;工程费用结算指建设单位同施工单位之间,由于拨付各种预付款和支付已完工程等费用而发生的结算;其他货币资金结算是指基本建设各部门、各企业和各单位之间由于资金往来以及它们同建设银行之间,因存款、贷款业务而发生的结算。

工程费用结算习惯上又称为工程价款结算,是项目结算中最重要和最关键的部分,是项目结算的主体内容,占整个项目结算额的75%～80%。工程价款结算,一般以实际完成的工程量和有关合同单价以及施工过程中现场实际情况的变化资料(如工程变更通知,计日工使用记录等)计算当月应付的工程价款。施工单位将实际完成的工作内容、工程量填入各种报表,按月送交驻地监理工程师验收签认,然后向建设单位提交当月工程价款结算单。根据结算应付的工程价款经总监理工程师签认的支付证书,财务部门才能转账。由于各地区施工单位流动资金供应方式的差别和具体工程项目的不同,工程价款的结算方法有多种形式。财政部、住建部实行的《建设工程价款结算办法》(财建〔2022〕183号,2022年8月1日施行)第五条规定:建设工程价款结算可以根据不同情况采取多种方式:①按月结算与支付。即实行按月支付进度款,竣工后清算的办法。合同工期在两个年度以上的工程,在年终进行工程盘点,办理年度结算。②分段结算与支付。即当年开工、当年不能竣工的工程按照工程形象进度,划分不同阶段支付工程进度款。具体划分在合同中明确。而实行FIDIC条款的合同,则明确规定了计量支付条款,对于结算内容、结算方式、结算时间、结算程序给予了明确规定,一般是按月申报,期中支付,分段结算,最终结清。

(8)竣工决算

竣工决算是指在建设项目完工后竣工验收阶段,由建设单位编制的建设项目从筹建到建成投产或使用的全部实际成本的技术经济文件。它是工程建设投资管理的重要环节,是工程竣工验收、交付使用的重要依据,也是进行建设项目财务总结,银行对其实行监督的必要手段。其内容由文字说明和结算报表两部分组成。文字说明主要包括:工程概况;设计概算和基本建设规划执行情况;各项技术经济指标完成情况;各项拨款(或贷款)使用情况。建设成本和投资效果的分析以及建设过程中的主要经验;存在的问题和解决意见等。

应当注意,施工单位往往也根据工程结算结果,编制单位工程竣工成本决算,核算单位工程的预算成本、实际成本和成本降低额。工程结算作为企业内部成本分析、反映经营效果、总结经验、提高经营管理水平的手段,它与建设项目的竣工决算在概念上是不同的。

投资活动的进展顺序及相关工作内容和投资额测算的相互关系:估算、概算、预算、标底、报价和结算以及决算都是以价值形态贯穿整个投资过程之中,从申请建设项目,确定和控制基本建设投资额,进行基建经济管理和施工单位进行经济核算,到最后以决算形成企(事)业单位的固定资产,构成了一个有机的整体,缺一不可。因此,在一定意义上说,它们是基本建设投资活动的血液,也是联结各子项目建设活动各经济实体的纽带。申报项目要编投资估算,设计要编概算和施工图预算,招标要编标底,投标要编报价,施工前要编施工预算,施工过程之中要进行结算,施工完成要编决算,并且一般还要求决算不能超预算,预算不能超过概算,概算则不能超出估算所允许的幅度范围,结算不能突破合同价的允许范围,合同价不能偏离报价与标底太多，而报价（指中标价）则不能超出标底的规定幅度范围，并且标底不允许超概算。总之，各种测算环环相扣，紧密联系，共同对投资额进行有效控制。

### （五）概预算的作用

工程概预算是决定工程结构物设计价值的综合文件，是基本建设管理工作中的重要环节。它既是衡量完成国家计划的依据，又是正确组织施工的前提。概预算的质量好坏，对国家基本建设资金使用是否正确合理有密切的关系。

一个工程设计，技术上是否先进合理，设计造价是衡量的标准之一。当基本建设项目确定后，如何将大量的劳动力、资金、材料用好、管好，做到少花钱多办事，是工程经济组织管理的主要内容。因此，从设计到施工直至投产，都离不开工程概预算。工程概预算是设计文件的组成部分，又是工程管理不可缺少的内容和依据。其作用归纳如下：

1. 它是编制基本建设计划，确定和控制基本建设投资额的依据

国家规定，编制年度基本建设计划，确定计划投资额及其构成数额，要以批准的初步设计概算中有关指标为依据，初步设计概算没有批准的建设工程不能列入年度基本建设计划。批准的投资数额，是控制国家投资的最高限额，在工程建设过程中，一般不能突破这一限额。

2. 它是设计与施工方案优选的依据

工程概预算是确定工程价值的综合文件，它不仅反映各项工程的建设规模，并规定了工程经济活动范围，同时也综合体现出各项工程设计与施工方案的合理性（其中包括路线方案、结构形式、材料品种和施工方法等各个方面）。

首先，概预算有货币的指标体系。当建设项目的各个设计方案出来以后，可以利用总概预算造价指标、单位工程概算造价指标、单位产品成本等指标进行经济比较，从而可以发现问题，促使设计人员进一步改进设计，从而选出最优的设计方案。因为每个方案的设计意图都会通过计算工程量和各项费用全部反映到概预算文件中来，通过这些货币指标的比较，就可以从中选出在各方面均能满足原定要求而又经济的最佳方案，从而促进优化设计的工作。

其次，基本建设概预算文件中的实物指标，如主要材料（钢材、木材、水泥、沥青等）的消耗量，人工、机械台班的消耗量，对于进行技术经济分析与考虑经济效益也有重要的作用。尤其当需要考虑物价上涨问题时，对不同材料的上涨指数，可通过对实物指标的分析来获得，从而可预测不同设计方案的物价风险。

3. 它是实行基本建设招投标，签订工程合同，办理工程拨款、贷款和结算的依据

合同制是按照经济规律要求所确定的一种经济管理办法。工程承包合同包括工程范围、施工期限、工程质量、工程造价、材料设备供应和工程结算等内容，所以工程概预算是签订工程承包合同的重要依据之一。

建设银行也要以基本建设概预算为依据办理基本建设拨款、贷款和竣工工程结算。

初步设计概算是拨款和贷款的最高限额，对建设项目的全部拨款。贷款或单项、单位工程的拨款、贷款累计总额，不能超过初步设计概算。以批准的初步设计进行施工招标的工程，其单项或单位工程的标底应在批准的总概算范围内。

施工图预算是实行建筑安装工程包干，办理工程进度款，安排施工组织计划和备料，进行工程结算的依据。以施工图设计进行施工招标的工程，经审定批准后的施工图预算是编制工程标底的依据。

4. 它是施工企业加强经营管理,搞好经济核算的基础

建筑工程施工企业为了加强经营管理,搞好经济核算,降低工程成本,增加利润,就必须以概预算为基础,制定经营计划,做好施工准备,进行"两算"对比,并考核经营效果和完善经济责任制。

施工企业的经营计划和施工技术财务计划的组成内容,以及它们的相应指标体系中的部分指标的确定,都必须以施工图预算为依据。例如:实物工程量、工作量、总产值和利润额等指标,其中的总产值应直接按工程承包的施工图预算价格计算。另外,在编制施工技术财务计划的实施性计划中的材料技术供应计划时,也必须以施工图预算为依据。

在对拟建工程进行施工的准备过程中,依赖于施工图预算提供有关数据的工作主要有:在施工图预算的控制下编制单位工程施工预算;以施工图预算的分部分项工程量、工料分析为依据,编制施工进度计划和劳动力、材料、成品、半成品、构件及施工机械等需要量及供应计划,并落实货源,组织运输,控制消耗;以施工图预算提供的直接工程费、间接费为依据,对工程施工进度的网络计划进行工期与资源、工期与成本优化等。

"两算"是指施工图预算和施工预算。施工企业为搞好经济核算,常常通过施工预算与施工图预算的对比,对"两算"进行互审,从中发现矛盾并及时分析原因,然后予以纠正。这样既可以防止多算或漏算,有利于企业对单位工程经济收入的预测与控制,又可以使人工、材料、机械台班等资源需要量计划的编制工作准确无误,有利于工料消耗的分析与控制,确保工程施工的顺利进行。

施工企业通过企业内部单位工程竣工成本决算,进行实际成本分析,反映自身经营管理的经济效果。以工程竣工后的工程结算为依据,对照单位工程的预算成本、实际成本,核算成本降低额,总结经验教训,提高企业经营管理水平。

施工企业以施工图预算为依据,对实行内部核算的单位工程、班组和各职能部门进行经济核算,从而使企业本身及其内部各部门和全体职工明确自己的经济责任,努力提高劳动生产率,确保安全施工,大力节约工时和资源,保证每项工程都能达到工期短、质量好、成本低、利润高的目的。

5. 它是对工程进行成本分析和统计工程进度的重要指标

对基本建设计划完成情况和存在问题,必须通过基本建设统计分析加以反映。基本建设会计以货币指标和实物指标反映工程的人工、材料、机械台班的实际消耗。会计的有关科目应和概预算一致,才能对照工程概预算各费用项目,进行成本分析。同时,通过对在建设项目的概预算完成情况的统计,可以及时了解工程进度。

必须指出,由于设计概算和施工图预算编制的时间、依据和要求不同,因此它们的作用既有共同点也有不同之处。由于它们都是国家对基本建设进行科学管理和监督的有效手段,所以在编制年度基本建设计划、确定工程造价、方案、签订工程合同、建设银行进行拨款(贷款)和竣工结算等方面有着共同的作用。其不同之处主要表现在:设计概算在确定的控制建设项目投资总额等方面的作用最为突出;施工图预算在最终确定和控制单项工程或单位工程的计划价格作为施工企业加强经济管理等方面的作用最为显著。

### (六)工程建设项目费用的构成

建设项目总投资包括固定资产投资和流动资产投资构部分。建设项目总投资中的固定资产投资与建设项目的工程造价在量上相等。建设项目的固定资产投资构成如图 11-4 所示。

在建设项目工程造价的构成中,包括用于购买工程项目所含各种设备的费用,用于建筑施工和安装施工所需支出的费用,用于委托工程勘察设计应支付的费用,用于购置土地所需的费用,也包括用于建设单位自身进行项目筹建和项目管理所花费用等。总之,建设项目工程造价

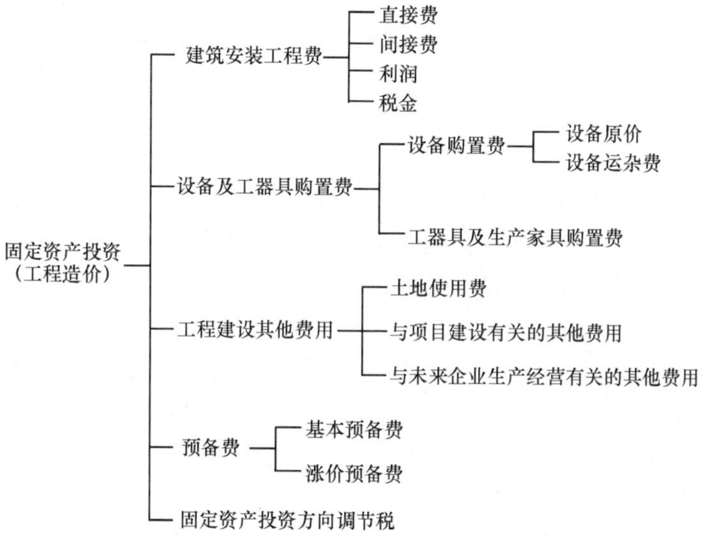


图 11-4　固定资产投资构成示意图

是工程项目按照确定的建设内容、建设规模、建设标准、功能要求和使用要求等全部建成并验收合格交付使用所需的全部费用。

1. 工程建设项目费用的构成

建设产品的价值是由生产建设产品的社会必要劳动时间决定的，它由三部分内容组成。第一部分是已消耗的生产资料价值，即物化劳动的转移价值；第二部分是劳动者必要劳动所创造的价值，即以工资及其他形式分配给劳动者个人消耗的部分；第三部分是劳动者剩余劳动所创造的价值。建设产品的价值用货币形式表示，就称为工程建设项目费用。

工程建设项目费用，按其投资构成可分为：建筑工程费用、设备购置费用、设备安装工程费用、工器具及生产用家具购置费以及工程建设其他费等。

(1)建筑工程费用

它包括新建、改建、扩建和恢复性的建筑物（含各种厂房、仓库、住宅、宿舍等）的一般土建、采暖、给水排水、通风、电气照明等工程费用；铁路、公路、码头、各种设备基础、工业炉砌筑、支架、栈桥、矿井工作平台、料仓库构筑物的工程费用；电力和通信线路的敷设、工业管道等工程费用；各种水利工程和其他特殊工程费用等。

(2)设备购置费用

它是指为购置设计规定的各种机械和电气设备的全部费用，其中包括设备的出厂价格、由制造厂至建设工地仓库的运输费、供销部门手续费和采购保管费等。

(3)设备安装工程费用

它是指为进行各种需要安装的机械设备、电气设备的装配、装置工程和附属设施、管线的装设、敷设工程（含绝缘、油漆、保温工作等）以及测定安装工程质量对单个设备进行的各种试车、修配和整理工作的全部建设费用。

(4)工器具及生产用家具购置费用

工具、器具和生产用家具购置费用是指为购置生产、实验室和经营管理或生活需要的，达到固定资产水平的各种工具、器具、仪器及用具和家具的费用。

(5)工程建设其他费用

它是指上述费用以外的,根据国家有关规定应在基本建设投资中支付的,并列入建设项目总概算或单项工程综合概预算的一些费用。如土地、青苗等补偿费和安置补助费、建设单位管理费(改建和扩建工程需经上级批准后方能列入)、研究试验费、生产职工培训费、办公和生活家具购置费、联合试运转费、勘察设计费、供电补贴费和施工机构迁移费等。

建设工程概预算费用的构成,均按上述分类,这样有利于区分生产与非生产性投资,考察机械和电气设备投资在投资总额中所占的比重,研究提高设备投资比重的可行性,尽量扩大生产性投资,以便增加生产能力,更好地发挥建设投资效果。

2. 工程建设项目费用构成表

根据住建部关于征求《建设项目总投资费用项目组成》意见的函(建办标函〔2017〕621号)、住建部和财政部 2013 年 3 月 21 日发布《建筑安装工程费用项目组成》(建标〔2013〕44号,2013 年 7 月 1 日施行)等文件精神,工程建设项目费用构成见表 11-2。

3. 工程建设项目各项费用的编制

工程建设项目各项费用的编制,要按规定的计算程序,根据国务院及各省(自治区)、市颁发的定额文件及有关规定进行编制和计算。各项费用的计算式见表 11-3。

**表 11-2　工程建设各项费用构成表**

<table>
<tr><td rowspan="20">工程建设项目费用</td><td rowspan="20">单项工程费用</td><td rowspan="19">建筑安装工程费用</td><td rowspan="11">直接费</td><td colspan="2">人工费<br>材料费<br>施工机械使用费</td></tr>
<tr><td rowspan="10">其他直接费</td><td>现场施工生产用水、电、蒸汽费</td></tr>
<tr><td>冬、雨期施工增加费</td></tr>
<tr><td>二次搬运费</td></tr>
<tr><td>大型垂直运输机械使用费</td></tr>
<tr><td>中小型机械使用费</td></tr>
<tr><td>高层建筑超高费</td></tr>
<tr><td>生产工具使用费</td></tr>
<tr><td>检验试验费</td></tr>
<tr><td>工程定位复测点交及竣工清理费</td></tr>
<tr><td>厂站搅拌混凝土增加费及排污费</td></tr>
<tr><td rowspan="7">间接费</td><td colspan="2">施工管理费</td></tr>
<tr><td rowspan="6">其他间接费</td><td>临时设施费</td></tr>
<tr><td>劳动保险费</td></tr>
<tr><td>技术装备费</td></tr>
<tr><td>贷款利息</td></tr>
<tr><td>计划利润</td></tr>
<tr><td>税金</td></tr>
<tr><td colspan="3">建材发展补充基金<br>建筑行业劳保统筹基金</td></tr>
<tr><td colspan="4">设备购置费<br>工器具及生产家具购置费</td></tr>
</table>

续上表

| | | |
|---|---|---|
| 工程建设项目费用 | 工程建设其他费用 | 土地、青苗等补偿费和安置补助费 |
| | | 建设单位管理费 |
| | | 研究试验费 |
| | | 生产职工培训费 |
| | | 办公和生活家具购置费 |
| | | 联合试运转费 |
| | | 勘察设计费 |
| | | 供电贴费 |
| | | 四源建设费 |
| | | 公共设施建设费 |
| | | 工程建设监理费 |
| | | 引进技术和进口设备项目其他费 |
| | 预　备　费 | |

**表 11-3　工程建设各项费用计算式表**

| 项　目 | | | | 计　算　式 |
|---|---|---|---|---|
| 建设项目总费用 | 单项工程费用 | 建筑安装工程费用 | 直接费 | 各项工程量×相应定额单价 |
| | | | 间接费 | 直接费×费率或人工费×费率 |
| | | | 其他费 | 工程造价×费率 |
| | | 设备购置费 | | 设备原价×(1+设备运杂费率)<br>设备运杂费包括设备成套公司的成套服务费 |
| | | 工器具及生产家具购置费(包括备品备件) | | 设备购置费×费率<br>或按规定的金额计算 |
| | 建设工程其他费用(简称其他费用) | | | 按有关规定计算<br>其中:建设单位管理费按下式计算:<br>单项工程费×费率<br>联合试运转费按下式计算:<br>单项工程费×费率 |
| | 预 备 费 | | | (单项工程费+其他费用)×费率<br>其中:施工图预算包干费用=(直接费+间接费)×费率 |

## 二、建设工程概预算费用

### (一)建筑安装工程费用的组成及计算

所谓建筑安装工程费用是指建设单位支付给从事建筑安装工程施工单位的全部生产费用,包括用于建筑物的建造及有关的准备、清理等工程的投资,用于需要安装设备的安置、装配工程的投资。它是以货币形式表现的建筑安装工程的价值,也被称为建筑安装工程造价。建筑安装工程费用包括建筑工程费用和安装工程费用两个部分,如图 11-5 和图 11-6 所示。

建筑安装工程费按照费用构成要素划分:由人工费、材料(包含工程设备,下同)费、施工机具使用费、企业管理费、利润、规费和税金组成。其中人工费、材料费、施工机具使用费、企业管理费和利润包含在分部分项工程费、措施项目费、其他项目费中,如图 11-5 所示。

1. 人工费:是指按工资总额构成规定,支付给从事建筑安装工程施工的生产工人和附属

生产单位工人的各项费用。内容包括:

(1)计时工资或计件工资:是指按计时工资标准和工作时间或对已做工作按计件单价支付给个人的劳动报酬。

(2)奖金:是指对超额劳动和增收节支支付给个人劳动报酬。如节约奖、劳动竞赛奖等。

(3)津贴补贴:是指为了补偿职工特殊或额外的劳动消耗和因其他特殊原因支付给个人的津贴,以及为了保证职工工资水平不受物价影响支付给个人的物价补贴。如流动施工津贴、特殊地区施工津贴、高温(寒)作业临时津贴、高空津贴等。

(4)加班加点工资:是指按规定支付的在法定节假日工作的加班工资和在法定日工作时间外延时工作的加点工资。

(5)特殊情况下支付的工资:是指根据国家法律、法规和政策规定,因病、工伤、产假、计划生育假、婚丧假、事假、探亲假、定期休假、停工学习、执行国家或社会义务等原因按计时工资标准或计时工资标准的一定比例支付的工资。

2. 材料费:是指施工过程中耗费的原材料、辅助材料、构配件、零件、半成品或成品、工程设备的费用。内容包括:

(1)材料原价:是指材料、工程设备的出厂价格或商家供应价格。

(2)运杂费:是指材料、工程设备自来源地运至工地仓库或指定堆放地点所发生的全部费用。

(3)运输损耗费:是指材料在运输装卸过程中不可避免的损耗。

(4)采购及保管费:是指为组织采购、供应和保管材料、工程设备的过程中所需要的各项费用。包括采购费、仓储费、工地保管费、仓储损耗。

工程设备是指构成或计划构成永久工程一部分的机电设备、金属结构设备、仪器装置及其他类似的设备和装置。

3. 施工机具使用费:是指施工作业所发生的施工机械、仪器仪表使用费或其租赁费。

(1)施工机械使用费:以施工机械台班耗用量乘以施工机械台班单价表示,施工机械台班单价应由下列七项费用组成:

①折旧费:指施工机械在规定的使用年限内,陆续收回其原值的费用。

②大修理费:指施工机械按规定的大修理间隔台班进行必要的大修理,以恢复其正常功能所需的费用。

③经常修理费:指施工机械除大修理以外的各级保养和临时故障排除所需的费用。包括为保障机械正常运转所需替换设备与随机配备工具附具的摊销和维护费用,机械运转中日常保养所需润滑与擦拭的材料费用及机械停滞期间的维护和保养费用等。

④安拆费及场外运费:安拆费指施工机械(大型机械除外)在现场进行安装与拆卸所需的人工、材料、机械和试运转费用以及机械辅助设施的折旧、搭设、拆除等费用;场外运费指施工机械整体或分体自停放地点运至施工现场或由一施工地点运至另一施工地点的运输、装卸、辅助材料及架线等费用。

⑤人工费:指机上司机(司炉)和其他操作人员的人工费。

⑥燃料动力费:指施工机械在运转作业中所消耗的各种燃料及水、电等。

⑦税费:指施工机械按照国家规定应缴纳的车船使用税、保险费及年检费等。

(2)仪器仪表使用费:是指工程施工所需使用的仪器仪表的摊销及维修费用。

4. 企业管理费:是指建筑安装企业组织施工生产和经营管理所需的费用。内容包括:

(1)管理人员工资:是指按规定支付给管理人员的计时工资、奖金、津贴补贴、加班加点工资及特殊情况下支付的工资等。

(2)办公费:是指企业管理办公用的文具、纸张、账表、印刷、邮电、书报、办公软件、现场监控、会议、水电、烧水和集体取暖降温(包括现场临时宿舍取暖降温)等费用。

(3)差旅交通费:是指职工因公出差、调动工作的差旅费、住勤补助费,市内交通费和误餐补助费,职工探亲路费,劳动力招募费,职工退休、退职一次性路费,工伤人员就医路费,工地转移费以及管理部门使用的交通工具的油料、燃料等费用。

(4)固定资产使用费:是指管理和试验部门及附属生产单位使用的属于固定资产的房屋、设备、仪器等的折旧、大修、维修或租赁费。

(5)工具用具使用费:是指企业施工生产和管理使用的不属于固定资产的工具、器具、家具、交通工具和检验、试验、测绘、消防用具等的购置、维修和摊销费。

(6)劳动保险和职工福利费:是指由企业支付的职工退职金、按规定支付给离休干部的经费,集体福利费、夏季防暑降温、冬季取暖补贴、上下班交通补贴等。

(7)劳动保护费:是企业按规定发放的劳动保护用品的支出。如工作服、手套、防暑降温饮料以及在有碍身体健康的环境中施工的保健费用等。

(8)检验试验费:是指施工企业按照有关标准规定,对建筑以及材料、构件和建筑安装物进行一般鉴定、检查所发生的费用,包括自设试验室进行试验所耗用的材料等费用。不包括新结构、新材料的试验费,对构件做破坏性试验及其他特殊要求检验试验的费用和建设单位委托检测机构进行检测的费用,对此类检测发生的费用,由建设单位在工程建设其他费用中列支。但对施工企业提供的具有合格证明的材料进行检测不合格的,该检测费用由施工企业支付。

(9)工会经费:是指企业按《工会法》规定的全部职工工资总额比例计提的工会经费。

(10)职工教育经费:是指按职工工资总额的规定比例计提,企业为职工进行专业技术和职业技能培训,专业技术人员继续教育、职工职业技能鉴定、职业资格认定以及根据需要对职工进行各类文化教育所发生的费用。

(11)财产保险费:是指施工管理用财产、车辆等的保险费用。

(12)财务费:是指企业为施工生产筹集资金或提供预付款担保、履约担保、职工工资支付担保等所发生的各种费用。

(13)税金:是指企业按规定缴纳的房产税、车船使用税、土地使用税、印花税等。

(14)其他:包括技术转让费、技术开发费、投标费、业务招待费、绿化费、广告费、公证费、法律顾问费、审计费、咨询费、保险费等。

5. 利润:是指施工企业完成所承包工程获得的盈利。

6. 规费:是指按国家法律、法规规定,由省级政府和省级有关权力部门规定必须缴纳或计取的费用。包括:

(1)社会保险费

①养老保险费:是指企业按照规定标准为职工缴纳的基本养老保险费。

②失业保险费:是指企业按照规定标准为职工缴纳的失业保险费。

③医疗保险费:是指企业按照规定标准为职工缴纳的基本医疗保险费。

④生育保险费:是指企业按照规定标准为职工缴纳的生育保险费。

⑤工伤保险费:是指企业按照规定标准为职工缴纳的工伤保险费。

(2) 住房公积金:是指企业按规定标准为职工缴纳的住房公积金。

(3)工程排污费:是指按规定缴纳的施工现场工程排污费。

其他应列而未列入的规费,按实际发生计取。

7. 税金:是指国家税法规定的应计入建筑安装工程造价内的营业税、城市维护建设税、教育费附加以及地方教育附加。

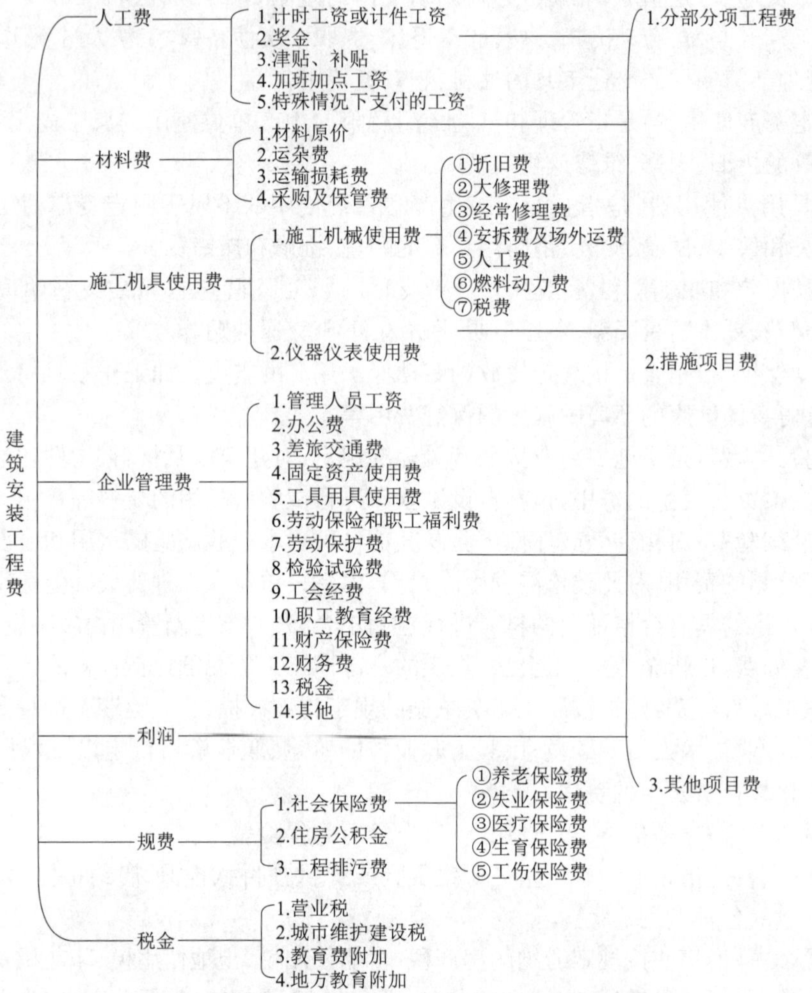


图 11-5　建筑安装工程费用构成图(按费用构成要素划分)

建筑安装工程费按照工程造价形成由分部分项工程费、措施项目费、其他项目费、规费、税金组成,分部分项工程费、措施项目费、其他项目费包含人工费、材料费、施工机具使用费、企业管理费和利润,如图 11-6 所示。

1)分部分项工程费

分部分项工程费是指各专业工程的分部分项工程应予列支的各项费用。

(1)专业工程:是指按现行国家计量规范划分的房屋建筑与装饰工程、仿古建筑工程、通用安装工程、市政工程、园林绿化工程、矿山工程、构筑物工程、城市轨道交通工程、爆破工程等各类工程。

(2)分部分项工程:指按现行国家计量规范对各专业工程划分的项目。如房屋建筑与装饰工程划分的土石方工程、地基处理与桩基工程、砌筑工程、钢筋及钢筋混凝土工程等。

各类专业工程的分部分项工程划分见现行国家或行业计量规范。

2)措施项目费

措施项目费是指为完成建设工程施工,发生于该工程施工前和施工过程中的技术、生活、安全、环境保护等方面的费用。内容包括:

(1)安全文明施工费

①环境保护费:是指施工现场为达到环保部门要求所需要的各项费用。

②文明施工费:是指施工现场文明施工所需要的各项费用。

③安全施工费:是指施工现场安全施工所需要的各项费用。

④临时设施费:是指施工企业为进行建设工程施工所必须搭设的生活和生产用的临时建筑物、构筑物和其他临时设施费用。包括临时设施的搭设、维修、拆除、清理费或摊销费等。

(2)夜间施工增加费:是指因夜间施工所发生的夜班补助费、夜间施工降效、夜间施工照明设备摊销及照明用电等费用。

(3)二次搬运费:是指因施工场地条件限制而发生的材料、构配件、半成品等一次运输不能到达堆放地点,必须进行二次或多次搬运所发生的费用。

(4)冬雨季施工增加费:是指在冬季或雨季施工需增加的临时设施、防滑、排除雨雪,人工及施工机械效率降低等费用。

(5)已完工程及设备保护费:是指竣工验收前,对已完工程及设备采取的必要保护措施所发生的费用。

(6)工程定位复测费:是指工程施工过程中进行全部施工测量放线和复测工作的费用。

(7)特殊地区施工增加费:是指工程在沙漠或其边缘地区、高海拔、高寒、原始森林等特殊地区施工增加的费用。

(8)大型机械设备进出场及安拆费:是指机械整体或分体自停放场地运至施工现场或由一个施工地点运至另一个施工地点,所发生的机械进出场运输和转移费用以及机械在施工现场进行安装、拆卸所需的人工费、材料费、机械费、试运转费和安装所需的辅助设施的费用。

(9)脚手架工程费:是指施工需要的各种脚手架搭、拆、运输费用以及脚手架购置费的摊销(或租赁)费用。

措施项目及其包含的内容详见各类专业工程的现行国家或行业计量规范。

3)其他项目费

(1)暂列金额:是指建设单位在工程量清单中暂定并包括在工程合同价款中的一笔款项。用于施工合同签订时尚未确定或者不可预见的所需材料、工程设备、服务的采购,施工中可能发生的工程变更、合同约定调整因素出现时的工程价款调整以及发生的索赔、现场签证确认等的费用。

(2)计日工:是指在施工过程中,施工企业完成建设单位提出的施工图纸以外的零星项目或工作所需的费用。

(3)总承包服务费:是指总承包人为配合、协调建设单位进行的专业工程发包,对建设单位自行采购的材料、工程设备等进行保管以及施工现场管理、竣工资料汇总整理等服务所需的费用。

4)规费

定义同前。

5)税金

定义同前。

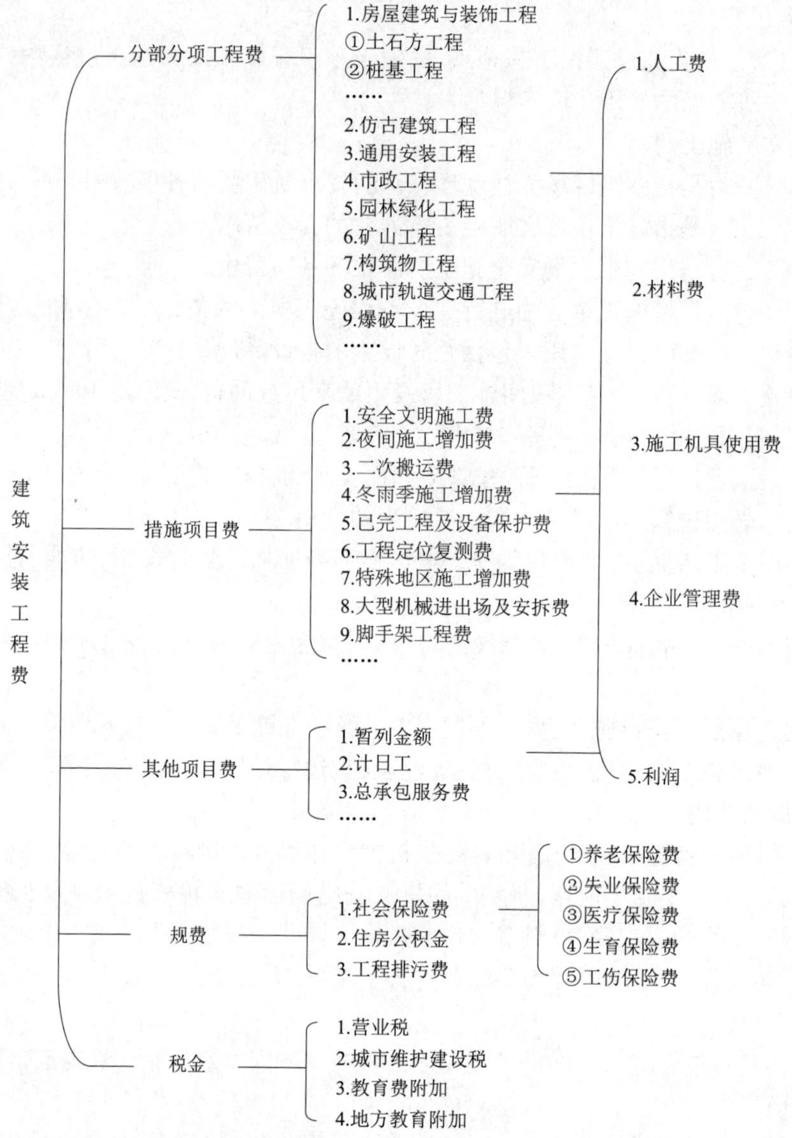


图 11-6 建筑安装工程费用构成图(按造价形式划分)

## (二)建筑安装工程费用参考计算方法

1. 各费用构成要素参考计算方法如下：

(1)人工费

第一种：

$$人工费=\sum(工日消耗量\times日工资单价) \tag{11-29}$$

$$日工资单价=\frac{生产工人平均月工资(计时、计件)+平均月(奖金+津贴补贴+特殊情况下支付的工资)}{年平均每月法定工作日} \tag{11-30}$$

注：式(11-29)主要适用于施工企业投标报价时自主确定人工费，也是工程造价管理机构编制计价定额确定定额人工单价或发布人工成本信息的参考依据。

第二种：

$$人工费=\sum(工程工日消耗量\times日工资单价) \tag{11-31}$$

日工资单价是指施工企业平均技术熟练程度的生产工人在每工作日(国家法定工作时间内)按规定从事施工作业应得的日工资总额。

工程造价管理机构确定日工资单价应通过市场调查、根据工程项目的技术要求，参考实物工程量人工单价综合分析确定，最低日工资单价不得低于工程所在地人力资源和社会保障部门所发布的最低工资标准的：普工 1.3 倍、一般技工 2 倍、高级技工 3 倍。

工程计价定额不可只列一个综合工日单价，应根据工程项目技术要求和工种差别适当划分多种日人工单价，确保各分部工程人工费的合理构成。

注：式(11-31)适用于工程造价管理机构编制计价定额时确定定额人工费，是施工企业投标报价的参考依据。

(2)材料费

①材料费

$$材料费=\sum(材料消耗量\times材料单价) \tag{11-32}$$

$$材料单价=[(材料原价+运杂费)\times(1+运输损耗率(\%))]\times(1+采购保管费率(\%)) \tag{11-33}$$

②工程设备费

$$工程设备费=\sum(工程设备量\times工程设备单价) \tag{11-34}$$

$$工程设备单价=(设备原价+运杂费)\times(1+采购保管费率(\%)) \tag{11-35}$$

(3)施工机具使用费

①施工机械使用费

$$施工机械使用费=\sum(施工机械台班消耗量\times机械台班单价) \tag{11-36}$$

$$机械台班单价=台班折旧费+台班大修费+台班经常修理费+台班安拆费及场外运费+台班人工费+台班燃料动力费+台班车船税费 \tag{11-37}$$

注：工程造价管理机构在确定计价定额中的施工机械使用费时，应根据《建筑施工机械台班费用计算规则》结合市场调查编制施工机械台班单价。施工企业可以参考工程造价管理机构发布的台班单价，自主确定施工机械使用费的报价，如租赁施工机械，即

$$施工机械使用费=\sum(施工机械台班消耗量\times机械台班租赁单价) \tag{11-38}$$

②仪器仪表使用费

$$仪器仪表使用费=工程使用的仪器仪表摊销费+维修费 \tag{11-39}$$

(4)企业管理费费率

①以分部分项工程费为计算基础

$$企业管理费费率(\%)=\frac{生产工人年平均管理费}{年有效施工天数\times人工单价}\times人工费占分部分项工程费比例(\%) \tag{11-40}$$

②以人工费和机械费合计为计算基础

$$企业管理费费率(\%)=\frac{生产工人年平均管理费}{年有效施工天数\times(人工单价+每一工日机械使用费)}\times100\% \tag{11-41}$$

③以人工费为计算基础

$$企业管理费费率(\%)=\frac{生产工人年平均管理费}{年有效施工天数\times人工单价}\times100\% \tag{11-42}$$

注:上述公式适用于施工企业投标报价时自主确定管理费,是工程造价管理机构编制计价定额确定企业管理费的参考依据。

工程造价管理机构在确定计价定额中企业管理费时,应以定额人工费或(定额人工费+定额机械费)作为计算基数,其费率根据历年工程造价积累的资料,辅以调查数据确定,列入分部分项工程和措施项目中。

(5)利润

①施工企业根据企业自身需求并结合建筑市场实际自主确定,列入报价中。

②工程造价管理机构在确定计价定额中利润时,应以定额人工费或(定额人工费+定额机械费)作为计算基数,其费率根据历年工程造价积累的资料,并结合建筑市场实际确定,以单位(单项)工程测算,利润在税前建筑安装工程费的比重可按不低于5%且不高于7%的费率计算。利润应列入分部分项工程和措施项目中。

(6)规费

①社会保险费和住房公积金

社会保险费和住房公积金应以定额人工费为计算基础,根据工程所在地省、自治区、直辖市或行业建设主管部门规定费率计算。

$$社会保险费和住房公积金=\sum(工程定额人工费\times社会保险费和住房公积金费率) \tag{11-43}$$

式中:社会保险费和住房公积金费率可以每万元发承包价的生产工人人工费和管理人员工资含量与工程所在地规定的缴纳标准综合分析取定。

②工程排污费

工程排污费等其他应列而未列入的规费应按工程所在地环境保护等部门规定的标准缴纳,按实计取列入。

(7)税金

税金计算公式:

$$税金=税前造价\times综合税率(\%) \tag{11-44}$$

综合税率:

①纳税地点在市区的企业

$$综合税率(\%)=\frac{1}{1-3\%-(3\%\times7\%)-(3\%\times3\%)-(3\%\times2\%)}-1 \tag{11-45}$$

②纳税地点在县城、镇的企业

$$综合税率(\%)=\frac{1}{1-3\%-(3\%\times5\%)-(3\%\times3\%)-(3\%\times2\%)}-1 \tag{11-46}$$

③纳税地点不在市区、县城、镇的企业

$$综合税率(\%)=\frac{1}{1-3\%-(3\%\times1\%)-(3\%\times3\%)-(3\%\times2\%)}-1 \tag{11-47}$$

④实行营业税改增值税的,按纳税地点现行税率计算。

(三)建筑安装工程计价参考公式

1. 分部分项工程费

$$分部分项工程费=\sum(分部分项工程量\times综合单价) \tag{11-48}$$

式中:综合单价包括人工费、材料费、施工机具使用费、企业管理费和利润以及一定范围的风险费用(下同)。

2. 措施项目费

(1)国家计量规范规定应予计量的措施项目,其计算公式为

$$措施项目费=\sum(措施项目工程量\times综合单价) \tag{11-49}$$

(2)国家计量规范规定不宜计量的措施项目计算方法如下:

①安全文明施工费

$$安全文明施工费=计算基数\times安全文明施工费费率(\%) \tag{11-50}$$

计算基数应为定额基价(定额分部分项工程费+定额中可以计量的措施项目费)、定额人工费或(定额人工费+定额机械费),其费率由工程造价管理机构根据各专业工程的特点综合确定。

②夜间施工增加费

$$夜间施工增加费=计算基数\times夜间施工增加费费率(\%) \tag{11-51}$$

③二次搬运费

$$二次搬运费=计算基数\times二次搬运费费率(\%) \tag{11-52}$$

④冬雨季施工增加费

$$冬雨季施工增加费=计算基数\times冬雨季施工增加费费率(\%) \tag{11-53}$$

⑤已完工程及设备保护费

$$已完工程及设备保护费=计算基数\times已完工程及设备保护费费率(\%) \tag{11-54}$$

上述②~⑤项措施项目的计费基数应为定额人工费或(定额人工费+定额机械费),其费率由工程造价管理机构根据各专业工程特点和调查资料综合分析后确定。

3. 其他项目费

(1)暂列金额由建设单位根据工程特点,按有关计价规定估算,施工过程中由建设单位掌握使用、扣除合同价款调整后如有余额,归建设单位。

(2)计日工由建设单位和施工企业按施工过程中的签证计价。

(3)总承包服务费由建设单位在招标控制价中根据总包服务范围和有关计价规定编制,施工企业投标时自主报价,施工过程中按签约合同价执行。

4. 规费和税金

建设单位和施工企业均应按照省(自治区、直辖市)或行业建设主管部门发布标准计算规费和税金,不得作为竞争性费用。

### (四)相关问题说明

1. 各专业工程计价定额的编制及其计价程序,均按规定实施。

2. 各专业工程计价定额的使用周期原则上为5年。

3. 程造价管理机构在定额使用周期内,应及时发布人工、材料、机械台班价格信息,实行工程造价动态管理,如遇国家法律、法规、规章或相关政策变化以及建筑市场物价波动较大时,应适时调整定额人工费、定额机械费以及定额基价或规费费率,使建筑安装工程费能反映建筑市场实际。

4. 建设单位在编制招标控制价时,应按照各专业工程的计量规范和计价定额以及工程造价信息编制。

5. 施工企业在使用计价定额时除不可竞争费用外,其余仅作参考,由施工企业投标时自主报价。

(五)建筑安装工程计价程序

建筑安装工程计价程序见表 11-4～表 11-6。

**表 11-4 建设单位工程招标控制价计价程序**

工程名称: 标段:

| 序号 | 内 容 | 计算方法 | 金 额(元) |
|---|---|---|---|
| 1 | 分部分项工程费 | 按计价规定计算 | |
| 1.1 | | | |
| 1.2 | | | |
| 1.3 | | | |
| 1.4 | | | |
| 1.5 | | | |
| | | | |
| | | | |
| | | | |
| | | | |
| 2 | 措施项目费 | 按计价规定计算 | |
| 2.1 | 其中:安全文明施工费 | 按规定标准计算 | |
| 3 | 其他项目费 | | |
| 3.1 | 其中:暂列金额 | 按计价规定估算 | |
| 3.2 | 其中:专业工程暂估价 | 按计价规定估算 | |
| 3.3 | 其中:计日工 | 按计价规定估算 | |
| 3.4 | 其中:总承包服务费 | 按计价规定估算 | |
| 4 | 规费 | 按规定标准计算 | |
| 5 | 税金(扣除不列入计税范围的工程设备金额) | (1+2+3+4)×规定税率 | |
| 招标控制价合计=1+2+3+4+5 | | | |

**表 11-5 施工企业工程投标报价计价程序**

工程名称: 标段:

| 序号 | 内 容 | 计算方法 | 金 额(元) |
|---|---|---|---|
| 1 | 分部分项工程费 | 自主报价 | |
| 1.1 | | | |
| 1.2 | | | |
| 1.3 | | | |
| 1.4 | | | |
| 1.5 | | | |
| | | | |

续上表

| 序号 | 内　容 | 计算方法 | 金　额(元) |
|---|---|---|---|
| | | | |
| | | | |
| | | | |
| | | | |
| | | | |
| | | | |
| 2 | 措施项目费 | 自主报价 | |
| 2.1 | 其中:安全文明施工费 | 按规定标准计算 | |
| 3 | 其他项目费 | | |
| 3.1 | 其中:暂列金额 | 按招标文件提供金额计列 | |
| 3.2 | 其中:专业工程暂估价 | 按招标文件提供金额计列 | |
| 3.3 | 其中:计日工 | 自主报价 | |
| 3.4 | 其中:总承包服务费 | 自主报价 | |
| 4 | 规费 | 按规定标准计算 | |
| 5 | 税金(扣除不列入计税范围的工程设备金额) | (1+2+3+4)×规定税率 | |
| 投标报价合计=1+2+3+4+5 | | | |

**表 11-6　竣工结算计价程序**

工程名称：　　　　　　　　　　　　标段：

| 序号 | 汇总内容 | 计算方法 | 金　额(元) |
|---|---|---|---|
| 1 | 分部分项工程费 | 按合同约定计算 | |
| 1.1 | | | |
| 1.2 | | | |
| 1.3 | | | |
| 1.4 | | | |
| 1.5 | | | |
| | | | |
| | | | |
| | | | |
| | | | |
| | | | |
| | | | |
| 2 | 措施项目 | 按合同约定计算 | |
| 2.1 | 其中:安全文明施工费 | 按规定标准计算 | |
| 3 | 其他项目 | | |
| 3.1 | 其中:专业工程结算价 | 按合同约定计算 | |
| 3.2 | 其中:计日工 | 按计日工签证计算 | |

续上表

| 序号 | 汇总内容 | 计算方法 | 金　额(元) |
|---|---|---|---|
| 3.3 | 其中:总承包服务费 | 按合同约定计算 | |
| 3.4 | 索赔与现场签证 | 按发承包双方确认数额计算 | |
| 4 | 规费 | 按规定标准计算 | |
| 5 | 税金(扣除不列入计税范围的工程设备金额) | (1+2+3+4)×规定税率 | |
| 竣工结算总价合计=1+2+3+4+5 | | | |

## 三、建设工程设计概算书的编制

概算是在初步设计阶段,依据初步设计图纸、概算定额或概算指标及有关取费标准,估算建筑物、构筑物造价及设备安装费用的文件。它反映从工程筹建到交付使用发生的全部费用。国家规定,初步设计必须要有概算,概算书是初步设计文件的重要组成部分,它是由设计单位负责编制。

设计概算一经批准,将作为建设银行控制投资的最高限额。如果由于设计变更等原因,建设费用超过概算,必须重新审查批准。概算不仅为建设项目投资和贷款提供了依据,同时也是编制基本建设计划,签订承包合同、考核投资效果的重要依据。

初步设计概算包括了单位工程概算、建设工程其他费用、综合概算和总概算。单位工程概算有三种:一是建筑工程概算,二是设备及安装工程概算,三是工具、器具及生产家具购置费用概算。用表达式反映如下:

$$\begin{matrix}\text{单位工程概}\\\text{(预)算造价}\end{matrix}=\begin{matrix}\text{单位工程概(预)}\\\text{算定额直接费}\end{matrix}+\begin{matrix}\text{其　他}\\\text{直接费}\end{matrix}+\begin{matrix}\text{材料价}\\\text{差调整}\end{matrix}+\begin{matrix}\text{施工图预}\\\text{算包干费}\end{matrix}+\text{间接费}+\begin{matrix}\text{计划}\\\text{利润}\end{matrix}+\text{税金} \tag{11-55}$$

式中,$\text{单位工程概算定额直接费}=\sum(\text{每一分项概算定额直接费}\times\text{概算工程量})$　　(11-56)

$$\begin{matrix}\text{每一分项概算}\\\text{定额直接费}\end{matrix}=\begin{pmatrix}\text{每一分项概算定额的人工、}\\\text{材料、施工机械消耗量}\end{pmatrix}\times\begin{matrix}\text{相应预}\\\text{算价格}\end{matrix} \tag{11-57}$$

$$\text{单位工程预算定额直接费}=\sum(\text{每一分项预算定额直接费}\times\text{预算工程量}) \tag{11-58}$$

$$\begin{matrix}\text{每一分项预算}\\\text{定额直接费}\end{matrix}=\begin{pmatrix}\text{每一分项预算定额的人工、}\\\text{材料、施工机械消耗量}\end{pmatrix}\times\begin{matrix}\text{相应预}\\\text{算价格}\end{matrix} \tag{11-59}$$

建设工程其他工程费用概算是编制计算工程从筹建到竣工,其他基本建设工作发生费用的一种文件。

若干个单位工程概预算和其他工程费用文件汇总后,成为单项工程综合概预算。用表达反映如下:

$$\begin{matrix}\text{单位工程概}\\\text{预算造价}\end{matrix}=\sum\begin{pmatrix}\begin{matrix}\text{单位工程概}\\\text{预算造价}\end{matrix}+\begin{matrix}\text{设备、工器具及}\\\text{生产家具购置费}\end{matrix}\end{pmatrix} \tag{11-60}$$

如果一个建设项目只有一个单项工程时,可不编制总概算书而编制单项工程综合概(预)算书。它由单项工程概(预)算造价加上摊入这个单项工程的其他费用和预备费汇总而成。用表达式反映如下:

$$\begin{matrix}\text{单项工程综合概}\\\text{预算造价}\end{matrix}=\begin{matrix}\text{单项工程概}\\\text{预算造价}\end{matrix}+\begin{matrix}\text{摊入该单项工}\\\text{程的其他费用}\end{matrix}+\text{预备费}-\begin{matrix}\text{回收}\\\text{金额}\end{matrix} \tag{11-61}$$

单项工程综合概预算造价,是确定一个单项工程从筹建到竣工验收投产的全部建设费用。

若单项工程不止一个,则可把以上内容分类汇总成总概算。建设项目总概算书是确定一个建设项目总费用的文件。它反映一个建设项目从筹建到竣工验收投产过程的全部建设费用。它是由一个建设项目中多个单项工程概预算书加上工程建设其他费用和预备费汇总而成。可用表达式反映如下:

$$\begin{matrix}\text{建设项目}\\ \text{总 费 用}\end{matrix}=\sum\left(\begin{matrix}\text{单项工程概}\\ \text{预算造价}\end{matrix}+\begin{matrix}\text{工程建设}\\ \text{其他费用}\end{matrix}+\text{预备费}-\begin{matrix}\text{回收}\\ \text{金额}\end{matrix}\right) \tag{11-62}$$

综合概算和总概算,仅是一种归纳、汇总性文件,所以,最基本的概预算计算文件仍是单位工程概预算书。

### (一)单位工程概算书的编制

单位工程概算书是确定某一单位工程建设费用的文件。

1. 编制依据

编制设计概算的主要依据有:

(1)经主管部门批准的设计任务书;

(2)地质勘测资料和初步设计图纸;

(3)概算定额和概算指标;

(4)国家和省(区、市)有关取费标准与规定。

2. 编制方法

设计概算编制方法通常有四种:

(1)用概算定额编制概算。在初步设计要求比较明确,有平面、立面、剖面、个别大样,并且有关工程数量基本满足要求的条件下,可依据概算定额编制设计概算。具体方法与施工图预算相同。基本步骤有:①依据图纸和概算定额有关规定计算工程量。②依据工程量,套用概算定额及单价。③编制工程概算书,计算工程直接费。④以直接费或人工费为基数计取各有关费用(间接费、其他间接费及其他费用),合计后,算出单位工程概算价值。

(2)用概算指标编制概算。在初步设计深度不够,一些数据、工程量不齐全的情况下,可使用概算指标编制概算。一般有两种情况:①直接套用概算指标,如果概算指标与设计对象结构特征完全符合,可直接套用概算指标。②调整概算指标编制概算,当设计工程结构特点与定额指标有部分不同时,可对概算指标调整后使用。

(3)利用工程对象经济指标编制概算。工程对象经济指标,又可称为分部工程造价指标。该指标是以每平方米建筑面积为计量单位,以同类设计分部工程为基础,组合而成。多种类型随意选择。可依据本工程情况,有针对性地选取经济指标,一一对应地乘以本工程分部工程量,汇总后可得出工程总价。此方法灵活方便,但基础工作量较大,事先需累积各类分部工程综合性指标。

(4)用"类似预算"法编制概算。这种方法,是用已编好和使用过的施工图预算同要编概算工程相比较,如果非常类似,则可以施工图预算为基础,再用不同因素影响系数加以修正,完成概算的编制。要修正的主要内容包括下列几方面:①要编概算工程与已编施工图预算工程两者之间在结构上的差异程度。②两者之间在建筑立方米上的差别。③两者之间在人工、材料、机械费地区差价的大小程度。④两者之间在间接费和其他费用取费标准的差异程度。

3. 设备及安装工程概算书的编制

设备及安装工程概算是计算机械设备及安装工程、电气设备及安装工程费用的文件。

设备分两种情况,一种是不需要安装的设备,只计算其预算价格。另一种是需要安装的设备,既计取购置费又计取安装费。

(1)设备购置与安装费用的计算。包括:①设备原价计算,分标准设备和非标准设备两种情况。标准设备原价是依据不同分配权限和供应渠道分别确定;非标准设备价格,可按设备设计类型、规格、重量、材质等不同情况和有关规定计算。②设备运杂费计算。设备运杂费(包括手续费、包装费、采购保管费等)一般用综合费率的形式表示。运杂费率值,则由有关部门规定。③设备安装费计算。设备安装费计算方法有:一是套用设备安装定额单价;二是按安装费占设备原价的百分比计算;三是按设备重量计算;四是按座、台、延长米、立方米安装费指标计算。

(2)设备安装工程概算书编制。设备安装工程概算书编制较为简单,首先,统计该工程的设备类型和数量,列出设备清单。然后,填入设备及安装工程概算表,进行计算。汇总得出直接费。再由人工费为基数,按有关规定,计取间接费及其他费,最后算出概算总价值。

### (二)建设工程其他费用概算的编制

建设工程其他费用是指建筑工程建造费和设备购置安装费以外的但建设一个工程项目又必须发生的费用。它是总概算重要组成部分,需单独编制概算文件。建设工程其他费用包括国家征用土地补偿费用、建设基金、建设单位管理费、房屋拆迁费、勘测设计费、工程监理费等。这类费用的计取,是依据国家政策法规有关指导性文件及各地区条例标准而进行的。其主要内容有:

1. 国家建设征用土地补偿费。包括:征用土地补偿、青苗补偿等。

2. 建设基金。包括四源建设费(自来水、污水处理、煤气、供热)、公共建设费、电建设和供电补贴费等。

3. 建设单位管理费及其他。

各项管理费用,根据工程具体情况,发生则计取费用,并汇总编制独立概算书。最后汇总于总概算中。

### (三)综合概算书和总概算书的编制

一个建设项目是由一个或若干个单项工程组成,一个单项工程又包括了若干单位工程,总概算书就是为计算和汇总一个建设项目从筹备开始,一直到竣工验收发生的全部费用。综合概算书,是计算汇总一个单项工程从筹建到竣工发生的全部费用的文件。

综合概算书是由若干单位工程概算汇总而成。总概算书则由若干单项工程综合概算汇总而成的。最基本的工作是单位工程概算的编制。综合概算和总概算只是由单位工程计算出的费用按一定规则和程序加以汇总。所以,综合概算书和总概算书实质上是一种汇总性、综合性文件。总概算最终反映一个建设项目总概算价值,综合概算则反映某一单项工程总概算价值。

1. 综合概算书的编制

综合概算书是确定一个单项工程(如一个车间、一栋办公楼等)造价的综合性文件,是考核单项工程投资效果的重要依据,是确定单项工程技术经济指标的有效方法。

(1)综合概算的内容。建设工程的综合概算主要内容包括三大部分:①建筑工程;②设备及安装工程;③工程其他费用。

(2)综合概算的编制。综合概算编制是在依次编好的单位工程概算书的基础上,按一定方法和顺序汇总而成的。

2. 总概算书的编制

总概算书是初步设计文件必不可少的组成部分,是确定一个工程项目从筹建到竣工验收全部建设费用的总文件。

(1)总概算的内容。总概算费用包括两大部分:第一部分为工程项目和费用。其中包括:主要生产项目和辅助生产项目费用、公用设施工程项目费用、生活福利及文教卫生服务项目费用。第二部分为建设工程其他费用。其中包括:土地购置费、青苗补偿费、建设单位管理费、建设基金、设计费、建设工程监理费等。

(2)总概算书的编制。总概算书的编制应做好下列工作:①准备工作;②认真填写总概算书表格;③按取费标准计取预备费用;④按规定计算回收金额;⑤计算经济指标和进行投资分析。

## 四、建筑工程施工预算的编制

### (一)概　述

1. 施工预算的概念

施工预算,是在开工前由施工单位编制的预算,是施工单位内部编制单位工程或分部、分层、分段上的人工、材料、施工机械台班使用数量和直接费的标准,是在施工图预算控制下根据施工定额,结合施工组织设计中的平面布置、施工方法、施工技术组织措施及施工现场的实际情况等编制的。施工预算一般以单位工程为编制对象。

2. 施工预算的作用

(1)施工预算是劳动部门安排各工种的劳动力和组织施工的依据。根据施工预算,能精确地计算劳动力需要量,为计划地调配劳动力提供可靠依据。

(2)施工预算是材料部门提供材料供应、进行施工备料和及时组织材料的依据。施工预算,能够准确确定材料的需要量,从而可以有计划地组织材料采购和供应。

(3)施工预算是施工计划部门安排施工作业计划和组织施工的依据。施工预算确定施工中所需的人力、物力的供应量;进行劳动力、运输机械和施工机械的平衡;计算材料、构件的需要量;计算实物工作量和安排施工进度并做出最佳安排。

(4)施工预算是施工单位签发施工任务单和限额领料单的依据。施工任务单上的工程计量单位、产量定额和计件单位,均需取自施工预算或施工定额。施工预算也是开展班级经济核算的基础。

(5)施工预算是财务部门定期进行经济活动分析、贯彻经济核算和加强工程成本管理的基础。施工预算既反映设计图纸的要求,也考虑在现有条件下可能采取的节约人工、材料和降低成本的各项具体措施。执行施工预算,不仅可以起到控制成本、降低费用的作用,同时也为贯彻经济核算、加强工程成本管理奠定基础。

(6)施工预算是企业经营部门进行“两算”对比,研究经营决策,推行各种形式经济责任制的依据。通过对比分析,进一步落实各项增产节约的措施,以促使企业加快技术进步。

(7)施工预算是班组推行全优综合奖励制度的依据。因为施工预算中规定的完成每一个分项工程所需要的人工、材料、机械台班使用量,都是按施工定额计算的。所以在完成每个分项工程时,其超额和节约部分,就成为班组计算奖励的依据之一。

(8)施工预算是单位工程原始经济资料之一,也是开展造价分析和经济对比的依据。

(9)施工预算是保证完成降低成本技术措施计划的重要因素。因为预算人员在计算和确定为完成某单位工程施工预算的工程量、人工、材料数量时,一般已考虑了由于采取具体的降低成本技术措施对施工预算所产生的影响。所以在施工管理中,只要按照施工任务书规定的内容对班组及其成员进行科学的检查与督促,就能保证降低成本技术措施计划的实现。

施工预算,对于加强施工企业的计划管理,组织施工生产、承包签发施工任务单和限额领料单,实行班组核算,进行"两算"对比,节约活劳动和物化劳动的消耗,提高劳动生产率、降低工程成本都起着十分重要的作用。

3. 施工预算的编制依据

(1)施工图纸及其说明书和施工图预算。施工图纸必须经过建设、设计和施工单位共同会审,还需有按施工图编制的施工图预算和会审记录。因为施工图预算中的大部分工程量可供编制施工预算之用,并且可作为考核施工预算降低成本,贯彻经济核算的依据。如果施工图纸未经会审,或虽已会审而无会审记录,则编制的施工图预算与实际施工工程可能不尽相符,那么根据施工图预算编制的施工预算,就可能与实际情况不符。

(2)现行的施工定额和补充定额。各省、市、自治区一般都编制颁发《施工定额》。

(3)施工组织设计或施工方案。施工组织设计或施工方案中确定的施工方法、施工顺序、施工机械、技术组织措施、现场平面布置等内容,是施工预算具体计算的基础。

(4)建筑材料手册和预算手册。

(5)实际勘察与测量资料。

4. 施工预算编制内容

施工预算的内容,主要包括工程量、材料、人工和机械四项。一般以单位建筑工程为对象,按分部工程进行计算。施工预算由编制说明及表格两大部分组成。

(1)编制说明部分。包括:①工程性质及建设地点;②施工期限;③对设计图纸的建议和意见;④施工技术措施:土方调配方案,机械化施工部署,新技术或代用材料的采用,质量及安全技术等;⑤施工关键部位的技术处理方法和措施;⑥节约措施;⑦施工中存在的问题。

(2)表格部分。包括:①分部分项人工、材料、机械分析表;②人工汇总表;③材料汇总表;④机械汇总表;⑤预制钢筋混凝土构件汇总表;⑥金属构件汇总表;⑦门窗加工汇总表;⑧木加工明细表;⑨两算对比表。是将施工图预算与施工预算中的人工、材料、机械三项费用进行对比,并编制单位建筑工程(如土建)施工预算总表。

## (二)施工预算的编制

1. 施工预算编制步骤和方法

(1)列工程项目。施工预算的工程项目,应根据已会审的施工图纸、设计说明的要求和施工组织设计或施工方案规定的施工方法,按施工定额项目划分,并依照施工定额手册的项目顺序排列。但有时为了签发施工任务单方便,以及适应进行"两算"对比经济效果分析的需要,也可按建筑物的施工程序或流水施工的分层分段和施工图预算的项目顺序排列。因此,必须熟悉施工定额内容,及分项施工定额所包括范围、施工方法顺序及施工图预算项目内容,才能在编制施工预算和复核施工图预算,与划分工程项目时,不致发生漏项或重项的现象。

(2)计算工程量。工程量应与已列出的工程项目相对应,按施工定额的有关工程量计算规则进行计算。凡是能利用的施工图预算的工程量均可直接利用，以便加快施工预算的编制速度。应注意工程项目和计量单位必须与施工定额规定的相一致。

(3)选套施工定额。

(4)进行人工、材料、机械台班消耗量分析。

(5)分部工程(或分层分段)人工、材料、机械台班消耗量汇总。

(6)单位工程人工、材料、机械台班消耗量汇总。

(7)两算对比。将施工图预算与施工预算中的分部工程工、料、机械台班消耗量或价值，列出并一一对应的对比表，进行对比，算出节约差或超支额，以便能反映出其经济效果，考核施工预算是否达到降低工程成本的目的。

(8)编写编制说明书。包括：①编制依据；②是否考虑设计修改或会审记录；③遗留或暂估项目有哪些，并说明原因；④存在的问题及将采取的处理办法；⑤其他需说明的事项。

2. 施工预算编制步骤流程图

按上述编制施工预算的步骤，设计了如下的框图来表示编制程序，就更加明确。施工预算编制步骤流程图，如图 11-7 所示。

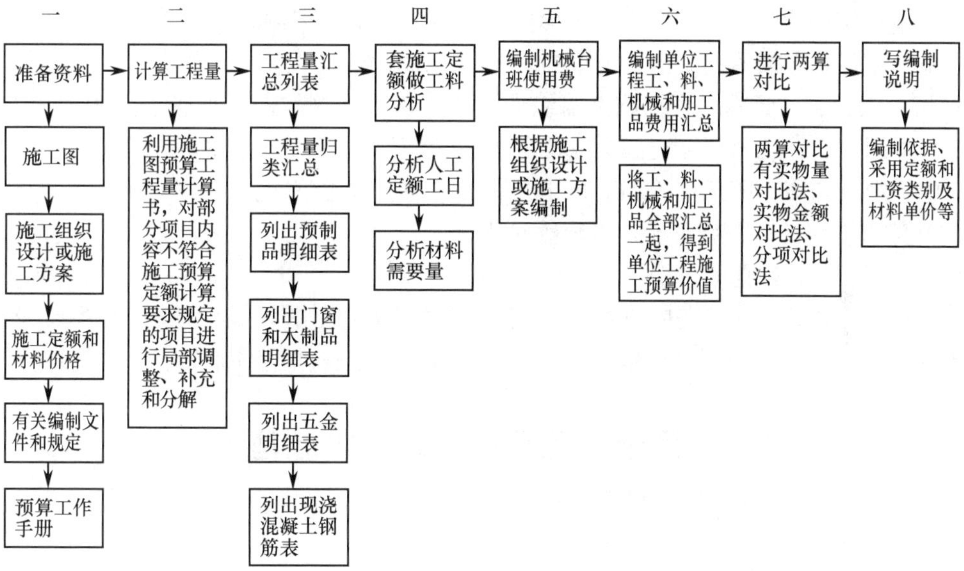


图 11-7 施工预算编制步骤流程图

## (三)“两算”对比

1.“两算”对比的意义

施工预算与施工图预算相对比，称为“两算”对比。

“两算”对比是建筑企业运用经济活动分析来加强经营管理的一种手段。通过施工预算和施工图预算的对比分析，可以知道施工图预算编制是否正确，发现问题可以及时纠正。通过“两算”对比可以对该单位工程的经济收支进行预测，做到心中有数和事先控制不合理的支出，避免发生计划成本亏损。如果发现施工预算超出施工图预算，要分析超支的原因，研究解决超支办法和措施。两算对比同时起着对两算互为校核的作用。

“两算”对比的内容，以施工预算所包括的内容为准，一般采用实物量对比法、实物金额对比法；根据需要还要编制分项对比表。

2."两算"对比的方法

(1)实物量对比法

"两算"对比,是将施工预算计算的工程量,套劳动定额人工或施工定额人工、材料,分析出人工和主要材料数量,与施工图预算计算的人工和主要材料数量进行对比。这种对比方法称为实物量对比法。

(2)实物金额对比法

将施工预算的人工和主要材料、机械台班数量分别乘以单价,汇总成人工、材料和机械费与施工图预算的人工、材料和机械费相对比。也可将施工预算的直接费与施工图预算的直接费相对比,这种对比方法称为实物金额对比法。

(3)分项对比法

①直接费

a. 人工数量施工预算一般应低于施工图预算工日数的10%～15%。

b. 材料消耗施工预算一般应低于施工图预算消耗量。

c. 机械台班数量及机械费的"两算"对比存在一定困难。施工预算是根据施工组织设计或施工方案规定的实际进场施工机械种类、型号、数量、工期编制施工预算,计算机械台班费用。而施工图预算定额的机械台班是根据需要的合理配备,综合考虑,大多以金额表示。

d. 脚手架。施工预算是根据施工组织设计或施工方案规定的搭设脚手架内容编制施工预算计算费用。而施工图预算定额是综合考虑,根据不同层数按建筑面积计算脚手架的摊销费用。施工预算和施工图预算的脚手架便无法按实物量对比,只能用金额对比。

e. 其他直接费的"两算"对比是以金额对比。

②施工管理费和其他间接费

施工管理费和其他间接费应单独核算,不同直接费混在一起,一般不作对比,只作核算。

单位工程开工前,应编出"两算",同时提出"两算"对比表,报经主管部门。

## 第四节　工程量清单计价原理

### 一、工程量清单的编制

#### (一)工程量清单计价模式

工程估价的核心是确定单位工程造价,其确定方法大体可分为两大体系:一是工程量清单计价模式,它是根据大量已完工类似工程的技术经济和造价资料、当时当地的市场价格和供需情况、工程具体情况、设计资料和图纸等,在充分应用估价人员的经验和技巧的基础上,进行类比和适当调整,估算出工程造价,英国、美国等国家均采用此方法;二是定额计价模式,它是在计算出工程量后,依据工程具体情况、设计资料和图纸等,套用国家或地区有关部门组织制定和发布的各种估算指标、概算定额、预算定额,按照有关规定计取费用,最后估算工程造价(如前面所述),过去我国及欧洲一些国家采用。目前我国在建筑工程施工发包与承包计价管理方向已与国际接轨,实行量价分离,建立了以工程定额为指导的工程量清单计价模式,通过市场竞争形成工程造价的计价模式。

工程量清单计价模式,是在建设工程积极招投标中,由具有编制能力的招标人或受其委托的具有相应资质的工程造价咨询人员编制反映工程实体消耗和措施性消耗的工程量清单,并必须作为招标文件的一部分提供给投标人(其准确性和完整性由招标人负责),由投标人依据工程量清单自主报价的计价方式。

实行工程量清单计价模式,首先要在全国范围内统一项目编码、统一项目名称、统一项目特征、统一计量单位、统一工程量计算规则,在这五个统一的前提下,由国家主管职能部门统一编制《建设工程工程量清单计价规范》(GB 50500—2003)并在全国试行,后经修订颁布了新版(GB 50500—2008)、(GB 50500—2013)(简称2013《计价规范》),此规范作为强制性指标在全国统一实施。2023年11月7日住建部发布关于《建设工程工程量清单计价标准(征求意见稿)》(简称《清单计价标准》)公开征求意见的通知:按照《工程造价改革工作方案》(建办标〔2020〕38号)要求,我部组织广东省建设工程标准定额站对《建设工程工程量清单计价规范》(GB/T 50500—2013)进行了修订,形成征求意见稿,现向社会公开征求意见,意见反馈截止时间2023年11月30日。本标准的主要技术内容是:1.总则;2.术语;3.基本规定;4.工程量清单编制;5.最高投标限价编制;6.投标报价编制;7.合同工程计量;8.合同价格调整;9.合同价款期中支付;10.工程结算与支付;11.合同价款争议的解决;12.工程计价成果与档案管理;13.附录:A 物价变化合同价款调整方法;B 工程计价文件封面;C 工程计价文件扉页;D 工程计价说明;E 工程计价费用汇总表;F 合同价款支付申请(核准表);G 主要材料一览(调差)表。

采用工程量清单计价方式时,业主或业主委托的具有资质的咨询单位,根据工程实际情况及其执行的施工验收规范标准,依据“2013计价规范”的规定计算工程量,编制工程量清单。依据工程清单,可编制招标控制价、投标报价、计算工程量、支付工程款、调整合同价款、办理竣工结算以及工程索赔等。上述从招投标开始、经过施工阶段、到竣工结算办理的全过程,工程量清单对全面规范工程造价计价行为具有重要的意义。

### (二)工程量清单的概念

工程量清单是建设工程的分部分项工程、措施项目、其他项目、规费项目和税金项目的名称和相应数量等的明细清单,工程量清单应按照招标要求和施工设计图纸要求规定将拟建招标工程的全部项目和内容,依据统一项目编码、统一项目名称、统一项目特征、统一计量单位、统一工程量计算规则,计算拟建招标工程的工程量数量。

工程量清单是招标人提供的,其描述对象是拟建工程,内容涉及清单项目的特征、数量等,并以表格为主要表现形式;工程量清单是招标文件的组成部分,一经中标并签订合同,即成为合同的组成部分;工程量清单为不可调整的闭口清单,投标人对招标文件提供的分部分项工程量清单必须逐一计价,对清单所列内容不允许作任何更改变动;投标人如果认为清单内容有不妥或遗漏,可通过质疑的方式由清单编制人作统一的修改更正,并将修正后的工程量清单发往所有投标人。

### (三)工程量清单模式下建筑安装工程造价构成

依据“计价规范”规定、工程量清单计价模式单位工程造价构成包括:分部分项工程费、措施项目费、其他项目费、规费和税金,如图11-8所示,其中各项费用组成及计算如下所述。

1. 分部分项工程费

分部分项工程费即完成招标文件中所提供的分部分项工程量清单项目所需的费用。

其采用综合单价计价。计算公式为

$$\text{分部分项工程费}=\text{分部分项工程量}\times\text{分部分项清单工程量综合单价} \tag{11-63}$$

- 建筑安装工程造价
  - 分部分项工程费
    - 人工费
    - 材料费
    - 施工机械使用费
    - 企业管理费
      - 管理人员工资
      - 办公费
      - 差旅交通费
      - 固定资产使用费
      - 工具用具使用费
      - 劳动保险费
      - 工会经费
      - 职工教育费
      - 财产保险费
      - 财务费
      - 税金
      - 其他
    - 利润
  - 措施项目费
    - 安全文明施工费（含环境保护、文明施工、安全施工、临时设施）
    - 夜间施工费
    - 二次搬运费
    - 冬雨季施工
    - 大型机械设备进出场及安拆费
    - 施工排水费
    - 施工降水费
    - 地上地下设施、建筑物的临时保护设施费
    - 已完工程及设备保护费
    - 各专业工程的措施项目费
    - A.建筑工程
    - 混凝土、钢筋混凝土模板及支架
    - 脚手架费
    - B.××××
  - 其他项目费
    - 暂列金额
    - 暂估价（包括材料暂估单价、专业工程暂估价）
    - 计日工
    - 总承包服务费
    - 其他：索赔、现场签证
  - 规费
    - 工程排污费
    - 工程定额测定费
    - 社会保障费
      - (1) 养老保险费
      - (2) 失业保险费
      - (3) 医疗保险费
    - 住房公积金
    - 危险作业意外伤害保险
  - 税金
    - 营业税
    - 城市维护建设税
    - 教育费附加

图 11-8　工程量清单计价模式建筑安装工程造价构成图

其中分部分项工程量应按照工程量清单项目计算规则计算得出。

清单工程量综合单价是指完成一个规定计量单位的分部分项工程量清单项目或措施清单项目所需的人工费、材料费、施工机械使用费和企业管理费与利润，以及一定范围内由投标人承担的风险费用，计算公式为

$$\text{综合单价}=\text{人工费}+\text{材料费}+\text{机械费}+\text{管理费}+\text{利润}+\text{由投标人承担的风险费用}+\text{其他项目清单中的材料暂估价} \tag{11-64}$$

综合单价中的管理费(包括现场管理费及企业管理费)、利润及风险，按人工费、材料费、机械费单价合计数的一定百分比(企业自主决定)计取。其中，由投标人承担的风险费均包括完全承担和不完全承担的风险费费用。根据我国工程建设特点，“2013 计价规范”规定：投标人应完全承担的风险是技术风险和管理风险，如管理费和利润；应有限度承包的是市场风险，如

材料价格、施工机械使用费等的风险(材料价格的风险宜控制在5%以内,施工机械使用费的风险宜控制在10%以内,超过者予以调整。);应完全不承担的是法律、法规、规章和政策变化的风险。

综合单价中其他项目清单中的材料暂估价,是为方便合同管理纳入其他项目清单中的材料费,以方便投标人组价。暂估价中的材料单价应按照工程造价管理机构发布的工程造价信息或参考市场价格确定。

2. 措施项目费

措施项目是指为完成工种项目施工,发生于该工程施工准备和施工过程中的技术、生活、安全、环境保护等方面的非工程实体项目,“2013 计价规范”中措施费分为通用项目与专业工程的措施项目。

通用项目是各工程必须设置的,包括:安全文明施工(含环境保护、文明施工、安全施工、临时设施),夜间施工,二次搬运,冬雨季施工,大型机械设备进出场及安装拆卸,施工排水,施工降水,地上地下设施、建筑物的临时保护措施,已完工程及设备保护。专业工程的措施项目有建筑工程措施项目、装饰装修措施项目、安装工程措施项目、市政工程措施项目,应参照拟建工程的施工组织设计及施工技术方案具体设置。其中,建筑工程措施项目的设置有混凝土、钢筋混凝土模板及支架、脚手架。此外,还有装饰装修工程措施项目、安装工程措施项目、市政工程措施项目等。措施项目清单应根据拟建工程的具体情况列项,按“2013 计价规范”附录中规定的项目选择列项。若出现未列的项目,应根据实际情况补充。

以上措施项目可以分为两类:一类是可以计算工程量的项目,如现浇混凝土模板工程的工程量清单,应采用分部分项工程清单的方式编制,并采用综合单价计价。计算公式为

$$措施项目费=措施项目工程量\times措施项目综合单价 \tag{11-65}$$

二类是不宜计算工程量的项目,其费用的发生和金额的大小与使用时间、施工方法或者两个以上工序相关,与实际完成的实际工程量的多少关系不大,如大中型施工机械和临时设施等,应以“项”为单位计价。安全文明施工费,应按国家或省级、行业建设主管部门的规定计价,不作为竞争性费用。

3. 其他项目费

其他项目清单与计价应根据拟建工程的具体情况列项,包括:暂列金额、暂估价、计日工、总承包服务费。

暂列金额是招标人员在工程量清单中暂定并包括在合同价款中的一笔款项。用于施工合同签订时尚未确定或者不可预见的所需材料、设备、服务的采购。施工中可能发生的工程变更、合同约定调整因素出现时,供价款调整以及发生的索赔、现场签证确认等的费用。

暂估价是招标阶段直至签订合同协议时,招标人在工程清单中提供的用于支付必然发生但暂时不能确定的材料的单价以及专业工程的金额。

计日工是在施工过程中完成发包人提出的施工图纸以外的零星项目或工作,按合同中约定的综合单价计价。计日工是为了解决现场发生的零星工作的计价而设立的,计日工对完成零星工作所消耗的人工工时、材料数量、施工机械台班进行计量,并按照计日工表中填报的适用项目的单价进行计价支付。

总承包服务费是总承包人为配合协调发包人进行的工程分包自行采购的设备、材料等进行管理、服务以及施工现场管理、竣工资料汇总整理等服务所需的费用。招标人应预计该项费用并按投标人的投标报价向投标人支付该项费用。

4. 规费

规费是根据省级政府或省级有关权力部门规定必须缴纳的,应计入建筑安装工程造价的费用。

5. 税金

国家税法规定的应计入建筑安装工程造价的税金。

(四)工程量清单的编制

工程量清单由招标人编制,招标人不具有编制资质的要委托有工程造价咨询资质的单位编制,作为招标文件的组成部分。

1. 工程量清单的编制原则

(1)能满足工程建设施工招投标计价的需要,可对工程造价进行合理确定和有效控制。

(2)编制实物工程量清单要五统一,即项目编码统一、项目名称统一、项目特征统一、计量单位统一、工程量计算规则统一。

(3)能满足控制实物工程量,实行市场调节价,竞争形成工程造价的价格运行机制要求。

(4)能促进企业经营管理、技术进步,增加施工企业在国际、国内建筑市场的竞争能力。

(5)有利于规范建筑市场的计价行为。

(6)适度考虑我国目前工程造价管理工作的现状。

2. 工程量清单的编制依据

(1)GB 50500—2013《建设工程工程量清单计价规范》;

(2)国家或省级、行业建设主管部门颁发的计价依据和办法;

(3)建设工程设计文件;

(4)与建设工程项目有关的标准、规范、技术资料;

(5)招标文件及其补充通知、答疑纪要;

(6)施工现场情况、工程特点及常规施工方案;

(7)其他相关资料。

3. 工程量清单的编制

"2013 计价规范"规定工程量清单计价模式下,建设工程项目分为五部分计价:分部分项工程项目计价、措施项目计价、其他项目计价、规费项目计价和税金项目计价。

工程量清单计价格式由下列内容组成:封面、总说明、分部分项工程量清单与计价表、措施项目清单与计价表、其他项目清单与计价表、规费项目与计价表和税金项目与计价表。以下以"××学校学生宿舍"示例为例,其工程量清单编制如下:

(1)工程量清单封面

工程量清单封面上应填写工程名称、招标人、法定代表人、中介机构法定代表人姓名、造价工程师及注册证号及编制时间,所有姓名应签字盖章,招标人应有单位签字盖章,造价工程师及注册证号应签字盖执业专用章。工程量清单封面如图 11-9 所示。

工程量清单是招标活动中对招投标双方具有约束力的重要文件,专业性强,内容复杂,对编制人员的业务技术水平要求高,是直接影响招标成败的关键。因此,"2013 计价规范"规定了工程量清单应由具有编制招标文件能力的招标人或具有相应资质的中介机构编制;在封面上,除了应有单位及法人代表的签字盖章之外,还必须有国家级注册造价师的签字并加盖执业专用章。

(2)工程量清单总说明

**总 说 明**

工程名称:××学校学生宿舍　　　　第1页 共1页

| |
|---|
| 1. 工程概况:本工程为学校学生公寓楼。本工程为框架结构。根据地基土的力学特性及结构特点,确定采用柱下钢筋混凝土独立基础。总建筑面积 4 599.8 $m^2$,六层、局部七层。计划工期 200 日历天。施工现场距宿舍楼区最近处 20 m,施工中应注意采取防噪措施。<br>2. 工程招标范围:为施工图范围内的建筑和安装工程。<br>3. 工程量清单编制依据:<br>(1)人工费单价 36 元/工日。<br>(2)宿舍楼施工图。<br>(3)部分材料单价暂定为:防火门 575 元/樘、铝合金平开门 220 元/$m^2$、铝合金地弹门 345 元/ $m^2$、铝合金推拉窗 145 元/ $m^2$。<br>(4)《建设工程工程量清单计价规范》(GB 50500—2013) |

图 11-9　工程量清单封面

总说明书应按下列内容填写:

①工程概况:包括建设规模、工程特征、计划工期、施工现场实际情况、交通运输情况、自然地理条件、环境保护要求等。

②工程招标和分包范围。

③工程量清单编制依据。

④工程质量、材料、施工等特殊要求。

⑤其他需要说明的问题。

(3)分部分项工程量清单与计价表

分部分项工程量清单中应填写工程名称、序号、项目编码、项目名称、项目特征、计量单位、工种数量等。

①项目编码

项目编码是分部分项工程量清单项目名称的数字标识。每个分部分项子目应有一个项目编码,项目编码采用 12 位阿拉伯数字表示:1 至 9 位为统一编码,其中 1、2 位为附录顺序编码,建筑工程为 01,装饰装修工程为 02,安装工程为 03,市政工程为 04,园林绿化工程为 05;3、4 位为分部工程顺序码;5、6 位为子分部工程顺序码;7、8、9 位为分项工程顺序码;10、11、12 位为清单项目名称顺序码,应根据拟建工程的工程量清单项目名称设置,同一招标工程的项目编码不得有重码。

例如:实心砖墙项目编码为 010302001(清单项目名称顺序码略),其中 01 表示建筑工程,03 表示砌筑工程分部顺序 3,02 表示的砖砌体子分部顺序 2,001 表示实心砖墙分项工程顺序 1。

随着科学技术的发展,新材料、新技术、新的施工工艺将伴随出现,因此“2013 计价规范”规定,编制工程量清单出现附录中未包括的项目,编制人应作补充,并报省级或行业工程造价管理机构备案,省级或行业工程造价管理机构应汇总报住房和城乡建设部标准定额研究所。补充项目的编码由附录的顺序码与 B 和 3 位阿拉伯数字组成,并应从×B001 起顺序编制,同一招标工程项目不得重码。工程量清单中需附有补充项目的名称、项目特征、计量单位、工种量计算规则、工程内容。

②项目名称

项目名称应技“2013 计价规范”附录的项目名称，以及由于描述项目名称的项目特征，并结合拟建工程的实际，具体确定分部分项工程名称。

项目名称一般是以“工程实体”命名的。如水泥砂浆楼地面、筏片基础、矩形柱、圈梁等。应该注意：附录中的项目名称所表示的工程实体，有些是可用适当的计量单位计算的简单完整的分项工程，如砌筑砖墙；也有些项目名称所表示的工程实体是分项工程的组合，如块料楼地面就是由楼地面垫层、找平层、防水层、面层铺设等分项工程组成。

③项目特征

项目特征是指构成分部分项工程量清单项目、措施项目自身价值的本质特征。分部分项工程量清单项目特征应按附录中规定的项目特征，结合拟建工程项目的实际予以描述。在进行项目特征描述时。应注意以下几点：

第一，项目特征中必须描述的内容：

a. 涉及正确计量的内容必须描述：如门窗洞口尺寸或框外围尺寸的描述，对于采用以“樘”计量门窗十分必要。

b. 涉及结构要求的内容必须描述：如混凝土强度等级不同、其价格也不同。所以混凝土构件的强度等级必须描述。

c. 涉及材质要求的内容必须描述：如油漆的品种，管材的材质、规格、型号等必须进行描述。

d. 涉及安装方式的内容必须描述：如对管道工程中钢管、塑料管的连接方式必须进行描述。

第二，项目特征中可不描述的内容有：

a. 对计量计价没有实质影响的内容可以不描述：如对现浇混凝土柱(按“$m^3$”计量)的高度、断面大小等的特征可以不描述。

b. 应由投标人根据施工方案确定的可以不描述：如对石方的预裂爆破的单孔深度及装药量的特征规定，可由投标人根据施工要求，在施工方案中确定。

c. 应由投标人根据当地材料和施工要求确定的可以不描述：如对混凝土构件中的混凝土拌和料的石子种类及粒径、砂的种类及特征等，取决于配筋密度要求、工程所在地砂、石子材料供应情况，可以不描述。

d. 应由施工措施解决的可以不描述：如对现浇混凝土板、梁的标高的特征可以不描述。由于标高的不同产生的差异，可以由投标人在报价中考虑，或在施工措施中去解决。

第三，项目特征中可不详细描述的内容：

a. 无法准确描述的可不描述：如土壤类别无法准确判定，考虑将土壤类别描述综合，注明由投标人根据地质勘探资料内容确定土壤类别。

b. 施工图纸、标准图集标注明确，可不再详细描述：对此项目可描述为见××图集××页号及节点大样等。

c. 其他可不详细描述项目：如土石方工程中的“取土运距”“弃土运距”等，由清单编制人决定，困难时可不详细描述，可由投标人根据施工情况自己决定，但应在项目特征描述中，注明由投标人自己决定。

第四，计价规范规定多个计量单位的项目特征描述：

如“预制钢筋混凝土柱”计量单位有“m/根”两个计量单位，在项目特征描述时，当以“根”

为计量单位，单柱长度应描述为确定值，只描述单柱长度即可；当以“m”为计量单位时，单柱长度可以按范围值描述，并注明根数。

第五，规范没有要求，但又必须进行项目特征描述的内容：

对规范中没有项目特征要求的个别项目，需在实际工作中完善，必须描述的应予描述。如“厂库房大门、特种门”、计量规范以“樘”作为计量单位、“框外围尺寸”必须描述。

④项目单位

分部分项工程量清单中的项目单位应按附录中统一规定的计量单位确定，如挖土方的单位为“$m^3$”，楼地面工程的计量单位为“$m^2$”，钢筋工程的计量单位为“t”等。附录中该项目有两个或两个以上计量单位的，应选择最适宜计量的方式，决定其中一个填写。

⑤工程数量

工程数量的计算，应按“2013 计价规范”规定的统一计价规则进行计量。各分部分项工程量的计量按相关规定执行。工程数量的有效位数应遵守下列规定：

a. 以“t”为单位。应保留小数点后三位数字，第四位数字四舍五入。

b. 以“$m^3$”“$m^2$”“m”为单位，应保留小数点后两位数字，第三位数字四舍五入。

c. 以“个”“项”为单位，应取整数。

招标文件工程量清单标明的工程量是投标人投标报价的共同基础，竣工决算的工程量按发、承包双方在合同中约定应予计量的实际完成的工程量确定。

(4)措施项目清单与计价表

措施项目清单与计价表见表 11-7 和表 11-8。

措施项目中可以计算工程量的项目，应列出措施项目清单，即列出工程名称、序号、项目编码、项目名称、项目特征、计量单位、工程数量等。

措施项目可以计算工程量的项目，其措施项目清单工程量的计算与分部分项工程量清单中的计算方法相同。

不能计算工种量的项目清单，以“项”为计量单位，其工程量由施工单位自行计算。招标人提出的施工清单是根据一般情况确定的，没有考虑不同投标人的实际情况，如果有清单中没包括但实际建设过程中将要采取的措施，在投标报价时可自行补充，否则按无其他措施认定。

措施项目清单中的安全文明施工费应按照国家或省级、行政建设主管部门的规定计价，不得作为竞争性费用。

**表 11-7　措施项目清单与计价表(一)**

工程名称：××学校学生宿舍　　　　标段：　　　　第 1 页 共 1 页

| 序号 | 项目名称 | 计算基础 | 费率(%) | 金额(元) |
|---|---|---|---|---|
| 1 | 安全文明施工费 | 人工费 | 30 | |
| 2 | 夜间施工费 | 人工费 | 4.5 | |
| 3 | 二次搬运费 | 人工费 | 4 | |
| 4 | 冬雨季施工 | | 5 | |
| 5 | 大型机械设备进出场及安拆费 | | | |
| 6 | 施工排水 | | | |
| 7 | 施工降水 | | | |

续上表

| 序号 | 项目名称 | 计算基础 | 费率(%) | 金额(元) |
|---|---|---|---|---|
| 8 | 地上、地下设施,建筑物的临时保护设施 | | | |
| 9 | 已完工工程及设备保护 | | | |
| 10 | 各专业工程的措施项目 | | | |
| (1) | 垂直运输机械 | | | |
| (2) | 脚手架 | | | |
| 合　计 | | | | |

注:1. 本表适用于以"项"计价的措施项目;

2. 根据建设部、财政部发布的《建筑安装工程费用组成》(建标〔2013〕44 号)的规定,"计算基础"可为"直接费"、"人工费"或"人工费+机械费"。

**表 11-8　措施项目清单与计价表(二)**

工程名称:××学校学生宿舍　　　　标段:　　　　第 1 页 共 1 页

| 序号 | 项目编码 | 项目名称 | 项目特征描述 | 计量单位 | 工程量 | 金额(元) | |
|---|---|---|---|---|---|---|---|
| | | | | | | 综合单价 | 合价 |
| 1 | 补 001 | 现浇钢筋混凝土柱模板及支架 | 矩形柱,支模高 3 m | $m^2$ | 1 246 | | |
| 2 | 补 002 | 现浇钢筋混凝土梁模板及支架 | 矩形梁,断面 300 mm×300 mm、300 mm×200 mm,梁底支模高度 2.6 m,板底支模高度 3 m | $m^2$ | 10 067 | | |
| | | | 其他略 | | | | |
| 本 页 合 计 | | | | | | | |
| 合　计 | | | | | | | |

注:本表适用于以"综合单价"计价的措施项目。

(5)其他项目清单与计价表

其他项目清单与计价表见 11-9。

**表 11-9　其他项目清单与计价汇总表**

工程名称:××学校学生宿舍　　　　标段:　　　　第 1 页 共 1 页

| 序　号 | 项目名称 | 计算单位 | 金额(元) | 备　注 |
|---|---|---|---|---|
| 1 | 暂列金额 | | 200 000 | |
| 2 | 暂估价 | | | |
| 2.1 | 材料暂估价 | | | |
| 2.2 | 专业工程暂估价 | | 5 | |
| 3 | 计日工 | | | |
| 4 | 总承包服务费 | | | |
| | | | | |
| 合　计 | | | | |

注:材料暂估单价进入清单项目综合单价,此处不汇总。

工程建设标准的高低、工程的复杂程度、工程的工期长短、工种的组成内容等直接影响其他项目清单中的具体内容。其他项目清单应根据拟建工程的具体情况，包括暂列金额、暂估价、计日工、总承包服务费。见前述表所述。

零星工作表应根据拟定工程的具体情况，详细列出暂列金额明细，材料及专业工程暂估金额，计日工的人工、材料、机械的名称、计量单位和相应数量，总承包服务费项目、金额，并随工程量清单发至投标人。

出现规范未列的项目，编制人可根据工程实际情况作补充。

(6)规费、税金项目清单与计价表

规费应按照下列内容列项：工程排污费；工程定额测定费；社会保障费，包括养老保险金、失业保险费、医疗保险费，住房公积金，危险作业意外伤害保险等。

税金项目为：营业税；城市维护建设税；教育费附加等。规费和税金应按国家或省级、行政建设主管部门的规定计算。不得作为竞争性费用。规费、税金项目清单与计价表见表 11-10。规费和税金出现规范未列的项目，应根据省级政府或省级有关权力部门的规定列项。

**表 11-10　规费、税金项目清单与计价表**

工程名称：××学校学生宿舍　　标段：　　第 1 页 共 1 页

| 序　号 | 项目名称 | 计算基础 | 费率(%) | 金额(元) |
|---|---|---|---|---|
| 1 | 规费 | | | |
| 1.1 | 工程排污费 | 按工程所在地环保部门规定按实计算 | 0.15 | |
| 1.2 | 社会保险费 | (1)+(2)+(3) | 22 | |
| (1) | 养老保险费 | 人工费 | | |
| (2) | 失业保险费 | 人工费 | | |
| (3) | 医疗保险费 | 人工费 | | |
| 1.3 | 住房公积金 | 人工费 | 3.6 | |
| 1.4 | 危险作业意外伤害费 | 人工费 | 0.15 | |
| 1.5 | 工程定额测定费 | 税前工程造价 | 0.09 | |
| 2 | 税金 | 分部分项工程费+措施项目费+其他项目费+规费 | 3.41 | |
| 合　　计 | | | | |

注：根据建设部、财政部发布的《建筑安装工程费用组成》(建标〔2013〕44 号)的规定，“计算基础”可为“直接费”、“人工费”或“人工费+机械费”。

补充工程量清单项目及计算规则见表 11-11。

**表 11-11　补充工程量清单项目及计算规则**

工程名称：××学校学生宿舍　　标段：

| 项目编码 | 项目名称 | 项目特征 | 计量单位 | 工程量计算规则 | 工程内容 |
|---|---|---|---|---|---|
| 补 001 | 现浇钢筋混凝土柱模板及支架 | 矩形柱，支模高 3 m | $m^2$ | 按与混凝土接触面积计算，不扣除面积≤0.1 $m^2$ 孔洞所占面积 1 246 | 1. 模板安装、拆除<br>2. 清理模板黏结物及模内杂物、刷隔离剂<br>3. 整理堆放及场内外运输 |

续上表

| 项目编码 | 项目名称 | 项目特征 | 计量单位 | 工程量计算规则 | 工程内容 |
| --- | --- | --- | --- | --- | --- |
| 补 002 | 现浇钢筋混凝土有梁模板及支架 | 矩形梁,断面 300 mm×300 mm、300 mm×200 mm,梁底支模高度 2.6 m,板底支模高度 3 m | $m^2$ | 按与混凝土接触面积计算,不扣除面积≤0.1 $m^2$ 孔洞所占面积 10 067 | 1. 模板安装、拆除<br>2. 清理模板黏结物及模内杂物、刷隔离剂<br>3. 整理堆放及场内外运输 |
| | 其他略 | | | | |

## 二、招标控制价的编制

招标控制价是招标人根据国家或省级、行业建设主管部门颁发的有关计价依据和方法,按设计施工图纸计算的,对招标工程限定的最高工程造价,国有资金投资的工程建设项目应实行工程量清单招标。并应编制招标控制价。招标控制价越过批准的概算时,招标人应将其报原概算审批部门审核。投标人的投标报价高于招标控制价的,其投标应予拒绝。

招标控制价是招标人用于对招标工程发包的最高限价,它不同于标底,无须保密。

为体现招标的公平、公正,防止招标人有意抬高或压低工程造价,招标人应在招标文件中如实公布招标控制价。不得对所编制的招标控制价进行上浮或下调。同时,招标人应将招标控制价报工程所在地的工程造价管理机构备查。

### (一)招标控制价的编制原则与依据

招标控制价的编制应遵循五统一原则(即项目编码统一、项目名称统一、项目特征统一、计量单位统一、工程量计量规则统一);公开、公平、公正的原则;风险合理分担原则;其内容计价口径应与工程量清单计价规范下招标文件的规定完全一致的原则等。

招标控制价的编制应依据《建设工程工程量清单计价规范》(GB 50500—2013);国家或省级、行业建设主管部门颁发的计价定额和计价办法;建设工程设计文件及相关资料;招标文件中的工程量清单及有关要求;与建设项目相关的标准、规范、技术资料;工程造价管理机构发布的工程造价信息;工程造价信息没有发布的按市场价;其他的相关资料。

### (二)招标控制价的编制

招标控制价应由具有编制能力的招标人,或受其委托具有相应资质的工程造价咨询人编制,招标控制价的五部分内容组成,分为五部分计价:分部分项工程项目计价、措施项目计价、其他项目计价、规费项目计价和税金项目计价。

1. 分部分项工程量项目计价

这是对招标方提供的分部分项工程量清单进行计价。分部分项工程量清单计价方式有两种:定额调整法、工程成本测算法。

(1)定额调整法

首先,对照清单项目特征及清单工程量查套定额,得人工、材料、机械台班价格,再根据经验分别对人工、材料、机械台班价格进行调整,如根据经验,施工效率提高 30%,则人工费乘 70%等,最后得此清单项目价格。汇总后得分部分项工程清单计价。

(2)工程成本测算法

根据施工经验和历史资料预测分部分项工程实际可能发生的工、料、机消耗量。按取定的生产市场要素市场价格计算直接成本费用。

按测算法计算工程成本，编制人员必须有丰富的现场施工经验，才能准确地确定工程的各种消耗，因此需要工程技术与工程造价相结合，这也是今后工程造价人员业务素质发展的方向。

2. 措施项目计价

措施费项目计价，应按“2013 计价规范”中措施项目一览表逐项计价，如果编制人员认为表内提供的内容不全，亦可列项补充。

3. 其他项目计价

其他项目计价按单位工程计取，按计价规范的规定，规范中列项不包括的内容，招标人均可增加列项并计价。

4 规费计价

规费亦称地方法规，是税金之外由政府机关或政府有关部门收取的各种费用。

收取的内容多有不同，应按工程所在地的有关规定计算此项费用。

5. 税金计价

税金包括增值税(原为营业税)、城市维护建设税、教育费附加等三项内容，因为工程所在地的不同，税率也有所区别，应按工程所在地规定的税率计取税金。

## 三、投标报价的编制

工程量清单计价下投标报价的编制由投标人或受其委托具有相应资质的工程造价咨询人编制，作为投标文件的重要组成部分，除本规范强制性规定外，投标报价中投标人自主确定，但不得低于成本。

投标报价应根据招标文件中计价要求，按照下列依据自主报价：《建设工程工程量清单计价规范》(GB 50500—2013)；国家或省级、行政建设主管部门颁发的计价办法；企业定额；国家或省级、行业建设主管部门颁发的计价定额；招标文件、工程量清单及其补充通知、答疑纪要；建设设计文件及相关资料；施工现场情况、工程特点及拟定的投标施工组织设计或施工方案；与建设项目相关的标准、规范等技术资料；市场价格信息或工程造价管理机构发布的工程造价信息；其他的相关资料。

工程量清单计价下投价报价由下列内容组成：封面、总说明、工程项目投标报价汇总表、单项工程费汇总表、单位工程投标报价汇总表、分部分项工程量清单与计价表、措施项目清单与计价表、其他项目清单与计价表、规费、税金项目清单与计价表、清单工程量清单综合单价分析表。投标人应按招标人提供的工程量清单填报价格。填写的项目编码、项目名称、项目特征、计量单位工程量必须与招标人提供的一致。其投标报价编制如下：

### (一)封　面

封面上应填写工程名称、投标总报价、投标人(单位签字盖章)、法定代表人姓名(签字盖章)、造价工程师及注册证号(签字盖执业信用章)编制时间。

投标总价应按工程项目总价表合计金额填写。投标人的投标总价，应当与组成工程量清单的分部分项工程费、措施项目费、其他项目费、规费和税金的合计相一致，即投标人在进行工程量清单报价时,不能进行总价优惠(或降价、让利),投标人对投标报价的任何优惠(或降价、让利)均应反映在相应清单项目的综合单价中。

(二)总说明

总说明应按下列内容填写:工程概况、工程投标报价包括的范围、投标报价编制依据、其他需要说明的问题。

(三)工程项目投标报价汇总表

工程项目投标报价汇总表应按单项工程投标报价汇总表的工程名称填写序号、单项工程名称及金额。各单项工程的金额相加为合计金额,即工程项目投标总价。投标总价应当与分部分项工程费、措施项目费、其他项目费、规费和税金的合计金额相一致。

(四)单项工程费汇总表

单项工程投标报价汇总表应按单位工程投标报价汇总表的工程名称填写序号、单位工程名称及其金额。各单位工程的金额相加为合计金额,即单项工程费。

(五)单位工程投标报价汇总表

单位工程投标报价汇总表应列出工程名称、序号、项目名称及其金额。项目名称中包括分部分项工程量清单计价合计、措施项目清单计价合计、其他项目清单计价合计、规费、税金。

(六)分部分项工程量清单与计价表

分部分项工程量清单计价表应列出工程名称、序号、项目编码、项目名称、项目特征、计量单位、工程数量、金额(综合单价、合价),分部分项工程量清单应采用综合单价计价,而综合单价应根据综合单价的组成内容,按招标文件中分部分项工程量清单项目特征描述来确定;合价是该分部分项工程数量与综合单价的乘积。各分部分项工程的合价相加合计,即为分部分项工程量清单计价合计。

(七)措施项目清单与计价表

措施项目清单与计价表表应列出项目名称、计算基础、费率、金额。投标人可根据工程实际情况结合施工组织设计,对招标人所列的措施项目清单进行增补。

由于投标人拥有的施工装备、技术水平和采用的施工方法有所差异,招标人提出的措施项目清单是根据一般情况确定的,没有考虑不同投标人的"个性",投标人投标时应根据自身编制的投标施工组织设计(或施工方案)确定施工措施项目,并对招标人提供的措施项目进行调整。且调整和确定的措施项目应通过评标委员会的评审。

措施项目的内容,应根据招标人提供的措施项目清单和投标人投标时拟定的施工组织设计或施工方案确定。

措施项目费的计价方式,应根据招标文件的规定,如果措施项目与建筑物实体有紧密联系,可以计算工程量的措施清单项目,应采用综合单价方式报价。在计价时,首先应详细分析其所包含的全部工程内容,确定其综合单价后,计算措施项目费。如横板、脚手架、垂直运输等措施项目的计价,具体方法见综合单价的计算方法。其余的措施清单项目采用以"项"为计量单位的方式报价，包括除规费、税金外的全部费用，其中安全文明施工费应按国家或省级、行业建设主管部门的规定确定，不得作为竞争性费用。

（八）其他项目清单与计价表

其他项目清单与计价应根据拟建工程的具体情况列项，包括：暂列金额、暂估价、计日工、总承包服务费。

暂列金额是因一些不能预见、不能确定的因素的价格调整而设立的。暂列金额应按招标人在其他项目清单中列出的金额填写，不得变动。

材料暂估价按招标人在其他项目清单中列出的单价计入综合单价；专业工程暂估价按招标人在其他项目清单中列出的金额填写。暂估价不得变动和更改。

计日工按招标人在其他项目清单中列出的项目和数量，自主确定综合单价并计算计日工费用。

总承包服务费应根据招标文件中列出的内容和提出的要求自主确定。

（九）规费、税金项目清单与计价表

规费和税金的计取标准是依据有关法律、法规和政策规定制定的，具有强制性。投标人必须按照法律、法规、政策的有关规定执行，投标人在投标报价时必须按照国家或省级、行业建设主管部门的有关部门规定计算规费和税金。

（十）清单工程量清单综合单价分析表

分部分项工程量清单中综合单价分析表上，应列出工程名称、序号、项目编码、项目名称综合单价组成、综合单价等内容。

综合单价的确定，应首先分析清单项内的工程内容所对应定额项目，确定定额子目，计算方案工程量，再对应清单项进行分析、汇总。在投标报价时，依据招标人提供的招标文件、施工图纸、工程技术规范、质量标准、工程量清单、工器具及设备清单等，按企业定额或参照省市有关消耗量定额、价格指数等确定综合单价。

若施工中出现施工图纸（含设计变更）与工程量清单项目特征描述不符的，发、承包双方应按新的项目特征确定相应工程量清单项目的综合单价。

### 四、定额计价模式与工程量清单计价模式的区别

我国长期采用的定额计价法（施工图预算法）和现在推行的工程量清单计价法，看起来只是方法之别，然而实际上却远远不仅如此。

1. 编制工程量的单位不同。传统定额计价方法是：建设工程的工程量分别由招标单位和投标单位分别按图计算。工程量清单计价是：工程量由招标单位统一计算或委托有工程造价资质的单位统一计算，“工程量清单”是招标文件的重要组成部分，各投标单位根据招标人提供的工程量清单，根据自身的技术装备、施工经验、企业成本、企业定额、管理水平自主填写报价单。

2. 编制工程量清单时间不同。传统的定额预算计价方法是在发出招标文件之后编制（招标与投标人同时编制或投标人编制在前，招标人编制在后）。工程量清单报价方法必须在发出招标文件之前编制。

3. 表现形式不同。采用传统的定额预算计价法一般是总价形式。工程量清单报价法采用综合单价形式，综合单价包括人工费、材料费、利润，并考虑风险因素。工程量清单报价具有直观、单价相对稳定的特点，工程量发生变化时，单价一般不作调整。

4. 编制依据不同。传统的定额预算计价方法依据图纸，人工、材料、机械台班消耗量，根据建设行政主管部门颁发的预算定额，人工、材料、机械台班单价，结合工程造价管理部门发布的价格信息进行计算。工程量清单报价法，根据住房和城乡建设部的《建筑工程施工发包与承包计价管理办法》规定，标底的编制根据招标文件中的工程量清单和有关要求、施工现场情况、合理的施工方法以及按照建设主管部门制定的有关工程造价计价办法编制。企业的投标报价则根据企业定额和市场价格信息，或参照建设主管部门发布的社会平均消耗量定额编制。

5. 费用组成不同。传统预算定额计价方法的工程造价由直接工程费、现场经费、间接费、利润、税金组成。工程量清单计价法的工程造价划分为分部分项工程费、措施项目费、其他项目费、规费、税金；它覆盖完成工程的全部费用，除工程量清单中可见的项目费用外，还包含工程量清单中没有体现的，施工中又必须发生的工程内容所需费用，以及因风险因素而增加的费用。

6. 评标采用的办法不同。传统预算定额计价投标一般采用百分制评分法。采用工程量清单计价法投标，一般采用合理低报价中标法，既要对总价进行评分，还要对综合单价进行分析评分。

7. 项目编码不同。采用传统的预算定额项目编码，全国各省市采用不同的定额子目；采用清单计价，全国实行统一的编码，项目编码采用 12 位阿拉伯数字表示。1～9 为统一编码，其中，1、2 位为附录顺序码，3、4 位为专业工程顺序码，5、6 位为分部工程量清单计价下投标工程顺序码。7、8、9 位为分项工程项目名称顺序码，10～12 位为清单项目名称顺序码。前 9 位码不能变动，后 3 位码由清单编制人根据项目设定的清单项目编制。

8. 合同价调整方式不同。定额预算计价合同价调整方式有变更签证、定额解释、政策性调整。清单计价法合同价调整方式主要是索赔。工程量清单的综合单价一般通过招标中标价的形式体现。一旦中标，报价作为签订施工合同的依据相对固定下来，工程结算按承包商实际完成工程量乘以清单中相应的单价计算，减少了调整活口。采用传统的预算定额经常有各种各样的补充"解释"，结算中又有政策性文件调整。清单计价单价不能随意调整。

9. 计算工程量时间前置。工程量清单，在招标前由招标人编制。也可能业主为了缩短建设周期，通常在初步设计完成后就开始施工招标，在不影响施工进度的前提下陆续发放施工图纸，因此，承包商根据报价的工程量清单中各项工作内容下的工程量一般为概算工程量。

10. 达到了投标计算口径的统一。因为各投标单位都根据统一的工程量清单报价，达到了投标计算口径统一，不再是传统预算定额招标，各投标单位各自计算工程量而且计算的工程量均不一致。

11. 索赔事件增加。因承包商对工程量清单单价包含的工作内容一目了然，故凡建设方不按清单内容施工的，任意要求修改清单的，都会增加施工索赔的因素。

另外，计价观念、制度等方面也存在着不同之处。因此，我们需要从本质上去区别两种计价的不同之处，更好地掌握工程量清单计价法。

## 复习思考题

11-1　什么是建设工程定额？它是如何产生和发展的？

11-2　建设工程定额在国民经济发展中有何意义？

11-3　建设工程定额的作用和特性有哪些？

11-4　建设工程定额按生产因素和用途如何分类？

11-5　什么是劳动定额、材料消耗定额和机械台班使用定额？

11-6　什么是施工定额、预算定额、概算定额和概算指标？各自有何用途？

11-7　试举例说明定额制定的方法有哪些？

11-8　什么是建设工程施工管理费定额、工期定额？各有什么作用？

11-9　建设项目投资额测算体系由哪 8 种测算方式构成？

11-10　建设工程的项目如何划分？什么是建设项目、单项工程、单位工程、分部工程和分项工程？

11-11　建设工程概预算按工程对象分为哪几种？什么是单位工程概预算、单项工程概预算、工程建设其他费用概预算、建设项目总概预算？

11-12　什么是投资估算、设计概算、施工图预算、施工预算、工程结算、工程决算？

11-13　建设工程概预算的作用有哪些？

11-14　工程建设项目费用按投资构成划分为哪些部分？

11-15　什么是设计概算？它包括哪几种？设计概算的编制办法常有哪些？

11-16　工业建设工程综合概算书主要内容包括几部分？

11-17　什么是施工预算？施工预算的作用有哪些？

11-18　施工预算的编制依据有哪些？它由哪些部分组成？其编制步骤和方法如何？

11-19　什么是“两算”对比？进行“两算”对比有何意义？其方法有哪些？

11-20　什么是工程量清单？什么是工程量清单计价模式(方法)？

11-21　工程量清单计价与定额计价方法有何区别？

# 第十二章　计划管理与质量管理

**本章提要：**本章介绍计划管理与质量管理的基本概念、基本内容和基本方法。

1. 计划管理的基本概念和方法。包括计划管理的任务和原则、计划分类和编制程序建筑企业计划指标和工作、建筑施工计划管理等。

2. 质量管理的基本概念和方法。包括质量的概念、工作质量、工程质量的形成过程、质量管理的发展、全面质量管理的基本观点、全面质量管理的基础工作、全面质量管理的质量保证体系、全面质量管理的四个阶段八个步骤、全面质量管理的常用统计方法。

3. 建筑施工企业质量体系、施工项目质量控制等。

## 第一节　计划管理

### 一、概　　述

#### (一)计划管理的任务和原则

建筑企业的计划管理，就是根据社会主义基本经济规律和国民经济有计划按比例发展的规律，用计划来组织和协调建筑企业生产、技术、财务活动的一项综合性管理工作。计划是管理的首要职能。

计划管理是社会主义经济规律的要求，是社会化大生产的客观需要，是实行经济责任制的依据，是提高企业经济效益的手段。社会主义建筑施工企业必须加强计划管理。

1. 计划管理的任务

(1)制定企业的长远规划

企业要在科学预测的基础上，为企业的发展方向、发展规模、发展速度等战略决策提供科学依据，制定企业的长远发展规划。

(2)编制、执行、检查企业的年、季和月计划

在国家和上级主管部门的指导下，根据上级下达的任务及其他工程建设任务，结合本企业的施工能力，编制企业的年度、季度生产技术财务计划和月生产作业计划，使企业内部各生产环节的活动在计划指导下，协调地进行，实行有节奏均衡施工，以确保完成和超额完成企业的工程建设任务。

(3)使企业获得更大的经济效益

在计划的编制和执行中，要充分挖掘企业的一切潜力，不断改善计划的技术经济指标，以取得更大的经济效益。

2. 计划管理的基本原则

(1)贯彻党和国家的方针政策

基本建设计划是国家计划的一个组成部分，因此基本建设计划工作，必须服从国家统一计划的安排。国家采取以计划调节为主，计划调节和市场相结合的方针。企业在保证完成国家计划的前提下，针对社会需要，有权自行承包部分施工任务，并纳入企业生产计划，为国家和企业增加收益，但必须反对违反党和国家的政策、法令，片面追求产值，不去完成国家和社会急需的工程建设任务。

总之，要贯彻党和国家的方针政策。

(2)积极平衡，留有余地

生产的发展会经常出现各种各样的不平衡，积极平衡就是想方设法克服不利因素，群策群力，促进企业生产不断地在新的先进水平基础上达到新的相对平衡。从平衡到不平衡，从不平衡到新的平衡，是计划管理工作的特点。在计划制定时，不可能完全预见到执行中的一切困难和问题。因此，计划的制定要“留有余地”，使计划在发生意外情况的条件下，也能比较主动，经过努力仍可实现计划。

(3)合理利用人力、物力和财力

社会主义企业，必须坚持经济核算的原则，以尽可能少的人力、物力和财力消耗，取得最大的经济效益。必须积极地组织计划的实施，加强检查，挖潜革新，确保计划的完成。

(4)维护计划的严肃性

经过上级批准的计划，企业要坚决执行。不得随意变动、拒不执行或行动不力。调整计划要经过批准；完不成计划要查明原因，必要时要追究经济责任，造成损失的，甚至要追究法律责任。

### (二)计划的分类和编制程序

1. 计划的分类

建筑企业的管理类型不同，其所编计划的类型也不相同。对于生产型管理(亦称内向型管理)的企业，应编制“生产技术财务计划”；而对于经营型管理(亦称外向型管理)的企业，则应编制“生产经营计划”。当前我国建筑施工企业大部分属于生产型管理，一般要求编制“生产技术财务计划”。

生产技术财务计划按计划期分类可分为：年度计划、季度计划和作业计划(其中包括月计划和半月(旬)计划)。另外，施工企业还应编制企业长远规划，以指导企业的发展。

(1)年度生产技术财务计划

施工企业的年度计划，包括企业年度内各生产环节和各个方面的活动，如生产、技术、财务等的活动，故又称年度综合计划，它是计划年度内人力、物力、财力的总体安排，是企业在计划年度内的行动纲领。

(2)季度生产技术财务计划

施工企业的季度生产技术财务计划是年度计划的具体分季实施计划。它以年计划分季控制指标、以上一季计划预计完成情况和上级对本季度计划指标的要求为依据，考虑本季度劳动力、材料、设备、资金等可能供应情况，进行分月具体安排。它是上承年度下接月度的“中间计划”。

(3)生产作业计划

施工企业的生产作业计划，是企业内部为组织日常生产、技术、财务的具体活动，并保证它们在时间、数量、品种和质量上平衡衔接的计划。它一般要把计划任务落实到企业的具体执行单位,如工区、班组、机台或个人上去。生产作业计划是年、季度计划完成的基础,是指导工区(队)班(组)作业的依据,也是检查各部门工作的尺度。

施工作业计划包括月份生产作业计划和半月(旬)生产计划。

2. 计划的编制程序

施工企业承担的施工任务性质不同,其所编计划的编制程序也不同。

基本建设项目计划是国家固定资产投资计划的组成部分。编制年度基本建设项目计划,一般要经过"两下一上"的程序。第一"下"是计划年度的下半年内,国务院主管部门或省(自治区)、市向建设单位转发国家下达的年度固定资产计划控制数字;一"上"是建设单位根据国家下达的计划控制数字和规定的计划表格,正式编制上报建设项目年度计划;第二"下"是国务院主管部门或各省(自治区)、市,根据国家批准的固定资产年度投资计划或已批准的建设单位的建设项目本年度计划,下达给建设单位。

施工企业(或事业)单位根据上级分配下达的基本建设施工任务,具体编制年度生产技术财务计划,报上级主管部门审批。

### (三)建筑企业计划指标和基础工作

建筑企业生产技术财务计划所规定的各项任务是通过一定的计划指标来表示的。

所谓计划指标,是指企业用数字表示的计划期各方面生产经营活动所达到的技术经济目标和发展水平,指标构成计划的主要内容。

计划指标按其性质来说,可分为数量指标和质量指标两大类。

数量指标是建筑企业生产经营活动各方面应达到的质量上的要求。它通常用绝对数(包括实物形式和价值形式)来表示。如工程项目、工程数量、建筑安装工作量、职工总数、流动资金总额等。

质量指标是企业生产经营活动各方面应达到的质量上的要求。它通常用相对数(比例、比值、百分率)来表示。如劳动生产率、平均工资、产品合格率、资金利用率等。

数量指标和质量指标各有各的用途不能偏废。但从每一个指标来看,又都有各自的局限性,即使综合程度很高的管理指标也不例外。例如资金利用率这个质量指标的综合程度就很高,但它避免不了价格因素的影响,在目前某些产品定价不合理的情况下,资金利用率的高低就不完全说明企业生产经营状况的好坏。因此不能只用某一个指标,而需要用若干相互联系、相互制约的指标体系来综合反映企业的生产经营状况。

所谓指标体系,就是用一组相互联系、相互制约的指标来综合反映企业生产经营状况,并引导企业按照预期的方向和目标发展。列入指标体系的指标不宜过多。

国家考核企业的指标,在扩大企业自主权以前,一般考核八项指标:产品品种、质量、产量、劳动生产率、原材料及燃料和动力消耗、成本、资金、利润;在扩大企业自主权的现阶段,已缩减为品种、产量、质量、利润、合同履约率等几项。

施工企业为编制及执行计划必须做好一系列的基础工作。施工企业计划的基础工作主要有如下三个方面:

1. 定额工作

定额是计划的基础,没有定额就没有计划。建筑施工企业的生产计划都是依据定额编制的检查计划执行情况也要以定额为依据。定额工作,主要是正确使用各种定额,以及查定或补充新结构、新工艺的定额。

2. 原始记录

原始记录是指按一定的形式与要求，对生产技术经济活动，用数字及简要的文字，所做的最原始、最直接的记录。它要求准确、全面、及时。原始记录是统计工作的基础，也是计划工作的重要基础资料。

3. 统计工作

统计工作是计划管理中的事后体现，要坚持实事求是的作风，统计资料必须准确、完整、及时，施工统计需要的资料有时也需要同级技术人员提供，因实际完成工程项目情况的原始资料，有时与计划项目不对口，有出入。要严格执行统计报表的审批制度。统计工作是计划编制和确定目标的依据和基础，在加强企业管理、提高经济效益和提升市场竞争力等方面具有重要作用。它作用于管理的每个方面，每个环节，贯穿于工作始终。

## 二、建筑施工计划管理

建筑施工企业各部门应按要求分级编制年度施工计划、季度施工计划、月度施工计划和旬日工作计划。

### (一)施工计划的项目和指标

为了统一计划，统一口径计算，把投资额分为建筑安装工作和非建安费用两部分。安装工作应按“建筑安装工作分类名称表”中的工作种类名称和其计量单位顺序编列。概预算各章节中设备、器具购置和其他非建安费用集中在计划表末，列为非建费用。

编制计划实际上就是确定计划指标。计划指标就是企业在计划期内生产、技术、管理各方面应达到的目标和水平。

施工企业常用的主要计划指标见表 12-1。

为了体现国家的计划任务，通常有 8 项经济技术指标，它们是指上级下达或批准的基本指标：(1)实物工程量进度；(2)自行完成建筑安装工作量；(3)劳动生产率；(4)工程质量及安全生产；(5)施工机械完好率与利用率；(6)原材料、燃料和动力消耗；(7)流动资金占用率；(8)成本降低率。

独立经济核算单位应全面考核各项经济技术指标；内部经济核算单位要把这些指标内容扣除外部因素；基层核算单位(队、班、组)只考核主要实物工程量、质量、安全、工料消耗和机械使用等指标，职能科室要考核分口管理的专业指标。

**表 12-1　施工企业常用主要计划指标表**

| 分类 | 生产指标 | 劳动指标 | 物资指标 | 财务指标 |
|---|---|---|---|---|
| 数量指标 | 建筑安装总工程量<br>实物工程量<br>建筑安装总工作量<br>铺轨里程<br>房屋竣工面积 | 职工总人数<br>生产工人数<br>工程技术人员数<br>管理人员数<br>工资总额 | 物资需求量<br>物资储备量<br>物资供应量 | 工程总成本、盈利总额、固定资产总额、流动资金总额、预算收支与支出总额 |
| 质量指标 | 工程合格率<br>工程优良率<br>动力装备率<br>设备完好率<br>设备利用率<br>竣工率 | 全员劳动生产率、生产工人劳动生产率、出工率、出勤率、职工平均工资、工人平均技术等级 | 单位工程材料消耗定额，单位工程燃料、电力消耗定额 | 降低成本率、流动资金占用率、流动资金利用率 |

在具体编制年、季、月度施工计划时,体现在计划内的实物工程量、单价和劳动量虽是来源于工程概预算,但与概预算有关内容不同,它更带综合性。现分别讲述计划单价、计划工程量、劳动量和质量的有关指标表示如下:

1. 计划单价的确定,一般可分为:

(1)有分工点或综合预算的工程按预算单价;

(2)无分工点或综合预算的按概算单价;

(3)既无预算又无概算,可参照类似单价或分析估价(即估算工、料、机等费用)列出一个计划单价。

由于预算项目较细,概算指标单价又太粗,都不适于编制计划之用,所以在编制计划之前要把预算项目单价适当合并求出其综合单价。例如涵渠工程预算中,主体圬工、基础圬工、边墙圬工的单价都不相同,而计划项目只表示这些圬工合为一项作为实物计划进度,而又要列出进度的计划价值,可用加权平均法计算出涵渠圬工的综合单价来编列计划。

2. 实物工程量

计划的实物工程量,应与计划单价项目相适应。由于各级施工单位掌握计划的深度与要求不同,实物工程量的计量亦随之不同。例如路基土石方可综合为立方米或万立方米,也可以分别采用挖、填立方米。一般来说,上一级计划粗些,年、季度计划粗些,下级计划和月计划细些。

计划中除上述要列出计划期内应完成的实物工程量外,还应列出分工程项目在计划期内的实物计划进度指标,例如桥涵工程用成桥(涵)米。隧道工程用成洞米,房建工程用折合平方米,其意义分述如下:

(1)桥涵工程以成桥(涵)米折算:

$$\text{计划(年、季、月)成桥(涵)米}=\frac{\text{计划(年、季、月)成主体圬工数量}}{\text{全桥(涵)主体圬工总数量}}\times\text{桥(涵)全长} \tag{12-1}$$

式中,桥梁全长是指两台尾之间距离,涵全长是指其横长。

比较合理的计算办法可以把各项工程每道工序占全部工序的折算系数分析出来(即每道工序需要的劳动定额工日与全部工序的劳动定额工日数之比计算出来;或用每道工序的预算价值与全部工序的预算价值之比计算出来)。每道工序的计划完成系数(即该工序计划完成工日与该工序需要的总工日之比)乘以该道工序占全部工序的折算系数,再乘以桥(涵)全长,即为该道工序的计划折合成桥(涵)米数。各道工序折合成桥(涵)米数相加,即得总的成桥(涵)米数。例如:

$$\text{挖基折合成桥米系数}=\frac{\text{挖基需要工日数}}{\text{挖基、墩台、架梁需要工日之和}}=A \tag{12-2}$$

$$\text{墩台折合成桥米系数}=\frac{\text{墩台需要工日数}}{\text{挖基、墩台、架梁需要工日之和}}=B \tag{12-3}$$

$$\text{架梁折合成桥米系数}=\frac{\text{架梁需要工日数}}{\text{挖基、墩台、架梁需要工日之和}}=C \tag{12-4}$$

$$A+B+C=1 \tag{12-5}$$

$$\begin{array}{c}\text{全桥折合}\\\text{成桥米系数}\end{array}=\left(\frac{\text{挖基完成工日}}{\text{挖基总工日}}\times A+\frac{\text{墩台完成工日}}{\text{墩台总工日}}\times B+\frac{\text{架梁完成工日}}{\text{架梁总工日}}\times C\right)\times\text{桥长(m)} \tag{12-6}$$

或如式(12-7):

$$\text{全桥折合成桥米系数}=\left(\frac{\text{挖基完成价值}}{\text{挖基预算总价}}\times A+\frac{\text{墩台完成价值}}{\text{墩台预算总价}}\times B+\frac{\text{架梁完成价值}}{\text{架梁预算总价}}\times C\right)\times\text{桥长(m)} \tag{12-7}$$

多线桥及多孔涵也适用本折合办法，其全长，多线桥为各线桥长之和，多孔为多孔涵长之和，这样折合是换算长。

(2)隧道工程，成洞米按各工序进度折算，其折合系数见表 12-2。

**表 12-2　成洞米系数表**(单线隧道)

| 项　目 | 上下导坑法开挖 | 漏斗棚架开挖 | | | 台阶法开挖 | | |
|---|---|---|---|---|---|---|---|
| | | 全衬砌 | 半衬砌 | 不衬砌 | 全衬砌 | 半衬砌 | 不衬砌 |
| 下导坑 | 0.18 | 0.30 | 0.36 | 0.42 | | | |
| 上导坑 | 0.08 | | | | 0.24 | 0.31 | 0.35 |
| 扩　大 | 0.10 | 0.32 | 0.41 | 0.47 | | | |
| 中层、台阶 | 0.06 | | | | 0.38 | 0.47 | 0.54 |
| 马　口 | 0.12 | | | | | | |
| 拱　圈 | 0.18 | 0.15 | 0.15 | 0.05 | 0.15 | 0.15 | 0.05 |
| 边　墙 | 0.18 | 0.13 | | | 0.13 | | |
| 铺底(仰拱) | 0.03 | 0.03 | 0.04 | 0.04 | 0.03 | 0.03 | 0.04 |
| 道　床 | | | | | | | |
| 水沟、电缆槽 | 0.02 | 0.02 | 0.02 | 0.02 | 0.02 | 0.02 | 0.02 |
| 压　浆 | 0.05 | 0.05 | 0.02 | | 0.05 | 0.02 | |

应用本表计算隧道的成洞米的方法是：以各该工序的计算(实际)米数乘以各该工序的成洞系数，得出该工序的折合成洞米数然后再相加就得出隧道成洞米数。

(3)房屋工程平方米折合系数见表 12-3。

计算方法与桥涵折合成桥米相似。

**表 12-3　房屋工程平方米折合系数**

| 项　目 | 永久性和半永久性房屋 | | | | | | 临时房屋 |
|---|---|---|---|---|---|---|---|
| | 砖木及混合结构房屋 | | | | 乡土化房屋 | | |
| | 大型房屋 | 仓　库 | 楼　房 | 平　房 | 楼　房 | 平　房 | |
| 基　础 | 0.07 | 0.23 | 0.11 | 0.15 | 0.06 | 0.09 | 0.18 |
| 地　面 | 0.08 | 0.11 | 0.07 | 0.09 | 0.04 | 0.05 | 0.07 |
| 墙　身 | 0.09 | 0.19 | 0.25 | 0.26 | 0.51 | 0.64 | 0.20 |
| 门　窗 | 0.06 | 0.11 | 0.11 | 0.13 | 0.07 | 0.05 | 0.07 |
| 屋　架 | 0.08 | 0.12 | 0.07 | 0.03 | 0.03 | 0.02 | 0.24 |
| 屋　面 | 0.04 | 0.08 | 0.07 | 0.08 | 0.06 | 0.06 | 0.17 |
| 天　棚 | | | 0.04 | 0.09 | 0.03 | 0.02 | |
| 预制构件及安装 | 0.31 | 0.04 | 0.14 | 0.05 | 0.14 | 0.01 | |
| 金属制品及安装 | 0.14 | | | | | | |
| 其　他 | 0.13 | 0.12 | 0.14 | 0.12 | 0.06 | 0.06 | 0.07 |
| 合　计 | 1.00 | 1.00 | 1.00 | 1.00 | 1.00 | 1.00 | 1.00 |

3. 劳动指标

(1)劳动生产率

全员劳动生产率是指计划期内本单位平均每一职工自行完成的工作量，按包括其他人员和不包括其他人员两项分别计算表示。

生产工人劳动生产率是指计划期内本单位全部建筑安装工人和附属辅助工人平均每工人的生产率。

建筑安装工人劳动生产率是指计划期内本单位建筑安装工人平均每工人的生产率。

劳动生产率的计算：劳动生产率的表示方法有两种，以实物工程量表示的劳动生产率，或以价值表示的劳动生产率。

劳动生产率是指报告期每个职工平均计算完成的工作量或实物量，它是以报告期完成的实物量或自行完成的工作量除以全部职工平均人数求得。

①以实物工作量表示的劳动生产率

a. $$\text{全部职工年平均劳动生产率}=\frac{\text{年完成工作量}}{\text{全部职工平均人数}+\text{参加本企业生产的非本企业人员平均人数}} \tag{12-8}$$

b. $$\text{每一生产工人实物劳动生产率}=\frac{\text{工程实际完成工作量}}{\text{完成该项工程生产工人平均人数}} \tag{12-9}$$

②以价值表示的劳动生产率

a. $$\text{施工单位人员劳动生产率(元/人)}=\frac{\text{自行完成工作量(元计)}}{\text{全部职工平均人数}+\text{参加本企业生产的非本企业人员平均人数}} \tag{12-10}$$

b. $$\text{建安工人劳动生产率(元/人)}=\frac{\text{自行完成工程量}}{\text{建安工人平均人数(含参加建安施工的学徒工、民工)}} \tag{12-11}$$

c. $$\text{附属企业全员劳动生产率(元/人)}=\frac{\text{工附业总产值(元计)}}{\text{附属企业全部职工平均人数}} \tag{12-12}$$

自行完成工作量就是完成投资总额减去设备、工具、器具购置其他基建费用后的投资额。

(2)生产工日和生产工人

劳动定额乘(或除)以相应的计划项目的数量，就可计算出所需生产工日；除以平均工作天数，即可求得生产工人平均人数。反之，也可根据实有生产工人数，确定在计划期内能出多少工日，再根据劳动定额计算出完成多少工作量，据此结合上级下达的建安工作量，可平衡现有劳动力是否有窝工或不足现象。

(3)工日使用情况及利用指标

①劳动时间以工日为基本单位，一个工人一天的时间算作一个工日。劳动工日按使用情况分为：

a. 日历工日数：指日历天数中每天生产工人数之和(包括出勤、缺勤、停工和工休)。

b. 实际公休工日数：指国家或企业规定的例假、节日中工人实际休息天数之和。工休日照常工作应算作实际作业工日，补休的工日算公休工日。

c. 实际作业工日数：指工人实际工作的天数之和，不管这一天实际工作时间的长短均算一个实际作业工日。

实际作业工日数＝日历工日数－实际公休工日数－全日停工工日数－全日缺勤工日数－公假工日数

d. 全日停工工日数：指工人因原材料缺乏，等待图纸、设计变更、气候影响等原因全日未能生产的工日。

e. 全日缺勤工日数：指疾病、产假、事假、探亲假、工伤假、旷工等原因全日未能出勤的工日数之和。

f. 公假工日数：指执行国家义务或参加其他社会活动，如开会、参观、学习、听报告、防洪、支援农业抗旱、调动工作途中等未参加生产的工日。

②工日利用指标

a. 出勤率 $x$(%)为

$$x=\frac{\substack{\text{日历}\\\text{工日数}}-\left(\substack{\text{实际公休}\\\text{工日数}}+\substack{\text{公休日}\\\text{加班日数}}\right)-\substack{\text{全日缺勤工日数}\\\text{(不含公假天数)}}}{\substack{\text{日历}\\\text{工日数}}-\left(\substack{\text{实际公}\\\text{休日数}}+\substack{\text{公休日}\\\text{加班日数}}\right)}\times 100\% \tag{12-13}$$

b. 出工率 $y$(%)为

$$y=\frac{\substack{\text{日历}\\\text{工日数}}-\left(\substack{\text{实际公休}\\\text{工日数}}+\substack{\text{公休日}\\\text{加班日数}}\right)-\substack{\text{全日缺勤}\\\text{工日数}}-\substack{\text{全日}\\\text{停工日数}}-\substack{\text{公假}\\\text{工日数}}}{\substack{\text{日历}\\\text{工日数}}-\left(\substack{\text{实际}\\\text{公休日数}}+\substack{\text{公休日}\\\text{加班日数}}\right)}\times 100\% \tag{12-14}$$

c. 工时利用率 $z$(%)为

$$z=\frac{\text{实际作业工日数}}{\text{日历工日数}-(\text{实际公休日数}+\text{公休日加班工日数})}\times 100\% \tag{12-15}$$

d. 报告期平均作业天数为

$$\text{报告期平均作业天数}=\frac{\text{生产工人实际作业工日数}}{\text{平均生产工人数}} \tag{12-16}$$

4. 工程质量指标

(1)单位工程优良品率、合格品率

在基本建设交工验收或施工过程中，以单位工程为视察对象的工程质量优良品率及合格率的计算公式如下：

$$\text{合格品率}(\%)=\frac{\text{合格品单位工程个数(或面积数)}}{\text{验收鉴定的单位工程个数(或面积数)}}\times 100\% \tag{12-17}$$

$$\text{优良品率}(\%)=\frac{\text{优良品单位工程个数(或面积数)}}{\text{验收鉴定的单位工程个数(或面积数)}}\times 100\% \tag{12-18}$$

(2)质量事故次数

凡施工的工程质量不符合规定的标准或生产要求的，都称质量事故，包括由于设计错误、材料设备不合格、施工方法错误等原因所造成的质量事故。质量事故统计的范围只限于建筑安装工程在施工过程中发生在工程上的质量事故，不包括其他原因（如自然灾害、附属企业生产中、运输中等)造成的事故。

(二)施工计划的内容

施工计划一般有长期计划、年(季)度计划和月、旬、日作业计划。

1. 长期计划

长期计划在企业管理中有着重要的意义,它规定企业在一定时期的发展方向、发展规模和主要技术经济指标所要达到的水平,可以使企业的工作有远见,使广大职工有明确的奋斗目标。

长期计划是简要的、纲领性的计划,它包括的内容有以下几方面:

(1)企业生产方向。

(2)企业生产发展规模。如企业生产能力的大小,固定资产的多少,扩建和改建任务,职工人数和企业机构的组织等。

(3)企业技术发展水平。如新技术的采用试验,尖端技术的推广,机械化水平的提高,自动化的措施,推广标准化、系列化的措施和科学研究项目等。

(4)主要技术经济指标要达到的水平。如产值、产量、工效、设备利用率,材料和燃料消耗量、成本、质量安全措施等。

(5)职工技术水平和熟练程度的提高,以及有关职工文化、生活福利方面的主要措施。

(6)某些重要的专题规划。

编制企业长期计划的主要依据是,国民经济长期计划中对企业提出的任务、要求和市场需要,以及企业发展方向和生产技术条件。同时,要充分考虑到科学技术的最新成就和发展趋势,考虑到先进的生产组织和劳动组织形式的采用,以及职工文化水平、技术水平的提高所能提供的潜力。

长期计划牵涉面很广,涉及的问题很多,有些问题的决定,属于上级主管部门考虑的。因此,一般长期计划,应由上级主管部门主持,先作通盘考虑,规定好下属单位的任务以后,再由企业具体编制。先编制出长期计划草案,经上级机关审核批准后执行。

2. 年(季)度计划

年(季)度计划,有的称为施工技术财务计划。它是根据上级机关对企业提出的当年任务和企业的长期计划来编制的。企业的年(季)度计划,规定了企业在本年度应完成的任务,它是包括了企业的施工技术和财务等各种主要指标的计划。它是施工部门最主要的计划,是施工部门全体职工在计划年度内总的行动纲领。

基本建设的施工技术财务计划,一般包括下面几种主要计划:

(1)建筑安装施工年(季)度计划

建筑安装施工年(季)度计划(简称施工计划)是基建部门施工财务计划中最重要的部分,是施工财务计划的核心。其他各种计划,都是以施工计划为中心,据施工计划来编制的。在施工计划中,规定了施工部门在计划年度内应当完成的工程项目、工程数量、施工方法、工程价值、劳动工效、质量要求和工程期限等。它要解决的主要问题,就是保证上级下达的年(季)度计划,规定的施工任务应按质量、数量按期完成和超额完成。

(2)建筑安装工程劳动力计划

劳动力计划包括劳动生产率计划、职工人数计划,它规定着劳动力生产率提高的程度。劳动力计划是根据施工计划来编制的,同时,它是施工计划的一项基本保证。

(3)职工劳动工资计划

劳动工资计划规定了职工工资总额和平均工资水平。工资总额是编制成本计划的重要依据。

(4)建筑安装工程成本计划

成本计划应考虑技术组织措施中的施工方法、新技术的采用、劳动生产率的提高,原材料、燃料消耗的节约措施进行编制。成本计划不是消极地反映它们的活动,而是积极地给它们影响,促使它们更加合理,使企业管理水平不断提高,更经济地完成生产任务。

(5)建筑安装工程附业生产计划

附业生产计划是施工部门各个工程附业生产单位的计划。工程附业生产是直接为基本建设服务的,所以,工程附业生产计划必须根据施工计划来编制,以保证施工正常进行。

(6)施工机械申请计划

施工机械申请计划根据年(季)度计划中的工程项目、施工方法和工期的要求进行编制。含需要各种施工机械的总数量、自有施工机械数量、计划申请施工机械数量、要求提供施工机械的日期及使用期限等,便于上级主管部门作综合平衡和及时提供所需的机械。

(7)施工机械设备修理计划

施工机械设备修理计划规定着计划期内机械设备修理的种类(如大修、中修、小修等)、期限、工作量以及备品配件的制造任务等。其目的是使各施工单位所有的机械设备经常处于良好状态,正常运转,并能充分发挥效能,以保证施工顺利进行。

施工机械设备大修计划,应分别列出哪些是自行修理的,哪些是送外单位修理的。

(8)年(季)度主要物资计划

它规定着施工单位所需要的各种原料、材料、燃料、动力以及设备、工具、器具等的数量和各种物资的储备量。它是根据施工计划、工程附业辅助生产计划、机械设备修理计划等进行编制的,是完成施工计划的一项基本保证。同时,物资计划的指标,是计算企业的物资运输量、成本和流动资金需要量的重要依据之一。

(9)技术组织措施计划

技术组织措施计划包括各施工单位在计划年度内改进技术和改进组织的各项措施,规定了这些措施有关的项目、进度、预期的经济效果,以及负责实现这些措施的单位和人员等。编技术组织措施计划的目的是通过各种改进技术和组织措施,克服生产中的薄弱环节,提高工程和产品质量,增加数量,安全生产,提高劳动生产率,降低成本,以保证全面完成和超额 完成生产计划。

除上述几种主要计划外,还有运输计划、财务计划等。运输计划包括物资的运输方式(如火车、汽车、船只运输等)、品种、数量、运输地点、起运时间、运到时间等。运输计划主要根据施工计划、物资供应计划来确定。

财务计划包括计划年度财务收支表、流动资金计划及利润计划等。它是以货币形式反映的各施工单位全部经营活动的动态和成本的计划。它是建立在其他各种计划的基础上的同时,它又反过来积极地影响其他计划的编制。

3. 作业计划

施工技术财务计划,只规定年(季)度各施工单位应当完成的任务,并没有规定每个工程队、班组和工人的任务,也没有规定每月、每旬、每日应该进行的工作。这些问题是通过编制作业计划来解决的。作业计划是每个单位年(季)度计划的具体执行计划。

每一个单位各方面的工作活动,都要编制作业计划。如物资供应计划中的月度采购和收发材料计划;财务计划中的月度收支计划等。但最主要的是施工计划完成的工程项目、数量、进度、地点等用表格的形式反映出来。

(三)施工计划的编制与执行

1. 年度施工计划一般采用“两上两下”的编制程序，即：

(1)由上而下部署年度计划编制工作，由工程承建公司结合施工组织设计，现有劳力、施工定额、材料消耗定额和现场具体情况以及控制指标和各项工程进度要求向上一级报告年度计划的编制。

(2)由上而下编制计划建议，工程承包公司接到上级的建议计划后，组织审查平衡，汇编本级公司的年度施工计划。

(3)由上而下下达年度计划，即公司一级汇编后的年度计划，分处下达。

(4)由下而上编制的正式计划，即各施工基层单位据以编制自己的正式施工年度计划，上报并据以执行。

年度施工计划是施工计划中最主要的一个计划，一经批准，原则上不再变更。在执行过程中，针对各季情况确保完成特定的内容和要求(如铺轨必须到达的指定地段，哪些工程项目的关键进度必须保证等)。为了保证年度计划的严肃性，因此在一年的施工过程中，出现一些动员要求，如一季度要首季开门红，二季度要实现双过半(时间过半，任务完成一半)，三季度要夺高产，四季度要搞决战胜利完成年度计划，就是这个道理。

2. 季度施工计划，是保证完成年度计划的阶段计划，也是编制月度施工计划的依据。季度内工程实际进度更有现实依据，一般由施工基层建议报工程公司，经公司综合平衡后下达，作为正式计划。

3. 月度施工计划，工程承包公司根据实际掌握的各项工程进度的发展情况和潜力，提出月度计划的轮廓安排，施工单位核备后编制正式月计划下达到工程作业队。

4. 旬日作业计划，是工程作业队和班组确保月计划完成的行动计划，由工程队队长，主管技术员、领工员、调度员等责任人把全队的月计划分批下达到班组。旬日作业计划以工程数目数量、进度，应该使用的工天和施工方法为主要内容，用分旬、分日的表格式或横道图(或称条形图)显示以利班组分旬按日进行对比检查和执行。

上述各分期施工计划都有规定格式，在编制时填报。

计划是反映施工任务要求的，实现计划就要依靠施工单位全体职工的努力，因此计划要和广大职工见面，讲明形势，交代任务，指出完成计划的关键问题，使每个职能部门，各级施工单位及个人都能明确自己的任务，有具体奋斗目标，并组织职工讨论，提出实现计划的具体措施，使实现计划具有广泛的群众基础，在实施计划中要开展劳动竞赛，以发挥广大职工的积极性和主动性。

检查计划执行情况，按时进行有日常检查与定期检查，日常检查主要是班组，当日将“三笔账”及时向班组全体人员公布，应该做到当日“收方”，当日核算，当日公布。工程调度工作也要经常对计划执行情况进行检查。

## 第二节　质量管理

### 一、概　　述

(一)质量的概念

1. 工程质量

质量的定义是：“反映实体满足明确和隐含需要的能力的特性总和”。“明确需要”是指在合同环境中，用户明确提出的要求或需要。通常是通过合同及标准、规范、图纸、技术文件做出明文规定，由供方保证实现。“隐含需要”一般是指非合同环境（即市场环境）中，用户未提出或未提出明确要求，而由生产企业通过市场调研进行识别与探明的要求或需要。这是用户或社会对产品服务的“期望”，也就是人们所公认的，不言而喻的那些“需要”。“特性”是指实体所特有的性质，它反映了实体满足需要的能力。

所谓工程质量是指包括建筑工程产品实体和服务这两类特殊产品的质量。建筑工程实体为一种综合加工的产品，它的质量是指建筑工程产品适合做某种规定的用途，满足人们要求其所具备的质量特性的程度。工程实体质量特性除了有一般产品所共有的特性外，还有其特殊性，可以概括为五个方面：

(1)适用性，即工程适合使用的性能。它反映工程内在质量（如强度、稳定性等）和外观质量（如宽度、厚度、平整等）。

(2)寿命，主要指工程或产品能使用的期限。

(3)可靠性，主要指工程或产品在使用时的耐用程度。

(4)安全性，主要指工程或产品在使用期内对人身及环境有无危害。

(5)经济性，主要指效率高、成本低、养护费少。

产品质量特性的定性和定量可以分为两种情况，一种是可以直接定性、定量的，如强度、厚度等，均可用测试仪器、工具来直接测定；另一种是需要间接定性、定量的，如舒适美观等，只能用目测、手感、体验等来确定，或者用测定其某些个特性来间接确定。

“服务”是一种无形的产品。服务质量是指企业在推销前、销售时及销售后服务过程中，满足用户要求的程度。其质量特性因服务业内不同行业而异，结合建筑工程项目的特点，其服务质量同样是工程项目质量中的主要因素之一。如在 ISO 9004－2《质量管理和质量体系要素——指南》中，将建筑设计、工程、建筑维修等均列入“可采用此国际标准的服务行业”。建筑业的服务质量既可以是定量的，也可以是定性的，如施工工期、现场容貌、监理和其他施工单位之间的协作配合、工程竣工后的保修等。

2. 工作质量

它是指参与工程的建设者，为了保证工程的质量所从事工作的水平和完善程度。包括：社会工作质量如社会调查、市场调查、质量回访等，生产过程工作质量如政治思想工作质量、管理工作质量、技术工作质量和后勤工作质量等。工程质量的好坏是建筑工程形成过程的各方面各环节工作质量的综合反映，而不是单纯靠质量检验检查出来的。

3. 工程(产品)质量与工作质量之间的关系

二者之间既有区别，又有联系。在生产中废品率高，说明生产过程的经营、管理、操作、技术、设备等水平低，但这并不说明“合格品”的质量差；另外，当质量标准提高了，可能产品合格率要相对降低些，即废品率高了，但决不说明合格品质量低。因此，工程（产品）质量和工作质量是两个不同的概念，但二者又有密切的联系。工程（产品）质量在一定程度上是工作质量的反映，而工作质量又是工程（产品）质量的保证。

从某种意义上说，在质量管理中，既要改进产品质量，又要抓好工作质量，而且要把重点放在抓工作质量上。

4. 工程(产品)质量的形成过程

工程质量形成于生产过程的全过程，一般可概括为勘察过程、设计过程、施工过程、辅助生产过程和使用过程等五个过程。五个过程之间的相互关系和各自在保证工程质量方面的作用,如图 12-1 所示。

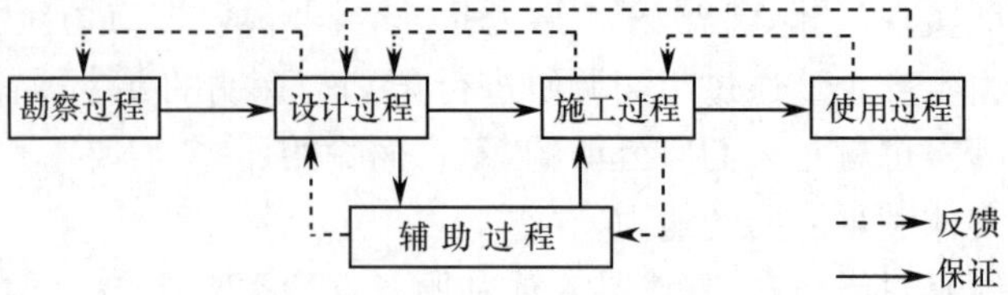


图 12-1　工程质量形成过程的关系

(二)质量管理的发展

在人类生产领域,数量和质量的概念几乎是同时存在的。但作为一个新兴科学概念的质量管理学科,则是由现代科学技术发展和管理科学化、现代化而形成的。发达国家的企业为在竞争中求生存,不断采用新的科学化的质量管理手段来改进产品质量,同时也逐渐健全了质量管理体系本身。自 20 世纪初以来,质量管理大体上经历了质量检查管理、统计质量管理和全面质量管理三个阶段。

1. 质量检查管理阶段(20 世纪 20～40 年代)

1911 年美国泰勒发表的《科学管理原理》一书可以看作是质量检查管理阶段的理论基础。这一阶段的特点是由过去生产者个人管理,发展到设立专职人员和专业部门进行质量管理工作。在 20 世纪 20～30 年代开始形成的这种生产职能与检查职能相分离的制度,促进了生产专业化,提高生产率,同时也发挥了质量检查工作的监督作用,使质量管理科学前进了一大步。该阶段又称事后检查阶段。但这种单纯依靠事后检验的质量管理手段,从整体上来看,只是从产品中剔除废品,尚不能预防和控制产品生产过程中的质量问题。因此,它的管理效能有限。按现在的观点看,它只是质量检验从经验走向科学。

2. 统计质量管理阶段(简称 SQC)

1924 年,美国统计学家休哈特提出了"预防缺陷"的概念。他认为质量管理除了事后检查以外,还应做到事先预防。因此,他创造了统计质量控制图等一套质量事故的理论。把统计方法引入质量管理领域使检验成本降低。但由于当时不为人们所充分认识和理解,故未得到真正执行。

到了 20 世纪 40～50 年代,以休哈特、道奇和罗米格为代表的美国统计学家,采用休哈特的"预防缺陷"理论,对二次世界大战初期,美国很多军用品生产出现大量废品的难题进行研究,制定了"战时质量管理法",用行政干预手段全面推广,取得了良好效果。其方法是采用数理统计手段,分析生产过程中可能影响产品质量的因素和环节,采用积极预防检查的方法,把质量管理事后把关发展为先行预防控制,使质量管理又上了一个台阶。

但是,这阶段过分强调数理统计,忽视了广大生产和管理工作人员的作用,以致产生迷信统计方法,使统计质量管理方法走上极端的倾向。实际上,统计方法只是一种工具,只能发现问题,并不能代替管理技术。

3. 全面质量管理阶段

到了 20 世纪 60 年代以后,随着生产的发展、科学技术的进步,经济上的竞争也日趋激烈。特别是一大批高安全性、高可靠性、高科技和高价值的技术密集型产品和大型复杂产品的质量在很大程度上依靠对各种影响质量的因素加以控制,才能达到设计标准和要求。人们对控制质量的认识有了升华,意识到单纯靠统计检验手段已不能满足要求,大规模的工业化生产,质量保证除了与设备、工艺、材料、环境等因素有关外，与职工的思想意识、技术素质，企业的生产技术管理等息息相关。因而，美国费根堡和朱兰等人又提出了新的质量管理理论——全面质量管理(Total Quality Control，简称 TQC)。所谓全面质量管理是指企业上上下下全体人员以产品质量为核心，把专业技术、管理技术和数理统计综合起来，建立起一整套科学的、严密的、高效的质量保证体系，控制生产全过程中影响质量的各种因素，以优质的工作，最经济的手段，生产出满足用户要求的产品的一系列活动。概括地说，全面质量管理就是企业全体人员参与的，对产品生产全过程进行全面系统的控制和管理。

(三)工程质量管理的重要性

随着改革开放的不断深入和发展，我国的建筑工程质量和服务质量的总体水平不断提高。质量管理工作已经越来越为人们所重视，企业领导清醒地认识到高质量的产品和服务是市场竞争的有效手段，是争取用户、占领市场和发展企业的根本保证。但是与国民经济发展水平和国际水平相比，我国的质量水平仍有很大差距。国际标准化组织(ISO)于 1987 年发布了通用的 ISO 9000《质量管理和质量保证》系列标准，并得到了国际社会和国际组织的认可和采用，该系列标准在 1994 年第一次技术性修订为 ISO9000：1994 版。ISO9000 族标准在 2000 年进行了重大更新，发布了 2000 版 ISO9000 族标准，这一版本对原有的标准进行了显著的改进和更新。该系列标准已成为世界各国共同遵守的工作规范。因此，从发展战略的高度来认识质量问题，质量已关系到国家的命运、民族的未来，质量管理的水平已关系到行业的兴衰、企业的命运、民族的未来，质量管理的水平已关系到行业的兴衰、企业的命运。

作为建设工程产品的工程项目，投资和耗费的人工、材料、能源都相当大，投资者付出巨大的投资，要求获得理想的、满足适用要求的工程产品，以期在预定时间内能发挥作用，为社会经济建设和物质文化生活需要作出贡献。如果工程质量差，不但不能发挥应有效用，而且因质量、安全等问题影响国计民生和社会环境的安全。

建筑施工项目质量的优劣，不但关系到工程的适用性，而且还关系到人民生命财产的安全和社会安定。因为施工质量低劣，造成工程质量事故或潜伏隐患，其后果是不堪设想；所以在工程建设过程中，加强质量管理，确保国家和人民生命财产安全是施工项目管理的头等大事。

工程质量的优劣，直接影响国家经济建设的速度。工程质量差本身就是最大的浪费，低劣的质量一方面需要大幅度增加返修、加固、补强等人工、器材、能源的消耗，另一方面还给用户增加使用过程中的维修、改造费用。同时，低劣的质量必然缩短工程的使用寿命，使用户遭受经济损失。此外，质量低劣还会带来其他的间接损失(如停工、降低使用功能、减产等)，给用户造成浪费，损失将会更大。因此，质量问题直接影响着我国经济建设的速度。对建筑施工项目经理来说，把质量管理放在头等重要的位置是刻不容缓的。

(四)质量管理的任务和要求

建筑工程的造价大，使用年限长，有多种功能要求。因此，它的质量必须具有适用、坚固、经济、美观等要求，就是要性能好、寿命长、安全可靠、造价便宜、式样美观，经得起长期使用的考验。

质量管理的基本任务是：贯彻“百年大计，质量第一和预防为主”的方针，严格执行施工验收规范、操作规程和质量检验评定标准，从各方面采取措施，预防和控制影响工程质量的各种因素，使工程质量符合设计要求，满足运营需要。

根据这个任务对质量管理的要求是：

1. 树立为用户服务的思想,要好中求多、求快、求省,始终把工程质量放在首位。

2. 把质量管理贯穿到企业管理工作的各个部门各个环节中去,以质量管理为中心,实行全面管理。

3. 加强质量管理各项基础工作,如试验工作、测量工作、质量情报工作、质量责任制、质量教育工作等。

4. 建立健全质量管理机构,并充分发挥其指导和监督作用。

建筑施工生产活动中必须把工程质量放在首位,但在生产活动中不能把生产和安全的要求对立起来,"生产安全"是党的一贯方针,安全为了更好地生产,而生产必须高度注意安全。为了保证工程质量和安全生产,各级施工单位都设置有内部监察机构和监察人员。如监察处、监察科、质量员、安全员等,就是负责工程质量和生产安全的监察检查机构和人员。

## 二、全面质量管理

### (一)全面质量管理的基本观点

1. 全面对待质量的观点

旧的质量观点,只是从产品本身的质量特性来认识质量问题,是一种狭义的质量观。全面对待质量就是要求从广义的质量概念出发,除看产品本身的质量外,还特别重视成品质量、技术服务质量、工期(工时)质量以及各部门、各个环节的工作质量,把产品质量建立在企业各个环节的工作质量的基础上,用高效能的工作质量来保证产品质量,这是新的科学质量观。

2."为用户服务"的观点

"用户"二字,顾名思义,是指接受和使用产品(工程)的单位或个人。在企业内部,凡是接收上道工序的产品(工程)进行再施工制作的下道工序就是上道工序的用户。

"为用户服务""下一道工序就是用户",是全面质量管理的一个基本观点,体现在施工质量上的高标准和工作质量上的严格要求。工程质量必须达到企业规定的质量标准,企业标准只能高于而不能低于部颁标准和国家标准,在每一道工序中都要做到凡是本工序的质量问题,一定要在本工序内发现和解决,不给下道工序留麻烦。要把用户和下道工序的要求尽快地搜集和反映到本工序上来,加以认真研究解决,不断提高工作质量,改进操作规程、修订质量标准,以保证和提高工作质量,做到用户满意。

3. 预防为主的观点

工程质量是设计和施工出来的而不是检查出来的。在工程的整个施工过程中。各个分部分项工程的质量都要随时受到操作者、施工机具、原材料、施工工艺、检测手段和施工环境等因素的影响,只要其中某个因素发生变化,工程质量都会随之波动,都会出现程度不同的质量问题。因此在竣工检查把住质量关还只是一种被动的事后把关,很难预防质量不佳和某些不合格工程的发生。

从"预防为主"进行质量控制是全面质量管理的一个很重要的观点。要实现这一点,必须运用科学手段对整个施工过程的各道工序、每个环节都要进行预防性的质量控制。

4. 实行"三全"管理的观点

全面质量管理最明显的标志是突出了"全面"二字,还有所谓"三全管理"就是指全过程、全企业和全员的管理。这是三个全面质量管理的重要特征。

(1)全过程的管理

任何产品质量都是经过从设计到生产出成品的全过程形成的。如道路工程质量,是经过勘察设计、现场施工、竣工验收等几个阶段形成的,要提高道路质量,就不能限于施工的一个阶段的管理,而必须从勘察到施工的各个环节实行全过程的质量管理。

(2)全企业的管理

在工程质量形成的总过程中,施工起着极其重要的作用。为了达到按质、按量、按期完成全优工程,企业必须把工程质量管理工作深入到整个施工过程中,对企业各方面的工作都进行质量管理。要完成这样一个综合任务,绝不单纯是技术部门和质量检验部门独自能够承担的。必须在企业领导的主持下,由企业各部门参加,共同对产品质量做出保证,实行全企业的管理。

(3)全员的管理

工程质量是企业各方面工作质量的集中反映,企业各部门,各个岗位所有人员的工作质量都对工程质量有所影响。质量管理必须动员和组织企业全体人员都来参加,人人"从我做起",特别要强调工人班组参加,成立质量管理小组(QC 小组),坚持自检、互检和质量管理小组活动,使质量管理落实到基层,落实到人头上。这是搞好全面质量管理的群众基础。

5. 用数据说话的观点

数据是科学管理的依据。进行全面质量管理,必须依靠能够确切反映客观实际的数字和资料。全面质量管理需要运用数理统计方法,把施工过程中搜集的大量数据进行科学地分析和整理,从而研究工程质量的波动情况,找出影响工程质量的主次原因,采取保证质量的有效措施,才能达到保证和提高工程质量的目的。没有数据或数据不正确,甚至使用假数据,质量管理就无从谈起,有了数据,不对数据进行认真分析、研究和利用,也是缺乏用数据说话的观点的表现。搜集数据要明确目的性、可靠性和使用价值,要坚持实事求是的严肃的科学态度,决不能用"可能、大概、差不多"之类的语言来表述质量问题。对编造假数据的,一定要查明情况,严肃处理。

6. 文明施工的观点

尊重科学规律,按工程建设程序和施工程序办事,是开展全面质量管理、保证和提高工程质量的前提,实现文明施工的基本条件是:

(1)要有整套经过技术会审的设计图纸;

(2)要有经过审批的施工组织设计或施工方案;

(3)要有经过综合平衡的施工作业计划,避免突击性的大会战,保持良好的施工秩序;

(4)要有健全的施工指挥系统和岗位责任制,要有明确的技术操作规程;

(5)要实行生产计划、技术、质量、安全交底,并以正式下达的施工任务书为依据;

(6)要有原材料、半成品及构件质量检验证明手续,不合格的坚决不使用;

(7)要有工序量交接制度;

(8)要准确地按施工现场平面图安置现场,保持现场整洁;

(9)施工现场消防设施和冬、雨期施工技术措施完备;

(10)认真做好工程成品的保护工作,避免乱撞乱碰。

由于施工对象的规模、用途、时间、地点各不相同,不同工程的做法不能强求一致,各地应因地制宜有所侧重。

施工企业的建设项目从规划、设计图纸变为工程实体,形成最终产品,对质量问题负有不可推卸的直接责任。但是从整体全局来看,也决不能把所有工程质量问题都看成由施工企业造成。必须实事求是地分清规划、勘察、设计和施工各方面应负的责任,对症下药,才能从根本上保证工程质量。

(二)全面质量管理的基础工作

要建立一个完整的全面质量管理体系,必须做好以下基础工作:

1. 质量观念教育工作

全面质量管理是以人为中心的管理,人的质量观念比什么都重要。人的质量意识决定了工作质量,工作质量又决定了工序质量,并最终决定产品工程质量。需要重视对全面质管理的普及、宣传、教育工作。

质量教育要针对不同的对象选择不同内容,要随着不同时期、不同任务、不同客观条件而变化,要坚持对领导层的教育、中心骨干层的教育和基层质量控制 QC(quality control)小组的教育相结合的全员教育,并形成教育和考核制度。

随着生产技术的发展,业务技术培训也是保证产品质量的一项重要工作。

2. 推行全面质量管理的标准化

全面质量管理的标准化是个广义概念,不同于一般产品的标准化,它包括技术标准与管理标准两大类。技术标准有:产品(包括材料、半成品、工具设备等)质量和规格的系列化标准、工艺规程、操作方法、检验技术等标准。管理标准有:各种规章制度、工作守则、经济定额、机械编制、信息传递、报表等。

全面质量管理中的标准化具有更积极的含义,是随 PDCA(plan do check action)不断地循环、螺旋式上升的过程,每完成一个循环,标准化水平就提高一步,是一种动态发展的标准化过程。

标准化是使企业处于稳定管理状态,是使生产过程处于控制状态的基础。但质量管理标准要科学、合理、实用,尽量简化,要根据质量由低向高的前进过程进行定期修改。

3. 实现检查工作计量化

产品质量检查是通过计量工作所提供的技术数据来实现的。没有准确的计量数据,就根本谈不上正确执行质量标准。只有搞好计量工作,才能正确评价工程质量或质量达到的技术标准程度。搞好计量工作,主要是要将各种施工生产中所需要的量具配备齐全,制定科学的计量方法,采用先进的计量手段,提高计量工作效率。

4. 做好质量信息工作

搞好质量管理必须及时掌握大量准确而又齐全的第一手资料,包括工程施工过程中各个环节的质量信息、用户意见反馈以及国内外同行的有关质量信息。这些信息可以帮助企业各职能部门和各级领导了解自身的质量问题,及时有效地采取改进措施。质量信息工作除必须做到系统、全面、准确和及时获取外,还必须对信息进行科学管理,建立必要的质量卡片和档案,这样才能在质量管理中发挥巨大的作用。

5. 建立质量管理小组

建立质量控制 QC 小组是实现全员质量管理的重要手段。为此可在施工企业按专业工段或施工班组建立 QC 小组,经常性地针对所参加的工程项目或工序操作中存在的质量问题开展攻关研究,提出改进措施和建议。企业必须为攻关活动提供条件,组织竞赛和经验交流,奖励成果突出者。

### (三)全面质量管理的质量保证体系

从前面所述的建筑工程产品质量的五个形成过程(图 12-1)可以看出,每一个过程都会对工程质量发生影响。各个过程的相互作用及其配合,即质量保证和质量反馈得是否合理,往往对工程质量有很大的影响。

质量保证,就是说前一过程应做好本过程的质量保证,并对下一过程的质量要求进行交底,以对下一过程的质量保证起到预防、控制作用。

质量反馈,简单讲就是质量形成过程的逆过程,即发现上一过程存在的质量问题或保证不了上一过程对本工程质量要求时,必须向有关部门反映真实情况,以取得妥善处理。

然而,我们工程质量不稳定的一个重要原因,就是忽视了和各个环节联接上的管理工作。因此,必须建立一个保证和提高工程质量的工作系统,通过必要的制度、手段和方法,把工程建设从勘察、设计、辅助、施工、使用等影响工程质量的一切因素控制起来,使质量管理工作贯穿于工程建设的全过程(不能再按"分兵把口"来管理)。其内容包括:

1. 勘察过程的质量管理

工程勘察勘测是一个设计过程和收集资料的过程。勘察质量是保证工程质量的起点。

2. 设计过程的质量管理

工程质量满足使用要求的程度,主要决定于设计过程。所以设计质量是工程质量的决定因素,设计过程如果存在问题,就会造成"先天不足、后患无穷"。

3. 辅助过程的质量管理

辅助过程的质量管理包括辅助生产、施工服务过程的质量管理工作。即工程上所用的原材料、半成品、设备、施工机具等物资供应,以至动力供应等等的质量管理。施工过程中的很多质量问题,都直接同这些部门的工作质量有关。因此,在全面质量管理系统中,辅助过程的质量管理具有相当重要的地位,不可忽视。

4. 施工过程的质量管理

它是全面质量管理的中心环节,直接影响工程实体的质量状况。在这个过程不仅要组织检验,发挥"把关"作用,而且要通过质量控制,采取预防措施,以确保质量。

5. 使用过程的质量管理

工程的使用过程是考验工程质量的过程。在这个过程,一方面,工程运维管理部门要精心养护,保证工程的养护质量;另一方面,施工单位、设计单位要通过回访收集使用单位对设计和施工方面意见,以利今后改进设计和施工的质量。

### (四)全面质量管理的四个阶段八个步骤

全面质量管理活动可归纳为四个阶段:计划(Plan)→实施(Do)→检查(Check)→处理(Action)。这四个阶段形成一个循环,称为 PDCA 循环,它由美国统计学家戴明(W. E. Deming)提出,所以也称戴明循环。

第一阶段:计划阶段,也称 P 阶段,工作内容是制定计划、研究问题、找出原因、拟定对策和措施。

第二阶段:实施阶段,也称 D 阶段,工作内容是按计划不走样地去实施执行。

第三阶段:检查阶段,也称 C 阶段,就是对执行结果做必要的检查,找出存在问题,肯定成功经验。

第四阶段:处理阶段,也称 A 阶段,把经过实施检查之后的各种问题逐一处理,正确地加以肯定,总结成绩,编制标准;不能解决的问题也加以总结,移到下一次循环,以备进一步研究。

PDCA 循环是一个科学管理方法的形象比喻,它好像一个前进的车轮,不停地向前运转。通过"计划—实施—检查—处理"四个阶段周而复始地转动,就可以使企业的生产活动以及各个方面的质量管理工作不断地得到提高。一方面,它是一个大环套小环,一环扣一环的复合循环结构,假如大环以施工队为单位,中环就类似车间或施工段,小环就类似工地班组,通过层层环套,实现了全员、全企业、全过程的管理,它的结构和运作如图 12-2 所示;另一方面,它是不断前进、不断提高的运动过程,就像爬楼梯,一个运转终了,就会使生产工作提高一步,然后制定下一个循环,再转动,再提高,如图 12-3 所示。

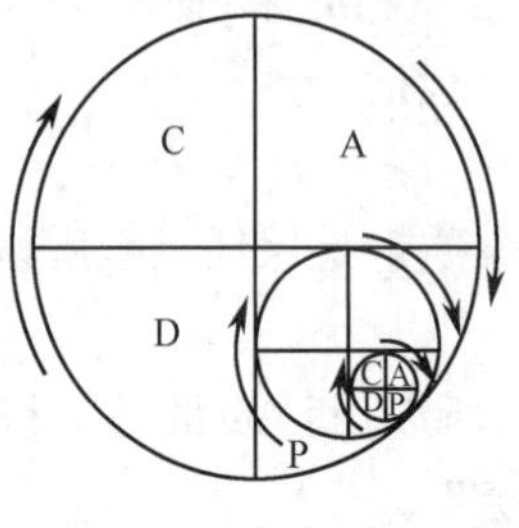


图 12-2 大循环套小循环

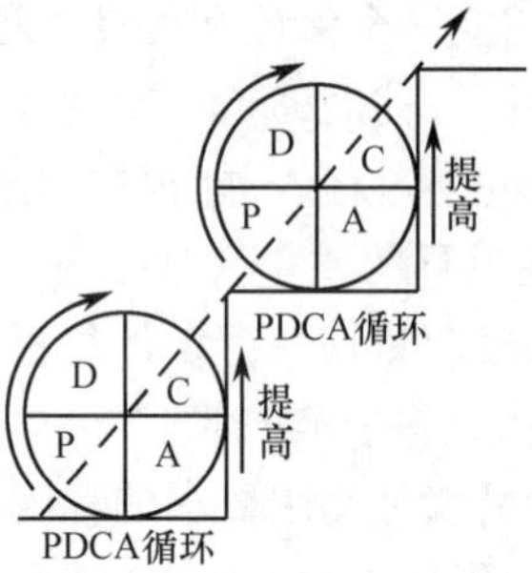


图 12-3 爬楼梯

为了解决和改进质量管理过程中出现的工作质量和工程质量问题,按照 PDCA 作法,可进一步将四阶段分为八个步骤。

第一步:分析现状,找出存在的质量问题。

第二步:分析产生质量问题的各种原因和影响因素。

第三步:抓住主要矛盾,找出影响质量的主要因素。

第四步:针对主要影响因素制定措施。

以上四步是计划阶段的工作内容。

第五步:即实施阶段,执行措施。

第六步:即检查阶段,检查计划措施实施后的效果。

第七步:总结经验,巩固措施,制定标准,形成制度。

第八步:提出实施中发现的新问题或尚未解决的质量问题,转入下一个 PDCA 循环中。

七、八两步是处理阶段的工作内容。

在 PDCA 循环中,处理阶段是关键,重点在于制定标准,其中包括制定技术标准和管理标准。没有这些标准,就不可能使整个 PDCA 循环在新的基础上继续转动,质量也就不会再提高。

在运用 PDCA 循环时,应注意以下几个问题:

(1)一定要按顺序形成一个循环,不断地让它运转起来,如图 12-3 所示。

(2)整个企业是一个大循环,各级、各部门管理都有各自的 PDCA 循环,依次又有更小的 PDCA 循环,直至每个人。通过大循环套小循环,大小一起转,一层一层地解决问题(图 12-2)。

(3)四个阶段要周而复始,而每一次 PDCA 循环,到达 A 阶段都要及时总结,提出新的内容与目标,再进入第二次循环。即循环一次,改善一次,提高一步,如同爬楼梯一样(图 12-3)。

(4)在计划阶段 P 必须明确以下几个方面:

①必要性(why)——为什么要有计划;

②目的(what)——计划要达到什么目的;

③地点(where)——计划要落实到哪些部门;

④期限(when)——计划什么时候完成;

⑤承担者(who)——计划具体由谁来执行;

⑥方法(how)——如何执行计划。

(5)循环的关键在于 A(处理)阶段。"处理"就是总结经验、肯定成绩、纠正错误。对成绩要加以"标准化""制度化",对错误要采取纠正措施,避免再犯。

(五)全面质量管理常用的统计方法

一般有排列图法、因果分析图法、分类法、直方图法、控制图法、散布图法和统计分析表法等七种。而工程质量统计分析常用的有下列两种:

1. 排列图法(图 12-4)

排列图法又称主次因素图,是由意大利经济学家巴雷特(Pareto)首创,所以也称为巴雷特图。它找出影响产品质量的主要因素的一种有效方法。它是对影响质量的众多项目按影响强度(出现频次)的主次排列成的楼梯形直方图,用以形象地展示主次因素,并从中找到关键项目的一种方法,以确定从哪里入手解决质量问题收效最大。因而简明易懂,形象具体,而成为一种常用的质量管理统计方法。

排列图的做法:

(1)将造成质量不良的因素进行分类。

(2)按影响大小(重复出现次数的多少)从大到小排列在横坐标轴上,以纵坐标表示频数或百分数(即频率)得频数直方图。

(3)用曲线将标出的累计频数值连接起来,这样获得的坐标图即为排列图。

排列图常用于质量管理中寻找薄弱环节、生产质量通病等影响质量的主要因素。此外,还可以用于其他管理工作,尤其适用于那种千头万绪、错综复杂的情况下寻找主要矛盾的第一步工作。排列图的习惯用法,通常把累计百分数分为三类:

①累计 0~80%为 A 类,是主要因素,即累计有 80%以下的那几个因素,这是质量管理的工作的重点;

②累计 80%~90%为 B 类,是次主要因素;

③累计 90%~100%为 C 类,是次要因素。

2. 因果分析图法(图 12-5)

因果分析图法又称特性因素图、鱼刺图或树枝图,是分析影响产品质量的具体原因的有效方法。它针对所要解决的质量问题,分析质量问题产生的原因,从大到小,从粗到细,寻根究底,并以箭线表示各种原因,然后进行分析研究,采取具体措施解决这个质量问题。该方法的特点是在对主要原因的分析时,可以与经验和调查相结合,考虑得更为详细具体,更有利于针对性地进行调查研究和采取措施。

若能将排列图法和因果分析法结合起来使用,效果会更好。

3. 示例

某工程段所辖范围内出现质量缺陷涵洞 43 座,经分项工程检验评定统计见表 12-4。

**表 12-4　某工程段出现质量缺陷涵洞统计**

| 实测项目 | 容许偏差值 | 检查点(处件)偏差值 | | | 说明 |
|---|---|---|---|---|---|
| | | 出现质量缺陷涵洞座数 | 频率(%) | 累计频率(%) | |
| 一、浆砌片面 | | 43 | 42.5 | 42.5 | |
| 1. 灰缝 | 不大于4 cm错缝不小于8 cm | 16 | | | |
| 2. 镶面 | 平整/美观 | 13 | | | |
| 3. 内切圆 | $R\leqslant 7$ cm | 8 | | | |
| 4. 沉降缝 | 应垂直 | 6 | | | |
| 二、混凝土施工 | | 36 | 35.7 | 78.2 | |
| 5. 外观 | 光滑、平整 | 13 | | | |
| 6. 养护 | 不翻砂、无干裂 | 11 | | | |
| 7. 捣固 | 密实、无蜂窝、麻面、气泡 | 8 | | | |
| 8. 拌和 | 均匀、颜色一致 | 4 | | | |
| 三、模型 | | 13 | 12.9 | 91.1 | |
| 9. 盖板底垫纸 | 不允许 | 7 | | | |
| 10. 立模安装 | 不超标 | 4 | | | |
| 11. 漏浆跑模 | 不允许 | 2 | | | |
| 四、结构物尺寸 | | 9 | 8.9 | 100 | |
| 12. 涵长孔径标高 | 不超标 | 5 | | | |
| 13. 其他 | 不允许 | 4 | | | |
| 合　计 | | 101 | 100 | | |

注:一座涵洞出现一项,记录一项。

根据上述统计和分析,找出缺陷原因及有关影响因素,绘制出排列图和因果分析图,如图 12-4和图 12-5 所示。

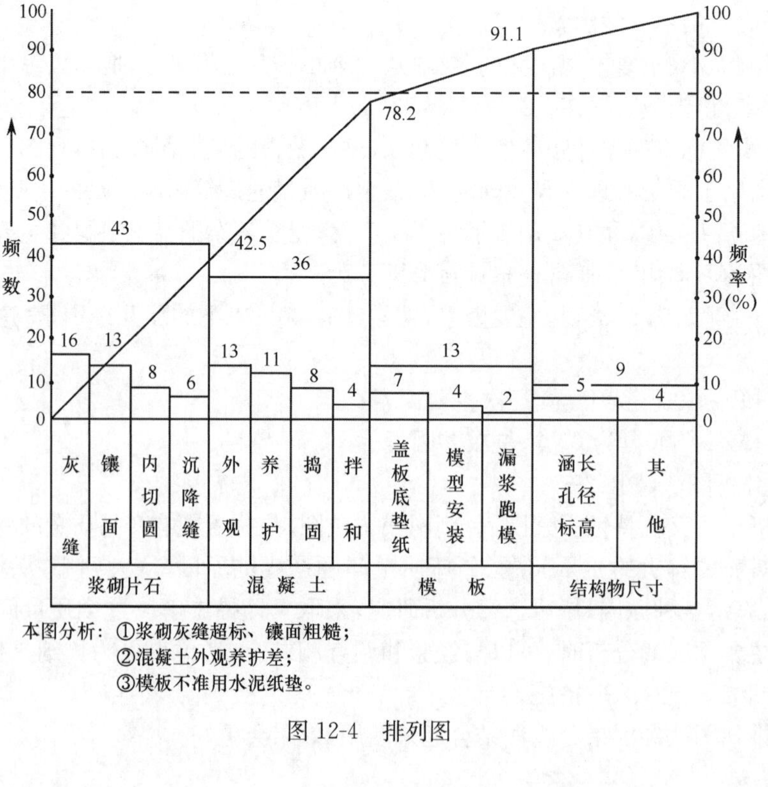


本图分析：①浆砌灰缝超标、镶面粗糙；
②混凝土外观养护差；
③模板不准用水泥纸垫。

图 12-4　排列图

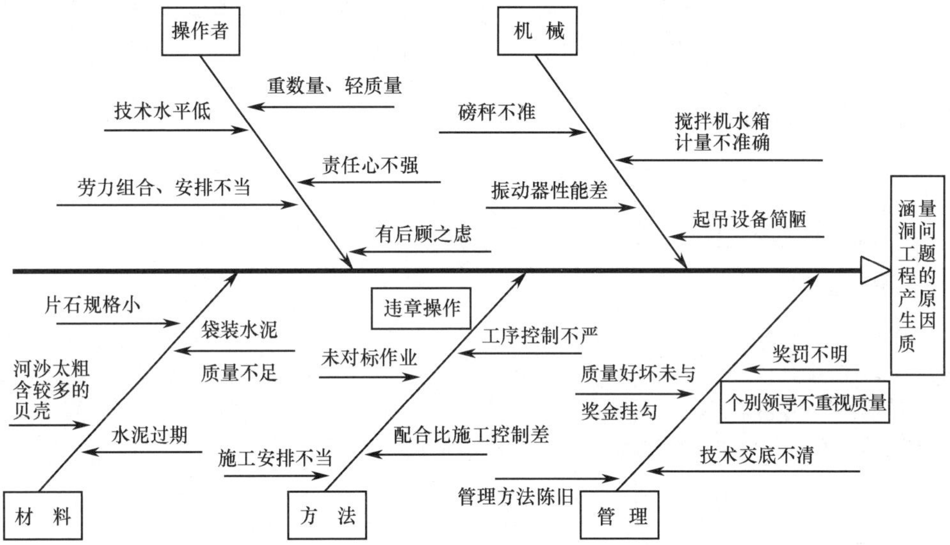


图 12-5　因果分析图

## 三、建筑施工企业质量体系

### (一)质量体系的概念

根据前面所述,“质量体系”的定义是:为实施质量管理的组织结构、职责、程序、过程和资源。则对建筑施工企业质量体系可以从以下几点加以理解:

1. 企业为了实施质量管理,实现企业质量目标,必须建立健全质量体系。

2. 质量体系包含一套专门的组织机构,具有保证质量、工期、服务的人力与物力。明确有关部门的职责和权力,以及完成任务的程序和活动,质量体系是一个组织落实、职责明确、有物资保障、有具体工作内容的有机整体。

3. 一个企业在一般情况下,质量体系只有一个,但对于大型建筑施工企业,由于建设工程施工需要,下属多个独立的专业施工单位(形成了多个小的施工企业),那么除大型施工企业实施总的质量控制和管理,建立和形成质量体系外,其下属的多个专业施工单位,也可建立各自的质量体系,实施有效的质量管理,实现各自的质量目标。

由于建筑施工企业通过建筑安装工程招投标取得任务,签订合同后,由政府派出的监督站,社会监理公司作为第三方,对企业提出外部质量保证的要求,企业处于合同环境。特别是国际工程项目,投资者(需方)和监理单位(第三方人)对外部质量保证都有要求。因而,建筑施工企业除按规定的技术要求施工外,还应当按规定的质量体系要素,建立和保持一个质量体系。

### (二)建筑施工企业建立质量体系的目的和基本原则

建筑施工企业的基本任务是向社会提供符合需求的工程产品和服务,满足人们对建筑安装工程的各种需求,增加社会效益和提高企业的经济效益。建立质量体系的目的是实现企业的基本任务,为了企业的生存和发展,从而提高企业的信誉,增强企业的活力,提高企业的竞争力。这既是“管理者推动”又是“受益者推动”。

建筑施工企业质量体系应按照以下基本原则建立:一是适应环境的原则;二是实现企业目

标的原则;三是适应建筑工程特点的原则;四是最低风险、最佳成本、最大利益的原则。而且该质量管理体系应符合系统性、预防性、积极性、适应性的特性。

## 四、施工项目质量控制

### (一)施工项目质量控制的特点和原则

1. 施工项目质量控制的特点

(1)影响质量的因素多;

(2)容易产生质量变异;

(3) 容易产生第一判断错误;

(4)质量检查不能解体、拆卸;

(5)质量要受投资、进度的制约。

2. 施工项目质量控制的原则

(1)坚持"质量第一,用户至上";

(2)"以人为核心";

(3)"以预防为主";

(4)坚持质量标准,严格检查,一切用数据说话;

(5)贯彻科学、公正、守法的职业规范。

### (二)施工项目质量控制过程和阶段

1. 施工项目质量控制过程

任何工程项目都是由分项工程、分部工程和单位工程所组成,而工程项目的建设,则是通过一道道工序来完成。所以,施工项目的质量控制是从工序质量到分项工程质量、分部工程质量、单位工程质量的系统控制过程(图 12-6);也是一个由对投入原材料的质量控制开始,直到完成工程质量检验为止的全过程的系统过程(图 12-7)。

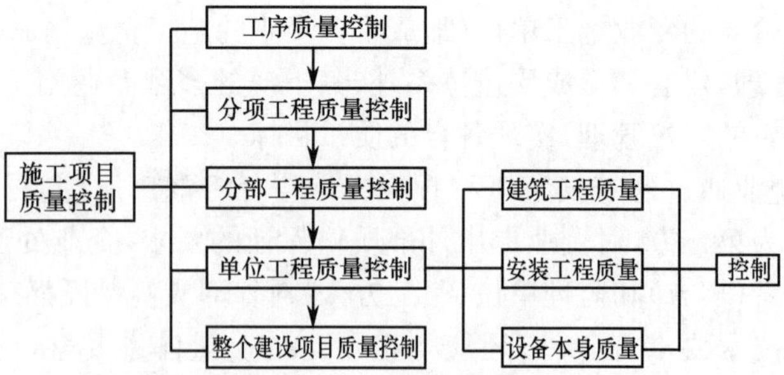


图 12-6　施工项目质量控制过程(一)

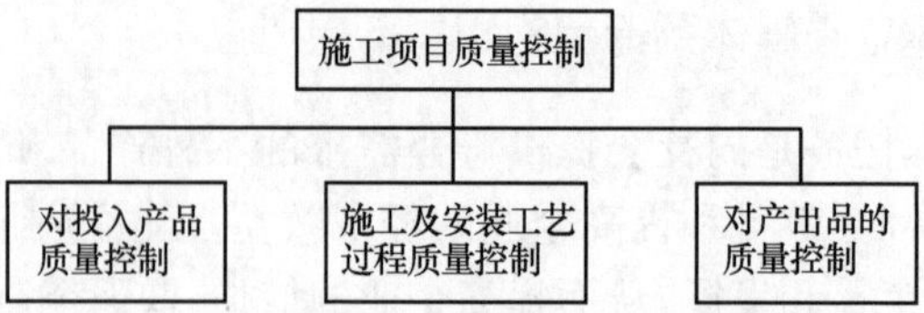


图 12-7　施工项目质量控制过程(二)

2. 施工项目质量控制阶段

为了加强对施工项目质量控制，明确各施工阶段质量控制的重点，可把施工项目质量分为事前控制、事中控制和事后控制三个阶段。

(1)事前质量控制

指在正式施工前进行的质量控制，其控制重点是做好施工准备工作，且施工准备工作要贯穿于施工全过程中。

①施工准备的范围。包括：一是以整个项目施工项目现场为对象而进行的全场性施工准备；二是以一个建筑物或构筑物为对象而进行的单位工程施工准备；三是以单位工程中的一个分项(部)工程或冬、雨期施工为对象而进行的分项(部)工程施工准备；四是在拟建项目开工前所进行的开工前的施工准备；五是拟建项目开工后，每个施工阶段开工前所进行的项目开工后的施工准备。

②施工准备的内容。包括：技术准备、物资准备、组织准备、施工现场准备等。

(2)事中质量控制

指在施工过程中进行的质量控制。事中质量控制的策略是：全面控制施工过程，重点控制工序质量。其具体措施是：工序交接有检查；质量预控有对策；施工项目有方案；技术措施有交底，图纸会审有记录；配制材料有试验；隐蔽工程有验收；计量器具校正有复核；设计变更有手续；钢筋代换有制度；质量处理有复查；成品保护有措施；行使质控有否决；质量文件有档案(凡是与质量有关的技术文件，如水准、坐标位置，测量、放线记录，沉降、变形观测记录，图纸会审记录，材料合格证明、试验报告，施工记录，隐蔽工程记录，设计变更记录，调试、试压运行记录，试车运转记录，竣工图等都要编目建档)。

(3)事后质量控制

指在完成施工过程形成产品的质量控制，其具体工作内容有：组织联动试车；准备竣工验收资料，组织自检和初步验收；按规定的质量评定标准和办法，对完成的分项、分部工程，单位工程进行质量评定；组织竣工验收。

### (三)施工项目质量因素的控制

影响施工项目质量的因素主要有五大方面，即 4M1E，指：人(Man)、材料(Material)、机械(Machine)、方法(Method)和环境(Environment)，如图 12-8 所示。事前对这五方面的因素严加控制，是保证施工项目质量的关键。

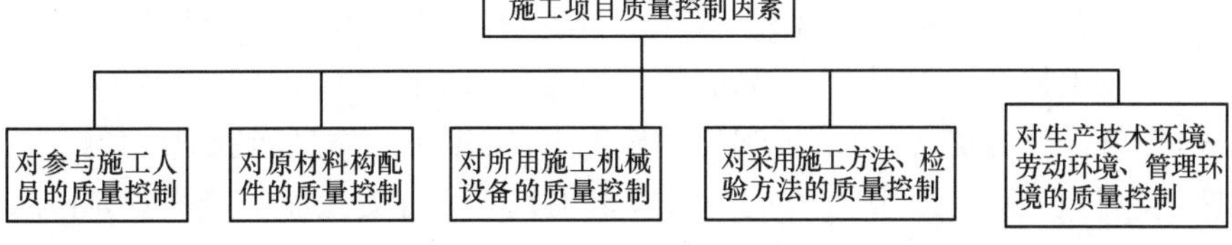


图 12-8　质量因素的控制

1. 人的控制

人，是指直接参与施工的组织者、指挥者和操作者。人，作为控制的对象。是要避免产生失误；作为控制的动力，是要充分调动人的积极性，发挥人的主导作用。为此，除了政治思想教育、劳动纪律教育、职业道德教育、专业技术培训,健全岗位责任制,改善劳动条件,公平合理地激励劳动热情以外,还需根据工程特点,从确保质量出发,在人的技术水平、人的生理缺陷、人的心理行为、人的错误行为等方面来控制人的使用。

此外,应严格禁止无技术资质的人员上岗操作;对不懂装懂、图省事、碰运行、有意违章的行为,必须及时制止。总之,在使用人的问题上,应从政治素质、思想素质、业务素质和身体素质等方面综合考虑,全面控制。

2. 材料的控制

材料控制包括原材料、成品、半成品、构配件等的控制,主要是严格检查验收,正确合理地使用,建立管理台账,进行收、发、储、运等各环节的技术管理,避免混料和将不合格的原材料使用到工程上。

3. 机械控制

机械控制包括施工机械设备、工具等控制。要根据不同工艺特点和技术要求,选用合适的机械设备,正确使用、管理和保养好机械设备。为此要健全"人机固定"制度、"操作证"制度、岗位责任制度、交接班制度、"技术保养"制度、"安全使用"制度、机械设备检查制度等,确保机械设备处于最佳使用状态。

4. 方法控制

这里所指的方法控制,包含施工方案、施工工艺、施工组织设计、施工技术措施等的控制,主要应结合工程实际、能解决施工难题、技术可行、经济合理,有利于保证质量、加快进度、降低成本。

5. 环境控制

影响工程质量的环境因素较多,有工程技术环境,如工程地质、水文、气象等;工程管理环境,如质量保证体系、质量管理制度等;劳动环境,如劳动组合、作业场所、工作面等。根据工程特点和具体条件,应对影响质量的环境因素,采取有效的措施严加控制。尤其是施工现场,应建立文明施工和文明生产的环境,保持材料工件堆放有序,道路畅通,工作场所清洁整齐,施工程序井井有条,为确保质量、安全创造良好条件。

### (四)施工项目质量控制的步骤和方法

施工项目质量控制的方法,主要是审核有关技术文件、报告和直接进行现场检查或必要的试验等。

1. 审核有关技术文件、报告或报表

主要有:有关技术资质证明文件;审核开工报告,并经现场核实;审核施工方案、施工组织设计和技术措施;审核有关材料、半成品的质量检验报告;审核反映工序质量动态的统计资料或控制图表;审核设计变更、修改图纸和技术核定书;审核有关质量问题的处理报告;审核有关应用新工艺、新材料、新技术、新结构的技术鉴定书;审核有关工序交接检查,分项、分部工程质量检查报告;审核并签署现场有关技术签证、文件等。

2. 现场质量检查

主要内容有:(1)开工前检查。其目的是检查是否具备开工条件,开工后能否连续正常施工,能否保证工程质量。(2)工序交接检查。即对于重要的工序或对工程质量有重大影响的工序,在自检、互检的基础上,还要组织专职人员进行工序交接检查。(3)隐蔽工程检查。凡是隐蔽工程均应检查认证后方能掩盖。(4)停工后复工前的检查。因处理质量问题或某种原因停工后需复工时,亦应经检查认可后方能复工。(5)分项、分部工程完工后,应经检查认可,签署验收记录后,才许进行下一工程项目施工。(6)成品保护检查。检查成品有无保护措施,或保护措施是否可靠。此外,还应经常深入现场,对施工操作质量进行巡视检查;必要时,还应进行跟班或追踪检查。

现场质量检查的方法有:目测法、实测法和试验法三种。(1)目测法。其手段可归纳为看、摸、敲、照四个字。(2)实测法。就是通过实测数据与施工规范及质量标准所规定的允许偏差对照,来判别质量是否合格。其手段也可归纳为靠、吊、量、套四个字。(3)试验检查法是指必须通过试验手段,才能对质量进行判断的检查方法。

## 复习思考题

12-1　计划管理的任务是什么?计划管理的基本原则有哪些?

12-2　建筑企业计划管理如何分类?生产技术财务计划按计划期如何分类?

12-3　简述计划的编制程序。

12-4　什么是计划指标?计划指标如何分类?什么是数量指标?什么是质量指标?什么是指标体系?

12-5　建筑施工企业计划的基础工作主要有哪些?

12-6　施工计划的内容主要包括哪些?其编制程序如何?

12-7　什么是质量?什么是工程质量?工程实体质量特性与一般产品质量特性比较有哪些特殊性?

12-8　什么是工作质量?它包括哪些方面?它与工程质量之间的关系如何?

12-9　工程质量的形成过程包括哪些部分?

12-10　质量管理经历了哪几个发展阶段?

12-11　质量管理的基本任务是什么?对质量管理有哪些要求?

12-12　什么是全面质量管理?其基本的观点有哪些?全面质量管理的重要特征是什么?

12-13　全面质量管理的基础工作有哪些?

12-14　全面质量管理的质量保证体系包括哪些内容?

12-15　全面质量管理的四个阶段八个步骤是什么?

12-16　全面质量管理的 PDCA 循环时应注意哪些问题?

12-17　全面质量管理常用的统计方法有哪些?

12-18　什么是排列图法?其具体作法如何?

12-19　什么是因果分析图法?

12-20　如何理解建筑施工企业质量体系的概念?其建立的基本原则有哪些?

12-21　施工项目质量控制的特点有哪些?质量控制的原则有哪些?

12-22　施工项目质量控制包括哪些过程?哪些阶段?

12-23　影响施工项目质量的因素有哪些?如何控制影响质量的因素?

12-24　施工项目质量控制有哪些步骤?哪些方法?

12-25　对一批住房的楼地面进行检查,共 138 个房间存在质量问题。问题的性质及相应出现的数量见表 12-5,试用排列图对造成质量问题的原因进行分析。

**表 12-5　138 个房间楼地面质量检查统计表**

| 楼地面质量问题 | 起砂 | 开裂 | 空鼓 | 不平整 | 其他 | 总计 |
|---|---|---|---|---|---|---|
| 不合格房间数 | 78 | 30 | 15 | 10 | 5 | 138 |

# 参 考 文 献


[1]中华人民共和国住房和城乡建设部. 建设工程分类标准:GB/T 50841—2013[S]. 北京:中国建筑工业出版社,2013.

[2]中华人民共和国国家质量监督检验检疫总局,中国国家标准化管理委员会. 国民经济行业分类:GB/T 4754—2017[S]. 北京:中国计划出版社,2017.

[3]中华人民共和国住房和城乡建设部. 建设工程工程量清单计价规范:GB/T 50500—2013[S]. 北京:中国计划出版社,2013.

[4]中华人民共和国住房和城乡建设部. 建设工程定额管理办法(建标〔2015〕230 号)[S]. 2015.

[5]中华人民共和国财政部. 政府采购货物和服务招标投标管理办法(财政部令第 87 号)[S]. 2017.

[6]中华人民共和国住房和城乡建设部. 建筑工程设计招标投标管理办法(建设部令第 33 号)[S]. 2017.

[7]中华人民共和国住房和城乡建设部,中华人民共和国财政部. 建筑安装工程费用组成(建标〔2013〕44 号)[S]. 2013.

[8]李远富. 道路与桥梁工程概预算[M]. 武汉:武汉大学出版社,2015.

[9]代敬辉,吴忠良,李远富. 主城山区高速铁路大型枢纽改造工程设备配套与施工综合技术研究[M]. 成都:西南交通大学出版社,2020.

[10]宋伟,车志军. 建设项目全过程工程项目咨询[M]. 北京:中国建筑工业出版社,2022.

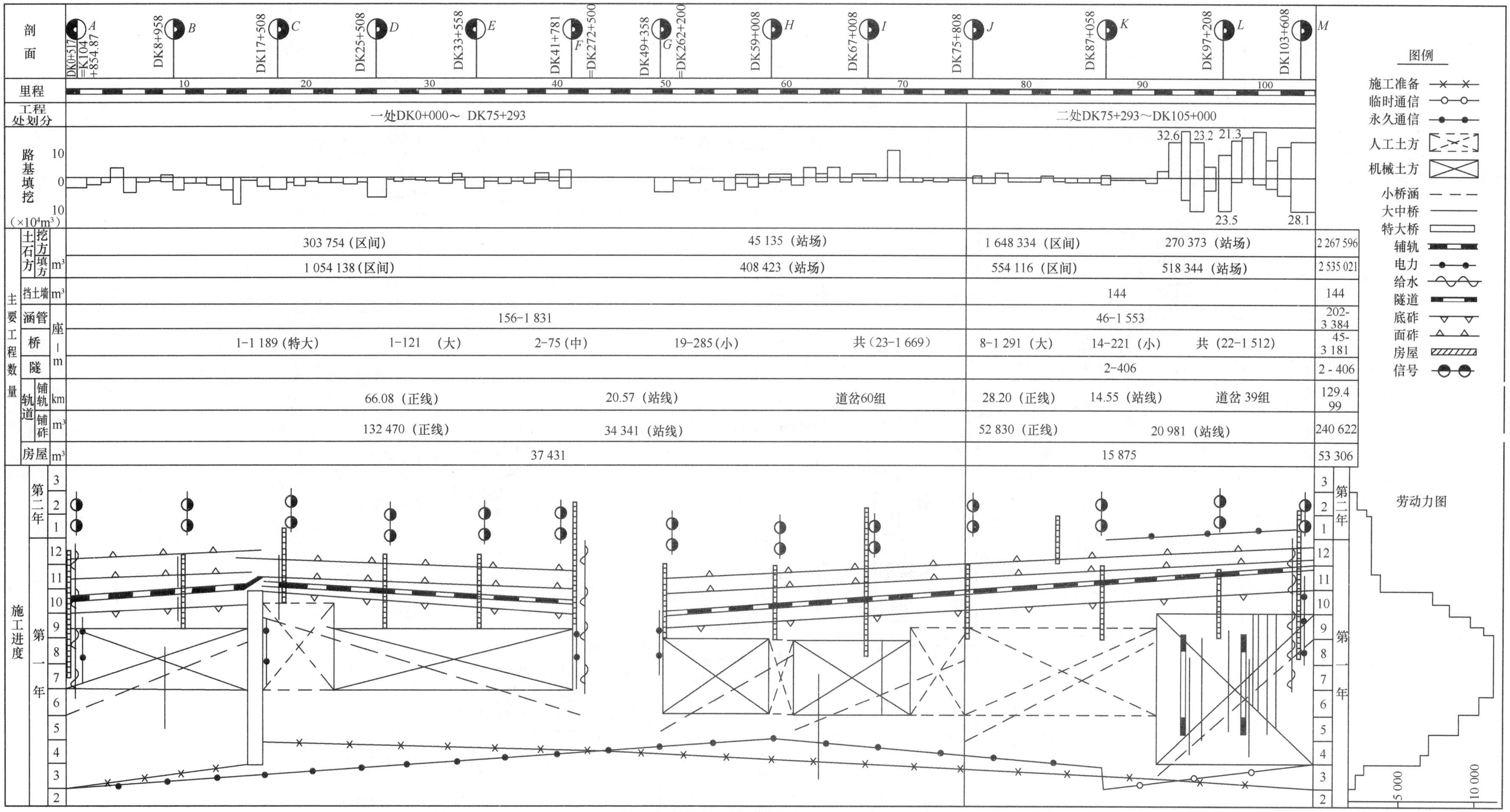

图 9-3　施工组织计划进度图

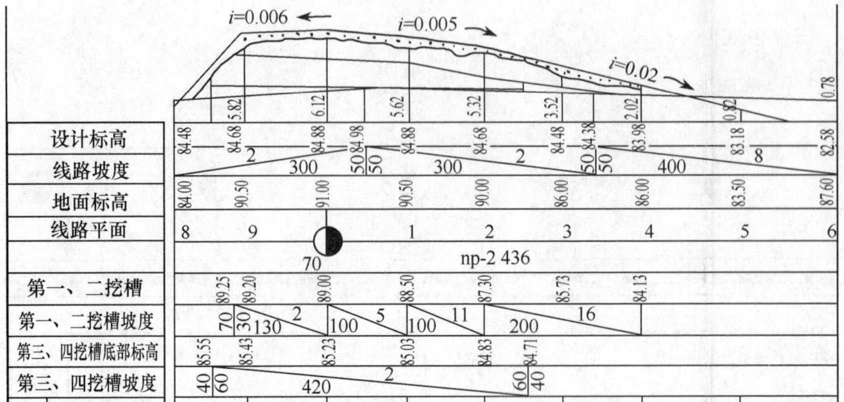


| 工程量($m^3$) | | | | | | | | |
|---|---|---|---|---|---|---|---|---|
| 共计 | 3 700 | 11 612 | 11 247 | 10 159 | 7 530 | 4 068 | 2 058 | 238 |
| 切削植物表层 | | | | | | | | 238 |
| 第一挖槽 | 266 | 1 350 | 1 780 | 1 650 | 2 040 | 1 630 | | |
| 第二挖槽 | 450 | 1 740 | 2 900 | 2 850 | 1 830 | 1 538 | | |
| 第三挖槽 | 1 080 | 4 500 | 3 950 | 3 150 | 1 500 | | | |
| 第四挖槽 | 1 070 | 3 242 | 2 037 | 1 109 | 1 270 | | | |
| 不能挖取土壤 | 834 | 780 | 580 | 500 | 880 | 9 000 | 2 058 | |

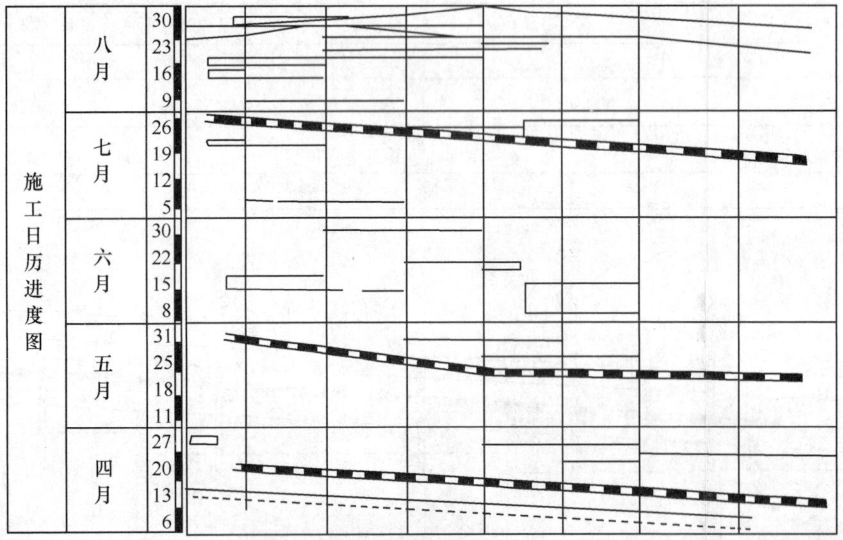


| 准备工作与整理工作 | |
|---|---|
| | 用挖土机开挖截水沟$V$=684 $m^3$ |
| | 用汽车起重机铺设和改铺装车线路 |
| | 用3-505连式挖土机整修改垫边坡 |
| | 人工开挖道沟$V$=1 050 $m^3$ |
| | 用整平机整平路基 |

装车线路和挖土机挖槽的布置图

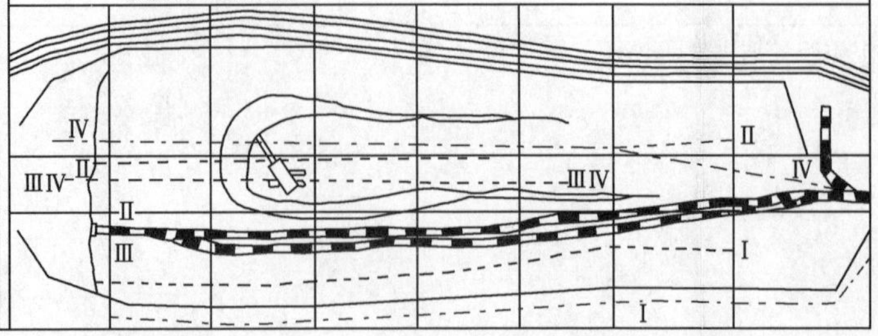


| 顺序 | 施　工　方　法 | 工程量($m^3$) |
|---|---|---|
| 1 | 用 3—505 型索式挖土机挖土并运土填筑路堤 | 44 070 |
| 2 | 用 3—505 型正向铲挖土机整理边坡并直接弃土 | 2 840 |
| 3 | 用推土机挖土推土筑堤 | 2 058 |
| 4 | 用推土机挖土推土至弃土堆 | 1 604 |
| | 路堑的施工土方数 | 50 672 |
| | 人工开挖侧沟 | 1 050 |

**挖土机作循环的计算项目**

| 顺序 | 循　环　项　目 | 单位 | 正向铲 | 一索式 |
|---|---|---|---|---|
| 1 | 土斗容量 | $m^3$ | 0.5 | 0.5 |
| 2 | 每分钟挖土次数 | | | |
| | Ⅱ类土壤 | | 3.15 | 2.80 |
| | Ⅲ类土壤 | | 2.5 | 2.4 |
| 3 | 土斗容量的利用系数($K_2$) | | 0.85 | 0.85 |
| | Ⅱ类土壤 | | | |
| | Ⅲ类土壤 | | 0.80 | 0.80 |
| 4 | 挖土机工班的利用系数 | | | |
| | Ⅱ类土壤 | | 0.74 | 0.81 |
| | Ⅲ类土壤 | | 0.74 | 0.81 |
| 5 | 作业生产率 | $m^3$/台班 | | |
| | Ⅱ类土壤 | | 280 | 200 |
| | Ⅲ类土壤 | | 240 | 220 |

图例

- 挖土机的工作时间
- 推土机的工作时间
- 铺设与改铺线路的时间
- 开挖截水沟和排水沟的时间
- 开挖侧沟与整平路基的时间

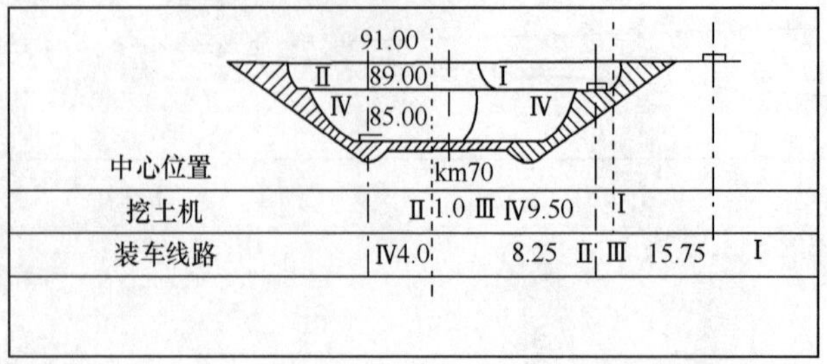


图 9-5　施工技术作业图表

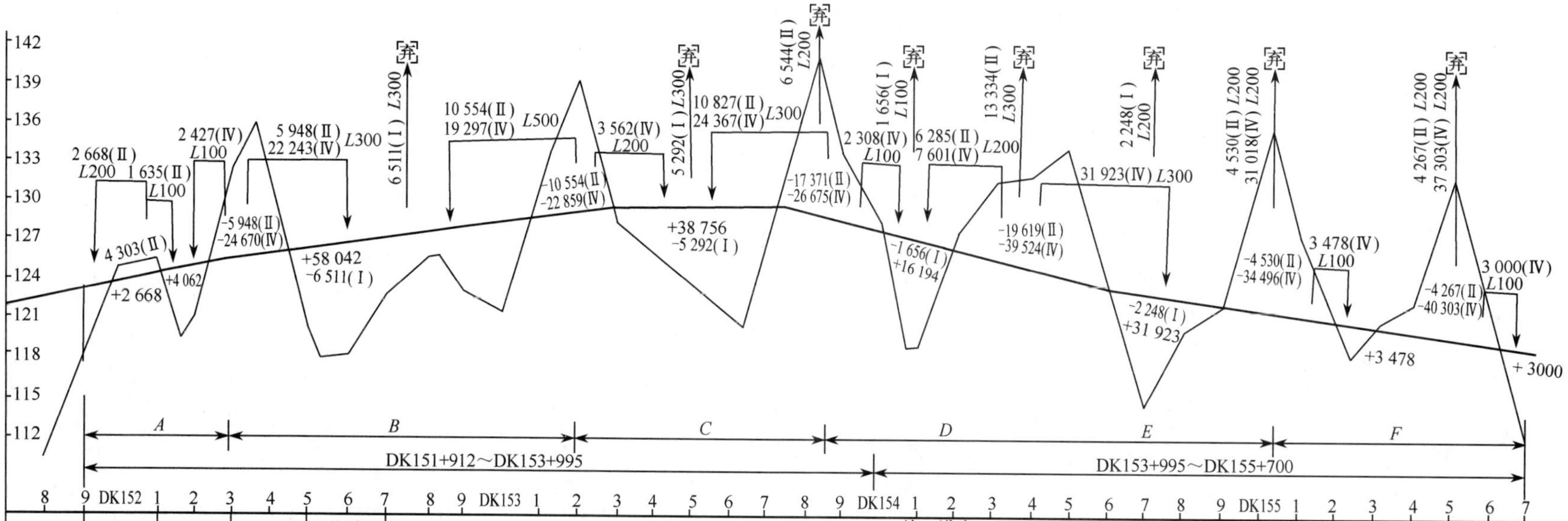


| 工作项目 | 工程量(m³) | 土壤性质 | 运距(m) | 工作持续时间(d) | 施工进度 |
|---|---|---|---|---|---|
| 施工准备 | | | | | 1993年8月—9月 |
| Ⅰ-1 | 2 668 | Ⅱ | 200 | 8 | —8 |
| Ⅰ-2 | 6 511 | Ⅰ | 300 | 20 | 9—18 |
| Ⅰ-3 | 5 948 | Ⅱ | 300 | 22 | 29—20 |
| Ⅰ-4 | 10 554 | Ⅱ | 500 | 54 | 21—12 |
| Ⅰ-5 | 5 292 | Ⅰ | 300 | 16 | 13— |
| Ⅰ-6 | 6 544 | Ⅱ | 200 | 19 | —19 |
| Ⅰ-7 | 10 827 | Ⅱ | 300 | 39 | 20—27 |
| Ⅰ′-1 | 22 243 | Ⅳ | 1 000 | 58 | —27 |
| Ⅰ′-2 | 19 297 | Ⅳ | 1 000 | 50 | 28—18 |
| Ⅰ′-3 | 3 562 | Ⅳ | 1 000 | 9 | 19—27 |
| Ⅰ′-4 | 24 367 | Ⅳ | 1 000 | 63 | 28—29 |
| Ⅰ″-1 | 1 635 | Ⅱ | 100 | 7 | 21—27 |
| Ⅰ″-2 | 2 427 | Ⅳ | 100 | 32 | 28—28 |
| Ⅰ″-3 | 2 308 | Ⅳ | 100 | 31 | 29—29 |
| Ⅱ-1 | 4 267 | Ⅱ | 200 | 12 | —12 |
| Ⅱ-2 | 4 530 | Ⅱ | 200 | 13 | 13—25 |
| Ⅱ-3 | 2 248 | Ⅰ | 200 | 5 | 26—30 |
| Ⅱ-4 | 13 334 | Ⅱ | 300 | 49 | 31—18 |
| Ⅱ-5 | 6 285 | Ⅱ | 200 | 18 | 19—5 |
| Ⅱ′-1 | 37 303 | Ⅳ | 1 000 | 97 | 13—17 |
| Ⅱ′-2 | 31 018 | Ⅳ | 1 000 | 81 | 18—8 |
| Ⅱ′-3 | 31 923 | Ⅳ | 1 000 | 83 | 9— |
| Ⅱ′-4 | 7 601 | Ⅳ | 1 000 | 20 | —20 |
| Ⅱ″-1 | 1 656 | Ⅰ | 100 | 7 | 10—17 |
| Ⅱ″-2 | 3 000 | Ⅳ | 100 | 40 | 18—26 |
| Ⅱ″-3 | 3 478 | Ⅳ | 100 | 46 | 27—13 |

施工进度：1993年 8 9 10 11 12；1994年 1 2 3 4 5 6 7

主力施工机械使用动态图

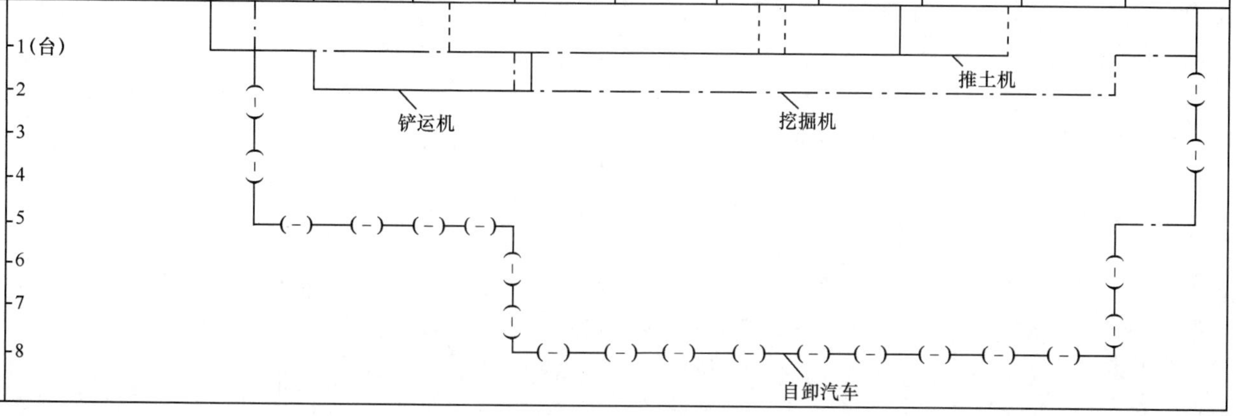


图 9-6 某路基土石方工程施工组织设计进度图